KARL MAY

Im Reiche des silbernen Löwen

KARL MAY

Im Reiche des silbernen Löwen

2. Band

Reiseerlebnisse

NEUES LEBEN

Diese Ausgabe erscheint unter Zugrundelegung der 1898
im Verlag Friedrich Ernst Fehsenfeld, Freiburg im Breisgau,
herausgegebenen Buchfassung mit
modernisierter Rechtschreibung

ISBN 3-355-01460-5

Einband: Peter Nagengast (Reihengestaltung)
Jörn Hennig (Bildmotiv)
Lichtsatz: Verlag Neues Leben GmbH
Lithographie: Reproanstalt/Neumünster
Druck und Binden: Druck- und Verlagsanstalt
Wiener Verlag GmbH

1. Kapitel

Beim Turm von Babel

Am Tag nach dem am Schluß des vorigen Bandes beschriebenen Abend unternahmen wir den geplanten Ritt nach dem Turm von Babylon, jetzt von den dortigen Beduinen Birs Nimrud genannt. Man rechnet von Bagdad nach Hilla oder Hilleh drei kurze Tagesreisen. Mit unseren schnellen Pferden brauchten wir nicht so lange Zeit, und darum fiel es uns nicht ein, den Ritt schon am Vormittag zu beginnen; wir ließen vielmehr gerade wie damals die größte Tageshitze vorüber und ritten, nachdem wir uns von unserem Wirt und seinem dicken Onbaschi verabschiedet hatten, den Fluß hinauf und über die Brücke nach dem rechten Tigrisufer.

Als wir von dort aus einen Blick zurücksandten, lag die Stadt, gerade wie damals, in hellem Sonnenglanz vor unseren Augen. Links sahen wir den Volksgarten, die von Midhat Pascha angelegte Pferdebahn und die Quarantäneanstalt, hierauf das Kastell und hart am Wasser das Gouvernementsgebäude; rechts lag die Vorstadt mit der alten Mostansir. Dann dehnte sich die von Minaretts und Moscheekuppeln überragte Häusermasse aus, über die sich der Dunst und Staubschleier breitete, welcher Bagdad eigen ist.

Von hier aus wendeten wir uns nach dem Oschachkanal, und als wir diesen hinter uns hatten, sahen wir vor uns die freie – Wüste. Ja, es ist Wüste. Da, wo vor noch nicht gar zu langer Zeit Garten an Garten sich reihte, wo Tausende von Palmen winkten, Blumen dufteten und herrliche Früchte glänzten, da dehnt sich jetzt eine unabsehbare, trostlose Wüste westwärts bis an das Ufer des Euphrat aus.

Durch diese Einöde führte unser Weg erst nach dem Khan Assad und dann nach dem Khan Bir Nust, den wir kurz vor Abend erreichten. Im Khan selbst zu übernachten, fiel uns wegen des dortigen Ungeziefers nicht ein; wir suchten ihn nur auf, um unsere Pferde zu tränken, und ritten dann noch ein Stück in der Richtung nach dem Khan Iskenderijeh weiter, wo wir abstiegen, die Tiere anpflockten und unsere Decken zum Lager ausbreiteten.

Wir hatten bis hierher keinen einzigen schiitischen Pilger und keinen einzigen Leichentransport gesehen, dennoch sagte Halef, als wir uns nebeneinander niedergesetzt hatten:

„Sihdi, riechst du nichts? Mir ist ganz so, als ob wir uns im Pesthauch der Todeskarawane befänden. Geht es dir nicht auch so?" – „Ja, ganz genau wie dir", antwortete ich. „Die Erinnerung wirkt auf unsere Geruchsnerven. Ich sehe die Todeskarawane nicht bloß an mir vorüberziehen, sondern ich rieche sie auch. Es war entsetzlich damals, ganz entsetzlich, und es ist kein Wunder, daß unsere Nasen den Leichenduft, welcher ihnen damals so grausam mitspielte, heute noch nicht vergessen haben."

Todeskarawane, Karawan el Amwat, wie der Beduine sagt, was ist das?

Ich glaube, diese Frage am besten und kürzesten mit einer bereits schon früher gegebenen Antwort zu erledigen:

Der Mohammedaner schiitischen Glaubens ist überzeugt, daß ein jeder Moslem dieser Sekte, dessen Leiche in Kerbela oder Nedschef Ali begraben wird, ohne alle weiteren Hindernisse sofort in das Paradies komme. Bekanntlich zerfallen die Anhänger des Islam in die beiden Abteilungen der Sunniten und Schiiten. Das Worte Sunna, zu deutsch „Weg" oder „Richtung", bezeichnet alle auf eine Tat oder einen Ausspruch Mohammeds bezüglichen Traditionen, welche für solche Fälle, in denen der Koran sich entweder gar nicht oder undeutlich ausspricht, als Gesetze Geltung haben. Die Sunna bildet also für den Anhänger derselben neben dem Koran die hauptsächlichste Quelle der Religions- und Lebensvorschriften. Nebenbei, doch ebenso hauptsächlicherweise unterscheiden sich die Sunniten von den andersgläubigen Mohammedanern auch dadurch, daß sie die drei Kalifen Abu Bekr, Omar und Othman als rechtmäßige Nachfolger des Propheten anerkennen. Zu ihnen gehören fast alle Moslems in Afrika, auch Ägypten, in der Türkei, in Syrien, Arabien und in der Tatarei. – Schia heißt soviel wie Partei. Die Schiiten verwerfen die genannten drei Kalifen und behaupten, nur Ali und seinen Nachkommen habe die Kalifenwürde gebührt. Sie sind meist über Persien und Indien verbreitet, während sie in anderen Ländern nur vereinzelt vorkommen. Man schätzt sie zu zwanzig Millionen, während es über zweihundert Millionen Sunniten gibt.

Die Schiiten widmen Ali und seinen Nachkommen, besonders aber seinen Söhnen Hassan und Hussein, eine so übertriebene und dabei leidenschaftliche Verehrung, daß er und alle zu seiner Nachfolge berechtigten Nachkömmlinge von einigen extremen Parteien sogar für Inkarnationen Gottes gehalten werden. Sie haben, obgleich sie das nicht zugeben, die ursprüngliche Lehre durch mystische und pantheistische Hineinlegungen verfälscht und stellen die Behauptung auf, daß die Sunniten zu vernichten oder doch noch viel mehr als die Juden, Christen und Heiden zu hassen und zu verfolgen seien. Daher die jahrhundertealten erbitterten und blutigen Kämpfe zwischen diesen beiden Richtungen. Es ist Blut, sehr viel Blut geflossen, es sind Grausamkeiten verübt worden, welche niederzuschreiben sich die Feder sträubt, und noch heute ist dieser Haß nicht verlöscht. Er glimmt fort und fort und bricht bei jeder Veranlassung in helle, vernichtende Flammen aus. Es versteht sich ganz von selbst, daß diese Erbitterung ihre meisten Opfer in den Gegenden sucht und findet, wo Sunniten und Schiiten vermischt wohnen oder aber öfter aufeinanderstoßen, und das findet ganz besonders statt in der Grenzprovinz Irak Arabi mit den beiden nicht weit von Bagdad liegenden heiligen schiitischen Städten Nedschef Ali und Kerbela – heute Karbala –.

Die erstere Stadt hat ihren Namen von dem in der Nähe liegenden Nedschefsee erhalten und wird auch Meschhed Ali, das heißt Grabmal Alis, genannt, weil dieser da begraben worden ist. Sie ist ungefähr fünfzig Kilometer südlich von den Ruinen von Babylon gelegen, auf welchem Wege man auch über das Dorf Kefil kommt, wo sich die Ruhestätte des Propheten Hesekiel befindet. Kerbela, auch Meschhed Hussein, das ist Grabmal Husseins, genannt, ist die Hauptstadt eines Sandschaks, zählt über sechzigtausend Einwohner und soll an Reichtum Bagdad weit übertreffen. Sie wird durch einen Kanal mit dem rechten Euphratufer verbunden und bildet den hervorragendsten Wallfahrtsort der Schiiten, von denen es noch heiliger als Nedschef Ali gehalten wird.

Es ist nicht meine Absicht, auf die ersten Kämpfe zwischen den Sunniten und Schiiten und den Tod Alis und seiner Söhne Hassan und Hussein einzugehen. Es genügt, zu sagen, da, wie wir auch noch sehen werden, die Gedenkzeit an Husseins Tod von den Schiiten mit größter Leidenschaft begangen wird, und zu wiederholen, daß die Bekenner der Schia die Überzeugung hegen, ein jeder ihrer Anhänger gehe sofort in den Himmel ein, falls er in einer der beiden Städte begraben werde.

Aus diesem Grund ist es der heißeste Wunsch eines jeden Schiiten, in dieser heiligen Erde ruhen zu dürfen; aber da die meisten Schiiten in Persien oder gar Indien leben und der weite Transport der Leichen also ein außerordentlich kostspieliger ist, so ist es nur dem Reichen möglich, nach seinem Tode nach Kerbela oder Nedschef Ali geschafft und dort beerdigt zu werden; der Arme aber muß sich selbst transportieren, das heißt er nimmt von seinen Angehörigen für immer Abschied und bettelt sich unter allen möglichen Anstrengungen und Leiden durch die weiten Länderstrecken nach dem fernen Ziel seiner Wanderungen und seines Lebens, um dort dann seinen Tod zu erwarten.

Diese Wanderungen kommen zu jeder Jahreszeit vor und erstrekken sich meist auf ganz bestimmte Wege, welche gebräuchlich geworden sind, weil sie sich als die besten und kürzesten erwiesen haben; auch sind gewisse Strecken, Richtungen oder Abweichungen von den Behörden vorgeschrieben. Diese Wege gleichen einem Flußsystem: Das Gebiet der Quellen, Bäche und einzelnen Wasserläufe ist weit ausgebreitet; dann nähern sich die Zuflüsse einander nach und nach, um die Nebenarme zu bilden, welche sich später zu dem Hauptstrom vereinigen. Je weiter entfernt, desto unbedeutender, aber zahlreicher sind die Wasser; je näher dem Ziel, desto geringer wird zwar ihre Zahl, aber desto bedeutender sind sie geworden, bis sie endlich, alle vereinigt, im Hauptbett als mächtiger Fluß der Mündung entgegenrauschen. Ebenso ist es auch mit dem Menschenstrom, den diese Pilgerwanderungen bilden: Die einzelnen schiitischen Wanderer, denen man in den fernliegenden Gegenden begegnet, finden sich an gewissen Vereinigungspunkten zusammen und bilden da Gesellschaften, die sich an weiterliegenden Knotenpunkten vereinigen, um dann von rechts und links immer neue Zuflüsse aufzunehmen, bis sie zu bedeutenden Zügen anwachsen und schließlich die großen, gefürchteten Todeskarawanen ergeben, gefürchtet deshalb, weil sie nicht nur aus dem verkommensten, zu allen Schandtaten fähigen Menschenmaterial, sondern auch aus den zahlreichen Leichentransporten bestehen, die sich ihnen angeschlossen haben. Man denke sich Hunderte und Hunderte von toten Menschenkörpern, welche nur in dünne Decken gewickelt sind oder in längst zerbrochenen Särgen liegen, seit Monaten unterwegs, sind sie dem glühenden Sonnenbrand und allen Einwirkungen der langen Reise und des Wetters ausgesetzt gewesen; sie befinden sich also in allen möglichen Graden der Verwesung und verbreiten einen Gestank, den jeder Windhauch stundenweit verbreitet. Da ist es wahrlich kein Wunder, daß das hohl- und triefäugige Gespenst der Pest diesen Karawanen auf dem Fuß folgt! Diese Pilgerzüge führen zahllose Leichen mit sich und den Tod hinter sich; darum wird jeder solcher Zug mit dem sehr bezeichnenden Namen Karwan el Amwat, das ist Todeskarawane, benannt.

Diese Züge der Pilger und Leichentransporteure werden am stärksten, wenn der zehnte Moharrem, der Todestag Husseins, nahe ist. Da kommen die Karawanen der Inder, Afghanen, Beludschen und Perser vom iranischen Tafelland herab; von allen Seiten nahen sie, und sogar auf Schiffen werden Pilger und Leichen herbeigeschleppt, denn von Indien her ist der Seeweg kürzer als der beschwerliche Weg über Land. Man versuche es aber einmal, ein solches den Schatt el Arab – Vereinigung von Euphrat und Tigris – heraufkommendes Schiff zu besteigen! Wegen des von ihm verbreiteten Gestanks weicht ihm jedes andere Fahrzeug schon von weitem aus, und einer europäischen Nase würde es vollständig unmöglich sein, sich ihm ohne ein eisernes Muß bis auf Kiellänge zu nähern. Und dabei behaupten die Menschen, welche die Leichen zu begleiten und zu bewachen haben, diese mephitischen Ausdünstungen seien nicht Gestank, sondern Hawa es Sema – Himmelsluft – und Rawaji ed Dschani – Gerüche des Paradieses –!

Wenn ein Schiit gestorben ist und nach der heiligen Begräbnisstätte geschafft werden soll, so bleibt seine Leiche vielleicht monatelang liegen, ehe die Reise beginnen kann. Hat dann der Aufbruch endlich stattgefunden, so ist ein weiter, weiter Weg in qualhaft langsamer Weise zurückzulegen. Die Hitze des Südens brütet mit entsetzlicher Glut auf die Strecken hernieder, welche zurückgelegt werden müssen, die Särge zerplatzen, und die Decken, in denen die Leichen sich befinden, werden von Produkten der Zersetzung durchdrungen oder gar zerstört. Der ehrliche Mann, welcher den Zug kommen sieht, weicht entsetzt zur Seite aus, und nur der Schakal und der räuberische Beduine schleichen sich herbei, der eine, angezogen von dem Geruch der Verwesung, und der andere, herbeigelockt von den Schätzen, welche die Karawane mit sich führt, um sie am Ende der Wallfahrt den Hütern des heiligen Grabes zu übergeben. Da erden diamantenbesetzte Gefäße, perlenbesäte Stoffe, kostbare Waffen und Geräte, gewaltige Mengen vollwichtiger Gold- und Silberstücke, unschätzbare Amulette, aus edlem Metall hergestellte und mit herrlichen Steinen geschmückte Nachbildungen kranker Gliedmaßen, für welche der Spender Heilung sucht, kurz, alle möglichen Gaben und Schätze nach Kerbela und Nedschef Ali gebracht, wo sie in den unterirdischen kellern verschwinden. Diese Gegenstände werden, um die Räuber zu täuschen, in sargähnlichen Verpackungen verborgen; aber die durch die Erfahrung klug gewordenen Beduinen lassen sich durch diese Vorsicht schon längst nicht mehr täuschen. Sie kommen ganz sicher zu den gesuchten Schätzen, indem sie bei ihren Überfällen alle Särge öffnen. Später bietet dann der Kampfplatz ein wüstes Durcheinander von gefällten Tieren, ermordeten Menschen, umhergeworfenen Leichenresten und zerstreuten Sargtrümmern, und der einsame Reiter, welcher zufälligerweise an diese Stätte des Todes und der Zerstörung kommt, lenkt sein Pferd von ihr ab, um dem Hauch der Pest und Ansteckkung zu entgehen, und ruft aus: „Allah ia Allah, schi bikab'bib schar irrahs – Gott, o Gott, da steigen einem die Haare zu Berge!"

Und auf dem Wasserweg befinden sich die Pilger und Transporteure in ganz derselben Gefahr. Die Pilgerschiffe kommen aus dem Schatt el Arab in den Euphrat, dann durch den Arm von Semawat und durch den Arm von Bahr-i-nedschef herauf, oft zu Flotten vereinigt. Auf den Decks und in den Unterräumen lagern Lebende und Tote bunt durch- und nebeneinander, und sogar die Schiffsränder sind oft nach außen und innen mit Särgen behangen. Welch eine infernalische Luft da herrschen muß, kann man sich denken! An dem erwähnten Kanal lauern die Beduinen vom mächtigen Stamm der Elbu-Thefir, um die Schiffe abzufangen, jedes muß ihnen den Wert von tausend und noch mehr Mark bezahlen, sonst wird es ausgeplündert und jeder Lebende niedergemetzelt.

Man denke aber ja nicht, daß mit der Ankunft an den heiligen Stätten alle Widerwärtigkeiten zu Ende seien! Nun beginnen die ebenso schwierigen wie langwierigen Unterhandlungen mit der bei der Moschee angestellten Geistlichkeit, welche die höchstmöglichen Forderungen stellt und das Wort Nachgiebigkeit weder im Herzen noch auf der Zunge kennt. Je reicher der Tote war und je näher dem Heiligtum er begraben werden soll, desto höher steigt die Summe, welche dafür gefordert wird, und man muß schließlich jeden Betrag zahlen, um nur die Leiche endlich einmal loszuwerden. Auch den armen Pilgern wird es nicht leichtgemacht, in heiliger Erde Ruhe zu finden. Was sie noch besitzen, wird ihnen abgepreßt. Körperlich und geistig und nicht zum wenigsten auch moralisch ganz heruntergekommen, an allen möglichen Krankheiten leidend, irren sie hungernd und dürstend umher, und nur wenigen gelingt es, in einer der zwar viel gelobten, aber doch fast gar nichts leistenden Wohltätigkeitsanstalten für kurze Zeit Aufnahme zu finden. Da kann es freilich nicht ausbleiben, daß folgt, was Schiller, wenn auch aus anderer Veranlassung, sagt: „Da werden Weiber zu Hyänen." Von allem entblößt und mit dem Tode des Verschmachtens kämpfend, sind sie auch zu allem fähig, um diesem Tode zu entgehen oder ihn doch so weit wie möglich hinauszuschieben. Diebstahl und Erpressung, Raub und Mord müssen ihnen liefern, was ihnen die Gerechtigkeit oder Menschlichkeit versagt, und so kommt es, daß die heiligen Städte und ihre Umgebungen sich keineswegs der Sicherheit erfreuen, welche ihrer Berühmtheit angemessen wäre. Und wer sich vor diesen Verzweifelten sicher fühlen darf, den muß schon der Anblick der Kranken und Sterbenden empören, welche allerorts herumliegen und auf ihr Ende warten, weil es niemanden gibt, der sich ihrer erbarmen will. Wenn von den Abertausenden der herbeigekommenen Pilger nur ein Viertel stirbt, so nennt man das ein ausnahmsweise sehr gesundes Jahr. Das ist jedenfalls mehr als genug gesagt!

Zufolge der großartigen Spenden und der ebenso großen Erpressungen besitzen Nedschef Ali und Kerbela mehr Reichtümer als wohl irgendeine andere Stadt des Orients. Die Kuppel über Alis Grabmoschee wird Kuh-i-Sär – pers.: Berg des Goldes – genannt; der Boden des Inneren soll aus reingoldenen Platten bestehen, und wenn man der Beschreibung der unterirdischen Gewölbe traut, so müssen diese Schätze enthalten, gegen welche alle Reichtümer von Golkonda keines Vergleichs würdig sind.

In Kerbela sollen noch mehr Reichtümer als in Nedschef Ali liegen. Ein mit gediegenem Gold gedeckter Dom leuchtet den nahenden Pilgern entgegen. Wer dort ein Grab findet, dem werden selbst die schwersten Sünden vergeben und alle Tore des Himmels, selbst das siebente, geöffnet. Es werden also wohl nicht die tugendhaftesten Schiiten sein, welche die größten irdischen Opfer bringen, um nach ihrem Tode hierhergebracht zu werden. Aber Kerbela wird auch von lebenden Missetätern aufgesucht. Vornehme Sünder geistlichen und weltlichen Standes fliehen, um der Hinrichtung zu entgehen, nach dieser Stätte, deren Asylrecht sie vor allen Verfolgungen schützt, und bleiben, nachdem sie sich die Erlaubnis dazu mit dem größten Teil ihres Vermögens erkauft haben, bis zu ihrem Ende da. Irdische Schätze und moralische Verworfenheit sind hier an einer und derselben Stelle aufgehäuft; man hat die „heiligen" Orte zu Ansammlungsstätten für körperlich und ethisch Tote gemacht, und nicht der große, Pestgestank verbreitende Pilgerzug allein, sondern auch jeder kleine Reisetrupp, welcher solche moralischen Leichen nach dem ihnen einzig nur noch offenen Asyl bringt, müßte eigentlich als „Todeskarawane" bezeichnet werden.

In neuerer Zeit ist es der Karwan al Amwat verboten, ihren Weg durch eng bewohnte Ortschaften zu nehmen, früher aber durfte sie mitten durch Bagdad ziehen. Sie kam durch Schedt Omer, das östliche Tor, herein und verließ, die Schiffbrücke benutzend, die Stadt auf demselben Weg, den auch ich mit Halef damals und jetzt geritten war. Kaum war sie verschwunden, so ging der Pesthauch über die Kalifenstadt; die Seuche begann zu wüten, und Tausende fielen der mohammedanischen Gleichgültigkeit zum Opfer, welche sich mit der Ausrede behilft, daß „alles im Buch des Lebens verzeichnet stehe“.

Im Jahr 1831 hatte die große Stadt weit über hunderttausend Einwohner. Als die große Schiiten-Karawane sich näherte, welche diesmal weit größer und also auch gefährlicher als gewöhnlich war, begaben sich die hervorragendsten der dort wohnenden Europäer zum Pascha, um ihn zu bitten, ihr den Durchzug zu verweigern, aber alle ihre Bemühungen und Vorstellungen waren vergeblich. Das einzige, was sie erreichen konnten, war, daß die Mullahs – Hohe Geistlichkeit – gefragt werden sollten. Diese entschieden: „Das Verlangen der Christen ist eine Versündigung gegen den Koran. Wenn die Pest diese Ungläubigen tötet, so geschieht ihnen recht, weil sie die heilige Lehre des Islam verwerfen. Sollten aber auch Gläubige sterben, so hat es Allah gewollt, welcher die Todesstunde jedes seiner Anbeter kennt, und sie gehen alle in den Himmel ein. Es darf also der Karawane nicht verboten werden, durch die Stadt zu ziehen.“ Nach dieser Entscheidung wurde gehandelt, und die Folge war, daß die Seuche sich in einer noch nie dagewesenen Weise über die Stadt verbreitete. Es fielen ihr täglich Tausende zum Opfer, es half nichts, daß man sich vollständig abschloß und verkroch. Die Leichen konnten schließlich nicht mehr begraben werden, sie lagen verwesend auf den Gassen und in den Häuserwinkeln und verbreiteten Miasmen, welche durch die Mauern zu dringen schienen und täglich neue Opfer forderten. Die Stille des Grabes lag auf der unglücklichen Stadt, es gab sogar keinen Muezzin mehr, dessen Ruf zum Gebet vom Minarett herniederklang. Es gab weder Handel noch Wandel, weder Kauf noch Verkauf. Die Bäcker waren verschwunden, die Sakka'in – Wasserträger – dahingerafft; man konnte selbst für viel Geld nichts Eßbares erhalten – das Gespenst des Hungers ging von Straße zu Straße, von Haus zu Haus, um hinter der Seuche grausige Nachlese zu halten. Unglücklicherweise gesellte sich zu diesem Unheil eine beispiellose Überschwemmung des Tigris, welcher die aus Erde bestehenden Mauern durchweichte und die ganze Stadt überflutete. In einer einzigen Nacht versanken fünftausend Häuser in seinen gierigen Wogen. Als sich die Wasser zurückgezogen hatten, bildete der durchtränkte Boden einen einzigen großen Seuchenherd, das Sterben dauerte noch lange fort, und als es endlich, endlich vorüber war, hatten zwei Drittel der Einwohnerschaft den Bescheid der Mullahs mit dem Tode bezahlt.

Später ist das anders geworden. Besonders hat der so viel gepriesene und viel angefochtene Midhat Pascha mit den alten, unglücklichen Vorurteilen und Gepflogenheiten aufgeräumt. Die Leichenkarawane darf nur die Grenze des nördlichen Stadtbezirks berühren, um mit möglichster Schnelligkeit über die Brücke zu gehen.

Gewöhnlich wird ihr eine hohe Fahne mit dem persischen Wappen, ein Löwe, hinter dem die Sonne aufsteigt, vorangetragen. Dann folgen diejenigen Pilger, welche noch gut bei Kräften sind, hagere Gestalten mit sonnverbrannten Gesichtern, aus deren dunklen Augen die stolzeste religiöse Selbstüberschätzung spricht, Reiter auf Kamelen und Pferden, deren Sättel und Decken mit allerlei gleißendem Schmuck behangen sind, Fußgänger mit eingelegten Waffen, eintönige Gebetsformeln vor sich hinschnarrend und dabei mit haßerfüllten Blicken unter den Zuschauern nach Andersgläubigen suchend, um sie anzuspucken oder mit Schimpfworten zu bewerfen. Schwerbeladene Maultiere oder Esel tragen die Särge, in denen die „Gäste des siebenten Himmels“ der islamischen Seligkeit entgegengetragen werden, einstweilen aber eine faulende Gallerte bilden, deren fürchterlicher Duft das Holz durchdringt und nicht weniger als himmlisch ist. Meist sind die kräftigeren Maultiere in der Weise beladen, daß rechts und links je ein Sarg hängt und der Reiter mit hoch emporgezogenen Beinen auf dem Sattel hockt. Die schwächeren Esel pflegen nur eine Leiche zu tragen, die sich entweder in einem Sarg befindet oder in eine Decke geschnürt ist. Man erblickt Fußgänger, welche zu zweien eine Leiche tragen, dazwischen oft auch einen einzelnen, der einen Toten mühsam auf dem Rücken schleppt. Indem man für die übermäßig bepackten, unbarmherzig geschlagenen und mißhandelten, wund und blutig geriebenen oder gedrückten Tiere tiefes Mitleid hegt, fragt man sich, ob diese vom fanatischen Übermut aufgeblähten, im Vorüberpassieren auf uns schimpfenden und fluchenden Menschen eines ähnlichen Gefühls wert seien. Sie sind geradezu in Verachtung alles dessen, was nicht schiitisch ist, eingehüllt, und jede Miene ihres Gesichtes, jede Bewegung ihres Körpers oder auch nur ihrer Hand ist eine Beleidigung für den, den sie für andersgläubig halten.

Je weiter der Zug vorübergeht, desto fragwürdiger werden die Figuren, die ihn bilden. Es kommen die Ärmeren, die ganz Armen, die Bettler und schließlich die Marodeure, das Gesindel. Sie gehen barfuß; ihre Kleidung ist zerrissen; oft besitzen sie nur einen einzigen Fetzen, um ihre größte Blöße zu verhüllen, an Stöcken und Knütteln, alten Gewehrschäften und Lanzenstücken humpeln oder schwanken sie vorbei, aber ihre Augen blicken stolz, und Verachtung wohnt selbst zwischen den häßlichen Runzeln ihrer Gesichter. Sie sind die von Allah allein Begnadeten, die von ihm für die Seligkeit Auserwählten, die bevorzugten Besitzer des Himmels, und wer nicht mit ihnen humpelt, nicht mit ihnen höhnt und speit, der ist ein verdammter Sohn des Teufels, ein verfluchter Erbe der tiefsten Höllenqualen. Sie haben sich wie indische Fakire verunstaltet, sich Wunden beigebracht, mit Kamel-, Pferde- und noch anderem Mist beschmiert, als ob der Gestank der Leichen noch keine genügende Wonne für sie sei, und aus diesem Unflat heraus lassen sie für Allah ihre Gebete und für die Menschen, an denen sie als Scheusale vorüberschwanken, ihre spott- und hohnvollen Schimpfreden schallen.

Als ich bei unserer ersten Anwesenheit in Bagdad mich mit Halef unter den Zuschauern befand, bedeckte dieser infolge des Gestanks die Nase mit dem Zipfel seines Turbantuchs. Einer der Perser bemerkte dies und trat herbei.

„Sak – Hund“, rief er; „warum verhüllst du dir die Nase?“

Halef verstand das Persische noch nicht; darum antwortete ich für ihn:

„Glaubst du denn wirklich, daß die Ausdünstung dieser Leichen ein Geruch des Paradieses sei?“

Er sah mich verächtlich von der Seite an und meinte:

„Weißt du nicht, was der Koran sagt? Er sagt, daß die Gebeine der Gläubigen nach Amer, Gul, Semen, Musch, Naschew und Mardjin – Ambra, Rosen, Jasmin, Moschus, Wacholder und Lavendel – duften.“ – „Diese Worte stehen nicht im Koran, sondern in Ferid Eddin Attars Pendnameh, merke dir das! Warum übrigens habt ihr euch denn selbst die Nase und den Mund verhüllt?“ – „Das sind die anderen, ich bin es nicht!“ – „So beklage dich zunächst über die Deinen, und dann magst du zu uns kommen! Jetzt haben wir nichts mit dir zu schaffen!“ – „Mann, deine Rede ist stolz! Du bist ein Sunnit. Ihr habt Herzeleid gebracht über den echten Kalifen und seine Söhne. Allah verdamme euch bis in die finsterste Tiefe der Hölle hinab!“

Er wendete sich mit einer drohenden Handbewegung von uns ab, und wir hatten da gleich ein Beispiel des unversöhnlichen Hasses, welcher – je länger, desto heller – zwischen Sunna und Schia lodert. Dieser Mensch wagte es, uns in der unmittelbaren Nähe einer Bevölkerung von Tausenden von Sunniten zu beschimpfen; wie erst muß es da einem Mann ergehen, den man in Nedschef Ali oder gar in Kerbela als Nichtschiit entdeckt!

Ich will noch ein zweites Beispiel dieses fanatischen Hasses erwähnen. Wir, nämlich der Engländer Lindsay, der persische Prinz Hassan Ardschir Mirza, Halef und ich, folgten nebst noch anderen Personen damals der uns vorangezogenen Todeskarawane, deren Gestank noch auf dem Weg lag, obgleich inzwischen ein Tag vergangen war. Es schien uns ganz so, als ob wir uns in einem ungelüfteten, mit Pockenkranken angefüllten Spital befänden. Zuweilen überholten wir einen Pilger, welcher sich in Kerbela begraben lassen wollte, oder eine Gruppe von Schiiten, welche einem armen, abgetriebenen Tier mehrere Leichen aufgebürdet hatten, die es schwitzend, keuchend und vielfach strauchelnd weiterschleppte, während hinter ihm die Luft durch den Todeshauch der Verwesung so verschlechtert wurde, daß sie fast nicht zu atmen war.

Da saß am Weg ein Bettler, vollständig nackt, bis auf einen schmalen, um seine Lenden gegürteten Schurz. Er hatte seinem Schmerz um den ermordeten Hussein in folgender, höchst widerlichen Weise Ausdruck gegeben: die Oberarme und Schenkel waren mit spitzigen Messern durchstochen, und in die Unterarme, die Waden, in den Hals, durch die Nase, das Kinn und die Lippen hatte er von Zoll zu Zoll lange Nägel getrieben; im Unterleib und in den Hüften hingen, in das Fleisch eingebohrt, eiserne Haken, an denen schwere Gewichte befestigt waren, alle anderen Teile seines Körpers waren mit Nadeln gespickt, und in die nackt rasierte Kopfhaut hatte er lange Streifen geschnitten. Durch jede Zehe und jeden Finger war ein Holzpflock getrieben, und es gab an seinem ganzen Körper keine Stelle, welche nicht eine dieser schmerzhaften Verwundungen aufzuweisen hatte.

Ich selbst bin ein durch und durch gesunder, überaus kräftiger Mann, dessen Natur – eine wahre Hippopotamusnatur – weder durch Hunger und Durst, Hitze und Kälte, Nachtwachen oder andere Anstrengungen so leicht angegriffen wird, aber einer solchen Mißhandlung meines Körpers würde ich wohl sehr bald erliegen. Zwar habe ich bei indischen Fakiren oft noch größere Verwundungen gesehen und weiß wohl, daß der religiöse Fanatismus über manchen Schmerz hinweghilft und daß ein Anhänger dieser neuen Lehren hier von Suggestion oder Hypnose sprechen würde, muß aber mein Erstaunen darüber ausdrücken, daß dieser Mensch so und überhaupt noch leben konnte. Es kam mir nicht bei, hier irgendeinen Heroismus zu bewundern, sondern ich fühlte mich im Gegenteil und im höchsten Grad angewidert. Gern wäre ich mit abgewendeten Augen an dem blutrünstigen, von einem ganzen Schwarm von Fliegen und Mücken bedeckten Kerl vorübergeritten, aber er erhob sich bei unserem Nahen, streckte uns die Hände entgegen und rief uns an:

„Dirigha Allah, waj Mohammed! Dirigha Hassan, Hossein!"

Er war entsetzlich anzusehen, aber ich fühlte von Mitleid keine Spur in mir, sondern hätte ihm lieber eine Ohrfeige anstatt eines Almosens gegeben. Welch eine Dummheit, welch ein Unverstand, sich wegen des Todes eines Menschen – denn etwas anderes ist Hussein doch nicht gewesen – so scheußliche Martern zuzufügen! Und dabei hielt sich dieser ekelhafte Kerl für einen Heiligen, dem nach dem Tode der oberste Rang des Paradieses sicher ist und der auch bereits hier auf der Erde neben reichlichen Almosen die demütigste Verehrung aller Menschen zu beanspruchen hat!

Der Prinz, als reicher Perser und Schiit, warf ihm einen goldenen Tuman zu.

„Hasgadag Allah – Gott segne dich!" belohnte ihn der Bettler für diese reiche Gabe.

Lindsay griff in die Tasche und gab ihm einen Gersch zu zehn Piastern – ca. 1 Mark 80 Pfennige –.

„Subhalan Allah – gnädiger Gott!" erklang es jetzt schon weit weniger lobend, denn nicht Lindsay, sondern Allah wurde als Geber bezeichnet.

Ich gab nur einen Piaster. Der „Heilige" machte erst ein höchst erstauntes, dann aber ein sehr zorniges Gesicht und schrie mich an:

„Azdar – Geizhals!" Dann fuhr er mit der Gebärde des Abscheus und immer steigender Schnelligkeit fort: „Azdari, pendsch Azdarani, deh Azdarani, hezar Azdarani, lek Azdarani – du bist ein Geizhals, du bist fünf Geizhälse, du bist zehn Geizhälse, du bist hundert Geizhälse, du bist tausend Geizhälse, du bist hunderttausend Geizhälse!"

Er trat meinen Piaster unter die Füße, spie darauf und zeigte eine Wut, von welcher man nicht wußte, ob man über sie lachen oder sich vor ihr fürchten solle. Das war meinem kleinen, wackeren Halef denn doch zuviel, er duldete niemals eine Beleidigung, mochte sie nun gegen ihn oder gegen mich gerichtet sein, darum fragte er mich:

„Sihdi, ich verstehe ihn nicht. Was heißt Azdar?" – „Geizhals", antwortete ich ihm. „Allah 'l Allah! Und wie heißt ein recht dummer, alberner Mensch auf persisch?" – „Bisaman." – „Und ein recht grober Flegel?" – „Dschaf." – „Ich danke dir, Sihdi!"

Dann drehte er sich dem Schiiten zu, hielt ihm die flache Hand emporgerichtet entgegen, wischte sie am Bein ab, welche Gebärde als größte Beleidigung gilt, und rief:

„Bisaman, Bisaman, Dschaf, Dschaf, Dschaf!"

Was hierauf erfolgte, spottet jeder Beschreibung. Der „heilige Märtyrer" öffnete die Schleusen seiner Beredsamkeit und zeigte sich im Besitz von Schimpfwörtern und Drastika, welche unmöglich wiederzugeben sind. Wir beugten uns vor seiner Überlegenheit in dieser Beziehung, verzichteten auf die Fortsetzung dieser interessanten Unterhaltung mit ihm und ritten weiter.

Was wir dann bei und mit der Todeskarawane erlebten, ist bereits erzählt worden und bedarf der Wiederholung nicht; es ging aber an unserem geistigen Auge vorüber, als wir nun jetzt nach Jahren in tiefer, nächtlicher Einsamkeit an demselben Weg saßen, den wir damals geritten waren. Das Gedächtnis brachte uns die damaligen Begebenheiten mit vollster Deutlichkeit und Schärfe zurück, und so kam es, daß wir auch jene entsetzlichen „Wohlgerüche des Paradieses" in unseren Nasen zu spüren schienen. Wir wußten, daß dies nur Täuschung war; die Luft drang mit balsamischem Hauch in unsere Lungen und verhieß uns einen stärkenden Schlaf. Nachdem wir unser einfaches Mahl verzehrt und auch für die Pferde gesorgt hatten, wickelten wir uns samt unseren Gewehren in die Decken und schlossen die Augen. Wir konnten dies tun, denn ich durfte mich auf meinen außerordentlich leisen Schlaf verlassen, und unsere beiden Pferde waren darauf abgerichtet, uns jede Annäherung durch Schnauben zu verraten. An meinen Hengst geschmiegt, dem ich selbstverständlich seine gewohnte Sure in das Ohr gesagt hatte, schlief ich bald ein und erwachte nicht eher, als bis ich von der jetzt im Frühjahr sehr fühlbaren Morgenkühle geweckt wurde.

Da es hier am Weg kein Wasser gab, konnten wir die Pferde erst im Khan Iskanderijeh tränken; wir stiegen also auf und ritten zunächst diesem Ziel zu.

Unter einem Khan versteht man hier das, was man im Abendland nicht ganz richtigerweise ein Karawanserei nennt. Die Khans oder Hans zwischen Bagdad und den Ruinen von Babylon sind von fast gleicher Bauart. Sie wurden von Persien aus zum Besten der Pilgerzüge gestiftet und bilden kleine, mit Mauern umgebene Festungen, welche genügenden Schutz gegen etwaige Überfälle der Beduinen bieten sollen. Unter einem Turm, der eine weite Umschau über die Wüste gestattet, tritt man durch ein starkes Tor in den Hof, welcher von gewölbten Mauern umgeben ist. In der Mitte erhebt sich eine Plattform, auf welcher man des Nachts schläft und am Tag sich zum Abhalten der Gebete vereinigt. Hinten befinden sich die Unterkünfte für die Pferde und Kamele. Die Aufnahme in diese Khans braucht nicht bezahlt zu werden, doch kommt sie dem an Reinlichkeit gewöhnten Reisenden durch das vorhandene Ungeziefer teuer genug zu stehen und wird noch widerwärtiger für ihn, wenn ihn während seiner Anwesenheit das Unglück trifft, eine Leichenkarawane hereinziehen zu sehen, deren stinkende Särge vor ihm aufgestapelt werden. Und wenn er sofort die Flucht ergriff und erst am Nordpol innehielt, er könnte sicher sein, den Leichenduft noch dort auf dem ewigen Eis in seiner gequälten Nase zu spüren!

Wir langten nach zwei Stunden bei dem Khan an und ritten durch das Tor. Dieser Ort ist groß genug, Hunderte von Menschen und Tieren zu fassen, war aber heute nicht sehr in Anspruch genommen. Die Anwesenden schenkten uns eine nicht gewöhnliche Aufmerksamkeit, worauf wir freilich uns persönlich gar nichts einzubilden brauchten, denn sie galt nicht uns, sondern unseren Pferden, zu denen man sich drängte, um sie unter Ausrufen der Bewunderung zu betrachten. Da uns dies lästig wurde, wendete ich mich an den Aufseher, welcher uns gegen ein Bakschisch von den Zudringlichen befreite.

Als wir an dem Brunnen abstiegen, befanden sich schon zwei Männer dort, welche dasselbe taten, was wir auch tun wollten, sie tränkten ihre Pferde. Wir wollten sie nicht stören, sondern warteten, bis sie fertig waren. Indem wir ihnen zusahen, bemerkte ich an dem Finger des einen einen silbernen Ring, der mir auffiel. Schärfer hinblickend, erkannte ich, daß die Platte desselben nicht rund oder quadratisch, sondern achteckig war. Ich trat rasch hin und gab mir den Anschein, als ob ich in das Wasser sehen wolle, ob auch für uns noch genug vorhanden sei, nahm dabei aber seine Hand in die Augen. Ja, es war der Ring der Sillan. Die Inschrift bestand aus einem Sâ, welches mit einem Lâm verbunden war, und darüber stand ein Teschdid – Verdoppelungszeichen –, welches ich trotz seiner Kleinheit deutlich erkannte. Ein verstohlener Blick nach der Hand des anderen zeigte mir, daß dieser auch einen genau solchen Ring an dem gleichen Finger trug. Diese zwei Männer waren Sillan.

Indem ich mir dies sagte, stieg in mir der Gedanke auf, ob das nicht eine gute Gelegenheit sei, die Wirkung unserer Ringe einer Probe zu unterwerfen. Jetzt, indem ich dies erzähle und die späteren Ereignisse alle kenne, weiß ich freilich, daß die Ausführung dieses Gedankens eine große Unvorsichtigkeit war; damals aber schien sie es nicht zu sein. Was konnte es uns schaden, wenn auch wir für Sillan gehalten wurden! So fragte ich mich. Es konnte gar nichts Schlimmes, sondern höchstens eine Befriedigung unserer Wißbegierde darauf erfolgen, und das war doch jedenfalls nicht bös, sondern im Gegenteil angenehm. Was hätten wir von diesen zwei einfachen, gewöhnlichen Menschen fürchten können! Und wenn doch, so waren wir ja Männer, denen so kleine Unannehmlichkeiten nichts anzuhaben vermochten.

Wieder zu Halef zurückgekehrt, zog ich die dem Pädär-i-Baharat und seinen Begleitern abgenommenen Ringe aus der Tasche, steckte mir den goldenen an, gab ihm einen der zwei silbernen und sagte:

„Schiebe schnell und unbemerkt diesen Ring an den Finger! Diese Männer sind Sillan. Ich bin neugierig, was sie tun oder sagen werden, wenn sie unsere Ringe sehen." – „Maschallah, das ist ein guter Gedanke!" lachte er leise, wobei seine Augen freudig aufleuchteten. „Vielleicht bringt uns diese Begegnung ein Abenteuer, von welchem wir später erzählen können. Wenn sie mich fragen, werde ich ihnen sagen, daß ..." – „Nichts wirst du ihnen sagen", unterbrach ich ihn. „Das Sprechen überläßt du mir. Wir können nicht wissen, was wir erfahren und was geschieht, und müssen also vorsichtig sein." – „Aber Sihdi, ich muß doch wohl auch etwas sagen oder tun?" – „Du hast mir in allem, was ich sage oder tue, beizustimmen; das ist es, was ich von dir verlange, weiter nichts! Und nun paß auf, und betrag dich ja nicht ungeschickt!" – „Ich? Ungeschickt?" fragte er im Ton des Beleidigten. „Sihdi, hast du mich, deinen Freund und Beschützer, jemals ungeschickt gesehen? Hätte meine Hanneh, die holdeste der herrlichsten Rosen und Reseden der Mädchenparadiese, mich jemals als Mann ihres Herzens angenommen, wenn ich ein ungeschickter ..."

Weiter hörte ich seine Worte nicht, denn ich hatte schnell meinen Tschibuk gestopft, ging wieder zu den Männern hin und bat den einen von ihnen, welcher rauchte:

„Der Tabak ist die Speise der Seele, und sein Rauch trägt die Gedanken von der Erde empor. Ich habe kein Feuer und bitte dich, mein Herz zu erfreuen."

Eine so höfliche Bitte war nicht abzuschlagen. Ich hatte angenommen, daß er sich des gewöhnlichen, hier gebräuchlichen Feuerzeugs bedienen werde, er zog aber Zündhölzer aus dem Gürtel und brannte eins derselben an. Dieser an und für sich so geringfügige Umstand war für mich doch nicht ohne Bedeutung, denn er gab mir Anhalt zu Schlüssen, welche ich sonst nicht hätte ziehen können. Er war so höflich, das Feuer mir nicht in die Hand, sondern auf den Tabak zu geben. Dies benutzte ich, den Tschibuk so zu halten, daß sein Auge auf den Ring an meinem Finger fallen mußte. Was ich beabsichtigte, geschah; er bemerkte ihn, ließ vor Überraschung das noch brennende Hölzchen fallen und rief aus:

„Abahraka ‘llah – gesegnet sei Gott! Was muß ich sehen an deiner Hand!“

Ich hob die Hand warnend empor und warf einen forschenden Blick rundumher. Da fügte er mit gedämpfter Stimme hinzu:

„Verzeih, o Herr! Meine Überraschung, dich schon hier zu finden, war so groß, daß ich die gebotene Vorsicht fast vergessen hätte!“

Er hielt mich also für jemanden, der eigentlich nicht hier, sondern anderswo, vielleicht weit von hier, zu suchen war. Ich mußte sehr geschickt verfahren und fragte ihn also:

„Wo vermutetest du mich?“ – „In Bagdad, wo du nicht eher als gestern erst angekommen sein kannst.“ – „Du hast das Richtige getroffen; ich habe mich aber dort nicht aufgehalten.“ – „Ist dir die Weisung des Säfir dort sogleich ausgehändigt worden?“ – „Ja.“

Des Säfir! Dieses Wort wirkte wie ein elektrischer Schlag auf mich. Der Säfir war da! War das derselbe Säfir, von welchem der Bimbaschi erzählt hatte? Wo befand er sich? Welchen Zweck verfolgte er? Auf was bezog sich seine Weisung? Wer und was war ich? Oder, deutlicher gesagt, wer und was war der Mann, für den ich jetzt gehalten wurde? Diese und noch andere Fragen gingen mir durch den Kopf. Vielleicht war es möglich, die betreffenden Antworten herauszulocken.

Der Mann sah jetzt meinen Halef forschend an, gewahrte den Ring an dessen Hand und richtete dann die Frage an mich:

„Sei gütig und verzeih, o Herr, wenn ich zu fragen wage, ob dieser Mann vielleicht Aftab ist, von dem mir der Säfir sagte, daß er dich begleite!“ – „Er ist es“, nickte ich, indem mir die Ahnung aufging, daß ich für den Pädär-i-Baharat gehalten wurde. Diese Ahnung verwandelte sich in Gewißheit, als der Mann weiterfragte:

„Du hast dich während dieser Reise Kaßim Mirza zu nennen?“ – „Kaßim Mirza ist mein jetziger Name“, stimmte ich bei.

Der Pädär-i-Baharat hatte sich mir gegenüber ganz desselben Namens bedient. Er bekleidete die Stelle eines nicht gewöhnlichen Sill, deshalb nahm ich eine würdevolle Haltung und den Ton eines Vorgesetzten an. Wie neugierig ich war und mein kleiner Hadschi erst, das läßt sich wohl leicht denken! Um nicht lange in Ungewißheit zu bleiben, hing ich meiner Antwort die Frage an:

„Der Säfir hat dich also nach Bagdad geschickt, um mich dort aufzusuchen?" – „Ja, o Herr." – „Er hat dir eine Botschaft an mich aufgetragen?" – „Ja, o Herr."

Dieses „Ja, o Herr" konnte mir leicht gefährlich werden, wenn ich immer nur der Fragende sein und von ihm stets nur so kurze Antworten bekommen sollte. Darum fuhr ich in dringenderem Ton fort:

„Welche Botschaft ist es? Sprich! Ich liebe es nicht, überflüssige Fragen zu tun!" – „Verzeih, o Herr! Der Säfir ist sehr streng mit uns. Wir dürfen nur antworten, wenn wir gefragt werden, und müssen dann so kurz wie möglich sein. Ich habe dir zu sagen, daß du nicht in Bagdad bleiben, sondern sofort kommen sollst." – „Warum?" – „Die ‚Leichen' müssen bald eintreffen, sie werden nicht auf dem Karawanenweg gebracht, sondern sind der größeren Sicherheit wegen auf dem Nahr Sersar nach dem Euphrat geschafft worden, wo sie auf Kelleks abwärts kommen." – „Wohin?"

Er warf mir einen Blick halben Erstaunens zu und antwortete:

„Das mußt du doch besser wissen als ich, o Herr!"

Da hatte ich mich also beinahe verdächtig gemacht! Ich lenkte also schnell ein:

„Natürlich kenne ich die gewöhnliche Stelle; ich dachte aber, der Säfir habe für diesmal, weil du von einer größeren Sicherheit sprachst, eine andere bestimmt." – „Die bisherige Stelle ist die beste, die es gibt; es ist also kein Grund vorhanden, eine andere zu wählen."

Ich fragte mich im stillen, um welchen Transport es sich eigentlich handele. Um „Leichen"! Er hatte diesem Wort eine eigentümliche Betonung gegeben. Eigentliche, wirkliche Leichen waren wohl nicht gemeint, was aber sonst? Bedienten sich die Sillan etwa einer Geheimsprache, etwa in der Weise, wie unsere Verbrecher untereinander in der Kochemer Loschen – Diebes- oder Gaunersprache – sprechen? Ich wollte das gern wissen und fragte darum, obgleich ich dabei riskierte, nun einen wirklichen Fehler zu begehen:

„Weißt du, was es diesmal für ‚Leichen' sind?"

Ich betonte dabei das Wort „Leichen" genau so wie vorhin er. Er faßte keinen Verdacht und antwortete in gutem Vertrauen:

„Wenn du es nicht weißt, so weiß es der Säfir jedenfalls auch noch nicht. Der Absender wird Gründe gehabt haben, es geheimzuhalten. Aber diese ‚Leichen' sind nur das eine, wovon ich dir sagen soll, es gibt noch etwas anderes, was viel wichtiger zu sein scheint." – „Was?" – „Die Karwan." – „Welche?" – „Das mußt du doch am besten wissen!"

Es schien, als ob er wieder Argwohn fassen wolle; darum nahm ich einen strengeren Ton an und sagte:

„Drücke dich höflicher aus, sonst zeige ich dir, wie du mit mir zu sprechen hast! Wohl weiß ich es am besten; aber du redest von einer Karwan im allgemeinen, und da wir es oft mit Karawanen zu tun haben, so kannst du in diesem Fall eine ganz gewöhnliche meinen und nicht die, auf welche wir es besonders abgesehen haben. Wenn du etwa nicht klug genug bist, dies einzusehen, und auch ferner nicht deutlicher reden kannst, werde ich für ähnliche Fälle vom Säfir andere Boten verlangen, die weniger dumm und höflicher sind als du!"

Da fiel er vor Schreck förmlich in sich zusammen und sagte in flehendem Ton:

„Tue das nicht, o Herr, nur das nicht! Du weißt ja, was es mich kosten würde! Verzeih mir, verzeih mir! Ich habe natürlich keine andere, als die Karwan-i-Pischkhidmät Baschi – die Karawane des obersten Kammerherrn – gemeint, von deren Aufbruch du den Säfir unterrichtet hast." – „Khudaya schukr – Gott sei Dank! Jetzt wirst du deutlicher! Ich rate dir, es stets zu sein, denn ein Bote, der in Rätseln spricht und den Mund nicht öffnen kann, ist nicht zu brauchen. Ja, ich habe ihn von ihr benachrichtigt. Was läßt er mir nun sagen?" – „Er hat Späher nach ihr ausgesandt, die ihn benachrichtigt haben, daß sie heute oder morgen in Bagdad eintreffen wird. Du könntest ihr zufällig begegnen und dabei erkannt werden. Darum mußt du schnell von Bagdad fort und zu ihm kommen. Dies war es, was ich dir noch zu sagen hatte." – „Was noch?" – „Weiter nichts." – „Da du mich glücklicherweise schon hier getroffen hast, brauchst du nun nicht nach Bagdad zu reiten. Das wird euch wohl willkommen sein. Ihr reitet also mit mir zu ihm zurück!"

Ich sagte das in befehlendem Ton, obwohl ich die Kerle im stillen nun dahin wünschte, wo der Pfeffer wächst, und zwar alle beiden Arten, der schwarze und der weiße. Wenn ich sie mitnehmen mußte, setzte ich mich und Halef Widerwärtigkeiten aus, die uns zwar nicht gefährlich zu werden brauchten, uns aber sehr unangenehm werden konnten. Zu meiner Freude aber fiel er schnell ein:

„Verzeih, o Herr, daß wir nicht mit dir reiten können, weil wir auch hinüber oder vielmehr hinauf nach Madain müssen!" – „Nach Madain? Also nicht nur hinauf nach Bagdad zu mir?" – „Nein. Wir sollten zunächst dich aufsuchen und dann den Tigris abwärts nach Madain gehen. Das würde uns erst hier aufwärts und dann drüben wieder abwärts geführt haben, ein sehr langer Weg, den wir uns nun dadurch kürzen können, daß wir von hier aus gleich direkt hinüberreiten." – „Dann kommt ihr wieder zum Säfir?" – „O nein. Wir haben dann noch, ehe wir zurückkehren können, eine wichtige Botschaft von ihm nach Kut el Amara zu bringen."

Dieser Säfir schien sehr ausgebreitete Verbindungen zu unterhalten! Dies ging mich aber weiter nichts an, als daß es mir in diesem Augenblick sehr lieb sein mußte. Der Weg von hier nach Madain betrug acht Stunden, von da nach Kut el Amara zwölf und von dort nach den Ruinen von Babylon, wo ich den Säfir vermutete, wieder vierzehn Stunden. Selbst wenn die beiden Sillan sich mit ihren nicht sehr kräftig aussehenden Pferden noch so sehr beeilten, mußten sie sich doch Zeit zum Essen und Schlafen nehmen und konnten also, wie ich ihre Leistungen nach ihrem Äußeren schätzte, unter zwei und einem halben Tag nicht bei dem Säfir eintreffen. Indessen waren wir, da wir ja bloß einige Punkte kurz besuchen wollten, längst wieder auf dem Rückweg und hatten also keine zweite, uns in Verlegenheit setzende Begegnung mit ihnen zu erwarten. Dies beruhigte mich so, daß ich die freilich etwas zudringliche Frage wagte:

„Welche Botschaften habt ihr nach Madain und Kut el Amara zu bringen?" – „Nimm es nicht übel, o Herr, das sollen wir verschweigen!" – „Auch gegen mich?" – „Gegen jedermann, und da der Säfir dich nicht als Ausnahme genannt hat, müssen wir dich als mit inbegriffen halten." – „Recht so! Das gefällt mir von dir! Man darf selbst einem Vorgesetzten zuliebe nicht von seiner Pflicht abgehen. Hat der Säfir euch vielleicht eine gewisse Stelle angegeben, wo ich ihn treffen soll?" – „Du kennst sie ja, o Herr!" – „Gewiß! Aber er hält sich doch nicht stets dort auf und könnte euch gesagt haben, wo er dann anderwärts zu finden ist." – „Wenn er nicht da ist, wirst du auf ihn warten sollen. Das Tamariskengestrüpp so weit oberhalb von Hilleh – heute Hilla – ist groß und dicht genug, dich und alle, die du dort findest, zu verbergen. Selbst heute noch kommt kein Mensch mehr hin, seitdem die große Mordtat dort begangen wurde. Man hätte doch fast zwei Stunden weit über heißen Sand zu gehen, und die Geister der Erschlagenen gehen Tag und Nacht umher, wie die Bewohner von Hilleh alle glauben. Du bist, o Herr, dort noch sicherer als im Schoß Ibrahims – Abrahams –!“ – „Gut! Ihr habt mir also wirklich gar nichts mehr zu sagen?“ – „Gar nichts; aber ... oh, doch! Da fällt mir noch ein: Er sagte, etwas wissest du noch nicht, und diese Unkenntnis könnte dich unterwegs vielleicht zu einem Fehler verleiten. Er ist nämlich wegen der Karwan-i-Pischkhidmät Baschi mit den Ghasaibeduinen eine Verbindung eingegangen; ein Trupp von ihnen hat sich hier zerstreut und gibt sich, um keinen Verdacht zu erregen, für Solaiaraber aus. Das sollen wir dir sagen, weil du es wissen mußt. Und nun haben wir dir wirklich gar nichts mehr mitzuteilen, o Herr!“ – „Gut! Ich bin mit euch zufrieden, und ihr habt ein Bakschisch verdient; das werdet ihr von mir erhalten, wenn wir uns in Hilleh wiedersehen. Wann seid ihr von dort aufgebrochen?“ – „Gestern abend.“ – „So werdet ihr in Madain euch tüchtig ausschlafen müssen. Säumt also nicht hier, sondern macht, daß ihr hinüberkommt!“ – „Wir werden sofort aufbrechen, denn unsere Pferde sind satt geworden, wir haben hier nichts mehr zu suchen. Allah sei mit dir! Dour-i sär-ät bigär-där, Agha – Ausdruck der Höflichkeit gegen Höherstehende – ich will dein Haupt umkreisen, o Agha!“

Sie stiegen auf und ritten zum Tor hinaus. Halef führte nun unsere Pferde an das Wasser, und während er ihnen zu trinken gab, blinzelte er mich pfiffig-lustig an und sagte:

„Allah macht Köpfe hell und Köpfe dunkel, der deinige strahlte wie die Sonne am Himmel, die ihrigen aber waren umnachtet mit der Finsternis des Unverstandes, so daß ich in die Tiefen ihrer Klugheit wie in einen dunklen Brunnen schaute, in dem kein Tropfen Wasser zu finden ist. Dein Auge hat sie durchschaut, wie die Sonne durch die Scheiben des Glases blickt; sie hingegen halten dich für einen anderen Menschen, von dem wir mit Überzeugung sagen können, daß er weder er ist noch du bist. Sie haben sich einer so albernen Vermischung dreier Persönlichkeiten schuldig gemacht, daß selbst ich sie kaum wieder auseinanderbringe, der ich doch Hadschi Halef Omar, der berühmte Oberscheich der Haddedihn bin vom großen Stamm der Schammar!“ – „Wird dir dieses Auseinanderbringen denn wirklich gar so schwer?“ fragte ich lachend. – „Leicht ist es nicht, Sihdi, denn ich habe nicht alles verstanden, weil von drei Personen und vier Ortschaften die Rede war, die ich wieder vermischte. Während von diesen Personen gesprochen wurde, ritt meine Seele zwischen Bagdad, Madain, Kut el Amara und Hilleh immer hin und her, ohne Einsicht in die Tiefen der Weisheit zu finden, welche über deine Lippen floß.“ – „Es handelt sich nicht um drei, sondern nur um zwei Personen." – „Nein, um drei. Du, der Säfir und der Pädär-i-Baharat; ihr seid doch drei Personen; das wirst du mir nicht bestreiten wollen. Diese Leute wurden so durch- und ineinander gemengt, daß ich jetzt nicht weiß, ob du der Pädär oder dieser der Säfir oder der Säfir du oder du der Säfir oder aber der Säfir der Pädär sein soll. Mit wem bist du denn eigentlich verwechselt worden, und wie muß ich es anfangen, dich mit ihm und euch dann mit dem dritten auseinanderzubringen?" – „Der Sill hat mich für den Pädär-i-Baharat gehalten, das mußt du doch verstanden haben!" – „Mit dem Pädär-i-Baharat? Wenn er das getan hat, so konnte es nicht verstanden werden, denn es war ja gar kein Verstand dabei! Wer dich, den berühmten Emir Hadschi Kara Ben Nemsi Effendi, für diesen Schurken hält, der verdient durchgepeitscht zu werden. Hätte ich diese Frechheit des Sill durchschaut, so wäre meiner Kurbadsch eine Arbeit geworden, von welcher der Rücken dieses Menschen noch lange hätte erzählen können! Aber nun du mir das gesagt hast, begreife ich alles andere: Der Säfir, dieser Feind unseres guten Bimbaschi, befindet sich in Hilleh?" – „In der Nähe von Hilleh. Sein Versteck liegt in einem Tamariskengebüsch zwei Stunden oberhalb der Stadt. Er ist dort wohlgeborgen, weil man außer der Beschwerlichkeit des Weges auch die Geister der Erschlagenen scheut, welche dort umgehen." – „Gut, sehr gut! Das gefällt mir außerordentlich! Ich werde auch dort umgehen und ihm als Geist erscheinen! Und ich werde einen anderen Geist mitnehmen, der aus der Haut eines Nilpferdes gefertigt worden ist! Und dieser Geist wird auch umgehen, sehr umgehen, außerordentlich kräftig umgehen, aber nicht im Wasser oder am Ufer, sondern auf seinem Rücken! Er wird so lange auf diesem Rücken umgehen, bis der Säfir selbst auch ein Geist geworden ist, nämlich ein Geist der Wehmut und der Klage über die Hiebe, die er von mir bekommen hat, weil er unseren lieben Bimbaschi um sein Geld und seine Stellung brachte! Was wird der Schurke dort in seinem Versteck wohl treiben?" – „Du hast ja gehört, daß er auch Leichen wartet." – „Die gönne ich ihm, ich wünsche, daß er sie bekommt! Mag er sie verzehren in jeder Weise, die ihm beliebt, gekocht, gebacken, gebraten oder gleich frisch aus dem Sarg heraus! Aber war nicht auch von einer anderen Karawane die Rede?" – „Ja, von der Karwan-i-Pischkhidmät Baschi." – „Das verstehe ich nicht. Ich spreche jetzt doch ziemlich gut persisch, aber was ein Pischkhidmät Baschi ist, das weiß ich nicht." – „Dieses Wort bedeutet einen Farrasch-Baschi – ein Oberster der Kammerdiener – oder wenigstens so etwas Ähnliches, also einen Hofbeamten des Schah-in-schahs." – „Also einen hohen Angestellten, der sich jetzt unterwegs bei einer Karawane zu befinden scheint?" – „Ja." – „Was hat der Säfir mit diesem vor?" – „Das weiß ich nicht." – „Du weißt es nicht? O Sihdi, wie tief betrübst du meine Seele! Dein Auge ist doch sonst so scharf, und dein Ohr pflegt alle Töne zu vernehmen, vom Brausen des Sturms und dem Schlag des Donners herab bis zum lieblichen Gesang der Ssaraßir – Plural von Ssarßur – Grille –. Und die Absichten dieses Säfir, der doch tausendmal größer als eine Grille ist, sind dir verborgen geblieben!" – „Hast etwa du sie durchschaut?" – „Nein. Warum fragst du denn mich? Ich bin nur da, um dein Beschützer, Behüter und Bewahrer zu sein; weiter habe ich nichts zu tun; aber wenn es sich um geheime Absichten handelt, welche durchschaut und entdeckt werden sollen, so bist du es, der nachzusuchen und nachzuforschen hat, bis er die im Säfir steckende Grille findet." – „Eine Grille zirpen zu hören und die geheimen Absichten eines voller Arglist steckenden Verbrechers zu durchschauen, das sind zwei sehr verschiedene Dinge; zu dem einen gehört nur ein offenes Ohr, zu dem anderen aber mehr, viel mehr." – „Dieses ‚Mehr' solltest du aber doch besitzen, Sihdi!" – „Du ebenso!" – „Ich bitte dich, verlange dies jetzt nicht von mir! Du weißt, daß mir alle Gaben des Verstandes und der Weisheit verliehen worden sind; aber seit ich diesen Ring des Sill am Finger habe, ist es mir, als ob ich vor den Kopf geschlagen worden sei. Ich habe dich aus der Verwechslung mit dem Säfir befreit; mehr kann ich heute nicht tun. Denke nach, so wirst du es finden!" – „Das habe ich schon getan; du aber verstandest meine Antwort nicht. Was der Säfir mit der Karawane des Kammerherrn will, das kann ich nicht wissen, aber doch vermuten." – „Nun, und was vermutest du?" – „Daß er sie mit Hilfe der von ihm angeworbenen Ghasaibeduinen überfallen will. Aus dieser Verbindung mit den Ghasai ziehe ich übrigens den für uns vielleicht wichtigen Schluß, daß er entweder nicht genug Sillan bei sich hat oder daß diese sich zum Überfall einer Karawane nicht hergeben würden, weil sie keine Räuber und Mörder sind, sondern weniger verbrecherische Aufgaben verfolgen." – „Aber der Pädär-i-Baharat war auch ein Sill und wollte uns doch morden!" – „Das kann eine Ausnahme gewesen sein. Du hattest ihn geschlagen, und wir wissen, daß Schläge nur mit dem Blut abgewaschen werden können." – „Ich glaube nicht an eine Ausnahme, Sihdi. Nun denke ich, wenn der Säfir die Karawane des Kammerherrn überfallen will, muß er sich doch gute Beute von ihr versprechen?" – „Allerdings. Daß er dies tut, ist leicht begreiflich, obgleich ich auch da keine Gewißheit, sondern nur eine Vermutung hege. Diese Vermutung hängt mit der Majdana koma – Ausstellung – in Paris zusammen." – „Paris, die Hauptstadt der Franken? Eine Majdana koma, wo alles gezeigt wird, was ein Volk geschaffen und gearbeitet hat? Wie hängt diese mit dem Säfir und dem geplanten Überfall zusammen?" fragte er erstaunt. „Sihdi, du bist der klügste Mann unter allen, die ich kenne; deine Gedanken sind so scharf und zutreffend, daß ich oft, sehr oft mit Bewunderung geglaubt habe, daß dir nichts verborgen bleiben könne, aber den Säfir kannst du unmöglich mit Paris und der Majdana koma zusammenbringen!" – „Ich werde es wenigstens versuchen. Der Schah hat nämlich die Absicht, nach Paris zu reisen, um diese Majdana koma zu sehen; alle seine Beamten sind damit einverstanden; aber die Geistlichkeit ist dagegen, er jedoch weiß ebensogut wie jeder andere Moslem, wie man diese frommen Leute zur besseren Einsicht ringen kann: man muß sie kaufen. Diese schiitischen Geistlichen sind alle für Gold zu haben, vom obersten Imam-Dschuma bis herunter zum niedrigsten Mullah. Man beschenkt einige Moscheen, gibt einigen einflußreichen Imams einen klingenden Händedruck, und wenn das noch nicht hilft, so greift man zum untrüglichsten und wirksamsten Mittel, welches noch nie vergeblich angewendet worden ist, nämlich man sendet eine Karwan-i-Raschwa – Karawane der Bestechungsgeschenke – nach den heiligen Städten und kann dann sicher sein, daß der Erfolg nicht auf sich warten läßt. Die Priesterschaft von Mesched Ali und Kerbela hat auf die Anhänger der Schia einen Einfluß, mit welchem sich derjenige aller hohen und niederen Imams nicht vergleichen läßt." – „Weiter, Sihdi! Ich beginne jetzt zu begreifen. Du stehst im Begriff, meinen vorhin ausgesprochenen Zweifel zu besiegen." – „Eine solche Karwan-i-Raschwa vertraut man nur einem treuen und wohlgeprüften Mann an, den man genau kennt, von dem man weiß, daß man sich auf ihn verlassen kann. Und wen kennt der Schah bei den an seinem Hof herrschenden Verhältnissen wohl genauer als seine Kammerherren? Unter diesen Vertrauten sucht er sich den vertrautesten und zuverlässigsten heraus, um ihm die reichen Gaben mit den ebenso wichtigen wie geheimen Aufträgen zu übergeben, und wenn der Transport dann aufgebrochen ist, kann er ebensogut eine Karwan-i-Raschwa wie eine Karwan-i-Pischkhidmät Baschi genannt werden, weil ein Pischkhidmät Baschi, ein Kammerherr, sich an ihrer Spitze befindet." –

„Das klingt freilich so einfach", gestand der Hadschi, „daß ich mich darüber wundere, es nicht selbst erdacht zu haben." – „Ich werde noch weiter denken, liefer Halef: Warum wird der betreffende Reisezug die Karawane des Kammerherrn genannt? Würde sich ein Kammerherr irgendeiner Karawane zufällig anschließen, so gäbe es keinen Grund, sie nach ihm zu benennen; sie würde die Hauptsache sein, und er befände sich bloß als Mitglied wie jedes andere bei ihr. Die Bezeichnung als seine Karawane gibt aber Grund zu dem Schluß, daß er das Haupt und sie von ihm abhängig sei; er ist nicht zufällig gekommen, sondern er hat sie gebildet; er ist ihr Unternehmer und Gebieter. Wenn ich hiermit das Richtige treffe, so muß ich fragen, welchen Grund ein Kammerherr haben kann, eine Karawane zu bilden? Gewiß nicht aus eigenen Mitteln und zu eigenem Zweck; er handelt jedenfalls im Auftrag eines anderen, und dieser andere wird mit allergrößter Wahrscheinlichkeit nur der sein, dessen Kammerherr er ist. Ich bin dabei der Ansicht, daß die Bezeichnung ‚Karawane des Kammerherrn' keine öffentliche, amtliche oder von dem Unternehmer beabsichtigte ist; ich denke vielmehr, daß sie nur von dem Pädär-i-Baharat und dem Säfir in dieser Weise bezeichnet wird. Und das bringt mich auf einen ferneren Beweis dafür, daß ich nicht falsch geraten haben." – „Es sollte noch einen Beweis geben?" fragte Halef. „Ich fände keinen!" – „Es gibt noch mehrere, doch dieser eine genügt zum Schluß. Du hast gehört, daß der Pädär-i-Baharat den Säfir über die Karawane unterrichtet hat; er ist in Persien gewesen und hat das Vorhaben des Kammerherrn erlauscht. Eine auf Befehl des Herrschers unternommene Reise zur Überbringung wertvoller Geschenke wird gewiß möglichst geheimgehalten, zumal die von ihr verfolgte Absicht gegen die bisherige Stimmung der Geistlichkeit gerichtet ist. Es hat also viel Zeit, viel Aufmerksamkeit und List, viel Geld, um irgendeinen oder mehrere Wissende zu bestechen, also ungewöhnliche Opfer gekostet, in dieses Geheimnis einzudringen, und wenn dies alles dem Pädär-i-Baharat nicht zuviel gewesen ist, so muß es sich um eine außerordentlich lohnende Sache handeln. Er hat dann von Persien aus einen Boten hierhergesandt, und der Säfir hat der Karawane Kundschafter entgegengeschickt; auch das sind Umstände, welche darauf schließen lassen, daß diese Karwan-i-Pischkhidmät Baschi von großer Wichtigkeit für diese beiden ist, wahrscheinlich von größerer noch, als die sogenannten ‚Leichen', welche auf dem Euphrat herabkommen werden." – „So meinst du wohl, daß sie auch für uns wichtig ist, Effendi?" – „Jetzt noch nicht; sie kann es aber unter Umständen werden. Wir beabsichtigen kein Zusammentreffen weder mit dem Pädär-i-Baharat noch mit dem Säfir; aber wenn es dennoch stattfinden sollte, so müssen wir freilich gewärtig sein, mit in diese geheimnisvolle Angelegenheit gezogen zu werden, denn wir haben den Säfir vor und den Pädär hinter uns, und der Ort, an welchem sie sich treffen wollen, ist zugleich derjenige, den wir beabsichtigen, aufzusuchen. Es gibt wahrscheinlich nur ein Mittel, sie zu vermeiden." – „Welches?" – „Auf den Besuch der Stätten, welche wir sehen wollen, zu verzichten und nach Bagdad zurückzukehren, wobei wir, um nicht auf den Pädär zu treffen, einen anderen Weg einzuschlagen hätten." – „Das fällt mir nicht ein, Sihdi! Was ich mir einmal vorgenommen habe, das wird ausgeführt; am allerwenigsten würde ich wegen dieser Kerle darauf verzichten; denn das würde geradeso aussehen, als ob wir uns vor ihnen fürchteten. Wir haben beschlossen, nach den Ruinen von Babylon zu reiten, und werden es auch tun. Oder bist du etwa anderer Meinung?" – „Nein." – „So laß uns aufbrechen! Die Pferde haben getrunken, und unser kleiner Wasserschlauch ist bald gefüllt. Mag kommen, wer da will, die Sillan oder andere Halunken, ich bin in jedem Augenblick bereit, ihnen mit meiner Peitsche zu erklären, daß ihnen die Gefühle meines Herzens mit großer Lebhaftigkeit entgegenschlagen; hörst du wohl, Effendi, entgegen – schlagen, habe ich gesagt!"

Er zog bei diesen Worten die Kurbadsch aus dem Gürtel und machte mit ihr einige pfeifende Hiebe durch die Luft. Um diese seine Energie auf das richtige Maß zurückzuführen, antwortete ich:

„Laß die Peitsche da, wo sie war! Wir haben uns vor Unbesonnenheiten zu hüten, und du weißt, daß wir deiner Hanneh versprochen haben, alles zu vermeiden, was uns in Gefahr bringen kann." – „Oh, was das betrifft, Sihdi, so kenne ich meine Hanneh, welche dem Sonnenaufgang mit allen seinen Schönheiten und seinen wunderbaren Herrlichkeiten gleicht: Sie ist besorgt um die Gesundheit meines Körpers und um die Sicherheit meines Lebens, doch auch um meinen Ruhm. Sie will mich nur mit unverletzten Gliedern haben, aber sie will auch stolz sein auf die Taten meiner Tapferkeit. Sie verlangt zwar von mir, vorsichtig zu sein, würde sich aber meiner schämen, wenn sie erführe, daß ihr Halef nicht mehr der mutige Krieger sei, der er stets gewesen ist. Du hast mir einmal von einer wackeren Mutter erzählt, welche zu ihrem in den Kampf ziehenden Sohn sagte, er solle entweder als Sieger oder auf dem Schild, also als Leiche, die man auf den Schild gebettet hat, zurückkehren, ich will meiner Hanneh beides bieten: ich werde als lebendiger Sieger auf dem Schild bei ihr einziehen, denn als verstorbene Leiche meine Arme um ihren verwitweten Hals zu schlingen, das fällt mir gar nicht ein, und das habe ich dir auch bereits einmal gesagt. Ist deine Emmeh vielleicht anders gesinnt als die holde und unvergleichliche Besitzerin meines Frauenzeltes? Hat sie deinen Körper und die Verletzlichkeit deiner Glieder etwa lieber als deinen Ruhm, als die Ehre, das Weib eines Mannes zu sein, vor dem alle Schurken zittern und den alle Halunken fürchten?" – „Was das betrifft, so kann ich dich beruhigen, meine Emmeh, mit welcher sich keine Haremsbewohnerin der ganzen Erde vergleichen kann, möchte auch keinen Feigling zum Mann haben." – „Das freut mich um ihretwillen, doch bitte ich dich, in dem Lob, welches du ihr jetzt brachtest, eine Ausnahme gelten zu lassen. Wenn du sagst, daß keine sich mit ihr vergleichen könne, so mußt du bedenken, daß mich das sehr betrüben muß, indem du deine Emmeh da über meine Hanneh stellst!" – „Darf ich meine Frau nicht ebenso loben wie du die Deinige?" – „Ja; aber es darf nicht so weit gehen, daß meine Hanneh sich vor deiner Emmeh tief verneigen müßte. Lassen wir es bei dem Übereinkommen, daß sie beide unvergleichlich sind! So, nun habe ich den Wasserschlauch an den Sattel gebunden, und wir können fort." – „Ja, reiten wir weiter! Wollen aber nicht vergessen, die Ringe der Sillan von den Fingern zu ziehen und wieder einzustecken." – „Warum?" – „Weil wir nur dann, wenn es uns beliebt, wenn es uns Nutzen bringt, für Sillan gelten wollen. Wenn jeder Sill, der uns begegnet, uns für seinesgleichen hält, können wir in unangenehme Lagen kommen." – „Das ist richtig, Effendi. Stecken wir sie also ein, bis wir sie wieder brauchen, den Sillan zu zeigen, daß unsere List hoch über ihrer Klugheit steht."

Wir stiegen wieder auf und verließen den Khan. Die Karawanen pflegen, wenn sie nach Hilleh gehen, von hier aus noch die Khans Nasrijeh und Mohawid aufzusuchen; wir aber unterließen dies, weil wir jede uns nicht willkommene Begegnung vermeiden und gern auch denselben Weg reiten wollten, den wir damals eingeschlagen hatten, um durch das Umbiegen der Todeskarawane ihren Gestank zu vermeiden.

Ich spreche zwar von einem Weg, aber es war keiner vorhanden. Wir ritten über freies Feld oder vielmehr über die offene, ungebahnte Wüste, wobei wir sehr viele alte, längst ausgetrocknete Kanäle und Gräben zu passieren hatten. Zwar hatte ich mich damals schon im Fieberstadium der Pest befunden, in einem traumhaften Zustand, der es mir unmöglich gemacht hatte, mir die Gegend einzuprägen, dennoch aber erkannten wir heute jeden sich nur einigermaßen aus der Öde hervorhebenden Punkt, an welchem wir vorübergekommen waren.

„Hier war es, Sihdi", sagte Halef, indem er sein Pferd anhielt, „wo wir damals abstiegen, um die größte Tageshitze vorüberzulassen und wo mir dein Aussehen aufzufallen begann. Dein Angesicht war grau, und dunkle Ringe zogen sich um deine lieben Augen. Ich mußte dir Wasser und Essig geben, aber dein Blick blieb dennoch ohne Seele, und ich begann zu ahnen, daß du alle deine Kräfte anstrengtest, um aufrecht zu bleiben, und mir das verschwiegest, um mein Herz nicht zu betrüben." – „Ja, es war eine schlimme, schlimme Zeit, lieber Halef", nickte ich. „Ich war kein Mensch mehr, sondern nur ein Schemen. Indem wir über die Wüste jagten, flog sie wie ein trostloses Hirngespinst an mir vorüber, und die Menschen, welche bei mir waren, glichen schattenhaften Phantomen. Wenn es dir recht ist, werden wir uns nach der damaligen Zeiteinteilung richten und heute an derselben Stelle am Birs Nimrud übernachten." – „Ganz wie du willst, Effendi. Wie lange haben wir noch bis Hilleh zu reiten?" – „In der Richtung, welche wir genommen haben, sind es wohl vier Stunden." – „So kommen wir in der größten Sonnenglut dort an und können sie vorüberlassen, ehe wir dann weiterreiten."

Ich hatte mich mit der erwähnten Zeitbestimmung nicht getäuscht. Gegen Mittag erreichten wir die am linken Euphratufer liegenden Palmenpflanzungen. Wir sahen die Ruine El Himmar rechts vor uns liegen, dann die Höhe des Bab el Mudschellibeh und den Hügel Qasr, welcher die Überreste der einstigen Königsburg darstellt, in deren Räumen Alexander der Große starb. Der näher liegende Hügel Amran Ibn Ali trug wahrscheinlich die berühmten hängenden Gärten der Semiramis. Auch links sahen wir eine Menge Ruinen liegen, deren gewaltigste noch heutigen Tages Babel heißt. Die mohammedanische Sage erzählt, daß in ihrem Inneren die beiden gefallenen Engel Harut und Marut an den Beinen aufgehängt worden seien und noch jetzt in derselben Stellung dort hängen. Als wir Hilleh erreichten, ritten wir über die Schiffbrücke hinüber und kehrten in einem Menzil – ein arabisches Gasthaus – ein, welches wir dem Khan vorzogen, weil es gerade heute keine Gäste hatte, dafür aber ein ziemlich großes, unterirdisches Gemach, dessen Kühle eine wahre Wohltat war. Als wir die Pferde unter ein Schutzdach gestellt und mit Futter und Wasser versehen hatten, stiegen wir da hinab, wo Halef sich, während ich mich auf ein Kissen legte, mit Erlaubnis des Wirts in die Matbach – Küche – begab, um mit eigenen Händen für uns ein Huhn mit Reis zu bereiten.

Hilleh ist ganz aus den Ziegeln der babylonischen Trümmerhaufen erbaut worden und bildet den Hauptort des Bezirkes Diwaniya. Hier trennen sich für die Karawanen die Wege nach Kerbela und Nedschef Ali. Unter den öffentlichen Gebäuden ist die Moschee Esch Schems – Sonnenmoschee – das bedeutendste. Die zehntausend Bewohner sind schiitische Perser und Araber und so fanatisch gesinnt, daß ich mich sehr hütete, dem Wirt zu sagen, daß ich ein Christ sei. Er hätte mich keinen Augenblick bei sich geduldet, und alles, was ich berührt hätte, wäre für unrein erklärt und einer priesterlichen Säuberung unterworfen worden, deren nicht geringe Kosten ich hätte tragen müssen. Da ich von Unreinheit und Säuberung spreche, muß ich bemerken, daß die Bewohner Hillehs gar keine Veranlassung haben, auf ihre Reinlichkeit stolz zu sein; soviel ich sah, scheint die Stadt vielmehr eine Ablagerungsstätte alles möglichen orientalischen Schmutzes zu bilden.

Unser Huhn konnten wir zwar mit Appetit verzehren, weil es von Halef selbst gebraten worden war; aber als wir uns hierauf saure Milch bestellten – Hilleh ist nämlich wegen seiner sauren Milch weithin berühmt – mußten wir die obere Schicht abschöpfen, weil sie wegen des daraufliegenden Schmutzes für uns ungenießbar war. Der Wirt, welcher dies sah und es übelnehmen wollte, fragte mir gerunzelter Stirn nach der Ursache. Halef, der in solchen Sachen immer Zungenfertige, antwortete:

„Verzeihe uns, o Vorbild frommer Gastlichkeit! Wir sind Büßer und haben, um uns zu strafen und in der Enthaltung zu üben, ein Gelübde getan, von keiner Speise, welche wir genießen, das beste zu essen, und du wirst doch zugeben, daß das, was wir abgeschöpft und weggeworfen haben, von deiner Milch das beste war.“ – „Allah sei euch gnädig und gebe euch Kraft, euer Gelübde bei allen Speisen und nicht bloß bei der Milch auszuführen! Ihr hättet von dem Huhn doch das beste übriglassen sollen, habt es aber ganz verzehrt!“ – „Du irrst, denn wir haben es nicht verzehrt.“ – „Ich sehe aber doch nichts!“ – „Wirklich nicht? Erlaube, daß mir um das Licht deiner Augen bange wird! Was wäre ein Huhn, wenn ihm nicht die Knochen zur Aufrechterhaltung seines körperlichen Wuchses verliehen worden wären? Und wie könnte es bestehen, wenn es nicht die Federn besäße, welche nicht nur seine Kleidung, sondern auch den Schmuck seiner Schönheit bilden? Wenn Allah dich mit der Gabe der Vernunft gesegnet hat, wirst du also einsehen, daß die Knochen und die Federn am Huhn das beste sind, was es besitzt. Nun schau hierher! Da siehst du die Knochen liegen. Und wenn du in die Küche gehst, wirst du auch die Federn entdecken, von denen wir keine einzige mitgegessen haben. Unser Gelübde ist also erfüllt. Wir hätten auch von der Milch die Knochen und Federn übriggelassen, haben aber leide keine darin gefunden!"

Der Mann wußte nicht, was er dazu sagen sollte, und ging verdrießlich brummend zur Tür hinaus. Halef aber lachte lustig vor sich hin und sagte:

„Das hätte Hanneh, die lieblichste aller Lieblichkeiten hören sollen! Habe ich mich mit den Knochen und Federn in der Milch nicht vortrefflich ausgedrückt?"

Nach einiger Zeit kam der Wirt mit drei Männern zurück, welche in alte, verschlissene Meschlachs – Wollmäntel – gekleidet waren und nicht sehr vertrauenerweckend aussahen. Sie betrachteten uns mit auffälliger Neugierde und setzten sich nahe bei uns nieder. Nachdem sie sich Tschibuks und Kaffee bestellt hatten, wendete sich einer von ihnen mit den Worten an uns:

„Wir sahen draußen eure Pferde stehen und haben sie bewundert. Wer so ein Tier besitzt, muß reich sein, sehr reich sein. Darf ich fragen, wo eure Heimat liegt?"

Halef warf mir einen fragenden Blick zu; ich nickte leise mit dem Kopf, und so übernahm er die Antwort:

„Wir wohnen im fernen Land Schibiri – Sibirien –, wo die Berge bis zum Mond hinaufreichen und weiß vom Schnee sind, in welchen sich dort der Regen zu verwandeln pflegt." – „Allah! Wie kalt muß es dort sein! Wir wissen hier nicht, was Schnee ist, haben aber davon gehört. Es wohnen wohl Sunniten dort?" – „Nein, lauter Schiiten." – „So segne Allah dieses Land und lasse ihm hunderttausend Palmen für jeden Bewohner wachsen! Sind die Leute dort wohlhabend?" – „Ja, alle!" – „Das sieht man an euren Pferden. Wenn diese Bewohner auf Reisen gehen, stecken sie wohl nur Gold in ihre Taschen?"

Halef war, indem er den Reichtum bejahte, sehr unvorsichtig gewesen, er konnte dadurch die Raublust dieser drei Menschen leicht auf uns lenken; jetzt antwortete er klüger:

„Nein; sie stecken gar nichts ein, denn man ist dort so gastfreundlich gesinnt, daß niemand Geld zu haben braucht." – „Aber jede Gastfreundschaft muß belohnt werden, sie tragen also wohl Kostbarkeiten mit sich? Vielleicht Perlen oder gar edle Steine?" – „Edle Steine? Was für Steine meinst du da?" – „Diamanten, Rubine, Smaragde, Türkise." – „Allah 'l Allah! Sind etwa diese bei euch hier edel?" – „Natürlich!" – „Welch ein Land! Und welch ein Volk seid ihr. Bei uns in Schibiri bestehen sämtliche Gebirge massiv aus solchen Steinen. Die werden also gar nicht geachtet; die Wege sind mit Diamanten gepflastert, und die Häuser werden aus Rubinen und Türkisen gebaut. Zum Bau der Moscheen nimmt man nur Smaragde, die so groß sein müssen wie zehn eurer Kieselstein." – „Maschallah! Soll man das wohl glauben?" – „Natürlich muß man's glauben, denn es ist ja wahr. Wir haben aber auch Steine, welche edel sind und ungeheures Geld kosten." – „Wie heißen diese?" – „Kara Tasch, Haßwa, Hattan, Palandiz Taschy – Schiefer, Kieselstein, Ton, Granit – und noch andere ähnliche." – „Sag, sind die Menschen wahnsinnig dort?!" – „Welch eine Frage!" – „Das sind ja lauter Steine, aus denen unsere Berge hier bestehen!" – „So seid ihr und eure Berge verrückt, aber doch nicht wir! Den Wahnsinn kennt man in Schibiri nicht; hier aber scheint er in den meisten Köpfen, besonders in den eurigen, zu wohnen." – „Wieso?" – „Weil uns nur verrückte Menschen nach Gold und nach Edelsteinen fragen können. Glaubt ihr denn, daß wir, wenn wir solche Dinge bei uns hätten, es euch sagen würden? Bei uns in Schibiri ist kein Mensch so dumm, wie die Bewohner der hiesigen Gegend zu sein scheinen."

Jetzt sah der Mann ein, daß er von Halef gefoppt worden war; er griff nach seinem Messer und rief drohend aus:

„Schweig! Wenn du beabsichtigst, uns zu beleidigen, wirst du sofort hier diese Klinge fühlen!" – „Laß sie stecken!" antwortete der Hadschi lachend. „Wir haben auch Messer. Deine große und unzeitige Neugierde verdiente eine Lehre, die ich dir gegeben habe. Wir halten unseren Kef und wollen ruhen; da kommst du, uns zu stören. Warum läßt du uns nicht unbelästigt? Woher weißt du, daß wir mit dir sprechen wollen? Wird sind keine Knaben, denen man mit dummen, unvorsichtigen Fragen kommen darf. Das will ich dir noch sagen, und nun laßt uns in Ruhe!"

Da sprang der Mann auf, hielt ihm die geballten Fäuste hin und schrie:

„Das sind Beleidigungen, für welche ich dich erstechen würde, wenn ich nicht – wenn wir nicht – wenn wir nicht zum Stamm der Solaib gehörten! Hast du von diesem Stamm gehört?"

Nach einem allgemeinen und sehr alten Übereinkommen erfreuen sich die Solaib des ungestörtesten Friedens. Niemand darf einen Solaib feindlich behandeln, dafür aber sind die Genossen dieses Stammes auch verpflichtet, ihrerseits alles zu vermeiden, was herausfordernd wirken kann. Wir wußten von den zwei Boten des Säfir, daß dieser sich mit Ghasaibeduinen verbunden hatte, welche sich für Solaib ausgaben, höchstwahrscheinlich gehörten diese drei zu ihnen. Da der Hadschi die Schuld an dieser immerhin unangenehmen Szene trug, ließ ich ihn nicht weitersprechen, sondern richtete nun selbst die warnenden Worte an den Sprecher:

„Wenn du wirklich ein Solaib bist, so mache der Friedfertigkeit deines Stammes keine Schande und setze dich ruhig nieder! Wir sind, wenn wir mit jemand sprechen wollen, gewöhnt, das Wort selbst zu ergreifen. Warte also ab, was uns beliebt!“ – „Wallahi!“ höhnte er. „Ihr scheint euch für sehr vornehme Personen ausgeben zu wollen; ich aber will euch sagen, was ihr seid! Ihr seid ...“

Ich sprang rasch auf, trat ganz nahe zu ihm heran und fragte:

„Nun, was sind wir? Sprich!“

Er hatte dem Mund noch offen und vergaß, ihn zuzumachen, obgleich er mit der Antwort zögerte. Während ich seinen Blick mit meinem Auge festhielt, wich er langsam Schritt um Schritt zurück, setzte sich dann nieder, wo er vorhin gesessen hatte, und sagte kein Wort. Auch ich suchte meinen Platz wieder auf und tat so, als ob außer uns niemand anwesend sei. Es dauerte nicht lange, so entfernten sich die Beduinen, doch nicht, ohne uns vorher noch drohende Blicke zugeworfen zu haben.

„Sihdi, der hatte Angst vor dir!“ lachte Halef. „Ich sah ihm die Feigheit gleich am Anfang an.“ – „Das ist kein günstiges Zeugnis für dich! Reizt man einen Feigling zum Zorn?“ – „Er hat doch mich gereizt und nicht ich ihn!“ – „Läßt man sich von einem Feigling reizen?“ – „Wie du nur wieder einmal bist, Sihdi! Du selbst hast mich doch durch deinen Wink aufgefordert, ihm zu antworten!“ – „Habe ich dich aufgefordert, es in der Weise zu tun, in welcher es geschehen ist?“ – „Konnte ich anders? Was hatte er nach unserem Vermögen zu fragen? Ein ehrlicher Mann tut das nicht, und von einem unehrlichen Menschen muß es beleidigen, denn er hält mich für dumm genug, es ihm zu sagen. Ich habe zwar gesagt, daß ich ihn für einen Feigling halte, aber ich füge hinzu, daß er dazu ein Schurke ist; es gibt auch feige Schurken. Was denkst denn du von diesen Leuten?“ – „Ich halte sie für Ghasaibeduinen, die bei dem geplanten Überfall auf die Karawane beteiligt sein sollen. Ich wollte, sie wären nicht hierhergekommen.“ – „Wenn ich dich nicht kennte, so würde ich sagen: Das klingt beinahe wie Angst! Mögen sie sein, wer und was sie sind, mir ist es gleich. Und wenn sie das sind, was du denkst, so haben sie auf die Karawane achtzugeben und also keine Zeit dafür übrig, sich mit uns zu beschäftigen. Wir sind vor ihnen sicher. Doch – horch!"

Wir hörten das Geräusch scharrender und schlagender Hufe und begaben uns schnell nach dem Hof. Die Beduinen, bei denen sich auch der Wirt befand, hatten unsere Pferde losgebunden und bemühten sich, aufzusteigen, die Hengste sträubten sich dagegen. Als Halef das sah, griff er nach seiner Peitsche; ich nahm ihn beim Arm und sagte:

„Nicht schlagen! Es ist frech von ihnen, ja; aber sie sollen ihren Willen haben und ihre Strafe dadurch finden, daß sie abgeworfen werden."

Er bezwang seinen Grimm und antwortete mit einem nicht etwa freundlichen Lachen:

„Ganz recht, Sihdi, ganz recht! Aber sie sollen so herunter, daß sie es nicht bald und leicht vergessen werden. Überlaß das mir! Ich bringe es besser fertig, denn ich habe es mit den Rappen eingeübt."

Er machte ein sehr harmloses, ja beinahe wohlwollendes Gesicht, ging auf die Leute zu und fragte:

„Ihr wollt die Pferde wohl einmal probieren?" – „Ja, das wollen sie", nickte der Wirt. „Aber die Tiere haben den Scheitan – den Teufel – im Leibe und wollen niemand in den Sattel lassen." – „Ja, sie sind gewöhnt, nur gute Reiter zu tragen, und scheinen diesen Solaib nichts zuzutrauen."

Da dies etwas höhnisch klang, fiel einer der Beduinen schnell ein:

„Das mögen sie nur abwarten! Das Aufsteigen zu verwehren, ist weiter nichts; aber wenn wir erst einmal oben sitzen, dann sollen sie erfahren, ob wir Reiter sind oder nicht! Wir fordern dich auf, sie nur erst zu beruhigen!" – „Diese Liebe kann ich euch erweisen; aber ich sage euch vorher, daß sie euch abwerfen werden." – „Schwatze nicht, sondern probiere es!" – „Wenn ihr wollt, ja; aber gebt mir nicht die Schuld, wenn ihr die Hälse brecht!" – „Unsere Hälse gehören uns, aber nicht dir; wir werden sie selbst zu hüten wissen!" – „Gut! Macht also, daß ihr hinaufkommt! Und haltet euch fest, sonst seid ihr schneller wieder unten als hinauf!"

Daß diese Leute sich ohne Erlaubnis an unsere Pferde gemacht hatten, braucht nicht aufzufallen. Der Beduine ist ein geborener Reiter und gerät sehr leicht in Ekstase, wenn er ein selten gutes oder wohl gar reinblütiges Pferd sieht. Sein Verlangen, es einmal zu probieren, ist ein ganz selbstverständliches. Daher die Begeisterung und der Wunsch dieser drei Männer, welch letzteren sie wegen des vorangegangenen Streites gar nicht erst hatten aussprechen wollen.

Die Hengste waren aufgeregt; sie schlugen noch jetzt um sich, obgleich wir, ihre Herren, nun zugegen waren. Da hob Halef den Arm und rief das eine Wort „Schusch – still –!“ Sie standen sofort unbeweglich still; zwei der Beduinen stiegen auf und fanden den gewünschten Gehorsam. Sie ritten die ganze Schule durch und ahmten schließlich die Bewegungen des Barudspiels mit den plötzlichen Zickzackbewegungen nach, was hier in dem engen Hof nicht ungefährlich war. Ich bemerkte, daß die Augen der Pferde fortwährend auf Halef gerichtet waren; die klugen Tiere wußten, um was es sich handelte. Eben jagten beide Reiter von entgegengesetzten Seiten aufeinander los, da erscholl Halefs Ruf: „Litaht, litaht!“

Der Hadschi trennte beide Worte durch einen schrillen Pfiff. Das war das Zeichen. Die Pferde warfen sich mitten im Galopp hoch in die Luft – ein katzenartiges Krümmen des Rückens, ein blitzschnelles Auffußen und wieder Hochspringen – die Reiter flogen in weitem Bogen aus den Sätteln und mit lautem Prall auf die scharfkantigen Ziegel nieder, welche zerstreut umherlagen. Es herrschte kurze Zeit tiefe Stille; die Pferde standen still, und die Abgeworfenen lagen still, auch der Wirt und der dritte Beduine bewegten sich zunächst nicht; dann aber eilten sie zu den am Boden Liegenden hin. Auf dem Gesicht Halefs lag der Ausdruck stolzer Freude.

„Was sagst du dazu, Sihdi?“ fragte er. „Wie sind die Hengste dressiert?“ – „Vorzüglich“, antwortete ich. „Aber ich glaube, die Reiter haben Schaden genommen!“ – „Das ist mir gleich. Was haben sie sich mit unseren Pferden zu schaffen zu machen! Ich habe sie gewarnt, und du bist Zeuge, daß sie für ihre Hälse selbst sorgen wollten. Schau hin; sie haben ihren Lohn!“

Der eine wollte sich aufrichten; er konnte nicht, denn er hatte das Bein gebrochen; der andere lag besinnungslos; ob auch er verletzt war, ließ sich jetzt nicht entscheiden. Wir gingen, um unsere Sachen aus der Stube zu holen. Als wir wiederkamen, hatten die Kerls sich miteinander besprochen und einen Beschluß gefaßt, den der Wirt uns mitteilen zu sollen schien, denn er erkundigte sich in feindseligem Ton bei mir:

„Sagt, ihr scheint fortzuwollen?“ – „Ja“, nickte ich. – „Das geht nicht. Ihr müßt bleiben!" – „Warum?" – „Du siehst, was hier geschehen ist. Dieser Mann hat das Bein gebrochen, und dieser da ist vielleicht gar tot!" – „Was geht das uns an? Wir haben sie gewarnt." – „Aber ihr habt den Pferden ein Zeichen gegeben, sie abzuwerfen!" – „Das geht dich nichts an! Du hast uns zunächst zu sagen, was wir dir für das Essen zu bezahlen haben." – „Das werdet ihr später erfahren. Ich lasse euch nicht fort." – „Pah! Du wirst uns wohl nicht halten!" – „Das werde ich ganz gewiß, und wenn ihr mir nicht gehorcht, so werde ich meine Klage bis zum Pascha treiben!" – „Damit machst du uns nicht bange! Wenn du denkst, uns dadurch furchtsam zu machen, daß du eurem hiesigen Sandschaki den hohen Titel eines Paschas gibst, so irrst du dich. Wir stehen unter dem direkten Schutz des Padischahs, und selbst wenn das nicht wäre, so würden wir uns selbst zu beschützen wissen. Willst du uns sagen oder nicht, was das Essen kostet?" – „Nein!" – „So bezahle ich, was mir beliebt. Es wird mehr sein, als du zu fordern hast. Hier hast du!"

Ich nahm das Geld aus dem Beutel und reichte es ihm hin; da schlug er mir von unten an die Hand, daß die Geldstücke zur Erde flogen. Ich warnte ihn:

„Höre, Mann, ich bin nicht gewohnt, daß man nach mir schlägt oder mich in ähnlicher Weise beleidigt. Versuchst du das noch einmal, so zeige ich dir, wie ich solche Frechheiten zu bestrafen pflege! Geh weg!"

Er stellte sich mir nämlich in den Weg, weil er sah, daß ich in den Sattel wollte; Halef hatte sich schon aufgeschwungen. Die Beduinen riefen dem Wirt zu, uns nicht fortzulassen. Dieser wagte es auch wirklich, mich am Arm zu packen.

„Laß los!" forderte ich ihn auf. – „Du bleibst!" herrschte er mich an, indem er mich festhielt. – „So flieg dorthin, wo schon die anderen liegen!"

Ich gab ihm einen Hieb unter das Kinn, daß er zurücktaumelte, faßte ihn bei der linken Hüfte und unter dem rechten Arm, hob ihn auf und warf ihn auf den dritten Beduinen, welcher ihm zu Hilfe kommen wollte. Beide stürzten nieder. Ehe sie sich aufraffen konnten, saß ich auf dem Pferd, und wir ritten fort. Hinter uns brüllten die Kerle; wir achteten nicht darauf und trabten, ohne von ihnen verfolgt zu werden, durch den westlichen Stadtteil und der dortigen Palmenwaldung der Gegend zu, in welcher südlich von der Stadt der Birs Nimrud in der Nähe der Ruine Ibrahim Chalil liegt.

Die Entfernung beträgt nicht ganz drei Stunden, in welcher Zeit uns nur wenige einsam wandernde Menschen begegneten. Als wir dort anlangten, war die Sonne im Untersinken begriffen, und wir machten am Fuß der Ruine genau an derselben Stelle halt, an welcher wir damals unser Lager aufgeschlagen hatten. Es war kein Mensch rundum und weithin zu sehen, wir konnten unsere Pferde ohne Aufsicht unten stehenlassen und stiegen auf die Höhe des Turmes, um einen Blick über das weite Feld der Ruinen zu werfen. Oben angekommen, befanden wir uns an einer der berühmtesten Stätten der Religions- und Weltgeschichte. – Babel!

„Und die Menschen sprachen: Wohlan, lasset uns eine Stadt und einen Turm bauen, dessen Spitze bis an den Himmel reicht, damit wir uns einen Namen machen!" So erzählt die heilige Schrift. Die Stadt wurde gebaut und Babel genannt. Der Name ist noch da; aber wo ist die Stadt und wo der Turm? Nichts als Trümmer weit umher, und da, wo der Turm bis gen Himmel reichen sollte, stand ich nun zum zweitenmal und gedachte der Worte: „Wo der Herr nicht das Haus baut, da arbeiten die Meister umsonst, und wenn der Herr nicht die Stadt behütet, da wachen die Wächter umsonst!"

Nach Herodot hatte die zu beiden Seiten des Euphrat liegende Stadt einen Umfang von 480 Stadien, also beinahe 120 Kilometer. Sie wurde von einer 200 Ellen hohen und 50 Ellen starken Mauer umgeben, welche von starken Türmen und einem breiten, tiefen Wassergraben beschützt wurde. Hundert eherne Tore führten durch diese Mauer, und von jedem dieser Tore ging eine gerade Straße durch die ganze Stadt nach dem gegenüberliegenden. Die bis vier Stockwerke hohen Häuser waren aus Backsteinen erbaut, welche untereinander mit Erdharz verkittet wurden. Die Gebäude hatten prächtige Fassaden und wurden durch freie Höfe voneinander getrennt. In dem weiten Häusermeer lagen große Plätze und prachtvolle Gärten, in denen zwei Millionen Menschen Erholung suchen und finden konnten. Auch die Ufer des Stroms waren von gigantischen Mauern eingefaßt, deren erzene Tore des Nachts verschlossen wurden. Über den Fluß führte eine herrliche, dreißig Fuß breite Brücke, deren Dach abgenommen werden konnte. Nach Diodor war sie eine Viertelstunde, nach Strabo eine Stadie lang. Um diese Brücke zu bauen, mußte der Strom abgeleitet werden; man grub also im Westen der Stadt einen See aus, welcher 75 Fuß tief war und einen Umfang von zwölf Meilen hatte, hierein ließ man die Fluten laufen. Dieser auch später beibehaltene See diente zur Verteidigung der Stadt, zur Regulierung der Flußüberschwemmungen und zur Bewässerung der Felder, was mittels vieler Schleusen geschah. An jedem Ende der Brücke stand ein riesiger Palast; beide Paläste waren durch einen unterirdischen Tunnel verbunden.

Die hervorragendsten Gebäude von Babel, welches keilschriftlich Bab ilu, das ist Pforte Gottes, heißt, waren das alte, über eine Meile im Umfang haltende Königsschloß, die Hängenden Gärten der Semiramis und der von einer dreifachen Mauer umgebene neue Palast, den zahllose Bildhauerarbeiten schmückten.

Die berühmten Gärten der Semiramis wurden von einer 22 Fuß dicken Mauer umgeben und bildeten ein Viereck von 160 000 Quadratfuß Flächenraum. Auf hohen, gewölbten Bogen erhoben sich amphitheatralisch gelegene Terrassen, zu denen man auf zehn Fuß breiten Stufen emporstieg. Die Plattformen dieser Terrassen waren mit 16 Fuß langen und 4 Fuß breiten Steinen belegt, damit kein Wasser hindurchdringe. Auf diesen Steinen gab es eine dicke Lage verkittetes Rohr, hierauf zwei Reihen gebrannter Ziegel, welche mit Harz verbunden waren, und dann hatte man noch eine Bleidecke hergestellt, auf welche man die beste Pflanzenerde so hoch aufschüttete, daß die stärksten Bäume tief und bequem Wurzeln schlagen konnten. Auf der obersten Terrasse befand sich ein ungeheurer Brunnen, welcher das nötige Wasser aus dem Fluß sog und dann über die Gärten ergoß. Unter jeder Terrasse waren Hallen angebracht mit prächtigen, des Nachts erleuchteten Gartensälen, in denen man sowohl den Duft der köstlichsten Blumen wie auch die herrliche Aussicht auf alle Teile der Stadt und ihre Umgegend genießen konnte.

Das größte Bauwerk der Stadt aber war der Turm zu Babel, von welchem uns die heilige Schrift erzählt. Die Talmudisten behaupten, er sei siebzig Meilen hoch gewesen. Nach orientalischen Überlieferungen betrug seine Höhe 10 000 Klaftern, nach anderen Traditionen 25 000 Fuß, und es soll eine ganze Million Menschen zwölf Jahre lang an ihm gearbeitet haben. Während dies selbstverständlich übertrieben ist, scheint die Wahrheit zu sein, daß sich allerdings mitten aus dem großen Tempel des Baal ein Turm erhoben hat, dessen Grundfläche ungefähr tausend Schritt im Umfang hatte, während seine Höhe bis 800 Fuß betrug. Er bestand aus acht Stockwerken, deren jedes höhere eine kleinere Basis hatte als dasjenige, auf welchem es stand. Durch ein achtmal um die Außenmauer des Turmes laufendes Treppenwerk gelangte man auf die Höhe des Turmes. Jedes dieser Stockwerke enthielt große gewölbte Hallen, Säle, Zimmer und Gänge, deren Bildsäulen, Tafeln, Tische, Stühle und Gefäße von purem Gold waren. Im untersten Stockwerk befand sich eine Sternwarte, in welcher die Astronomen ihre Beobachtungen vornahmen. Alle diese Schätze des Turmes, welche nach Diodorus 6300 goldene Talente wert gewesen sein sollen, wurden von Xerxes geraubt und fortgeschafft. Nach der morgenländischen Mythe soll sich in dem Turm auch ein Brunnen befunden haben, dessen Tiefe genauso groß wie die Höhe des Turmes gewesen sei. Alexander der Große wollte den eingestürzten Turm wiederherstellen und ließ über zehntausend Menschen nur an der Wegräumung des Schutts und der Trümmer arbeiten, wurde aber durch seinen frühen Tod verhindert, seinen Vorsatz auszuführen.

Das war Babel. Und jetzt –?

Wie oft hatte ich die Weissagung Jeremias gelesen, welche wie Posaunenschall über das von Gott gerichtete Sinear – alttestamentlich für Babylon – erklang! An den Wassern Babylons, an den Ufern des Euphrat und an den Rändern der Seen und Kanäle saßen die heimatlosen Söhne Abrahams; ihre Saitenspiele, Psalter und Harfen hingen stumm an den Weiden, und ihre Tränen rannen zum Zeichen der Buße über ihre Sünden. Und wenn ja eine der Harfen erklang, so ertönte sie vor Sehnsucht nach der Stadt, die den Tempel Jehovas barg, und der Schluß des Klagelieds war: „Ich hebe meine Augen auf zu den Bergen, von denen mir Hilfe kommt." Und der Herr erhörte diese Gebete. Es erklang die gewaltige Stimme Jeromijahus aus Anathot, den wir Jeremias nennen, und das weinende Volk lauschte seinen Worten:

„Dies ist das Wort des Herrn wider Babel und das Land der Chaldäer: Es ziehet von Mitternacht ein Volk herauf, das euer Land zur Wüste machen wird; es hat Bogen und Schild und ist grausam und unbarmherzig; sein Geschrei ist wie das Brausen des Meeres. Fliehet aus Babel, damit ein jeder seine Seele errette, denn es ist ein Kriegsgeschrei und großer Jammer im Lande! Es spricht der Herr Zebaoth: Siehe, ich will den König zu Babel heimsuchen; rüstet euch wider Babel! Jauchzet über sie um und um; ihre Grundfesten sind gefallen und ihre Mauern abgebrochen. Kommet her gegen sie! Öffnet ihre Kornhäuser; erwürget alle ihre Rinder; belagert sie, und lasset keinen entfliehen! Sie hat wider den Herrn gehandelt; darum sollen ihre Männer fallen und ihre Krieger untergehen zu derselben Zeit. Schwert soll kommen über Babel und seine Fürsten, über die Weissager und Starken, über Rosse und Wagen und über den Pöbel, der darinnen ist. Gleichwie Gott Sodom und Gomorrha umgekehrt hat, so soll auch Babel zum Steinhaufen werden und ihre Stätte zur Wüste!"

Und in wie schrecklicher Weise ist dieses Wort des Propheten in Erfüllung gegangen! Mit 600 000 Streitern zu Fuß, 120 000 Reitern und 100 Sichelwagen, ungezählt noch Tausende von Kamelreitern kam Cyrus und eroberte die Stadt trotz ihrer festen Lage und trotzdem sie auf zwanzig Jahre mit Lebensmitteln versehen war. Später ließ Darius Hystaspis die Mauern niederreißen, und Xerxes entblößte sie von allen ihren Schätzen. Selbst der große Alexander konnte das Schicksal der Stadt nicht aufhalten. Es dauerte nicht lange, so wurde auf dem von den Mauern noch eingeschlossenen Teil der Stadt Getreide gebaut; dann benutzten die Partherkönige Babylon als Wildgehege. Seit der Herrschaft der Araber ist der Name Babylon ganz aus der Geschichte verschwunden, und heute ist nichts mehr von ihr zu sehen als ein weites, verwittertes Backsteinchaos, in welchem sich selbst das scharfe Auge des Forschers nicht zurechtfinden kann. – „So vergeht die Welt mit aller ihrer Herrlichkeit, und nur Gottes Wort bleibt ewiglich!"

Die Sonne wollte untergehen, und so stiegen wir wieder hinab zu unseren Pferden, um die Decken für das Nachtlager auszubreiten. Dabei gelangten wir auf einen Vorsprung des Trümmerkolosses, von welchem aus wir etwas sahen, was uns ganz oben doch entgangen war.

Es gab nämlich einen alten Kanal, welcher, im Sommer wohl stets austrocknend, jetzt voll Wasser war und, gerade auf den Birs Nimrud zuführend, diesen nicht ganz erreichte, sondern in der Entfernung von vielleicht einer Viertelwegsstunde von demselben endete. Er mußte mit demselben in Verbindung stehen, und wir sahen eine Anzahl von Fahrzeugen sich auf ihm bewegen.

„Wer mag das sein, Sihdi?" fragte Halef. – „Das weiß ich natürlich ebensowenig wie du", antwortete ich. „Vielleicht kann es uns gleichgültig sein; wir wissen nicht, welche Richtung diese Fahrzeuge haben. Wollen sie betrachten."

Wir taten das und bemerkten schon nach kurzer Zeit, daß sie sich nicht entfernten, sondern näherten. Da wir auf solche Entfernung nicht von dort gesehen werden konnten, blieben wir noch eine Weile stehen; dann aber mußten wir die Stelle doch verlassen, weil wir sonst in der Gefahr standen, ihnen sichtbar zu werden. Indem wir hinunterstiegen, sagte Halef:

„Sihdi, ich habe einen Gedanken; aber ob er der richtige ist, das weiß ich nicht." – „Er betrifft die Leute dort auf den Fahrzeugen?" – „Ja." – „Nun?" – „Ich denke an das, was die Boten des Säfir sagten, nämlich daß ‚Leichen' den Euphrat herunterkommen würden. Lache mich nicht aus!“ – „Das fällt mir gar nicht ein, denn ich habe ganz denselben Gedanken, obgleich ich keinen Grund finde, anzunehmen, daß es sich gerade um diese ‚Leichen‘ und um nichts anderes handle.“ – „Aber bedenke, daß wir, wenn diese Vermutung die richtige ist, es mit dem Säfir zu tun haben!“ – „Das bedenke ich allerdings.“ – „Wir müssen vorsichtig sein. Der Ort, wo wir lagern wollen, liegt gerade auf der Seite der Ruine, nach welcher diese Leute kommen werden.“ – „Wenn sie überhaupt kommen, ja, dann freilich. Jetzt müssen wir es ruhig abwarten, ob sie dies beabsichtigen. Der Art und Weise nach, in welcher sie sich bewegten, sind die Fahrzeuge nicht Boote, sondern kleine Kelleks, welche man bis an das Ende des Kanals rudern wird. Was dann geschieht, werden wir erfahren. Diese Leute können etwas vorhaben, was sie nur nach jener Stelle führt und nicht weiter; sie können die Kelleks aber auch mit Gegenständen beladen haben, welche dann von dem Kanal aus nach den Ruinen geschafft werden sollen. In diesem Fall führt die gerade Linie allerdings auf uns zu, was freilich noch lange nicht besagt, daß sie gerade nach dem Punkt kommen müssen, wo wir uns befinden. Wir werden wachsam sein und schon jetzt dafür sorgen, daß wir wenigstens für unsere Pferde eine Stelle finden, wo sie nicht so offen wie jetzt stehen, nämlich zwar am Rand des Schuttberges, aber doch auf der freien Ebene. Es ist glücklicherweise noch hell genug, nach einem solchen Versteckt zu suchen.“

Als wir unten ankamen, gingen wir am Fuß der Ruine hin, und es dauerte gar nicht lange, so bemerkte ich etwas, was meine Aufmerksamkeit erregte, obwohl es mit unserer Absicht, einen verborgenen Ort für die Pferde zu suchen, nicht zusammenzuhängen schien. Es gab da nämlich eine Halde lockeren Schutts, aus vollständig verwitterten und zerfallenen Luftziegeln bestehend, welche von oben herabgefallen waren. An dieser Halde führte da, wo wir jetzt standen, eine Fährte empor. Ich glaube nicht, daß sie ein anderer, zumal ein Beduine, entdeckt haben würde; aber für ein in den Prärien und Urwäldern Amerikas geschärftes Jägerauge war sie deutlich genug. Ich deutete auf sie und fragte meinen kleinen Hadschi:

„Siehst du diese Spuren, Halef?“ – „Spuren?“ fragte er verwundert. „Ich sehe nichts. Was für Leute sollen da hinaufgestiegen sein?“ – „Es handelt sich nicht um Menschen, sondern um Tiere, welche öfters hier auf- und abwärts zu spazieren scheinen.“ – „Wohl gar Löwen!“ lachte er. – „Das nicht. Es sind kleine Tiere, die hier einen oft benützten Pfad zu haben scheinen.“ – „Möglich! Ich sehe nichts, auch kann uns der Spaziergang dieser kleinen, uns unbekannten Tiere gar nicht interessieren. Komm, wollen weiter!“ – „Nein. Wir suchen ein Versteck, und die Tiere, welcher hier verkehren, sind keine zahmen, sondern wild; wilde Tiere aber pflegen verborgene Lagerstätten zu haben; wir werden diesen Spuren folgen.“

Wir stiegen die Halde empor und kamen an eine von unten nicht bemerkbare Stelle, wo sie einen nach der Ruinenwand führenden Einschnitt hatte, der sich durch die Mauer fortzusetzen schien. Ob hier ein Tor gewesen oder die Mauer aus einem besonderen Grund an dieser Stelle verwittert und eingestürzt war, das ließ sich nicht sagen, aber die Lücke war groß genug, nicht nur uns, sondern auch die Pferde durchzulassen. Wir drangen in sie ein. Sie führte lang und schmal durch gewaltige Ziegelmassen nach einem viereckigen Innenraum, der am besten mit einem sogenannten Lichthof zu vergleichen war, obgleich wir keine Fenster sahen, die sich vor Zeiten nach ihm geöffnet hatten. Seine Umfassungsmauern waren an vielen Stellen zerrissen und abgebröckelt, und der Boden, auf welchem wir uns befanden, bestand aus lockerem Ziegelmehl, welches hier Stockwerke tief zu liegen schien. Es war in diesem Innenhof dunkler als draußen, dennoch sahen wir die Losung der betreffenden Tiere in ziemlicher Menge herumliegen und entdeckten nun auch, welcher Art sie waren; es schien hier ihr Kampf- und Tummelplatz zu sein, denn wir sahen große Borstenflocken und viele Stacheln rund umher, welche den Besiegten ausgerissen oder abgebrochen worden waren.

„Maschallah!“ rief Halef aus. „Wir scheinen da einen Suk el Kanafid – Stachelschweinsmarkt – entdeckt zu haben. Meinst du nicht auch, Sihdi?“ – „Ja“, antwortete ich. „Dieser so tief versteckte Hof, der wohl seit zwei Jahrtausenden von keines Menschen Fuß betreten wurde, paßt einzig gut für diese nächtlichen Stachelborster. Sie können in dem weichen Schutt und den zu Mehl zerbrökkelnden Mauern leicht ihre Gänge graben, die oft von bedeutender Tiefer sind – ah, da fällt mir das Gemach ein, in welches der Bimbaschi eingesperrt worden ist! Er sagte, daß es da Stachelschweine gegeben habe; er sprach von einem Erdhaufen in der Ecke, und ich war sehr geneigt, anzunehmen, daß dieser Haufen aus zerfallenen Ziegeln bestanden habe, durch deren Mehl diese Tiere leicht hineinkommen konnten. Es hat da also einen Gang für sie gegeben. Ob der wohl auch für Menschen weit genug wäre? Und ob dieser Gang vielleicht gar in diesen Hof hier mündet?“ – „Sihdi, träume nicht! Du willst da Dinge zusammenbringen, welche gar nicht zueinandergehören!" – „Woher weißt du, daß sie nicht zusammengehören?" – „Die Höhe stimmt nicht." – „Wieso?" – „Nach der Beschreibung des Bimbaschi hat das Gefängnis höher gelegen, als wir uns hier befinden." – „Ja, hier an dieser einen Stelle; aber dort vor uns, von dieser bis zu dieser Ecke steigt der Schutt fast um ein Stockwerk höher an und ... Schau hin! Siehst du die Löcher, welche in die zerrissene Mauer führen?" – „Hm! Ich sehe sie; aber ich wundere mich, daß die Kanafid gerade da einen Gang gegraben haben sollen, wo du einen brauchst." – „Brauchst? Ich brauche keinen, denn ich bin nicht gefangen. Ich verbinde Umstände, welche im Zusammenhang zu stehen scheinen, vollends miteinander, und ob ich da recht habe oder nicht, das hat keine Folgen für uns; aber dennoch werde ich diesen Hof hier morgen etwas eingehender untersuchen, als es jetzt möglich ist. Wir müssen uns beeilen, denn in zehn Minuten wird es vollständig dunkel sein." – „Und das Versteck für die Pferde ...?" – „Ist gefunden. Wir schaffen sie hierher." – „Das denke ich auch. Sie werden zwar etwas klettern müssen, befinden sich dann aber hier so sicher wie im Schoß Ibrahims. Komm, holen wir sie!"

Die zehn Minuten waren noch nicht um, so hatten wir die Pferde in den Hof gebracht und gingen zu unserem Lagerplatz, weil wir eine etwaige Annäherung dort am leichtesten bemerken konnten.

Der Abendwind hatte sich erhoben; er kam aus nördlicher Richtung, und das war uns insofern lieb, als er uns, falls die Leute am Kanal ja die Absicht hegten, nach der Ruine zu gehen, das Geräusch ihrer Schritte zutragen mußte. So vergingen wohl zwei Stunden, da begann Halef zu pusten und verdrießlich vor sich hin zu brummen, bis er dann in höchst ärgerlichem Ton fragte:

„Riechst du etwas, Sihdi?" – „Ja", antwortete ich, denn ich hatte dieselbe Bemerkung wie er gemacht. – „Es beginnt sich in meiner Nase ein sehr schmerzliches Unbehagen zu entwickeln, und die Grundpfeiler der Gesundheit meiner Geruchsnerven scheinen ins Wanken geraten zu wollen. Ich glaube – ah – bah – pschah – pfui! Das wird ja immer schlimmer. Das ist schon kein Geruch mehr, sondern ein Höllenduft, gerade als ob eine Leichenkarawane hier vorüberzöge!" – „Sie wird wohl auch kommen!" – „Wer –? Was wird? Die Leichenkarawane?" – „Ja, wenn auch keine große, wie wir damals gesehen haben. Man riecht ganz deutlich, daß sie immer näher kommt. Verhülle deine Nase, aber öffne deine Ohren desto mehr. Horch!"

Wir hörten Schritte, welche in nicht sehr beträchtlicher Entfernung an uns vorübergingen; einzelne kurze Worte, wie Kommandorufe, ließen sich vernehmen; dann wurde es wieder still.

„Allah sei Dank, sie sind vorüber!" seufzte Halef erleichtert auf. „Der Wind hat ihre Düfte mitgenommen, und wir können nun wieder Atem holen." – „Das magst du tun; ich aber werde diese Wohlgerüche noch länger genießen, denn ich will ihnen folgen." – „Folgen? – Warum?" – „Ich muß wissen, wer sie sind und was sie hier treiben." – „Oh, Sihdi, laß sie tun, was ihnen beliebt! Was kann es dir für Nutzen bringen, wenn deine Augen sie sehen, aber deine Nase für immer krank und elend wird!" – „Das Wohlbefinden meiner Nase muß mir jetzt leider gleichgültig sein. Ich bin nun überzeugt, daß es sich wirklich um die ‚Leichen' handelt, welche der Säfir erwartet, und möchte gern wissen, was es mit ihnen für eine Bewandtnis hat." – „Gar keine, jedenfalls gar keine weiter, als daß es gewöhnliche Leichen sind, welche nach Kerbela oder Meschhed Ali geschafft werden sollen." – „Nein! Der Bote, welcher von ihnen sprach, betonte das Wort in ganz eigentümlicher Weise. Und gewöhnliche Leichen würde man auch auf dem gewöhnlichen Weg transportieren, nicht aber so heimlich den Euphrat hinab, in den Kanal hinein und dann auf Menschenarmen noch hierher." – „So willst du ihnen also wirklich nach?" – „Ja." – „Dann lass' ich dich nicht allein fort; ich gehe mit." – „Das ist nicht nötig, ich brauche dich nicht." – „Ob du mich brauchst oder nicht, geht mich nichts an. Sollst du etwa den Teufelsgestank allein einatmen, während ich hier in den schönsten, reinsten Lüften schwelge? Ich bin mit dir geritten, um alles, aber auch alles, was dir begegnet, mit zu erleben; also will und muß ich nun auch hier meinen Teil von diesen beglückenden Gaben der Verwesung haben. Wenn du mich nicht freiwillig mitnimmst, laufe ich dir heimlich nach, darauf kannst du dich verlassen!" – „Es ist mir nicht lieb, Halef, wirklich gar nicht lieb, daß du mitgehen willst!" – „Aber warum?" – „Ich habe deiner Hanneh versprochen, daß ..."

Da fiel er mit schnell in die Rede:

„Schweig, Sihdi, schweig! Was du ihr, der Wonne meines Herzens und der Seele meines Lebens, versprochen hast, das hast du, aber nicht ich ihr zu halten. Erfülle ihr ihren Wunsch, indem du mich nicht mitnimmst! Ich aber laufe hinter dir her, denn ich sehe wirklich nicht ein, weshalb ich hier allein liegenbleiben soll!" – „Es ist möglich, daß ich mich Gefahren aussetzen muß, welche dir ..." – „Gefahren aussetzen? Du?" unterbrach er mich wieder. „Und da mutest du mir zu, dich ohne die Stärke meines Schutzes zu lassen? Mutest du das mir wirklich zu, Effendi?" – „Ja." – „So sage ich dir, daß ich mit dir gehen und dich nicht verlassen werde, selbst wenn zehntausend Teufel ihre Krallen nach dir ausstrecken!"

Da er so fest auf seinem Vorsatz bestand, mußte ich mit der Wahrheit heraus:

„Ich bitte dich dennoch, hier zu bleiben, denn dein Mut ist mir zu flink! Du weißt von früher her, daß du zu Unvorsichtigkeiten geneigt bist, welche uns zuweilen großen Schaden bereitet haben. Es ist jedenfalls besser und gewährt uns mehr Sicherheit, wenn ich den jetzigen Gang allein unternehme." – „O Sihdi, Sihdi, welche tiefe Betrübnis bringst du über meine Seele! Was geschehen ist, das ist vorüber, und ich bin längst nicht mehr der Sausewind, den du meinst, sondern der bedachtsame und kluge Oberscheich der Haddedihn vom Stamm der Schammar. Wenn du mich so schwer und bitter kränken willst, so tue es; ich aber behalte dich dennoch lieb und kenne meine Pflicht, welche mir gebietet, dir in jeder Gefahr treu zur Seite zu stehen. Ich werde sie erfüllen und, wenn du mich nicht mitnimmst, hinter dir herlaufen wie ein Hund, der seinen Herrn beschützt, obgleich er Schläge von ihm bekommen hat!"

Was konnte ich da machen? Ich mußte ihm seinen Willen tun, denn er war wirklich imstande, seinen Vorsatz auszuführen und mir ohne meine Erlaubnis zu folgen. Darum sagte ich:

„Da du in dieser Weise darauf bestehst, will ich nicht länger widerstreben und wünsche nur, daß du mir keine Veranlassung zu Vorwürfen gibst. Komm, wir wollen unsere Gewehre zu den Pferden schaffen!" – „Warum das?" – „Wenn man sich anzuschleichen hat, darf man sich nicht mit langen, schweren Waffen schleppen. Wärest du hier geblieben, so hätte ich dir meine Gewehre gegeben, da du aber darauf bestehst, mitzugehen, müssen wir sie verstekken." – „Das können wir doch hier tun!" – „Nein. Wir wissen nicht, was geschieht, und müssen unsere Sachen an einer Stelle beisammenhaben. Komm; wir nehmen auch die Decken mit!"

Er sah die Notwendigkeit dieser Maßregel nicht ein, ich aber gehorchte dem Gebot der Vorsicht, gegen welches ich nie zu handeln pflege, und es sollte sich leider später herausstellen, daß ich sehr wohl daran getan hatte.

Nachdem wir wieder hinauf zu den Pferden gestiegen waren, diese fester angepflockt und die in Decken gewickelten Gewehre im Geröll versteckt hatten, machten wir uns auf den Weg, den geheimnisvollen Leuten, die an uns vorübergegangen waren, zu folgen.

Das war nicht leicht, weil seitdem gewiß eine Viertelstunde vergangen war und wir ihre Schritte also längst nicht mehr hören konnten. Glücklicherweise wurde das, was sich unseren Ohren entzogen hatte, unseren Augen bemerkbar gemacht, denn wir waren der Richtung, welche wir einzuschlagen hatten, noch gar nicht lange gefolgt, so sahen wir, indem wir um eine Biegung der Ruine schwenkten, in nicht sehr großer Entfernung einige Feuer vor uns leuchten, und zugleich drang in unsere Nasen ein Gestank, der so unbeschreiblich und dabei scharf und stechend war, daß wir, fast zurückprallend, stehenblieben.

„Allah behüte uns vor dem neunmal geschwänzten Teufel!" klagte Halef. „O Mohammed, o ihr heiligen Kalifen alle, o ihr Ahnen und Urahnen aller Gerechten und Frommen, die auf Erden leben, welche Qualen der Hölle und welche Leiden der Verdammnis erwarten uns, wenn wir dorthin müssen, wo diese Feuer der Vernichtung meiner Nase brennen! Müssen wir denn wirklich hin, Sihdi, wirklich?" – „Du nicht, aber ich!" – „So gehe ich auch, und wenn ich tausendmal daran erstickte! Zwar wird mich meine Nase dereinst, wenn ich Rechenschaft abzulegen habe, wegen ihres gewaltsamen Untergangs verklagen, und ich werde den Mord an ihr sehr schwer zu büßen haben, aber wenn du vorwärts gehst, so kann ich unmöglich stehenbleiben! Was mögen diese Unglückseligen dort brennen?" – „Ich vermute, daß sie die Feuer mit den Umhüllungen der Leichen, also mit den Särgen und Decken nähren, die von dem Saft der Toten ganz durchtränkt worden sind und darum diesen pestilenzialischen Gestank verursachen." – „Eine größere Dummheit kann es gar nicht geben!" – „Es ist keine Dummheit, Halef. Da ihr Tun und Treiben jedenfalls das Licht des Tages zu scheuen hat, brauchen sie Beleuchtung und müssen dann später alles vernichten, was zu ihrer Entdeckung führen könnte; beide Zwecke erreichten sie dadurch, daß sie die Särge verbrennen. Wie sie diesen unerhörten Gestank aushalten können, ist mir fast unbegreiflich. Du mußt bedenken, daß sie sich in der unmittelbaren Nähe der Gestanksquellen befinden, während wir mit dem Wind kommen und jetzt also nur einen geringen Teil der Seligkeit genießen, welche dort bei ihnen auf uns wartet." – „Ich möchte den Euphrat voller Tränen weinen, denn das Herz wird mir schwerer, als alle hiesigen Schutt- und Trümmerhaufen wiegen; aber kein Mensch kann dem, was vor ihm liegt, entgehen, und so wollen wir den ganzen Mut der Seele und alle verfügbaren Kräfte des Geistes zusammennehmen und dieser zehntausendfachen Hölle der Teufelsdüfte entgegengehen. Komm!"

Er wollte voran; ich aber schob ihn hinter mich und sagte:

„Du hast mir zu folgen und nichts, aber auch gar nichts zu tun, was ich dir nicht erlaube; merke dir das!" – „Warum bist du plötzlich so streng, Effendi?" – „Weil du zu hitzig vorwärts willst. Diese unbedachtsame Schnellfertigkeit muß ich mir verbitten! Ich bin geschickter und erfahrener als du, und wenn du dich nicht ganz genau nach mir richtest, stehe ich für nichts. Wir dürfen uns nicht sehen lassen und müssen also Deckung suchen, wir schleichen uns hier links ins Trümmerwarr hinein und folgen ihm, bis wir die Feuer erreicht haben. Jetzt komm!"

Es lagen zahlreiche und verschiedene große Mauerbrocken umher, bestehend aus Ziegelsteinen, welche von dem Erdpechkitt noch fest zusammengehalten wurden; man konnte sich recht gut hinter ihnen verstecken. Bald gehend oder springend, bald schlüpfend, schleichend oder kriechend, bewegten wir uns vorwärts, rechts von uns die dunkle, offene Wüste und links die drohenden Gigantenreste des Babelturmes, an dessen Fuß die herabgestürzten Mauerstücke bald haushoch, bald noch höher lagen. Zwischen solchen Bruchstücken brannten die Feuer; es waren drei, denen wir bald so nahe kamen, daß wir die sich dort bewegenden Gestalten deutlich erkennen konnten. Freilich nahm, je weiter wir vorwärts kamen, die Unerträglichkeit des Gestanks zu, und als wir endlich so nahe waren, daß wir jedes Wort, welches gesprochen wurde, deutlich verstehen konnten, war sie so groß, daß ich das Gefühl hatte, als ob mein Inneres sich umkehren und alle meine Eingeweide nach außen befördern wolle. Ich mußte wirkliche alle, aber auch alle Kraft aufbieten, um eine gewaltsame und überlaute Eruption des Ekels, welcher in mir arbeitete, zu verhüten.

Glücklicherweise trieb der Wind den dicken Qualm, der sich bei ruhiger Luft auf uns gelagert hätte, fort; dennoch hatten die sich im unsteten Schein der flackernden Feuer hin und her bewegenden Gestalten das Aussehen von Teufeln, welche die Seelen Abgeschiedener aus den Särgen holten, um sie der Hölle einzuverleiben. Denn es waren wirklich Särge, welche einer nach dem anderen geöffnet oder vielmehr aufgesprengt oder aufgerissen wurden, es waren lange, mumienartige Packe, welche aufgewickelt wurden, um zu den Leichen zu kommen, die darin staken. Ich zählte über dreißig Männer, welche bei dieser fürchterlichen Arbeit beschäftigt waren und sie in einer Weise ausführten, welche erkennen ließ, daß sie darin große Übung besaßen. Das Holz der Särge wurde zertreten, um als Feuerungsmaterial zu dienen, die Decken und Matten, welche als

Umhüllungen der Leichen nun ihren Zweck erfüllt hatten, gingen denselben Weg.

Das schrecklichste, was sich dem Auge bot, war der Zustand, in welchem sich die Leichen befanden. Ja, wenn sie fest und hart wie Mumien gewesen wären, so hätte das, was ich sah, vielleicht nur meine geistige und nicht auch meine körperliche Konstitution empört; aber die Überreste bildeten, von den Knochen abgesehen, eine teils halb, teils ganz flüssige Masse, welche ... doch es ist besser, ich schweige!

Es ist nicht zu sagen, in welcher Weise diese Kerle mit den Menschenresten, welche doch für Kerbela oder Nedschef Ali bestimmt waren, umgingen. Die Skeletteile flogen nur so hin und her; sie sollten, wie ich hörte, später auch verbrannt werden; das übrige ließ man einfach laufen, wie es lief. Die Verwandten der hier in dieser Weise behandelten Toten hatten große Summen zahlen müssen, um den letzten Wunsch der Sterbenden, an einem der heiligen Orte begraben zu werden, erfüllen zu lassen, und nun ging man mit den Überresten hier in einer Weise um, welche den übernommenen Verpflichtungen geradezu Hohn sprach.

Während wir das abscheuliche Gebaren dieser dreißig Männer beobachteten, machten wir die höchst auffällige Bemerkung, daß die Särge und Pakete nicht bloß Leichen enthielten, sondern neben diesen auch noch verschieden gestaltete, größere und kleinere Bündel, die mit großer Sorgfalt herausgenommen, abgewischt und dann an einer besonders dazu bestimmten Stelle nebeneinandergelegt wurden. Der Inhalt dieser Bündel mußte den Leuten also wertvoller sein als die ihnen anvertrauten Leichen. Worin aber bestand dieser Inhalt? Es versteht sich ganz von selbst, daß uns diese Frage lebhaft interessierte; vielleicht war sie sogar von Wichtigkeit für uns; aber da es unmöglich war, aus der Form auf das darin Befindliche zu schließen, so blieb uns nichts anderes übrig, als unsere Beobachtungen fortzusetzen und ruhig abzuwarten, was noch geschehen werde.

Die Gesichter der Leute wurden von den Feuern derart beleuchtet, daß wir sie deutlich erkennen konnten, doch befand sich keines dabei, welches wir schon einmal gesehen hatten. Dadurch wurde die von mir heimlich gehegte Erwartung, den Säfir unter ihnen zu sehen, zuschanden.

Es dauerte trotz der von ihnen entwickelten Eile lange, ehe sie alle Särge und Pakete geöffnet hatten und alles von der Leichenbrühe durchzogene Holz und Zeug in die Flammen geworfen worden war. Zuletzt wurde ein großer Haufe trockenen Tamariskengestrüpps aufgeschichtet, in welchen man, als er in Brand gekommen war, die herumliegenden Knochenteile warf. Da an diesen noch die nicht von der Fäulnis losgelösten Fleischfetzen hingen, wurde der Gestank jetzt ein so höllischer, daß es uns unmöglich war, ihn länger zu ertragen. Wir zogen uns soweit zurück, bis wir in die Luft kamen, welche wenigstens ohne sofortiges Erbrechen eingeatmet werden konnte, obgleich sie noch keineswegs die Bezeichnung „rein" verdiente.

Was nun noch bei den Feuern geschah, konnten wir nicht sehen, weil der zwischen uns und ihnen liegende Pestqualm so dick war, daß sie uns nur als kleine, graue Nebelpunkte erschienen. Halef machte seinem bedrängten Innern durch ein so anhaltendes Husten, Räuspern und Niesen Luft, daß ich ihn zur Vorsicht mahnen mußte.

„Vorsicht?" fragte er im Ton der Empörung. „Du verlangst Unmögliches von mir, Sihdi! Es ist jedenfalls ganz gleich, ob ich vorsichtig oder unvorsichtig ersticke. Wie kann ein Mensch an Vorsicht denken, wenn seine Nase im tiefsten Abgrund der Dschehenna – Hölle – steckt, während sein übriger Körper noch auf der Erde weilt? Wenn ich der Teufel wäre und für meine lieben Verdammten die schrecklichste der Qualen zu ersinnen hätte, so würde ich ihnen befehlen, die Leichen persischer Schiiten ins Feuer zu werfen und die Düfte dieser von der Sunna abgefallenen Leichen einzuatmen. Ich sage dir, du bringst mich nicht eher wieder dorthin, wo wir jetzt gewesen sind, als bis dieser Gestank der Geruchsverzweiflung sich vollständig verzogen hat!" – „Habe ich dir zugemutet, mich zu begleiten? Oder hast du nicht vielmehr mich gezwungen, dich mitzunehmen?" – „Ja, ich bin selbst schuld daran, Sihdi, daß mein ganzes Dasein sich in heller Empörung befindet; nun aber wird es keiner Macht der Erde gelingen, mich noch einmal dorthin zu locken, wo das Verderben aller wohlriechenden Nerven mit entgegengähnt!" – „So wirst du also hier auf mich warten?" – „Warten? Wieso?" – „Ich gehe natürlich, sobald der dickste Qualm sich verzogen hat, wieder hin." – „Wieder hin? Jetzt? Bist du bei Sinnen, Effendi? Bedenke, was du tust! Wenn du dich infolge der entsetzlichen Gerüche so umkehrst, daß deine Innenseite nach außen und deine Haut nach innen kommt, so erwartest du bei mir vergeblich die Geschicklichkeit, mit dir die zum Weiterleben erforderliche Umwendung vorzunehmen!" – „Das glaube ich wohl, aber ich muß trotzdem wieder hin, wenn ich erfahren will, was dort geschieht." – „Kannst du das nicht später auch erfahren?" – „Nein. Die Leute, welche ich beobachten will, werden, sobald sie dort fertig sind, keinen Augenblick unnötig weilen, sondern sich sofort entfernen; ich aber muß ihnen folgen, um zu erfahren, wohin sie sich wenden." – „Würde es nicht besser sein, wenn wir sie laufenließen, wohin sie wollen?" – „Nein. Ich will nicht nur ihr heutiges Ziel, sondern auch noch anderes erfahren." – „Sihdi, nimm es mir nicht übel, wenn ich dich frage, ob dies nicht bloß eine, wenn auch sehr mutige, Neugierde von dir ist!" – „Hast du mich je einmal neugierig gesehen? Denke doch an unseren Gastfreund in Bagdad, den Bimbaschi! Du hast jedes von ihm erzählte Wort gehört und mußt also ganz so wie ich ahnen, daß wir jetzt auf dem Punkt stehen, das Geheimnis seines Feindes, des Säfir, zu entdecken. Ich glaube, es liegt die Möglichkeit vor uns, ihm einen großen Dienst zu erweisen, und ich bin der Meinung, daß wir uns diese Möglichkeit nicht durch die Scheu vor den Gerüchen dort zerstören lassen dürfen. Zu dieser Erwägung kommt, aufrichtig gestanden, noch ein weiterer Punkt ..." – „Noch ein Punkt!" unterbrach er mich im Ton der Resignation. „Sihdi, wenn du beginnst, Punkte zu bringen, dann ist's mit jedem Widerstand aus; ich kenne dich! Ich weiß, daß dieser Punkt mich überwältigen wird, bitte dich aber trotzdem, ihn mir mitzuteilen." – „Er betrifft den Ort, an welchem wir uns befinden. Wir stehen an einer geschichtlich hochberühmten Stätte. Die heilige Bibel der Christen sogar erzählt vom Birs Nimrud, dessen Ruinen da vor uns wie dunkle Gespenster aus einer noch dunkleren Zeit auf zum nächtlichen Himmel ragen. Sie sagt: Die Menschen sprachen: ‚Kommt, wir wollen eine Stadt bauen und einen Turm, dessen Spitze bis an den Himmel reicht, und lasset unsern Namen berühmt machen, ehe wir in alle Länder zerstreut werden!' Und einer sagte zu dem andern: ‚Kommt, laßt uns Ziegel machen und sie im Feuer brennen!' Und die Ziegel brauchten sie für Steine und Erdpech für Mörtel. Aber der Herr kam herab, um die Stadt und den Turm zu sehen, den die Söhne Adams bauten, und sprach: ‚Siehe, es ist ein Volk und eine Sprache unter allen, und das haben sie begonnen zu tun und werden von ihren Gedanken nicht ablassen, bis sie selbe im Werke vollbracht haben. Daher kommet, lasset uns niedersteigen und daselbst ihre Sprache verwirren, daß einer des andern Rede nicht verstehe!' Und also zerstreute sie der Herr von da in alle Länder, und sie hörten auf, die Stadt zu bauen. Und darum heißt man ihren Namen Babel – „Wirrwarr"; babil von balal (assyrisch), d. h. verwirren –, weil daselbst die Sprache der ganzen

Erde verwirrt worden ist. Und von da zerstreute sie der Herr über alle Gegenden. – So erzählt die heilige Schrift, und die seitdem verflossenen Jahrtausende haben das damals verlassene Bauwerk zwar stürzen, aber nicht vollständig zerstören dürfen, weil es gegenwärtig und in ferneren Zeiten emporragen soll als eine zwar steinerne, aber desto beredtere Predigt von der allmächtigen Weisheit Gottes, von welcher die prahlerische Vermessenheit des Menschengeschlechts in den Staub zu sinken hat. Dieser Birs Nimrud hat gewaltige Weltreiche entstehen und vergehen sehen, und mächtige Fürsten, welche über viele Millionen herrschten, sind gewillt gewesen, ihn wieder aufzubauen, damit er ein Denkmal ihres Namens und ihrer Größe sei; aber keiner hat es vermocht, diese Absicht auszuführen. Du siehst, wir stehen an einem geschichtlich hochbedeutenden Ort, in dessen Nähe wir beide, du und ich, die trübsten und gefährlichsten Stunden unseres Leben verbracht haben. Alles, was sich auf ihn bezieht, muß uns im höchsten Grade interessieren, sogar das menschliche Ungeziefer, welches sich durch seine Mauern bohrt, um hinter denselben die Früchte des Verbrechens aufzuhäufen. Menschen, welche den Himmel stürmen und Gott gleich sein wollten, haben an ihm gearbeitet, und nun bildet er ein Versteck der moralischen Armseligkeit und Verkommenheit, die nicht nach der Höhe, sondern nach der Tiefe strebt, weil sie das Licht des Tages und das Auge des Gesetzes zu scheuen hat. Begreifst du, daß es mich fortzieht, diesen Leuten nach? Begreifst du, daß ich wissen möchte, was sich heute hinter den Steinen ereignet, welche die Enkel Noahs zusammenfügten, um sich einen Namen zu machen?“ – „Also doch Neugierde, Sihdi, nichts als Neugierde! Ich fürchtete mich vor deinem ‚Punkt‘; zwar weiß ich nicht, ob du schon alles gesagt hast, was du sagen wolltest, aber ich bin jetzt … horch! Was war das? Wer hat geschossen?“

Es war allerdings ein Schuß gefallen, vor uns, in der Gegend, wo die Feuer brannten. Und gleich darauf hörten wir einen zweiten. Der stinkende Qualm war nicht mehr so dicht wie vorher; es ging nicht mehr über Menschenkraft, den Geruch zu ertragen. Ich mußte wissen, wer geschossen hatte und weshalb geschossen worden war. Darum schlich ich, ohne Halef aufzufordern, mir zu folgen, mich wieder der Stelle zu, von welcher aus wir vorhin die unsagbar widerliche Szene beobachtet hatten. Der kleine, wackere Hadschi folgte mir aber doch gleich auf dem Fuß. Zwar hatte er sich vorhin von keiner Macht der Erde dazu bewegen lassen wollen, aber mich der Gefahr allein entgegengehen zu lassen, das brachte er doch nicht über das Herz. Ich hinderte ihn nicht daran, obgleich ich es lieber gesehen hätte, wenn er zurückgeblieben wäre.

Als wir unseren früheren Beobachtungspunkt erreichten, war kein Mensch mehr zu sehen. Die Feuer brannten noch, beleuchteten aber nur die verlassene, nach Leichen grausig duftende Stätte, auf welcher noch zahlreiche Sarg- und Körperreste lagen, die den Flammen nicht übergeben worden waren, weil, wie die Schüsse vermuten ließen, der Vorgang ein unerwartetes, vorzeitiges Ende gefunden hatte. Aber von wem waren die Leute gestört und von welcher Seite war geschossen worden?

Mochte das sein, wie es wollte, ich nahm als gewiß an, daß die dreißig Leichenschänder sich nach der Stelle der Ruine entfernt hatten, wo nach dem Bericht unseres Bagdader Bimbaschi der Eingang nach den verborgenen Räumen zu suchen war, in denen man ihn gefangengehalten hatte. Ihnen jetzt dorthin zu folgen, wäre nicht nur zwecklos, sondern wohl gar gefährlich gewesen, weil sie, mochten die zwei Schüsse von dieser oder von jener Seite gefallen sein, sich nun jedenfalls außerordentlich vorsichtig verhielten und wir ihnen also sehr leicht in die Hände laufen konnten. Darum hielt ich es für geraten, den Platz, wo wir uns befanden, einer kurzen Besichtigung zu unterwerfen und alles übrige bis zum Tagesanbruch aufzuschieben. Unserer Sicherheit wegen aber umschlich ich den Platz erst einmal in sehr vorsichtiger Weise und überzeugte mich, daß sich außer uns beiden niemand in seiner Nähe befand.

Als das geschehen war, durften wir uns an die Feuer heranwagen. Wir taten das, obgleich der Gestank noch so stark war, daß er uns eigentlich hätte soweit wie möglich forttreiben sollen. Es war mir auf meinen Reisen gar manche schwere Beleidigung meiner Geruchsnerven vorgekommen, wenn ich Verhältnisse berührte, von denen man weder mündlich noch gar schriftlich etwas erzählen darf, aber so schlimm, so unbeschreiblich schlimm wie heute war es noch nie und keinesorts gewesen.

Die Untersuchung des Platzes hatte nur den einen Zweck, womöglich zu erfahren, was sich in den geheimnisvollen Bündeln befunden hatte. Unser Forschen war nicht ohne Resultat; es mußten zwei von ihnen beschädigt gewesen oder die Verschlüsse aufgegangen sein, denn wir sahen an zwei Stellen Proben des Inhalts, wenn auch nicht viel, an der Erde liegen. Es war Safran, und zwar in Fäden und auch in Pulverform. Als ich diese Bemerkung machte, mußte ich daran denken, daß unser Bimbaschi, der frühere Oberste der Zollbeamten zu uns gesagt hatte: „Jetzt aber würde bei der

Höhe des Zolles, der auf ihm liegt, Safran der einträglichste Gegenstand des Schmuggels sein." Man weiß, daß der orientalische, besonders aber der persische Safran, wenn unverfälscht, von allen Sorten der beste ist; aber seit ich gesehen habe, daß man ihn sogar in den Särgen persischer Schiiten über die dortige Grenze pascht, mag ich von diesem Gewürz nur dann etwas wissen, wenn ich die Überzeugung habe, daß es von unserem abendländischen Crocus sativus gewonnen wurde. Eben machte Halef eine gleichklingende Bemerkung zu mir, als wir durch das Geräusch von Hufschlägen überrascht wurden, welche sich, wie wir hörten, sehr schnell näherten. Es klang, als ob viele Reiter im Trab geritten kämen. Waren es etwa die Pascher, welche zu Pferde zurückkehrten, um die noch übrigen Reste der Leichen zu verbrennen?

„Sie kommen wieder; sie kommen!" warnte mein Hadschi, indem er mich bei der Hand ergriff, um mich mit sich fortzuziehen. „Schnell, schnell! Wir müssen uns verstecken! Der beste Platz ist da oben auf dem Mauerstück! Ich klettere voran!"

Er ließ mich wieder los und eilte auf einen Ruinenteil zu, welcher die Höhe eines kleinen Hauses und so viele hervorstehende Zacken und Kanten hatte, daß er allerdings leicht zu ersteigen war. Ich freilich hätte mir einen anderen Zufluchtsort gewählt, weil dieser im hellen Schein der Feuer lag; doch konnte man, wenn man sich einmal oben befand, nicht gesehen werden, und da Halef bereits im Emporklimmen war und ich es nicht für geraten hielt, mich von ihm, dem leicht Unvorsichtigen, zu trennen, so blieb mir nichts anderes übrig, als sein Beispiel nachzuahmen. Ihn umkehren zu lassen, dazu gab es keine Zeit.

Der betreffende Mauerrest bestand aus meist verglasten Ziegeln, welche mit Asphalt verbunden waren. Dieser Kitt hatte Tausende von Jahren festgehalten; warum sollte man sich ihm nicht auch heute anvertrauen können? Leider war seine Zuverlässigkeit eine weit geringere, als ich dachte; das sollten wir zu unserem Schaden erfahren. Halef befand sich schon einige Meter hoch über der Erde, und ich hob eben den Fuß, um ihm nachzusteigen, als der Mauervorsprung, über den er kletterte, losbrach und auf mich herabstürzte. Es war ein mehrere Zentner schweres Stück, welches mich zu Boden riß und auf mir liegenblieb. Ich hörte den Schreckensruf des Hadschis, welcher natürlich nachstürzte; ich fühlte einige Augenblicke lang die Last auf meiner Brust; dann hörte und fühlte ich nichts mehr, denn ich hatte das Bewußtsein verloren, obgleich ich noch heute behaupte, daß mein Kopf nicht mit getroffen wurde.

Als ich wieder zu mir kam, war ich zwar von dem Druck, aber leider nicht auch in anderer Weise frei, denn ich konnte weder die Arme noch die Beine bewegen, sie waren gebunden. Neben mir lag Halef, ebenso gefesselt wie ich. Um uns saßen wohl zwanzig Asakir – Plural von Askari, d. h. Soldat –, deren Anführer ein alter verwetterter Kol Agasi – Adjutant, Patrouillenführer – war. Sie gehörten zur Kavallerie; ich sah die Pferde in der Nähe stehen. Bei ihnen befanden sich zwei Zivilisten, bei deren Anblick ich sofort wußte, woran ich war, nämlich der Wirt, bei dem wir in Hilleh eingekehrt waren, und der dritte Beduine, dessen zwei Gefährten von unseren Pferden abgeworfen worden waren. Diese guten Menschen hatten uns eine so liebevolle Anhänglichkeit bewahrt, daß sie uns doch noch gefolgt waren, wenn auch nicht gleich, aber doch später, und zwar in militärischer Begleitung. Daraus war zu schließen, daß sie uns angezeigt hatten, ein Umstand, welcher mich auf die Vermutung leitete, daß der Beduine, den wir für ohnmächtig gehalten hatten, nicht bloß bewußtlos, sondern tot gewesen war. Beide hielten die Augen auf uns gerichtet, und sobald ich die meinigen geöffnet hatte, rief der Wirt dem Kol Agasi zu:

„Er ist wach; er hat die Augen auf. Jetzt ist es Zeit, ihn zu verhören!"

Der alte Subalternoffizier bewegte keine Miene und antwortete keine Silbe; aber als die Aufforderung einmal und noch einmal wiederholt worden war, wendete er sein Gesicht dem Wirt zu, musterte ihn mit einem Blick geringschätzigen Staunens und fragte dann:

„Mit wem sprichst du denn eigentlich?" – „Mit dir!" antwortete der Gefragte. – „Mit mir? Das kann ich nicht glauben, denn wenn du mich wirklich meintest, müßte ich dir die Bastonade geben lassen, weil du mir nicht die Höflichkeit und Achtung zollst, welche ich zu fordern habe." – „Aber wenn ich nicht sprechen darf, wozu bin ich euch da mitgegeben worden?" – „Ich mußte euch mitnehmen, um von euch zu erfahren, ob diejenigen, welche wir ergreifen würden, auch wirklich diejenigen seien, welche ihr gemeint habt. Und wer hat dir gesagt, daß du nicht sprechen darfst? Es ist dir nicht verboten, ja, du sollst reden, aber in höflicher Weise und möglichst nur dann, wenn du gefragt wirst. Das merke dir! Du gehörst nicht zu uns, denn du bist nicht Soldat; ich aber bin Offizier Seiner gebieterischen Herrlichkeit, des Beherrschers aller Gläubigen, welchem Allah ein tausendfaches Leben schenken möge, und wenn du mir etwas mitteilen willst, so darf dies nur in Form einer untertänigen Bitte geschehen!"

Da fiel der Beduine schnell ein: „Wenn mein Freund schweigen soll, so werde ich desto lauter sprechen. Ich bin ein freier Ben Arab und habe keinem Soldaten zu gehorchen. Ich verlange, daß die Mörder meines Gefährten, welcher beim Sturz vom Pferd den Hals gebrochen hat, sofort verhört werden!" – „Wer und was bist du?" fragte der Kol Agasi in verächtlichem Ton. „Ich will es dir sagen: Ihr habt euch zwar für Solaibaraber ausgegeben, seid aber, wie sich herausgestellt hat, Ghasaibeduinen, und die Angehörigen dieses deines Stammes sind uns als räuberisches Gesindel und Diebe bekannt. Man sollte euch hängen, ohne eine Ausnahme zu machen! Und da behauptest du, ein solcher Ghasai, daß du keinem Soldaten zu gehorchen habest, und willst mir befehlen, was ich tun soll? Mensch, wenn du noch ein einziges Wort zu mir sprichst, ohne dein Haupt in tiefster Ehrfurcht zu verneigen, so zeige ich dir, wer hier zu gebieten und wer zu gehorchen hat!" – „Allah! Du nennst uns Diebe und Gesindel? Ich werde mich sofort entfernen!"

Er machte eine Bewegung, als ob er aufstehen wolle; aber der Kol Agasi befahl ihm:

„Du bleibst! Ihr seid mir mitgegeben worden; ich bin also für euch verantwortlich, denn ich habe euch wiederzubringen. Nötigenfalls werden unsere Kugeln euch verhindern, uns zu entlaufen. Jetzt kein Wort mehr, bis ich euch auffordere, zu sprechen! Wir sind tapfere Soldaten des Padischahs, dessen Kismet im hellsten Glanz strahlen möge, aber keine Wächter des Zolles, welche Allah verdammt hat, sich von den Abfällen des Schmuggels zu ernähren. Wenn wir heute gezwungen worden sind, einmal in die Fußstapfen der Zöllner zu treten, so haben wir zwar gehorchen müssen, bleiben aber trotzdem, was wir waren." – „Wir haben euch nicht zugemutet, in diese Fußstapfen zu treten!" – „Das würde euch auch wohl schlecht bekommen sein! Aber es hat sich doch gefügt, daß diejenigen, welche wir fangen sollten, Schmuggler sind, und da wir sie einzuliefern haben, ist es ganz genau dasselbe, als ob wir mit den Obliegenheiten der Zollaufpasser beleidigt worden seien. Nun aber schweig; ich bin fertig mit dir!"

Das Verhalten des Kol Agasi war mir nicht ganz klar. Hielt er wirklich so ausschließlich auf seine militärische Ehre, daß ihm der heutige Dienst als eine Beleidigung erschien? Im Grunde genommen konnte mir diese seine Ansicht gleichgültig sein. Interessanter war für mich der Beweis, daß die drei Beduinen, ganz wie ich gedacht hatte, nicht Solaib-, sondern Ghasaibeduinen waren. Das ließ auf die Berechtigung meiner anderen Vermutungen schließen.

Der Unfall mit den auf mich gestürzten Ziegeln schien nicht ohne Folgen zu bleiben. Meine Brust schmerzte, und das Atmen fiel mir schwer. Wie stand es mit Halef? Er lag so still und bewegungslos an meiner Seite, daß ich ihn für schlafend oder gar tot hätte halten können, wenn seine Augen nicht offen und in steter Bewegung gewesen wären. Ich drehte den Kopf nach ihm und flüsterte ihm zu:

„Bist du verletzt?“ – „Nein“, antwortete er leise. – „Habe ich lange bewußtlos gelegen?“ – „Zehn Minuten ungefähr.“ – „Konntest du nicht fliehen?“ – „Fliehen? Ohne dich, Sihdi? Bin ich nicht dein Freund, der alles mit dir zu teilen, zu leiden und zu ertragen hat?“ – „Wenn du frei wärst, könntest du mir mehr nützen als jetzt!“ – „Sie fielen über mich ebenso her wie über dich. Ich hätte mich verteidigen, also schießen und stechen müssen, und das wollte ich nicht, weil sie kein Gesindel, sondern Soldaten des Sultans sind.“ – „Das war allerdings recht! Hat dich der Kol Agasi ausgefragt?“ – „Er sprach bis jetzt kein Wort mit mir. Er hat nach uns gesucht und, als er die Feuer sah, zwei Kundschafter ausgeschickt. Auf diese ist von den Safranschmugglern geschossen worden, und er denkt, daß wir es gewesen sind. Das habe ich aus seinen Reden gehört.“ – „Wir können ihm beweisen, daß wir es nicht getan haben.“ – „Wie denkst du über unsere Lage? Der Kerls waren wirklich Ghasais, wie du ganz richtig vermutetest. Der eine hat das Bein gebrochen, und der andere scheint gar tot zu sein.“ – „Es ist mir trotzdem gar nicht bange; also brauchst auch du keine Angst zu haben.“ – „Angst? Das würde mir nicht einfallen, selbst wenn der ganze Ghasaistamm sämtliche Beine und Hälse gebrochen hätte. Wie aber steht es mit dir, Effendi? Die Last, welche mich herabriß und auf dich fiel, war sehr schwer.“ – „Die Brust schmerzt mich ein wenig; weiter ist es nichts. Die Rippen sind nicht beschädigt; das fühle ich.“ – „Allah sei Dank! Wenn die Steine auf mich gefallen wären, so hätten meine Rippen gewiß nicht widerstanden, denn die Zusammensetzung meiner harmonischen Körperteile zeichnet sich durch größere Zartheit aus als die Erschaffung deiner festen Knochen.“

Er hatte das lauter gesagt, als er beabsichtigte; darum hörte der Kol Agasi, daß wir miteinander sprachen, und rief uns zu:

„Ihr habt zu schweigen! Wißt ihr nicht, daß Gefangene nicht miteinander sprechen dürfen?“

Ich nahm sogleich die Gelegenheit wahr, ihm im höflichsten Ton zu antworten:

„Habe die Güte, o tapferer Jüzbaschi – Hauptmann –, mir zu erlauben, dich um die Erfüllung eines Wunsches zu ersuchen!“

Daß ich ihn als Hauptmann, also einen Rang höher, bezeichnete, brachte ein beifälliges Lächeln auf seinem Gesicht hervor, und seine Stimme klang freundlich, als er mich aufforderte:

„Laß mich hören, was du willst!" – „Ich sehe dir an, daß du nicht nur ein braver, wohlverdienter Offizier bist, sondern auch die hohen Vorzüge der Gerechtigkeit und Herzensmilde besitzest. Wir wissen nicht, weshalb ihr uns gefangengenommen und gebunden habt, und bitten dich, uns als Kommandant dieser vorzüglichen Truppen mitzuteilen, aus welchem Grund du die Überwältigung unserer Personen anbefohlen hast."

Er war vielleicht ein Menschenalter lang gewöhnlicher Soldat gewesen; ihm fehlte der Scharfsinn, die Absicht meiner höflichen Ausdrucksweise zu begreifen; darum fühlte er sich geschmeichelt und erwiderte in anerkennender Weise:

„Allah hat dir die Sprache der Gebildeten verliehen. Deine Worte klingen darum ganz anders als diejenigen, welche ich vorhin aus dem Munde deiner Ankläger vernommen habe. Wie schade, daß gerade ein Mörder und Schmuggler diese Gabe der schönen Rede besitzt!" – „Erlaube mir, o Jüzbaschi, daß ich dich nicht verstehe! Du hältst uns also für Schmuggler?" – „Allerdings. Es ist ja klar erwiesen, daß ihr welche seid. Wir haben die Stelle, an welcher wir euch ergriffen, ganz genau untersucht; dann brachten wir euch hierher, wo es nicht so nach Leichen stinkt wie dort. Was es mit diesen Leichen und ihrer verbrecherischen Verbrennung für eine Bewandtnis hat, das wissen wir nicht; aber wir sahen den Zafarahn – Safran –, den ihr verschüttet habt, an der Erde liegen; der hat uns verraten, daß ihr Schmuggler seid." – „Es tut mir unendlich leid, daß die Umstände zusammengetreten sind, das helle Auge eines sonst so scharfsinnigen Mannes, wie du bist, zu täuschen. Die Schmuggler, von denen du sprichst, gehen uns gar nichts an." – „Nichts? So ist es wohl auch irrtümlich, wenn ich euch für Mörder halte?" – „Ja. Deine Güte wird es mir verzeihen, daß ich mich erkundige, warum du eine so kränkende Meinung von uns hast." – „Das will ich dir sagen, weil du so höflich fragst. Wir befanden uns in der Nähe, nämlich da drüben auf dem Hügel der kleinen, aber berühmten Moschee, in welcher die Gebeine Ibrahims – Abrahams – des Erzvaters liegen. Da sahen wir mehrere Feuer brennen, und ich sandte zwei meiner Leute aus, nachzusehen, wer sie angezündet habe. Sie führten diesen Auftrag aus, wurden von euch gesehen und hörten die Kugeln, die aus euren Flinten kamen, an sich vorüberpfeifen. Ihr habt auf sie geschossen. Seid ihr da nicht Mörder?" – „Nein.

Wir wissen, daß auf sie geschossen worden ist, denn auch wir haben die zwei Schüsse gehört; aber ich habe mich schon einmal unterfangen gehabt, deiner freundlichen Einsicht den Umstand mitzuteilen, daß die Schmuggler, welche geschossen haben, uns gar nichts angehen.“ – „Erlaube mir, daß nun ich es bin, der das, was gesagt wird, nicht begreifen kann! Du behauptest, nicht zu ihnen zu gehören, und wir haben euch doch bei ihnen getroffen.“ – „Da du ein Liebling Allahs bist, o Jüzbaschi, so wird er dich über diesen Punkt sofort erleuchten. Wenn du die Güte hast, die Gedanken deiner Seele rückwärts zu lenken, so wirst du dich ganz genau erinnern, daß du uns nicht bei ihnen gesehen hast. Als du zu der Stelle des Gestankes kamst, waren sie längst fort, denn sie haben sie augenblicklich verlassen, als sie auf deine beiden Kundschafter geschossen hatten.“ – „Kannst du das beweisen?“ – „Ich? Ein Mann von deiner durchdringenden Klarheit weiß ganz genau, daß ich nichts zu beweisen habe. Die Sache liegt vielmehr in deiner Erlaubnis so, daß derjenige, welcher uns anschuldigt, zu beweisen hat, daß wir schuldig sind.“ – „Ich muß gerecht sein und dir mitteilen, daß du auch ein Liebling Allahs zu sein scheinst, denn deine Worte enthalten fast ebensoviel Scharfsinn wie die meinigen. Ich gebe zu, daß wir, als wir die erwähnte Stelle erreichten, nur euch beide sahen, leider freilich fliehend. Warum das? Wer gerechte Sache hat, braucht doch nicht die Flucht zu ergreifen!“ – „Als wir nach dem Birs Nimrud ritten, hatten wir nur die Absicht, die berühmten Ruinen dieser Gegend in Augenschein zu nehmen. Es wurde dabei Abend, und wir suchten einen Platz zum Lagern während der Nacht. Wir sahen Feuer brennen und näherten uns ihnen, der Gestank trieb uns zurück, doch bemerkten wir gegen dreißig Männer, welche Särge öffneten, in denen Leichen und Schmuggelwaren steckten. Die Särge und Leichen wurden verbrannt, die Waren aufgehoben. Dann hörten wir zwei Schüsse, worauf sich die Schmuggler schnell entfernten. Hierauf gingen wir hin, denn die Wißbegierde trieb uns, den Platz zu betrachten. Während wir dies taten, hörten wir euch nahen. Wir glaubten, es seien die Pascher wieder, und wollten uns eiligst verstecken, denn wir sind ehrliche Menschen, welche die Gesetze Allahs und des Padischahs achten, und mögen nichts mit Leuten zu tun haben, die gegen diese Gesetze sündigen. Dabei stürzte mein Gefährte, und ich wurde von den Steinen zu Boden gerissen. Was dann geschah, das weißt du besser als ich. Jetzt liegt vor deinen scharfen Augen alles klar, und deine untrügliche Einsicht wird nicht zögern, die auf uns liegenden Vorwürfe von uns zu nehmen." – „Deine Worte besitzen die Unwiderstehlichkeit der Koransuren, aber ich will dir aufrichtig gestehen, daß ich mich nicht ganz allein auf sie verlassen kann, sondern mich erst bei den Kundschaftern erkundigen muß." – „Bevor du das tust, mag deine Nachsicht mir erst noch eine Bemerkung gestatten! Als wir uns den Feuern näherten, hatten wir weder unsere Pferde noch unsere Gewehre bei uns, sondern sie an einem sichern Ort zurückgelassen. Dein wohlgeübtes Denkvermögen aber wird nicht zögern, zu bestätigen, daß man ohne Gewehre unmöglich schießen kann. Und wie ich gehört habe, waren es nicht Pistolen-, sondern Flintenschüsse." – „Es ist sehr einsichtsvoll von dir, daß du dich an mein geübtes Denkvermögen wendest. Wenn ihr eure Gewehre nicht bei euch gehabt habt, müssen es allerdings andere Leute gewesen sein, welche geschossen haben; dennoch aber werde ich nicht versäumen, die Erkundigungen, von denen ich sprach, einzuziehen."

Er tat dies, und das Resultat war, daß die Kundschafter erklärten, sie seien zwar nicht so nahe gewesen, wie nötig gewesen wäre, um die Gesichtszüge zu unterscheiden, aber zwei in der Weise und so sauber gekleidete Männer wie wir hätten sie bei den Schmugglern nicht gesehen. Hierauf wendete sich der Kol Agasi uns wieder zu:

„Ihr habt gehört, daß der Bericht zu euerem Vorteil ausgefallen ist. Habt ihr noch etwas hinzuzufügen, so erlaube ich euch sehr gern, es zu tun." – „Ich danke dir!" antwortete ich. „Ich habe schon sehr viele und sehr hohe Offiziere des Padischahs von Stambul kennengelernt, aber unter ihnen war keiner, der dich an Scharfsinn, Menschenfreundlichkeit und Gerechtigkeitsliebe übertroffen hätte. Wenn du mir gestattest, werde ich einen Bericht an Hazreti, den Seraskier – Seine Exzellenz, den Kriegsminister –, senden und darin deiner so gedenken, daß er sein Auge auf dich richten wird." – „An Hazreti, den Seraskier, den Unüberwindlichen?" fragte er, halb freudig, halb erstaunt. „Verzeih, daß ich mich wundere! Kennst du ihn denn? Hast du am Babi humajun – der Hohen Pforte – solchen Einfluß, daß der Gebieter der Kriegsangelegenheiten deinen Bericht überhaupt bekommt, gar nicht zu fragen, ob er ihn lesen oder sogar beachten wird?"

Diese Frage brachte Wasser auf die Mühle meines Halef, der ja stets redefertig war, wenn es galt, mein und sein Lob zu verkündigen. Sie hatte so lange stillgestanden, daß er jetzt keinen Augenblick zögerte, sie höchst energisch in Bewegung zu setzen. Kaum hatte der Kol Agasi seine Frage ausgesprochen, so fiel der Hadschi, ohne eine Antwort von mir abzuwarten, mit größtem Eifer ein:

„Wie kannst du Worte aussprechen, in denen eigentlich eine Beleidigung für uns liegt! Du bist ein tapferer und ein kluger Mann, aber du hast vergessen, das zu tun, was du gleich anfangs hättest tun sollen, nämlich uns zu fragen, wer wir sind. Ich bin der oberste und also gebietende Scheich der Haddedihn vom großen und weithin bekannten Stamm der Schammar. Mein Name lautet Hadschi Halef Omar Ben Hadschi Abul Abbas Ibn Hadschi Dawud al Gossarah. Und dieser mein Gefährte, dessen Freund und Beschützer ich bin, heißt Emir Kara Ben Nemsi Effendi. Er stammt aus Dschermanistan, welches Land außer den Gebieten des Padischahs das größte Reich auf Erden ist und sich über mehr als zehntausend Gebirge, Ebenen, Seen und Flüsse erstreckt. Er hat mit mir alle Gegenden des Westens und Ostens, des Nordens und Südens durchritten, um Wunder des Mutes und der Tapferkeit zu verrichten. Seine Freunde lieben und seine Feinde fürchten ihn. Wir haben den Löwen getötet und den schwarzen Panther aus der Welt geschafft. Wir haben ganze Stämme der Beduinen besiegt und bei keinem Angriff den Rücken nach vorn und den Bauch nach hinten gehabt. Mein Emir spricht alle Sprachen der Völker, nennt alle Sterne des Himmels bei ihren angeborenen Namen und kann dir sagen, wie alle Tiere, Pflanzen und Steine heißen, die es gibt. Er ist der berühmteste Krieger, der weiseste Gelehrte und der herrlichste Mensch, den ich kenne. Sultane, Kaiser, Könige und Fürsten lauschen auf seine Wünsche, denn sie lieben und verehren ihn, und wenn sein Bericht über dich nach Stambul zum Seraskier kommt, so wird dieser die Schrift an seine Stirn drücken und dann, wenn er sie gelesen hat, jedes Wort mit demselben Gehorsam beherzigen, als ob es von der Hand des Beherrschers aller Gläubigen geschrieben worden sei. Daß wir jetzt deine Gefangenen sind, ändert nichts an unserem Ruhm, denn es ist nur der Zerbröckelung der Mauer zuzuschreiben, daß wir jetzt in einer Weise vor dir liegen, welche unserem Stand und unseren Eigenschaften so wenig angemessen ist. Von eurem Sandschaki in Hilleh will ich gar nicht sprechen, aber wenn der Pascha in Bagdad erfährt, daß wir nur noch eine Minute gefesselt geblieben sind, nachdem wir dir unseren Namen genannt haben, so wird aus seiner Kantscheleria – Kanzlei – ein Wetter über dich ergehen, welches von dir abzuwenden ich dir ernstlich rate, weil du durch die Vorzüglichkeit deiner Eigenschaften unsere Herzen gewonnen hast. Jetzt weißt du, wer wir sind und wirst danach zu handeln wissen!"

Der Hadschi hatte mehr als stark aufgetragen, aber der Orientale ist das gewöhnt, und der Kol Agasi war zu sehr Orientale, als daß ihn die Übertriebenheiten des Hadschis hätten befremden können; ich sah es ihm vielmehr an, daß sie den beabsichtigten Eindruck auf ihn nicht verfehlt hatten. Der in Aussicht gestellte Bericht an den Kriegsminister und die Drohung mit der Kanzlei des Paschas in Bagdad waren von guter Wirkung, welcher freilich seine Pflicht gegenüberstand. Er sah eine Weile überlegend vor sich nieder; dann schien er einen Entschluß gefaßt zu haben, denn er hob den Kopf und fragte mich:

„Ist es so, wie der Scheich der Haddedihn gesagt hat, Emir?" – „Ja", antwortete ich unbedenklich. – „So möchte ich der Gerechtigkeit, auf welche ihr euch berufen habt, gern Folge leisten, falls du mir die Möglichkeit bietest, es verantworten zu können." – „Wie denkst du dir diese Möglichkeit?" – „Du kannst sie mir geben, indem du dich legitimierst." – „Nichts ist leichter als das. Mach mir die Hände frei, so will ich dir mehr Legitimationen zeigen, als du zu deiner Rechtfertigung brauchst. In meiner Tasche habe ich ein Bujuruldu, einen Teskeresi und sogar auch einen Ferman, mit der Tughra des Beherrschers – der Unterschrift des Sultans – versehen." – „Allah! Wirklich mit der Tughra?" fragte er in ehrfurchtsvollem Staunen. – „Natürlich!" antwortete ich in einem Ton, als ob dies etwas ganz Gewöhnliches sei. – „So laß diese hohen, kaiserlichen Schriften stecken; ich könnte sie jetzt bei dem schlechten Schein des Feuers doch nicht lesen; es ist aber ganz genau so, als ob ich sie gelesen hätte, Emir. Ich bitte dich, mir einen Rat zu geben! Die Unterschrift des Padischahs gebietet mir, euch freizulassen; aber mir ist befohlen worden, euch nach Hilleh zu bringen. Hältst du es für möglich, beiden Pflichten zu gleicher Zeit gerecht zu werden?" – „Ja." – „Auf welche Weise?" – „Du gibst uns frei, und wir reiten mit euch nach Hilleh." – „Werdet ihr das auch? Wirklich?" – „Ja. Ich gebe dir mein Wort." – „Dein Yrza mebni wad – Ehrenwort –?" – „Ja." – „Ich nehme es an und bitte dich um Erlaubnis, euch selbst loszubinden!"

Er war infolge der kaiserlichen Unterschrift so von Hochachtung erfüllt, daß uns kein gewöhnlicher Soldat berühren sollte. Warum er darauf verzichtet hatte, die Legitimationen zu lesen, das war nicht schwer zu erraten. Erstens konnte er höchstwahrscheinlich gar nicht lesen, und zweitens wußte er jedenfalls nicht, wie er ein in seine Hände gelangendes Dokument, mit der Tughra versehen, vorschriftsmäßig zu behandeln hatte. Daß wir frei sein sollten, erregte den Widerspruch des Wirtes und des Ghasaibeduinen.

Als der Kol Agasi uns die Fesseln abnahm, rief ihm der erstere zornig zu:

„Halt ein! Du hast nicht das Recht, Leuten, welche Schmuggler und Mörder sind, die Freiheit zu geben, ohne daß du dazu beauftragt bist. Tust du es dennoch, so werde ich dich anzeigen, sobald wir in die Mehkeme – den Gerichtshof – kommen!"

Der Alte wollte antworten; ich hielt ihn durch einen Wink davon ab, wendete mich selbst an den Sprecher und sagte:

„Du hast hier gar nichts zu bestimmen, denn wenn es mir beliebt, wird man in der Mehkeme nicht über uns zu entscheiden haben, sondern du wirst der Angeklagte sein. Ich sollte eigentlich nicht mit dir reden, will dir aber doch in meiner großen Güte einige Bemerkungen machen. Pascher sind wir nicht; das werde ich beweisen. Auch waren wir es nicht, die auf die Soldaten geschossen haben; das steht außer allem Zweifel, weil wir ohne Gewehre sind. Also könnte es sich nur noch um die beiden verunglückten Beduinen handeln. Da behaupte ich, daß sie unsere Pferde stehlen wollten, und du bist mit ihnen im Einvernehmen gewesen. Wären wir nicht zur rechten Zeit in den Hof gekommen, so wären sie mit ihnen fortgeritten, und wir hätten die Tiere nie wiedergesehen. Da aber unser Erscheinen dies verhinderte, taten sie, als ob sie die Hengste bloß probieren wollten. Nur aus unverdienter Höflichkeit und um nicht mit ihnen in Streit zu geraten, gaben wir ihnen die Erlaubnis, aufzusitzen ..." – „Ihr sagtet ihnen aber nicht, wie gefährlich dies sei!" fiel mir der Wirt in die Rede. – „Das Abgeworfenwerden ist stets gefährlich. Übrigens haben wir sie gewarnt. Der Scheich der Haddedihn hat sie wörtlich aufgefordert, ihm nicht die Schuld zu geben, wenn sie sich die Hälse brechen. Er erhielt die Antwort, daß sie ihre Hälse selbst zu hüten wüßten." – „Aber der Scheich hat den Pferden dann das Wort ‚Litaht!' – Herunter! – zugerufen, worauf die Reiter abgeworfen worden und verunglückt sind!" – „Kannst du das beweisen?" – „Ja." – „Nein!" – „Ja!" wiederholte er. „Ich kann es beschwören." – „Daß der Scheich es den Pferden zugerufen hat?" – „Ja." – „Wir behaupten dagegen, daß er dieses Wort nicht den Pferden, sondern den Reitern zugerufen hat. Er sah, daß es für diese zu gefährlich wurde und forderte sie durch seinen Ruf auf, abzusteigen. Sie gehorchten nicht und wurden also abgeworfen. Kannst du etwa beschwören, daß nicht die Reiter, sondern die Pferde gemeint gewesen sind?"

Er sah mich betroffen an und antwortete nicht, so überraschte ihn meine unerwartete Auslegung. Ich fuhr fort:

„Du siehst also, daß wir uns im vollen Recht befinden und daß das Unrecht nur auf eurer Seite liegt. Übrigens ist das Unglück in deinem Hof geschehen, und ich bin überzeugt, daß die Mehkeme dich darum zur Verantwortung ziehen wird. Jetzt kennst du meine Ansicht, und wenn du noch ein einziges Wort gegen uns zu sprechen wagst, werde ich dir nicht mehr mit dem Mund, sondern in einer anderen, fühlbaren Weise antworten!"

Der Mann war über das verlorene Wortgefecht wütend, wagte aber infolge meiner Drohung nicht, eine Entgegnung auszusprechen, sondern ließ nur einen halblauten Fluch hören. Sein Gefährte aber, der Beduine, konnte seinen Grimm nicht beherrschen; er fuhr mich zornig an:

„Du tust ja, als seist du der Sultan selbst! Bilde dir nicht ein, daß ich mich vor dir fürchte oder vor dem, was du in der Mehkeme sagen willst! Du hast die Absicht, uns als Pferdediebe zu bezeichnen. Ich fordere dich auf, mir zu beweisen, daß wir euere Pferde stehlen wollten!" – „Du hast hier gar nichts zu fordern!" entgegnete ich. „Wenn ein Beweis für nötig gehalten wird, werde ich ihn vor dem Gericht führen." – „So habe ich mit dir und mit euch allen jetzt nichts mehr zu tun. Ich mag nichts von euch wissen und gehe fort. In der Mehkeme aber sehen wir uns wieder!"

Diese Drohung sollte seinen Rückzug decken. Ich war überzeugt, daß er seine Sache verloren gab und sich gar nicht wieder zeigen wollte. Als er von der Stelle, wo er saß, aufgestanden war, sprang auch der Wirt auf und sagte:

„Ich gehe mit. Wo Schmuggler und Mörder freigelassen und ehrliche Leute beleidigt werden, habe ich nichts zu schaffen. Aber es bleibt bei dem, was gesagt worden ist und was ich wiederhole: In der Mehkeme sehen wir uns wieder!"

Man hatte uns, als wir ergriffen wurden, nichts von unserem Eigentum genommen; darum konnte ich in den Gürtel greifen und den Revolver ziehen. Ich richtete ihn auf die beiden und drohte:

„Die Sache steht jetzt anders, als sie vorhin stand. Vorhin waren wir gefangen, jetzt aber werdet ihr es sein. Ihr wollt euch entfernen und habt allen Grund dazu, uns aber liegt daran, daß ihr bei uns bleibt, und so werden wir dafür sorgen, daß ihr nicht gegen unseren Willen fortgehen könnt."

Und zu dem Kol Agasi gewendet, fuhr ich fort:

„Im Namen der Tughra, welche ich bei mir trage und der jeder Beamte und Untertan des Padischahs zu gehorchen hat, fordere ich dich auf, diese beiden Männer, damit es ihnen unmöglich ist, zu entlaufen, so zu binden, wie wir vorhin gebunden gewesen sind! Ich erwarte, daß du diesem Wunsch sofort nachkommst!“

Der alte Offizier besann sich keinen Augenblick; er gab auf der Stelle den entsprechenden Befehl, und so wurden sie, die unsere Gefangennahme veranlaßt hatten, ganz in derselben Weise gefesselt, wie wir vorher es gewesen waren. Die Tughra tat eben Wunder. Es ist das der arabeskenartig verschlungene Namenszug des Sultans, in einer besonderen Schrift geschrieben, welche Diwahni genannt wird. Viele leiten den Ursprung der Tughra auf Murad I. zurück, welcher einst eine Urkunde durch den Abdruck seiner Hand beglaubigte. Andere wieder erzählen dasselbe von dem Sultan Orchan. Hervorragende Kenner aber behaupten, daß die Tughra oder Thogra von dem Sultan Mohammed II., dem Eroberer Konstantinopels, stamme. Als dieser im Jahre 1453 durch Einnahme dieser Stadt das oströmische Reich vernichtete und beim Einzug in Konstantinopel an die Sophienkirche kam, tauchte er, der Schreibunkundige, seine Hand in Tinte und drückte sie zum Zeichen der Besitzergreifung an die Kirchentür. Das war die erste Tughra, welches Wort von dem alttürkischen turgai abgeleitet wird. Es heißt soviel wie „es stehe“, „es habe Bestand“. Die Tughra hat allerdings eine entfernte Ähnlichkeit mit einer offenen Hand. Sie wird auf türkische Münzen geprägt, wo sie das Brustbild des Herrschers vertritt und über dem Eingang der von ihm errichteten Paläste und öffentlichen Gebäude wie Moscheen, Stiftungen, Kasernen, Schulen usw. angebracht. Auf Urkunden wird sie von besonderen Beamten, welche Nischandji's heißen, in Gold, auch in Rot oder Schwarz ausgeführt. Außerordentlich selten ist es, daß der Sultan sich herabläßt, seinen Namenszug auf einem ihm vorliegenden Dokument mit eigener Hand zu zeichnen. Der Betreffende muß bei ihm in höchster Gunst stehen, oder es müssen dabei Umstände obwalten, welche nur der Kenner der jeweiligen dortigen Verhältnisse zu benützen weiß. Es kann da vorkommen, daß ein sehr niedriger Beamter auf einem nur ihm persönlich offenstehenden Weg mehr erreicht als selbst der Scheik ul Islam oder der Großwesir.

So kann ich jetzt, da der Betreffende kürzlich gestorben ist, sagen, daß ich meine türkischen Legitimationen immer durch einen Unterbeamten bezogen habe, dessen Stellung bei uns im Abendland eine der niedrigsten sein würde. Das war mein Freund Mustapha Moharrem Aga, welcher fünfzig Jahre lang Kapudschi – Türsteher – der hohen Pforte gewesen ist. Türsteher! Das ist doch ein höchst minderwertiger Rang, wird man meinen; aber der Einfluß dieses ebenso braven wie originellen Kapudschi reichte bis in die geheimsten Gemächer hinauf. Er genoß dort ein großes Vertrauen, ein fast beispielloses Wohlwollen, und es galt da fast als ein heiliger Brauch, seinen allerdings bescheidenen und immer in sonderbarer Weise vorgebrachten Wünschen entgegenzukommen. Es sind während seiner langen, in dieser Beziehung einzig dastehenden Amtierung eine Menge großer, berühmter oder einflußreicher Männer an der hohen Pforte erschienen und wieder verschwunden, Mustapha Moharrem Aga aber blieb in seiner Stellung, bis der Tod ihn aus derselben rief. Ob eine erbetene Audienz gewährt wurde oder nicht, das hing gewöhnlich von ihm ab; es genügte ein kleiner, kurzer Wink von ihm, so wurde der Betreffende angenommen, oder er mußte, selbst wenn er eine hervorragende Persönlichkeit war, auf die Erfüllung seines Wunsches verzichten. Ich hatte Gelegenheit, mir das Wohlwollen dieses Kapudschi durch meinen vorzüglichen Deschebeli-Tabak zu gewinnen, und er hat es mir bis an sein Ende treu bewahrt. Ich habe es nie mißbraucht, nie eine Bitte ausgesprochen und gerade deshalb stets Legitimationen mit der eigenhändigen Tughra des Großherren besessen. Es ist mir natürlich nicht eingefallen, ihn zu fragen, auf welche Weise er zu der direkten Unterschrift gelange, doch als er beim erstenmal diese Frage in meinen Augen las, sagte er lächelnd: „Kismet etmeghe ogrenmejen effendilik dahi etmez“, d. h. wer nicht den Diener machen kann, der kann auch den Herrn nicht machen. Es braucht wohl nicht gesagt zu werden, daß eine Legitimation mit der eigenhändigen Tughra beim Vorzeigen einen ganz anderen Eindruck macht als eine gewöhnliche, im Jazy odassy – Büro – ausgestellte; ich habe das sehr oft beobachten können. Ein Beispiel davon ist die Ehrfurcht, welche die bloße Erwähnung jetzt dem Kol Agasi abnötigte.

Der Wirt war so klug, ruhig zu sein, als er gebunden wurde; der Beduine aber räsonnierte über die unverdiente und unwürdige Behandlung eines „freien Mannes“. Der Offizier hätte ihn gewiß auch zum Schweigen gebracht; dem kam aber Halef zuvor. Diesem war es bei seinem Temperament unmöglich, solche Reden anzuhören, er zog seine Peitsche aus dem Gürtel, trat zu dem Schimpfenden hin und sagte:

„Was nennst du dich? Einen freien Mann? Siehst du nicht, daß du gefesselt bist? Ist ein Gefesselter frei? Wo hast du deinen Verstand? Oder wahrscheinlich ist, du hast niemals welchen gehabt, denn wenn nur eine kleine Spur davon in deinem Kopf wäre, so würdest du dich jetzt hüten, die Tür deines ungewaschenen, flatterigen Mundes zu öffnen. Mein Effendi hat dir schon gesagt, was und wie er von dir denkt; ich werde etwas hinzufügen, was die Größe deiner Erhabenheit sofort in die wahre Null deines Nichts verwandeln wird. Ihr habt euch uns gegenüber für Solaib ausgegeben, und nun stellt es sich heraus, daß ihr zu den Ghasais gehört. Warum diese Täuschung, die Lüge? Ein freier, ehrlicher Ben Arab wird niemals seinen Stamm verleugnen. Ich würde lieber sterben, als verneinen, daß ich zu den Haddedihn gehöre. Und nun will der Mund, der uns belog, sich gar in ein großes, weit offenes Maul verwandeln, welches tut, als ob es uns verschlingen möchte! Klappe es zu, und halte es ja verschlossen, sonst zeichne ich dir meine Verachtung mit dieser Kurbadsch so quer über das Gesicht, daß dich jedermann, so lange du lebst, gleich als den Schuft erkennt, der du in meinen Augen bist! Wage nur ein Wort, so haue ich zu!"

Er hob die Peitsche zum Hieb, es war ihm Ernst; der Beduine aber schwieg. Die Drohung des Hadschis hatte ihn doch eingeschüchtert.

Nachdem sich die erst für uns so bedrohlich scheinenden Verhältnisse auf einstweilen ganz befriedigende Weise geklärt hatten, galt es nun die Frage unserer Rückkehr nach der Stadt zu klären. Ich legte sie dem Kol Agasi vor, und er antwortete:

„Wenn es dir recht ist, Emir, brechen wir sogleich auf. Wir brauchen nicht zu warten, bis es Tag geworden ist, denn wir kennen ja den Weg." – „Lieber würde es mir sein, wir warteten." – „Warum?" – „Der Schmuggler wegen." – „Die gehen mich nichts an. Du hast von mir schon gehört, daß es eine Beleidigung für einen alten, ehrenvoll gedienten Soldaten ist, den Zollspürhund zu machen." – „Ich habe es gehört und mute dir auch nicht zu, diesen Leuten des umgangenen Zolles wegen nachzulaufen. Es würde ein Dienst sein, den du mir erweisest." – „Wieso?" – „Wir müssen ihre Spuren sehen, was doch jetzt bei Nacht nicht möglich ist." – „Warum ihre Spuren?" – „Um unsere Unschuld feststellen zu können." – „Allah! Du sprichst in Rätseln! Was haben die Stapfen dieser Menschen mit eurer Unschuld zu tun?" – „Es handelt sich darum, klarzulegen, daß wir nicht zu ihnen gehören. Wir suchen unsere Spur und dann die ihrige. Indem du, der du ja den dazu nötigen Scharfsinn besitzest, beide miteinander vergleichst, wirst du dich überzeugen, daß sie und wir einander nichts angehen, und kannst in der Mehkeme unser Zeuge sein, wofür ich dir die größte Dankbarkeit widmen werde."

Aufrichtig gestanden, war es mir weniger um sein Zeugnis zu

tun, als vielmehr um zu erfahren, ob die Spuren nach der von mir vermuteten Stelle führen würden. Der Alte wiegte nachdenklich den Kopf und erkundigte sich:

„Wirst du in deinem Bericht an den Seraskier diesen meinen Scharfsinn mit erwähnen?" – „Gewiß!" – „So bleiben wir und warten, bis es hell geworden ist. Aber könnt ihr eure Pferde solange ohne Aufsicht lassen?" – „Ja. Sie sind Radschi Pack – Echtestes Blut – und würden lieber verschmachten, als ihren Platz verlassen. Wir müssen auch der Spuren wegen hier bleiben, denn wenn ihr in der Dunkelheit auf ihnen herumreitet, die nicht berührt werden dürfen, sind sie dann morgen nicht mehr zu unterscheiden." – „Das mit diesen Fährten ist mir ganz neu. Ich habe stets gedacht, Spur sei Spur." – „Da befandest du dich im Irrtum. Das Lesen der Fährten ich höchst interessant, aber auch nicht leicht. Es bildet geradezu eine Wissenschaft, welche studiert werden muß." – „Beschäftigt man sich in deinem Vaterland Dschermania mit dieser Wissenschaft?" – „Nein. Ich habe es anderswo gelernt." – „Es wird dich freuen, zu erfahren, daß ich Dschermania sehr genau kenne." – „Ah! Du kennst es wirklich?" – „Sehr genau, wie ich schon sagte. Es wird auch Dschermanistan genannt. Habe ich recht?" – „Ja." – „Es liegt zwischen dem Garb Tarabulus – Tripolis – und Ustrali – Australien –. In der Mitte liegt der See Filimenk – Holland –, und um die Grenzen laufen die Flüsse Iswitschera – Schweiz –, Londra – London –, Budschan – Moldau – und Tschin – China –. Im Norden steht der Berg Dschewwa – Genua – und im Süden der Berg Danimarka – Dänemark –. Nicht wahr, Emir, du siehst ein, daß ich dein Vaterland sehr genau kenne?" – „Ja, sehr genau", antwortete ich möglichst ernst.

Höchst stolz auf diesen geographischen Triumph, warf er einen stolzen Blick im Kreis herum und fuhr fort:

„Das sind die Errungenschaften davon, daß ich mich in meiner dienstfreien Zeit sehr gern mit der Dscheografia – Geographie – beschäftige. Die Bewohner von Dschermanistan sind sehr bewegliche Nomaden; sie wohnen in grünen oder blauen Zelten, ziehen bald dahin, bald dorthin und züchten Kamele, welche, wie die unserigen, einen, oftmals aber auch zwei Höcker haben. Ihre Datteln sind zwar nicht so wohlschmeckend wie diejenigen, welche wir verspeisen, dafür aber gedeihen bei ihnen die Ziegen besser als bei uns. Ihre Häuptlinge zahlen dem Sultan von Stambul – Konstantinopel – einen jährlichen Tribut, welcher in Teppichen und Haremspantoffeln besteht, wofür sie die Erlaubnis haben, zur Erlangung der nötigen Lebensklugheit unsere Makahtib und Mädahris – niedere und höhere Schulen – besuchen zu dürfen. Sie sind eifrige und treue Anhänger des Propheten; man findet sie bei jedem Pilgerzug mit dem Koran in den Händen, und Mekka und Medina sind ihnen die heiligsten Städte der Welt. Du wirst mir bezeugen, Emir, daß diese meine Schilderung den Inbegriff der Wahrheit enthält!“

Was sollte ich antworten? Ich wollte ihn nicht kränken und konnte die Dummheiten, welche er vorgebracht hatte, doch unmöglich bestätigen. Da half mir Halef aus der Verlegenheit. Dieser war kein Türke, sondern ein Beduine, und zwar ein in der westlichen Sahara geborener, der sich durch nichts verpflichtet fühlte, dem Beherrscher in Konstantinopel eine besondere Verehrung zu zollen. Dafür aber hatte er, weil er mich liebte, eine ganz besondere Sympathie für mein Vaterland. Seine Kenntnisse über dasselbe waren allerdings auch sehr fragwürdiger Natur, denn was ich ihm von Deutschland erzählt hatte, das war stets sehr schnell von ihm wieder vergessen worden, auch konnte er sich den Okzident nicht anders als nur unter orientalischen Verhältnissen denken, und so wirkte, wenn er einmal von einem europäischen Land oder Volk sprach, das, was er vorbrachte, meist sehr Heiterkeit erweckend; aber klüger war er in dieser Beziehung dennoch als der Kol Agasi. Ganz besonders ärgerte es ihn, daß dieser von Tribut gesprochen hatte. Das war eine Herabwürdigung der deutschen Nation, eine Beleidigung, welche er, weil ich ein Deutscher war, unmöglich dulden konnte. Darum wartete er gar nicht ab, ob oder was ich dazu sagen würde, sondern er fiel sehr schnell und in eifriger Weise ein:

„Wie? Du meinst den Inbegriff der Wahrheit gesagt zu haben? Ich muß dir mitteilen, daß dieser dein Inbegriff über alle Begriffe unbegreiflich ist und daß ich noch nie eine Wahrheit gehört habe, welche in Wahrheit so viele Unwahrheiten enthält wie die deinige.“ – „Wie?“ fragte der Alte erstaunt. „Das sagst du mir, der ich in der Dscheografia so bewandert bin! Und zwar sagst du es in einer Weise, welche so ganz entfernt ist von der Höflichkeit, die man im Umgang mit Offizieren des Großherrn anzuwenden hat!“ – „Was du über Dschermanistan gesagt hast, das hast du nicht als Offizier, sondern als Dscheograf gesagt, und wenn ein Dscheograf unrecht hat, so verbietet es mir die Wahrheitsliebe, ihm aus Höflichkeit recht zu geben. Übrigens bist du selbst noch viel unhöflicher gewesen als ich!“ – „Ich? Inwiefern und gegen wen?“ – „Gegen meinen Emir Kara Ben Nemsi Effendi. Schaue ihn einmal an! Sieht er so aus, als ob sein Volk die Teppiche und Pantoffeln für eure Harems herzuschenken habe? Ich sage dir, die Deutschen schenken nicht einmal ihren eigenen Frauen Pantoffeln, also noch viel, viel weniger fremden Weibern! Und wenn du denkst, daß sie euch Teppiche schicken, so irrst du dich da ebenso, denn sie haben ja selber keine. Dein allergrößter Irrtum aber liegt in dem Tribut, von welchem du gesprochen hast. Das deutsche Volk besteht aus Helden, aus lauter unüberwindlichen Kriegern, die sich selbst vor der Hölle und dem Teufel nicht fürchten. Wollte der Sultan es wagen, mit ihnen zu kämpfen, so würden sie ihn einfach in die größte ihrer Kanonen laden und ihn wieder heim nach Stambul schießen. Es gibt ein unübertretbares Gesetz bei ihnen, durch welches auf das strengste verboten wird, einem fremden Fürsten Tribut zu zahlen, und es ist ganz im Gegenteil der deutsche Sultan, dem ausländische Herrscher Steuern zu entrichten haben. So weiß ich zum Beispiel ganz genau, daß die Beherrscher von Ulah, Midilli, Merakesch, Süwedsch, Dschibeltar und Fiangistan – Wallachei, Mytilene, Marokko, Suez, Gibraltar und Europa – ihm hohe Tribute zu entrichten haben, denn er hat sie alle besiegt und im letzten Krieg sogar die Völker von Brasilli, Sibir memleketi und Prussia – Brasilien, Sibirien und Preußen – überwunden. Es ist also eine Beleidigung meines Effendis, wenn du behauptest, daß sein Volk Tribut zahlen müsse, während es doch im Gegenteil Tribut gezahlt bekommt. Und ebenso falsch war das, was du von den Deutschen in Beziehung auf die Pilgerzüge und auf Mekka und Medina erzähltest. Du wirst dort niemals einen Deutschen sehen, denn die Bewohner von Dschermanistan sind keine Mohammedaner, sondern entweder Christen oder überhaupt gescheite Leute. Die Kamele haben dort nicht nur einen oder zwei, sondern drei oder gar vier Höcker, und die Datteln wachsen dort so groß und schwer, wie bei euch die Kürbisse sind. In ihren Flüssen gibt es Fische, Kadyrga balydschylar – Walfische – genannt, welche ihren eigenen Schwanz nicht sehen können, weil man von ihm aus bis vor zum Kopf einen halben Tag lang im Galopp zu reiten hätte, und wenn sie von einer Stadt zur anderen reisen, tun sie das nur auf eisernen Straßen, indem sie ihre Wagen von feuerspeienden Pferden ziehen lassen, welcher stählerne Glieder haben und mit brennenden Kohlen gefüttert werden."

Der Kol Agasi saß mit vor Erstaunen offenem Mund da und sah den Sprecher sprachlos an. Er war das, was man vulgär mit dem Ausdruck „baff" zu bezeichnen pflegt. Seinen Leuten ging es ebenso.

„Nun, was sagst du jetzt?“ fuhr Halef fort. „In deiner Dscheografia steht wohl nichts davon, daß die Deutschen solche Feuerpferde haben und keine Mohammedaner sind?“ – „Wird – wird – das Pferd, welches – welches der Emir mit hat, auch mit glühenden Kohlen gefüttert?“ fragte der Offizier, seine Sprache wiedergewinnend. – „Nein, dieses nicht. Du brauchst dich also nicht zu fürchten.“ – „Und – und ist er – wirklich kein Anhänger des Propheten, sondern ein Christ?“ – „Er ist ein Christ, also ein sehr gescheiter Mann.“ – „Verzeih, o Scheich der Haddedihn, daß ich einen Gedanken ausspreche, der vielleicht nicht voller Achtung klingt! Du nennst ihn einen gescheiten Mann; aber ist es klug von ihm, als Christ hier diese Gegend aufzusuchen?“ – „Warum sollte das etwa unklug sein?“ – „Weil hier die berühmten Orte der schiitischen Wallfahrten liegen. Es ist für ihn äußerst gefährlich, sich auch nur eine Stunde hier zu verweilen, denn sobald die Schiiten in der Nähe ihrer heiligen Orte jemanden als Christen erkennen, so ist er verloren. Wißt ihr das nicht?“ – „Wir wissen allerdings, daß furchtsame Leute so denken, wie du sagst; aber wir haben das, was andere Menschen Angst zu nennen pflegen, nicht kennengelernt. Wir gehen, wohin es uns gefällt, und bleiben dort, solange es uns beliebt. Wir sind hierher gekommen, weil wir den Birs Nimrud besuchen wollten, und es ist uns gar nicht eingefallen, daran zu denken, ob das für uns gefährlich sein kann oder nicht. Wir hegen nicht die geringste Besorgnis um unser Wohl und unsere Sicherheit, und falls wir Schiiten begegnen, welche entdecken, daß der Emir ein Christ ist, so werden sie in demselben Augenblick zugleich auch die Entdekkung machen, daß es für sie am klügsten ist, sich vor unserem Zorn in acht zu nehmen. Ich sage dir, es ist keine Kleinigkeit, den obersten Scheich der Haddedihn oder den berühmten und unüberwindlichen Emir Kara Ben Nemsi Effendi zum Feind zu haben. Du mußt nämlich wissen, daß wir Zaubergewehre besitzen, mit denen man endlos schießen kann, ohne laden zu müssen. Wir sind überhaupt nicht so wie andere Menschen. Wir denken, reden und handeln anders als sie, wir schießen, stechen und hauen ganz anders als sie; wir werden – kurz und gut, solange ihr euch bei uns befindet, seid ihr sicher vor jeder Gefahr. Und wenn in diesem Augenblick hundert Schiiten kämen, um über uns und euch herzufallen, so würden wir uns nicht fürchten, sondern es getrost mit ihnen aufnehmen.“ – „Wie wollt ihr euch wehren, da ihr eure Flinten nicht bei euch habt?“ – „Kann man sich nur mit Hilfe von Flinten verteidigen? Ich sage dir, es gibt noch ganz andere Waffen, und man kann sich der Angreifer noch auf ganz andere Weise entledigen, als nur mit Hilfe von Pulver und Blei. Wer Geistesgegenwart, List und Mut besitzt, ist jedem Feind überlegen, dem eine dieser Eigenschaften fehlt; wir haben das sehr oft erfahren, und um dir das beweisen zu können, wünsche ich fast, daß jetzt eine Schar von Schiiten käme, um mit uns anzubinden." – „Allah verhüte das! Ich bin ein tapferer Soldat und Offizier, aber diese Leute, welche Ali und seine Söhne mehr verehren als den Propheten selbst, sind keine ehrlichen Krieger. Ich pflege dem Feind gerade offen entgegenzusehen; sie aber lieben die Heimtücke und die Hinterlist. Ist es mir beschieden, im Kampf zu sterben, so soll es doch wenigstens nicht von einer Kugel sein, die mit feiger Hand von hinten auf mich geschossen wird. Seid ihr wirklich bloß in der Absicht hierhergekommen, den Birs Nimrud zu sehen?" – „Ja." – „Ich will nicht in euch dringen, mir mehr zu sagen, als ihr wollt; aber es ist mir unmöglich zu glauben, daß man einen so weiten und gefährlichen Ritt unternehmen kann, nur um einen großen, wüsten Haufen von Trümmern und Ziegelsteinen zu betrachten. Ich bitte um die Erlaubnis, meine Anordnungen für die Nacht erteilen zu dürfen, denn da wir beabsichtigen, erst am Tag nach Hilleh zu reiten, werden wir jetzt zu schlafen versuchen!"

Er gehörte zu der großen Zahl der Leute, denen es unverständlich ist, wenn andere etwas tun oder unternehmen, ohne die Absicht auf gewöhnliche, äußerliche materielle Vorteil dabei zu hegen. Wahrscheinlich war er trotz allem, was wir gesagt und gesprochen hatten, doch immer noch der Ansicht, daß wir in irgendeiner Beziehung zu den Schmugglern ständen.

Er bestimmte die Posten, welche natürlich auch die Gefangenen zu bewachen hatten, und wickelte sich in seinen Mantel, damit ein Zeichen oder Beispiel gebend, welchem seine Untergebenen sogleich folgten. Halef streckte sich auch lang aus und fragte mich leise:

„Meinst du vielleicht, Sihdi, daß es für uns geraten ist, abwechselnd zu wachen?" – „Nein", antwortete ich. „Der alte Kol Agasi meint es ehrlich. Wir werden auch ohne unsere Decken ganz gut schlafen, denn es ist heute nicht kalt. Gute Nacht!" – „Gute Nacht sage auch ich, obgleich ich weiß, daß ich keine Ruhe finden werde. Der Gestank der Leichen liegt noch fest in meiner Nase, daß mich der Tod heute fliehen würde, also noch viel mehr der Schlaf; sei der deinige um so fester!"

Dieser sein Wunsch ging in Erfüllung. Ich schlief sehr gut und so lange, bis der Hadschi mich weckte. Er versicherte mir, kein Auge geschlossen zu haben, denn „die Empörung seiner Nase habe ihn gequält bis jetzt zu diesem Augenblick". Die Soldaten nahmen ein kurzes, frugales Frühstück und stiegen dann auf, um sich von uns nach der Stelle führen zu lassen, an welcher unsere Pferde sich befanden. Diese begrüßten uns mit frohem Wiehern; sie hatten sich nach uns gesehnt, aber doch keinen Versuch gemacht, sich loszureißen.

Als wir sie von der Schutthalde herabgeführt brachten und der Kol Agasi sie sah, rief er bewundernd aus:

„Ja, das ist wirklich Radschi Pack! Dergleichen hat selbst der Pascha von Bagdad nicht in seinem Besitz, und ich begreife es sehr gern, wenn andere lüstern danach werden. Solche Pferde sind für Diebe eine Versuchung, welcher kaum zu widerstehen ist. Was müßt ihr für reiche Männer sein! Nehmt euch in acht, daß man sie euch nicht einmal heimlich entführt!"

War er über die Hengste entzückt, so war er in demselben Grade nun auch neugierig auf meine Gewehre. Ich gab ihm den Bärentöter in die Hand; er kannte die Schwere desselben nicht, obgleich sie ihm anzusehen war, und ließ ihn fallen.

„Allah!" rief er aus. „Das ist ja keine Flinte, sondern eine Kanone, eine doppelte Kanone! Wie weit kannst du mit dieser fürchterlichen Barudi – Büchse – schießen?" – „So weit, wie keine Kugel eines Feindes reicht", antwortete Halef. „Die Kugeln dieser Doppelbüchse gehen so weit, wie wir wollen, und oft auch noch weiter, viel weiter. Und nun betrachte dir auch das andere, kleinere Zaubergewehr! Das schießt ohne Aufhören, immerfort, von heute an bis zum Ende dieses Jahres und, wenn wir es wünschen, auch noch einige Monate länger. Betrachte es!"

Der Hadschi nahm mir den Stutzen aus der Hand, um ihn dem Kol Agasi zu geben; dieser aber wehrte mit beiden Händen ab und rief:

„Nein, nein, ich danke dir, o Scheich der Haddedihn! Ich bin ein strenggläubiger Anhänger des Propheten und darf also mit meiner Hand keinen Gegenstand berühren, welcher mit irgendeiner Zauberei in Verbindung steht. Allah bewahre und behüte mich vor dem Teufel und allen seinen bösen Geistern, welche solche immerfort schießende Flinten machen! Ich brauche diese hier nicht anzufassen, ich glaube euch ohnedem, daß sie die Eigenschaft besitzt, von welcher du gesprochen hast. Ich weiß, daß es Mächte und Kräfte gibt, welche nicht von dieser Erde stammen und daß man sie sich dienstbar machen kann; ich aber will nichts mit ihnen zu schaffen haben!“

Halef lächelte befriedigt. Er hatte seinen Zweck erreicht und gab mir das Gewehr zurück.

Nun galt es, uns mit den Spuren zu beschäftigen. Ich wollte, wie bereits gesagt, sehen, wohin die Schmuggler gestern abend den Safran geschafft hatten. Sie waren fast eine ganze Nacht an diesem Ort geblieben und dann, kurz vor Tagesanbruch, nach dem Kanal zurückgekehrt, denn ich erblickte ihre Kelleks draußen auf dem Wasser; sie ruderten nach Norden zu, woher sie gestern gekommen waren. Das sah ich, ohne aber dem Kol Agasi etwas davon zu sagen. Die Augen des Hadschi aber lenkte ich durch einen verstohlenen Wink auf das, wovon ich nicht sprechen wollte.

Zunächst führte ich den Offizier auf die Spuren, welche wir am vergangen Tag bei unserer Ankunft gemacht hatten, dann auf die von dem Kanal herlaufende Fährte der Pascher. Diese war tief eingedrückt, weil die Leute schwer getragen hatten. Wieder zu unseren Fußeindrücken zurückgekehrt und ihnen bis zu den Feuerstätten folgend, erklärte ich ihm alles, was er nicht von selbst zu finden vermochte, und betonte besonders den Umstand, daß unsere Spur erst hier, wo wir gefangengenommen worden waren, auf diejenige der Pascher stieß und wir also nicht mit ihnen verkehrt haben konnten.

„Ich begreife alles sehr leicht, Emir“, sagte er. „Du kannst überzeugt sein, daß ich dir jedes deiner Worte glaube. Du hast mir bewiesen, daß diese Schmuggler euch vollständig unbekannt gewesen sind und ihr also keine Ahnung davon hattet, daß sie sich hier befinden würden. Ich werde das, wenn du es wünschest, in der Mehkeme sagen.“ – „Ich bitte dich darum.“ – „Du hast nicht zu bitten, sondern zu fordern, denn du willst ja einen Bericht an den Seraskier senden. Wenn ich ja vorher noch daran gezweifelt hätte, daß du einen Einfluß bei ihm hast, so würde dieser Zweifel vollständig verschwunden sein, seitdem ich dich zu Pferde sitzen sehe. Wer ein solches Pferd besitzt und es in der Weise wie du reitet, der hat das Zeug dazu, selbst Seraskier zu sein!“

Fast hätte ich über dieses Lob laut aufgelacht; ich drückte jedoch die Anwandlung dazu nieder. Mein kleiner Hadschi aber blieb nicht still dazu, sondern griff sofort zum Wort:

„Seraskier? Mein Effendi? Kann ihm nicht einfallen, sogar nicht einmal im Traum einfallen!“ – „Warum?“ fragte der Kol Agasi verwundert. – „Weil er nicht will.“ – „Aber der Seraskier ist doch der

Gebieter, der höchste Mann im Heer des Padischahs!" – „Aber wie lange? Er ist bei all seiner Würde ein Diener des Großherrn, der ihn in jedem Augenblick absetzen, fortjagen und sogar aus irgendeinem Grund zum Tode verurteilen kann. Mit ihm tauschen wir nicht; nach seiner Stellung sehnen wir uns nicht. Ich bin der Fürst, der Gebieter meine Haddedihn; wer kann mich absetzen? Und mein Effendi ist auch sein eigener Herr und keines Fürsten Sklave; kein Sultan, kein Schah-in-schah, kein Kaiser und König kann ihm das rauben, was er ist und was er hat. Nein, wir haben keine Lust, Seraskier zu sein, weder er noch ich!"

Wir folgten jetzt den Spuren der Schmuggler weiter, von den Feuern weg in südlicher Richtung, bis sie von den Ruinen nach rechts fort in das freie Feld führten. Das sah für den Nichtkenner so aus, als ob sie, immerfort gehend, eine schon vorher beabsichtigte Bogenrichtung eingeschlagen hätten. Ich aber sah ganz deutlich, daß sie da, wo ihre Fährte von dem Gemäuer ablenkte, angehalten hatten. Sie waren hinauf zur Höhe gestiegen, wo die Stelle lag, von welcher unser Bimbaschi in Bagdad gesprochen hatte. Da hinauf hatten sie die Schmuggelware geschafft und dann, wieder herabgekommen, ihren Weg hinaus ins Freie fortgesetzt. Dieser Umweg war notwendig gewesen, weil sie sonst auf die Soldaten gestoßen wären, deren Feuer sie natürlich hatten brennen sehen. Von diesen meinen Gedanken aber erfuhr der Offizier nichts. Wir kehrten an dieser Stelle um, ritten auf unseren eigenen Spuren zurück und schlugen dann den ungefähr dreißig Kilometer langen Weg nach der Stadt ein.

Der Wirt und der Ghasaibeduine, welche sich den Soldaten angeschlossen hatten, um unserer Arretur beizuwohnen, hatten wohl nicht geahnt, daß sie auf dem Rückweg selbst gefangen sein würden. Sie waren jetzt nicht mehr gebunden, doch wurden ihre Pferde von je einem Soldaten an den Zügeln geführt, und Halef ritt eng hintendrein, um sie stets im Auge zu haben, während ich mich neben dem Kol Agasi hielt, welcher den Zug anführte.

Jetzt erfuhr ich auch, warum dieser Offizier nicht hatte glauben wollen, daß wir bloß hergekommen waren, um den Turm zu sehen. Nämlich als wir eine ziemlich lange Zeit still nebeneinander hergeritten waren, legte er mir die etwas schüchterne Frage vor:

„Ist es wirklich wahr, Emir, daß du ein Christ bist?" – „Es ist wahr." – „So sag einmal: Gibt es bei den Christen auch Schmuggler?" – „Leider, ja." – „Du sagst leider; es scheint also, daß du die Schmuggelei für eine Sünde hältst?" – „Alles, was das Gesetz verbietet, ist von dem Standpunkt dieses Gesetzes aus eine Sünde." – „Aber wie komme ich als Türke dazu, zum Beispiel für den Safran, der in Persien viel billiger ist als bei uns, hier so viel mehr zu bezahlen, weil es dem Großherrn gefallen hat, einen Zoll auf dieses Gewürz zu legen?" – „Ich bin nicht der Großherr und bitte dich also, diese Frage nicht mir, sondern ihm vorzulegen." – „Du willst mir ausweichen. Sag mir einmal aufrichtig, ob es Christen geben kann, welche auch anderswo als in ihrem Vaterland Schmuggel treiben?" – „Ich halte das nicht für unmöglich." – „So ist der Gedanke, den ich hatte, doch nicht so ganz dumm gewesen." – „Welcher Gedanke?" – „Ich hielt dich für den Anführer der Pascher." – „Ah! Wirklich?" – „Ja. Und ich dachte, du seist nur dadurch, daß wir euch fingen, verhindert worden, dich mit ihnen zu entfernen." – „Hoffentlich bist du jetzt anderer Meinung?" – „Ganz anderer. Aber ich gehöre nicht zu den Zollhunden, welche hinter den Paschern hergehetzt werden, und wäre dir, falls du zu ihnen gehört hättest, in Beziehung auf diese Zusammengehörigkeit ganz und gar nicht gefährlich geworden. Das wollte ich dir noch sagen, damit du einsiehst, daß ich nur Soldat und sonst weiter nichts bin."

Ich verstand ihn besser, als er dachte. Er war immer noch nicht ganz überzeugt, daß die Pascher mich nichts angingen, und hätte, wenn ich als solcher ertappt worden wäre, gegen ein gutes Bakschisch in Hilleh ganz gern darüber geschwiegen. Das war der versteckte Sinn seiner Rede, auf den ich aber glücklicherweise nicht einzugehen brauchte. Seine Aussage über mich vor der Mehkeme war mir auch ohne Trinkgeld sicher, weil ich durch die Hoffnung auf meinen Bericht ihn mir zum Freund gewonnen hatte. Übrigens nicht etwa belogen hatte, denn ich besaß wirklich die Absicht, etwas für ihn zu tun, selbst wenn ich die Gelegenheit dazu bei den Haaren herbeiziehen mußte. Freilich war ich dabei der Ansicht, daß dies nicht gerade durch einen Bericht an den Seraskier zu geschehen brauchte. Bei einem ihm näherstehenden Vorgesetzten war jedenfalls eher etwas zu erreichen, als bei diesem hohen Herrn, dem ein im fernen Hilleh garnisonierender Kol Agasi höchstwahrscheinlich sehr gleichgültig war. Daß man sich den letzteren durch die Verabreichung eines Trinkgeldes nicht zum Todfeind machen würde, konnte man bei seinen armseligen Einkünften leicht denken. Das Einkommen eine Kol Agasi betrug – wenn es überhaupt gezahlt wurde! – damals in Hilleh nach unserem Geld achtzig Pfennig pro Tag, mit welcher Summe er alle seine Bedürfnisse ohne Ausnahme zu bestreiten hatte.

Unser weiteres Gespräch, bis wir die Stadt erreichten, bezog sich auf unwichtige Gegenstände, doch zeigte die Art und Weise, wie er sich dabei gegen mich benahm, mich fragte oder mir antwortete, daß wir den von uns beabsichtigten Eindruck auf ihn gemacht hatten; er war voller Ehrerbietung und Höflichkeit gegen mich. Daß ich kein Mohammedaner, sondern ein Christ war, schien mir in seinen Augen nichts zu schaden; er kam mit keinem Wort darauf zurück.

2. Kapitel

Vor Gericht

Als wir Hilleh erreicht hatten, ritten wir zunächst nach der Wohnung des Wirtes, vor welcher angehalten wurde.

„Ich habe euch, meiner Weisung nach, wieder zurückgebracht", sagte der Kol Agasi zu ihm; „Ihr könnt also in dein Haus gehen. Aber ich werde einen Posten an die Tür stellen, welcher euch zu verwehren hat, es zu verlassen, bis ihr nach der Mehkeme geholt werdet, wo ihr eure Anklage vorzubringen und ihre Wahrheit zu beweisen habt. Ich mache euch darauf aufmerksam, daß ihr euch also auch jetzt noch als Gefangene zu betrachten habt. Unterlaßt darum jeden Versuch, euch ohne Erlaubnis von hier zu entfernen!"

Sie gefangen, wir aber frei! Das ärgerte sie gewaltig; sie waren aber klug geworden und sagten nichts dazu. Wir ritten unter Zurücklassung eines Postens weiter, der sogenannten Makarri ikamet – Residenz – des Sandschaki zu.

Im Hof derselben angelangt, wurden wir von dem Kol Agasi aufgefordert, abzusteigen. Es gehörte nicht viel Scharfsinn dazu, den Grund dieser Aufforderung zu erraten und uns über unsere gegenwärtige Lage klar zu sein. Wie wir uns dazu zu verhalten hatten, das wollte ich nicht von den hiesigen Verhältnissen, sondern von unserem eigenen Willen abhängig machen. Darum fragte ich ihn, ruhig im Sattel sitzen bleibend:

„Warum absteigen?" – „Weil man doch nicht sitzen bleibt, wenn man nicht weiterreitet." – „Hm! Was das betrifft, so kommt es bei uns zuweilen vor, daß wir zwar anhalten, aber doch nicht absteigen." – „Ich habe euch aber abzuliefern!" – „Das kannst du auch tun, indem wir uns im Sattel befinden." – „Aber, Emir, ihr könnt doch unmöglich zu Pferde in das Gefängnis kriechen!" – „Ah! Ins Gefängnis sollen wir?" – „Natürlich! Ihr seid ja gefangen!" – „Ich spüre nichts davon!" – „Weil ihr nicht gebunden seid? Ich habe euch ja arretiert und euch nur darum ohne Fesseln hierhergebracht, weil ihr mir versprochen habt, mir gutwillig hierher zu folgen. Nun aber muß ich euch in das Gefängnis bringen." – „Du? Ich denke, du bist Offizier, aber nicht ein gemeiner Sindandschi – Gefangenenwärter –, welcher Verbrecher zu bedienen hat!" – „Fyrtyna! Ich wollte es keinem Menschen raten, mich für einen solchen Kerl zu halten! Ich bin Offizier des Beherrschers aller Gläubigen, aber kein Gefängnisdiener!" – „So zürne auf dich selbst! Denn soeben hast du gesagt, daß du die Obliegenheiten eines ‚solchen Kerls' ausüben willst. Ich werde das leider mit in den Bericht an den Seraskier aufzunehmen haben!" – „Allah, Wallah, Tallah! Du kannst es getrost weglassen, denn ich werde es nicht tun, wenn du mir die Bitte erfüllst, welche ich jetzt aussprechen werde." – „Ich werde sie erfüllen, wenn ich kann." – „Du kannst." – „So sprich sie aus!" – „Ich gehe jetzt zum Sandschaki, um ihm zu melden, daß ich euch gebracht habe und euch ihm übergebe. Bis das geschehen ist, macht ihr keinen Versuch, den Hof hier zu verlassen. Was dann geschieht, das geht mich nichts mehr an. Seid ihr einverstanden?" – „Wenn du mir einige Fragen beantwortest." – „Welche?" – „Wie ist dein Name?" – „Ahmuhd Mahuli." – „Ich muß ihn wissen, weil ich ihn doch in dem Bericht zu erwähnen habe und es ungewiß ist, ob ich wieder Gelegenheit finde, mit dir zu sprechen. Du kennst die Umgebung dieses Gebäudes?" – „Ja." – „In welchem Teil wohnt der Sandschaki?" – „Gerade vor dir. Da befinden sich auch die Stuben seiner Mamuhrin – Beamten –." – „Wo ist das Gefängnis?" – „Zur ebenen Erde rechts, wo du die Löcher in der Mauer siehst." – „Ich danke! Das sind keine Wohnungen für uns! Da drüben wird der Hof von einer Mauer abgeschlossen. Was liegt hinter ihr?" – „Eine freie Gasse." – „Wie breit ist sie?" – „Es können fünf oder sechs Personen an dieser Stelle nebeneinander gehen. Warum fragst du das?" – „Weil wir zwar gute Reiter sind, aber aus gewohnter Vorsicht uns stets vorher zu erkundigen pflegen, wenn es gilt, die Hälse zu riskieren." – „Die Hälse? Ich verstehe dich nicht!" – „Ist auch nicht notwendig. Und nun höre, was ich dir sage! Wir werden genau zehn Minuten auf dich warten. Das ist Zeit genug, dem Sandschaki deine Meldung zu machen. Bist du dann noch nicht wieder da, so reiten wir fort." – „Kann ich mich wirklich auf dieses dein Versprechen verlassen?" – „Ich breche nie mein Wort." – „So will ich gehen, denn ich vertraue dir. Ihr braucht nicht zehn Minuten zu warten, denn ich werde schon eher wiederkommen."

Er ging, indem ich lächeln mußte, daß er mir mein Wort abgenommen hatte. Seine Leute waren ja da! Warum hatte er sie nicht aufgefordert, uns zu bewachen und jeden Fluchtversuch zu verhindern? Traute er ihnen weniger als mir? Der Eindruck, den wir auf ihn gemacht hatten, schien ein für uns noch günstigerer zu sein, als ich gedacht hatte. Er glaubte nicht, daß wir uns trotz ihrer Überzahl von ihnen halten lassen würden, und da hatte er auch recht!

Das Gebäude bestand, wie alle Häuser der Stadt, aus Ziegeln, welche den Trümmern des einstigen, großen Babylon entnommen waren; es sah sehr schmutzig und baufällig aus. Der Hof war nicht groß, bot uns aber hinreichend Platz zu den Bewegungen, welche später vielleicht nötig wurden. Die Mauer, von welcher ich gesprochen hatte, besaß etwas über Manneshöhe, zeigte aber einige Stellen, wo die oberen Ziegellagen, weil verwittert, herabgefallen waren, und es erschien mir ganz und gar nicht als ein Wagnis, an einer dieser Stellen mit unseren Pferden über sie hinwegzukommen. Das war es, warum ich gefragt hatte, was hinter ihr liege.

Eigentlich hätte mir bange sein können. Ein Christ, gefangen, in Hilleh, dem Hauptort schiitischer Unduldsamkeit, der Schuld am Tode eines Menschen und an der Verletzung eines anderen, vielleicht auch des Schmuggels angeklagt – das waren Gründe genug, besorgt zu sein. War hier doch schon allein der Umstand, ein Christ zu sein, höchst gefährlich für mich! Aber ich sah dem Kommenden mit größter Seelenruhe entgegen, und als ich mein Auge auf Halef richtete, lächelte er mich getrost und zuversichtlich an und fragte: „Hast du schon einen Plan, Sihdi?" – „Nein", antwortete ich, indem ich mich, um von den Soldaten nicht verstanden zu werden, des maghrebinischen Dialektes bediente. „Um einen Plan zu haben, müßte ich wissen, was sich nun ereignen wird; da ich das aber nicht weiß, können wir nichts tun, als ruhig warten." – „Aber wie wir uns im allgemeinen zu verhalten haben, das kannst du mir mitteilen?" – „Ja. Ich werde nicht leugnen, daß ich Christ bin, hier am allerwenigsten; ich bin das mir und meinem Glauben schuldig; du hast dich ganz nach mir zu richten und alles so zu tun, wie ich es tue. Ich vermute, daß wir über die Mauer setzen werden. Das muß, da die dahinterliegende Gasse nicht breit ist und um nicht jenseits anzurennen, in schiefer Richtung, und zwar von rechts nach links geschehen, so daß wir bei dem Sprung nördlich schauen. Das mußt du dir merken, damit wir keinen Augenblick auseinanderkommen und du nicht etwa umzuwenden brauchst." – „Allah! Bin ich etwa blind, Sihdi? Traust du mir zu, in der Weise über die Mauer zu kommen, daß wir uns draußen mit den Rücken anschauen?" – „Nein; aber es war nicht unnötig, davon zu sprechen." – „So meinst du, daß wir gar nicht absteigen?" – „Wir werden wahrscheinlich doch herunter müssen; aber ins Gebäude gehen wir auf keinen Fall, und von den Pferden trennen wir uns keinen Augenblick, sondern behalten die Zügel stets in den Händen." – „Aber wir sind angeklagt; man will uns verhören, und wir können die Pferde doch nicht mit hinein ins – ah, du willst ja gar nicht hinein in die Mehkeme!" – „Nein. Wer uns verhören will, der muß zu uns herauskommen." – „Muß herauskommen, muß! Ob er will oder nicht! O Sihdi, lieber Sihdi, wie freue ich mich darauf! Das ist doch endlich wieder einmal ein Fall, eine Begebenheit, bei welcher wir zeigen, daß wir gewohnt sind, stets nur das zu tun, was uns beliebt. Ich bin neugierig, außerordentlich neugierig, was alles sich dabei ereignen wird. Vielleicht kommt es dazu, daß wir die Waffen brauchen!" – „Auch das müssen wir gewärtig sein, obgleich ich es nicht wünsche. Anfassen darf uns niemand, denn wenn wir es einmal dazu kommen lassen, so haben wir das Spiel schon halb verloren. Wir können noch so kräftig sein, wenn uns die Überzahl zusammendrückt, so daß wir keinen Raum mehr zur Verteidigung haben, werden wir überwältigt. Sieh dort an der Torseite die vielen Menschen! Der gestrige Vorfall ist in der Stadt bekannt geworden; jetzt hat man erfahren, daß wir eingeliefert worden sind, und nun kommen die Neugierigen, um zu erfahren, was mit uns geschieht." – „Das können wir ihnen jetzt schon sagen: Wir reiten fort und lachen Hilleh aus." – „Sei nicht allzu sicher! Es ist ganz und gar nicht ausgeschlossen, daß diese Angelegenheit eine ganz andere, eine schlimmere Wendung nimmt, als wir denken. Schau, die Entscheidung beginnt; man kommt!"

Wir sahen den Kol Agasi aus der Tür treten, ihm folgte eine ganze Anzahl von Personen. Hinter ihm kam ein Offizier in der Uniform eines Mir Alai – eines Obersts –, der wohl zufälligerweise gerade jetzt bei dem Sandschaki gewesen war. Dann traten Diener heraus, welche einen Stuhl und verschiedene Kissen trugen, dann Beamte der Mehkeme, einer von ihnen mit einem monströsen Tintenfaß, Feder und Papier. Das war jedenfalls der Protokollant, woraus wir schlossen, daß das Verhör sofort und zwar sonderbarer-, uns aber sehr willkommenerweise hier im Hof stattfinden sollte. Wie wir einigen später fallenden Äußerungen entnahmen, war heute überhaupt öffentlicher Gerichtstag, und da unser Fall ein eklatanter war, hatte der Sandschaki beschlossen, ihn gleich zuerst vorzunehmen und, ohne uns erst in einer langen Untersuchungshaft schmachten zu lassen, uns eine desto strengere, exemplarische Strafe zu diktieren. Bei einer Anklage, wie die gegen uns gerichtete war, konnte er sich einmal in seinem ganzen Glanz zeigen; Zuschauer waren ja genug vorhanden. Hinter diesen Beamten sahen wir mehrere Personen in sehr würdevoller Haltung schreiten, die Beisitzer des Gerichts, wie ich später erfuhr. Und nun kam er selbst, der Herr und Gebieter Hillehs und des Sandschaks, in welchem es liegt. Man sah es ihm beim ersten Blick an, daß er ein Alttürke war, also ein Herr, von welchem ich als Christ keine Spur von Wohlwollen oder Schonung zu erwarten hatte. Seine Gestalt war klein und schmächtig, desto größer sein Turban, der mir aber trotz seines Umfangs nicht im mindesten imponierte. Zu seiner Linken ging ein Mann, dem ich zunächst keine Aufmerksamkeit schenkte, dafür aber später um so größere. Er war persisch gekleidet.

Alle diese Personen kamen, den Kol Agasi ausgenommen, nicht etwa auf uns zu, sondern sie schritten am Gebäude hin bis zu einer Stelle, wo eine alte, ziemlich zerfetzte Markise an der Mauer niederhing, welche von einem schnell vorausgesprungenen Diener aufgeschoben wurde. Sie bildete das Sonnendach der Stelle, an welcher die öffentlichen Gerichtssitzungen abgehalten wurden.

Der schon erwähnte Stuhl wurde unter ihren segensreichen Schutz gestellt, und der Sandschaki nahm auf ihm wie auf einem Thron Platz. Zu seiner Rechten und Linken legte man die Kissen nieder, um den hervorragenden juridischen Koryphäen Gelegenheit zu bieten, mit untergeschlagenen Beinen so weich wie möglich zu sitzen; die geistig weniger begabten Koryphäen nahmen den Platz, wo und wie sie welchen fanden. Der persisch gekleidete Mann hatte sich unmittelbar neben dem Stuhl niedergelassen. Als sich die Mehkeme in dieser Weise entwickelt hatte, kam die Menge der Zuschauer herbei, um den Mahill el Adl – Platz der Gerechtigkeit – in einem Halbkreis zu umschließen.

Mittlerweile hatte der Kol Agasi uns erreicht. Sein Gesicht war sehr ernst, und seine Stimme klang bedenkenschwer, als er uns mitteilte:

„Ich habe euch gemeldet, und da die Mehkeme zur heutigen Sitzung versammelt war, beschloß der Sandschaki, sogleich über euch Gericht zu halten. Ihr werdet mit größter Strenge behandelt werden und habt keine Nachsicht zu erwarten.“ – „Weiß er, daß ich ein Christ bin?“ erkundigte ich mich. – „Ja; ich habe es ihm gesagt. Ich habe ihm auch mitgeteilt, wer ihr seid.“ – „Was sagte er dazu?“ – „Wer ihr seiet, das gehe ihn gar nichts an; er brauche weiter nichts zu wissen, als daß er es mit Schmugglern und Mördern zu tun habe, und solche Menschen dürfe man nicht schonen.“ – „Ich danke dir für diese Mitteilung! Du siehst, daß wir Wort gehalten haben und hier geblieben sind. Von jetzt an ist es dir also gleichgültig, was wir tun?“ – „Nein.“ – „Du sagtest es doch vorhin!“ – „Ich wußte nicht, was kommen werde. Der Mir Alai meines Regiments war bei dem

Sandschaki; er befahl mir, mit meinen Leuten das Tor zu besetzen, damit jeder etwa von euch unternommene Fluchtversuch vergeblich sei; mit Mördern könne man nicht vorsichtig genug verfahren. Ich muß natürlich gehorchen. Ich hoffe, daß du mir nicht darüber zürnst, Emir!" – „Du besitzest mein Wohlwollen in noch ganz demselben Maße wie vorher." – „Aber wenn ihr fliehen wollt und ich verhinderte euch daran, was wird da aus deinem Bericht an den Seraskier?" – „Ich schreibe ihn und schicke ihn auch ab. Wenn du unsere Flucht unmöglich machst, verdienst du ja das Lob, welches ich dir erteile, doppelt." – „Aber wenn ihr hingerichtet werdet, kannst du den Bericht nicht schreiben!" – „Mach dir in dieser Beziehung keine Sorge! Ehe der Sandschaki uns hinrichten läßt, hängen wir ihn am ersten besten Strick auf!" – „Du kannst bei so ernsten Dingen scherzen?! Aber steigt ab, und kommt mit mir! Ich soll euch vor die Richter bringen."

Ehe ich hierauf antworten konnte, ließ Halef einen unterdrückten Ruf der Überraschung hören.

„Was ist's?" fragte ich. – „Schau den Mann, der jetzt bei dem Perser steht und mit ihm spricht!" antwortete er. – „Er steht mit von uns abgewendetem Gesicht; ich sehe es nicht." – „Aber ich habe es gesehen!" – „Kennst du ihn?" – „Ja. Auch du wirst ihn sofort erkennen, wenn er sich herumdreht." – „Wer ist's?" – „Safi." – „Was? Wer? Etwa Safi, der Sill, der uns dem Pädär in die Hände liefern wollte?" – „Und den du begnadigt hast, obgleich ich ihm so gern meine Peitsche hätte schmecken lassen. Ja, er ist es." – „Du irrst dich nicht?" – „Nein. Paß nur auf! Jetzt, jetzt dreht er sich herum!"

Ich sah das Gesicht und erkannte ihn. Es war allerdings der Mann aus Mansurijeh. Er hatte uns jedenfalls auch erkannt. Was wollte er hier in Hilleh? War er in Angelegenheiten der Sillan hier? Warum sprach er mit dem Perser? Kannte er ihn? Dann gehörte dieser jedenfalls auch zu dem Geheimbund. Hatte der Verräter ihm gesagt, daß wir diejenigen seien, von denen der Pädär durch Prügel gezüchtigt worden war? Wer war dieser Perser? Welchen Grund oder welchen Zweck hatte seine Anwesenheit? War er nur persisch gekleidet, oder war er persischer Untertan? Fand dies letztere statt, so hatte er doch wohl kein Recht, in einer Mehkeme zu sitzen, welche den uns betreffenden Fall behandeln wollte!

Während mir alle diese Fragen durch den Kopf gingen, drängte der Kol Agasi zum Absteigen.

„Wir bleiben sitzen!" antwortete ich. – „Aber ihr könnt doch unmöglich zu Pferde vor der Mehkeme erscheinen!“ – „Warum nicht?“ – „Es ist verboten.“ – „Von wem?“ – „Im Gesetz.“ – „Es gibt kein Gesetz, welches bestimmt, daß man nur zu Fuß vor den Richtern zu erscheinen hat!“ – „Wenn es kein Gesetz darüber gibt, so ist ein solches Beginnen doch gegen allen Brauch!“ – „Du irrst. Es ist ein bei mir alter Brauch, von dem ich niemals lasse. So oft ich in einer Mehkeme zu erscheinen habe, komme ich nicht anders als zu Pferde angeritten.“ – „Ich auch“, stimmte Halef bei. „Ich bin der oberste Scheich der Haddedihn, bei denen man einen Mörder nur dann zum Tode verurteilen darf, wenn er im Sattel sitzt.“ – „Aber eure Gebräuche haben doch hier in Hilleh keine Geltung.“ – „So wird es endlich Zeit, daß wir ihnen Geltung verschaffen!“ entschied der kleine Hadschi in seinem bestimmtesten Ton. – „Ich kann es nicht verantworten! Denkt, wie es mir vom Mir Alai, dem Obersten meines Regiments, ergehen wird, wenn ich euch geführt bringe, während ihr auf euren Pferden sitzt! Ich kann das unmöglich wagen!“ – „Das muten wir dir auch gar nicht zu; wir können auf deine Begleitung verzichten“, antwortete ich. „Komm, Halef!“

Es wäre mir wohl unmöglich gewesen, mich zu erinnern, jemals in einer solchen Stimmung, wie meine jetzige war, gewesen zu sein. Es lag etwas in mir, was mich nicht dazu kommen ließ, diese Mehkeme ernst zu nehmen. Und Halef schien bei ganz derselben guten Laune zu sein. Er lachte am ganzen Gesicht, als er meine Aufforderung hörte, und antwortete in heiterem Ton:

„Wollen wir nicht auf das Verhör verzichten und lieber gleich sofort mitten hineinreiten, so daß die weisen Herren nach allen Seiten auseinanderfliegen?“ – „Fast hätte ich Lust dazu. Aber ich denke, es ist besser, wenn wir von dieser Tollheit absehen. Wir würden doch nur um den Genuß kommen, den uns der Wortsieg über diese scharfsinnigen Männer des Gesetzes bereiten wird. Also seien wir vernünftig! Komm, vorwärts!“ – „Ja, vorwärts, Sihdi! Wir wollen in der Weise mit ihnen sprechen, wie wohl noch niemand mit einer Mehkeme gesprochen hat. Komm!“

Es folgte nun eine Szene, welche mir unvergessen geblieben ist und auch ferner bleiben wird, eine Gerichtsverhandlung, welche ich für unmöglich halten würde, wenn ich sie nicht selbst erlebt hätte. Kenner der dortigen und damaligen Verhältnisse werden allerdings, wenn sie diese Zeilen lesen, nicht in Verwunderung geraten. Der interessante Vorgang ist nur dadurch ungewöhnlich, daß die beiden Angeklagten Männer waren, denen weder eine der beisitzenden Personen noch infolgedessen der ganze hohe Gerichtshof imponieren konnte. Der einzige Grund, bedenklich zu sein, hätte in dem Umstand gelegen, daß wir uns mitten in einer hochfanatischen Bevölkerung befanden und der von dem Publikum gebildete Halbkreis von Minute zu Minute sich vergrößerte. Diese durch das offene Tor hereinströmenden Menschen waren alle bewaffnet, und es gab keinen Grund zu der Annahme, daß die famose Mehkeme gegebenenfalls die erforderliche Macht oder auch nur Bereitwilligkeit besitzen werde, uns gegen Gewalttätigkeiten in Schutz zu nehmen. Es galt, zu bedenken, daß Halefs sunnitisches und nun gar mein christliches Bekenntnis sehr leicht zu Pulver auf die Pfanne jeder hier vorhandenen Pistole werden konnte. Auf der anderen Seite aber kannten wir gar wohl den Eindruck, den ein furchtloses Auftreten gerade auf so leicht erregte Menschen zu machen pflegt. Wir sahen also dem uns erwartenden Vorgang zwar mit lebhafter Spannung, aber keineswegs ängstlich entgegen und ritten auf den erwähnten Halbkreis zu, welcher sich, als wir ihn erreichten, öffnete, um uns hindurchzulassen. Der Kol Agasi folgte uns nicht, sondern begab sich nach dem Tor zu seinen dort postierten Soldaten, welche die Aufgabe hatten, unserer etwaigen Flucht entgegenzutreten. Die Lücke der Zuschauer wurde hinter uns sogleich wieder geschlossen.

Der Herr Vorsitzende hatte sich unser Erscheinen vor seinen Schranken ganz anders gedacht. Er sah uns aus weit geöffneten, erstaunten Augen an und rief uns zornig zu:

„Wie könnt ihr es wagen, zu Pferde und bewaffnet vor uns zu erscheinen! Herunter von den Pferden und weg mit den Waffen!" – „Ich halte es für besser, daß wir sitzen bleiben", antwortete ich in ruhigem Ton. – „Es ist euch hier keine eigene Meinung gestattet; ihr habt nur zu gehorchen!" entgegnete er in demselben befehlenden Ton wie vorher. – „Wir sind ja gehorsam, und zwar gerade indem wir sitzen bleiben. Wir gehorchen nämlich der Notwendigkeit." – „Was ist das für eine Ausrede? Ich verstehe dich nicht. Sprich deutlicher!" – „Wenn meine Vermutung richtig ist, hat man dir von unseren Pferden erzählt?" fragte ich. – „Natürlich! Diese Bestien sind es ja, wegen deren wir euch wahrscheinlich das Todesurteil sprechen werden!" – „Wir können diesem Urteil vom Sattel aus ruhig entgegensehen. Stiegen wir aber ab, so könnte leicht etwas geschehen, was euch den Stoff zu einer neuen Anklage gäbe." – „Was meinst du? Was könnte geschehen?" – „Du siehst, daß unsere Pferde Radschi Pack sind; sie werden, wie jedes reine Blut, gefährlich, wenn man sie von ihren Herren trennt. Sähen sie, daß man uns zwingt, sie zu verlassen, so würden sie uns dennoch hierher folgen und dabei aber jeden, der sie daran hindern wollte, mit den Hufen niederschlagen. Wir haben sie also, um Unglück zu vermeiden, mit hierhergebracht." – „Ihr könnt aber absteigen und sie an den Zügeln halten; das gebietet die Achtung, welche ihr der Mehkeme schuldig seid. Man sitzt nicht vor den Richtern, sondern man steht von ihnen. Ich verlange, daß auch ihr das tut!"

Ich wollte eine verweigernde Antwort geben; da kam mir aber Halef zuvor, indem er den Sandschaki fragte:

„Kannst du die Folgen dessen, was du verlangst, verantworten?"

Sein Gesicht zeigte dabei einen pfiffig lauernden Ausdruck, welcher stets dann bei ihm zu beobachten war, wenn ihn ein Hintergedanke leitete.

„Was ich befehle, verantworte ich", lautete die Antwort. – „So werden wir nach deinem Willen tun."

Er sprang aus dem Sattel, und ich folgte seinem Beispiel, denn ich wußte, was er beabsichtigte. Nämlich wenn wir die Zügel lang hielten und unsere Pferde also die Köpfe frei hatten, standen sie still; nahmen wir ihnen aber diese Freiheit, indem wir sie kurz hielten, so wehrten sie sich höchst energisch und versuchten alles, um sich loszureißen. Halef gab seinem Hengst beim Absteigen die wohlberechnete Stellung, daß sich gerade hinter ihm Safi, der Sill aus Mansurijeh, befand, und rief ihm und seinen Nachbarn warnend zu:

„Geht zurück! Dieses Pferd duldet nicht, daß man ihm so nahe steht!"

Es fiel niemandem ein, diesem Ruf zu gehorchen. Er faßte die Zügel nahe am Maul, worauf sein Nedjedi den Kopf hochzuwerfen versuchte, um sich loszureißen. Als ihm dies nicht gelang, schlug er hinten aus und traf den Sill, glücklicherweise nicht gefährlich, aber doch so, daß der Geschlagene zurückgeworfen wurde und einige andere mit niederriß. Mein Ben Rih verhielt sich ganz ebenso, denn es war selbstverständlich, daß ich ihn auch kurz genommen hatte. Er traf sogar zwei Männer, welche weit fortgeschleudert wurden, und während sich darüber ein großes Geschrei erhob, ließen wir die unaufhörlich ausschlagenden Pferde im Kreis um uns tanzen, bis der Halbkreis der in allen Tonarten schimpfenden Zuschauer soweit zurückgewichen war, daß niemand von den drohenden Hufen mehr erreicht werden konnte. Die Verletzten wurden noch weiter fortgeschafft, und soviel Köpfe wie es gab, so viele Stimmen riefen uns alle möglichen Flüche und Verwünschungen zu. Halef aber brüllte, sich an den Sandschaki wendend, noch lauter, so daß er sie alle überschrie:

„Da hast du die Folgen! Nun verantworte sie auch! Wer kein Pferdekenner ist, soll nicht Befehle erteilen, von deren Wirkungen er nichts versteht!"

Man sah es dem Beamten an, daß er diese Beleidigung zornig zurückweisen wollte; aber der Oberst machte eine beruhigende Handbewegung und warf ihm einige Worte zu, welche wir des Lärmes wegen nicht verstanden. Hierauf wurde uns der sehr willkommene und allerdings auch beabsichtigte Befehl:

„Steigt wieder auf! Es sei euch einstweilen gestattet. Später werden wir euch samt euren Bestien zu zähmen wissen." – „Wir werden es tun", nickte ihm Halef in gütiger Weise zu; „aber wir geben dir zu bedenken, daß Reiter und Pferd sich ähnlich zu sein pflegen. Auch wir haben die Gewohnheit, uns nicht nach einem fremden, sondern nach unserem eigenen Willen zu richten. Das darfst du nicht vergessen!"

Leider, oder vielleicht auch glücklicherweise, achtete der Sandschaki nicht sehr auf diese Worte, denn er war damit beschäftigt, seinen Dienern diejenigen Befehle zu geben, deren Ausführung nötig war, um den Lärm zu stillen und die Aufregung der Anwesenden zu beruhigen. Sie mischten sich unter die Schreienden und wütend Gestikulierenden, und es gelang ihnen auch, ihre Aufgabe zu erreichen.

Nur einer schien sich nicht so schnell wie die anderen beherrschen zu können; das war der persisch gekleidete Mann, mit welchem Safi vorhin, als wir noch nicht nahe waren, gesprochen hatte. Der letztere war ein Stück fortgetragen worden; da saß er wimmernd und mit den Händen die Körperstelle streichend, an welcher er getroffen worden war. Der Perser stand bei ihm, focht, immer nach uns deutend, mit den Armen drohend in der Luft und war von allen der letzte, welcher seinen vorher innegehabten Platz aufsuchte. Ehe er sich dort niedersetzte, sagte er so laut, daß jedermann es hörte, zu dem Sandschaki:

„Du siehst, o Pascha, daß drei Personen schwer verletzt worden sind! Das darf nicht unbestraft geschehen sein, denn nicht die Pferde sind schuld daran, sondern es ist von den Reitern beabsichtigt gewesen. Dort sitzt Safi, ein treuer Untertan des Padischahs; er ist ein Bekannter von mir und steht unter meinem Schutz; ich hoffe, daß der Huftritt, der ihn getroffen hat, so streng wie möglich geahndet werde. Nur wenn dies geschieht, kann ich in so lobender

Weise, wie du es wünschst, von dir zu meinem Herrn, den königlichen Sillullah – „Schatten Gottes“, d. h. der Schah von Persien –. sprechen, dessen Sa'id – ‚Unterarm‘ – ich bin.“

Erst jetzt, indem er sprach, fand ich Zeit, den Mann genauer, als vorher möglich gewesen war, anzusehen. Er war, wie bereits gesagt, nach persischer Weise gekleidet und nicht hoch, aber desto breiter gewachsen. Seine Stimme klang gebieterisch, und zwar so, als ob er gewohnt sei, zu befehlen, und dabei eigentümlich schnarrend. Wangen und Kinn waren rasiert; dafür trug er einen um so längeren Schnurrbart, durch dessen linke Hälfte eine feuerrote Narbe ging, welche von der Stirn bis herab zur Mundspitze reichte. Die Augenhöhle, über welche sie lief, war leer. Der Hieb, dessen Spur diese Narbe war, hatte ihm das linke Auge gekostet. Ich beobachtete, daß er, während er sprach und auch später, sehr oft die Hand hob, um die Barthaare über die Narbenlücke zu streichen.

Man wird mir glauben, wenn ich sage, daß ich überrascht war. So, wie dieser Mann da vor uns neben dem Sandschaki stand, hatte der Bagdader Bimbaschi uns den Säfir beschrieben. Die ganze Erscheinung war so charakteristisch, daß an einen Zweifel gar nicht gedacht werden konnte. Er war es, der unserem alten Gastfreund und seinem dicken Kepek im Birs Nimrud den Schwur abgenommen hatte. Der Säfir, der Anführer der Schmuggler, den ich so gern hatte sehen wollen, stand also vor mir!

Ihn hier, bei dem Statthalter zu treffen, das hatte ich freilich nicht erwartet. Es war eine Kühnheit oder vielmehr eine Frechheit von ihm, die Stadt und das Haus aufzusuchen, wohin er eigentlich als verurteilter Verbrecher, als Strafgefangener gehörte. Wer diesen Mann zum Feind hatte, der konnte nicht behaupten, daß er es mit einem schwachen, verächtlichen Gegner zu tun hatte. Aus dem von ihm gebrauchten Wort Sa'id war zu schließen, daß er sich für einen hohen Beamten des persischen Schahs ausgegeben hatte; wahrscheinlich behauptete er, im Auftrag desselben unterwegs und hier anwesend zu sein. Welche spezielle Absicht er dabei verfolgte, das konnte mir gleichgültig sein, sie betraf wahrscheinlich die Schmuggelei, welche mich nichts anging. Aber aus der Gegenwart des Safis und aus dem Umstand, daß er diesen in seinen Schutz nahm, war zu schließen, daß er zu den Sillan gehöre. Jedenfalls war er nicht ein gewöhnliches, sondern ein hervorragendes Mitglied dieses geheimen Bundes, und nun ich das wußte, stand es bei mir fest, daß ich Hilleh nicht verlassen würde, ohne den Birs Nimrud wieder aufzusuchen, um an Stelle unseres Bimbaschi mit diesem angeblichen oder auch wirklichen Perser abzurechnen. Gerade daß er ein so verwegener Mensch war, vor dem man sich zehnfach in acht zu nehmen hatte, das machte mir erst recht Lust, mit ihm anzubinden. Halef hatte, als wir mit dem Polen auf dessen Dach saßen und dieser uns seine Erlebnisse erzählte, zu ihm gesagt: „Ich wollte, wir würden einmal von dem Säfir in den Turm gesperrt", und dann hinzugefügt: „Ich würde niemals ohne Peitsche in den Birs Nimrud steigen!" Jetzt fand sich für ihn vielleicht die Gelegenheit, zu beweisen, daß diese seine Worte nicht prahlerisch, sondern ernst gemeint gewesen seien.

Aber diesen Gedanken im gegenwärtigen Augenblick nachzuhängen, dazu gab es keine Zeit, denn wir hatten auf den Perser zu achten, welcher in seiner Anklage fortfuhr:

„Diese beiden Menschen sind gewalttätige Personen, welche schon längst verdient haben, totgepeitscht zu werden." – „Kennst du sie?" fragte der Statthalter. – „Ja. Ich könnte dir sehr viel von ihnen erzählen; es genügt aber vollständig, wenn ich dich über eine ihrer Missetaten unterrichte. Sie sind auf einem Kellek den Tigris herabgekommen und haben des Nachts einige Freunde von mir, welche am Ufer gelandet waren und ruhig schliefen, gebunden, ausgeraubt und dann noch beinahe totgeschlagen." – „Allah! Weißt du das gewiß?" – „Ja. Es ist sogar eine Zeuge anwesend, der es beschwören kann." – „Wer?" – „Safi, der dort sitzt. Er ist dabeigewesen." – „Wo ist es geschehen?" – „Oberhalb Bagdad." – „So liegt der Tatort nicht in meinem Bereich, und ich habe nicht darüber abzuurteilen." – „Das weiß ich wohl; aber ich bin überzeugt, daß diese Tat als Verschärfung der Strafe mit angerechnet werden kann." – „Das versteht sich ganz von selbst. Ich werde dafür sorgen, daß es diesen Hunden unmöglich ist, noch irgendwelchen Schaden anzurichten." – „So bitte ich dich, den Umstand, daß der eine von ihnen ein Christ ist, ganz besonders zu beherzigen! Der andere gibt sich für einen Scheich der Haddedihn aus, eine Lüge, wie man sich keine größere denken kann. Du brauchst ihn nur anzuschauen, um sogleich im klaren über ihn zu sein. Ich behaupte, daß er ein von seinem Stamm ausgestoßener Pferdedieb ist. Auf welche andere Weise kämen solche Schufte zu solchen Pferden?! Wer weiß, welchem hohen Herrn sie sie gestohlen haben, denn nur sehr reiche und sehr hochstehende Leute können so ‚reines Blut' besitzen. Wenn du sie ihnen abnimmst und nachforschst, so wirst du sehr bald erfahren, wem sie eigentlich gehören, und dir durch die Rückgabe ein Verdienst erwerben, welches man dir sehr hoch anrechnen wird."

Das leuchtete dem Sandschaki sofort ein, er antwortete schnell: „Ich bin ganz deiner Ansicht und werde diese Halunken solange auf die Fußsohlen schlagen lassen, bis sie ein Geständnis ablegen und mir sagen, wo ich den oder die rechtmäßigen Besitzer der Pferde zu suchen habe. Setz dich jetzt wieder nieder, denn es verlangt mich, ihnen so schnell wie möglich zu zeigen, daß ihre verbrecherische Laufbahn hier vor diesem Gericht ein ebenso gerechtes wie gewaltsames Ende nimmt. – Es mag der Bastonadschi mit seinen Leuten kommen!"

Auf diesen laut ausgerufenen Befehl entfernte sich ein Diener, welcher bald darauf den Genannten brachte. Der Bastonadschi, ein Wort, welches am besten mit „Stockmeister" übersetzt wird, bekleidet ein Amt, dessen Ausübung diejenigen, welche ihm übergeben werden, eine sehr schmerzhafte ist, denn wenn er sich auch mit noch anderen Handlungen zu beschäftigen hat, welche mit der irdischen Gerechtigkeit im Zusammenhang stehen, so richtet sich doch seine Lieblingsbeschäftigung vorzugsweise auf Körperteile, welche im höchsten Grade gefühlvoll zu sein pflegen, nämlich auf die Fußsohlen. Es hat zwar nie einen Bastonadschi gegeben, welchem Gelegenheit geworden ist, die Empfindlichkeit der meinigen einer eingehenden und liebevollen Prüfung zu unterwerfen, aber ich kann mich trotzdem in die Lage eines armen Teufels versetzen, dem es vergönnt ist, einen solchen Akt des orientalischen Strafvollzugs an sich vornehmen zu lassen. Es ist wirklich kein Wunder, daß der Herr Bastonadschi dort überall in einem ebenso hohen wie gefürchteten Ansehen steht.

Dieser hier kam, wohl über ein Dutzend Stöcke unter dem Arm, in würdevoller Haltung herbeigeschritten. Ihm folgten seine Untergebenen, die „Stockknechte". Sie trugen eine hölzerne Vorrichtung, welcher einer Bank glich, der zwei Beine fehlten, an deren Stelle zwei Riemen angebracht waren. Diese Bank wird von arabisch sprechenden Sachkundigen Dschamal 'l Alahm – Kamel der Schmerzen – genannt. Die Anwendung dieses sehr praktischen Werkzeugs geschieht in folgender Weise: Die Bank wird so auf die Erde gelegt, daß die beiden an der einen Schmalseite befindlichen Beine emporstehen, dann bekommt der Delinquent die Einladung, Platz zu nehmen. Er tut dies entweder freiwillig oder gezwungen in der Weise, daß er sich auf die Bank legt, und zwar mit dem Rükken, welcher dieses Mal nichts zu befürchten hat, nach oben. Hierauf wird ihm der eine Riemen über das Genick und der andere über den Leib und die fest anliegenden Arme geschnallt, die er also nicht bewegen kann. Die Unterschenkel werden aufwärts gebogen und an den Bankbeinen festgebunden, wodurch die Sohlen der nackten Füße in diejenige horizontale Lage kommen, welche in der freundlichen Absicht des Bastonadschi liegt. Sobald diese Hal el Kabil – Lage des Empfangens – erreicht worden ist, sind die wichtigen Vorbereitungen beendet, und der Meister verteilt die Stöcke unter die Knechte, welche die Hiebe auf die Fußsohlen in der vorgeschriebenen Weise zu verabreichen haben, während er darüber wacht, daß nichts an der bestimmten Zahl und Stärke fehlt.

Also auch für uns wurde so ein trautes „Kamel der Schmerzen" gebracht und vor uns hingelegt, worauf die zur Ausübung Berufenen einige Schritte zurücktraten und dann in erwartungsvoller Haltung stehenblieben. Ich sah, wie die Augen der Umstehenden glänzten und ihre Gesichter einen festlich frohen Ausdruck annahmen. Der Sandschaki deutete mit der Hand auf die Marterbank und richtete an uns die Verwarnung:

„Ihr seht, was euch erwartet, wenn ihr leugnet. Ich werde euch so lange hauen, bis ihr alles eingesteht. Erspart euch die Hiebe, und gebt mir aufrichtige Antworten auf meine Fragen!"

Er machte eine Kunstpause, während welcher er sich einen neugestopften Tschibuk geben ließ. Hierbei muß ich bemerken, daß natürlich sämtliche Beisitzer des Gerichts rauchten, was ich ihnen übrigens gar nicht übelnahm, weil ich selbst auch ein außerordentlich tapferer Raucher bin. Hierauf trat er der vorliegenden Angelegenheit nicht eigentlich näher, sondern er fiel gleich mitten in den vorhandenen juridischen Stoff hinein, indem er die Frage an uns richtete:

„Ihr seid Mörder?"

Weil er dabei mich ansah, war ich es, welcher antwortete:

„Nein." – „Ihr seid Schmuggler?" – „Nein." – „Ihr habt diese Pferde gestohlen?" – „Nein." – „Mensch, sag ja, sonst bekommt ihr sofort die Bastonade! Habt ihr oberhalb Bagdad am Ufer des Flusses die Leute, von denen vorhin gesprochen wurde, überfallen?" – „Nein." – „Sie beraubt?" – „Nein." – „Ihnen Schläge gegeben?" – „Ja." – „Endlich, endlich ein Geständnis! Das ist euer Glück, denn es wären nur fünf Minuten vergangen, so hättet ihr die Knochen aus dem Fleisch eurer Füße hervorragen sehen. Antworte weiter! Du bist ein Christ?" – „Ja." – „Dieses Eingeständnis bringt dich um, denn daß du ein Giaur, ein von Allah verfluchter Giaur bist, das ist schlimmer als alles, dessen du außerdem beschuldigt wirst. Hast du gewußt, daß ein Christ sein Leben wagt, wenn er die

Gegend der hiesigen heiligen Orte betritt?" – „Ja." – „Und das hat dich nicht abgehalten, hierher zu kommen? Wie unrettbar mußt du der Laufbahn des Verbrechens verfallen sein, da du ihr willig bis hierher gefolgt bist, wo dir schon als Christ dein Leben keinen Augenblick sicher ist! Dich erwartet hier ein schreckliches Ende und dort die Verdammnis in alle Ewigkeit, denn die Rache Allahs ist fürchterlich; er vergibt nie!" – „Woher weißt du das?" – „Der Koran sagt es." – „Der Koran sagt gerade das Gegenteil!" – „Was kannst du, der Giaur, vom heiligen Buche der Gläubigen wissen!" – „Dieses Buch sagt in der einhundertzehnten Sure: ‚Preise das Lob des Herrn und bitte ihn um Vergebung, denn er vergibt gern!' Du scheinst die Sure aber nicht zu kennen."

Er warf den Kopf empor, sah mich eine Weile überrascht an und rief mir dann zornig zu:

„Schweig! Ein gläubiger Sohn des Propheten muß sein Buch besser kennen, als du, ein Christ, es kennen kannst. Was du sagst, ist Lüge, muß Lüge sein, weil ihr Isa – Jesus – verehrt, der ein Sohn der Unwahrheit ist!" – „Ein Sohn der Unwahrheit? Nimm dieses Wort zurück, denn du schändest damit eure eigene Lehre, deine eigene Religion!" – „Hund! Beleidige mich nicht! Beweise, was du gesagt hast!" – „Nimm den Koran und schlag die neunzehnte Sure auf! Da wirst du lesen: ‚Das ist Jesus, Mariens Sohn, das Wort der Wahrheit!' Und du bezeichnest den, den eure Offenbarung das Wort der Wahrheit nennt, als einen Sohn der Unwahrheit?" – „Schweig!" herrschte er mich an. – „Ich schweige nicht! Meinen Christenglauben brauche ich nicht zu verteidigen, er ist so herrlich und erhaben, daß er meiner schwachen Worte nicht bedarf. Aber hier stehen zahlreiche Moslems, welche ruhig dulden, daß du den Islam schändest. Gehe in die Dschawahmi – Moscheen – und in die Medahris – Universitäten –, so wirst du hören, daß Jesus am jüngsten Tag herniedersteigen wird, um alle Lebendigen und Toten zu richten! Und den, welchen der Islam den Gebieter des jüngsten Tages nennt, wagst du, einen Sohn der Unwahrheit zu heißen? Ist diese Beleidigung des Islam etwa dadurch möglich, daß du ein Anhänger der Sunna bist, während die Schia die Wahrheit lehrt?"

Diese Frage war, um sich so auszudrücken, ein rednerischer Handstreich von mir, den ich unternahm, weil die meisten der Anwesenden Schiiten waren. Die Wirkung zeigte sich sofort in einem beifälligen Gemurmel, welches sich hören ließ. Dadurch ermutigt, fuhr ich fort:

„Du hast mich einen Hund und einen von Allah verfluchten Christen genannt. Den Hund verzeihe ich dir; wo aber steht im Koran oder in einer seiner Auslegungen zu lesen, daß Allah die Christen verflucht habe? Wo steht geschrieben, daß wir Ungläubige, daß wir Heiden seien? Mohammed gibt uns, weil wir an denselben Gott glauben, zwar nicht alle sieben, aber doch auch einen Himmel. Wer sind die eigentlichen Feinde des Islam? Sind wir Christen es, oder seid ihr es selbst? Wer hat euch entzweit? Etwa wir? Wer hat gegen Ali, den Kalifen, gestritten, und von wessen Hand wurde Hussein getötet? Sind das Christen oder Mohammedaner gewesen?"

Jetzt wurden so zahlreiche Beifallsrufe laut, daß der Sandschaki einsah, er dürfe mich unmöglich in dieser Weise fortfahren lassen. Er sprang auf, warf die Arme abwehrend in die Luft und rief:

„Wer hat dir, dem Christen, befohlen, vom heiligen Islam zu sprechen? Wir sind hier versammelt, um über eure Schandtaten zu Gericht zu sitzen, und ihr seid die Angeklagten. Du hast nicht ohne meine Erlaubnis zu sprechen, sondern nur meine Fragen kurz und bündig zu beantworten!" – „Und du", antwortete ich, „läßt mich nicht weitersprechen, weil du dich vor den hier anwesenden Bekennern der Schia fürchtest. Ich sage dir, wenn ein Christ in die Gegend von Meschhed Ali oder Kerbela kommt, so ist darin nichts Besonderes zu sehen, denn er ist ein für die Schiiten gleichgültiger Mann, dessen Herz weder an Abu Bekr, Omar und Osman, noch an der Dynastie der Omajjaden hängt, auch hat er den traurigen Tag von Kerbela nicht verschuldet. Betritt aber ein Sunnit, wie du einer bist, diese Stätten, so ist das eine Beleidigung, eine Schändung der heiligen Orte, denn er bekennt sich zu denen, welche damals Husseins Blut vergossen und seinem Vater das Recht der direkten Nachfolge des Propheten verweigerten. Darum habe ich geglaubt, keine Sünde zu begehen, indem ich hierher komme, und darum bin ich überzeugt, daß für die wahren und verständigen Anhänger des Islam mein Glaube kein Grund dazu ist, mich feindlich zu behandeln."

Da stand einer der Beisitzer, ein silberhaariger, ganz in Seide gekleideter Greis, von seinem Sitz auf, erhob den Arm zum Zeichen, daß er sprechen wolle, und sagte:

„Dieser Christ hat Worte gesprochen, die wie die Worte eines wahren Gläubigen klingen, und ich erkläre, daß ich ihnen meinen Beifall spende. Ich habe gehört, daß er in die Tiefen des Korans eingedrungen ist. Wer das getan hat, darf nicht Giaur genannt werden, denn seine Seele ist der unserigen verwandt, weil sie uns in den heiligen Suren begegnete. Wenn er als Angeklagter ebenso spricht, wie er als Christ gesprochen hat, werden wir ihn so frei entlassen, wie er ungefesselt hierhergekommen ist."

Er setzte sich wieder nieder. Dieser Mann war, wie ich später erfuhr, einer der reichen Inder, welche im Alter nach Hilleh ziehen, um ihre letzten Tage in der Nähe von Kerbela und Meschhed Ali zu verleben, ohne von der dortigen mohammedanischen Geistlichkeit bis auf die letzte Rupie ausgesaugt zu werden. Hinter uns und zu beiden Seiten hörten wir „afak, afarim" und „jißlaho" – Bravo – rufen, Beifallsworte, welche uns in erfreulicher Weise bewiesen, daß er nicht der einzige war, der nicht dieselbe Meinung wie der Sandschaki hatte.

Dieser machte ein verlegenes Gesicht; man sah ihm an, daß er nach Worten suchte und doch keine für den Augenblick passenden fand. Da kam ihm der Perser zu Hilfe, indem er laut erklärte:

„Wir befinden uns nicht hier, um über den Koran und seine Auslegungen zu sprechen, sondern um über Mörder, Schmuggler, Diebe zu Gericht zu sitzen. Was dieser Christ für Ansichten über die Sunna und Schia hat, gehört nicht hierher; wir haben es mit den Verbrechen zu tun, die er mit seinem Begleiter begangen hat, und dürfen uns von seiner Kenntnis der Suren nicht blenden lassen. Ich bitte dich, o Pascha, den Wirt und den unverletzten Ghasai kommen zu lassen, welche die Schuld dieser beiden Kerle beweisen werden."

Dieser Mensch verhielt sich ganz so, als ob er Mitglied der Mehkeme sei, was doch keineswegs der Fall war. Ich hob mir eine Bemerkung darüber für später auf; jetzt war ich still.

Es wurde fortgeschickt, und wir hatten Pause, bis die Zeugen kamen. Halef füllte diese Zeit mit Bemerkungen aus, welche er über die einzelnen Persönlichkeiten machte; sie waren oft so komisch, daß ich laut lachen mußte, worüber der Sandschaki und besonders der Perser in Zorn gerieten, doch ohne ihm durch Worte Ausdruck zu geben.

Endlich wurden die beiden Genannten vom Kol Agasi herbeigebracht und von dem Vorsitzenden ausgefragt. Sie stellten den Vorgang natürlich höchst ungünstig für uns dar. Wenn es nach ihren Verdrehungen und Ausschmückungen gegangen wäre, hätten wir freilich auf keine Nachsicht rechnen können.

Als sie ihre Aussage über das Ereignis im Hof des Wirtes gemacht hatten, erzählten sie auch unsere Gefangennahme am gestrigen Abend und was darauf gefolgt war. Sie stellten auch das in einer Weise dar, daß wirklich nicht viel Phantasie dazu gehörte, uns für Verbündete oder gar für die Anführer der Schmuggler zu halten. Mit großem Vergnügen hörten wir dann zu, als der Perser sich Mühe gab, aus den von ihnen angegebenen Punkten den unumstößlichen Beweis zu ziehen, daß wir diejenigen seien, der eigentlich doch er nur war.

„Man weiß“, sagte er, „daß der Schmuggel in großartiger Weise betrieben wird; man weiß, daß sowohl dem Scha-in-schah als auch dem Padischah dadurch große Summen verlorengehen; man hält bei Tag und Nacht die Augen offen, um zu entdecken, auf welchem Weg und in welcher Weise diese Menge von Waren herüber und hinüber geschafft werden, doch ist alle diese Mühe und Aufmerksamkeit bisher vergeblich gewesen, weil man nicht auf den Gedanken gekommen ist, daß man die Fäden nur deshalb nicht entdecken kann, weil sie sich in der Hand eines Fremden, eines Christen vereinigen. Und nun es endlich durch einen Zufall oder vielmehr infolge der gestrigen Verunglückung zweier Menschen, die er auch verschuldet, gelungen, ihn zu ergreifen, ihn und den gefährlichsten seiner Leute. Wir dürfenuns auf keinen Fall durch seine spitzfindigen Reden irremachen lassen, sondern müssen sie beide durch die Bastonade zwingen, alles einzugestehen. Das ist meine Meinung, und wer eine andere Ansicht hegt, der gilt für mich als ein Verräter an der Gerechtigkeit.“

Das war wirklich mehr als dreist, frech und unverschämt! Dieser Mensch war selbst der Anführer der Schmuggler und mußte als solcher von unserer Unschuld überzeugt sein; dennoch wagte er es, uns offen in die Augen zu sehen. Hätte er gewußt, daß wir ihn besser kannten, als er ahnte! Wie gern hätte ich ihm den Beweis seiner Verworfenheit entgegengeschleudert, wenn es mir nicht gerade dadurch unmöglich geworden wäre, den Coup, welcher mir jetzt vorschwebte, gegen ihn auszuführen. Er konnte durch die leiseste Andeutung meinerseits gewarnt werden und sich mir dann so entziehen, daß er nicht zu fassen war. Ich begnügte mich also damit, ihn ruhig lächelnd anzusehen und, als er gesprochen hatte, dem Sandschaki zu sagen, daß der Kol Agasi beweisen werde, daß wir mit den Paschern in keine Beziehung zu bringen seien.

Der Genannte zeigte sich sofort bereit dazu; er beschrieb die Spuren, erklärte mit ihrer Hilfe, daß uns nur der Zufall an die Feuer der Schmuggler geführt habe und endete schließlich mit der gewiß zutreffenden Bemerkung:

„Sie gaben mir ihr Wort, nicht zu fliehen, sie hätten sich sehr leicht entfernen können, haben es aber nicht getan. Ein Schmuggler hält kein solches Versprechen heilig, und daß sie ohne allen

Zwang mit hierhergeritten sind, muß uns ein Beweis ihrer völligen Unschuld sein."

Er hatte seine Sache wirklich gut gemacht, sah mich dann aber auch mit einem Blick an, welcher ebenso deutlich wie in gesprochenen Worten fragte: „Du kannst mit mir zufrieden sein: wirst du denn aber diese meine Rede auch mit in deinen Bericht an den Seraskier aufnehmen?" Ich nickte ihm eine stille Bejahung zu und mußte dann meine Aufmerksamkeit dem Statthalter schenken, welcher im Zorn über die uns so günstige Aussage des Kol Agasi sich an den Vorgesetzten desselben, den Oberst wendete:

„Was sagst du dazu, o Mir Alai, daß dein Untergebener es wagt, diese schon völlig überführten Verbrecher zu verteidigen und für unschuldig zu erklären? Ich hoffe, daß du ihn dafür in Strafe nimmst!"

Der Oberst, welcher schon einmal zu unseren Gunsten eingegriffen hatte, antwortete:

„Er hat als Zeuge gesagt, was er für wahr und richtig hält; wie kannst du verlangen, daß ich ihn dafür bestrafe?" – „Ich befehle es dir!" – „Du irrst dich über den Bereich deiner Macht. Du bist der Verwalter deiner Statthalterschaft, und ich bin der Kommandant meines Regiments. Ich bin für gewisse, genau vorgeschriebene Fälle verpflichtet, dir militärischen Beistand zu leisten, aber persönlich zu befehlen haben wir einander nichts. Der Kol Agasi hat ausgesagt, was ihm von seinem Gewissen vorgeschrieben wurde; ich an seiner Stelle hätte ganz dasselbe getan." – „Aber du mußt doch einsehen, daß er Schuldige verteidigt! Es ist erwiesen, daß diese beiden Angeklagten den Tod eines Menschen und den Beinbruch eines anderen verschuldet haben. Es ist erwiesen, daß sie Schmuggler sind und gestern bei ihrem verbotenen Gewerbe eine himmelschreiende Leichenschänderei begangen haben. Dies sind zwei todeswürdige Verbrechen. Und drittens ist es erwiesen, daß sie am Tigris mehrere Personen überfallen, beraubt und mißhandelt haben. Es ist mir unbegreiflich, wie man da noch zu ihren Gunsten sprechen kann!" – „Ist das wirklich alles erwiesen?" – „Natürlich! Du hast es ja gehört!" – „Erlaube mir, anderer Meinung zu sein! Um einen Angeklagten zu überführen, muß man ihn doch wohl vor allen Dingen verhören?" – „Das habe ich ja getan!" – „Nein. Du hast Fragen gestellt; aber ein Verhör war das nicht zu nennen. Es ist ja nicht einmal eine Mazbata – ein Protokoll – aufgenommen worden. Du weißt ebenso wie ich, daß ein Verhör ohne Mazbata nur ein gewöhnliches Gespräch und also nicht gültig ist. Hier sitzt der

Schreiber; aber seine Feder ist noch trocken; er hat sie noch nicht einmal in die Tinte getaucht. Und doch ist es vorgeschrieben, daß wir alle die Mazbata zu unterschreiben haben, wenn das Verhör Geltung haben soll. Übrigens habe ich weder richtige, unanfechtbare Beweise gesehen, noch liegt ein Geständnis der Angeklagten vor. Auch muß ich dich darauf aufmerksam machen, daß nur die Mehkeme in ihrer Gesamtheit über Schuld oder Unschuld zu bestimmen hat, nicht du allein. Wir sitzen nicht als stumme Zuhörer hier, sondern wir sind versammelt, um unter deinem Vorsitz Recht zu sprechen!"

Das klang scharf. Dieser Offizier besaß Ehrgefühl. Nahm er sich unser nur darum an, weil dieses Gefühl beleidigt worden war? Oder waren es nebenbei auch persönliche Gründe, die ihn veranlaßten, zu opponieren? Ich bemerkte bei ihm, während er sprach, einen ganz eigenen Gesichtsausdruck, und es waren so seltsame Blicke, welche dabei aus seinen Augen zu uns herüberschweiften.

Der Sandschaki konnte die ihm gewordenen Vorwürfe nicht entkräften; er kämpfte vergeblich mit seinem Ärger und stieß zornig hervor:

„Bei so ungewöhnlichen Fällen, wie der vorliegende ist, habe ich das Recht, auch zu ungewöhnlichen Mitteln zu greifen. Diese Menschen werden bestraft!" – „Wenn sie überführt worden sind!" – „Ich habe sie überführt!"

Da lachte der Mir Alai so halblaut vor sich hin und sagte:

„Sie werden nicht bestraft, gleichviel, ob ihre Schuld zu beweisen ist oder nicht." – „Das klingt unklar. Sprich deutlicher!" – „So will ich deutlich sein: Diese beiden Männer werden sich nicht bestrafen lassen." – „Wie? Was?" – „Auf keinen Fall!" – „Ich begreife dich nicht!" – „Schau sie an! Sehen sie so aus, als ob sie mit sich machen lassen werden, was dir beliebt?" – „Maschallah! Sie sollen sofort andere Gesichter machen! Da du es verlangst, werde ich ein regelrechtes Verhör anstellen und eine Mazbata anfertigen lassen. Jede Frage und jede Antwort sollen niedergeschrieben werden, und wenn die Kerle nur eine einzige Frage verneinen, bekommen sie ohne Gnade die Bastonade." – „Werden sie absteigen?" – „Sie müssen!" – „Wer aber wird es wagen, inzwischen ihre Pferde zu halten?" – „Die werden einstweilen weggejagt; sie mögen laufen, wohin sie wollen, wenn sie nur nicht hier im Hof bleiben. Also, es wird begonnen!"

Es wird begonnen! Es war auch wirklich Zeit dazu. Denn was es bis jetzt gegeben hatte, das war nur Kinderei gewesen. Der Katib –

Schreiber – tauchte mit gerunzelter Stirn und wichtiger Miene seine Feder in die Tinte, und der Vorsitzende warf uns zum zweitenmal die schreckliche Frage zu:

„Ihr seid Mörder? Ich rate euch, es sofort zu gestehen, denn wenn ihr es nicht tut, werdet ihr ohne Säumen dort angeschnallt!“

Er zeigte bei diesen Worten auf das „Kamel der Schmerzen“. Ich antwortete.

„Hamdulillah! Endlich scheint der Scherz zu Ende zu sein und der Ernst zu beginnen! Darum frage ich dich: Hast du schon einmal einem Verhör beigewohnt?“ – „Bist du verrückt? Mir eine solche Frage vorzulegen!“ – „Du hast keinen Grund, dich darüber zu wundern. Vielmehr haben wir alle Veranlassung, erstaunt zu sein, daß du ein Verhör anstellen willst, ohne zu wissen, welche Fragen dabei zunächst vorzulegen sind.“ – „Welche Fragen?“ donnerte er mich an. – „Vor allen Dingen mußt du doch wissen, wer wir sind!“ – „Das weiß ich: Mörder seid ihr!“ – „Ich verbiete dir, uns so zu nennen! Du darfst diesen Ausdruck nicht eher auf uns anwenden, bis bewiesen ist, daß wir ihn verdienen. Wenn du nicht weißt, was sich ...“ – „Schweig!“ befahl er mir. „Wenn du mich beleidigst, bekommst du soviel Hiebe, daß ...“ – „Still!“ unterbrach ich ihn in meinem kräftigsten Ton. „Jetzt spreche endlich ich einmal, und du hast ruhig zuzuhören, bis ich fertig bin! Ich gebe dir mein Wort: Wenn du mich noch einmal unterbrichst, ohne von mir gefragt worden zu sein, reite ich dich vom Stuhl herab und unter die Füße meines Pferdes! Du willst uns verurteilen, ohne gefragt zu haben, wer wir sind; ich aber frage dich: Wer bist denn du? Doch nicht etwa der hiesige Sandschaki? Wenn du der wärest, müßtest du doch wenigstens die geringen Kenntnisse besitzen, welche dazu gehören, ein ganz gewöhnliches Verhör zu leiten. Da du das aber nicht verstehst, halte ich dich für alles andere, nur nicht für einen so hohen Verwaltungsbeamten. Was sollte aus dem Reich des Padischahs werden, wenn er seine Provinzen von so unerfahrenen Leuten regieren ließe. Beweise mir also, wer und was du bist, ehe du verlangst, daß wir auf deine Fragen Antwort geben! So, jetzt bin ich einstweilen fertig. Nun kannst du auch einmal sprechen, bis ich wieder anfange!“

Es herrschte tiefe Stille rund umher. So etwas war diesen Leuten noch niemals vorgekommen. Ein Christ, mehrerer Verbrechen beschuldigt, wagte es, hier vor der Mehkeme und mitten in einer schiitischen Bevölkerung, in dieser Weise mit dem höchsten Beamten des Sandschaks zu sprechen! Dieser selbst war wie vom

Schlag getroffen. Er stotterte einige Worte, welche ich nicht verstand; darum fuhr ich fort:

„Und solltest du trotz alledem der Sandschaki sein, so fordere ich dich auf, mir vor allen Dingen zu sagen, vor was für einem Gericht wir uns befinden. Es ist unser gutes Recht, dies zu erfahren, und wir haben nicht die mindeste Lust, darauf zu verzichten. Ist es eine Scherije – Geistliches Gericht, aus lauter Mohammedanern bestehend – oder ein Nisamije – Weltliches Gericht, aus Christen und Mohammedanern zusammengesetzt –? Und wenn es ein Nisamije ist, müssen wir wieder wissen, ob wir ein Hukukmehkemeleri – Zivilgericht –, ein Dschesa-mehkemeleri – Strafgericht – oder ein Tidschavet-mehkemeleri – Handelsgericht – vor uns haben. Gibt also Antwort! Sprich!" – „Es ist ein Dschesamehkemeleri", antwortete er so kurz, weil er seine Betroffenheit noch nicht zu überwinden vermochte. – „Also sind die Mitglieder nicht vom Justizminister angestellt, sondern hier von euch selbst gewählt worden. Wer von euch ist ein Christ?" – „Niemand." – „Niemand? Und doch wißt ihr, daß ich ein Christ bin! Ein Gericht, welchem ich mich zu unterwerfen hätte, falls ich Bewohner von Hilleh wäre, müßte aus Moslems und Christen zusammengesetzt sein. Das mußt du wissen! Und nun gestehst du ein, daß ihr lauter Mohammedaner seid! Du hast gewußt, daß euch kein Recht über mich zusteht und es dir dennoch angemaßt! Du hast mir Ausdrücke wie Hund, verfluchter Christ, Schmuggler, Mörder zugeschleudert und bist dir doch bewußt gewesen, daß du mir nichts, kein Wort zu sagen, zu befehlen hast! Ich werde mich darüber bei dem Umuru adlieh we meshebieh nasreti – Minister der Justiz und des Kultus – beschweren und ihm mitteilen, was für einen Sandschaki er hier in Hilleh sitzen hat! Aber es ist noch schlimmer, noch viel schlimmer, denn ich bin kein Untertan des Großherrn, sondern ein Fremder, ein Ausländer. Als solcher stehe ich unter der Gerichtsbarkeit meines Vaterlandes, und ihr hättet euch in dieser Angelegenheit an das Sefaret – an die Botschaft, Gesandtschaft – oder an die Kanschelarije – an das Konsulat – meiner Regierung zu wenden gehabt. Um dies nicht tun zu müssen, sondern mich ohne alles Recht verurteilen zu können, hast du mich lieber gar nicht gefragt, wer und woher ich bin; jetzt verstehe ich dich. Aber das wirst du schwer zu büßen haben, denn mein Hardschijeh nasreti – Minister des Äußeren – wird von dem eurigen Rechenschaft fordern über die Gesetzwidrigkeiten und Beleidigungen, welche ich hier erduldet habe, und dann wirst du wohl erfahren, was es zu bedeuten hat, wenn ein

Untertan meines Vaterlandes und meines Kaisers hier, weil er ein Christ ist, nicht nur ein Hund genannt, sondern wie ein herrenloser Hund getreten und behandelt wird! Ich bin wieder fertig und erlaube dir, auch ein Wort zu sagen." – „Wie heißt du, und welches Reich ist dein Vaterland?" fragte er. – „Mein Name ist ..." – „Halt! Laß mich an deiner Stelle sprechen!" unterbrach mich da der Mir Alai, der meinen Worten mit größter Aufmerksamkeit gefolgt war. Und sich von seinem Sitz erhebend, rief er mit lauter Stimme: „Dieser fremde Mann heißt Emir Kara Ben Nemsi Effendi, er stammt aus dem großen, berühmten Reich Almanja, dessen Kaiser der Freund des Großherrn ist, und hat sich der Armen, Bedrängten und Hilflosen unseres Landes stets mit aufopfernder Liebe und Güte angenommen, ohne zu berücksichtigen, daß sie nicht seines Glaubens sind. Er kennt keine Angst; er fürchtet keine Gefahr; er flieht keinen Feind, und seine Klugheit ist ebenso groß wie seine Stärke und seine Tapferkeit. Und dieser sein treuer Begleiter, den ihr hier neben ihm seht, weicht nie von ihm und nimmt an allen seinen Taten teil. Sein Name lautet Hadschi Halef Omar Ben Hadschi Abul Abbas Ibn Hadschi Dawud al Gossarah." – „Wie? Du kennst uns? Du kennst mich? Du kennst sogar meinen ganzen Namen, den ich allerdings noch sehr verlängern könnte?" fragte Halef in stolzem, freudigem Ton. – „Ja, ich kenne euch. Darum habe ich vorhin behauptet, daß ihr euch auf keinen Fall bestrafen lassen werdet, denn euer Wille gibt euch Flügel, und euer Zorn bricht Löcher durch die Mauern." – „Aber ich erinnere mich deiner nicht. Wo bist du uns begegnet?" – „Ich habe euch gesehen droben zwischen den Bergen der Teufelsanbeter; es ist schon lange her. Ich war damals noch Mulasim – Leutnant – und befand mich bei den Truppen, welcher der Mir Alai Omar Amed kommandierte. Dieser war ein überstrenger, rücksichtsloser Mann, wofür er mit dem Feuertode bestraft wurde. Ihr befandet euch ja in der Nähe und habt es gesehen – siehe: Karl May „Durchs wilde Kurdistan" –, daß Pir Kamek, der Oberste der Teufelsanbeter, mit ihm in das Feuer des Scheiterhaufens sprang, worauf beide verbrannten. Dann vermittelte der Emir Kara Ben Nemsi Effendi den Frieden zwischen den Dschesidi und uns. Da erst erfuhren wir, was wir euch zu verdanken hatten. Wir waren rundum eingeschlossen, und keiner von uns wäre mit dem Leben davongekommen, wenn der Emir sich unser nicht angenommen hätte. Es wurde dies von Mund zu Mund erzählt, und alle gewannen euch lieb. Wir hörten auch alles, was ihr vorher getan und erlebt hattet. Später, als ich in Kerkuk und dann in Suleimanieh stand, wurde oft noch mehr von Kara Ben Nemsi und seinem Hadschi Halef Omar erzählt, von euren Pferden, euren Gewehren und euren Taten bei den Beduinen der Dschesireh und den Kurdenstämmen der Berge und Täler. Ich war stolz darauf, euch zu kennen, und wünschte, euch einmal wiederzusehen. Heute ist dieser Wunsch in Erfüllung gegangen, und ihr könnt euch denken, daß ich mich darüber freue. Ich möchte euch so gern dafür dankbar sein, daß ihr uns allen damals das Leben gerettet habt, aber leider bin ich nicht der Sandschaki von Hilleh, sondern nur der Kommandant meines Regiments. Doch wenn es einen Dienst gibt, den ich euch leisten darf, so bitte ich, es mir unbedenklich zu sagen, ich werde von Herzen gern tun, was ihr wünscht. Daß ihr mich nicht erkannt habt, ist kein Wunder. Ein unbedeutender Mülasim konnte eure Aufmerksamkeit ja nicht erregen, und wenn euer Blick ja einmal auf mich gefallen sein sollte, so ist das wohl nur so kurz und vorübergehend geschehen, daß ihr euch mein Gesicht nicht merken konntet. Jetzt erlaubt mir, das eine zu bemerken. Ich gehöre zur Mehkeme und habe als Soldat die Aufgabe übernommen, euch nicht fliehen zu lassen. Diesen Verpflichtungen muß ich nachkommen, in allem anderen aber, was darüber hinausgeht, werde ich euch meine Hilfe und meinen Schutz sehr gern gewähren, wenn ich auch überzeugt bin, daß Kara Ben Nemsi und sein Halef dieses Schutzes gar nicht bedürfen, obgleich sie scheinbar Gefangene sind."

Diese Begegnung mit dem Mir Alai war auch einer der so oft von mir erlebten Beweisfälle, daß jede gute Tat, jedes menschenfreundliche Verhalten nicht von anderer Seite her belohnt zu werden braucht, weil es Bestimmung Gottes ist, daß solche Handlungen die spätere Vergeltung ganz aus sich selbst heraus entwickeln. Übrigens schien der Oberst ein tüchtiger Offizier zu sein, da er in der gar nicht sehr langen Zeit zwischen damals und jetzt vom Mülasim zum Mir Alai avanciert war.

Er hatte, wie schon erwähnt, so laut gesprochen, daß ihn alle hörten. Der Eindruck, den seine Worte machten, war ein für uns günstiger und sehr leicht zu bemerken. Wenn ich die freundlichen Blicke sah, welche auf uns ruhten, so kam es mir gar nicht so vor, als ob ich „der von Allah verfluchte Christ", sich mitten unter fanatischen, christenfeindlichen Schiiten befände. Wahrscheinlich war diesem Fanatismus schon dadurch für uns die Gefährlichkeit genommen worden, daß ich vorhin die Schia so wohlwollend erwähnt und dabei auf den Glaubenshaß der Sunniten hingedeutet hatte.

Sodann war mein Auftreten gegen den Sandschaki ein hier gewiß noch nie dagewesenes gewesen, ich möchte sagen, ein Schauspiel, welches die regste Teilnahme für den Träger der Hauptrolle erweckte; man vergaß den Andersgläubigen und sah nur den mutigen Mann in ihm. Dazu kam, daß der Statthalter Sunnit und infolgedessen hier also überhaupt nicht beliebt war; man gönnte ihm im stillen die Zurechtweisungen, welche er erfuhr. Und als sich nun der Mir Alai mit solcher Wärme unser annahm, wurde die Stimmung eine noch freundlichere für uns. Sah ich doch, daß der alte Inder mir mit befriedigtem Lächeln zunickte.

Ganz anders freilich verhielten sich der Sandschaki und der Perser. Sie waren über die günstige Aussage des Obersts wütend und flüsterten miteinander. Ich sah, daß der Pascher dem Beamten eifrig mitteilte, wie er sich verhalten müsse, um seine Absicht doch noch zu erreichen. Der letztere ging auf die Vorschläge des ersteren ein; wahrscheinlich gab es eine geheime Abmachung dabei, denn er reichte ihm in der Weise, wie man ein Versprechen bekräftigt, die Hand und ergriff dann, sich uns wieder zuwendend, das Wort:

„Es ist in der vorliegenden Angelegenheit eine Wendung eingetreten, welche eine Änderung des Verfahrens nach sich zieht. Hätte der Mir Alai mir gesagt, daß er die Angeklagten kennt, so würde mein Verhalten gleich von Anfang an ein anderes gewesen sein. Haben diese beiden Männer damals dem Mir Alai durch Vorzeigen ihrer Legitimation bewiesen, daß sie wirklich diejenigen seien, für welche sie sich ausgaben?“ – „Nein“, antwortete der Oberst. „Sie waren als Kara Ben Nemsi und Hadschi Halef Omar bekannt und wurden so genannt.“ – „Hast du vielleicht dann später ihre Legitimationen gesehen?“ – „Nein; aber ich erkläre, daß sie die Personen sind, für welche ich sie halte.“ – „Das genügt mir nicht. Da der eine von ihnen ein Christ und Untertan eines fremden Staates zu sein vorgibt und dies vielleicht nur tut, um sich unserer Gerichtsbarkeit zu entziehen, ist die größte Vorsicht und Gewissenhaftigkeit geboten. Ich muß Legitimationen sehen!“ – „Legitimationen?“ fragte Halef lachend. „Meinst du, daß ich, ein freier Beduine und Scheich meines Stammes, einen Paß bei mir trage, wenn ich einen Ritt unternehme?“ – „Du siehst aber, daß du hier einen brauchst!“ – „Wer soll ihn mir ausstellen? Wo ist die Behörde, an welche sich ein unabhängiger Ibn Arab in dieser Angelegenheit zu wenden hätte? Es gibt eben keine. Und du sagst, daß ich hier einen brauche? Warum und wozu?“ – „Weil du vor dem Gericht stehst, welches wissen muß, wer du bist." – „Schau dort den Ghasai an! Auch er steht vor Gericht, sogar als Zeuge; hat er dir einen Paß vorgezeigt?" – „Das ist nicht nötig, denn der Wirt kennt ihn." – „Hat dieser einen Paß von ihm gesehen?" – „Das ist gleichgültig!" – „Maschallah! Der Mir Alai kennt uns, und du glaubst ihm nicht; einem gemeinen Mann aber schenkst du dein Vertrauen! Dieser ist ein Wirt, der andere aber ein hoher Offizier! Wäre ich der Mir Alai, ich spräche wegen Beleidigung ein sehr ernstes Wort mit dir!"

Da schnellte, obgleich diese Worte nicht an ihn gerichtet waren, der Säfir von seinem Sitz auf und rief in zornigem Ton:

„Ist es möglich, daß ein Angeklagter hier an dieser Stelle, also vor denen, die ihn zu richten haben, sich solche Beleidigungen erlauben darf?! Er hat damit die Bastonade verdient, die ihm augenblicklich gegeben werden sollte!"

Halef griff mit der Hand nach der Stelle seines Gürtels, wo er die Peitsche hängen hatte; er wollte eine Unvorsichtigkeit begehen; darum ließ ich ihn nicht zu Worte kommen, sondern kam ihm zuvor, indem ich dem Perser antwortete:

„Wer bist denn du, daß du dir erlaubst, hier das Wort zu ergreifen? Gehörst du zur hiesigen Mehkeme, oder bist du wenigstens ein Bewohner dieser Stadt, in welchem Fall deine eigenmächtige Einmischung doch wenigstens einigermaßen zu entschuldigen wäre?" – „Wer ich bin, das geht dich gar nichts an!" antwortete er in verächtlicher Weise. – „Ich werde dir beweisen, daß es mich mehr angeht, als du jetzt zu denken scheinst. Wir haben nicht die mindeste Lust, einen Menschen sich hier einmischen zu lassen, der an einen ganz anderen Platz gehört als hierher an die Seite des obersten Beamten vom Bezirk Divanijeh!" – „Wie meinst du das?" – „Das wirst du erfahren, sobald es mir beliebt; jetzt aber habe ich keine Lust, es dir zu sagen." – „Nicht keine Lust, sondern keinen Mut hast du!" – „Pah! Denk du, was du willst! Es wird sich sicher zeigen, wer den größeren Mut besitzt, du oder ich! Einstweilen will ich nur fragen, ob der Sandschaki von Divanijeh selbst weiß, was er zu tun und zu lassen hat, oder ob er einen Vormund nötig hat, der die Aufgabe besitzt, an seiner Stelle zu sprechen und zu handeln!" – „Schweig!" fuhr mich da der Sandschaki an. „Dieser Mann ist mein Freund, und ich erlaube ihm zu sprechen, wann und was er will!" – „Was du ihm erlaubst, kommt hier gar nicht in Betracht. Die Hauptsache ist, daß ich ihm verbiete, sich in unsere Angelegenheit zu mischen. Ich bin ein christlicher Europäer, und mein Begleiter ist ein freier Haddedihn; eure Mehkeme hat also keine

Macht über uns. Und wenn ich euch die Gewalt abspreche, über uns zu richten, so muß ich es mir erst recht verbitten, daß ein Mensch, der nicht einmal hierher, sondern hinüber nach Farsistan – Persien – gehört, sich anmaßt, grob gegen uns zu sein. Wenn du es nicht für deine Pflicht hältst, ihm dies zu verbieten, werden wir es selbst übernehmen, ihm den Mund zu schließen!" – „Allah! Wie wolltet ihr das anfangen?" – „Das wird sich sofort zeigen, sobald er es wagt, uns wieder zu beleidigen. Es kommt nur auf mein Belieben an, so befinde ich mich nicht als Angeklagter, sondern als Kläger hier vor eueren Augen. Vor allen Dingen erkennen wir unsere Zuständigkeit vor eurer Mehkeme nicht an." – „So beweise, daß du ein Franke, und zwar ein christlicher bist!" – „Nichts ist leichter als das; es soll sofort geschehen!"

Ich trieb mein Pferd bis nahe zu ihm hin, nahm meine drei Legitimationen heraus, gab sie ihm und ließ dann den Rappen wieder an seine vorige Stelle zurückgehen. Er faltete eines der Dokumente nach dem anderen auseinander, las sie durch, prüfte die Siegel und die Unterschriften sorgfältig, doch ohne ihnen die vorgeschriebenen Höflichkeiten zu erweisen, und sagte dann, wobei seiner Stimme die Enttäuschung deutlich anzuhören war:

„Es stimmt! Er ist derjenige, für den er sich ausgegeben hat. Er gehört vor einen christlichen Richter, und ich kann nichts tun, als ihn nach Bagdad bringen lassen." – „Ganz recht!" fiel ich ein. „Und dort wird es mein erstes sein, zu bezeugen, daß du dem Siegel und der Unterschrift des Padischahs die schuldige Ehrerbietung verweigert hast. Es scheint, ich als Christ und Ausländer kenne die Pflichten, welche du zu erfüllen hast, weit besser als du selbst! Und nun du dich überzeugt hast, wer ich bin, legitimiere ich meinen Begleiter als den weitbekannten Hadschi Halef Omar, welcher der oberste Scheich sämtlicher Haddedihn ist vom großen Stamm der Schammar. Ich hoffe, daß niemand es wagt, an der Wahrheit meiner Worte zu zweifeln!"

Da fiel der Säfir ein:

„Ich bezweifle sie! Diese Legitimationen sind gefälscht. Er will der gerechten Strafe durch sie entgehen. Man muß sie zerreißen, sofort zerreißen; dann gehört er uns und kann nichts gegen das Urteil der Mehkeme machen. Gib sie her; gib sie mir!"

Er griff zu und riß sie dem Sandschaki aus der Hand. Die Dokumente befanden sich in der größten Gefahr; ich durfte keinen Augenblick zögern, sie zu retten, riß den Revolver aus dem Gürtel, richtete ihn auf den Säfir und befahl:

„Laß sie fallen, augenblicklich fallen! Sobald auch deine andere Hand zugreift, zerschmettere ich sie dir!"

Er hielt die Schriftstücke in der Linken; mit einer Hand allein konnte er sie nicht zerreißen, dazu gehörte auch die Rechte noch.

„Du wirst dich hüten, vor der Mehkeme auf mich zu schießen!" lachte er. „Sieh her, wie die Fetzen fliegen werden!"

Er griff mit der anderen Hand zu; ich gab sofort zwei Schüsse ab. Er ließ die Legitimationen fallen, stieß einen Schrei aus, warf die verletzte Hand empor und kam auf mich zugesprungen. Ein scharfer Druck meiner Knie – der Hengst tat einen Sprung auf ihn zu und riß ihn nieder. Im nächsten Augenblick war ich aus dem Sattel, hob mit der linken Hand die Dokumente auf, schlug mit der Rechten dem Säfir den Revolvergriff an den Kopf, daß er, schon halb aufgerichtet, wieder niederstürzte, und schwang mich wieder in den Sattel.

Die ehrwürdigen Mitglieder der Mehkeme waren, wie von Spannfedern getrieben, emporgeschnellt. Sie schrien vor Entsetzen über meine Missetat; der Oberst aber rief ein wiederholtes „Afarim! – Bravo! –" Die Zuhörer schrien auf; es gab eine Szene der Aufregung, welche ich nicht, ohne sie zu benutzen, vorübergehen ließ:

„Jetzt fort, Halef, fort!"

Indem ich dem Hadschi diese Worte zuwarf, trieb ich mein Pferd durch die lebhaft gestikulierenden und wirr durcheinanderrufenden Leute; er folgte mir sofort. Wir galoppierten über den Hof hinüber nach der Stelle, welche ich vorher bezeichnet hatte; es war eine Wonne, mit welcher Leichtigkeit wir über die Mauer hinaus auf die Gasse kamen, die sehr schmal war, aber recht bald in eine breitere mündete. Dann ging es schlank durch die Stadt, bis wir sie hinter uns hatten und uns auf dem uns wohlbekannten Weg nach Bagdad befanden. Da sagte Halef:

„Warum solche Eile, Sihdi? Wer solche Pferde reitet wie wir, kann doch von keinem Menschen eingeholt werden!" – „Das ist wahr; aber ich will den Anschein erwecken, daß wir froh sind, Hilleh hinter uns zu haben, und gar nicht daran denken, jemals wiederzukommen." – „Willst du denn zurückkehren?" – „Natürlich!" – „Wann?" – „Schon heute." – „Hamdulillah! Ich ahne den Grund; ich weiß, was du beabsichtigst." – „Was?" – „Du hast dem Säfir die Hand zerschossen, aber das ist noch nicht genug; du willst noch weiter mit ihm abrechnen. Ist diese Vermutung richtig?" – „Ja." – „So sage ich dir, daß dieser dein Entschluß wie aus meiner eigenen Seele kommt. Er hat unseren Mut bezweifelt; wir werden ihm beweisen, daß wir von dieser Gabe Allahs mehr besitzen, als er jemals besessen hat!" – „Was das betrifft, so ist es mir sehr gleichgültig, ob er mich für feige oder für mutig hält; aber der Mehkeme und besonders dem Sandschaki will ich zeigen, wer vor das Gericht gehört, der Perser oder wir." – „Wie, Sihdi? Du willst die Mehkeme wieder zusammenrufen lassen?" – „Ja."

Da trieb er seinen Hengst zu einem Luftsprung an und rief, indem sein Gesicht vor Freude förmlich strahlte, jubelnd aus:

„Welche Wonne, welche Seligkeit! Das ist es, was ich liebe und was so ganz nach meinem Herzen ist. Respekt müssen sie vor uns bekommen, Respekt vor dir und mir! Einsehen müssen sie, daß sowohl die Eigenschaften unserer Vorzüge als auch die Vorzüge unserer Eigenschaften von ihnen niemals erreicht werden können! Zur Erkenntnis müssen sie kommen, daß wir eine Beispiellosigkeit aller Unvergleichlichkeiten besitzen, vor welcher alle unsere Feinde in den Staub zu sinken haben. Ich werde sie auffordern, uns doch einmal einen Menschen zu nennen, dem Allah so viele und so herrliche Gaben des Körpers und des Geistes wie uns verliehen hat! Sie müssen in tiefster Demut und Unterwürfigkeit ..." – „Still, Halef!" unterbrach ich ihn lachend. „Wenn ich dich so fortfahren lasse, wirst du noch erhabener, als sogar Allah ist. Denk an die Ehrfurcht gebietende Majestät, mit welcher wir gestern abend von den Ziegeltrümmern herab- und den Soldaten geradezu in die Hände gefallen sind, dann wirst du dir gewiß etwas weniger bewundernswürdig erscheinen!" – „O Sihdi, erinnere mich doch nicht an diesen Sturz! Bin ich etwa der Erbauer von Babylon? Kann ich dafür, daß die Ziegel nicht mehr zusammenhalten? Du behauptest, mich lieb zu haben, und bist doch so ungerecht gegen mich! Du hast ganz denselben Fall getan; aber werfe ich ihn dir etwa vor? Ist das nicht ein Beweis, daß mein Verstand mehr Bildung des Herzens besitzt als der deinige? Doch, ich will dich nicht kränken, denn ich bin dein wahrer Freund, und als solcher rate ich dir, niemals wieder eine solche Kletterei wie gestern zu unternehmen!" – „Ich muß leider bezweifeln, diesen guten Rat befolgen zu können." – „Warum?" – „Weil wir zum Birs Nimrud zurückkehren und da wahrscheinlich noch mehr zu klettern haben werden als gestern." – „Auf welchem Weg gedenkst du, das zu tun? Etwa durch die Stadt zurück?" – „Nein. Wir müssen über den Euphrat." – „Schwimmen?" – „Vielleicht; aber wenn es uns möglich ist, ein Floß zu bauen, werden wir das natürlich vorziehen." – „Und wann kehren wir um?" – „Jetzt noch lange nicht. Es ist sicher, daß wir verfolgt werden, und wir müssen den Anschein erwecken, daß wir so schnell wie möglich nach Bagdad wollen. Darum ist es notwendig, uns im nächsten Khan für kurze Zeit sehen zu lassen und dann noch ein Stück über denselben hinauszureiten. Unsere Verfolger werden wahrscheinlich bis zu diesem Khan reiten, dann aber umkehren, wenn sie erfahren, was für einen Vorsprung wir ihnen mit unseren besseren Pferden abgewonnen haben. Wir müssen uns also beeilen, obgleich wir uns nicht zu fürchten brauchen."

Wir waren während dieser Auseinandersetzungen soweit gekommen, daß wir jetzt el Kulea links von uns am Euphrat liegen hatten, nun ging es auf den Wardijeh-Kanal zu. Als dieser passiert worden war, erreichten wir Dschimtschima, von wo aus sich hohe Erdwälle in gerader Linie nach Nordost ziehen, um dann im rechten Winkel und nordwestlicher Richtung nach dem Fluß zurückzukehren; wahrscheinlich bezeichnen sie die Eindämmungen des früheren, alten Euphratlaufes. Hierauf kamen wir an dem an allen Seiten zerrissenen Tell Amran Ibn Ali vorüber, welcher diesen arabischen Namen von einem mohammedanischen Heiligen hat, der hier begraben liegt, und sahen dann die gewaltigen Trümmerhaufen des Kasr sich erheben. Kasr heißt soviel wie Schloß, dieser Name hängt mit der Bedeutung dieser Ruine zusammen, denn das Kasr ist das Residenzschloß Nabuchodonosors – griech. Form von Nebukadnezar – gewesen, welcher sich diese Wohnung baute, nachdem seine Vorfahren in einem auf der rechten Seite des Euphrats gelegenen Schlosses residiert hatten. Die Ruinen sind noch jetzt 400 Meter lang und 350 Meter breit, und doch soll dieses Schloß, wie der jüdische Geschichtsschreiber nach dem Chaldäer Berosus berichtet, in nur fünfzehn Tagen errichtet worden sein. Selbst wenn man annimmt, daß sämtliche Materialien vorher erst vollständig fertiggestellt und herbeigeschafft worden sind, um nur noch zusammengesetzt zu werden, erscheint diese Angabe unglaublich; allein es wurde eine jetzt in London befindliche Keilinschrift ausgegraben, welche neben anderen wichtigen Stellen auch die folgende enthielt: „ina XV yumi sibirsa usaklil", zu deutsch: „in fünfzehn Tagen habe ich dieses herrliche Werk vollendet". Wieviel Tausende von Menschenhänden haben dazu gehört, den Bau in so kurzer Zeit zustande zu bringen! Und dieses gewaltige Unternehmen war nur eines von den vielen, welche von Nabuchodonosors Unternehmungsgeist und Tatkraft zeugen! Die erwähnte Inschrift sagt freilich auch in sehr stolzer Weise in Beziehung hierauf: „Ich habe den Palast errichtet, den Sitz meines Königtums, das Herz Babels im

Lande Babylonien; ich habe seine Fundamente tief unter dem Flußspiegel legen lassen, ich habe den Bau dokumentiert auf Cylindern, von asphaltiertem Mauerwerk umschlossen. Mit deinem Beistand, o erhabener Gott Merodach, habe ich diesen unzerstörbaren Palast errichtet. Möge der Gott in Babel thronen; möge er dort seine Wohnung nehmen; möge er ihre Einwohner siebenfach mehren; möge er durch mich das Volk Babyloniens beherrschen bis zu den fernsten Tagen!“ Die heilige Schrift aber sagt in Daniel 4,26 – 29: „Nachdem zwölf Monate um waren, da er auf der Burg zu Babylon wandelte, hob der König an und sprach: ‚Ist das nicht das große Babylon, das ich zur Wohnung des Königs erbaute durch meine starke Macht und zu Ehren meiner Herrlichkeit?‘ Und als der König das Wort noch im Munde hatte, fiel eine Stimme vom Himmel: ‚Dir, o König Nabuchodonosor, wird gesagt: Dein Reich soll dir genommen werden, und man wird dich von den Menschen verstoßen, und deine Wohnung wird bei den wilden Tieren sein; Gras wirst du fressen wie ein Ochs, und sieben Zeiten werden über dir ablaufen, bis du erkennst, daß der Allerhöchste im Reiche der Menschen herrschet, und dasselbe gibt, wem er will!“‘ Dieses Gericht ging an ihm in Erfüllung, als der Größenwahn seinen Geist umnachtete. Noch nicht hundert Jahre später kam Cyrus, der Eroberer Babylons, und später machte Alexander der Große der persischen Satrapenherrschaft ein Ende, um, noch jung und voller Tatenlust, in diesem Palast zu sterben. „Der „unzerstörbare“, wie die Keilinschrift ihn nennt, liegt nun seit ungezählten Jahren in Trümmern!

Nördlich davon erreichten wir die Mudschelibeh, auch Maklubeh edar Babil genannt, die durch diesen letzteren Namen allein noch an das alte Babylon erinnert. Das sind die Trümmermassen der sogenannten hängenden Gärten, deren unendlich kostspielige Anlage auf den nicht geheilten Wahnsinn Nabuchodonosors deuten.

Später passierten wir den Nilkanal und machten dann am Tell Ukraineh einen kurzen Halt, um die Pferde verschnaufen zu lassen. Kein Mensch war uns bisher begegnet; jetzt aber sahen wir drei Reiter, welche es sehr eilig zu haben schienen. Sie kamen nicht direkt vom Khan Mohawid her, sondern schienen ihn in einem Bogen umritten zu haben und lenkten erst nun in den von ihm herkommenden Weg ein. Es war daraus zu schließen, daß sie Ursache hatten, sich dort nicht sehen zu lassen. Wer sich aber vor den Augen anderer zu scheuen hat, erregt Verdacht, und so sahen wir ihnen mit begründetem Mißtrauen entgegen.

Als sie sich uns weit genug genähert hatten, sahen wir, daß sie persisch gekleidet waren, und einige Sekunden später erkannten wir sie.

„Maschallah!“ sagte Halef. „Das ist ja der Pädär-i-Baharat mit seinen beiden Halunken! Welch ein Zusammentreffen! Wer hätte das für möglich gehalten!“ – „Es war nicht nur möglich, sondern sogar wahrscheinlich!“ antwortete ich. „Wir wissen ja, daß der Pädär-i-Baharat von dem Säfir erwartet wird.“ – „Warum bist du dann nicht auf den Gedanken gekommen, ihm auszuweichen?“ – „Weil es nicht nötig ist, eine offene Begegnung mit ihm zu scheuen. In Bagdad hatten wir uns vor einem hinterlistigen Überfall in acht zu nehmen, hier aber gibt es nicht den geringsten Grund, uns vor ihnen zu verbergen. Ich denke vielmehr, daß sie es sind, welche Ursache haben, uns zu meiden.“ – „Das ist sehr richtig, Effendi! Jetzt aber bin ich neugierig, wie sie sich verhalten werden. Ich werde aus Fürsorge die Peitsche aus dem Gürtel nehmen!“

Wir hatten uns, als wir abgestiegen waren, auf den Boden niedergesetzt, und zwar so, daß die Pferde zwischen uns und den Nahenden standen, darum konnten sie uns nicht eher erkennen, als bis sie uns erreicht hatten. Als da aber die Augen des Pädär-i-Baharat auf uns fielen, riß er unwillkürlich sein Pferd zurück und stieß einen Fluch zorniger Überraschung aus.

„Seht, wer da sitzt!“ rief er seinen Gefährten zu. „Allah gibt sie in unsere Hände; wir wollen sie sofort zum Scheitan – Teufel – senden!“

Er nahm sein Gewehr nach vorn, um es auf uns anzulegen; aber Halef war ihm zuvorgekommen, indem er das seinige auf ihn gerichtet hatte, und antwortete mit der Drohung:

„Tu sofort die Flinte weg, sonst frißt dich meine Kugel! Du wärst der Kerl, uns zu dem zu schicken, zu dem du selbst gehörst! Macht euch nur schleunigst davon, sonst werden euch die Schwielen von letzthin aufgewärmt!“

Da auch ich, um die Sache abzukürzen, meinen Stutzen in Anschlag nahm, getraute sich keiner von ihnen, einen Schuß zu wagen; aber der Grimm des Pädär war so groß, daß er trotz der auf ihn gerichteten Gewehre halten blieb und uns zuschrie:

„Denkt ja nicht, ihr Hunde, daß euch das, was ihr getan habt, geschenkt wird! Wir treffen euch auf alle Fälle wieder, und dann werden wir Riemen aus euren Fellen schneiden, um euch damit totzupeitschen. Allah zerschmettere alle eure Knochen!“

Nun ritten sie weiter. Für Halef war es natürlich unmöglich, auf diese Drohung zu schweigen, er rief ihm nach:

„Die deinigen koche der Teufel und gebe sie seiner Urahne als Bulamadsch es Suwehd – Pflaumenmus – zu essen!“

Dann wendete er sich lachend an mich:

„Sihdi, habe ich das nicht gut gemacht mit dem Bulamadsch es Suwehd?“ – „Ja, du bist außerordentlich geistreich gewesen, ich bewundere dich, lieber Halef!“ – „Spotte nicht! Ich mußte ihm doch antworten, denn es wäre eine Feigheit von mir gewesen, ihm das letzte Wort zu lassen. Wie kann dieser Dummkopf drohen, daß er uns wiedertreffen und sich dann rächen werde? Er sieht ja, daß wir uns auf dem Weg nach Bagdad befinden!“ – „Da irrst du. Er hat uns nicht reiten, sondern nur hier sitzen sehen; er weiß also nicht, daß wir schon in Hilleh waren, sondern ist der Meinung, daß wir aus Bagdad kommen und von ihm eingeholt worden sind. Darum ist er so überzeugt, uns wiederzusehen.“ – „Das kann leicht möglich werden, da wir doch nach dem Birs Nimrud zurückwollen. Er wird freilich von dem Säfir erfahren, daß wir schon dort gewesen und jedenfalls nach Bagdad geritten sind.“ – „Viel wichtiger als dieses ist mir der Umstand, daß der Pädär-i-Baharat den Khan Mohawid vermieden hat. Es muß eine Ursache dazu vorhanden sein.“ – „Aber welche wohl, Effendi?“ – „Ich vermute, daß sich Leute dort befinden, die ihn nicht sehen sollen. Errätst du, wer das ist?“ – „Erraten? Ich? Sihdi, du weißt, daß ich alle Dinge durchschaue, sobald sie den Mut besitzen, mir vor die Augen zu kommen; aber was sich vor meinem Angesicht verbirgt, das kann ich doch nicht sehen. Darum habe ich das Erraten stets dir überlassen und bleibe dieser Gewohnheit auch in dem gegenwärtigen Fall treu. Also sag du, wer es ist!“ – „Mit Gewißheit kann natürlich auch ich es nicht bestimmen, aber ich denke, daß ich mit meiner Vermutung das Richtige treffe. Ich ahne nämlich, daß es die Karwan-i-Pischkhidmät Baschi ist, welche im Khan Einkehr gehalten hat. Es sind Leute bei dieser Karawane, welche den Pädär kennen; darum sandte ja der Säfir die beiden Boten, ihn zu warnen. Er ist auch ohne diese Warnung auf seiner Hut und hat einen Umweg gemacht, um nicht gesehen zu werden. Nun sucht er den Säfir, um ihm zu melden, daß der Pischkhidmät Baschi schon nahe ist und der Überfall der Karawane nun bald stattfinden kann.“ – „Sihdi, denkst du nicht, daß wir diese Leute warnen müssen?“ – „Ja, das ist unsere Pflicht. Hoffentlich schenken sie uns Glauben!“ – „Warum sollten sie die Wahrheit dessen, was wir sagen, bezweifeln?“ – „Es ist mir oft geschehen, daß gerade solche wohlgemeinte Warnungen mit Undank zurückgewiesen wurden. Können wir Beweise bringen, wenn man welche verlangt?" – „Eigentliche Beweise freilich nicht; aber wenn es einer wagen sollte, mir in das Gesicht zu sagen, daß er uns keinen Glauben schenke, so erleuchte ich seinen dunklen Verstand mit den Strahlen meiner Peitsche. Komm, laß uns weiterreiten! Ich möchte gern sobald wie möglich wissen, ob es wirklich die Karwan-i-Pischkhidmät Baschi ist, die wir sehen werden."

Wir setzten unseren Ritt fort, sahen nach noch nicht einer halben Stunde den Khan vor uns liegen und lenkten in das Tor desselben ein. Als wir den Hof vor uns liegen sahen, zeigte uns der erste Blick, daß die Karawane hier war. Es gab außer ihr mehrere Gruppen von Pilgern und Leichentransporteuren, welche sich aber bescheiden in die Winkel zurückgezogen hatten, denn der Zug des Kammerherrn war so reich ausgestattet, daß sich niemand in die Nähe der zu ihm Gehörigen wagte. Wir aber ritten ungeniert zwischen den Personen hindurch, um an dem Brunnen abzusteigen. Dieses ungezwungene Verhalten schien ihr Mißfallen zu erregen, wir hörten sie darüber murren und bemerkten gar wohl die unfreundlichen Blicke, welche sie uns deshalb zuwarfen, machten uns aber nichts daraus.

Die Karawane zählte zwölf wohlbewaffnete Reiter zu Pferde und sechs Lastkamele, welche mit, wie es schien, wertvollen Paketen beladen waren. Die Pferde gehörten dem mittelguten persischen Schlag an; eines von ihnen aber war das wirkliche schöne Produkt einer Kreuzung zwischen arabischer und turkmenischer Rasse. Es schien dem Pischkhidmät Baschi zu gehören und trug ein reiches, silberplattiertes Geschirr. Dieses Zurschautragen der Wohlhabenheit war für die hiesigen Verhältnisse nichts weniger als klug; sie forderte die Raublust geradezu heraus.

Im Schatten der Plattform war ein kostbarer Teppich ausgebreitet, auf welchem der „Kammerherr", seine Huka – Wasserpfeife – rauchend, Platz genommen hatte. Er war ein schwarzbärtiger Mann in den dreißiger Jahren und so splendid gekleidet, daß man sein Bestreben, seinen hohen Stand zur Geltung zu bringen, nicht verkennen konnte. Sein Anzug war mit echt goldenen Borden und Tressen besetzt; ein weicher Kaschmirschal schlang sich um seine Hüften, die schwarze, hohe Schmaschenmütze gehörte wohl zu den teuersten, die ich gesehen hatte, und seine Waffen funkelten nur so von eingelegter Arbeit. Welch eine Unvorsichtigkeit inmitten einer Bevölkerung, die den Raub nicht als Verbrechen, sondern nur als lohnenden Sport betrachtet! Ähnlich, wenn auch nicht so kostbar, waren auch seine Begleiter gekleidet und bewaffnet.

Als wir abgestiegen waren, schickte er einen dieser Leute mit der Aufforderung zu uns, zu ihm zu kommen.

„Was sollen wir bei ihm?“ fragte ich. – „Ihm pflichtschuldigst sagen, wer und was ihr seid, und ihm beweisen, daß euch das Recht zusteht, in seiner beglückenden Nähe zu verweilen.“ – „So! Wer ist denn er?“ – „Er ist der Pischkhidmät Baschi des Beherrschers der Welt und darf den Titel Aemin-i-Huzur – Vertrauter der königlichen Gegenwart – führen.“

Der Mann sagte das in einer so dünkelhaften Weise, und in den Gesichtern seiner dabeistehenden Gefährten lag eine solche Fülle der Anmaßung, daß ich in abweisendem Ton antwortete:

„Des Beherrschers der Welt? Wo gibt es einen Regenten, der die Welt beherrscht? Pischkhidmät Baschi? Also ein Angestellter, welcher Dienste zu verrichten hat! Aemin-i-Huzur? Also Vertrauter einer anderen Gegenwart, aber nicht der meinigen! Ich bin kein Diener wie er; wie kannst du sagen, daß ich mich ihm pflichtschuldigst zu nahen habe!“ – „So weigerst du dich also?“ fragte er streng. – „Weigern? Pah! Bin ich ein Kammerdiener, der unter seinem Befehl steht? Befinden wir uns etwa in Persien? Ihr seid hier fremd, und wir sind es auch, ihr seid hier eingekehrt, um auszuruhen, und wir befinden uns zu demselben Zweck hier, wir haben gleiche Rechte. Es ist mir vollständig gleichgültig, wer ihr seid; was geht es euch an, wer ich bin? Wenn euer Pischkhidmät Baschi mir einen Wunsch vorzutragen hat, so mag er zu mir kommen, zu befehlen hat uns hier kein Mensch etwas!“ – „Du willst also nicht hin zu ihm?“ erkundigte er sich in demselben rücksichtslosen Ton wie vorher. – „Nein.“ – „So werden wir euch zu zwingen wissen!“ – „Versuche es! Du hast seine Nähe eine ‚beglückende‘ genannt, wir aber wissen, daß das Glück an ganz anderen Orten zu suchen ist, als in der Nähe von Leuten, welche nicht einmal die Regeln der allereinfachsten Höflichkeit, die der gewöhnliche Mensch besitzen muß, kennengelernt haben.“ – „Das ist eine Beleidigung! Wenn ihr uns nicht gutwillig folgt, werden wir Gewalt anwenden!“

Ich setzte mich an den Rand des Brunnens, nahm meinen Henrystutzen zur Hand, deutete auf eine fern von uns gezogene Schnur, an welcher der Khandschi – Aufseher des Khan – Zwiebeln aufgehängt hatte, und sagte:

„Seht dort die Baßalreihe – Zwiebelreihe –! Ich werde die ersten fünf auf der linken Seite treffen. Paßt auf!“

Der Hof war groß; die Zwiebeln hingen in einer Entfernung von vielleicht neunzig Schritt von uns; ich drückte fünfmal los, und jeder Schuß traf die angegebenen Ziele. Einige der Perser eilten hin, um sich zu überzeugen; als sie wiederkamen, meldeten sie mit Erstaunen, daß ich alle fünf Zwiebeln, ohne wieder zu laden, obgleich mein Gewehr doch nur einen Lauf besitze, getroffen habe.

„Es ist ein Zaubergewehr“, erklärte Halef. „Dieser weltberühmte Emir und Effendi schießt und trifft zehntausend und noch mehrmal, ohne nur zu laden. Was seid ihr gegen uns!“

Er machte dabei eine wegwerfende Handbewegung. Ich fügte in ruhigem Ton hinzu:

„Ich wollte euch nur zeigen, was ihr zu erwarten habt, wenn ihr auch nur eine Hand gegen uns zu erheben wagt. Ihr seid zwölf Personen, und in zwölf kurzen Augenblicken werden euch zwölf Kugeln aus diesem Gewehr zur Erde gestreckt haben. Nun tut, was ihr nicht lassen könnt!“

Sie standen da und schauten einander verlegen an. Der Henrystutzen hatte, wie immer, seine Schuldigkeit getan und ihnen Respekt eingeflößt. Der „Oberste der Kammerherren“ war natürlich Zeuge des Vorgangs gewesen, auch er war besorgt geworden, er rief seinen Leuten zu:

„Geht weg von ihm! Mit so rücksichtslosen, groben und gewalttätigen Menschen, wie diese beiden Männer sind, können Leute, welche unter dem majestätischen Schutz des Allbeherrschers wandeln, nicht verkehren. Sie sind auf der tiefsten Stufe der Bevölkerung geboren und im Dunkel der Unwissenheit erzogen worden; darum ist ihr Betragen dasjenige ganz ungebildeter Personen; man beschmutzt sich mit ihnen. Wir verachten sie!“

Auf diese Worte zogen sich seine Untergebenen augenblicklich von uns zurück; es trat aber noch eine andere Wirkung ein, die er wahrscheinlich nicht vermutet hatte. Mein leicht erregbarer und in Beziehung auf den Ehrenpunkt höchst empfindlicher Hadschi glaubte nämlich, die Beleidigung, welche in den Ausdrücken des Kammerherrn lag, nicht auf sich sitzen lassen zu dürfen. Er sprang von dem Brunnenrand, auf welchem er mit mir saß, herunter, schnellte zu dem Perser hin und herrschte ihn zornig an:

„Was hast du gesagt? Von der tiefsten Stufe der Bevölkerung und dem Dunkel der Unwissenheit hast du gesprochen? Du kennst wohl diese Stufe und dieses Dunkel aus eigener Erfahrung sehr genau? Uns beiden sind sie unbekannt! Auch hast du gewagt, das Wort der Verachtung über deine niemals abgewischten Lippen zu bringen? Wer bist du denn eigentlich, daß es dir beifällt, in diesem hohen, aber halsbrecherischen Ton mit uns zu sprechen? Du kriechst in der Kammer deines Gebieters herum wie eine niedrige Sakkaja – Eidechse, Lurch – in den Löchern der Erde, du sinkst vor ihm auf die Knie und schlägst mit deiner Stirn den Boden zu seinen Füßen. Du bist ein Diener seiner Einfälle und ein Sklave seiner Launen. Die Kleider und die Waffen, in denen du dich brüstest, hast du dir nicht erworben wie ein Mann, welcher Ehre besitzt, sondern er hat sie dir geschenkt, weil du seinen Speichel wie Honig verzehrst. Wir aber sind die freien Herren und Gebieter unserer selbst. Wir tun, was uns beliebt, und beugen unsere Nacken vor Allah allein, aber vor keinem einzigen seiner Geschöpfe, auch dann nicht, wenn sich dasselbe so lächerlicherweise ‚Beherrscher der Welt' nennen läßt. Wer steht da höher, wir oder du? Und wem gehört die Verachtung, welche an unsere Ohren drang, uns oder dir?"

Der kleine mutige Kerl hatte diese Strafrede so schnell hervorgesprudelt, daß es unmöglich gewesen war, ihn zu unterbrechen, nun aber, als er eine Pause machte, um Atem zu holen, riß der Oberste der Kammerherren den Dolch aus dem Gürtelschal und antwortete in zornigem Ton:

„Schweig, Hund! Wenn du noch ein einziges solches Wort sagst, steche ich dich nieder oder lasse dich durchpeitschen, daß dir die Haut auseinanderspringt!"

Auch seine Leute nahmen eine drohende Haltung an; dem Hadschi aber fiel es ganz und gar nicht ein, sich bange machen zu lassen. Er deutete auf mich, der ich den Stutzen schußbereit in den Händen hielt, und erwiderte, indem er laut auflachte:

„Was sagtest du? Wie war das? Mich erstechen? Sieh dort meinen Effendi an! Ehe du den Dolch erhoben hättest, würde seine Kugel dir durch den Schädel fahren. Und mich schlagen lassen? Hast du eine Peitsche? Ich sehe keine. Schau aber du doch einmal her an meine Seite! Da hängt eine Kurbadsch, welche aus liebevoll verbundenen Nilhautstreifen zusammengeflochten ist; die hat schon mit dem Rücken manch eines Menschen gesprochen, der sich höher dünkte, als seine Nase reichte, und von uns niedergebogen wurde, um durch unsere Hiebe zur Demut und Bescheidenheit gebracht zu werden. Bilde dir ja nicht ein, daß wir uns vor euch fürchten, weil ihr zwölf Personen seid und wir sind nur zwei! Es ist uns niemals eingefallen, unsere Gegner zu zählen; je mehr ihrer sind, desto lieber ist es uns, und so sage ich auch euch ganz aufrichtig, was wir zu tun gesonnen sind: Mein Effendi hält euch mit seinem Gewehr in Schach; er wird jeden, der die Hand erhebt, sofort über den Haufen schießen; ich aber nehme, wie du siehst, jetzt meine

Kurbadsch vom Gürtel und schlage sie dem um die Ohren, der noch ein einziges Wort der Beleidigung zu uns spricht. Du hast mich ‚Hund' genannt; nimm dich in acht und zwinge mich ja nicht, dir zu zeigen, wer hier als Herr auftreten und wer als Hund behandelt wird!"

Er stand vor dem Perser, welcher von seinem Teppich aufgesprungen war, und fuchtelte ihm drohend mit der Peitsche vor dem Gesicht herum. Der Zurechtgewiesene war natürlich wütend; unter anderen Verhältnissen hätte er sich auch anders verhalten; aber er sah den Lauf meines Gewehrs gerade auf sich gerichtet und meinen Finger am Drücker, und das hielt ihn ab, zu handeln, wie er sonst gehandelt hätte. Vielleicht nahm er an, daß meine drohende Haltung nicht für ihn gefährlich sei, daß ich doch nicht schießen würde; aber zwischen Vermutung und Gewißheit ist ein großer Unterschied, und er besaß nicht den Mut, diesen Unterschied kennenzulernen. Man sah ihm an, daß er nach einer Weise suchte, sich ohne Blamage aus der Affäre zu ziehen, und es trat auch wirklich ein Umstand ein, der seiner Verlegenheit zu Hilfe kam.

Die Szene hatte selbstverständlich die Aufmerksamkeit auch der anderen im Khan Anwesenden erregt; sie waren herbeigekommen, um zu beobachten, wie dieselbe verlaufen werde. Da stand der Khandschi mit einigen Soldaten, welche ihm zum Schutz des Ortes beigegeben waren. Er hatte als erster Beamter hier die Verpflichtung, auf Ruhe und Ordnung zu sehen, schien aber ein bequemer und wenig tatkräftiger Mann zu sein, dem es gar nicht einfiel, sich mit unserer Angelegenheit zu beschäftigen. Seine Soldaten lächelten vergnügt vor sich hin; ihnen machte das Intermezzo Spaß; das gab doch einmal eine amüsante Unterbrechung des alltäglichen und langweiligen Einerleis, zu der sie hier verurteilt waren. Die Pilger, Leichentransporteure und anderen Personen verhielten sich ebenso. Nur einer von ihnen schien Lust zu haben, sich persönlich beteiligen zu wollen. Sein scharf geschnittenes, von der Sonne gebräuntes Gesicht war lebhaft bewegt; er blieb nicht ruhig stehen, sondern bewegte sich hin und her, um bald Halef, bald mich genauer und forschend zu betrachten. Ich sah es ihm an, daß er etwas vorhatte, und als er jetzt den Perser so unentschlossen stehen sah, trat er zu ihm hin, verbeugte sich tief vor ihm und sagte:

„Hazreti – Hoheit –, verzeih, daß ich ein Wort an dich richte! Ich kann dir über diese beiden Männer Auskunft geben." – „Wer bist du?" fragte ihn der Angeredete, sichtlich erfreut, aus seiner Unschlüssigkeit erlöst zu werden. – „Ich war ein tapferer Krieger des

Beduinenstammes der Obeide, bin aber wegen diesen Leuten, die Allah zerreißen möge, ausgestoßen worden und muß nun, um nicht hungern zu müssen, der Diener fremder Menschen sein."

Das Gesicht dieses Mannes kam mir bekannt vor, doch konnte ich mich nicht besinnen, wann und wo ich es gesehen hatte; da kam Halef zu mir zurück und sagte mit leiser Stimme:

„Sihdi, ich erkenne ihn, er ist einer der beiden Spione, welche wir damals mit der Schande bestraften, daß wir ihnen die Bärte abschneiden ließen." (Siehe Karl May, „Durch Wüste und Harem")

Jetzt besann ich mich auch; Halef hatte recht. Die zwei Beduinen waren durch diese Bestrafung ehrlos geworden und infolgedessen von ihrem Stamm verstoßen worden; jetzt ergriff der Mann die sich ihm so unerwartet bietende Gelegenheit, sich an uns zu rächen. Mir war gar nicht bange dabei, und Halef setzte sich mit erwartungsvollem Lächeln wieder neben mich auf den Brunnenrand.

Der Perser ließ sich wieder auf seinen Teppich nieder, steckte den Dolch in den Schal, ließ eine möglichst würdevolle Miene sehen und forderte nun den einstigen Obeide auf:

„Erzähle mir, was du von ihnen weißt! Wenn du eine gerechte Sache gegen sie hast, sind wir bereit, dir beizustehen."

„Meine Sache ist nicht nur eine gerechte, sondern eine blutige", kam der Beduine dieser Aufmunterung nach, „denn eine Schande, wie sie mir angetan worden ist, kann nur mit Blut vergolten werden. Der Stamm der Haddedihn fing damals Streit mit den Obeide an; wir rüsteten zum Krieg, und unser Scheich sandte zwei Kundschafter aus, die Absichten der Haddedihn zu erforschen. Einer dieser Kundschafter war ich; Allah wollte, daß wir Unglück hatten; wir wurden ergriffen und zu alten Weibern gemacht, indem man uns die Bärte schor. Dadurch ging unsere Ehre verloren, und wir wurden von den Unsrigen ausgestoßen." – „Du sprichst von dir, wolltest aber doch von ihnen reden!" – „Verzeih; es wird sofort geschehen! Ich kannte diese Männer damals noch nicht, habe sie aber später genau kennengelernt und sehr viel über sie gehört. Der Kleine dort heißt Hadschi Halef Omar und ist jetzt der Scheich der Haddedihn ..." – „Was sind die Haddedihn? – Sunniten?" – „Ja." – „So wird Allah sie und ihn verfluchen und verderben! Wie darf er es wagen, diesen Khan zu betreten, der nur für die gläubigen Bekenner der heiligen Schia erbaut worden ist! Sobald er fort ist, muß dieser Ort von seinem Gestank gereinigt werden!" – „Allah, Wallah! Der Gestank des anderen ist noch viel größer!" – „Wieso?" – „Weil er weder ein Sunnit noch ein Schiit, sondern überhaupt kein Moslem ist." – „Was denn? – Etwa ein verfluchter Jehudi – Jude –?" – „Nein, sondern noch schlimmer, denn er ist ein ungläubiger Nasrani – Christ –." – „Ein Nasrani?" fuhr der Perser auf. „Ist das möglich? Ist das auch nur denkbar? Hat man eine so verfluchte Entweihung des heiligen Pilgerweges jemals erlebt? Was ist da zu tun! Ermannt euch, ihr Leute; es ist eine Bestie, ein nach Verwesung duftendes Aas in unserer Mitte! Werft euch auf den Kerl, schafft ihn, lebend oder tot, vor das Tor hinaus!"

Halef griff wieder nach seiner Peitsche und wollte vom Brunnenrand herunterrutschen; ich hielt ihn zurück und sagte:

„Bleib! Es wird jetzt interessant. Ich bin neugierig, ob sie den Mut besitzen, sich an mir zu vergreifen."

Sie besaßen ihn nicht; sie fluchten und schimpften in allen Tonarten, blieben aber da stehen, wo sie standen. Der Obeide bestärkte sie in dieser Feigheit, indem er die Warnung aussprach:

„Seid nicht unvorsichtig, sondern nehmt euch in acht! Dieser Ungläubige ist euch unbekannt, ich aber kenne ihn, denn ich habe alles gehört, was man von ihm berichtet." – „Du widersprichst dir doch!" warf der Kammerherr ein. „Erst klagst du ihn an, und dann warnst du uns vor ihm!" – „Weil ich nicht will, daß ihr gegen ihn unterliegen sollt." – „Wir sind ihm überlegen!" – „Im Kampf nicht! Er ist stark und geschmeidig wie ein Panther und erlegt den Löwen des Nachts mit einer einzigen Kugel. Das große, schwere Gewehr, welches dort neben ihm lehnt, hat Geschosse, welche mehrere Tagereisen weit fliegen und dann noch jeden treffen, den er will, denn ihm hilft der Scheitan, mit welchem er ein Bündnis geschlossen hat. Und mit dem kleinen Gewehr kann er, obgleich er niemals zu laden braucht, soviel tausend- und millionenmal schießen, wie er will, denn es ist in der Hölle angefertigt worden, wo alle seine Ahnen und Urvorväter wohnen. Im Kampf könnt ihr nichts gegen ihn erreichen; es gibt nur ein einziges Mittel, ohne Schaden für sich selbst mit ihm fertig zu werden, das ist die List!"

Ich hätte bei diesen Worten beinahe laut aufgelacht. Daß er in meiner Gegenwart die List empfahl, war doch ein gar zu auffälliger Beweis dafür, daß er selbst von diesem Artikel keine Spur besaß. Auch der Perser sah dies ein; er schaute ihn erstaunt an, schüttelte den Kopf und sagte:

„Wir wollen uns nicht an ihn wagen, sondern listig sein? Und das sagst du uns vor seinen eigenen Ohren?" – „Warum nicht? Er weiß es doch, ganz gleich, ob er es hört oder nicht, denn seine

Verschlagenheit ist fast noch größer als die Stärke seines Körpers und die Unfehlbarkeit seiner Gewehre." – „Und da sollen wir ihn mit List überwinden? Willst du uns angeben, auf welche Weise, durch welche List?" – „Das kann ich nicht; das ist eure Sache. Ich habe euch gewarnt und ihn euch übergeben; nun könnt ihr machen, was ihr wollt." – „Ich höre, daß du selbst eine Angst vor ihm hast, die gar nicht zu messen ist; ich aber fürchte mich nicht und weiß, was ich zu tun habe."

Das war nur Redensart; er fürchtete sich doch, denn anstatt einen tätlichen oder wörtlichen Angriff gegen mich zu unternehmen, wendete er sich an den in seiner Nähe stehenden Khandschi:

„Du bist der von dem Pascha eingesetzte Aufseher dieses Khan?" – „Ja, Hazreti", nickte der Gefragte mit breitem, verlegenem Lächeln.

Er hatte natürlich die Warnungen auch gehört, fürchtete sich infolgedessen ungeheuer vor Halef und vor mir und ahnte zu seiner größten Beunruhigung, daß man ihm zumuten werde, in irgendeiner Weise gegen uns vorzugehen.

„Der Khan steht an dem Weg nach den heiligen Stätten der von Allah gesegneten und begnadeten Anhänger der Schia?" fragte der Perser weiter. – „Ja." – „Er ist also wohl nur für diese Rechtgläubigen vorhanden?" – „Ja." – „Der Zutritt eines Ungläubigen muß als todeswürdige Entweihung dieses Ortes gelten?" – „Ja." – „Und du hast darüber zu wachen, daß er die Bestimmung erfüllt, für welche er errichtet worden ist?" – „Ja." – „Und mit aller Strenge dafür zu sorgen, daß jede ungesetzliche oder entwürdigende Benutzung unterbleibt?" – „Ja."

Es machte mir außerordentliches Vergnügen, daß das wohlgenährte, runde Gesicht des Khandschi bei jedem Ja länger und immer länger wurde. Der Perser aber peinigte ihn noch weiter:

„Du hast gehört, daß sich jetzt ein Christ innerhalb dieser Mauern befindet?" – „Ja." – „So fordern wir dich auf, augenblicklich deine Pflicht zu tun! Die Anwesenheit dieses Menschen ist ein himmelschreiendes Verbrechen gegen Allah, gegen den Propheten, gegen die Gebote des Islam und gegen alle Bekenner desselben, welche sich hier befinden. Wir verlangen die schnellste und schwerste Bestrafung, hier gleich, vor unseren Augen! Hörst du wohl! Wenn du dich, was aber gar nicht möglich ist, weigern solltest, werde ich mich bei unserem Beherrscher der Welt beschweren, der deinen Padischah anhalten wird, dich mit zehnfacher Bastonade und dem Tode zu bestrafen!"

Als der Oberste der Kammerherrn jetzt seinen Strafantrag beendet hatte, war das Gesicht des Khanwächters so lang geworden, daß die weitere Verlängerung auch nur um ein Muh-i-Schutur – pers.: kleinstes Maß, d. i. Breite eines Kamelhaars – eine absolute Unmöglichkeit war. In ganz demselben Maße war auch seine Verlegenheit gewachsen; er wußte weder wo ein noch wo aus, und das erweckte mein Mitleid für den harmlosen, friedfertigen Menschen. Ich ergriff deshalb das Wort, mich an ihn wendend:

„Tritt näher zu mir her, Khandschi! Du hast bisher gehört, was andere meinen; nun sollst du auch unsere Ansicht kennenlernen. Aber sei höflich, sonst gehen unsere Gewehre augenblicklich los!"

Er hatte solche Angst vor uns, daß er nur wenige Schritte tat, meiner Aufforderung zu folgen.

„Ist dieser Khan wirklich nur für die Anhänger der Schia da?" fragte ich. – „Ja", nickte er. – „Für Andersgläubige ist er verboten?" – „Ja." – „Bist du Schiit?" – „Nein." – „Sind deine Soldaten Schiiten?" – „Nein." – „Und doch seid ihr hier? Sogar als Beamte? Auch der Obeide, welcher uns beschuldigt hat, ist kein Schiit. Ich achte das Gesetz, erwarte aber, daß auch andere es respektieren. Wenn dieser Khan nur für Schiiten vorhanden ist, so haben alle, die das nicht sind, ihn unverweilt und für immer zu verlassen. Packe also deine und deiner Soldaten Habseligkeiten zusammen! Sobald ihr fortgeht und der Obeide mit, werden auch wir den Khan verlassen."

Es war eine wahre Wonne, das Gesicht zu sehen, welches der arme Teufel machte; die Verlegenheit knickte ihn beinahe zusammen. Ich fuhr fort:

„Ich halte es außerdem für notwendig, daß jeder, der sich für einen Schiiten ausgibt, nachweisen muß, daß er wirklich einer ist. Wer das nicht kann, hat sich auch zu entfernen. Haben die Leute, welche sich so feindlich gegen uns benehmen, dir ihre Legitimationen vorgezeigt?" – „Nein." – „So sollst du zunächst die meinigen sehen. Ich verlange aber, daß du ihnen die Ehrfurcht erweist, welche bei Androhung stengster Bestrafung vorgeschrieben ist!"

Ich nahm die Dokumente, heute zum zweitenmal, aus der Tasche, öffnete sie und gab sie ihm. Ob er lesen konnte oder nicht, war mir gleich; er sah die Siegel und rief erschrocken aus:

„Maschallah! Ein Bujuruldu, ein Jol teskeresi und gar ein Ferman, alle mit der eigenhändigen Unterschrift des Großherrn, welcher der Liebling Allahs und des ganzen Himmels ist!"

Er legte die Siegel an die Stirn, den Mund und das Herz und

verbeugte sich dreimal tief, fast bis auf die Erde herab. Dann gab er mir die Legitimationen zurück. Ich nahm eine vierte hervor und fuhr fort:

„Da unsere Gegner sich für Leute aus Farsistan ausgeben, will ich dir beweisen, daß wir auch dort der größten Hochachtung und Höflichkeit versichert sind. Selbst die höchsten Würdenträger müssen uns die Ehren erweisen, welche wir auf Grund dieses Schriftstücks zu beanspruchen haben. Bis du der persischen Sprache mächtig?"

Bei dieser Frage reichte ich ihm meinen persischen Ferman hin.

„Des Lesens nicht", antwortete er in außerordentlich respektvollem Ton.

„So will ich dir sagen, daß dieser Ferman von dem Schah-inschah auch eigenhändig unterschrieben und untersiegelt worden ist. Die Inschrift des Siegels lautet: ‚Sobald die Hand Nasir ed-Dins das Siegel des Reiches ergreift, erfüllt die Stimme der Gerechtigkeit die Welt vom Monde an bis zu den Fischen.' Ich hoffe, du siehst nun ein, daß mein Dasein von der Gewogenheit sowohl des Großherrn, als auch des Schahs von Persien erleuchtet wird, und hast dich demgemäß gegen uns zu verhalten. Du bist nicht persischer Untertan und kannst also über die Drohung lachen, welcher dieser angebliche Pischkhidmät Baschi vorhin ausgesprochen hat; eine Beschwerde von mir aber würde dich nicht nur um deine Stelle, sondern auch noch um viel mehr bringen!"

Er erwies, obgleich er Türke war, jetzt auch dem persischen Ferman die schon erwähnten Höflichkeiten und gab ihn mir dann mit der sehr devoten Versicherung zurück:

„Ich bitte dich demütig, o Liebling des Großherrn, mir in Bagdad und Stambul zu bezeugen, daß ich euch weder mit einer Miene noch mit einer Silbe beleidigt habe, denn gleich der erste Blick auf euch sagte mir, daß euch alle Pforten des Reiches und also auch die Tore dieses Khans geöffnet sind. Betrachte mich als deinen Diener! Ich bin bereit, alle deine Befehle augenblicklich zu erfüllen!" – „Das erwarte ich allerdings! Vor allen Dingen verlange ich, daß nun auch diese angeblichen Perser beweisen, daß sie Perser, und zwar Schiiten sind. Wir haben uns legitimiert; nun kommt die Reihe an sie, dies auch zu tun!" – „Du hast recht, und ich erwarte, daß sie dem Verlangen nachzukommen vermögen!"

Er drehte sich von mir ab und nach dem Kammerherrn um. Ich hatte diesem mit meinem persischen Ferman imponiert; er sah die vorhin gegen mich gerichtete Waffe jetzt in meinen Händen, und der Ausdruck der Verlegenheit, welcher dabei auf seinem Gesicht erschien, verriet mir, daß er nicht imstande war, den von ihm verlangten Nachweis zu führen. Er versuchte, das unter einem möglichst selbstbewußten Ton zu verbergen, indem er den Khandschi zornig fragte:

„Ist es denn möglich, daß du den Mut hast, einen solchen Ausweis im Ernst von mir zu verlangen? Du warst bisher vollständig überzeugt, daß ich der Pischkhidmät Baschi des Schahs von Persien wirklich bin, und jetzt forderst du mich infolge der Worte eines vollständig Fremden plötzlich auf, dir Beweise vorzuzeigen! Steht dir als Moslem deine Würde so wenig fest, daß sie ein so schwaches Lüftchen aus dem Land der Ungläubigen umzuwehen vermag?“ – „Es handelt sich hier nur um meine Würde als Beamter des Großherrn. Sobald ich sein von Allah gesegnetes Siegel erblikke, habe ich meine Pflicht zu erfüllen, ohne nach der Religion und dem Glauben dieses Effendi zu fragen, welcher mir bewiesen hat, daß er unter dem ganz besonderen Schutz des Padischahs steht. Du hast den Streit mit ihm begonnen, indem du dich als ein Mann gebärdetest, der das Recht besitzt, hier als Gebieter aufzutreten. Dieses Recht gebührt dir selbst als Pischkhidmät Baschi nicht; aber da du dich für ihn ausgibst, ist es meine Pflicht, den Beweis von dir zu verlangen!“ – „Meine Untergebenen hier können es mir bezeugen.“ – „Was sie sagen, gilt nichts, denn ich kenne sie nicht. Wenn du ein so hoher Herr bist, der in der immerwährenden Gegenwart des Schah-in-schahs wandelt, muß du doch das Siegel und die Unterschrift desselben in den Händen haben. Da dieser fremde Effendi beides besitzt, darf ich wohl sagen, daß es dir doch viel leichter als ihm sein muß, eine solche Beglaubigung deines Herrschers zu erlangen.“ – „Ich habe sie nicht von ihm gefordert, weil ich es für vollständig unmöglich hielt, daß irgendein Mensch an der Wahrheit meiner Worte zweifeln könnte. Ich habe zwar Briefe meines Gebieters mit, die muß ich aber an den heiligen Orten abgeben und darf sie keinem anderen Menschen zeigen als denen, an die sie gerichtet sind.“ – „Das ist nicht vorteilhaft für dich. Du hast ja selbst gesagt, daß nur Schiiten hierher gehören und jeder Andersgläubige den Khan zu verlassen habe. Wenn du mir nicht beweisen kannst, daß du ein Bekenner der Schia bist, muß ich dich nach deinem eigenen Willen mit deinen Leuten aus dem Tor weisen!“ – „Welche Schande!“ fuhr der Perser auf. „Muß ich mir das wirklich sagen lassen!“ – „Ja, das mußt du! Du bist ein Fremder, der sich nicht legitimieren kann, und hast mir, dem Kommandanten dieses

Ortes, zu gehorchen." – „Und was geschieht, wenn ich dir den Gehorsam verweigere?" – „So habe ich einen Bericht abzufassen, den ich fortsende, und werde euch hierbehalten, bis die Antwort darauf eingetroffen ist." – „Wir lassen uns aber nicht halten!" – „Allah bewahre dich vor schädlichem Ungestüm! Meine Asaker – Soldaten – fürchten sich nicht vor euch, und dieser bewaffnete Effendi würde mir mit seinem tapferen Scheich der Haddedihn gewiß beistehen. Ihr habt gesehen, wie er schießen kann!"

Der Kammerherr sah sich fragend im Kreis seiner Leute um, sie zeigten jetzt ganz andere Gesichter als vorher; der frühere Ausdruck der Zuversichtlichkeit war vollständig verschwunden. Meine Schießprobe und die vorgezeigten Legitimationen hatten die beabsichtigte Wirkung hervorgebracht: der Khandschi war mutig, der Kammerherr aber bedenklich geworden. Meinem kleinen, wakkeren Hadschi machte das Spaß; er griff mit der Hand nach den Waffen in seinem Gürtel und fragte mich in unternehmendem Ton:

„Du bist natürlich einverstanden, Effendi? Wollen wir es diesen Leuten sofort zeigen, wie zwei erfahrene Krieger es anfangen, zwölf Gegner in zwei Minuten widerstandsunfähig zu machen?" – „Ja, das wollen wir, aber in anderer Weise, als du denkst", antwortete ich. „Gerade weil ich kein Moslem bin, sondern ein Christ, werde ich diesen Zwiespalt, an dem wir unschuldig sind, auf friedliche Weise lösen."

Ich wendete mich an den Khandschi und fügte hinzu:

„Würdest du es gelten lassen, wenn jemand, den du kennst, dir die Versicherung gäbe, daß dieser persische Mirza – Titel jedes gebildeten Persers, wenn das Wort vor den Namen gesetzt wird – wirklich der Pischkhidmät Baschi des Schahs ist?" – „Ja", antwortete er. – „So sage, ob du mich jetzt kennst!" – „Dich! Natürlich kenne ich dich! Du hast mir ja die allerhöchsten Schriftstücke vorgezeigt; folglich kenne ich dich so gut, als ob ich, wenn du mir gestattest, von Jugend auf an deiner eigenen Stelle gewesen sei." – „Du würdest also meine Worte gelten lassen?" – „Wie meine eigenen!" – „Gut, so versichere ich dir, daß dieser Mirza wirklich derjenige ist, für den er sich ausgegeben hat, und bitte dich, ihn hier im Khan verweilen zu lassen, so lange es ihm beliebt!" – „Du hast es gesagt, und es soll geschehen, Effendi!" – „Maschallah!" rief da Halef aus. „Du vergiltst die Beleidigungen, welche wir anzuhören hatten, mit dieser großen, unverdienten Güte? Wie kannst du mich um die Glückseligkeit bringen, diesen zwölf Personen zu beweisen, daß wir zwei, ich und du, viel mehr als zwölf bedeuten!"

Ich antwortete ihm nur mit einem Wink auf die Perser, und da begriff er mich. Die verblüffte Miene, welche der Kammerherr jetzt zeigte, bereitete mir mehr Genugtuung, als ich durch die Ausführung der Absicht Halefs gefunden hätte. Er starrte mich förmlich an und stieß, indem er mit dem Kopf schüttelte, die Worte hervor:

„Allah akbar – Gott ist groß! Wie groß aber auch ist mein Erstaunen!“ – „Worüber?“ erkundigte sich Halef lachend. – „Daß ein Christ, ein Ungläubiger, der mich heute zum erstenmal sieht, es wagt, mich als den Abglanz des Beherrschers zu bestätigen!“ – „Wenn du glaubst, daß dies ein Wagnis sei, so irrst du dich. Man sieht dir gerade jetzt diesen Abglanz so deutlich an, daß ein Irrtum vollständig ausgeschlossen ist. Dein Gesicht strahlt uns in der ganzen Fülle seiner Weisheit entgegen, und wir sehen ein, daß du viel zu klug und zu erhaben bist, als daß wir dir das sagen dürfen, was wir dir eigentlich mitzuteilen hätten.“ – „Mitzuteilen? Mir? Was meinst du?“ – „Daß ihr euch in einer großen Gefahr befindet, von welcher ihr keine Ahnung hättet, wenn du nicht eine so große Leuchte des Scharfsinns wärst.“

Der Perser mußte die in diesen Worten liegende Ironie heraushören; er hielt es aber, da es sich um eine Warnung handelte, für angezeigt, so zu tun, als ob er sie nicht bemerkt habe, und erkundigte sich weiter:

„Du sprichst von einer Gefahr. Meinst du, daß sie sich auf mich, auf uns beziehe?“ – „Natürlich auf euch; ich habe ja soeben gesagt, daß sie euch bedrohe. Wenn sie uns beträfe, würden wir kein Wort darüber verlieren, denn die Gefahr ist die Luft, in der wir leben, und das Wasser, an welchem wir uns täglich erquicken. Wir lieben die Gefahr; wir können und mögen ohne sie nicht sein, und je größer sie ist, desto lieber haben wir sie. Wir kennen diese eure Gefahr sehr genau, denn wir haben selbst auch schon in ihr gesteckt und ihr dabei gezeigt, daß wir mit ihr spielen, so ungefähr, wie zwei Riesen mit einem Zwerg scherzen.“

Es war lächerlich, daß der kleine Kerl sich mit einem Riesen verglich; er nahm eben den Mund wieder einmal recht voll, was mir, als dem Europäer, natürlich mehr auffiel als dem Perser, welcher die Ausdrucksweise des Hadschis für ganz selbstverständlich zu halten schien und seine Nachforschung in gespannter Weise fortsetzte:

„Ich wüßte nicht, was für eine Gefahr uns bedrohen könnte. Wir stehen unter dem mächtigen Schutz des Schah-in-schahs und sind überzeugt, daß uns nirgends etwas geschehen kann.“ – „In Persien mögt ihr von diesem Schutz sprechen, aber nicht hier. Ihr habt ja vorhin gesehen, wie gering seine Macht gegen unseren Willen war. Sag mir doch einmal, ob deine Truppe einen besonderen Namen hat!" – „Was sollte sie für einen besonderen Namen haben? Sie ist eine Karwan wie jede andere auch." – „Du irrst. Sie besitzt einen Namen, den man ihr gegeben hat, ohne daß du etwas davon weißt." – „Welchen?" – „Man nennt sie die Karwan-i-Pischkhidmät Baschi." – „Diesen Namen wirst du ihr wohl in diesem Augenblick erst selbst gegeben haben!" – „Nein. Wir haben ihn gekannt, längst ehe wir dich sahen. Wir wußten, daß diese Karwan-i-Pischkhidmät Baschi unterwegs sei und erwartet werde, und als wir euch hier trafen, erkannten wir euch sofort. Darum nur konnte mein Effendi gegen den Khandschi behaupten, daß du der Oberst der Kammerherren seist." – „Der Sinn deiner Rede ist mir außerordentlich dunkel. Du sagtest, daß unsere Karwan erwartet werde. Ich frage dich, wo und von wem? Wir haben uns in tiefster Verborgenheit zur Reise gerüstet und sind so heimlich aufgebrochen, daß niemand etwas von uns wissen kann." – „Allah hat erlaubt, daß Menschen vorhanden sind, welche schärfere Augen und Ohren besitzen, als du zu haben scheinst. Eure Vorbereitungen sind beobachtet worden; man weiß, daß ihr kostbare Waren geladen habt, um sie nach den heiligen Stätten zu bringen. An eurem Weg warten Räuber, denen eure Ankunft bereits gemeldet worden ist. Ihr sollt überfallen werden, und wenn ihr nicht auf unsere Warnung hört, so ist es nicht nur um das Eigentum des Schah-in-schahs, sondern wahrscheinlich auch um euer Leben geschehen."

Ich hatte den Hadschi nicht unterbrochen, er fühlte sich als der Herr der Situation, und diesen für ihn so großen Genuß wollte ich ihm nicht verkümmern. Dabei nahm ich als ganz selbstverständlich an, daß er für seine wohlwollende Absicht Dank und Anerkennung ernten werde. Zu meinem Erstaunen mußte ich aber einsehen, daß ich mich da einer Täuschung hingegeben hatte. Als er jetzt schwieg, sah der Kammerherr bald ihn, bald mich forschend an, brach in ein kurzes, höhnisches Gelächter aus und sagte dann:

„Abarak Allah! Gott sei gesegnet, daß er so liebe, gute Menschen wie euch geschaffen hat! Ich bin im höchsten Grade erstaunt darüber, daß es so herrliche, so unvergleichliche Leute gibt! Wir haben euch ganz anders, nur nicht wie Freunde behandelt, und als Antwort darauf seid ihr auf unser Glück, auf unser Heil bedacht! Es trieft Segen von euren Zungen und Wohltat von euren Lippen. Das ist nur darum möglich, weil einer von euch ein Christ ist, dessen Lehre ihm ja, wie ich gehört habe, gebietet, allen seinen Feinden Gutes zu erweisen. Diese unmännliche Lehre habe ich aber stets verachtet, und ebenso verachte ich jeden, der sich zu ihr bekennt. Ihr habt also zu wählen zwischen meiner Verachtung oder meinem Gelächter, und ich bin überzeugt, daß dieses letztere auf euch passen wird. Denn lächerlich ist es im höchsten Grade, mir zuzumuten, das zu glauben, was eben jetzt gesagt wurde." – „So zweifelst du an dem, was ich von den Absichten dieser Räuber gesagt habe?" fragte Halef in zornigem Ton. – „Daran nicht, ganz und gar nicht; aber die Personen der Räuber sind wahrscheinlich ganz andere, als du uns glauben machen willst. Du hast von einer wertvollen Ladung gesprochen, nur um zu erfahren, was wir geladen haben. Das übrige brauche ich nicht zu sagen; du kannst es dir denken!" – „Verstehe ich dich richtig? Willst du etwa sagen, daß wir …"

Sein Zorn war so groß, daß er den Satz nicht ganz aussprechen konnte, aber mit der Rechten nach der Peitsche griff, um die unterbrochene Rede in dieser Weise zu vollenden. Ich faßte seinen Arm, hielt ihn fest und sagte:

„Keine Unüberlegtheit, Halef! Was dieser Mann denkt und spricht, kann uns höchst gleichgültig sein. Mag er später zu seinem Schaden erkennen, daß er jetzt und hier die größte Unklugheit seines Lebens begangen hat. Wir sind mit ihm fertig. Komm!" – „Ja, reiten wir fort, Sihdi", stimmte er mir bei. „Er wird es bitter bereuen, daß er heute wie auch in seinem ganzen bisherigen Leben nicht gescheiter als sein Vater, Großvater und Vorahne gewesen ist, welche die unverzeihliche Dummheit begangen haben, sich von dem Fatum der Schiiten einen solchen Sohn, Enkel und Urenkel aufhängen zu lassen. Allah gebe, daß alle Nähte seines Leibes und seiner Seele aufplatzen wie bei einem alten, zerrissenen Alduwan – Handschuh –!"

Ich mußte über diesen drastischen Wunsch laut lachen; der Perser getraute sich nur, die beiden Fäuste gegen uns zu schütteln und uns im höchsten, aber ohnmächtigen Zorn zuzurufen:

„Ja, macht im Namen aller Teufel, daß ihr fortkommt, und laßt euch ja nicht wieder vor uns sehen! Ich habe heute abermals einen Christen kennengelernt, und er ist nicht anders und nicht besser als so viele, die ich schon vor ihm gesehen habe. Es ist wahr, was das alte persische Sprichwort sagt: Wer einem Isävi – Christ – begegnet, der stoße ihn mit dem Fuß von sich, sonst hat er die Folgen in diesem und in jenem Leben zu tragen!"

Ich saß schon auf dem Pferd und hatte mich einige Schritte weit entfernt. Als ich diese Worte hörte, lenkte ich wieder um, ritt zu ihm zurück und antwortete:

„Ich könnte dir jetzt die Faust in das Gesicht schlagen, ohne daß du den Mut hättest, dich zu wehren; aber ich werde es nicht tun, eben weil ich ein Isävi bin. Ich fordere dich nur auf, nicht zu vergessen, was du jetzt gesagt hast. Wir sollen uns nicht wieder vor euch sehen lassen? Du bildest dir doch nicht etwa ein, daß wir uns vor euch fürchten? Das würde nach dem, was hier geschehen ist, der reine Wahnsinn sein. Und ich sage dir, daß ihr herzlich froh sein und Allah danken werdet, sobald ihr uns wieder erblickt. Ich weiß schon jetzt genau, daß wir uns sehr bald wieder begegnen werden, und dann werdet ihr euch hüten, uns mit den Füßen von euch zu stoßen, sondern uns von ganzem Herzen und aus voller Seele willkommen heißen. Merke dir diese Vorhersagung; ich werde dich an sie erinnern!"

Jetzt ritten wir fort, ohne auf das zu achten, was uns noch nachgerufen wurde. Der Khandschi war mit seinen Asaker – Soldaten; Plural von Askari – an das Tor gegangen; ich gab ihm und ihnen das erwartete Bakschisch, worauf sie sich tief verneigten und uns Glück auf unserem weiteren Weg wünschten.

Der Sicherheit wegen und um die Perser zu täuschen, damit sie erwarteten Falles die von uns beabsichtigte Richtung dem Säfir nicht verraten könnten, folgten wir dem nach Khan Nasrijeh führenden Weg so weit, bis man uns nicht mehr sehen konnte, und wendeten uns dann links, um auf geradem Weg durch das wüste Feld den Euphrat zu erreichen.

Halef dachte, wie das so seine Gewohnheit war, zunächst still über unsere letzte Begegnung nach; dann, als er sich alles zurechtgelegt hatte, erkundigte er sich:

„Du hast diesem allerdümmsten der persischen Kammerherrn gesagt, daß er uns sehr bald wiedersehen werde. War dies nur eine Redensart, oder denkst du wirklich, daß wir wieder mit ihm zusammentreffen werden?" – „Ich denke es nicht nur, sondern ich bin sogar überzeugt davon." – „Weißt du schon auch den Ort dieses baldigen Wiedersehens?" – „Nein, denn ich weiß ja nicht, wo der Säfir sich über die Karwan hermachen wird. Auf dem Weg von dem Khan, den wir eben verlassen haben, bis nach Hilleh kann dies unmöglich geschehen, in der Nähe der heiligen Stätten auch nicht, also höchstwahrscheinlich kurz hinter Hilleh, und da eignet sich kein Ort besser dazu als das Ruinenfeld von Babylon. Wenn ich mich in alles hineindenke, ist es mir nicht schwer, zu erraten, wie das Ereignis vor sich gehen wird." – „Du weißt, daß mein Verstand nur lange und schwere Arbeiten gewöhnt ist; mit kürzeren Dingen, wie zum Beispiel das Erraten ist, gibt es sich grundsätzlich niemals ab. Darum bitte ich dich, die Kostbarkeit der Zeit in Betracht zu ziehen und mir gleich zu sagen, was deine Vernunft, welche kürzer als die meinige ist, sich ausgesonnen hat!" – „Es scheint, daß meine Vernunft trotz ihrer Kürze mehr wert ist als deine so lang ausgestreckte, lieber Halef!" – „Irre dich nicht, Sihdi! Ich mag dir doch nicht zutrauen, der ganz verkehrten Ansicht zu sein, daß eine lang ausgedehnte Klugheit durch eine Ausreckung dünner wird!" – „Diese Frage wollen wir, obgleich sie höchst wichtig ist, doch lieber unerörtert lassen. Du weißt, daß der Säfir sich in Hilleh befindet. Der Pädär-i-Baharat, dem wir begegnet sind, wird ihn dort treffen und ihm mitteilen, daß das Eintreffen der Karwan-i-Pischkhidmät Baschi in kurzer Zeit zu erwarten ist. Der Säfir, von dem ich vermute, daß die Perser ihn nicht persönlich kennen, wird ein ganz zufällig erscheinendes Zusammentreffen mit dem Kammerherrn herbeiführen und sich bemühen, sein Vertrauen zu erwerben. Ich bezweifle nicht, daß ihm dies gelingen wird, und dann hat er die Karwan in den Händen. Er wird sie verleiten, denjenigen Weg einzuschlagen, welcher seinen Absichten entsprechend ist ..." – „Sihdi", fiel da Halef ein, „jetzt ist deine Kürze mit meiner Länge zusammengetroffen; ich verstehe dich! Der Säfir wird sich sogar an die Spitze der Karwan stellen, um sie in das Verderben zu führen." – „Nein, das wird er wohl nicht." – „Warum nicht?" – „Er ist wahrscheinlich zu klug dazu." – „So hältst du diese meine Ansicht also nicht für eine vortreffliche?" – „Allerdings nicht, trotz der ungeheuren Länge deiner Vernunft. Es muß doch später unbedingt herauskommen, daß die Karwan verunglückt ist. Hätte er sich ihr beigesellt, so würde man ihn zur Verantwortung ziehen, und das hat er zu vermeiden." – „Höre, Sihdi, die Kürze deines Verstandes ist wirklich nicht ganz übel! Sie hat auch ihre Vorteile, und ich bin, wie du siehst, gerecht genug, dich hiervon zu benachrichtigen." – „Ich danke dir und hoffe, daß diese deine Gerechtigkeit sich auch fernerhin bewähren werde! Also ich vermute, daß der Überfall an irgendeiner Stelle des Trümmerfeldes vor sich gehen wird, und ich bin der Ansicht, daß diese Stelle nicht weit von derjenigen liegt, wo wir die Schmuggler belauscht haben." – „Warum dort?" – „Weil sich in der Nähe das Versteck befindet, in welches man die Beute höchstwahrscheinlich schaffen wird. Gleichgültig ist es uns natürlich, durch welche Vorspiegelungen man die Karwan dorthin lockt; Hauptsache ist, daß wir denselben Platz zum heutigen Ziel haben. Wir werden, wie ich hoffe, noch vor der Karwan dort ankommen und ihr, vorausgesetzt, daß wir sie finden, gegen den Säfir Beistand leisten." – „Ja, das werden wir, Effendi, das werden wir!" stimmte er begeistert bei. „Das müssen wir ja schon um des Sandschaki willen." – „Allerdings!" – „Wir bringen ihm den Säfir als überwiesenen und während der Tat ertappten Räuber. Da muß er einsehen, wie falsch er uns behandelt hat, und uns um Verzeihung bitten. Wie freue ich mich darauf! Das wird ein Sieg sein, auf den wir stolz sein können. Meinst du nicht auch, Sihdi?" – „Wir wollen vom Stolz jetzt noch nichts sagen. Unsere Absicht ist gut, aber zwischen ihr und der Ausführung liegt eine weite Strekke." – „Sogar der Euphrat liegt dazwischen! Nicht?" – „Ja." – „Wenn wir nach den Ruinen wollen, müssen wir an das rechte Ufer hinüber; nach Hilleh, wo die Brücke ist, können wir nicht zurück; wie kommen wir auf die andere Seite?" – „Hoffentlich finden wir Schilf oder überhaupt Material, uns ein Floß zusammenzustellen; ist dies nicht der Fall, so müssen wir schwimmen." – „Weißt du, wie breit der Fluß in dieser Gegend ist?" – „Gewiß über dreihundert Amtahr – Meter –." – „Das ist viel, sehr viel!" – „Du bist doch ein guter Schwimmer!" – „Oh, was das betrifft, so ist es mir gar nicht bange, hinüberzukommen; aber bei so einer Strecke ist es gar nicht zu umgehen, daß alles naß wird, was trocken bleiben soll." – „Es gibt Mittel, dies zu vermeiden. Wollen wir schneller reiten, damit wir am Fluß Zeit gewinnen, ein Floß zu bauen, falls wir finden, was wir dazu brauchen." – „Es wäre wohl am besten, wenn zufällig ein Floß oder Boot gefahren käme, dessen Besitzer uns hinüberschaffte." – „Auf so eine Gelegenheit magst du nur verzichten. Wir müssen vermeiden, gesehen zu werden, denn jeder uns begegnende Mensch kann ein Verbündeter des Säfir sein und ihn davon benachrichtigen, daß wir nicht nach Bagdad geritten sind. Du hast ja gehört, daß sein Versteck zwei Stunden oberhalb Hilleh liegt. Das müssen wir wohl in Erwägung ziehen, weil zu bedenken ist, daß die Mitglieder seiner Bande nicht immer dort stecken, sondern sich auch an den Ufern oder auf dem Fluß hin und her bewegen werden. Sobald man uns bemerkt, ist zehn gegen eins zu wetten, daß unser Plan mißglückt."

Der Ritt bis zum Euphrat bot nichts Bemerkenswertes. Das Terrain war eine von keiner Erhöhung, aber desto häufiger von tiefen Rinnen unterbrochene Ebene. Als wir an dem frohen Schnauben unserer Pferde bemerkten, daß wir in der Nähe des Wassers angekommen waren, stiegen wir ab und legten den Rest des Weges, um nicht so leicht gesehen zu werden, gehend zurück. Dann mußte Halef mit den Pferden in eine der erwähnten Rinnen steigen, während ich mich dem Ufer vorsichtig näherte, um nachzusehen, ob wir unbemerkt an das Wasser könnten.

Es war kein Mensch zu sehen, die Sonne stand schon sehr tief, und ihre in spitzem Winkel auf den Strom fallenden Strahlen wurden mir in die Augen gebrochen, daß mich diese schmerzten. Froh überrascht wurde ich von einer Menge Tarfasträucher, welche dicht am Wasser standen und uns erlaubten, wenn nicht uns selbst, so doch diejenigen Gegenstände, welche nicht naß werden durften, trocken hinüberzubringen. Ich holte Halef, und als wir die Pferde versorgt hatten, begannen wir, Zweige zu schneiden und in Bündel zu vereinigen.

Leider wuchs die Tarfa – Tamariske – hier nur schwach, nicht einmal fingerstark. Von einem Floß, welches uns zu tragen vermochte, war keine Rede. Die Sonne ging unter, und es wurde Abend, ehe wir den leichten, zu einem schwimmenden Haufen vereinigten Bündeln die betreffenden Sachen anvertrauen konnten. Es war Halefs Aufgabe, dieses Floß zu dirigieren, indem er es im Schwimmen vor sich herzustoßen hatte; mir fiel die Führung der Pferde zu. Ich knüpfte Schlingen an die lang entschnallten Zügel und schob je einen Arm in eine dieser Schlingen. In dieser Weise die Hengste führend, stieg ich in das Wasser; sie folgten mir sofort und willig. Das edle Pferd der Dschesireh ist nicht wasserscheu.

In anderer Beziehung konnte es uns nicht so lieb sein, daß es Abend geworden war, aber in Hinsicht auf unsere Sicherheit hätte die Helle des Tages uns leicht gefährlich werden können. Die Kühle des Flusses tat uns und den Pferden wohl; wir schwammen mit Bequemlichkeit, und als wir das jenseitige Ufer erreicht hatten, fühlten wir uns so wenig angestrengt, daß Halef sagte:

„Das war keine Arbeit, sondern ein Bad, Sihdi; ich bin wie neugeboren." – „Hoffentlich ist es für die dir anvertrauten Sachen nicht auch ein Bad gewesen!" – „O nein! Ich habe sie mit meinen Augen behütet, wie ein Kamel sein Füllen bewacht. Wir nehmen alles wieder an uns und lassen dann dieses Floß schwimmen, wohin es schwimmen will." – „Nein, sondern wir werden es an das Ufer befestigen." – „Warum?" – „Weil es uns möglicherweise verraten kann." – „Verraten? Nimm mir meine Worte nicht übel, Sihdi, aber du treibst die Vorsicht viel zu weit! Selbst wenn dieser Tarfahaufen zufällig von den Leuten des Säfir entdeckt würde, kämen sie gewiß nicht auf den Gedanken, daß wir es sind, die ihn benutzt haben." – „Gedanken sind unberechenbar. Millionen Menschen haben schon Unmöglichkeiten gedacht, und hier haben wir es mit etwas sehr Möglichem zu tun. In unserer Lage können wir nicht zu vorsichtig sein. Oder hast du vergessen, welche Mahnung ich im Namen deiner Hanneh vorkommendenfalls an dich richten soll?" – „Die Wünsche meiner Hanneh, welche die Rose unter allen Blüten und Blumen des Erdreichs ist, sind mir stets allgegenwärtig; darauf kannst du dich verlassen. Ja, ich bin sogar überzeugt, daß du nicht so oft an deine Emmeh denkst, wie ich mich der holden Gebieterin meines Frauenzeltes erinnere. Aber sag selbst, was aus unseren hoffentlichen und berühmten Erlebnissen werden soll, wenn du mit deiner übertriebenen Vorsicht alle Begebenheiten zurückscheuchst, welche sich uns nähern wollen! Habe doch einmal die Güte, in die Jahrhunderte und Jahrtausende der Weltgeschichte zurückzuschauen! Wie viele berühmte Sultane, Kaiser, Könige, Kalifen, Scheichs und Helden hat es gegeben! Sie sind gar nicht zu zählen! Aber wenn diese Männer alle so vorsichtig gewesen wären, wie du bist, so hätten wir keine Weltgeschichte, denn da wäre überhaupt gar nichts geschehen, und wo jetzt überall die Berühmtheiten strahlen, würde es so finster sein wie im Magen einer Ziege oder in einem Stiefel, den man am Fuß trägt." – „Wenn er nicht zerrissen ist!" warf ich ein. – „Ich bitte dich zu schweigen, Effendi! Wenn ich Beispiele anführe, um etwas zu beweisen, so sind sie tadellos; also ist auch dieser Stiefel kein zerrissener, sondern einer, den selbst ich anzuziehen mich nicht schämen würde!" – „So ziehe ihn schnell an, denn wir müssen weiter! Wir sind nicht über den Euphrat geschwommen, um uns hier über Fußbekleidungen und Ziegenmagen zu unterhalten. Wir müssen uns vielmehr beeilen, an den Birs Nimrud zu kommen." – „Denkst du nicht, daß wir vorher das hiesige Versteck des Säfir aufsuchen sollten?" – „Ich würde dies allerdings vorschlagen, wenn der Ort uns etwas näher bekannt wäre. Da wir aber das Ufer erst mühsam nach ihm absuchen müßten, würden wir zu viel Zeit verlieren. Wenn sich die Notwendigkeit ergeben sollte, das Versteck zu entdecken, werden wir später nach ihm suchen. Jetzt wollen wir fort von hier."

Wir hatten während dieser halblauten Wechselrede die Pferde wieder gesattelt und alles auf dem Floß Befindliche an uns genommen. Nun stiegen wir auf und ritten in südlicher Richtung fort. Wir durften uns während dieses Rittes nicht so nahe am Ufer halten, daß der Hufschlag unserer Pferde von dort aus gehört werden konnte; darum bogen wir weiter, als sonst wohl nötig gewesen wäre, nach rechts hinaus; ob mehr oder weniger, das wußten wir nicht, weil es noch dunkel war und wir die Krümmungen des Euphrats nicht kannten. Als wir eine Weile geritten waren, bemerkten wir zu unserer Linken einen zwar nur leisen, aber doch bemerkbaren Schein, welcher nur mit einem Feuer in Verbindung gebracht werden konnte. Wir blieben halten, und Halef sagte:

„Sihdi, ich vermute, daß dort das Versteck liegt. Das Ufer, an welchem das Feuer brennt, liegt tiefer als die Ebene, darum sieht man nur den Schein und nicht das Feuer selbst. Meinst du, daß ich recht habe?" – „Es ist möglich, daß du das Richtige getroffen hast", antwortete ich. – „Wollen wir hin, um zu erfahren, wer sich dort befindet?" – „Wir? Wenn nachgesehen werden soll, genügt es, daß einer von uns hingeht." – „Ich oder du?" – „Natürlich ich!" – „Allah! Warum willst nur immer du es sein, auf welchen der Ruhm der Entdeckungen fallen soll! Ich kenne dich zu genau, als daß ich annehmen könnte, daß es Mißgunst von dir sei. Du wirst dich wahrscheinlich wieder in den bekannten Sattel setzen, um mir deine heißgeliebte Vorsicht vorzureiten?" – „Das tue ich allerdings."– „Und weißt doch, wie tief es mich betrübt! Es mag ja sein, daß ich früher, in der Zeit, als du mich kennenlerntest, ein wenig ungestüm und vielleicht auch unbedächtig gewesen bin; daran war meine Jugend schuld. Das ist nun vorüber. Jetzt bin ich Besitzer eines Harems mit der besten Frau des Erdenlebens und habe sogar einen Sohn, der sich nach den Regeln meiner Weisheit und Erziehung richtet. Wenn du mich trotzdem noch für unbedachtsam hältst, so ist das eine Beleidigung, auf welche ich jedem außer dir mit meiner Peitsche antworten würde." – „Höre, lieber Halef, diese deine Verteidigung spricht nicht für, sondern gegen dich!" – „Wieso?" – „Daß du auch jetzt die Peitsche erwähnst, wo doch außer uns beiden kein Mensch zugegen ist, bildet einen unumstößlichen Beweis, daß du dich auch jetzt noch nicht beherrschen kannst. Wie ist es mir da möglich, dir Aufgaben anzuvertrauen, zu deren Lösung unerschütterliche Ruhe, kaltes Blut und eine Umsicht gehören, die sich auch von der geringsten Aufwallung nicht beeinflussen läßt?" – „Ja, wenn man dich so reden hört, so klingt das allerdings genau so, als ob du das allergrößte Recht besäßest, in dieser Weise von mir zu sprechen. Aber überzeuge dich doch einmal durch die Tat!" – „Das habe ich schon oft versucht." – „Wie, wo und wann?" – „Du kannst noch fragen?" – „Ja." – „Fordere ja keine Beispiele von mir; sie würden dich doch nur kränken! Wenn ich dir erlaubte, jetzt allein da hinüberzugehen, würdest du uns wahrscheinlich verraten oder gar festgenommen werden."

Das liebe, kleine Kerlchen fühlte sich durch diese Behauptung so schmerzlich berührt, daß er fast weinend bat:

„Sihdi, du versenkst meine Seele in die tiefste Tiefe der Traurigkeit. Ich will dir nichts vorwerfen und auch nicht aufzählen, wie oft ich für dich gestritten und gelitten habe; ich will auch nicht erwähnen, daß ich noch jetzt bereit bin, mein Leben und alles, was ich besitze, hinzugeben; wie kannst du mich da in dieser Weise betrüben! Willst du die Schuld der Undankbarkeit auf dich laden? Sie ist ein Schmutz, den man durch alles Waschen niemals von sich entfernen kann!" – „Lieber Halef, ich sehe mich gezwungen, jetzt genau so zu sagen, wie du vorhin gesprochen hast: Wenn man dich so hört, klingt das gerade so, als ob du das allergrößte Recht besäßest, in dieser Weise mit mir zu sprechen!" – „Das ist auch richtig, Effendi, sehr richtig!" – „Nein!" – „Ich bitte dich, nicht mit mir darüber zu streiten, sondern mir dein Vertrauen zu schenken! Ich fordere und verlange als Beweis deiner Freundschaft, daß du mich gehen läßt, um nachzuschauen, was für Leute dort das Feuer, welches wir sehen, angezündet haben!"

Was konnte ich einer solchen Dringlichkeit gegenüber tun? Ich fühlte die Verpflichtung, ihm seine Bitte abzuschlagen, denn ich kannte ihn zu gut, als daß ich ihn ohne Sorge hätte gehen lassen können; aber ich brachte es nicht über das Herz, ihm das Leid anzutun, seinen Wunsch unerfüllt zu lassen. Er benutzte mein unentschlossenes Zaudern, noch einen stärkeren Trumpf auszuspielen:

„Ich sage dir, Sihdi, daß ich es als eine Beleidigung auffassen muß, wenn du mich jetzt abermals wie so oft wie einen Knaben behandelst, der zu nichts zu gebrauchen ist! Soll ich, der oberste Scheich der Haddedihn vom großen Stamm der Schammar, dein allezeit bereiter und treuer Freund und Beschützer, stets nur so hinter dir herlaufen, wie ein Hund hinter seinem Herrn herläuft?" – „Nein." – „Du behandelst mich ganz genau so, als ob dies deine Absicht sei!" – „Bedenke, was dazu gehört, eine Anzahl schlauer Feinde zu belauschen und zu beobachten!" – „Denkst du, daß ich das nicht kann?" – „Ja, das denke ich." – „So beleidigst du dich selbst, denn du bist im Anschleichen mein Lehrmeister gewesen, und wenn ich nichts gelernt habe, obgleich ich doch sonst kein unanstelliger Mann bin, so kann die Schuld doch nur allein an dir liegen!" – „Ich danke dir, lieber Halef!" lachte ich. – „Lache nicht;

ich meine es ernst! Übrigens will ich auf das Belauschen und Beobachten gern verzichten. Ich will nur erfahren, wer die Leute sind. Ich gehe hin, schleiche mich an sie heran, bis ich sie sehen kann, und komme sofort wieder. Das ist doch so leicht, daß ich mich fast schäme, es tun zu wollen, und wenn du auch jetzt noch auf deiner Weigerung beharrst, weiß ich wirklich nicht, was ich von dir denken soll!“ – „Gut, ich werde dich also mitnehmen!“ – „Mitnehmen?“ fuhr er auf. „Davon ist keine Rede gewesen. Du hast gesagt, es genüge, daß nur einer von uns gehe, und nun sprichst du plötzlich vom Mitnehmen! Nein, ich will meiner Hanneh, der unvergleichlichsten Frau unter den Weibern des Erdenkreises, erzählen dürfen, daß ich auch einmal etwas ganz allein ausgeführt habe. Darf ich gehen oder nicht, und zwar allein?“ – „Du zwingst mich, ja zu sagen, und so mag das Wagnis denn unternommen sein!“ – „Es ist kein Wagnis!“ – „Doch! Gerade der Umstand, daß du es für kein Wagnis hältst, sollte mich bestimmen, dir die Erlaubnis zu versagen. Du sollst aber dennoch gehen, nachdem wir unsere Vorbereitungen getroffen haben.“ – „Vorbereitungen?“ fragte er verwundert. – „Ja.“ – „Warum, wozu?“ – „Um Unvorsichtigkeiten und Irrtümern zu begegnen. Du nimmst nur dein Messer mit und läßt die anderen Waffen und auch die Peitsche hier, welche leicht größeres Unheil anzurichten vermag als Pulver und Blei.“ – „Sihdi, was tust du mir an!“ – „Nichts, gar nichts.“ – „Doch, viel, sehr viel! Wenn ich in die Lage komme, mich wehren zu müssen, so brauche ich doch Waffen!“ – „Du sollst eben vermeiden, in diese Lage zu kommen. Du hast gesagt, daß du nur hingehen und dann gleich wieder zurückkehren willst; dazu brauchst du keine Schußwaffen und auch keine Peitsche. Um aber in einem unvorhergesehenen und außerordentlich dringlichen Fall zur Abwehr geschickt zu sein, darfst du dein Messer mitnehmen, das ist genug.“ – „Genug! Wenn vielleicht zwanzig oder dreißig Kerle auf mich einspringen!“ lamentierte er. – „Das darf nicht geschehen!“ – „Wenn es aber doch geschieht?“ – „Gut! Ich sehe ein, daß ich dich nicht gehen lassen darf, da du schon jetzt, ehe du noch einen Schritt getan hast, von zwanzig oder dreißig Personen sprichst, mit denen du dich herumbalgen willst!“ – „Halt! Sei still! Ich füge mich! Ich lasse sogar das Messer hier, wenn du dies von mir verlangst!“ – „Du magst es behalten. Und sodann wollen wir uns nach einem Ort für unsere Pferde umsehen.“ – „Warum?“ – „Damit sie niemand findet, wenn nach uns gesucht wird.“ – „Du bleibst doch hier bei ihnen!“ – „So sollte es eigentlich sein, aber es liegt die Ahnung in mir, daß ich sie verlassen muß, um mich nach dir umzuschauen." – „Diese Ahnung trügt dich, Sihdi!" – „Wollen es hoffen! Ich bin aber vorsichtig, obgleich du mir diese Eigenschaft zum Vorwurf machst, und bedenke jeden möglichen Fall. Wenn dir etwas Unerwartetes geschieht, was dich verhindert, zurückzukehren, muß ich mich um dich kümmern ..." – „Das hast du nicht nötig!" fiel er ein. – „Warte es ab! Und wenn ich in diesem Fall die Pferde verlassen muß, müssen sie sich an einem Ort befinden, wo sie wenigstens nicht schon von weitem zu entdecken sind." – „Ich will nicht mit dir streiten, denn ich sehe ein, daß es doch nutzlos sein würde. Was du einmal willst, das tust du auch!" – „Leider nicht! Ich wollte dich nicht fortlassen, und nun gehst du doch!" – „Darüber freue ich mich! Aber wie sollen wir bei dieser Dunkelheit nach einem Ort suchen, an welchem wir sie verstecken können?" – „Ich weiß schon einen." – „Wo?" – „Die letzte, tiefe Rinne, über welche wir quer geritten sind. Wenn sie sich da unten befinden, können sie selbst am Tage nur dann entdeckt werden, wenn ein ungünstiger Zufall jemanden in die Nähe führt. Dorthin kehren wir zurück. Komm!"

Wir lenkten um und hatten ungefähr fünf Minuten zu reiten, bis wir die betreffende Vertiefung erreichten. Der Schein der Sterne hatte sie uns vorhin deutlich gezeigt, und er war uns auch behilflich, jetzt wieder bequem hinabzukommen. Als Halef alles, was er nicht mitnehmen sollte, da niedergelegt hatte, stiegen wir wieder hinauf. Der Schein des Feuer war auch von hier aus zu erkennen, aber nur, weil wir schon von ihm wußten.

„Du wirst vielleicht eine halbe Stunde brauchen, um hinzukommen", sagte ich; „auf dem Rückweg kannst du schneller sein. Ich rechne also anderthalb Stunden, aber allerhöchstens! Hörst du es? Wir müssen noch vor der Ankunft der Perser bei den Ruinen sein, und so ist diese Zeit eine wahre Ewigkeit. Mehr kann ich dir nicht geben." – „Ich brauche nicht so viel." – „Doch! Du mußt beim Anschleichen vorsichtig sein; das erfordert Zeit. Und eine Weile mußt du doch dort bleiben, wenn ich dir auch geradezu verbiete, so weit an die Leute heranzugehen, daß du sie belauschen kannst. Das ist für dich allein zu gefährlich!" – „Warum für mich? Ich bin überzeugt, daß ich es ebensogut mache wie du." – „Höre, veranlasse mich nicht noch im letzten Augenblick, dich zurückzuhalten! Du kennst meine Bedenken und zeigst mir dennoch ein Selbstvertrauen, welches mich wieder wankend macht!" – „O Sihdi, wie ist es doch so schwer, mit dir zu verkehren! Was wirst du noch alles von mir verlangen!" – „Gar nicht viel. Versprichst du mir, so vorsichtig zu sein, wie ich es wünsche?" – „Ja." – „Nur so weit an die Leute heranzugehen, daß du sie zählen kannst?" – „Ja." – „Sie nicht etwa zu belauschen?" – „Ja." – „Dann sofort zurückzukommen?" – „Ja." – „Dich auf keinen Kampf und Streit einzulassen, sondern sofort zu fliehen, falls man dich bemerken sollte?" – „Ja." – „Wirst du diese Stelle hier schnell wiederfinden?" – „Effendi, ich habe bereits gesagt, daß ich kein Knabe bin! Hoffentlich kann ich nun gehen?" – „Das kannst du. Vorher aber will ich dir noch kurz folgendes sagen. Du hast mich förmlich gezwungen, dir diese Kundschaft anzuvertrauen; ich tue es ungern, weil mir nichts Gutes ahnt und wir gerade jetzt eine höchst wichtige Angelegenheit auszuführen haben. Wenn du dich nicht in acht nimmst und durch deine Schuld in eine üble Lage gerätst, welche die Ausführung deiner Absichten verzögert oder gar unmöglich macht, so hast du dich für immer um mein Vertrauen gebracht, und ich übertrage dir niemals wieder eine Aufgabe, wie die gegenwärtige ist!" – „Sihdi, was mußt du von mir denken, daß du in dieser Weise zu mir sprechen kannst! Wenn das Hanneh gehört hätte, die Perle aller Kostbarkeiten der Erde und des Meeres, so mußte sie mich für einen Taugenichts halten, obwohl sie überzeugt ist, daß ich nicht weniger leiste, als jeder Mensch und Held zu leisten vermag. Ich entferne mich jetzt und kehre sicher glücklich wieder. Allah sei mit dir!" – „Ich wünsche, daß er lieber mit dir gehe!" antwortete ich; dann hörte ich seine Schritte schon nicht mehr.

Es gibt Dummheiten, welche der Mensch erst später und auch solche, die er sofort einsieht. Zu der letzteren Art gehörte diejenige, welche ich jetzt begangen hatte. Kaum war Halef verschwunden, so hätte ich ihn zurückholen mögen, und es wäre gut für ihn und mich gewesen, wenn ich dies getan hätte. Aber ich hatte ihn zu lieb, als daß ich ihm diese Kränkung hätte antun mögen, welche um so größer gewesen wäre, als er den Kundschafterweg schon angetreten hatte. Ich stieg wieder in die Vertiefung hinab und setzte mich bei den Pferden nieder.

Hat man etwas getan, was man lieber hätte unterlassen sollen, so gibt das ein Gefühl des Unbehagens, welches nicht nur die Seele belastet, sondern auch den Körper ergreift; so wenigstens ist es mir. Indem ich jetzt so still auf dem Grund der Rinne saß, war es mir, als ob ich etwas Schädliches gegessen hätte. Ich kenne Leute, welche behaupten, daß die Seele des Menschen dem Körper beim Tod in der Gegend des Plexus solaris verlasse und daß dieser Plexus überhaupt in inniger Beziehung zu dem Seelenleben stehe. Ich habe weder Gelegenheit noch Zeit gefunden, mich mit irgend jemandem eines Plexus wegen herumzustreiten; aber das muß ich als ehrlicher Mann zugeben, daß ich jenes unangenehme Gefühl, welches die Folge jeder begangenen Unklugheit ist, stets an derjenigen Körperstelle empfinde, welche der Sitz meines Plexus solaris ist. Er gab mir auch jetzt seine Unzufriedenheit kund, und es war mir leider nicht möglich, ihm zu beweisen, daß er unrecht habe. Ich war, mit einem Wort, mit mir selbst höchst unzufrieden.

Ich saß eine viertel, eine halbe, eine ganze Stunde.

Dann stieg ich wieder hinauf und setzte mich oben nieder. Das Feuer brannte noch, denn ich erkannte den Schein. Wäre Halef entdeckt worden, so hätte man es wahrscheinlich ausgelöscht. Dieser Gedanke beruhigte mich. Aber es verging wieder eine halbe Stunde und dann noch eine viertel Stunde, ohne daß er zurückkehrte. Hatte er etwa seine Beobachtungen glücklich gemacht und dann aber die Stelle, an welcher ich ihn erwartete, nicht wiedergefunden? Ich wußte doch, daß er einen ganz guten Ortssinn besaß!

Als abermals eine halbe Stunde verstrichen war, wurde mir bange um ihn, und ich hielt es für meine Pflicht, mich nach ihm umzusehen. Es blieb mir nichts anderes übrig, als nach dem Feuer zu gehen. Ihn anderswo zu suchen, oder gar nach ihm zu rufen, wäre eine Fortsetzung des bereits begangenen Fehlers gewesen. Freilich mußte die Vorsicht, mit welcher ich nun zu verfahren hatte, womöglich eine noch größere sein, als diejenige, die ich ihm angeraten hatte, denn wenn er entdeckt oder gar ergriffen worden war, und zwar wahrscheinlicherweise von den Leuten des Säfir, unter denen es welche gab, die ihn kannten, so mußten diese sich sagen, daß ich wohl auch in der Nähe sei, was sie dann jedenfalls veranlaßte, auch nach mir zu forschen.

Vor allen Dingen mußte ich, soweit dies unter den gegenwärtigen Umständen möglich war, für die Sicherheit unserer Pferde sorgen. Es war zwar anzunehmen, daß sie während der Nacht nicht entdeckt würden, aber es lag im Bereich der Möglichkeit, daß ich durch irgendeinen Umstand bis zum Tag ferngehalten wurde, und dann konnte es leicht um die kostbaren Tiere geschehen sein, und nicht bloß um sie, sondern auch noch um unsere Waffen. Denn daß ich die meinigen jetzt nicht mitnehmen würde, das verstand sich ganz von selbst. War meinem Halef ein Unglück widerfahren, so ging ich jetzt Ungewißheiten entgegen, denen ich meine beste Habe nicht aussetzen durfte. Bei dem großen Wert, den die Tiere und die Gegenstände für uns besaßen, würde mich, so glaubte ich, nichts, aber auch gar nichts, abhalten können, zur rechten Zeit wieder hier zu sein. Ich stieg also wieder hinunter, wickelte alles, was ich nicht mitnehmen wollte, fest in unsere Decken, band die Pferde an die Riemenpflöcke, welche ich fest in die Erde schlug, und behielt nur mein Messer im Gürtel stecken. Nachdem ich die Hengste liebkost und ihnen das bekannte „Schusch!“ – Sei still! – zugerufen hatte, konnte ich überzeugt sein, daß sie sich bis zu unserer Rückkehr ganz ruhig verhalten, gegen jeden Fremden aber mit Zähnen und Hufen verteidigen würden; dann machte ich mich auf den Weg, welcher, wie ich mir sagen mußte, ein für mich höchst gefährlicher werden konnte.

Eigentlich war es mir unmöglich, mit Bestimmtheit sagen zu können, was für Leute sich dort an dem Feuer befanden, aber es gibt Gedanken, welche, wenn sie kommen, sofort in der Weise überzeugend wirken, daß ein Zweifel an ihrer Richtigkeit gar nicht erst entstehen kann. Mag man sie Eingebungen oder sonstwie nennen, sie werden dem Menschen wie Depeschen über vollendete und nicht anzuzweifelnde Tatsachen übermittelt und von ihm als Wahrheiten aufgenommen und festgehalten. Ich habe das sehr oft an mir selbst erlebt und bin von dem Glauben, den ich solchen, sagen wir einmal Inspirationen, entgegenbrachte, niemals getäuscht worden. So nahm ich auch jetzt so fest, als ob ich die Beweise darüber in den Händen hätte, an, daß ich es mit dem Versteck des Säfir zu tun hatte und wenn auch nicht gerade persönlich ihn, so doch Kumpane von ihm zu sehen bekommen würde. Ich hatte die volle Überzeugung einer vor mir liegenden Gefahr und nahm aber mit ganz derselben Selbstverständlichkeit an, daß sie mich zwar fassen, aber nicht überwältigen könne. Dies war auch der in mir liegende Grund gewesen, daß ich mich von den für uns doch unersetzlichen Pferden und Gewehren mit so verhältnismäßig geringer Besorgnis getrennt hatte.

Der Feuerschein wurde um so heller, je mehr ich mich ihm näherte. Ich bewegte mich in gerader Linie auf ihn zu und hätte Halef unbedingt sehen müssen, wenn er sich auf dem ebenso geraden Rückweg zu mir befunden hätte. Ich ging gebückt und trat so leise wie möglich auf; dabei lauschte ich aufmerksam nach rechts und links, um seine Schritte zu hören, falls er sich doch unterwegs befände und nur von der direkten Richtung abgewichen wäre; diese Aufmerksamkeit blieb jedoch ohne Resultat.

Als ich noch ungefähr hundert Schritt zu gehen hatte, legte ich mich nieder und kroch weiter, doch nach der Seite ab, weil mir die

Vorsicht gebot, nicht unmittelbar am Ziel anzukommen; ich mußte es zunächst von einer Stelle aus in Augenschein nehmen, welche mir die möglichste persönliche Sicherheit bot. Am hohen Ufer angekommen, sah ich die Wasser des Stroms unter mir und hörte ihr leises, von keinem stärkeren Akzent unterbrochenes Rauschen.

Sonderbar! Besorgt um den Freund war ich hierhergekommen, um nach ihm zu suchen, und doch richtete sich meine Aufmerksamkeit zunächst nicht dorthin, wo ich nach ihm zu forschen hatte, nämlich nach dem Feuer, sondern auf die von links herbeiströmenden Fluten, deren nachtdunkle Fläche wie mit einem weichen, phosphoreszierenden, sich immerfort bewegenden Filigrannetz überzogen war. Dieses geheimnisvolle „Finsterleuchten" zog meine Blicke an und hielt sie eine ganze Weile fest.

Das war nicht der Euphrat, den wir am Tag gesehen hatten und über den wir vor kurzem geschwommen waren, sondern ein geheimnisvolles, lebendes, schlangengleiches Wesen, welches, aus dem Paradies vertrieben, seinen unartikulierten, endlosen Leib in stummer Pein hier vorüberwand, ein nie versiegender Hinweis auf die unerbittliche Gerechtigkeit dessen, der sich nicht spotten läßt. Hier an diesem Fluß hatte sich einst das Gericht vollzogen, von welchem der Psalmist sagt – Psalm 137 –: „An den Flüssen Babylons, dort saßen wir und weinten, wenn wir Sions gedachten. An den Weiden, die drinnen sind, hingen wir unsere Harfen auf; denn die uns gefangen wegführten, und die uns wegnahmen, forderten da von uns Lieder. Wie aber sollten wir singen den Gesang des Herrn im fremden Lande!" Vielleicht hatten da, wo ich jetzt lag, auch solche Klagenden gesessen und sehnsüchtig hinabgeschaut in die Fluten, die von den Höhen kamen, über welche der Weg nach Palästina führte. Und wenn sie hier in der Einsamkeit mit ihren Klagen geendet hatten, so stiegen sie in die Binsenfähre, um hinüberzusetzen an das linke Ufer, an welchem ihre niedrigen Ziegel- oder Erdhütten lagen.

Das war noch ganz derselbe damalige Fluß, und rechts von mir, unten im Wasser, lag eine Binsenfähre von genau derselben Form, welche diese Fahrzeuge zu jener Zeit schon hatten, rund und niedrig ausgebaucht, wie eine große, leicht schwimmende Wasserschüssel.

Diese Fähre war halb von dem dichten Tamariskengestrüpp verdeckt, welches sich in fast undurchdringlicher Üppigkeit längs des Ufers hinzog. Es war nur eine einzige, vom Gebüsch befreite, freie Stelle zu sehen; dort brannte das Feuer, an welchem ich nur einen einzigen Mann bemerkte. Ein zweiter saß ganz am Wasser, demselben zugewendet und regungslos; er angelte.

Das gab ein friedliches Bild; wo war da die Spur von einer Gefahr für mich zu sehen! Befand ich mich an dem gesuchten Versteck, von dem man glaubte, daß die Geister der Erschlagenen des Nachts ihr Wesen trieben? Oder waren diese beiden Männer nur Fischer, welche jetzt in der Dunkelheit und Kühle einen Fang machen wollten, um ihn dann am Morgen in Hilleh zu verkaufen? Es widerstrebte mir, sie für so unschädlich zu halten, wie sie aussahen. In einem solchen, sich gern um seine eigene Achse drehenden Binsenfahrzeug zwei volle Stunden weit stromaufwärts rudern, ist keine Arbeit, die man wegen eines Fischfangs unternimmt, von dem man nicht einmal sagen kann, ob er ein Ergebnis haben wird. Zudem war es gerade diese Friedlichkeit der Situation, welche mich in meinem Argwohn bestärkte; sie kam mir so gemacht, so künstlich vor. Ich sagte mir, daß – wie man sich auszudrücken pflegt – etwas dahinterstecke, und hätte diese beiden Männer ihre Rolle ruhig und ungestört weiterspielen lassen, wenn ich aus irgendeinem anderen Grund und nicht Halefs wegen hergekommen wäre. Ich mußte wissen, warum er nicht zurückgekommen war und konnte das nur hier erfahren. Wer weiß, was man ihm angetan, mit ihm begonnen hatte! Es konnte jede Minute kostbar sein, und so durfte ich nicht hier liegenbleiben und untätig abwarten, ob ein Fisch anbeißen werde oder nicht. Ich mußte etwas tun, aber was?

Ich glaubte, zunächst erfahren zu müssen, ob diese zwei Personen sich wirklich so allein, wie es den Anschein haben sollte, hier befanden, und beschloß also, längs des hohen Uferrandes hinzukriechen, um zu entdecken, ob wohl jemand unten in dem Buschwerk stecke. Ich schob mich demnach sehr langsam und vorsichtig an der erwähnten Richtung an der Erde hin.

Es verging wohl über eine Viertelstunde, bis ich die hier oben vollständig kahle Strecke so weit, wie unten das Gebüsch reichte, abgekrochen hatte. Da lag ich nun wieder und überlegte. Ich hatte trotz meiner scharfen Augen und Ohren nichts gesehen und nichts gehört. Wenn sich jemand hier versteckt hatte und gegen mich im Hinterhalt lag, so konnte das nur unten im Gestrüpp sein, ich mußte also hinunter; aber das war ebenso schwer wie gefährlich – schwer, weil der obere Teil der Böschung aus tiefem, lockerem Sand bestand, mit dem ich wahrscheinlich hinunterrutschte, weil er mich nicht tragen konnte, und gefährlich, weil ich von jedem, der da unten steckte, gesehen werden mußte, wenn ich von oben abwärts kam. Es gab freilich noch eine andere Art und Weise, meinen Zweck zu erreichen, wenn ich nämlich meinen Weg noch weiter fortsetzte, dann das Wasser aufsuchte und nachher an demselben wieder aufwärts schlich; so vermied ich es, von der Böschung zu kommen, wurde vom Schein des Feuers nicht getroffen und konnte also nicht gesehen werden. Aber das erforderte mehr Zeit, als ich meiner Ansicht nach zu diesen nebensächlichen oder gar überflüssigen Vorbereitungen verwenden durfte. Vielleicht kam ich doch auch gleich hier unbemerkt hinab, und vielleicht hatte die Sandböschung doch mehr Halt, als ich dachte, denn es gab verschiedene dunklere Punkte in derselben, welche ich für Steine oder sonstige festere Stellen nahm, deren Färbung sich von der helleren des Sandes abhob. Gerade vor mir, ganz in der Nähe, gab es zwei solche Stellen und seitwärts wieder drei. Aber wenn ich die Nebenumstände in Erwägung zog, war es doch besser, wenn ich mich zu dem erwähnten Umweg entschloß, und so kroch ich denn langsam weiter.

Durch diese Bewegung geschah es, daß ich die zwei mir vorhin nahe liegenden Punkte in einigen Augenblicken erreichte. Ich wollte an ihnen vorüber, hielt aber still, denn sie bewegten sich! Kamen diese Steine etwa durch den von mir verursachten Druck mit dem Böschungssand ins Rollen? Nein, es waren keine Steine, sondern vier Arme fuhren aus dem Sand, ebensoviele Hände klammerten sich um meinen Hals und meine Oberarme, und eine Stimme rief:

„Lahaun, lahaun, ia ridschal – hierher, hierher, ihr Männer! Wir haben ihn; haltet ihn fest, sehr fest!"

Man glaube nicht, daß ich erschrocken sei, ich war solche Überraschungen gewohnt; aber diese hier kam so schnell über mich, daß ich keine einzige Sekunde zur Gegenwehr bekam. An Hals und Armen festgehalten, wollte ich mich aufschnellen, es gelang mir auch, mich von dem einen loszureißen; ich kam halb empor und wollte nach dem anderen fassen, da aber warf mir der erstere zwei Hände voll Sand in das Gesicht, eine Unzahl dieser Körnchen drang mir in die Augen, meine Hände wurden dadurch natürlich von dem Feind ab und nach den gefährdeten Augen gelenkt, und dadurch ging mir der erlangte Vorteil sofort wieder verloren. Das Sehvermögen war mir genommen und damit auch die Möglichkeit, mich meinen Gegnern zu entziehen; es kamen mehrere dazu; ich hörte wohl zehn, zwölf verschiedene Stimmen durcheinanderschreien. Ich wurde am ganzen Körper gepackt, wieder niedergerissen, gebunden und erst die Böschung hinab und dann durch das Gebüsch geschleift, bis man mich am Feuer lang auf die Erde warf.

3. Kapitel

Osman Pascha

Lieber Leser, hast du vielleicht einmal die Augen so voller Sand gehabt, daß auch nicht ein einziges Körnchen mehr Platz gefunden hätte? Nein? Ich auch nicht alle Tage, dafür aber damals so gründlich wie nur möglich. Ich will nicht behaupten, daß dadurch ein gefährlicher Zustand hervorgerufen werde, aber unangenehm, höchst unangenehm ist er auf alle Fälle. Und wenn man dazu gefesselt ist, so daß man den geblendeten Augen nicht mit den Händen zu Hilfe kommen kann, und sich von Menschen umgeben weiß, denen alles andere, nur nichts Gutes, ja sogar das Schlimmste zuzutrauen ist, so ist das nichts weniger als eine Erleichterung zu nennen.

Wie ich mich zu verhalten hatte, darüber brauchte ich nicht erst lange nachzudenken. Ich hatte ruhig zu bleiben und nichts zu sagen, sondern nur auf das zu achten, was gesprochen wurde. Was meine Augen betraf, so mußte ich es der augenblicklich höchst energischen Tätigkeit der Tränendrüsen überlassen, sie nach und nach von dem Sand zu befreien. Wenn das geschehen war und ich wieder sehen konnte, dann mußte es sich finden, was ich weiter zu tun hatte. Zunächst durfte ich mir sagen, daß ich mich sehr wahrscheinlich ganz in der Nähe meines lieben Halef befand, was aber keineswegs eine wohltuende Beruhigung für mich war, da ich aus Erfahrung wußte, daß es leichter ist, sich selbst allein, als außerdem auch noch einen zweiten aus einer solchen Lage, wie unsere jetzige war, zu befreien.

Während mir die sandigen Tränen immerfort über die Wangen rannen, verfolgte ich mit größer Aufmerksamkeit, was um mich her gesprochen wurde. Es entging mir kein einziges Wort, denn es fiel keinem Menschen ein, so leise zu sprechen, daß ich es nicht gehört hätte.

„Welch ein Fang!“ sagte einer, den ich an seiner Stimme als den Pädär-i-Baharat erkannte. Noch heute sind wir ihnen begegnet und mußten glauben, daß sie nach Bagdad wollten; wir gaben unsere Rache schon verloren, da sind sie uns in die Hände gelaufen!“ – „Allah hat uns lieb; ihm sei Dank und Preis gesagt!“ fügte ein anderer bei, das war Aftab, der Begleiter des Pädär. „Der Hund rührt und bewegt sich nicht; er wird doch nicht etwa tot sein?" – „Tot? Wovon? Ihr habt ihn hierhergeschleift; dabei ist sein Kopf über die Erde gestreift; da ist er trotz der Weichheit des Sandes ohnmächtig geworden. Diese christlichen Schufte sind nur mit dem Mund stark, sonst aber können sie nichts vertragen. Wir warten, bis er wieder zu sich kommt; dann muß er gestehen, was sie hier zu suchen hatten." – „Sie haben nichts, gar nichts gewollt", sagte ein dritter, dessen Stimme mir ihn als den Wirt aus Hilleh verriet. „Nur der Zufall kann sie hierher geführt haben, denn es ist ganz unmöglich, daß sie etwas von diesem Versteck und von unseren Plänen wissen." – „Ja, unmöglich!" gab der Pädär zu. „Nur aus diesem Grund war trotz aller Drohungen aus diesem verfluchten Scheich der Haddedihn kein Wort herauszubringen. Holt ihn aus der Fähre; bringt ihn her! Er soll die Freude haben, seinen berühmten und geliebten Emir aus Dschermanistan auch in unseren Händen zu sehen."

Ich hörte, daß einige fortgingen; dann ließ sich einer, der noch nicht gesprochen hatte, vernehmen:

„Ich erwarte, daß nun die Strafe beginnt, welcher diese Halunken durch ihre Flucht aus der Mehkeme entgangen sind. Sie müssen wenigstens totgeprügelt werden!"

Das war der Ghasaibeduine, welcher sich für einen Solaib ausgegeben hatte. Es waren also fast alle unsere hiesigen lieben Freunde und Bekannten beisammen.

„Trage nur darum keine Sorge!" beruhigte ihn der Pädär. „Sie werden totgepeitscht, und zwar so langsam, daß sie Monate darüber zubringen. Ich würde sofort damit beginnen, aber du weißt ja, wie außerordentlich streng der Säfir in solchen Dingen ist. Er duldet keine Eigenmächtigkeit und beantwortet jede Übertretung unserer Gesetze mit dem Tod des Betreffenden." – „Er treibt die Strenge zu weit!" – „Nein, denn nur durch sie können Zucht und Ordnung erhalten werden. Jeder andere Verein hat die Möglichkeit, den Ungehorsam mit der Ausstoßung zu ahnden; uns aber ist das versagt, weil der Ausgestoßene uns verraten würde; nur der Tod gibt Sicherheit. Wir dürfen den beiden Gefangenen nicht einmal die Taschen untersuchen, weil die Hand des Säfir die erste ist, welche hineinzugreifen hat. Es genügt zu wissen, daß sie keine Waffen als nur ihre Messer bei sich trugen, und die haben wird."

Wie außerordentlich lieb mir das war! Sie hätten bei genauer Durchsuchung die Ringe der Sillan gefunden, die wir ihm und seinen Begleitern abgenommen hatten.

„Wird der Säfir sie nicht etwa leichter bestrafen, als wir wünschen?“ fragte der Ghasai. – „Gewiß nicht! Er hat, wie ihr erzähltet, selbst mit ihnen abzurechnen, und ich bekomme eine der ersten, vielleicht die wichtigste Stimme, wenn wir über sie zu Gericht sitzen werden, das genügt vollständig. Du hast dich vorhin über die Strenge unserer Gesetze beklagt, und zwar mit Unrecht, denn sie kommt deinem Wunsch entgegen, indem sie unbedingt den Tod dieser Männer fordert. Nur die Art und Weise dieses Todes unterliegt noch dem Beschluß. Jetzt still! Sie bringen den Kleinen. Ich werde jetzt von ihm zu erfahren suchen, wo die Pferde und ihre anderen Sachen stecken.“

Der Hadschi wurde gebracht und neben mich gelegt; er war auch gefesselt, vielleicht sogar geknebelt, um nicht sprechen oder gar rufen zu können, falls ihm der Gedanke kommen sollte, mich zu warnen.

„Bindet ihm den Mund auf, damit er meine Fragen beantworten kann!“ befahl der Pädär.

Als man dieser Weisung Folge geleistet hatte, sagte er in höhnischem Ton zu dem Hadschi:

„Du siehst, daß ich recht hatte; da liegt er; wir haben ihn!“ – „Ist er tot?“ fragte Halef besorgt. – „Nein. Es ist ihm nur die Besinnung abhanden gekommen. Sobald er wieder bei sich ist, werdet ihr Hiebe erhalten, die bis auf die Knochen gehen!“ – „Das freut mich ja ungeheuer!“ antwortete Halef lachend. „Es ist eine lobenswerte Einrichtung bei euch, daß diese Hiebe auf euch zurückfallen werden!“ – „Du bist wohl nicht bei Sinnen?“ – „Oh, ich habe sie alle beisammen! Ihr hattet mir zwar den Mund, nicht aber die Ohren zugebunden, und da ihr so klug gewesen seid, laut genug zu sprechen, so habe ich alles gehört. Ihr dürft uns ja ohne den Säfir nicht einmal in die Taschen greifen, viel weniger also prügeln!“

„Hund! Ich werde dir beweisen, daß wir dich prügeln, daß das Blut zur Erde läuft, wenn du die Fragen, welche ich an dich richte, nicht augenblicklich beantwortest. Also höre, was ich wissen will! Warum seid ihr nicht nach Bagdad geritten?“ – „Weil wir gar nicht dorthin wollten.“ – „Wohin denn?“ – „Nach Burdsch Awaineh.“ – „Das liegt doch im Süden der Ruinen; ihr aber rittet nördlich auf Bagdad zu. Du sagst also einen Widerspruch!“ – „Allah behüte deinen Verstand! Du scheinst zu den unglücklichen Menschen zu gehören, deren Gehirn in Unordnung geraten ist und die darum gerade in der besten Zusammenstimmung den ärgsten Widerspruch entdecken.“ – „Die Unordnung liegt in deinem, aber nicht in meinem Gehirn. Ich verlange die Erklärung!“

Ich gestehe, daß ich höchst neugierig auf diese Erklärung war. Ich kannte meinen kleinen Hadschi; er war in seinen Taten schnell und unbedachtsam, sonst aber außerordentlich schlau; in Worten überlisten ließ er sich fast niemals. Wie er gerade auf die Ruine Burdsch Awaineh zu sprechen gekommen war, das bildete für mich ein Rätsel; aber daß er sich ganz gut herausreden und dabei nicht das geringste verraten werde, davon war ich überzeugt. Er antwortete:

„Da du die Ordnung meines Verstandes bezweifelst, werde ich dir beweisen, daß weder an ihm noch an ihr etwas zu tadeln ist. Mein Effendi gehört zu den höchst wichtigen und gelehrten Herren, welche gern alte Ruinen untersuchen, um die Denkmäler früherer Zeiten auszugraben. Er kam mit mir hierher, um dies hier auch zu tun. Wir wollten zu diesem Zweck nach Burdsch Awaineh, wurden aber leider am Birs Nimrud festgenommen und nach Hilleh geschafft. Von dort sind wir zwar entflohen, aber das Nachgraben in Burdsch Awaineh hat mein Effendi trotzdem nicht aufgegeben. Wir stellten uns darum, als ob wir nach Bagdad wollten, ritten aber bloß bis zum Khan Nasrijeh. Zurück nach Hilleh und über die dortige Brücke durften wir natürlich nicht; darum wendeten wir uns dem Euphrat zu, durchschwammen ihn und legten uns dann nieder, um zu schlafen. Bevor wir die Augen schlossen, sahen wir den Schein dieses Feuers, und ich ging, um nachzusehen, wer es angezündet habe. Als ich oben angekommen war, fuhr der lose Sand mit mir herunter und ich mitten unter euch hinein. Ich wurde gefangengenommen und nicht wieder fortgelassen. Die Strahlen deiner unübertrefflichen Weisheit werden dir erklären, daß mein Effendi neugierig gewesen ist, warum ich nicht zu ihm zurückgekehrt bin; er ist gegangen, um nachzusehen, und hat bei auch denselben Empfang wie ich gefunden. Nun sage mir, ob in meinem Gehirn oder in dem, was wir taten, ein Widerspruch zu finden ist!"

Er hatte das in einem so fließenden Ton der Unbefangenheit und Selbstverständlichkeit erzählt, daß es mich gar nicht wundernahm, als der Pädär erwiderte:

„So ist euer Hiersein zur Genüge erklärt. Wo ist die Stelle, an welcher ihr schlafen wolltet? Wir werden eure Pferde holen." – „Unsere Pferde? Die sind nicht dort." – „Nicht?" klang die erstaunte Frage. – „Nein." – „Wo befinden sie sich?" – „Im Khan Nasrijeh natürlich, wo wir sie in Aufbewahrung gegeben haben." – „Und eure Waffen?" – „Die sind auch dort. Das ist doch ganz selbstverständlich!" – „Selbstverständlich? Ich begreife es nicht!" – „Nicht?

Wirklich nicht? So ist es also doch dein Gehirn und nicht das meinige, welches in Unordnung geraten ist! Wir sind hier unschuldig überfallen und nach der Mehkeme geschafft worden, wir haben fliehen müssen, man verfolgt und sucht uns; wir haben über den Euphrat schwimmen müssen, dessen Wasser unser Eigentum beschädigt oder ganz verdorben hätte. Und bei all diesen vielen Gründen und Erklärungen findest du es unbegreiflich, daß wir nichts mitgenommen haben?!" – „Du wirst und mußt aber doch zugeben, daß ihr das alles in Burdsch Awaineh gebraucht hättet!" – „Natürlich brauchen wir es, und wir bekommen es auch. Wir erwarten nämlich noch einen zweiten Effendi, welcher mit mehreren Dienern und Begleitern in zwei Tagen nachkommt. Dieser kehrt im Khan Nasrijeh ein, bekommt vom Khandschi alle unsere Sachen und wird sie uns mitbringen, ohne daß sie im Euphrat durchnäßt werden oder in Hilleh Gefahr laufen, von dem Sandschaki als unser Eigentum weggenommen zu werden. Wenn du nun noch etwas unbegreiflich findest, so sage es! Ich bin bereit, mich auch noch weiter der sehr beeinträchtigten Klarheit deines Verstandes anzunehmen."

Ich muß sagen, daß ich mich über meinen kleinen, pfiffigen Hadschi freute. Die von ihm angegebenen Erklärungen und Gründe waren, besonders auch infolge der Art und Weise, wie er sie vorgebracht hatte, so vortrefflich, daß er seine Sache gar nicht besser hätte machen können. Der Pädär schien vollständig überzeugt zu sein, daß ihm die Wahrheit gesagt worden sei, denn er versetzte:

„Über die Beleidigungen meines Verstandes werde ich später mit dir abrechnen, denn in diesem Augenblick bin ich zur Milde geneigt, weil du meinem Befehl Folge geleistet und mir die geforderte Auskunft gegeben hast. Darum will ich dir auch als Belohnung deiner Fügsamkeit sagen, daß alle eure im Khan Nasrijeh angewendete Vorsicht vergeblich gewesen ist, denn wir werden doch alles bekommen, was ihr dort in Verwahrung gegeben habt." – „Hast du vielleicht die Absicht, mich zum Lachen zu bringen?" fragte Halef. „Bilde dir ja nichts über meine Fügsamkeit ein! Alles was ich tue oder sage, das sage und tue ich nur, weil es mir gefällt, nicht aber aus Gehorsam gegen dich oder einen anderen Menschen. Und der Effendi, den wir erwarten, wird sich hüten, sich auf irgendeine Weise das ablocken zu lassen, was er uns in Burdsch Awaineh zu übergeben hat!" – „Du redest wie ein unerfahrener, blinder Knabe, welcher nicht sieht, was vor ihm liegt. Ihr werdet ja gar nicht nach Burdsch Awaineh kommen, sondern wir werden uns dort befinden und ihn in einer Weise empfangen, daß er niemals daran denken wird, die rechtgläubigen Bewohner dieser Gegend durch seine ungläubige Gegenwart zu beleidigen. Pferde und Waffen, wie die eurigen sind, läßt man sich nicht entgehen, wenn man sie einmal gesehen hat." – „So hätte ich dich also zu der Sorte von Menschen zu rechnen, welche man Diebe oder gar Räuber nennt?" – „Ja, tue das; tue es getrost!" lachte der Pädär. „Du hast überhaupt gar keine Ahnung von unseren – ah, schaut, der Christ bewegt sich! Seine verlorene Seele scheint zurückgekehrt zu sein, um von uns zu erfahren, daß wir sie zur Hölle senden werden."

Meine Augen waren zwar noch nicht ganz vom Sand frei, aber ich konnte sie doch wenigstens für kurze Augenblicke öffnen und hielt es darum für an der Zeit, ein Lebenszeichen zu geben. Als er dies bemerkte, schürte er das Feuer heller, um mein Gesicht ganz deutlich sehen zu können, und sprach mich höhnisch an:

„Sei gegrüßt, o tapferer Held der Ziegelsteine, nach denen ihr in Burdsch Awaineh graben wollt! Dein Erwachen gibt meiner Seele Trost und lindert mir den Schmerz, den ich empfand, als ich dich für tot hier liegen sah. Ich bin voller Begierde, euch hier am Euphrat die Freundschaft zu vergelten, die ihr uns am Tigris erwiesen habt. Es wird mir eine Wonne sein, mit der Peitsche in die Tiefen deines Körpers einzudringen und das Geheul der Angst und des Schmerzes zu vernehmen, mit welchem ihr zur Hölle fahren werdet!"

Hierauf zu schweigen, hätte als ein Zeichen der Furcht gelten können, darum antwortete ich zunächst mit einem kurzen verächtlichen Lachen.

„Lache nicht, Hund!" fuhr er zornig auf. „Du scheinst noch nicht zu wissen, wo und bei wem du dich befindest. Öffne deine Augen, und schau mich an! Kennst du mich?"

Ich warf ihm einen Blick zu und lachte wieder.

„Allah vernichte dich! Du hast mich erkannt und lachst dennoch abermals! Ich sage dir, daß diese deine erzwungene Lustigkeit sich sehr bald in das Gejammer der Verzweiflung verwandeln wird! Du hast keine Ahnung von dem Schicksal, welches dich erwartet!" – „Mein Schicksal kenne ich freilich nicht, denn das steht in Allahs Hand; dafür aber kenne ich das deinige um so besser, weil ich es bin, der darüber zu bestimmen hat", antwortete ich ihm. – „Habt ihr gehört, was er jetzt sagte? Indem sein Kopf, als ihr ihn hierher brachtet, auf der Erde schleifte, ist der Inhalt dieses verruchten Schädels verletzt worden. Der Kerl ist wahnsinnig, vollständig wahnsinnig; das bestätigen die verrückten Worte, welche aus seinem Mund gekommen sind. Wie schade, wie jammerschade das ist! Nun hat er nicht Verstand und Gefühl genug, die unendliche Liebe zu begreifen, mit welcher wir uns seines Glücks und seines Wohlbefindens annehmen werden. – Horch –!"

Es war vom Fluß her ein Pfiff erklungen, dem jetzt ein zweiter und dann ein dritter folgte. Die Anwesenden sprangen alle auf, Halef und mich natürlich ausgenommen.

„Sie kommen schon!" sagte der Pädär. „Sie kommen schon, leider! Wie gern hätte ich diesen beiden Schurken hier die Qualen ausgemalt, mit denen wir sie beglücken werden! Nun müssen wir sie fortschicken, weil uns die Seichtigkeit des Kanals zwingt, die Kelleks zu teilen und die Särge umzuladen. Diese Arbeit darf keinen Augenblick aufgehoben werden, wenn bis zum Tagesanbruch alles im Machzan – Magazin, Lager – untergebracht sein soll. Der Bote muß sofort aufbrechen, um den Säfir zu benachrichtigen. Es muß noch einer mit, weil er diese Gefangenen mitzunehmen hat!"

Nach diesen in hastiger Weise gemachten Bemerkungen stellte er sich an das Wasser und pfiff auch dreimal. Es wurde mit demselben Zeichen erwidert, und dann wurden einige lange und schwerbeladene Kelleks herbeigerudert und an das Ufer befestigt. Da die Aufmerksamkeit aller auf diese Flöße gerichtet und also von uns abgelenkt war, glaubte Halef die Gelegenheit wahrnehmen zu müssen, sich mit mir zu verständigen. Er sagte:

„Ich kann nicht dafür, Sihdi! Nicht ich bin schuld, sondern es stand im Buch des Geschicks verzeichnet, daß wir Gefangene dieser Leute werden sollten. Denkst du, daß es uns möglich sein wird, wieder loszukommen?" – „Nur dann, wenn du jetzt schweigst. Wir dürfen uns kein Wort entgehen lassen. Wahrscheinlich hören wir Dinge, welche uns zustatten kommen werden." – „Oh, man wird so klug sein, nichts zu sagen, was uns Nutzen bringen kann!" – „Wenn wir auch nichts Direktes erfahren, so können doch Worte fallen, aus denen, wenn wir sie richtig zusammensetzen, günstige Schlüsse zu ziehen sind. Sei also jetzt ganz still! Und wenn der Pädär noch mit uns spricht und wir ihm antworten müssen, so überlaß das mir, denn in unserer Lage kann das kleinste Wort von der größten Bedeutung sein!"

Als das erste Floß angelegt worden war, sprang ein Mann von demselben zu dem Pädär herüber und sagte:

„Du bist selbst da? Das ist ein gutes Zeichen. Es ist alles nach Wunsch abgelaufen?" – „Ja. Eure erste Abteilung ist gestern glücklich angekommen, und die Ladung wurde richtig untergebracht. Wenn wir heute bis zum Anbruch des Tages fertig werden, ist auch für eure Waren nichts zu besorgen. Wir müssen also augenblicklich mit der Arbeit beginnen." – „Wen habt ihr denn hier liegen? Zwei gefesselte Menschen! Also Gefangene, Leute, die uns gefährlich sind?" – „Ja; ein christlicher und ein sunnitischer Hund, die wir in die Dschehenna – Hölle – schicken werden. Ich erzähle dir das nachher; jetzt haben wir keine Zeit, davon zu sprechen. Ich lasse sie sofort zum Säfir bringen, der sie einstweilen, bis wir mit diesem Transport fertig sind, in das Zyndan – Gefängnis – des Nimrud sperren wird."

Der Neuangekommene wendete sich seinem Floß wieder zu. Der Pädär winkte zwei Männer zu sich und sprach so leise mit ihnen, daß ich nichts hören konnte; seine Blicke und Gesten sagten mir aber, daß die Weisungen, welche er ihnen erteilte, unsere Personen betrafen. Dann kam er zu uns, gab mir einen Tritt an den Leib und sagte:

„Für jetzt muß ich mich leider von euch trennen, aber laß es dir ja nicht einfallen, daraus auch nur die geringste Hoffnung für euch zu schöpfen! Ich komme nach, und dann rechne ich mit euch ab. Es gibt kein Wort des Schreckens, welches ausreichend wäre, das zu beschreiben, was wir mit euch vornehmen werden. Der Teufel sei euer Wächter, bis ich euch wiedersehe!" – „Er wird es besser mit uns meinen als du, darauf gebe ich dir mein Wort!" antwortete ich. – „Willst du mir etwa drohen, räudiges Hundefell?" – „Was ich sage, ist keine leere Drohung, sondern es geschieht. Nicht du wirst mit uns, sondern wir werden mit euch abrechnen, sobald du es wagst, uns wieder vor die Augen zu treten. Mach dich gefaßt darauf!"

Er stieß einen Fluch aus, versetzte mir noch einen sehr kräftigen Fußtritt und gab dann seinen Leuten einen auf uns bezüglichen Wink. Wir wurden angefaßt und nach der Binsenfähre getragen, in welcher man uns nebeneinanderlegte. Die beiden Männer, denen er vorhin seine Befehle erteilt hatte, stiegen zu uns herein, lösten die Fähre vom Ufer und griffen zu den Rudern, um vom Land zu stoßen. Das Fahrzeug setzte sich in Bewegung.

Die geflochtenen Ränder der Fähre waren so hoch, daß wir nicht über sie hinwegblicken konnten. Wir sahen ein Stück Himmel über uns, weiter nichts. Die Bewegungen des leichten Fahrzeugs waren sanft und gleichmäßig; man merkte, daß unsere Wächter große Übung in der Führung eines solchen Binsenkorbes besaßen. Sie kümmerten sich nicht um uns und arbeiteten, weil sie Eile hatten, aus Leibeskräften. Da wir gefesselt waren, nahmen sie an, daß eine besondere Beaufsichtigung nicht nötig sei.

Als eine Weile vergangen war, näherte Halef seinen Mund meinem Ohr und fragte;

„Darf ich jetzt sprechen, Sihdi?" – „Ja", antwortete ich ebenso leise. – „Bis du zornig auf mich?" – „Wie ein Löwe!" – „Das beruhigt mein Herz, denn ich habe noch mit keinem einzigen Löwen gesprochen, der mir gesagt hat, daß er zornig auf mich sei. Ich kann dir nur wiederholen, daß ich keine Schuld an unserem Unglück habe. Es brach so plötzlich über mich herein, wie der Sand einbrach, der in seinem Unverstand das Gleichgewicht des Haltes verlor und erst mit meinen Füßen, dann aber mit der ganzen Ausdehnung meines Körpers in die Tiefe flog. Ich sage dir, diese Perser oder was sie sind, waren im ersten Moment nicht weniger bestürzt, als ich es war!" – „Konntest du denn ihre Überraschung nicht benutzen?" – „Wozu?" – „Schnell aufzuspringen und zu fliehen?" – „O Sihdi was du doch manchmal für sonderbare Gedanken hast! Erstens liegt es in der Bestimmung des Kismet, daß das Fallen immer schneller vor sich geht als das Aufspringen, was du wohl auch schon an dir selbst erfahren hast. Zweitens war mein Weg von oben herab bis zu ihnen herunter weiter als der ihrige zu mir, die doch einfach sitzen geblieben waren, und so dauerte meine Überraschung auch länger als die ihrige. Drittens lag ich unter einem ganzen Berg von Sand, sie aber nicht. Viertens besaß ich nur zwei Beine zum Ausreißen, sie aber besaßen zusammen wohl zwanzig Hände zum Zugreifen. Fünftens waren ..." – „Halt ein, sonst bist du morgen mit deinem Aufzählen noch nicht fertig!" fiel ich ein. „Ich habe das Unheil vorausgesehen. Es ist richtig eingetroffen, was ich befürchtete. Ich hätte selbst gehen, dich aber nicht schikken sollen. Du bist nicht vorsichtig genug!" – „Sihdi, zanke nicht auf mich, sondern auf dich! Ich habe mich ganz genau so verhalten, wie du es wolltest, du dich aber nicht so, wie ich es wünschte." – „Wie meinst du das?" – „Du wünschtest, ich solle vorsichtig sein, und das bin ich auch gewesen; daß die Böschung dann so unvorsichtig war, mit mir dorthin zu rutschen, wohin sie gar nicht gehört, das mußt du ihr vorwerfen, aber nicht mir. Dann, als ich gefangen war und mir sagte, daß du mir folgen werdest, wünschte ich von ganzem Herzen, du möchtest dich nicht auch ergreifen lassen. Hast du diesen meinen Wunsch etwa befolgt?" – „Hm, nein!" – „Gut! Du siehst also ein, daß du nicht mit mir, sondern mit dir zu zürnen hast. Also zanke nicht!"

Ich hätte laut auflachen mögen. Der pfiffige Kleine wälzte alles von sich auf mich, und zwar in so diplomatischer Weise, daß es mir fast unmöglich war, ihm unrecht zu geben. Und dann fügte er zur Abwehr eines vielleicht doch von mir beabsichtigten Seitenhiebes hinzu:

„Ich glaubte, du seist wirklich ohnmächtig; du warst es aber nicht?" – „Nein." – „So hast du gehört, welche Antworten der Pädär von mir bekommen hat?" – „Ja." – „Sag aufrichtig, habe ich das nicht gut gemacht?" – „Vortrefflich!" – „Ich danke dir! Dieses dein Eingeständnis gibt mir die beglückende Überzeugung, daß die Kürze meiner Einsicht der Länge deines Verstandes doch noch ebenbürtig ist. Wir stehen uns also vollständig gleich und sind in Beziehung auf unsere tiefe, von den Persern besorgte Ergriffenheit vollständig miteinander quitt. Wir können uns darum nun in freundschaftlicher Einigkeit der Hauptsache zuwenden: Denkst du, daß es uns glücken wird, freizukommen?" – „Gewiß." – „Wann? Wo? Wie?" – „Das ist zuviel auf einmal gefragt. Wir müssen abwarten, was geschehen wird." – „Man wird uns dem Säfir ausliefern?" – „Ja." – „Was wird er mit uns tun?" – „Er wird uns, wie du von dem Pädär gehört hast, in dem Zyndan des Nimrud unterbringen." – „Hast du eine Ahnung, was für eine Art von Gefängnis das ist?" – „Ich denke, daß es derselbe unterirdische Raum im Birs Nimrud sein wird, in welchem unser Bagdader Bimbaschi gesteckt hat." – „Allah! Wie kommst du auf diese Idee?" – „Es sind verschiedene Gründe, die mich auf sie führen. Wir können das jetzt nicht ausführlich erörtern." – „Meintest du nicht, daß es aus diesem Raum einen Ausweg gebe?" – „Ich bin beinahe überzeugt davon, doch fragt es sich, ob dieser Ausweg auch für Menschen gangbar ist. Mag geschehen, was da will, und mag es kommen, wie es will, wir müssen wünschen, nicht voneinander getrennt zu werden." – „Das ist richtig, und darum werde ich, falls man uns trennen will, dies einfach nicht zugeben!" – „Wie willst du das anfangen?" – „Das weiß ich jetzt noch nicht; aber im betreffenden Augenblick werde ich es wissen." – „Du wirst nichts, gar nichts wissen. Wenn man uns trennen will, wird man es tun, ohne daß wir es verhindern können. Unsere Befreiung steht mir außer allem Zweifel; nur darf sie nicht zu lange auf sich warten lassen, schon unserer Pferde wegen. Wollen doch vor allen Dingen einmal unsere Fesseln untersuchen. Du hast die Finger frei?" – „Ja." – „Mir hat man die Hände leider auf dem Rücken zusammengebunden. Ich werde mich umdrehen. Untersuche einmal, ob du sie vielleicht aufknüpfen kannst!"

Ich legte mich auf die andere Seite, so daß ich ihm den Rücken zudrehte, und fühlte dann, daß er trotz seiner auch gefesselten Hände sehr eifrig an den Knoten, welche mehrfach und zwar sehr fest geknüpft worden waren, herumarbeitete. Es dauerte lang, wohl eine Viertelstunde, bis ich merkte, daß sie locker wurden. Ich half durch Drehen der Hände und Dehnen der Riemen nach, und es gelang mir, zunächst die rechte Hand frei zu bekommen, die linke aber noch nicht, weil man die Vorsicht angewendet hatte, die Banden nicht direkt um beide Handgelenke, sondern um jedes besonders zu schnüren und dann noch unter dem Gürtel zweifach hindurch.

Die Befreiung dieser Hand hatte eine ziemliche Kraftanstrengung erfordert und einen Ruck verursacht, welcher sich dem leichten Fahrzeug mitteilte; es schwankte.

„Was macht ihr da!“ rief uns der eine der Ruderer zu, indem er sich nach uns umdrehte. „Liegt ruhig, sonst werfen wir um, und ihr müßt elend ersaufen!“

Der andere war leider bedenklicher; er sagte:

„Wer weiß, was sie miteinander vorhaben! Das sind durchtriebene Hunde. Untersuche doch einmal ihre Fesseln! Ich führe inzwischen das Ruder allein.“

Sobald ich das hörte, war ich überzeugt, vor einem Augenblick der Entscheidung zu stehen. Es wurde unbedingt entdeckt, daß eine meiner Hände frei war. Was dann? Sollte ich sie mir wieder festbinden lassen? Nein! Dann gab es einen Kampf, und wir fielen alle in das Wasser. Und wenn dies auch nicht geschah, so waren uns die beiden Gegner, weil sie Waffen besaßen und ich mich nur eines Armes bedienen konnte, weit überlegen. Das war also auch zu vermeiden. Da gab es nur noch einen Fall, nämlich meine Flucht. Aber Halef konnte, weil gefesselt, nicht mit. Durfte ich ihn verlassen? Warum nicht? Bekam ich meine Freiheit wieder, so konnte ich ihm dann mehr nützen, als wenn ich mit ihm gefangen blieb. Aber ich wagte mein Leben. Die Füße waren zusammengebunden und die linke Hand hing noch am Gürtel fest. Dazu war vorauszusehen, daß man auf mich schießen werde, denn die beiden Männer waren im Besitz von Pistolen. Pah! Ich brauchte nur schnell im Wasser zu verschwinden, so hatte ich keine Kugel zu fürchten. Also, frisch gewagt!

Diese Gedanken gingen mir so schnell durch den Kopf, daß ich am Entschluß stand, noch ehe sich der Ruderer zu uns niedergebückt hatte. Ich flüsterte Halef noch rasch zu:

„Sei ohne Sorge; ich hole dich!“

Dann richtete ich mich auf und sprang über den Rand des Fahrzeugs ins Wasser. Die Flut schlug über mir zusammen, doch hörte ich noch einen doppelten Schrei vorher.

Mein Sprung brachte natürlich die Fähre aus dem Gleichgewicht; gebaut wie ein runder Korb, mußte sie sich im Kreis drehen, und so hatten die Rudersleute zunächst ihre ganze Aufmerksamkeit darauf zu richten, sie wieder in das Gleichgewicht zu bringen. Dadurch gewann ich Zeit und säumte nicht, sie zu meinem Vorteil auszunützen.

Wir hatten uns auf einer Krümmung des Flusses und darum in der Nähe des rechten Ufers befunden, meine Aufgabe war, dieses so rasch wie möglich zu erreichen. Der rechte Arm genügte mir zum Schwimmen. Als ich untergetaucht war, brachte ich mich durch einige Seitenschläge in die gewünschte Richtung und kam erst wieder empor, als mir der Atem ausgehen wollte. Da sah ich den Binsenkorb als umrißlosen Gegenstand wohl über dreißig Schritt von mir schaukeln. Ich ging wieder nieder und wiederholte das, bis ich ihn nicht mehr sehen und also annehmen konnte, daß man von ihm aus auch mich nicht entdecken werde. Von da an blieb ich oben und gelangte ohne sonderliche Anstrengung ans Ufer, von welchem aus ich die zornigen Stimmen der beiden Euphratpiraten brüllen hörte.

Am Wasser sitzend, machte ich mich nun von den Banden frei. Das geschah, da ich nicht beobachtet wurde, ziemlich leicht. Ich zog an dem Gürtel, bis der hintere Teil desselben, und mit ihm die Hand, nach vorn gekommen war, und knüpfte diese mit der Rechten los. Nun standen mir alle zehn Finger zur Verfügung, auch den um die Fußgelenke geschlungenen Riemen aufzuknoten, was nicht mehr als eine Minute erforderte. Dann befand ich mich im Wiederbesitz aller meiner Glieder und konnte das tun, was das zunächst Notwendige war – die Pferde aufsuchen.

Wir waren wohl nicht ganz drei Viertelstunden unterwegs gewesen und dabei den Krümmungen des Flusses gefolgt. Ich kannte jetzt diese Windungen, denn wenn wir auch nicht über den Rand der Fähre hatten blicken können, so hatte es im Flechtwerk doch Lücken gegeben, die uns, erst einmal entdeckt, hinauszusehen erlaubten. Ich brauchte also nicht dem Lauf des Stromes zu folgen, sondern ging erst ein Stück schräg ins Land hinein und wendete mich dann in die Richtung, welche mich geradewegs zu den Pferden führen mußte.

Wenn man einen Winnetou zum Lehrmeister im Dauerlauf gehabt hat und so hübsch frisch, naß und erquickt aus dem Wasser gestiegen ist, wie jetzt ich, so fördern die Schritte doppelt. Schon nach einer guten halben Stunde sah ich rechts von mir den Feuerschein und kam dann an die Rinne, in welcher ich die Pferde wußte.

Die lieben Tiere empfingen mich mit frohem Schnauben. Wäre es Tag gewesen, so hätten sie vor Freude gewiehert. Sie lagen noch gerade so da, wie ich sie verlassen hatte; ich streichelte sie zum Dank für ihre Folgsamkeit; dann aber mußten sie auf, denn es galt, nach dem Birs Nimrud zu eilen. Am liebsten wäre ich freilich hinüber zum Pädär-i-Baharat geritten, um ihm und seiner Sippe zu zeigen, wie lange man mich hatte festhalten können, aber das wäre eine nicht nur unnütze, sondern für unsere Zwecke sogar schädliche Prahlhanserei gewesen, und so verzichtete ich darauf. Halefs Barkh bekam die Gewehre und anderen Gegenstände zu tragen, Ben Rih mußte mit mir fürliebnehmen, und so ging es denn zu Pferde der Gegend wieder zu, aus welcher ich soeben als Schnelläufer zu Fuß gekommen war. Welche Ereignisse mich dort unten am Birs Nimrud erwarteten, darauf war ich neugierig. Es galt, Halef zu befreien. Auf welche Weise das zu geschehen hatte, das kam ganz auf den Ort an, wohin man ihn geschafft hatte, und auf die von mir dort vorzufindenden Verhältnisse. Das aber nahm ich mir für alle Fälle vor, daß es keinem Menschen wieder gelingen sollte, meine Person in seine Gewalt zu bringen. Der Mensch denkt und – – – ist dabei so gedankenlos, daß dann gerade das Gegenteil von dem geschieht, was er glaubt, ganz logisch und folgerichtig gedacht zu haben!

Ich wäre gern Galopp geritten, durfte dies aber nicht wegen der vielen ausgetrockneten Kanäle, Gräben und sonstigen Einsenkungen, welche ich zu passieren hatte; doch kam ich trotzdem so schnell vorwärts, daß ich schon nach drei Viertelstunden den Karawanenweg nach Kerbela kreuzte. Dann kam Tahmasia und später Tell Markeh, worauf ich nach dem Birs Nimrud einbog.

Hier brauchte ich wieder einen Ort, an welchem ich die Pferde verbergen konnte. Das gestrige Versteck, wo wir die Spuren der Stachelschweine gesehen hatten, war zwar vortrefflich gewesen, dann aber allen unseren Begleitern bekannt geworden; darum durfte ich es nicht wieder wählen. Als wir in der Frühe mit den Soldaten nach Hilleh geritten waren, hatte ich, freilich ohne spezielle Absicht, den Teil der Ruinen, an welchem wir vorübergekommen waren, genau in Augenschein genommen, und so erinnerte ich mich jetzt eines Mauereinschnitts, von dem ich glaubte, daß er meinem

Zweck entsprechend sei. Ich ritt also der Gegend zu, in welcher er sich befand, und verfehlte ihn nicht.

Ich stieg ab und untersuchte die Stelle näher; ich hatte mich nicht getäuscht; sie paßte sehr gut für die Absicht, welche ich verfolgte; darum schaffte ich die Pferde hinein, pflockte sie an und befahl ihnen, sich zu legen, was sie sofort taten. Ein Messer hatte ich nicht mehr, weil mir das meinige von dem Pädär abgenommen worden war; ich steckte also einen meiner zwei Revolver zu mir; alles andere ließ ich zurück; dann ging ich, um nach Halef zu suchen.

Nach meiner Berechnung mußte er schon vor mir angekommen sein, meine Flucht hatte seine Begleiter unbedingt zur größten Eile angetrieben. Da ich annahm, daß das Zyndan, in welches man uns hatte schaffen wollen, das frühere Gefängnis unseres Bimbaschi sei, dessen Eingang ich kannte, so wußte ich, wohin ich meine Nachforschungen zu richten hatte: Ich mußte über die Stelle hinweg, an welcher die Särge geöffnet und verbrannt worden waren. Dorthin wendete ich mich.

Da ich die Örtlichkeit genau kannte, bot sie mir keine Schwierigkeiten, doch nahm ich mich außerordentlich in acht, von jemandem gehört oder gesehen zu werden. Ich benutzte jede Ecke, jeden Vorsprung, um vorher zu horchen, ehe ich weiterging, und das nahm mehr Zeit in Anspruch, als ich an diesem Schleichweg eigentlich hatte verwenden wollen. Es herrschte tiefe Stille ringsumher; sogar die Luft schien unbeweglich zu sein. Das war so recht der Tod, der einst, vor nun über zweitausend Jahren, seine Sterbedecke über das damals so leichtlebige Babel ausgebreitet hatte! Ich kam auch an die Stelle, von welcher auch ich mit Halef das Verbrennen der Leichen zuerst bemerkt hatte, und blieb da unwillkürlich stehen. Da klang eine unterdrückte Stimme links aus den Ziegeltrümmern heraus:

„Sihdi!“

Dieses Wort zog mich rasch nach der Seite hin. War es Halef gelungen, zu entfliehen, und hatte er mich hier erwartet, weil er wußte, daß ich unbedingt kommen und nach ihm suchen werde?

„Halef, bist du es?“ fragte ich. – „Ja. Sprich leise und komm schnell her, sonst entdecken sie dich!“ – „Zeige dich erst! Tritt einmal hervor!“ forderte ich ihn in meiner so oft bewährten Vorsicht auf. – „Da bin ich! Aber schnell, komm schnell! Sie sind ganz in der Nähe, dort, da hinten und auch drüben, sie sehen dich!“

Er hatte sein Versteck auf einen Augenblick verlassen, er war es, der kleine, schmächtige Kerl, in dem mir wohlbekannten Anzug.

Er winkte während seiner Worte in hastiger Weise mit beiden Händen, es mußte wirklich für mich gefährlich sein, länger stehenzubleiben. Ich huschte zu ihm hinüber und zwischen die Trümmerstücke hinein. Da wurde ich gepackt, bekam einen Schlag, wie mit dem Helm einer Axt, auf den Kopf und brach wie ein lebloser Klotz zusammen.

Wenn der Mensch sich doch nicht erkühnte, vorherbestimmen zu wollen, was geschehen oder nicht geschehen soll! Das sage ich jetzt und habe es schon wie oft gesagt, und doch muß ich eingestehen, daß gerade ich während meines wechselvollen und ereignisreichen Lebens den soeben gerügten Fehler öfter als hundert und auch tausend andere begangen habe. Und dabei kenne ich doch die alte, gute Kirchenliederstrophe:

„Du bist doch nicht Regente,
Der alles führen soll;
Gott sitzt im Regimente
Und führet alles wohl!“

Als ich wieder zu mir kam, lag ich in einem langen, schmalen, nicht viel über manneshohen Raum, dessen Wände aus Ziegeln bestanden. Er wurde von einem irdenen Öllämpchen, welches in einer Nische stand, nur so erleuchtet, daß man nichts als die nächste Umgebung erkennen konnte. In einer Ecke, bis zu welcher der spärliche Lichtschein drang, sah ich in dem Boden, von welchem der Sand entfernt worden war, ein Loch in die Tiefe führen; neben demselben lagen die ausgehobenen Deckelbretter und dabei mehrere Werkzeuge und Stricke. Ich sagte mir sofort, daß dies der Gang sei, in welchem der Bagdader Bimbaschi mit seinem dicken Kepek gelegen und den er uns beschrieben hatte. Ich war in eine Falle gegangen, glücklicherweise in eine mir bekannte, obwohl ich mich noch niemals hier in Inneren des Birs Nimrud befunden hatte.

Es verstand sich ganz von selbst, daß es nicht Halef gewesen war, der mich zu sich gerufen hatte. Und wenn ich das jetzt nicht schon von selbst eingesehen hätte, so wäre es mir ad oculos demonstriert worden, denn der Betreffende hockte mir gegenüber an der Wand des Ganges und beobachtete mich so scharf, daß ich sah, er sei als mein Wächter angestellt. Er war von kleiner, schmächtiger Gestalt und trug den Anzug des Hadschis; jedenfalls eine Entschuldigung für mich, daß ich ihn in der Dunkelheit für Halef gehalten hatte. Als er sah, daß meine Augen jetzt geöffnet und auf ihn gerichtet waren, verzog er sein bartloses Gesicht zu einem höhnischen Grinsen, nickte mir lachend zu und sagte:

„Allah sei Dank, daß du endlich erwachst! Der Hieb, den wir dir gaben, war zu kräftig ausgeholt. Ihr Christenhunde scheint eiserne Schädel zu besitzen, denn mir und jedem Rechtgläubigen hätte dieser Schlag die Pforten des Paradieses geöffnet. Nicht wahr, das haben wir schlau angestellt?"

Da ich diese Frage nicht beantwortete, fuhr er in selbstgefälligem Ton fort:

„Ihr selbst nennt euch berühmte Leute, und so dürft ihr euch nicht darüber wundern, daß wir eure Besonderheiten kennen. Als nur dein Begleiter gebracht wurde, sagte der Säfir sogleich, daß du ihn nicht im Stich lassen, sondern kommen werdest, um nach ihm zu forschen. Ich mußte, da ich gleicher Gestalt mit ihm bin, die Kleidung mit ihm wechseln, und dann stellten wir uns auf, dich zu erwarten. Ich bekam den Platz, von welchem anzunehmen war, daß du dich da am wahrscheinlichsten vorüberschleichen werdest, und der Säfir gab mir die Weisung, dich so in den Hinterhalt zu locken, wie ich es getan habe. Es war beobachtet worden, daß dein Genosse dich stets ‚Sihdi' nennt, und dieses Wort ist es gewesen, mit dem es mir gelang, deinen anfänglichen Verdacht zu zerstreuen. Allah hatte dir die Schärfe des Gesichts und des Gehörs genommen, sonst hättest du unbedingt merken müssen, daß es ein anderer war, der dich rief." – „Wo bin ich jetzt?" fragte ich.

Ich erwartete natürlich nicht, die Wahrheit zu hören, aber wenn ich mich in ein Gespräch mit ihm einließ, so war es vielleicht möglich, aus seinen Worten etwas zu kombinieren, was er mir nicht sagen durfte oder wenigstens nicht sagen wollte.

„Das möchtest du wohl sehr gern wissen?" lachte er. „Ich will die Güte meines Herzens über dich ergießen und dir die gewünschte Auskunft geben: Du befindest dich hier in der Vorkammer zur Hölle, in welcher der Teufel mit allen seinen Untergebenen auf dich wartet, um ihnen zu zeigen, wie ein Christenhund deines Schlages geschunden werden muß. Sag, wie gefällt dir das?" – „Ganz gut!" – „Verstelle dich nicht! Ich sehe dir doch die Angst an, welche in deinem Inneren wohnt. Ich brauche es dir gar nicht erst mitzuteilen, weil du es dir selbst sagen mußt, daß der Scheitan – Teufel – für dich das Höchste, was die Hölle leisten kann, erfinden wird."

Er hatte wahrscheinlich die Absicht, mir dieses „Höchste" so recht behaglich auszumalen, kam aber nicht dazu, denn es machte sich in dem erwähnten Loch ein Geräusch bemerkbar, wie wenn langsame, tastende Schritte auf Stufen steigen, dann kamen drei Männer hervor, von denen ich den zweiten und dritten nicht, den ersten dafür aber um so besser kannte; es war der Säfir. Er warf einen kurzen Blick auf mich und sagte dann zu meinem Wächter:

„Ich sehe, der Schurke ist aufgewacht. Hast du mit ihm gesprochen?“ – „Ja“, antwortete der Kleine. – „Was hat er gesagt?“ – „Daß es ihm hier ganz gut gefällt.“ – „Das hat er nicht, sondern seine Verzweiflung gesprochen. Er kann sich denken, was ihn erwartet. Hier gibt es andere Richter als in der Mehkeme zu Hilleh und auch keine Mauer, über die man fliehen kann. Jetzt haben wir leider keine Zeit, uns mit ihm abzugeben; mit um so größerer Liebe aber werden wir uns nachher mit ihm beschäftigen. Schafft ihn hinab! Er kommt zum Pischkhidmät Baschi; wir haben keinen anderen Platz, zu seinem Scheich der Haddedihn dürfen wir ihn nicht bringen, denn wenn sie beisammen sind, so treiben sie Allotria, und das muß verhütet werden.“ – „Darf ich meine Kleider wiederhaben?“ fragte der Wächter. „Ich will diesen Anzug des verfluchten Sunniten keinen Augenblick länger tragen, als es unbedingt notwendig ist. Es ist ja alles vermaledeit, was so ein Kerl berührt!“ – „Nimm deinen Anzug wieder, wenn wir jetzt hinunterkommen! Jetzt verbindet ihr diesem Ungläubigen die Augen, er darf nichts sehen. Und gebt ihm einstweilen die Beine frei, damit er gehen kann und ihr ihn nicht zu tragen braucht!“

Man kam diesem Befehl nach. Als es geschehen war, mußte ich aufstehen und wurde nach dem Loch geführt, um hinabzusteigen. Ich zählte, indem ich dies tat, achtzehn Stufen, was mit der Erzählung des Bimbaschi stimmte. Unten angekommen, hörte ich, als gesprochen wurde, an dem Klang der Stimme, daß wir uns in einem ziemlich großen Raum befanden. Jedenfalls war dies Nummer eins der fünf Vierecke, welche er uns zur Erläuterung gezeichnet hatte.

Ich wurde weitergeführt. Ein Vorhang, welcher mich berührte, verriet mir, daß wir nach Nummer drei kamen. Hier sagte der Wächter:

„Jetzt werde ich mit dem Haddedihn die Anzüge wechseln.“

Ich hörte, daß er nach rechts ging, und schloß daraus, daß man Halef in dem Raum Nummer vier untergebracht hatte. Der Säfir erhob dagegen Einspruch, indem er ihm befahl:

„Warte, bis wir hier mit dem Christen fertig sind! Bist du einmal verunreinigt, so kommt es auf eine Minute länger auch nicht an!“

Hierauf hörte ich Riegel zurückschieben und eiserne Stäbe klirren. Man öffnete den aus starken Drahtstäben bestehenden Vorhang, den ich aus dem Bericht des Bimbaschis kannte, und schob mich nach Nummer fünf. Kaum waren wir dort eingetroffen, so hörte ich eine Stimme:

„Endlich, endlich kommt ihr, mich loszulassen! Ich hätte es in Fesseln und in dieser Finsternis nicht länger ausgehalten!" – „Du wirst es dir noch länger gefallen lassen", antwortete der Säfir lachend. „So liebe Gäste läßt man nicht so schnell fort." – „Aber ich habe ja alles getan, was ihr von mir verlangtet! Nun haltet auch Wort und laßt mich frei!" – „Beruhige dich, mein Liebling; wir sind noch nicht ganz fertig mit dir!" – „Was wollt ihr noch?" – „Du hast uns nur eine Anweisung gegeben. Wir verlangen mehr!" – „Nur eine? Ihr wolltet doch nur diese eine; sie war hoch genug, die Summe, welche ich unterschrieben habe, stellt fast mein ganzes Vermögen dar!" – „Eben darum sind wir noch nicht mit dir fertig. Wir wollen dein Vermögen nicht fast, sondern ganz." – „Allah kerihm – Gott sei mir gnädig! Was habe ich euch getan, daß ihr mich zum Bettler machen wollt? Bedenkt doch, daß ich in der beglückenden Nähe des Beherrschers wohne, der mir seine ganze Macht zur Verfügung stellen wird, mich an euch zu rächen!"

Da stießen sie alle ein großes Gelächter aus, und der Säfir antwortete:

„Entweder bist du verrückt oder im höchsten Grade dumm. Es kommt doch nur auf uns an, ob du Gelegenheit zur Rache findest oder nicht. Ich darf nur wollen, so bekommst du deinen beglükkenden Beherrscher nicht wieder zu sehen. Ich brauche dir nur den Lauf dieser Pistole an die Stirn zu halten und loszudrücken, so ist es mit dir und deiner ganzen Rache zu Ende!"

Er schien ihm die Pistole wirklich vorzuhalten, denn der Kammerherr rief im allerängstlichsten Ton:

„Halt; schießt nicht, schießt nicht! Ich will ja alles, alles tun, was ihr von mir verlangt!" – „Gut! Für jetzt verlange ich weiter nichts von dir, als daß du schweigst, solange wir uns hier befinden. Wir können deine Lamentationen nicht erhören. Wir sind gekommen, dir zu zeigen, wie gut wir es mit dir meinen. Du klagst darüber, daß dir die Zeit so lang geworden sei, sie soll dir kürzer werden. Hier bringen wir dir einen Kameraden, mit dem du dich unterhalten kannst. Er ist für den Tod bestimmt und wird hier in diesem Raum vor deinen Augen in einer Weise sterben, welche dir die prächtigste Unterhaltung bieten wird, die sich nur denken läßt. Schau ihn einmal an! Er ist zwar nur ein unreiner, aussätziger Christenhund, aber …" – „Das ist ja dieser Kara Ben Nemsi Effendi!" unterbrach ihn, vor Überraschung laut schreiend, der Kammerherr.

Der Säfir hatte mir nämlich, um ihm mein Gesicht zu zeigen, die Binde von den Augen genommen und die Lampe emporgehoben.

„Kennst du ihn etwa?" fragte er schnell. – „Ja." – „Woher?" – „Ich traf ihn unterwegs im Khan, wo er einen Streit mit mir begann." – „So könnt ihr euch hier ganz vortrefflich weiterstreiten. Ihr habt die beste Gelegenheit dazu, und es wird euch binnen sechs oder sieben Stunden kein Mensch stören. Früher hast du ihn nicht gekannt?" – „Nein. Aber er kennt euch." – „Woher weißt du das?" – „Er hat mich vor euch gewarnt." – „Wieso?" – „Er sagte mir, daß ihr es auf die Karwan-i-Pischkhidmät Baschi abgesehen hättet." – „Maschallah! Wie ist es möglich, daß er dies gewußt hat? Sag, wie hast du es erfahren, und wer hat es dir verraten?"

Er wendete sich mit dieser Aufforderung an mich. Seine dunklen Augen blitzten mich an, und die feuerrote Narbe in seinem Gesicht schien anzuschwellen und verdunkelte sich. Da ich nicht sofort antwortete, fügte er drohend hinzu:

„Sprich schnell, sonst öffne ich dir den Mund!"

Da sagte ich ruhig:

„Bilde dir nichts ein! Ich spreche nur dann, wenn es mir gefällt. Ich höre aus deinen Worten, daß du beabsichtigst, in sechs oder sieben Stunden wiederzukommen. Diese Zeit genügt mir, mit mir ins reine zu kommen, in welcher Weise ich mit dir dann sprechen werde." – „Gut! Vortrefflich!" lachte er mir ins Gesicht. „Also nach dieser Frist wirst du wissen, wie du mit mir zu verkehren hast?" – „Ja." – „Und ich weiß schon jetzt in diesem Augenblick, wie ich mich zu dir verhalten werde und welches Ende unsere Bekanntschaft nehmen wird. Du wirst diesen Ort hier lebend nicht verlassen; du wirst hier sterben, und dein Tod wird ein schrecklicher sein, ein so schrecklicher, daß dir dann die Hölle als ein Ort der Erlösung gelten wird!" – „Daß dies deine Absicht ist, weiß ich, aber ebenso genau weiß ich, daß ich mich weder vor dir noch vor dem Tod und der Hölle zu fürchten brauche. Das Ende meines Lebens steht nicht in deiner, sondern in Allahs Hand, und da er ein gerechter Richter ist, so bin ich überzeugt, daß er dich eher, viel eher fassen wird, als du mich!" – „Ich habe dich ja schon!" zischte er mich an. – „Nur einstweilen, für kurze Zeit; er aber wird dich nicht wieder aus seinen Händen lassen. Du kannst mich nicht hier halten, du bist zu schwach dazu; wen aber der Zorn Allahs packt, für den gibt es keine Hoffnung, zu entkommen, er wird zermalmt."

Er trat einen Schritt zurück, schlug die Hände in ironischer Verwunderung zusammen und rief mir spottend zu:

„Was für ein großer, für ein berühmter und wunderbarer Prophet du bist! Wünschest du, daß ich vor dir niederfalle und dich verehre? Ich sage dir, daß du wie ein Mensch gesprochen hast, der an unheilbarer Verrücktheit leidet. Wenn du vom Zorn Allahs faselst, so setze ich den meinigen dagegen, und du wirst sehr bald erfahren, welcher von beiden der gefährlichere ist. Aus meiner Hand kann dich kein Allah retten; hier im Birs Nimrud gilt er nichts; da bin nur ich allein der Herr!" – „Lästerer!" – „Ich lästere nicht; ich kenne nur meine Macht, an welcher du zu zweifeln wagst. Höre, was ich dir sage! Mit Beginn des neuen Tages wird auch deine Todesqual beginnen, und nur, wenn du mich um Erbarmen bittest, wird sie mit dem Tag zu Ende sein, sonst aber wird sie länger, wohl mehrere Tage dauern!" – „So höre auch, was ich dir sagen werde! Mit Beginn des neuen Tages wird deine eingebildete Macht zu Ende sein, und mit dem Ende dieses Tages wird dich die Faust der ewigen Gerechtigkeit ergreifen. Nun haben wir beide unsere Meinungen ausgesprochen und werden sehen, was geschieht!"

Diese Worte waren mir keineswegs von einer persönlichen Absicht diktiert worden, sondern als ich sie gesagt hatte, wußte ich selbst nicht, wie ich dazu gekommen war, sie auszusprechen. Ich bin überzeugt, daß auch sie die Folge einer Eingebung waren, deren Quell nicht in mir selbst lag. Der Säfir ließ einen unendlich verächtlichen Blick an mir niederstreifen und erwiderte:

„Ja, wir werden sehen, was geschieht. Ich weiß es ja schon jetzt, und du wirst es erfahren, sobald ich zurückkehre. Damit du inzwischen einen kleinen Vorgeschmack von den Freuden bekommst, die dich erwarten, werden wir dich mit der wonnevollen Stellung der Glieder beglücken, auf die nur hervorragende Herren Anspruch haben und die wir Sa'adet-i-Bädän – Seligkeit des Körpers – zu nennen. Bindet ihn, aber so fest, daß er sich nicht rühren kann!"

Ich hätte mich wehren können, doch voraussichtlich ohne allen Erfolg; darum verzichtete ich auf Widerstand und ließ mit mir machen, was sie wollten. Ich mußte mich niedersetzen. Sie richteten mir die Knie bis an die Brust empor und befestigten sie dort mit Hilfe eines um den Hals geführten Strickes, der meinen Kopf bis ganz zu ihnen niederzog; die beiden Enden dieses Strickes wurden mir unten mehreremal um die Fußgelenke geschlungen und dort fest verknüpft. Sodann legten sie mir die Arme um die Knie und banden sie mir, wie sie meinten, so fest zusammen, daß ein Öffnen der Knoten vollständig ausgeschlossen zu sein schien und mein Körper nun die Haltung einnahm, welche man mit dem Ausdruck „in den Bock gespannt“ bezeichnet.

Ich habe mich mit Absicht der Worte „wie sie meinten“ bedient, denn sie hatten, allerdings ohne es zu bemerken, ihre Absicht nicht oder doch wenigstens nicht ganz erreicht. Während sie mir die Vorderarme zusammenbanden, hatte ich die Handgelenke nicht breit, sondern hoch aufeinandergelegt und dabei die Ellbogen so weit wie möglich niedergedrückt; zog ich die letzteren dann empor und drehte dabei die Gelenke, so mußte die Schlinge schlaff werden, und es gelang mir vielleicht, aus ihr herauszukommen. In dieser Hoffnung wurde ich durch den für mich sehr günstigen Umstand bestärkt, daß mir die Hände frei herunterhingen; man hatte, da die Handwurzeln zusammengefesselt waren, es nicht für notwendig gehalten, auch noch die Hände selbst unschädlich zu machen; ich war ihnen hier in diesem unterirdischen Raum ja überhaupt so sicher, daß es ihrer Ansicht nach für mich, selbst wenn ich nicht gefesselt gewesen wäre, nicht die geringste Hoffnung, zu entrinnen, gab.

Als man mir in dieser Weise scheinbar alle Möglichkeit, mich zu bewegen, genommen zu haben glaubte, zerrte man mich in eine Ecke. Der Säfir faßte mich an der Schulter, wiegte meinen krummgezogenen Körper einigemal wie einen Schaukelstuhl auf und nieder und sagte dann:

„So, das ist die Sa'adet-i-Bädän, welche dir eine sieben Stunden lange Wonne bereiten wird, der Anfang der Glückseligkeit, welche wir dir zugedacht haben. Nun drohe, soviel du willst, mit deiner ‚Faust der ewigen Gerechtigkeit‘, über welche ich nur lachen kann!“ – „Ich werde dich an diese Worte erinnern“, antwortete ich; „dann wirst du nicht mehr lachen!“ – „Tue es, du Wurm; ich freue mich darauf!“

Bei diesen Worten wendete er sich von mir ab und ging hinaus; die anderen folgten ihm. Die Eisenstäbe klirrten nieder; die Riegel wurden vorgeschoben, und es war nun vollständig dunkel um uns her. Kaum waren wir nun allein, so begann der Kammerherr:

„Wer hätte gedacht, daß ...“ – „Schweig!“ unterbrach ich ihn. „Sei jetzt ganz ruhig; wir müssen horchen!“

Ich legte mich um, so daß mein Ohr auf die Erde zu liegen kam und lauschte. Der dünne Drahtvorhang war nicht hinreichend, die Schallwellen vollständig von uns abzuhalten, ich hörte ganz deutlich, daß die vier Männer aus Nummer drei nach Nummer vier gingen, also zu Halef, seines Anzugs wegen. Nach vielleicht zehn Minuten kamen sie von da zurück und begaben sich nach Nummer eins, um, wie ich annahm, in den Gang hinaufzusteigen. Ich unterschied ganz bestimmt die Schritte von vier Personen und durfte also überzeugt sein, daß keiner von ihnen zu unserer Bewachung zurückgeblieben war. Wozu auch? Sie hielten das für vollständig überflüssig und brauchten wahrscheinlich draußen soviel Leute, daß niemand zu entbehren war.

Jetzt machte ich den oben erwähnten Versuch mit dem um meine Handgelenke geschlungenen Strick; ich bekam Zwischenraum, wenn auch nicht soviel, daß es mir möglich gewesen wäre, die eine Hand herauszuziehen; aber ich konnte sie doch wenigstens drehen und bekam dadurch den Knoten in die Finger. Es galt, ihn aufzuknüpfen, worüber ich wohl eine Viertelstunde zubrachte. Während ich mich hiermit beschäftigte, fragte der Kammerherr:

„Horchst du noch, oder darf ich jetzt sprechen?“ – „Du darfst, aber ganz leise“, antwortete ich. „Es könnte sich doch jemand heimlich herangeschlichen haben, um uns zu belauschen.“ – „Sag, wie bist du hierhergekommen? Ihr schlugt doch den Weg nach Bagdad ein!“ – „Das taten wir nur zum Schein. Wir sind auf einem Umweg zurückgekehrt, um euch zu retten.“ – „Um – uns – zu – retten?!“ sprach er meine Worte verwundert nach. „Du bist aber doch selbst gefangen!“ – „Das stört mich nicht. Oder stört dich vielleicht meine Gegenwart?“ – „Nein, o nein! Wie kommst du auf diesen Gedanken und zu dieser Frage?“ – „Das weißt du nicht?“ – „Nein.“ – „Hast du vergessen, was du im Khan zu uns sagtest? Deine Worte lauteten: ‚Laßt euch nicht wieder vor uns sehen! Ein altes, persisches Sprichwort fordert, daß jeder Schiit, der einem Christen begegnet, ihn mit den Füßen von sich stoße, sonst hat er die Folgen in diesem und in jenem Leben zu tragen.‘ Nun, ich bin ein Christ, und du bist ein Schiit. Jetzt stoße mit den Füßen!“ – „Effendi, du darfst das, was ich gesagt habe, nicht so nehmen, wie es geklungen hat, zumal alles anders geworden ist, als ich dachte. Hätte ich deine Warnung beachtet, so läge ich nicht hier, und meine Begleiter wären nicht ermordet worden!“ – „Ermordet?“ – „Ja.“ – „Alle?“ – „Alle elf. Ich habe dabeigestanden und zusehen müssen, ohne ihnen helfen zu können. Ich bot Geld über Geld für ihr Leben, aber der, den sie den Säfir nennen, lachte mich aus und sagte, er dürfe keinen Zeugen leben lassen und werde mein Geld auch sonst gewiß bekommen.“ – „Elf Menschen umgebracht! Das ist geradezu teuflisch von ihm! Erzähle mir, wie ihr in seine Hände gefallen seid!" – „Wir kamen nach Hilleh, und ich suchte natürlich sogleich den Sandschaki auf, bei dem ich den Säfir fand ..." – „Habt ihr da von mir gesprochen?" – „Nein. Es war nur die Rede von meiner Reise und von den Gefahren, welche gerade in dieser Gegend auf jeden wohlhabenden Pilger lauern." – „Vortrefflich ausgedacht! Ich bin überzeugt, daß gerade der Säfir das Gespräch auf dieses Thema gebracht hat." – „Deine Vermutung trifft das Richtige. Der Sandschaki versprach mir seinen Schutz; aber der Säfir warnte mich vor ihm." – „Natürlich heimlich?" – „Ja. Er suchte mich auf, als ich dann allein war, und sagte mir, daß der Sandschaki mit den Räubern im Einvernehmen stehe und einen guten Teil der Beute bekomme." – „Das glaubtest du?" – „Warum nicht? Solche Dinge kommen vor, und zwar nicht bloß hier im Land der Türken, wo Beamte oft jahrelang vergeblich auf die Zahlung ihres Gehaltes warten und darum suchen müssen, auf dunklen Wegen Geld zu verdienen. Der Säfir teilte mir im Vertrauen mit, daß auch er nach den heiligen Stätten wolle, aber sich wohl gehütet habe, dem Sandschaki mitzuteilen, daß er schon heute abend aufbrechen werde; er habe die Leute seiner Karawane, lauter friedliche und zuverlässige Solaibaraber, bei den Ruinen stehen und werde die Wanderung beginnen, ohne dem Sandschaki ein Wort davon zu sagen." – „Er lud dich ein, dich ihm anzuschließen?" – „Nein, sondern ich bat ihn darum, dies tun zu dürfen." – „Gerade das hat er gewollt!" – „Natürlich! Ich ahnte es leider nicht. Er ritt voran, um uns vor der Stadt zu erwarten, und wir folgten ihm. Als wir ihn erreicht hatten, machte er den Führer." – „Da habe ich ihn also für vorsichtiger gehalten, als er gewesen ist. Ich glaubte, daß er für ein Alibi sorgen werde." – „Was ist das, ein Alibi?" – „Ein Rer mathra – ein ‚Anderswo' –, ein Beweis, daß der Angeklagte sich zur Zeit des Verbrechens an einem anderen Ort befunden hat als an demjenigen, wo das Verbrechen verübt wurde. Ich nahm an, daß er bei dem Sandschaki in Hilleh bleiben und euch von den sogenannten Solaiarabern überfallen lassen werde. Da konnte er nachweisen, daß er nicht dabeigewesen sei." – „Warum brauchst du das Wort ‚sogenannt'?" – „Weil diese Leute keine ehrlichen Solaib-, sondern räuberische Ghasaibeduinen sind." – „Allah! Und gerade weil er sie als Solaib bezeichnete, hatte ich solches Vertrauen, denn ich weiß, daß die Angehörigen dieses Stammes jede Art von kriegerischer Tätigkeit scheuen." – „Gerade darum, also um Vertrauen zu erwecken, bezeichnete er seine Leute als Solaib. Hättest du mir im Khan Glauben geschenkt, so wärest du nicht in ihre Hände geraten! Doch, erzähle jetzt weiter!" – „Wir ritten nach den Ruinen, nach welchem Teil derselben, das wußte ich nicht, denn es war dunkel, und ich kenne diese Gegend nicht. Ich ritt mit ihm voran; meine Leute folgten, zwischen uns und ihnen war ein Zwischenraum ..." – „Oh", fiel ich ein; „er wollte dich von ihnen absondern, weil du leben bleiben solltest!" – „Ja. Plötzlich ertönten hinter uns mehrere Schreie. Als ich mich umdrehte, sah ich die Meinigen im Kampf mit fremden Männern." – „Du eiltest doch sofort hin, um ihnen zu helfen?" – „Ich wollte, aber da schlug mir der Säfir mit dem Kolben seines Gewehrs auf den Kopf, daß ich vom Pferd stürzte. Er sprang auch ab und band mir die Hände auf dem Rücken zusammen. Dabei drohte er mir, mich sofort zu erstechen, falls ich schreien oder eine unerlaubte Bewegung machen werde." – „Du gehorchtest natürlich?" – „Ja. Was hätte ich sonst tun sollen? Ich sage dir, ich bin ein tapferer Mann, ein wahrer Held im Streit, aber in einer solchen Lage hilft selbst die größte Kühnheit nichts. Das sah ich auch an meinen Leuten. Einige von ihnen waren tot; die anderen wurden gebunden wie ich und mit den Tieren nach einem abgelegenen und geschützten Ort geführt, wo man ein kleines Feuer anzündete, um uns beim Schein desselben die Taschen zu leeren und auch sonst alles zu nehmen, was wir bei uns hatten. Dann wurden sie erstochen, einer nach dem anderen elend erstochen! Hast du einmal zugesehen, wie ein Qassab – Schlächter, Fleischer – seine Tiere absticht?" – „Ja." – „So, gerade so sah es aus, als man ihnen der Reihe nach die Klinge in die Herzen stieß. Mich schaudert, wenn ich nur daran denke! Ich allein durfte leben bleiben, ich allein, denn ich sollte Dokumente unterschreiben, welche diese Mörder vorzeigen wollen, um Geld, viel Geld zu bekommen." – „Hast du dies schon getan?" – „Ja. Meinst du etwa, daß ich es hätte nicht tun sollen? Der Säfir stand mit gezücktem Messer dabei und diktierte mir. Hätte ich mich nur einen Augenblick geweigert, so wäre ich auch erstochen worden." – „Wo hast du unterschrieben?" – „In der Stube, welche hier nebenan liegt." – „Gab es da ein Schreibzeug?" – „Schreibzeug und alles, was er brauchte, auch Siegellack. Petschieren mußte ich mit einem Siegelring, den man mir abgenommen hatte. Er nahm das alles aus einer großen, mit Eisen beschlagenen Sanduka – Kiste, Truhe –, zu welcher er den Schlüssel an einer Schnur um den Hals und unter der Weste hängen hatte. Da sah ich auch Geld liegen, viel Geld in Silber und Gold. Auch flimmernde Edelsteine zeigte er mir." – „Wie? Er zeigte sie dir?" – „Ja. Wundere dich nicht! Es ist wahr, denn ich habe es gesehen, hier mit diesen meinen Augen gesehen! Es war ein ganzer Berg von Reichtum da beisammen." – „Du verstehst mich falsch. Ich wundere mich keineswegs über diese Schätze; mir können sie nicht imponieren, aber daß er sie dir gezeigt hat, freiwillig gezeigt, das ist kein gutes Zeichen für dich." – „Wieso?" – „Du hoffst doch, bald wieder frei zu werden?" – „Natürlich! Zwar werde ich wohl noch einmal unterschreiben müssen, wie du ja selbst vorhin gehört hast; dann aber wird er mich gehen lassen." – „Hat er dir das versprochen?" – „Ja." – „Und du glaubst diesem Versprechen?" – „Warum sollte ich nicht?" – „Warum? Warum!!! Man sollte es wirklich nicht für möglich halten, daß du noch fragen kannst. Ich bin überzeugt, daß er mit deiner Klugheit und deinem Scharfsinn genau ebenso steht wie mit deiner großen Tapferkeit, von welcher du vorhin sprachst. Er hat deine Leute ermorden lassen, um keine Zeugen zu haben; falls er dich leben läßt, bist du aber ein Zeuge seines Verbrechens. Denke doch nach!" – „Allah, Allah! Was sagst du da! Ich verstehe, was du meinst." – „Und wenn ein Räuber jemandem seine Schätze zeigt, so tut er das nur, weil er überzeugt ist, daß der Betreffende nichts verraten kann. Diese Sicherheit gibt aber nur der Tod!" – „Mäbada – das sei ferne! Du läßt mich da in einen Abgrund blicken, welcher so schwarz wie die Tiefe des Verderbens ist!" – „Ich bin aufrichtig mit dir. Du hast mich schon einmal mit Unglauben belohnt und dies sehr teuer bezahlen müssen. Hörst du jetzt wieder nicht auf mich, so ist es um dich geschehen. Du wirst den Himmel nicht mehr schauen, sondern hier ebenso abgestochen werden, wie deine Leute abgeschlachtet worden sind." – „Bist du davon überzeugt?" – „Es ist meine feste, unerschütterliche Überzeugung." – „So begnadige mich Allah mit seiner Barmherzigkeit! Ich will dir glauben, ja, ich muß dir glauben, wenn ich auch nicht wollte. Wenn ich mir deine Worte überlege und dazu die Schlechtigkeit dieser Menschen, wenn ich daran denke, mit welcher Kaltblütigkeit sie meine Begleiter erstachen, so kann ich gar nicht anders, ich muß mich verloren geben!"

Nun er einsah, was ihn erwartete, begann er zu jammern und zu klagen, er betete zu Allah; er wimmerte vor Angst und machte mir inzwischen eine Menge unnütze, weil unausführbare Vorschläge, uns zu retten. Inzwischen war es mir gelungen, die Knoten zu öffnen und die Hände freizubekommen; den Strick vom Hals, den Knien und den Füßen zu lösen, war nun nur eine Kleinigkeit; dann stand ich auf und reckte und streckte mit unendlichem Behagen meine Glieder. Jetzt war ich gerettet, denn nun mochte der Säfir kommen mit allen, allen seinen Leuten, ich hatte keine Angst vor ihnen!

Das erste, was ich hierauf tat, war, daß ich in die Ecke links ging, welche der Bimbaschi bezeichnet hatte, und da den Boden untersuchte. Es gab da einen nicht hohen, aber breiten Haufen Ziegelmehl, welches so fein und leicht war, daß ich den Arm fast bis an die Achsel hineinstoßen konnte, ohne besonderen Widerstand zu finden. Dann ging ich nach dem Eingang, um den Eisenstabvorhang zu betasten. Da war nicht hinauszukommen. Als diese Untersuchung ein leises Klirren der Stäbe verursachte, warnte der Pischkhidmät Baschi:

„Horch! Es ist jemand an der Tür!" – „Nein; ich war es", antwortete ich. – „Du ...?" fragte er erstaunt. „Deine Stimme klingt jetzt von oben. Stehst du vielleicht? Wie kommst du an die Tür? Du bist doch gefesselt!" – „Ich war es, bin es aber nicht mehr. Während du nur jammertest, habe ich gearbeitet und mich von den Banden befreit. Nun werde ich auch dich losmachen." – „O Allah, Allah, Allah! Welch ein Glück bricht über mich herein! Ja, komm her, Effendi, und mach mich frei – frei – frei!" – „Nicht so laut! Eigentlich kann ich dich nicht losmachen." – „Warum nicht?" – „Weil ich ein Christ bin und meine Berührung dich für dieses und für jenes Leben schändet." – „Sprich nicht so, Effendi, sprich nicht so! Was geschehen ist, das soll vergeben und vergessen sein. Ich sage dir, daß die Christen sehr brave, gute und edle Menschen sind; ich bin überzeugt davon, vollständig überzeugt!" – „Ja, wenn ihr uns brauchen könnt, dann lobt ihr uns, sonst aber habt ihr nur einen Mund voll Speichel für die ‚ungläubigen Hunde'. Aber gerade weil ich ein Christ bin, will ich mich deiner erbarmen und dich nicht hier liegenlassen, bis der Säfir wiederkommt. Wie bist du geschnürt?" – „Die Füße sind mir zusammen- und die Hände an den Leib gebunden." – „So wird es nicht schwer sein, dich freizumachen."

Ich kniete bei ihm nieder und nahm ihm ohne große Mühe die zwei Stricke ab, worauf er emporsprang und seiner Freude in so unvorsichtiger Weise Ausdruck gab, daß ich ihm Schweigen befehlen mußte.

Nun galt es, die Ecke genauer zu untersuchen, als ich es vorhin getan hatte. Der Kammerherr mußte helfen. Wir entfernten das Ziegelmehl, indem wir es mit den Händen herausnahmen und zur Seite auf den Boden warfen. Es war nicht bloß Mehl, sondern es gab auch viele mürbe Bruchstücke von Ziegeln dabei. Auf diese Weise entstand ein Loch, welches immer tiefer wurde. Die Arbeit förderte schnell. Als wir vielleicht einen Meter tief gegraben hatten, stießen wir auf festen Boden, aber die leichte mehlige Masse setzte sich nach rechts und links in horizontaler Richtung fort. Links ging es in das Innere des Gemäuers, rechts nach außen, darum gruben wir in der letzteren Richtung weiter, was wegen des Transports seine Schwierigkeiten, doch keine großen hatte. Ich grub voran, warf das Mehl auf den hinter mir liegenden Gürtelschal des Kammerherrn, und er brachte es dann in dem wie einen Sack zusammengefalteten Leibtuch nach oben. Schon nach einer kurzen Weile fand ich nur noch ganz geringen Widerstand; ich merkte, daß ich das leichte Material vorwärts schieben konnte. Dies tuend, kroch ich weiter und weiter; der Perser folgte dicht hinter mir. Ich fühlte, daß ich frische Luft atmete; der Gang wurde frei von Schutt, und kurze Zeit darauf war er zu Ende. Ich sah trotz der Dunkelheit rechts und links hoch emporsteigendes Mauerwerk, vor mir eine Lücke in demselben und oben darüber ein kleines Stück des Himmels, an welchem die hellen Sterne standen. Ich kannte den lichthofähnlichen Raum, welcher vor mir lag; es war der Platz der Stachelschweine, an welchem wir gestern unsere Pferde versteckt gehabt hatten.

Mit dem Kopf voran im Loch liegend, schaute ich auf den an der Mauer emporsteigenden Trümmerhaufen. Es fehlten noch ganze zwei Meter, so hätte er bis zu mir heraufgereicht. Einige Verwitterungen in den Ziegeln hatten den Stachelschweinen als Weg an der Mauer herauf gedient, ich konnte sie nicht benutzen und ließ mich also ganz einfach aus dem Loch hinunter auf den Haufen fallen, was bei der Weichheit des Gemülls nicht gefährlich war. Dann schaute der Perser verwundert aus dem Loch.

„Wo befinden wir uns?“ fragte er. – „Wieder im Freien. Komm herab! Wir sind gerettet!“ – „Alhamdulillah! Gerettet! Im Freien! Aber du hast gut sagen, daß ich hinabkommen soll! Es ist doch kein Sullem – keine Leiter – da!“ – „Habe ich eine Leiter gebraucht? Du verlangst vom Glück allzuviel. Soll es dir vielleicht gar einen Tachtrawan – eine Sänfte – schicken, in welchem ich dich heruntertragen lassen darf? Mach es wie ich und falle.“ – „Hinunterfallen? Das mutest du mir zu? Soll ich den Hals und dazu wohl auch noch die Beine brechen?“ – „Ich habe auch nichts gebrochen!“ – „Das bist du! Euch Christen schützt der Teufel!“ – „Ah! Vorhin warst du höflich, aber kaum bist du frei, so gibt es wieder Beleidigungen! Bleib in deinem Loch stecken, und laß dich von dem Säfir herausholen! Ich gehe. Gute Nacht!“

Ich wendete mich um und stieg in den Trümmerhaufen hinab. Da tat es hinter mir einen lauten Plumps; der oberste der Kammerherren kam, in eine Geröll- und Staubwolke gehüllt, auf dem Rükken an mir vorübergesaust und rief dabei:

„Halt, halt! Nimm mich mit, nimm mich mit! Ich bleibe nicht hier; ich bleibe ganz gewiß nicht hier!"

Als ich ihn einholte, stand er, an allen Gliedern zitternd, da, klopfte sich den Staub aus dem Gewand und jammerte:

„Das war ein fürchterlicher, ein entsetzlicher Sprung, mit dem Kopf voran! Ich werde so etwas nie wieder wagen! Du konntest mich doch herunterheben! Ich habe an jeder Stelle meines Leibes das Gefühl, als ob ich die Bastonade bekommen hätte!" – „Sei froh, daß du deine Freiheit nicht teurer, als mit nur diesem edlen Gefühl zu bezahlen hast! Bist du ein guter Reiter?" – „Es sollte niemand wagen, zu bestreiten, daß ich vortrefflich reite." – „Das ist gut, denn wir reiten sofort nach Hilleh." – „Dazu gehören Pferde!" – „Die habe ich. Sie sind hier in der Nähe versteckt. In einer Stunde müssen wir dort sein." – „Man reitet doch drei Stunden! Warum so schnell?" – „Weil wir längst vor Tagesanbruch wieder hier sein müssen." – „Wieder hier? Ich sage dir, daß mich keine Macht der Erde wieder hierher bringen wird!" – „Darüber wollen wir später sprechen. Jetzt kommt!" – „Was willst du mitten in der Nacht in Hilleh?" – „Wir holen Militär und nehmen den Säfir und alle seine Schurken gefangen." – „Allah sein Dank! Dieser Gedanke ist groß, ist vortrefflich! Wenn Soldaten dabei sind, so reite ich auch wieder mit." – „So komm!"

Wir stiegen vollends hinab. Als wir die Trümmer hinter uns hatten, blieb ich lauschend stehen. Es war nichts zu sehen und nichts zu hören. Wir wendeten uns nach rechts und hatten nach fünf Minuten die Stelle erreicht, wo die Pferde standen. Ich nahm meine Waffen, gab dem Perser diejenigen des Hadschis, und dann stiegen wir auf, um den alten Birs Nimrud auf baldiges Wiedersehen zu verlassen.

Da ich den Weg kannte, so durften wir es wagen, trotz der Dunkelheit Galopp zu reiten. Wir mußten das, weil wirklich keine Zeit zu verlieren war.

Zunächst lenkte ich auf den Weg hinüber, welcher von Hilleh nach den Hügeln Chidr und Delem führt, und als wir ihn erreicht hatten, rief ich den Pferden ein aufmunterndes „Chabab" – Galopp! – zu, worauf sie in vollem, schlankem Lauf über das ebene und ganz hindernislose Terrain flogen. Dabei stellte sich nun freilich heraus, daß der Kammerherr keineswegs der vortreffliche Reiter war, für den er sich ausgegeben hatte. Ich hätte, wenn es Tag gewesen wäre, bei dem Ritt eine Nähnadel einfädeln können, ohne das Öhr zu verfehlen, so wunderbar „chatt“ – in einem Strich, einer Linie – gingen die Rappen, wie der Beduine sich auszudrücken pflegt; er aber stopfte im Sattel auf und nieder wie ein im Gang befindlicher Spritzenkolben und rief mit ängstlich zu:

„Wakkif, wakkif – halt an, halt an! Das ist mir zu schnell!“ – „Mir nicht!“ erwiderte ich. – „Amma ana dochan – aber mir schwindelt, ich bekomme den Zoba'a – Wirbelwind –, das Ashub-i dil-i därya – ‚Erbrechen des Meeres‘, d. i. Seekrankheit –. Ich falle herunter!“ – „So halte dich fest! Wir können nicht langsam reiten. Gib mir die Zügel!“

Er brachte es nicht fertig, sie mir herüberzureichen; ich langte hinüber und nahm sie ihm aus der Hand. Nun klammerte er sich an den Sattelknopf an, und unter immerwährendem Ach und Oh ging es weiter. Ich erlaubte den Pferden nur zweimal, langsamer zu gehen, und so kam es, daß wir in noch nicht ganz einer Stunde die ersten Gebäude von Hilleh vor uns liegen sahen. Da ich das sogenannte Serail – den Palast – des Sandschaki kannte, wurde es mir nicht schwer, es zu finden. Ich hatte geglaubt, wegen der nächtlichen Stunde an dem Tor klopfen zu müssen, aber es stand weit offen, und als wir in den Hof ritten, sah ich, daß der Eingang zur Wohnung des Beamten erleuchtet war. Wir ritten hin und stiegen ab. Es stand ein Doppelposten, den ich am Tag nicht gesehen hatte, vor der Tür.

„Ist der Sandschaki wach?“ fragte ich. – „Ja“, antwortete der eine Soldat. – „Wir müssen sofort zu ihm. Haltet unsere Pferde!“ – „Wir dürfen niemanden einlassen.“ – „Warum?“ – „Es ist ein Offizier, ein Abgesandter des Padischahs, den Allah segnen möge, von Stambul angekommen, der hat mit ihm zu sprechen und darf nicht gestört werden.“ – „Wir müssen dennoch zu ihm. Hier habt ihr, um euren guten Willen zu erleuchten!“

Ich drückte ihm einige Silberstücke in die Hand; er hielt sie in den Lichtschein, um zu sehen, wie viel es war, und sagte dann:

„Herr, deine Güte geht über die Befehle, welche wir erhalten haben. Gebt meinem Arkadasch – Kamerad – die Pferde, er wird sie gut bewachen, ich aber gehe hinein, um euch den Kol Agasi, welcher die Wache hat, herauszuholen.“

Er ging und kam sehr bald mit dem Offizier zurück. Zu meiner Freude war dies der brave Alte, der so fest an meinen Einfluß auf den Seraskier glaubte. Als er uns sah und erkannte, schlug er vor Erstaunen die Hände zusammen und sagte:

„Ihr seid es, ihr? Effendi, das ist kühn; das ist sogar tollkühn von dir! Man wird euch festnehmen, einsperren und verurteilen. Der Sandschaki war voller Wut über eure Flucht!“ – „Ich fürchte ihn nicht. Führe mich zu ihm! Ich habe ihm eine sehr wichtige Mitteilung zu machen, welche keinen Aufschub duldet.“ – „Was ist geschehen? Warum kommt ihr wieder?“ – „Jetzt habe ich keine Zeit zum Erzählen, denn es ist mir jede Minute wichtig; du wirst aber sehr bald erfahren, was du wissen willst. Also melde uns sofort!“ – „Ihr werdet aber wahrscheinlich nicht vom Sandschaki, sondern vom Abgesandten des Sultans empfangen werden!“ – „Wer ist das?“ – „Es ist ein Dscheneral – General –; wie er heißt, das weiß ich nicht. Er ist am Abend von Bagdad hier angekommen, und seitdem gibt es lauter Geheimnisse hier im Hause. Es sind alle Oberbeamten des Sandschak und auch einige Offiziere versammelt, welche mit großer Heimlichkeit verhandeln. Wenn ich wüßte, daß du in deinem Bericht mich wirklich lobend erwähnst, würde ich dir etwas mitteilen.“ – „Ich erwähne dich; ja, ich werde dich schon in Bagdad empfehlen.“ – „So will ich es glauben. Also komm einmal her!“

Er nahm mich bei Hand, führte mich beiseite und raunte mir ins Ohr:

„Ich glaube, es steht mit dem Sandschaki nicht so, wie es stehen soll. Ich habe hinter der Tür die sehr strenge Stimme des Dscheneralѕ gehört, und dann, als ich hineintrat, war das Gesicht des Sandschaki so voller Verlegenheit, daß ich glaube, es liegt etwas sehr Schlimmes gegen ihn vor. Er hat seit der Anwesenheit des Dscheneralѕ keinen einzigen Befehl erteilt, scheint also nichts mehr bestimmen zu dürfen. Darum denke ich, daß ihr nicht mit ihm, sondern mit dem Boten des Sultans sprechen werdet.“ – „Das ist mir sehr lieb. Also melde uns!“ – „Das darf ich nicht. Ich darf nur Personen, welche verlangt werden, den Zutritt gestatten und mache mit euch nur deines Berichts wegen eine Ausnahme, für welche ich wahrscheinlich einen scharfen Verweis bekommen werde. Also anmelden darf ich euch nicht; aber ich kann doch auch nicht immer an der Tür stehen, und wenn ich einmal einen Augenblick nicht dort bin und ihr geht hinein, so kann ich doch nichts dafür.“ – „Wo ist diese Tür?“ – „Geht dort rechts die Stufen hinauf; dann steht sie euch gerade entgegen. Im ersten Gemach befindet sich meine Wache, welche euch zurückweisen wird; wie ihr euch dazu verhaltet, das ist eure Sache; ich darf es euch nicht sagen. Die nächste Stube ist diejenige, in welche ihr zu gehen habt. Jetzt entferne ich mich, denn ich darf nichts, gar nichts von euch wissen."

Er ging auf den Hof hinaus, und ich stieg die Treppe empor und öffnete die bezeichnete Tür. Es gab da einen Onbaschi – Korporal – mit fünf Soldaten. Er trat auf uns zu, um uns den Weg zu verlegen, ich schob ihn aber mit einem strengen „Ruh min han!" – „Mach dich fort!" – auf die Seite, was ihn so verblüffte, daß wir, ehe er zur Besinnung kam, schon im nächsten Zimmer standen.

Da saßen mehrere Zivilbeamte rauchend auf den Wandkissen, ein Stück von ihnen entfernt auch einige Offiziere, und auf der anderen Seite, ganz allein, von ihnen entweder abgesondert oder gar gemieden, der Sandschaki, nicht rauchend und in sich zusammengesunken. Er hob bei unserem Eintritt den Kopf. Als er sah, wer die Ankömmlinge waren, sprang er rasch auf, eilte hinter uns an die Tür, breitete dort die Arme weit aus, um uns das Fortgehen unmöglich zu machen, und rief:

„Da sind die entflohenen Halunken; da sind sie wieder! Greift zu; haltet sie fest, damit sie nicht wieder entweichen können."

Die anderen erhoben sich sehr schnell von ihren Sitzen und sahen uns mit allen Zeichen der Überraschung an. Ich drehte mich zu dem Sandschaki um und sagte im ruhigsten Ton:

„Reg dich nicht auf! Es fällt uns gar nicht ein, dieses Zimmer zu verlassen, ehe wir unseren Zweck erreicht haben. Wir sind gekommen, mit dir zu sprechen, hoffentlich hast du Zeit?" – „Zeit? Ja, Zeit habe ich für euch, ihr Schurken, ihr Hunde, sehr viel Zeit, aber nur, um euch binden zu lassen und in das Gefängnis zu stecken!" – „Dazu wirst du wohl nicht kommen, denn nicht wir, sondern andere Personen sind es, welche in das Gefängnis gehören. Ich warne dich überhaupt, mit Halunken, Schurken und Hunden hier herumzuwerfen! Ich bin gewohnt, daß höhere Leute, als ein hiesiger Sandschaki ist, in Achtung mit mir verkehren. Du hast heute oder vielmehr gestern so unverzeihliche Fehler begangen, daß sie dir schlimme Folgen bringen würden, wenn wir nicht jetzt gekommen wären, dir Gelegenheit zu geben, sie wieder gutzumachen. Wir haben also Dankbarkeit und nicht Beleidigungen von dir zu erwarten!" – „Dankbarkeit?" lachte er laut und höhnisch auf. „Ja, die Dankbarkeit der Bastonade, die soll euch werden! Ein verbrecherisches Gesindel, wie ihr seid, muß ..."

Da wurde der vor einer weiteren Tür hängende Vorhang zurückgeschlagen, es erschien ein Offizier in voller türkischer Generalsuniform und fragte in streng verweisendem Ton:

„Was für ein Geschrei und Lärm ist das in meiner Nähe! Achtet man den Beauftragten des Großherrn in dieser Weise, daß ...“

Er sprach nicht weiter. Sein Blick war auf mich gefallen, und sofort machte der ernste Ausdruck seines Gesichts einem freundlichen Lächeln Platz. Der Sandschaki bemerkte das nicht und fiel schnell ein:

„Hazretiniz – Eure Exzellenz –, hier stehen zwei ganz gefährliche Strolche, welche mir heute entflohen sind. Sie sind Pascher, Diebe, Räuber und Mörder und müssen sofort festgenommen werden!“

Der General nickte ihm verächtlich zu und antwortete:

„Ich werde sie, besonders den einen, sofort festnehmen, und zwar bei der Hand.“

Er kam auf mich zu, nahm meine beiden Hände, die er herzlich schüttelte, und begrüßte mich in deutscher Sprache:

„Welch eine große Freude, Sie so unerwartet hier zu sehen! Zwar ganz überrascht bin ich nicht darüber, denn ich habe vorhin gehört, daß Sie sich in dieser Gegend befinden, und nahm mir vor, nach Ihnen zu forschen, um Sie aufzusuchen.“ – „Wenn Exzellenz nicht überrascht sind, so bin ich es um so mehr“, antwortete ich, „da ich nicht ahnen konnte, daß Sie sich in Irak Arabi und gar hier in Hilleh befinden. Ich sehe, daß Sie in so unerwartet kurzer Zeit den ‚Oberst‘ überstiegen haben, darf ich gratulieren, Herr General?“ – „Danke! Ich wurde ausersehen, ganz plötzlich in einer sehr heiklen Angelegenheit nach Hilleh zu reisen, um, mit den nötigen Vollmachten ausgerüstet, den hiesigen Sandschaki zu überrumpeln und verhörlich vorzunehmen.“ – „Ah! So hat er sich in irgendeinen Verdacht gebracht?“ – „Es handelt sich nicht bloß um einen Verdacht, sondern es ist mir gelungen, schon Beweise gegen ihn in die Hand zu bekommen. Sie wissen, daß der Schah Nasir ed-Din nach dem Besitz von Bagdad trachtet. Er hat vor einigen Jahren die Bedrängnis der Türkei benutzt, es zurückzuverlangen, stieß aber auf unerwarteten Widerstand. Jetzt nun mehren sich die Zeichen, daß er diese Absichten in anderer Weise verfolgt, und dabei ist denn der hiesige Sandschaki im höchsten Grade kompromittiert. Ich habe hier noch nicht alles durchgesehen, weiß aber schon jetzt, daß ihm zunächst die Amtsenthebung und dann noch größere Strenge bevorsteht. Er hat auch Sie und Ihren guten Halef in einer Weise behandelt, welche mehr als bloß eine einfache Rüge verdient.“ – „Das wissen Exzellenz?“ – „Ich weiß alles ganz genau. Der Mir Alai, der sich sehr für Sie interessiert, hat es mir erzählt.“

Er deutete hinter sich auf den Oberst, der nach ihm eingetreten war, derselbe Mir Alai, der sich während der Mehkeme so wohlwollend unser angenommen hatte, und fuhr dann fort:

„Dieser Oberst ist ein braver Mann, und seiner Unterstützung habe ich hier schon viel zu verdanken. Ich werde ihn empfehlen."

Bei diesen Worten fiel mir der alte Kol Agasi ein, und so fragte ich ihn, obgleich ich eigentlich viel Notwendigeres zu sagen hatte:

„Exzellenz sprachen von Vollmachten. Würden diese sich vielleicht auch darauf erstrecken, einen altgedienten Kol Agasi mit einer höheren Charge zu beglücken?"

Er sah mir mit einem pfiffigen Lächeln in das Gesicht und antwortete:

„Er hat sich natürlich um Sie verdient gemacht?" – „Sehr!" – „Das muß der Padischah belohnen. Sie wissen, es ist bei uns, und zumal hier in dieser abgelegenen Provinz, so manches möglich, was anderwärts wohl nicht geschehen dürfte. Ich will also Ihr Herz durch die Mitteilung erleichtern, daß es mir nicht schwerfallen wird, ihn zum Alai Emini oder Bimbaschi nicht bloß vorzuschlagen, sondern gleich zu machen. Wollen Sie mir mitteilen, in welcher Weise er sich so verdient um Sie gemacht hat?" – „Ich bitte, dies später tun zu dürfen, da mir in diesem Augenblick die Zeit dazu mangelt. Es ist jetzt jede Minute bei mir angerechnet, denn es gilt, eine höchst gefährliche Verbrecherbande auszuheben und dabei einen Fang zu machen, wie er hier wohl noch nicht vorgekommen ist." – „Hängt das mit Ihrer Anwesenheit am Birs Nimrud, mit Ihrer Gefangennahme und nachherigen Flucht zusammen?" – „Sehr eng." – „So erzählen Sie mir schnell alles, aber kurz und bündig, weil Sie keine Zeit haben! Wie ich Sie kenne, handelt es sich um eine interessante Begebenheit, und es sollte mich freuen, wenn es mir möglich wäre, mich auch einmal an einem Erlebnis Kara Ben Nemsis zu beteiligen." – „Oh, was das betrifft, so stecken Exzellenz schon mitten in einem Erlebnis drin", lachte ich, „und es würde Ihnen wohl schwerfallen, ganz unbeteiligt wieder herauszukommen!"

Nun folgte ich seiner Aufforderung und gab ihm den gewünschten Bericht, den er mit gespannter Aufmerksamkeit entgegennahm. Es läßt sich denken, welchen Eindruck sein zu mir so freundschaftliches Verhalten auf die Anwesenden machte. Sie verstanden zwar, weil wir deutsch sprachen, kein Wort unserer Unterredung, aber sie mußten doch sehen, daß wir einander nicht nur kannten, sondern in noch näherer Beziehung zueinander standen.

Ich lasse nämlich den General nicht etwas als schriftstellerischen

Deus ex machina an dieser Stelle erscheinen, das wäre, wenn es sich nur um Phantasiegebilde handelte, ein ganz überflüssiges Verfahren, eine vollständig unnötige Verschwendung von Papier, Tinte und Buchdruckerschwärze, weil der schon vorhandene Sandschaki mir ganz dieselben Dienste leisten könnte, wie der an den Haaren herbeigezogene „Dscheneral“. Dieser letztere, den ich Freund nennen darf, ist vielmehr eine hervorragende militärische Persönlichkeit, sogar Autorität und durch den Gang seines bewegten Lebens im höchsten Grade interessant.

Adolf Farkas, ein geborener Mähre und später ungarischer Offizier, war während der dortigen Erhebung Bems Adjutant und zeichnete sich dabei in jeder Weise aus. Nach diesen Kämpfen gingen beide in türkische Dienste und traten zum Islam über, Bem unter dem Namen Amurat Pascha, während Farkas den Namen Osman wählte, und, da er später den Rang eines Paschas erhielt, jetzt Osman Pascha heißt. Während des Krieges im Jahre 1853 bat Omer Pascha sich ihn als Adjutant aus, und ebenso leistete Farkas in dem Feldzug von 1877 – 78 Ausgezeichnetes. Für diese Verdienste zum Oberst und bald darauf zum General ernannt, war er zugleich Professor an der militärischen Hochschule in Konstantinopel und genoß auch sonst das Vertrauen des Padischahs, wie seine jetzige Sehnsucht nach Bagdad und Hilleh bewies. Ich hatte ihn in Stambul kennengelernt und an seiner Seite bei anregender Unterhaltung manche Tasse Kaffee getrunken und manchen Tschibuk ausgeraucht. Jetzt nun standen wir so ganz unerwartet im Zimmer des Sandschaki beieinander, und er hörte mit immer wachsender Aufmerksamkeit der Erzählung unseres Erlebnisses zu. Als ich damit zu Ende war, rieb er sich vergnügt die Hände und gestand:

„Das ist allerdings interessant, höchst interessant, und ich sehe ein, daß Sie keine Zeit zu verlieren haben. Wie gern, wie sehr gern würde ich mit hinausreiten und mich an diesem Coup beteiligen; aber die Pflicht hält mich hier fest. Ich darf dem Sandschaki nicht von der Seite weichen, und die unaufschiebbaren Nachforschungen werden noch die ganze Nacht ausfüllen. Aber ich stelle Ihnen alles zur Verfügung, was Sie wünschen und verlangen. Sprechen Sie nur! Sagen Sie, womit ich Ihnen dienen kann! Haben Sie schon einen Feldzugsplan entworfen?“ – „Darf ich diese Cäsar- oder Napoleonsarbeit nicht lieber Euer Exzellenz überlassen? Mir liegt nur daran, meinen Halef unverletzt wiederzubekommen, das übrige ist ja Sache der hiesigen Verwaltung, welcher ich das Bewußtsein, ihre Pflicht erfüllt zu haben, ganz gern gönne.“ – „Sie Diplomat! Im Fall des Nichtgelingens sind Sie dann ganz verantwortungsfrei! Weiß der Sandschaki schon, daß der Pischkhidmät Baschi überfallen und ausgeraubt worden ist und seine Begleiter tot sind?" – „Er hat wohl keine Ahnung davon!" – „So wollen wir ihm auch nichts sagen. Seit ich Ihre Erzählung gehört habe, kann ich nämlich den Gedanken nicht loswerden, daß er in Beziehung auf seine Verbindung mit Persien mit dem Säfir unter einer Decke steckt. Dieser ist der Unterhändler. Meinen Sie nicht?" – „Ja, er oder der Pädär-i-Baharat, vielleicht auch beide zugleich. Daß man sich gerade an den Sandschaki gewendet hat, scheint mir zwei Gründe zu haben." – „Welche?" – „Erstens hat man ihn als bestechlichen Mann gekannt, und zweitens stehen die heiligen Orte, auf welche es doch wohl vor allen Dingen abgesehen ist, unter ihm." – „Das ist richtig. Sie öffnen mir da die Augen." – „Auch kann es keinen gewöhnlichen Grund haben, daß sein Verhalten zu dem Säfir ein so seltenes, ein so ausnahmsweises ist. Er ließ ihn, den Fremden, ja nicht nur an der Mehkeme teilnehmen, sondern gestattete ihm auch in das Verhör zu sprechen. Das läßt auf ganz verdächtige Verbindungen schließen." – „Ich stimme bei; aber wir werden auch, hinter diese Schliche kommen. Jetzt mache ich Sie darauf aufmerksam, daß wir ganz vergessen haben, daß wir nicht allein hier sind. Ich bin den Anwesenden eine Erklärung schuldig."

Sich von mir ab und dem Sandschaki zuwendend, sagte er zu ihm, natürlich nun nicht mehr deutsch sprechend:

„Du sprachst vorhin von Strolchen, Paschern, Dieben, Räubern und Mördern. Wie bisher in vielen anderen Punkten, so bin ich auch in dieser Hinsicht nicht mit dir einverstanden, sondern ganz anderer Meinung. Dieser Franke ist mein Freund, und ich freue mich außerordentlich, ihm so unerwartet hier zu begegnen. Er heißt Kara Ben Nemsi Effendi und steht unter dem ganz besonderen Schutz des Padischahs. Das hat er dir gesagt und auch bewiesen, ohne daß es dir beliebte, auf seine Worte zu achten. Ich habe jetzt seine Anklage entgegengenommen und werde sie zu den übrigen Beschuldigungen fügen, welche gegen dich vorliegend und zu denen wahrscheinlich noch andere kommen."

Man sah es dem Sandschaki an, daß er sich seit der freundlichen Begrüßung zwischen dem General und mir in der größten Verlegenheit befand. Er wollte jetzt eine entschuldigende Antwort versuchen, wurde aber daran verhindert, denn mein alter Kol Agasi kam herein und meldete, daß drei Männer den Sandschaki zu sprechen begehrten.

„Wer sind sie?“ fragte der General. – „Ich weiß es nicht; sie wollten keine Namen sagen. Sie sind persisch gekleidet, und der eine von ihnen sagte, er käme mitten in der Nacht, weil er dem Sandschaki einen sehr wichtigen Brief zu übergeben und auch von einer großen Mordtat zu erzählen habe, welche am Birs Nimrud geschehen sei.“ – „Wer soll ermordet worden sein?“ – „Der Pischkhidmät Baschi mit allen Leuten, die bei ihm waren.“ – „Von wem?“ – „Von den beiden Fremden, welche heute entflohen sind, dem Kara Ben Nemsi und dem Haddedihnbeduinen.“

Der General sah mich und ich den Kol Agasi an. Diese drei persisch gekleideten Männer konnten nur Kumpane des Säfir sein; ich dachte sogleich an den Pädär-i-Baharat und seine zwei Begleiter. Wenn sie es waren, so spielten sie ein höchst gefährliches Spiel, welches sie freilich für ganz unbedenklich hielten, weil sie zweierlei nicht wußten, nämlich erstens, daß ich mit dem Kammerherrn entkommen war, und zweitens, daß sich seit dem Abend die Verhältnisse des Sandschaki außerordentlich verändert hatten. Der schlauberechnende Säfir wollte aus sehr naheliegenden Gründen, welche keiner Erklärung bedürfen, Überfall und Mord auf mich und Halef, also auf einen Christen und einen Sunniten schieben und dadurch jeden doch vielleicht gegen ihn auftretenden Verdacht gleich im Beginn von sich und seiner Bande abwälzen.

„Wo befinden sich die drei Perser?“ fragte ich den Kol Agasi. – „Unten an der Tür“, antwortete er. – „So haben sie unsere Pferde gesehen?“ – „Nein, Effendi. Da die Hengste dir gehören, habe ich sie mit Aufmerksamkeit behandelt und in den Achor – Stall – unseres Serails schaffen lassen, wo sie Futter und Wasser bekommen.“ – „Das ist gut! Hast du den Männern gesagt, daß ich hier bin?“ – „Kein Wort! Was denkst du von dem Licht meiner Gedanken, daß du mir eine so große Dummheit zumutest?“ – „Aber die Posten werden es jetzt unten ausplaudern?“ – „Auch kein Wort! Sie sind, während du hier oben warst, gewechselt worden, und die jetzigen wissen nichts von dir.“ – „Hast du davon gesprochen, daß ein Abgesandter des Padischahs angekommen ist?“ – „Nein. Diese drei Männer sind so ahnungslos wie Hammel, welche nach der Tür drängen, hinter welcher sie geschlachtet werden sollen.“ – „Dieser Vergleich ist nicht übel. Warte einen Augenblick!“

Ich wendete mich zu dem General, welcher mir mit der Frage zuvorkam:

„Du hast eine Idee; ich sehe es dir an. Habe ich recht?“ – „Ja.“ – „Welche?“

Er sprach arabisch und nannte mich also du. Ehe ich antworten konnte, ergriff der Sandschaki das Wort:

„Ich höre, daß die Karawane des Pischkhidmät Baschi überfallen und er mit den Seinigen ermordet worden sein soll. Hier steht er aber ja! Wie ist das zu erklären?“ – „Auf so einfache Weise, wie dir heute noch manches anderes auch erklärt werden wird“, erwiderte ich ihm. – „Wo ist der Haddedihn? Warum hast du ihn nicht mitgebracht?“ erkundigte er sich in höhnischem Ton. „Es scheint doch etwas vorgekommen zu sein, was du verschweigen mußt!“ – „Wohl dir, wenn du so wenig zu verschweigen hast wie ich! Es wäre nur gut für dich, wenn du jetzt gar nichts sagtest!“

Nun führte ich den General abseits und besprach mit ihm den Plan, den ich gefaßt hatte; er stimmte bei und traf schnell seine Anordnungen zur Ausführung desselben. Er blieb ganz allein in dem Zimmer, alle anderen begaben sich in das Nebengemach, aus welchem er vorhin mit dem Oberst gekommen war. Auch der Korporal mußte mit seinen Soldaten aus dem Vorraum zu uns kommen, denn wir brauchten sie sehr wahrscheinlich zur Arretur der drei Perser, welche mißtrauisch geworden wären, wenn sie eine solche Wache vor der Wohnung des Sandschaki angetroffen hätten. Diesem letzterem wurde streng bedeutet, daß er sich ganz ruhig und vollständig schweigsam zu verhalten habe, wenn er nicht Gefahr laufen wolle, seinem hohen Stand zuwider behandelt zu werden. Jedenfalls wurde es ihm, dem hier bisher Allgewaltigen, schwer, die Fügsamkeit zu zeigen, welche wir von ihm verlangten. Was mich betrifft, so postierte ich mich hinter den Vorhang, um jedes Wort hören und die Perser durch eine Lücke beobachten zu können.

Kaum daß die Vorbereitungen getroffen worden waren, traten sie ein. Sie hatten erwartet, den Sandschaki zu sehen und waren nicht wenig darüber betroffen, daß sie vor einem General standen, zu dem sie gar nicht gewollt und von dessen Anwesenheit sie nichts gewußt hatten. Man sah es ihnen an, wie verlegen sie waren. Ich hatte mich nicht geirrt, als ich annahm, daß es der Pädär mit seinen beiden Genossen sein werde.

„Ihr habt gewünscht, hier gehört zu werden. Was ist euer Verlangen, jetzt mitten in der Nacht?“ fragte Osman Pascha. – „Wir baten, mit dem Sandschaki sprechen zu dürfen“, antwortete der Pädär. – „Er kann nicht kommen, ich stehe an seiner Stelle hier. Also redet!“

Er sah sie so streng und durchdringend an, daß sie es nicht wagten, sich zu weigern. Der Pädär begann ziemlich kleinlaut:

„Unser Bericht ist eigentlich nur für den Gebieter des hiesigen Sandschak; aber da du behauptest, an seiner Stelle hier zu sein, so werden wir dir die Angelegenheit mitteilen." – „Drückt euch höflicher und vorsichtiger aus! Ich behaupte gar nichts, sondern was ich sage, das gilt. Merkt euch das! Was ist es für eine Angelegenheit, die ihr mir vorzutragen habt? Ich hoffe, eine genug wichtige, um euer nächtliches Kommen zu entschuldigen." – „Sie ist wichtig. Es handelt sich um den Überfall einer Karawane und einen zwölffachen Mord." – „Welche Karawane?" – „Die Karawane des Pischkhidmät Baschi, welcher der Gast des hiesigen Gebieters gewesen ist. Sie ist vor einigen Stunden draußen bei den Ruinen überfallen und geplündert worden, wobei der Pischkhidmät Baschi mit seinen elf Begleitern das Leben verloren hat." – „Wer sind die Mörder?" – „Der Christ und der sunnitische Haddedihn, welche hier schon wegen Mord, Leichenschändung und Schmuggelei vor der Mehkeme standen, aber entflohen sind." – „Könnt ihr das beweisen?" – „Ja." – „Wie?" – „Durch unser Zeugnis. Wir waren dabei und sind die einzigen, welche dem Blutbad entkommen sind." – „Ihr werdet mir den Hergang dieses Ereignisses erzählen; vorher aber handelt es sich um den Brief, von dem die Rede gewesen ist." – „Er ist für den Sandschaki", meinte der Pädär verlegen. – „Ich stehe an seiner Stelle!" – „Er enthält eine Schrift, welche von ihm zu unterzeichnen ist!" – „So wird er unterzeichnen!" – „Wir haben diese Schrift wieder abzuliefern und müssen sie uns also zurückerbitten!" – „Dagegen habe ich nichts." – „Wir dürfen sie aber nur ihm geben, keinem anderen Menschen!" – „So ist es ein Geheimnis, um welches es sich handelt?" – „Das weiß ich nicht. Ich habe strengen Befehl, nach dem ich handeln muß." – „Von wem?" – „Das darf ich nicht sagen." – „Woher kommt der Brief?" – „Dies zu sagen, ist uns ebenfalls verboten."

Es war dem Pädär himmelangst; er wand sich hin und her und atmete sichtlich auf, als der General in gleichgültigem Ton entschied:

„Mag es sein; ihr sollt einstweilen euren Willen haben! Jetzt zu dem Überfall der Karawane. Wie ging das zu?" – „Es geschah folgendermaßen: Wir drei befinden uns auf der Pilgerfahrt nach den heiligen Stätten. Wir kamen gestern hier an und trafen einen Landsmann, mit dem wir uns befreundeten. Als es Abend geworden war, wollten wir die Kühle desselben zur Fortsetzung der Reise benutzen und baten ihn, uns eine Strecke zu begleiten." – „Wie hieß dieser Mann?" – „Wir haben nicht nach seinem Namen gefragt. Er nannte sich Def – Gast – des Sandschaki, und so will ich ihn auch weiter bezeichnen, wenn du es erlaubst.“

Er meinte natürlich den Säfir, und es war sehr vorsichtig von ihm, sich auf diese Weise aus der Notwendigkeit zu ziehen, den wahren oder auch einen falschen Namen anzugeben. Er fuhr fort:

„Der Def willigte ein, bis zu den Ruinen mitzureiten. Unterwegs trafen wir auf die Karwan-i-Pischkhidmät Baschi, welche kurz vor uns von Hilleh aufgebrochen war, und baten um die Erlaubnis, uns ihr anschließen zu dürfen, was uns auch nicht verweigert wurde. Wir waren froh darüber, denn wir hatten von der großen Unsicherheit des Weges und von einem Franken und einem Haddedihn gehört, welche die Anführer räuberischer Beduinen sind und jeden Pilger, der ihnen in den Weg kommt, ausplündern.“ – „Kennst du die Namen dieser Räuber?“ fragte der General. – „Ja. Der Franke wird Kara Ben Nemsi genannt, und der Haddedihn heißt Halef.“ – „Diese Schurken! Man muß sie zu fangen suchen. Leider aber kennt man ihr Aussehen nicht!“ – „Oh, das kennen wir“, fiel der Pädär schnell ein. „Man hat sie uns beschrieben, und heute abend haben wir sie auch gesehen.“ – „Nun, wie?“

Jetzt beschrieb der Mensch Halef und mich so genau, daß ich selbst es nicht besser hätte machen können, und setzte dann seine Erzählung fort:

„Kurz vor den Ruinen kamen zwei Männer von seitwärts her geritten und gesellten sich zu uns. Allah hatte unsere Augen verdunkelt, sonst hätten wir erkennen müssen, daß es die beiden Räuber waren. Dann verabschiedete sich der Gast des Sandschaki von uns und wünschte uns glückliche Reise; sie sollte leider nicht glücklich werden, denn kaum war er fort, so fielen Schüsse, und eine Menge Beduinen drang auf uns ein. Wir sahen, daß die beiden zuletzt Angekommenen, also der Franke und der Haddedihn, ihre Messer zogen und zwei Pilger niederstachen; nun erkannten wir sie und wendeten schnell unsere Pferde, um ihnen zu entgehen. Dies gelang uns, denn die Kugeln, die uns nachgeschickt wurden, trafen uns nicht. Nach einiger Zeit stießen wir wieder mit dem Def zusammen, welcher umgekehrt war, weil er die Schüsse gehört hatte. Wir erzählten ihm den Überfall, und er beredete uns, mit ihm zurückzureiten und den Schauplatz des Überfalls zu beschleichen, weil vielleicht die Rettung eines Lebens möglich sei. Als wir dort ankamen und vorsichtig lauschten, brannte ein Feuer, und die beiden Anführer waren beschäftigt, die Beute unter sich und die Beduinen zu verteilen. Als sie damit fertig waren, ritten sie fort. Die Leiche des Pischkhidmät Baschi nahmen sie mit, um sie in den Fluß zu werfen, damit niemand sie finden könne. Wir aber wagten uns nach ihrer Entfernung hin an das Feuer, um die dort liegenden elf Körper zu untersuchen; sie waren alle tot, und zwar nicht erschossen, sondern erstochen worden. Uns graute. Der Gast des Sandschaki aber war ein kühner Mann; er beschloß, den beiden Anführern heimlich nachzureiten, um ihr Versteck zu erfahren und sie dann mit Hilfe der hiesigen Soldaten zu fangen. Uns sandte er nach Hilleh zurück, um dem Sandschaki sofort, noch während der Nacht, die Untat zu erzählen."

Er hielt jetzt inne; darum erkundigte sich der General:

„Bist du fertig?" – „Ja." – „Ihr könnt alles, was du erzählt hast, durch einen Eid bekräftigen?" – „Ja." – „Es kommen in deinem Bericht einige Punkte vor, die mir unklar sind. Du wirst mir also noch einige Fragen zu beantworten haben. Du sagtest, ihr hättet euch mit dem Def befreundet; wie kommt es, daß ihr da seinen Namen nicht kennt? Bevor man sich befreundet, sucht man doch zu erfahren, wie man heißt!" – „Unter schiitischen Pilgern nicht. Du bist ein Sunnit und kannst das also nicht wissen." – „Gut; das hast du vortrefflich gemacht! Weiter! Es fielen so viele Schüsse, und doch hat keiner getroffen, alle Menschen waren nicht erschossen, sondern erstochen. Ist das nicht sonderbar?" – „Nein. Es war eben nicht genau gezielt worden!" – „Und alle zwölf Mitglieder der Karawane hielten ruhig still, um sich mit Bequemlichkeit nach und nach erstechen zu lassen?" – „Das war die Angst!" – „Der Def hat die Schüsse gehört, muß also noch nicht weit entfernt gewesen sein. Ihr kamt mit ihm zurück. Es kann also inzwischen nur eine sehr kurze Zeit vergangen sein, höchstens einige Minuten?" – „Mehr nicht." – „Und doch brannte schon ein Feuer? Und doch war man schon mit der Verteilung der Beute beschäftigt? Du mußt selbst sagen, daß deine Erzählung stellenweise höchst verwunderlich klingt!" – „Allah! Ich habe die volle, reine Wahrheit berichtet!" – „Ihr wart vorher in Hilleh?" – „Ja." – „Wie lange?" – „Einige Stunden." – „Wohin wolltet ihr von hier aus?" – „Zunächst nach Kerbela." – „Dann?" – „Nach Meschhed Ali." – „Nicht wieder über Hilleh, denn dies wäre ein Umweg gewesen, sondern direkt über Kefel?" – „Ja." – „Und wohin von Meschhed Ali aus?" – „Hinunter nach Samawa." – „Weiter!" – „Von dort aus wollten und wollen wir über Qorna, Hawisa und Dezful im Tal des Karkhehflusses nach Persien zurück." – „Also ohne wieder hierherzukommen?" – „Ja", antwortete der sonst so schlaue Pädär, welcher nicht ahnte, welche

Falle der General ihm mit diesen Fragen gestellt hatte. Der Fang glückte auch vollständig, indem Osman Pascha fortfuhr:

„Wie steht es da mit dem Brief an den Sandschaki? Ihr hattet ihn abzugeben, seid aber fortgeritten, ohne dies zu tun, obwohl ihr die Absicht hattet, nicht wiederzukommen. Und nun kommt ihr mitten in der Nacht, um ihn zu bringen. Erkläre mir diese Widersprüche!"

Der Perser war vollständig überzeugt gewesen, unbedingt nur von dem Sandschaki empfangen zu werden, und also auf ein solches Examen nicht vorbereitet. Der Pädär zermarterte sich das Gehirn nach einer nur leidlich passenden Auskunft; er setzte mehrmals an, um zu antworten, fand aber nichts, was er als nur einigermaßen glaubhaft vorbringen konnte.

„Nun, sprich!" drängte ihn der General. „Woher dieses Schweigen? Fällt dir denn gar und gar keine Ausrede ein?" – „Wir – wir – hatten den Brief – ver – gessen!" stieß der Pädär endlich hervor. – „Vergessen? Einen Brief, der so wichtig ist, daß ihr ihn jetzt zu einer so unpassenden Stunde bringt? Dessen Wert ihr so hoch taxiert, daß ihr das Schreiben nicht einmal mir anvertraut, sondern es nur eigenhändig übergeben wollt? Seid ihr denn wirklich so dumm, anzunehmen, daß ich dieser Ausrede Glauben schenken werde? Es ist eine geradezu unglaubliche Frechheit von euch, mir da eine Menge von Lügen in das Gesicht zu sagen, welche jeder Dummkopf durchschauen würde. Denn nicht bloß eure letzte Ausrede, sondern alles, was du mir erzählt hast von dem Überfall, ist Schwindel, ist ausgesonnener Lug und Trug!" – „Denke das nicht; denke das ja nicht!" fiel der Pädär schnell und ängstlich ein. „Alles, was ich erzählt habe, ist die reine, die lautere Wahrheit, die wir bereit sind, sofort durch einen Eid zu bekräftigen." – „Ja, ich traue euch allerdings zu, daß ihr euch nicht besinnen würdet, diesen Meineid zu schwören! Ihr bleibt also dabei, daß Kara Ben Nemsi und der Haddedihn die Anführer der Beduinen sind, welche die Karwan-i-Pischkhidmät Baschi überfallen haben?" – „Ja." – „Zu welchem Stamm gehörten diese Beduinen?" – „Das können wir natürlich nicht wissen, weil wir nicht mit ihnen gesprochen haben und es auch so dunkel war, daß wir irgendwie vorhandene Merkmale gar nicht zu sehen vermochten." – „Und der Pischkhidmät Baschi ist tot?" – „Ja." – „Wirklich und wahrhaftig tot?" – „Ja." – „Ihr habt tatsächlich seine Leiche gesehen? Besinne dich wohl, ehe du antwortest!"

Es wurde dem Pädär bei diesen dringlichen Fragen angst; er begann zu ahnen, daß die Luft hier für ihn nicht so gesund und rein sei, wie er angenommen hatte; aber es gab für ihn keinen Ausweg; er konnte seine Lügen nicht zurücknehmen und antwortete also:

„Ja, wir haben sie gesehen, der Mann ist wirklich tot. Er war ja einer der ersten, welche erstochen wurden."

Der General ließ eine kurze Pause eintreten, um die Bedeutung der nächsten Worte zu erhöhen, nahm den Pädär scharf in die Augen und sprach mit schwerem Nachdruck:

„Ich habe geglaubt, er sei unverletzt und liege im Inneren des Birs Nimrud gefangen!"

Das kam den Persern so unerwartet, daß sie sich nicht beherrschen konnten. Ihr rasches Zusammenzucken und die erschrockenen Blicke, welche sie einander zuwarfen, waren vollgültige Beweise ihrer Schuld. Sie standen in starrer, wortloser Bestürzung vor dem General. Dieser fuhr mit derselben Strenge fort:

„Der Gast des Sandschaki ist den Anführern der Räuber nach, um ihren Schlupfwinkel zu entdecken?" – „Ja, so sagte er", nickte der Pädär in einer Weise, welche seine Beklemmung verriet. – „Das war höchst überflüssig von ihm, denn ich kenne dieses Versteck bereits, und zwar ganz genau. Der Haddedihn liegt abgesondert im Raum rechts, wenn man von der Treppe aus in die nächste Kammer kommt; geht man aber geradeaus, so sieht man das Drahtgitter, hinter welchem Kara Ben Nemsi und der Pischkhidmät Baschi gelegen haben!" – „Bi Khatir-i-Khuda – um Gottes willen!" schrie da der Pädär auf. „Woher – woher weißt du –" er hielt vorsichtig inne, denn er besann sich, daß er im Begriff stehe, ein Geständnis auszusprechen, und verbesserte sich, indem er es in die Worte veränderte: „Wir wissen nicht, was du meinst. Wir haben nicht die geringste Ahnung davon, was dieser dein Ausspruch zu bedeuten hat!" – „Wirklich nicht? So mache ich euch darauf aufmerksam, daß ich nicht gesagt habe, daß diese beiden Männer noch dort liegen, sondern daß sie dort gelegen haben. Sie sind nämlich nicht mehr gefangen. Euer Säfir …!" – „Säfir, Säfir!" rief da Aftab höchst unvorsichtig aus. – „Oh, du erschrickst darüber, daß ich den von euch so sorgfältig verschwiegenen Namen des sogenannten ‚Gastes' kenne? Dieser dein Schreck überführt euch aller eurer Schuld! Also euer Säfir hat sich in Kara Ben Nemsi verrechnet. Dieser Franke ist klüger und geschickter als ihr alle miteinander in summa seid. Er hat das Innere des Birs Nimrud gekannt, längst ehe er von euch hineingeschafft wurde, und heimlich über den Säfir gelacht, als dieser vor ihm stand und von den Qualen sprach, mit denen er ihn martern wollte." – „Ich – ich – wir – du – du siehst uns fast ohne Sprache vor Erstaunen über das, was du sagst und war wir nicht begreifen können!" stammelte der Pädär. – „Nicht vor Erstaunen, sondern vor Angst! Als Kara Ben Nemsi und Halef beim Tamariskengebüsch am Euphrat in deine Hände fielen, hast du gejubelt, vor Freude darüber, daß du ihnen die Hiebe, welche ihr von ihnen erhalten habt, nun zurückzahlen könntest. Jetzt nun kommst du zu der Einsicht, daß es allerdings Hiebe, gewaltige Hiebe geben wird, aber nicht für sie, sondern für euch!"

Da hielt der Pädär es für angemessen, seine Bestürzung niederzudrücken und den unschuldig Beleidigten herauszukehren. Er richtete sich hoch auf und fragte:

„Herr, wie kommst du dazu, all dieses unverständliche Zeug zu uns ..." – „Schweig!" donnerte der General dazwischen. „Ich werde nicht Herr, sondern Hazret genannt, was zu tun du bis jetzt sorgfältig vermieden hast; es wird euch aber die vorgeschriebene Höflichkeit bald beigebracht werden! Und wenn du von ‚unverständlichem Zeug' redest, so soll dir sofort das Verständnis kommen. Schau hin! Du kennst sie wohl!"

Er deutete nach dem Vorhang. Ich hatte den Kammerherrn, diesen Augenblick erwartend, schon längst zu mir gewinkt und trat mit ihm hinaus. Die Wirkung unseres Anblicks war noch stärker, als wir erwartet hatten. So frech und hartgesotten diese Menschen waren, dem Schreck, den dieser Augenblick ihnen brachte, konnten sie doch nicht widerstehen. Sie knickten förmlich zusammen, und der Pädär retirierte nach der Tür. Da eilte ich hin, stellte mich zwischen sie und ihn, zog den Revolver, hielt ihm die Mündung vor die Brust und drohte:

„Weg von der Tür, sonst schieße ich dich augenblicklich nieder!"

Dies trieb ihn einige Schritte weiter; da er aber dabei mit der Hand nach dem Gürtel fuhr, fügte ich hinzu:

„Und weg dort mit der Hand! Jetzt hat der Scherz ein Ende, und es wird Ernst gemacht. Onbaschi, komm herein!"

Der Korporal folgte diesem Ruf, er kam mit seinen Leuten herein und postierte sich mit ihnen vor die Tür. Während ich den Persern den Revolver noch immer entgegenstreckte, nahm ihnen der General die Messer und Pistolen ab. Gewehre hatten sie nicht mit. Sie machten keinen Versuch, dies nicht geschehen zu lassen.

„So!" sagte ich, zu dem Pädär gewendet. „Weißt du noch, was du mir angedroht hast; was bei unserem Wiedersehen geschehen solle? Das Wiedersehen ist da; was wird nun weiter kommen?"

Ich hörte seine Zähne aufeinanderknirschen, eine andere Antwort gab er nicht.

„Ihr habt euch wunder wer weiß wie klug gedacht, und doch wie dumm, wie ganz unverzeihlich dumm seid ihr!“ sprach ich weiter. „Es ist wirklich kaum glaublich, mich in den Birs Nimrud zu stekken und mir doch vorher zu verraten, wie man es anzufangen hat, in das Innere der Ruine zu kommen!“ – „Wer hat das verraten!“ fuhr er auf. – „Du!“ – „Ich?!“ – „Ja, du selbst!“ – „Lüge, nichts als Lüge!“ – „Pah! Hattest du nicht eine Schrift bei dir, welche die Zeichnung des Wegs, des Eingangs und sogar die auf dem Ziegel befindlichen Zeichen enthielt?“ – „Du hast sie in der Hand gehabt? Du hast sie gesehen? Allah vernichte dich!“ – „Ja, ich habe sie gehabt und die Zeichen wohl verstanden!“ – „So mußt du allwissend sein oder dich mit teuflischer Zauberei befassen!“ – „Es ist weder Allwissenheit noch Zauberei nötig; es gehört dazu weiter nichts, als daß man nicht ganz und gar so einfältig ist, wie ihr drei Kerle seid. Ich will aber darauf verzichten, euch eure Dummheit vor Augen zu halten, denn ihr würdet ja doch nicht zur Einsicht gelangen. Wir wollen es lieber so kurz wie möglich mit euch machen. Gib einmal den Brief heraus, den du für den Sandschaki mitgebracht hast!“

Er zuckte unwillkürlich mit der Hand nach hinten, zog sie aber von der Stelle, welche er berührt hatte, schnell wieder zurück und antwortete:

„Ich habe keinen Brief!“ – „Sprich keinen solchen Unsinn! Es ist ja geradezu zum Lachen, daß du jetzt etwas leugnest, was du vorhin wiederholt behauptet hast!“ – „Der Brief war nur ein Vorwand; ich habe wirklich keinen!“ – „Du hast ihn mit!“ – „Und wenn ich einen hätte, so würde ich ihn doch nicht hergeben!“ – „Ich werde ihn schon finden!“ – „So such!“ brüllte er mich grimmig an und ließ ein erzwungenes Gelächter folgen.

Ich trat hinter ihn, legte die Hand auf die Stelle, welche er vorhin berührt hatte, und sagte:

„Hier steckt er!“ – „Da im Gürtel? Nimm ihn doch heraus!“ – „In dem Gürtel wohl nicht, sondern unter ihm, in der Sirjamä – Hose –, denke ich.“ – „Däwwab – Vieh –, du hast den Teufel!“

Er hatte dieses beleidigende Wort kaum ausgesprochen, gab ich ihm so eine Ohrfeige, daß er, so lang er war, zu Boden stürzte.

„Haltet ihn fest!!“ rief ich dem Korporal zu.

Dieser warf sich mit seinen Leuten auf den Pädär, noch ehe er aufstehen konnte. Er wollte sich zwar wehren, konnte aber gegen soviel kräftige Hände nichts machen. Da wurde der Vorhang auseinandergerissen; der Sandschaki kam aufgeregt und eilig herein und herrschte mich zornig an:

„Was hast du mit den Briefen zu schaffen, die an mich gerichtet sind? Bist du etwa mein Vormund, oder bin ich ein Knabe, der, wenn er haben will, was ihm gehört, erst um Erlaubnis fragen muß? Wenn ein Brief an mich hier ist, so hat ihn kein anderer Mensch zu bekommen als nur ich allein!" – „Auch ich nicht?" fragte der General. – „Nein."

Da legte ihm Osman Pascha die Hand auf die Schulter und belehrte ihn in gewichtigem Ton:

„Du scheinst noch immer nicht zu wissen, weshalb und wozu ich mich hier befinde. Es sei dir also kurz und deutlich gesagt. Ich bin die Hand des Padischahs, welche sich ausstreckt, um das Buch deiner Taten aufzuschlagen. Da gibt es keine Weigerung und keine Abwehr deinerseits. Ich handle nach der Vorschrift, die mir geworden ist, und werde, falls du dich widersetzest, deinem Ungehorsam zu begegnen wissen!"

Der Sandschaki wich einen Schritt zurück, sah ihm kampfbereit in das Gesicht, senkte aber vor dem Blick, dem er begegnete, die Augen, besann sich eines Besseren und erwiderte:

„Ich weiß, daß ich gehorchen muß, wenn es sich um amtliche Angelegenheit handelt; dieser Brief aber ist in einer Privatsache an mich gerichtet!" – „Oh! So kennst du bereits seinen Inhalt?" – „Ja." – „Und weißt also, daß dieser Mann, obgleich er es leugnet, im Besitz eines Schreibens für dich ist?" – „Behaupten kann ich es nicht; aber wenn er einen für mich hat, weiß ich genau, daß der Inhalt ein persönlicher, aber kein amtlicher ist." – „Warum dann die Angst des Überbringers? Warum die Weigerung, ihn vorzuzeigen?" – „Eben weil der Inhalt nicht mein Amt, sondern eine Privatangelegenheit betrifft, welche sich auf meine Familie bezieht, um die sich kein Mensch und selbst kein Vorgesetzter, auch nicht die ‚Hand des Padischahs', wie du dich nennst, zu kümmern hat!" – „Wohlan! Wenn es so ist, wie du sagst, so werde ich ihn dir lassen. Der Mann mag das Schreiben herausgeben!" – „Ich habe keines!" behauptete der Pädär verstockt, indem er einen ohnmächtigen Versuch machte, trotz der ihn niederhaltenden Hände vom Boden emporzukommen. – „Da er noch immer leugnet, scheint es doch, als ob das Schreiben nichts Unbedenkliches enthalte", meinte Osman Pascha. „Man suche ihn aus!" – „Wir brauchen gar nicht lange zu suchen", warf ich ein. „Der Bote hat sich selbst durch seine

Hand verraten, mit welcher er nach dieser Stelle griff. Wir werden ja gleich sehen!“

Ich hatte mich bei diesen Worten niedergebückt und die Hand hinten unter den Gürtel des Persers, der sich nicht dagegen wehren konnte, geschoben. Ich fühlte sofort das, was ich suchte. Es befand sich im Inneren der Hose, hier, wo man sonst keine anzubringen oder zu suchen pflegt, eine Tasche, aus welcher ich das Schreiben zog. Ein schneller Blick zeigte mir die Adresse, mit der man den Brief vorsichtigerweise versehen hatte. Als ich mich wieder aufrichtete, schnellte der Sandschaki herbei, streckte die Hand aus, um mir meinen Fund zu entreißen, und sagte dabei:

„Her damit! Das gehört mir! Du hast ihn gar nicht zu berühren!“

Ich hielt den Brief ebenso schnell hinter mich, schob den aufgeregten Adressaten von mir weg und entgegnete:

„Nimm dir nur Zeit; es handelt sich um die Adresse!“ – „Ist sie etwa die deinige?“ brüllte er mich wütend an. – „Nein; aber sie enthält nicht bloß deinen Namen, sondern auch deinen Amtstitel. Der Abgesandte des Padischahs mag entscheiden, ob daraus auf den amtlichen oder privaten Inhalt zu schließen ist.“

Ich gab das Schreiben dem General. Der Sandschaki fuhr rasch auf ihn los, um es ihm zu entreißen; ich faßte ihn aber hinten am Kragen, drehte ihn mit einem Schwung um sich selbst herum und schleuderte ihn in die Ecke, wo er niederstürzte. Er raffte sich wieder auf, um seinen Angriff auf den Brief zu wiederholen, aber die anwesenden Offiziere, welche auch aus dem Nebenzimmer hereingekommen waren, stellten sich vor ihn und ließen ihn nicht aus der Ecke heraus. Da er wohl wußte, daß der Brief die Beweise seiner Schuld enthielt, wehrte er sich mit den Fäusten und mit ebenso kräftigen Worten, doch vergeblich. Der General las die Adresse, nickte mir zu und entschied:

„Du hast recht. Die Aufschrift läßt auf amtlichen Inhalt schließen. Der Brief gehört mir!“

Er öffnete ihn und las. Sein Gesicht wurde ernster und immer ernster. Als er zu Ende war, steckte er ihn zu sich, sah einige Augenblicke überlegend vor sich nieder und ging dann zur Tür des Vorzimmers, welche er öffnete.

„Kol Agasi!“ rief er hinaus.

Der Alte kam herein.

„Gibt es eiserne Handfesseln hier?“ – „Ja, Hazretim. Sie hängen an Ketten unten im Khabu es Sidschn – Gefängniskeller –, wo die gefährlichen Gefangenen untergebracht werden.“ – „Sind diese Gefängnisse fest?“ – „Fest? Allah, Wallah! Die Mauern sind mannesstark von Stein, der Boden ist von Stein, und die Decke ist auch von Stein. Es gibt kein Fenster, kein Loch darin, und die Türen sind so dick, daß man stundenlang arbeiten müßte, um ein kleines Loch hineinzubringen.“ – „Wieviel solcher Gelasse sind da?“ – „Wohl zehn oder zwölf habe ich gesehen, als ich unten war.“ – „Wer hat die Schlüssel?“ – „Der Syndandschi – Gefangenenaufseher –. Soll ich ihn holen?“ – „Nein; ich gehe selbst, und du wirst mich zu ihm führen.“

Er wendete sich hierauf zu mir und sagte deutsch:

„Der Sandschaki ist ein Verräter. Das Schreiben ist ein förmlicher Kontrakt, den er unterzeichnen sollte, und gibt sogar die Summen an, die er schon erhalten hat und noch bekommen soll. Mehr darf ich Ihnen nicht sagen. Ich muß mich seiner Person so versichern, wie es die Größe meiner Verantwortung erfordert, und das Gefängnis also selbst in Augenschein nehmen. Werden Sie dafür sorgen können, daß während meiner kurzen Abwesenheit nichts geschieht, was ich vermeiden muß?“ – „Gewiß. Sie brauchen keine Sorge zu haben, Exzellenz. Hierbei möchte ich fragen, was Sie betreffs der drei Perser hier beschlossen haben?“ – „Sie werden auch an Ketten gelegt. Der eine, den Sie Pädär nennen, hat den Brief aus Teheran gebracht; der Säfir ist der eigentliche Unterhändler und kennt den ganzen Inhalt dieses Schreibens.“ – „Was sind das doch für Menschen! Sie betrügen hier und dort, auf beiden Seiten, ihre Auftraggeber, deren Vertraute sie doch sind. Es liegt uns eigentlich die Frage nahe, ob der Kammerherr, der als persischer Beamter doch nahe an der Quelle dieser Anzettelungen wohnt, nicht auch wenigstens etwas von ihnen weiß.“ – „Ich habe auch schon daran gedacht. Welcher Meinung sind Sie darüber?“ – „Er kommt mir harmlos vor.“ – „Mir auch, aber dennoch werde ich dafür sorgen, daß er Hilleh nicht eher verläßt, als bis ich überzeugt, vollständig überzeugt von dieser seiner Unschädlichkeit bin. Also bitte, sorgen Sie dafür, daß, solange ich fort bin, nichts vorkommt, was ich nicht erlauben darf!“

Er entfernte sich mit dem Kol Agasi. Kaum war er hinaus, so machte der Sandschaki abermals einen angestrengten Versuch, aus der Ecke fortzukommen, und sprudelte denen, die ihn daran hinderten, die Drohung zu:

„Macht Platz! Wer mich zurückhält, wird ohne Nachsicht und auf das allerstrengste bestraft. Ich bin es, der hier zu befehlen hat und kein anderer Mensch! Meine Beschwerden werden nach Bagdad und sogar bis nach Stambul gehen. Ich lasse euch alle absetzen und einsperren! Hört ihr es? Oder fürchtet ihr euch vor diesem Christenhund dort? Diesem Ausbund von Schlechtigkeit und Niedertracht ..."

Da stand ich aber schon vor ihm und unterbrach ihn durch die Worte:

„Du meinst mich?" – „Ja, dich!" zischte er mich an. – „Und wie wagtest du mich zu nennen?" – „Einen Christenhund, einen ..."

Er konnte den Satz nicht aussprechen, denn er bekam von mir einen Kopfhieb, der ihn besinnungslos niederwarf. Ich zog ihm die Machrami – Taschentuch – aus dem Gürtel und band ihm damit die Hände auf den Rücken.

„So; jetzt belästigst du uns nicht mehr. Für das weitere wird der Syndandschi sorgen!" – „Und vielleicht dann gar der Dschellad – Henker – oder, zur Schonung seiner Würde, die seidene Schnur", fügte der Mir Alai meinen Worten hinzu. „Ich sehe, Effendi, daß deine Faustschläge jetzt noch ebenso kräftig sind wie früher. Du ersparst mit ihnen die Fesseln, welche sonst notwendig wären, die Hände und Füße der Gefangenen unschädlich zu machen. Dort wäre eigentlich auch ein solcher Hieb gut angebracht."

Er deutete auf den Pädär, welcher, noch immer von den Soldaten niedergehalten, die Abwesenheit des Generals zu erneutem Widerstand benutzen zu müssen glaubte. Ich ließ ihn mit seinem eigenen Gürtel binden, und da der Korporal einmal bei dieser Arbeit war, so vollzog er sie, ohne daß ich ihn dazu aufzufordern brauchte, auch an den beiden anderen Persern, welche nicht den Mut besaßen, auch nur den geringsten Einspruch dagegen zu erheben.

Die passivste Rolle hatte während der ganzen Zeit der Pischkhidmät Baschi gespielt. Immer bewegungslos wie eine Statue an die Wand gelehnt, hatte er kein Wort gesagt und nur durch seine Augen verraten, daß er an den sich abspielenden Szenen doch eigentlich auch nicht ganz unbeteiligt sei. Jetzt näherte er sich mir und sagte sein erstes Wort:

„Effendi, diese Menschen sind Verbrecher; ich gebe das zu. Sie müssen bestraft werden, auch das gebe ich zu. Aber hat der General das Recht, sie festzuhalten und einzusperren?" – „Gewiß!" antwortete ich. – „Obgleich sie persische Untertanen sind?" – „Höre, sei vorsichtig, o Pischkhidmät Baschi! Das Recht des Generals ist gar nicht zu bestreiten, denn kein Konsul oder sonstiger Vertreter einer fremden Regierung kann etwas gegen die Arretur eines Verbrechers seiner Nationalität haben. Niemand kann zum Beispiel verlangen, daß man einen Mörder laufenläßt, weil er einem anderen Volk angehört." – „Ja, da hast du recht; aber warum mahnst du mich, vorsichtig zu sein?" – „Weil du, wenn du dich dieser Menschen annimmst, leicht in den Verdacht kommen kannst, ein heimlicher Verbündeter von ihnen zu sein."

Mit einem ruhigen Lächeln, welches unmöglich gewesen wäre, wenn er sich nicht ganz rein gefühlt hätte, gab er mir die Versicherung:

„Ein solcher Verdacht kann mich ja gar nicht treffen! Ich wohne unter dem Schirm der Gnade unseres Beherrschers und freue mich meiner Stellung und meines Lebens. Warum sollte ich mir diese Freude dadurch vergällten oder gar rauben, daß ich mich in Dinge mische, welche sich mit der Behaglichkeit, die ich liebe, nicht vereinbaren lassen? Ich habe dir schon gesagt, daß ich ein tapferer, ja sogar ein verwegener Krieger bin; aber mein schönes Dasein um schnöden Geldes willen durch Landesverrat, und wie diese Dinge sonst noch heißen mögen, auf das Spiel zu setzen, das kann mir nicht im Traum einfallen; dazu halte ich mich auch für viel zu gut. Ich hasse Verschwörungen und alle ähnlichen heimlichen Anschläge, weil sie die Traulichkeit des Befindens stören und die Ruhe der Seele, welche so wohltuend ist, in Aufruhr verwandeln. Das kannst du mir glauben, Effendi!"

Ja, ich glaubte es ihm ganz gern, aber auch noch aus einem anderen Grund, den er freilich nicht mit angeführt hatte: Er war nicht nur zu bequem, sondern auch zu feige, als daß er Veranlassung zu dem Verdacht geben konnte, von welchem ich vorhin mit Osman Pascha gesprochen hatte.

Dieser kam jetzt zurück. Ihm folgte der Kol Agasi, und ich sah dabei durch die geöffnete Tür, daß das ganze Vorzimmer voller Soldaten stand. Die Gefangenen wurden abgeführt; der Sandschaki aber mußte getragen werden, weil er noch nicht wieder zu sich gekommen war. Der General ging selbst wieder mit, um sich zu überzeugen, daß jede Anforderung der gebotenen Vorsicht erfüllt werde.

Als er hierauf wiederkehrte, mußte ich ihn darauf aufmerksam machen, daß ich mich nun beeilen müsse, nach dem Birs Nimrud zurückzukehren.

„Ja", stimmte er bei, „wir haben länger zugebracht, als du wohl eigentlich wolltest; aber es ist dabei auch zum vernichtenden Schlag gegen den Sandschaki gekommen, was ich nur dir allein verdanke. Wer aber soll bestimmen, was nun zu geschehen hat, du oder ich?"

– „Ich bitte, du!" – „Das ist eine Aufgabe, deren Lösung dir wohl leichter würde als mir, weil du die Örtlichkeiten und sonstigen Verhältnisse besser kennst als ich. Ich bitte dich also wenigstens um deinen Rat, um einen guten Vorschlag, nach welchem ich mich richten kann!" – „Gern! Aber wir wollen dabei deutsch sprechen!" – „Wie Sie wollen!" stimmte er sofort in dieser Sprache bei. „Es gibt wohl etwas, was nur wir beide wissen dürfen?" – „Ja." – „Was?" – „Der große Wert des Schmuggellagers. Ich meine, daß da nur Vertrauenspersonen Zutritt erhalten sollten." – „Ganz auch meine Meinung. Aber ist es nicht wahrscheinlich, daß es zu einem Kampf in diesen unterirdischen Räumen kommt?" – „Möglich wohl, doch glaube ich, ihn vermeiden zu können. Wenn das Lager in unsere Hände fällt, gehört es natürlich der Regierung des Padischahs. Exzellenz sind da wohl auch meiner Meinung?" – „Gewiß. Selbstverständlich ist eine angemessene Prämie für diejenigen Personen, denen wir diesen Gewinn zu verdanken haben werden." – „Gut, ich halte Sie beim Wort!" – „So? Sie wollen – für sich –?" fragte er etwas ungläubig. „Es ist ja wohl gewiß, daß nur Sie allein es sind, durch den es ermöglicht ..." – „Bitte", unterbrach ich ihn, „das bin nicht ich, sondern das ist mein alter Bimbaschi in Bagdad. Hätte er uns nicht erzählt, was ihm im Birs Nimrud geschehen ist, so wäre es jetzt gar nicht möglich, dem Säfir das Handwerk zu legen. Er hat sein ganzes Vermögen hergeben müssen, und so ist er es, für den ich um die mir zugestandene Prämie bitte, Exzellenz!"

Osman Pascha reichte mir seine Hand und sagte in gerührtem Ton:

„Dachte es mir! So ähnlich erwartete ich es! Da kommt der bekannte Kara Ben Nemsi zum Vorschein, der stets nicht für sich, sondern für die Braven und Geschädigten sorgt! Ihr Bimbaschi soll soviel haben, wie Sie für ihn erbitten werden. Nun aber: Wir brauchen Militär; von welcher Truppe, und wieviel?" – „Nur Kavalleristen, der Schnelligkeit wegen." – „Die haben wir ja." – „Ich weiß nicht, wieviel Mitglieder von der eigentlichen Bande des Säfir zugegen sein werden und wieviel Ghasaibeduinen er angeworben hat; aber ich meine, daß wir mit fünfzig Reitern mehr als genug haben werden." – „Wenn Sie es verlangen, lasse ich die ganze Garnison ausrücken!" – „Danke! Wenn ich die Sache auf mich zu nehmen hätte, würde ich viel weniger als fünfzig brauchen." – „Aber warum wollen und warum tun Sie das nicht?" – „Der Verantwortlichkeit wegen." – „Pah! Ich bin hier fremd. Sehen Sie denn nicht ein, daß Sie mir einen außerordentlichen Gefallen erweisen würden, wenn Sie mich von dieser Sache befreiten, indem Sie die Ausführung übernehmen? Ich kenne Sie und weiß, daß ich die Vollmacht in keine besseren Hände legen könnte. Also bitte, tun Sie es, und – schlagen Sie ein!"

Er hielt mir die Hand hin und fügte, als ich noch zögerte, lächelnd hinzu:

„Ich verspreche sogar, sie pränumerando durch eine Freude zu belohnen, die ich Ihnen und einem anderen mache!" – „Welche Freude?" – „Warten Sie einen Augenblick! Wie hieß der Kol Agasi, für den Sie sich verwendet haben?" – „Amuhd Mahuli." – „Gut; ich komme in zwei Minuten wieder!"

Er winkte dem Mir Alai, ihm zu folgen, und ging mit ihm in das nächste Zimmer, wo es Schreibzeug gab. Als sie wiederkamen, nickte mir der Oberst, welcher wohl Auskunft hatte geben sollen, mit bestimmendem Lächeln heimlich zu; der General aber hatte einen Papierbogen in der Hand, den er mir mit den Worten gab:

„Amuhd Mahuli ist von heute an Bimbaschi; hier haben Sie die Interimsbestätigung als Garantie für die eigentliche Ernennung, welche in einigen Tagen erfolgen wird. Sie können sie ihm geben, wenn es Ihnen beliebt; von mir und dem Mir Alai wird er jetzt noch nichts erfahren. Vielleicht machen Sie eine Belohnung daraus. Sie sehen, ich komme Ihnen entgegen. Und nun nochmals meine Hand; werden Sie jetzt endlich einschlagen?" – „Ja, von Herzen gern", antwortete ich, indem ich ihm die Hand reichte und dann das Papier zusammenfaltete und in die Tasche steckte. – „Gut! Bestimmen Sie also, was zu geschehen hat! Aber nehmen Sie nicht weniger als fünfzig Köpfe mit, denn es ist auf alle Fälle besser, Sie haben zehn Mann zuviel als einen zuwenig!" – „So bitte ich um sechzig, denn zehn müssen bei den Pferden bleiben." – „Schön! Und weiter?" – „Diese sechzig Leute kommandiert aber mein alter Amuhd Mahuli, der natürlich in allen Stücken mir zu gehorchen hat." – „Einverstanden! Ferner?" – „Ein Paket Lichter und Zündhölzer." – „Weiter nichts?" – „Ja, weiter nichts. Ich bin fertig und habe nur noch die eine Frage: Würden Exzellenz hinauskommen können, wenn ich einen Boten schickte?" – „Wenn Sie nach mir senden, brauchen Sie mich; also werde ich kommen." – „Dann bitte, das Detachement schnellstens marschfertig, und ein Pferd für den Pischkhidmät Baschi." – „Der soll wieder mit?" – „Ja, ich brauche ihn." – „Ich halte ihn aber nicht für sehr mutig!" – „Ich will nur ihn haben, nicht seinen Mut, den er allerdings auch gar nicht besitzt. Er ist mir zu einer ganz und gar passiven Rollen nötig." – „Oh, ich vermute, Sie geben, wie das so Ihre Art und Weise ist, der Angelegenheit eine etwas interessante Wendung?" – „Allerdings." – „So bin ich begierig auf das, was Sie mir erzählen werden. Ich erteile sofort die nötigen Befehle." – „Aber bitte, die Ausführung in der möglichsten Stille! Und dann gestehe ich, daß ich Hunger und Durst habe." – „Diesen Übeln soll sogleich abgeholfen werden", lachte er vergnügt.

Zehn Minuten später saßen alle Anwesenden bei kaltem Lahhm maschwi – gebratenes Fleisch –, und eine Viertelstunde hierauf meldete der Kol Agasi, daß die Mannschaften zum Aufbruch fertig seien. Es war meines Erachtens auch die höchste Zeit dazu. Der Kammerherr weigerte sich nicht, mit von der Partie zu sein; bei sechzig Mann Begleitung fühlte er sich sicher. Hätte er aber gewußt, wozu ich ihn bestimmt hatte, so wäre er wohl lieber in Hilleh geblieben. Amuhd Mahuli hingegen freute sich wie ein Kind auf den Streich, den wir vorhatten.

4. Kapitel

Wieder im Turm

Wir brachen auf und fanden die kleine Reiterschar schon draußen vor dem Tor auf uns wartend. Ich setzte mich mit dem Kol Agasi und dem Kammerherrn an ihre Spitze. Kaum waren wir zur Stadt hinaus, so erkundigte sich der erstere nach den Befehlen, welche ich ihm zu erteilen hätte.

„Du, Effendi, bist der Muschir, der Serasker Pascha – Marschall, Oberfeldherr – unserer Armee“, sagte er, „und ich bin der Ferik Pascha – Divisionsgeneral –. Dir haben alle zu gehorchen, mir aber auch meine sechzig Mann. Wir werden gern kämpfen und sind bereit, für dich in jedes brennende Feuer zu springen. Sag mir nur, was ich tun und wie ich mich verhalten soll!“ – „Zunächst haben wir so schnell und so unbemerkt wie möglich nach dem Birs Nimrud zu kommen“, antwortete ich ihm. – „Unbemerkt? Da ist es geraten, von diesem Weg abzuweichen.“ – „Wohl; aber dann kommen wir auf schlechtes Terrain und bringen die Beine der Pferde in Gefahr.“ – „O nein! Du mußt bedenken, daß hier unser Exerzierfeld ist und wir also jeden Schrittbreit kennen. Wenn die Feinde an einen Angriff denken, so erwarten sie ihn von der Stadt her. Nicht?“ – „Allerdings.“ – „Sie werden also ihre Wachsamkeit nach dieser Richtung lenken, und so müssen wir von einer anderen Seite kommen. Wir setzen dadurch eine Zeit von höchstens fünf Minuten zu. Ist es dir recht, daß wir einen kleinen Bogen schlagen?“ – „Ja.“ – „So komm und verlaß dich auf mich! Deine Hengste werden auch nicht ein allereinziges Mal ins Stolpern kommen. Wir reiten wie auf einer ebenen Sufra – einem Tisch –.“

Er lenkte nach rechts vom Weg ab, und ich muß sagen, daß er in Beziehung auf die Glattheit des Rittes nicht zuviel gesagt hatte. Dabei ließ er das Gespräch nicht ausgehen, er fuhr fort:

„Ich denke an das alte Sprichwort, welches sagt: Das Schicksal wendet die Ssuderah – Jacke – des Menschen täglich dreimal um, früh einmal, mittags noch einmal und des Abends wieder einmal. Die deinige aber scheint es noch öfter umzuwenden, nämlich des Nachts auch zweimal.“ – „Wieso?“ – „Weil du in dieser Nacht gefangen warst und nun selbst Gefangene machen willst. So warst du auch mein Gefangener und doch nach kurzer Zeit schon wieder frei, und zwar ohne einen Menschen um die Erlaubnis dazu zu fragen!“ – „Ein Sprichwort in meinem Vaterland sagt: Wer viel fragt, der geht viel irre; hier in diesem Fall würde es heißen müssen: Wer viel fragt, der kommt nicht über die Mauer.“ – „Ja, dieser Sprung über die Mauer! Du hättest die Augen sehen sollen, welche euch mit den Blicken folgten, als ihr, wie auf Gomelastik – Gummielastikum – sitzend, darüber hinwegflogt! So einen Sprung hätte keiner von uns gewagt! Wir haben keine schlechten Pferde beim Regiment, aber keine guten Reiter. Der freie Bedawi – Beduine – reitet viel, viel besser als wir. Wenn ich nur ein Bataillon hätte; ein Regiment brauchte es gar nicht zu sein; wie sollten meine Leute reiten lernen! Die müßten fliegen wie die Falken! Aber soweit bringe ich es in meinem ganzen Leben nicht. Das Kismet ist mir nie wohlgesinnt gewesen!“ – „Fühlst du dich nicht glücklich?“ – „Wie kann man glücklich sein, wenn man fünf Monate lang keine Löhnung bekommt? Der Padischah ist der größte und berühmteste, der reichste und weiseste Herrscher aller Reiche; aber – du wirst mir nicht das Leid antun, diese meine Worte zu verraten! – sein Reichtum bleibt bei ihm; er kommt nicht zu uns, und seine Weisheit reicht über den ganzen Erdkreis, aber nicht bis in unsere Taschen.“ – „Wovon lebst du da, wenn die Löhnung so lange Zeit ausbleibt?“ – „Ich lebe eigentlich gar nicht, sondern ich hungere, denn ich habe mein Harem – hier ist die Frau gemeint – und meine Kinder lieb und gebe ihnen die Brotkrumen, welche ich von den Teppichen meiner hohen Vorgesetzten auflese. Ich will gern hungern; sie aber sollen es nicht!“ – „Deine Vorgesetzten haben also Brot?“ – „Oh, nicht bloß Brot, sondern auch Fleisch und überhaupt alles, was ihr Herz begehrt! Du mußt nämlich wissen, daß der Fluß der Löhnung von oben herunterkommt, aber nur bis zum Bimbaschi geht; da hört er gewöhnlich auf, und nur dann, wenn das Regiment revoltiert, wird eine kleine Schleuse geöffnet, die sich aber sehr bald wieder verstopft. Ja, wenn ich es einmal bis zum Bimbaschi brächte, so wäre mir und meinem Haus, dem mein ganzes Herz gehört, für immer geholfen!“ – „Ist dieses dein Haus groß?“ – „Ich habe vier Söhne und drei Töchter; ich habe meine eigene Mutter und auch die Mutter meines Harems; das sind elf Personen, die von der kargen Löhnung, die ich nicht bekomme, leben sollen. Allah gebe baldige Besserung!“ – „Er wird dir helfen, Amuhd Mahuli. Wenn ich heute mit dir zufrieden bin, werde ich mit dem Dscheneral sprechen und ihn bitten, dafür zu sorgen, daß dir die rückständige Löhnung ausgezahlt wird.“ – „Wenn du das wolltest, Effendi! Meine

Dankbarkeit und auch die Dankbarkeit meines ganzen Hauses würde dich segnen bis an unser Ende! Wir haben gesehen, wie hoch der Dscheneral dich ehrt und achtet; er hat heute in viel, viel wichtigeren Dingen nur auf dein Wort gehört und würde dir also auch diesen kleinen Wunsch gewiß von Herzen gern erfüllen. Du sollst mit mir zufrieden sein; ich werde alles, alles tun, um mir deine Fürbitte zu verdienen. Vielleicht denkst du dann auch an dein anderes Versprechen." – „An welches?" fragte ich, mich vergeßlich stellend. – „An deinen Bericht an den Seraskier. Wirst du in demselben auch erwähnen, daß wir jetzt nach dem Birs Nimrud reiten, um die Mörder der Karawane zu ergreifen?" – „Ja." – „Und daß ich als Oberster von sechzig Mann und dein nächster Untergebener dabei beteiligt bin?" – „Gewiß! Ich werde alles, was du tust, und wie du dich dabei auszeichnest, ganz ausführlich erwähnen." – „Ich danke dir! Ich weiß, daß du Wort hältst, und werde mir deine Anerkennung und die Gnade des Seraskiers zu erwerben suchen. Jetzt sind wir so weit, daß der Birs Nimrud im Ostsüdost vor uns liegt. In zehn Minuten werden wir dort sein." – „Schon? Das ist schneller gegangen, als ich dachte!" – „Ich wußte es, daß du mit meiner Führung zufrieden sein würdest. Jetzt hast du nur zu bestimmen, welchen Punkt der Ruine du zuerst berühren willst." – „Erinnerst du dich der Stelle, wo wir unsere Pferde versteckt hatten und dann früh am Morgen holten?" – „Ja; ich kenne sie ganz genau." – „Dorthin muß ich zunächst. Doch halten wir vorher auf Rufesweite von dort an, denn ich will mich zu Fuß hinschleichen, um zu erfahren, wo die Leute stecken, welche wir suchen." – „Ist das nicht gefährlich?" – „Nein." – „Man kann dich wieder ergreifen!" – „Gewiß nicht wieder! Kein Fennek geht wieder in die Falle, aus der er einmal entkommen ist."

Wir ritten noch eine kurze Strecke, und dann hielt der Kol Agasi an.

„Hier haben wir die Entfernung, welche du meinst", sagte er. „Wenn wir laut rufen, werden wir an der Ruine gehört. Jetzt willst du uns verlassen?" – „Ja." – „Auf wie lange?" – „Das kann ich nicht sagen. Ihr bleibt aber hier und entfernt euch auf keinen Fall, bis ich zurückkehre. Dabei habt ihr jedes Geräusch, auch das geringste, zu vermeiden." – „Aber wenn du nicht wiederkommst?" – „Ich komme!" – „Wirst du uns in der Dunkelheit finden?" – „Ja. Hier vertraue ich dir meine Gewehre an, und laß nicht andere Pferde an unsere Rappen, wenn sie liegen; sie vertragen das nicht!"

Halefs Barkh war am Zügel nebenhergeführt worden; ich gab

ihm und meinem Ben Rih das Zeichen, sich zu legen, und sie gehorchten. Dann trat ich die Rekognoszierung an.

Mein Plan war auf die Voraussetzung gebaut, daß der Säfir nicht vor Ablauf der von ihm erwähnten sechs bis sieben Stunden in das Innere des Birs zurückkehren werde, wenigstens nicht in den Raum, wo wir gelegen hatten. Hatte er eher nach uns gesehen, so war unsere Flucht entdeckt und er hatte sich uns entzogen und von den Vorraten und Schätzen der Ruine soviel mitgenommen, wie ihm in der Eile möglich gewesen war.

Ich nahm mich natürlich außerordentlich in acht. Das Messer in der Hand, war ich fest entschlossen, mich nicht berühren zu lassen, sondern jeden, der dies versuchen sollte, niederzustoßen.

Ich kam glücklich bis an das Versteck der Pferde. Es war niemand da. Von hier aus schlug ich die bekannte, schon wiederholt gegangene Richtung nach dem Eingang der Schmuggelniederlage ein. Dort brannten mehrere Feuer, deren Schein es mir erleichterte, einer etwaigen Begegnung zu entgehen. Ich schlich mich, zuletzt am Boden kriechend, näher und immer näher, bis ich eine einzeln stehende Mauersäule erreichte, welche, von der einen Seite vom Feuer beleuchtet, nach der anderen einen tiefen Schatten warf. In diesem duckte ich mich nieder und lauschte.

Kaum mehr als zwanzig Schritt von der illustren Versammlung entfernt, welche hier ihr nächtliches Wesen trieb, konnte ich die Männer alle sehen und auch das hören, was nicht ganz leise gesprochen wurde. Sie sprachen aber meist laut und ungeniert, und es war überhaupt zu merken, daß sie sich alle recht sicher fühlten.

Sie bildeten zwei Abteilungen, und ich sah sogleich, daß die einen die Räuber und die anderen die Schmuggler waren. Die letzteren beschäftigten sich damit, einen vorher gewiß recht groß gewesenen Haufen von Waren in einzelnen Paketen und Ballen hinauf nach dem Eingang der Niederlage zu schaffen. Sie taten das von Posten zu Posten, d. h. in der Weise, daß sie sich in gewissen Entfernungen voneinander aufgestellt hatten und einer dem anderen das Stück zutrug. Auf diese Weise brauchte keiner von ihnen den ganzen Weg zu machen. Es war ja überhaupt anzunehmen, daß nicht sie alle, sondern nur die von dem Säfir Bevorzugten den eigentlichen Eingang kannten. Diese standen jetzt oben, die anderen aber unten, und indem sie sich nicht beisammen befanden und ihre Arbeit außerordentlich still verrichteten, konnten sie meiner Beobachtung keine Erfolge bieten. Ich wendete meine Aufmerksamkeit also der anderen Abteilung, den Räubern, zu.

Räuber waren sie, denn es standen und lagen die zwölf Pferde und sechs Lastkamele des Kammerherrn da, die letzteren freilich nicht mehr belastet, denn was sie getragen hatten, lag in zwei Haufen vor den Mordgesellen, welche die einzelnen Gegenstände von dem einen nahmen, um sie zu beschauen, zu taxieren, über ihren Wert zu streiten und nach erfolgter, oft sehr schwieriger Einigung auf den anderen zu werfen. So wurde dieser immer größer und jener immer kleiner.

Aus diesem Abschätzen und Zanken ersah ich, daß das saubere Geschäft nicht auf Lohn, sondern auf Anteil abgeschlossen worden war. Ich zählte fünfzehn Personen, lauter Beduinen, natürlich dem oft erwähnten Stamm der Ghasai angehörend, sonnverbrannte, hagere, finster und gierig dreinblickende Gestalten.

Der Säfir saß bei ihnen. Er hatte in der Hand ein Buch und neben sich einen großen Geldbeutel. In das Buch trug er die einzelnen Stücke und die auf sie gefallene Taxe ein, und aus dem Beutel zahlte er einem alten, graubärtigen Kerl, der wohl der Vormann der Schurken war, den auf sie entfallenden Anteil vom Wert aus. Daß es dabei sehr laut, erregt und nicht ohne recht gefährlich klingendes Wettern und Fluchen abging, versteht sich ganz von selbst. Nur der Säfir bewahrte seine Kaltblütigkeit; er schien im Umgang mit der Art von Leuten erfahren zu sein, hörte ihrem Schimpfen ruhig zu, sprach ein abschließendes Machtwort, dem dann nicht mehr widersprochen wurde, griff in den Beutel und legte den Betrag in die ihm entgegengestreckte, schmutzige Hand. Diese Leute waren keine geschulten Rechner; sie konnten nicht addieren; darum ließen sie nicht die einzelnen Posten zusammenziehen und sich dann die Summe geben, sondern es mußte ihr Anteil für jedes einzelne Stück für sich entrichtet werden.

Einmal verlor der Säfir doch seine Ruhe. Es war bei einer orientalischen Stickerei, deren Gold bis zu mir herüberflimmerte. Die Ghasai taxierten sie zu hoch, und es entstand ein Streit, welcher sich so in die Länge zog, daß er, mit seiner Geduld zu Ende, aufsprang und zornig ausrief:

„Ihr seid von Sinnen und bellt um nichts, wie die Schakale beim Schein des Mondes! Seht dort meine Leute an! Das sind neunzehn Männer; aber sie alle zusammen haben während der ganzen Nacht nicht soviel Lärm hören lassen, wie ein einzelner von euch in zwei Minuten macht. Das habe ich nun satt! Glaubt ihr, ich sitze nur für euch hier und habe nichts anderes vor, als euer Brüllen anzuhören? In einer halben Stunde sind die dort mit ihrer Arbeit zu Ende; dann müssen auch wir hier fertig sein, denn dann habe ich höchst notwendig noch für mich selbst zu tun. Bringt ihr noch länger zu, so packe ich hier alles zusammen, schaffe es fort, und ihr bekommt keinen, aber auch nicht einen Para mehr!“

Das wirkte; der Handel ging von jetzt an schneller vonstatten. Aber seine Worte sagten auch mir, daß ich mich beeilen müsse, denn was das war, was er in einer halben Stunde so notwendig für sich selbst zu tun hatte, das wußte ich: Er wollte zu mir und dem Kammerherrn, und da mußte er, wie mein Plan war, uns scheinbar gerade so antreffen, wie er uns verlassen hatte.

Ich huschte also zunächst bis aus der Hörweite fort und lief dann, so schnell ich konnte, zu meiner hoffentlich tapferen Kavallerie. Der um mich besorgte Kol Agasi war erfreut, als er mich wiedersah.

„Jetzt beginnt eure Aufgabe“, sagte ich, so daß alle es hörten. „Merkt euch gut, was ihr jetzt von mir hört! Neun Mann bleiben hier an dieser Stelle bei den Pferden, sie haben dafür zu sorgen, daß kein Lärm entsteht. Ein zehnter geht mit mir und dem Pischkhidmät Baschi. Was er zu tun hat, wird er noch erfahren. Wer diese zehn sein werden, hat der Kol Agasi zu bestimmen. Und jetzt kommt die Hauptsache. Hört!“

Sie drängten sich näher zu mir heran, und ich fuhr fort:

„Ich führe die übrigen fünfzig jetzt zu einer Stelle der Ruinen, wo einige Feuer brennen. Dort sitzen die Mörder und verteilen die Beute; es sind fünfzehn Mann. Da sind auch die Schmuggler, welche ihre Waren in die Trümmer tragen, sie zählen neunzehn, mit dem Anführer zwanzig Personen. Wir haben also zusammen fünfunddreißig Personen zu fangen. Wenn uns keine einzige, hört, ich sage, keine einzige, entkommt, erhält jeder Soldat von euch hundert und jeder Unteroffizier zweihundert Piaster!“

Das gab leise Ausrufe der Freue, des Staunens, der Zustimmung und Ermunterung. Ich sprach weiter:

„Wir fangen sie in folgender Weise. Ihr bildet eine Linie, welche von den Ruinen aus in einem Halbkreis um die Feuer herumführt und dann wieder an die Ruinen stößt. Dadurch werden diese Menschen vollständig eingeschlossen, so daß keiner hinaus auf die freie Ebene entfliehen kann. Wer von ihnen sich eurer Linie naht, wird laut angerufen und zurückgewiesen, gehorcht er nicht und will den Durchbruch erzwingen, so wird er ohne Nachsicht und Zaudern niedergeschossen. Sie sollen nämlich zunächst zurückgewiesen werden, weil es meine Absicht ist, sie, sobald es hell wird, zusammenzuhaben. Was dann geschieht, werdet ihr von mir erfahren, denn bis dahin bin ich wieder bei euch. Sagt mir, aber nicht zu laut, ob ihr alle mich verstanden habt!“

Ich bekam ein sechzigmaliges Ja zu hören. Die Leute waren von den versprochenen Piastern ganz begeistert, und ich konnte überzeugt sein, daß sie alles mögliche tun würden, sich dieses Geld zu verdienen. Um diesen Enthusiasmus auch dem Kol Agasi mitzuteilen, zog ich ihn auf die Seite und fragte ihn leise:

„Meinst du, daß sie nun ihre Pflicht tun werden?“ – „Oh, Effendi“, antwortete er, „ich versichere dir, daß sie lieber sterben, als einen dieser Halunken entkommen lassen werden. Du hast dir mit einem Schlag ihre ganze und vollständige Anhänglichkeit, Liebe und Treue erworben!“ – „So will ich versuchen, auch die deinige zu erlangen. Du hast vorhin eine höhere Charge gewünscht, und ich sagte dir, daß Allah dir helfen werde. Dieses mein Wort soll in Erfüllung gehen, Allah sendet dir seine Hilfe durch mich, denn ich teile dir folgendes mit: Wenn von den fünfunddreißig Personen, die wir haben wollen, keine entkommt, so bist du Bimbaschi, noch ehe wir nach Hilleh zurückkehren.“

Er stand vor freudigem Schreck ganz unbeweglich da und brachte kein Wort hervor. Dann nahm er sich zusammen und sagte, aber auch nur stammelnd:

„Bim – ba – schi – noch – ehe – wir ...“ und nun sprudelte er höchst schnell hervor: „Bimbaschi soll ich sein, noch ehe wir nach der Stadt zurückkehren?! Effendi, ich weiß, daß du mir die Wahrheit sagst und keinen unbegründeten Scherz mit mir treibst, und so will ...“ – „Sei still, Amuhd Mahuli“, unterbrach ich ihn. „Noch bist du nicht Bimbaschi; du kannst und sollst es aber werden, wenn du die von mir gestellte Bedingung erfüllst. Rege dich also jetzt nicht auf, und sei darauf bedacht, meinen Erwartungen zu entsprechen.“ – „Effendi, wir fangen sie; wir fangen sie alle, alle, alle! Ich bin überzeugt, daß uns kein einziger entschlüpft. Komm schnell, damit wir den Kreis um sie rasch schließen!“ – „Erst hast du die neun auszuwählen, welche hier bleiben, und den einen, der mit mir geht.“ – „Das ist in einer kleinen Minute geschehen; ich eile, es zu tun!“

Er nannte die betreffenden zehn Namen, und dann setzten sich die fünfzig in Marsch. Wir gaben uns natürlich Mühe, kein Geräusch zu verursachen, und als wir in der Nähe der Feuer angekommen waren, wurde die Linie nach der Anweisung des Kol Agasi so vortrefflich und behutsam gebildet, daß keiner von den Einzuschließenden etwas davon bemerkte und ich sicher war, daß es keine Lücke gab, durch welche jemand entschlüpfen konnte. Hierdurch beruhigt, ging ich mit dem Kammerherrn und unserem einen Reiter nach der Stelle, welche Halef in seiner drolligen Weise „Markt der Stachelschweine“ genannt hatte. Wie erinnerlich, war das der verborgene Mauereinschnitt, in dem wir die Pferde versteckt hatten und wo ich mit dem Kammerherrn aus unserer Haft wieder an das Licht des Tages oder vielmehr das Dunkel der Nacht gekommen war.

Ich wußte, daß ich ein gewagtes Spiel unternahm; aber es war mir so frei, so leicht, so unbesorglich zumute, als ob ich es schon gewonnen hätte. Indem wir die Schutthalde hinaufstiegen, fragte mich der Perser:

„Warum suchst du diesen Ort wieder auf, Effendi? Wir haben doch, denke ich, hier gar nichts mehr zu suchen!“ – „Ich suche hier sogar sehr viel.“ – „Was?“ – „Den Säfir.“ – „Den sah ich doch vorhin bei seinen Leuten!“ – „Vorhin, ja. Nun aber werden wir ihn in unserem Gefängnis finden!“ – „Willst du etwa wieder hinein?“ – „Ja.“ – „Allah! Bist du bei Sinnen?“ – „Ich denke es. Und ich kehre nicht allein dorthin zurück, denn du wirst mich begleiten.“

Er blieb vor Schreck sofort im Ziegelmehl stecken, schlug die Hände zusammen und stöhnte:

„Denn – du – wirst – mich – begleiten! Effendi, das fällt mir ganz und gar nicht ein! Wenn du übergeschnappt bist, so ist das für mich kein Grund, es auch zu sein!“ – „So höre, was ich hier noch weiter suche! Nämlich dein Eigentum.“ – „Mein Eigentum? Wie meinst du das?“ – „Von deinen Pferden und Kamelen will ich gar nicht sprechen, doch hast du gesehen, daß sie noch da sind, und wenn du tust, was ich wünsche, wirst du sie wiederbekommen; aber die letzteren waren schwer beladen, und zwar, wie ich denke, mit Gegenständen, welche nicht wertlos sind.“ – „Bloß nicht wertlos? Du kannst mir glauben, ihr Wert ist so groß, daß er ein Vermögen, ein ganzes Vermögen beträgt. Es sind Geschenke des Schahin-schahs, und was unser Beherrscher gibt, das kostet viel, sehr viel!“ – „Was wird er dann sagen, wenn du ihm berichtest, daß diese kostbaren Geschenke geraubt worden sind?“ – „An das, was er sagen wird, mag ich gar nicht denken. Ich werde seine Gnade, seinen Schutz, sein Vertrauen verlieren und in den Staub gestoßen werden, aus welchem ich mich nie wieder erheben kann. Dazu kommen die Unterschriften, die ich dem Säfir geben mußte. Er wird mich durch sie zum Bettler machen!“ – „Wäre es da nicht ein

Glück für dich, ein großes Glück, wenn du das alles wiederbekämst, die Geschenke des Schahs und auch deine Unterschriften?" – „Ja, das wäre ein Glück, für welches ich Allah nicht genug danken könnte!" – „Aber du willst sie ja gar nicht wieder; du verzichtest ganz auf sie!" – „Ich? Verzichten? Wer hat das gesagt?" – „Du selbst!" – „Ich selbst? Davon weiß ich kein Wort, kein einziges Wort!" – „Hast du nicht soeben ganz bestimmt gesagt, daß du nicht mit mir ins Gefängnis zurückkehren willst?" – „Das habe ich allerdings; aber was hat diese so wohlbegründete Weigerung mit den Geschenken meines hohen Regenten und mit den unterschriebenen Anweisungen zu tun?" – „Sehr viel. Wir kehren in das Gefängnis zurück, um das alles wiederzuholen. Wenn du dich entschließt, mitzukommen, garantiere ich dir die Möglichkeit, dir zu deinem Eigentum zu verhelfen." – „Ist das wahr, Effendi?" fragte er schnell, sich mit den tief in den Schutt eingesunkenen Füßen energisch herausarbeitend. – „Ja." – „Aber er wird uns festhalten!" – „Das kann er nicht; wir werden im Gegenteil ihn festnehmen. Dies ist ja der Hauptgrund, welcher mich veranlaßt, diesen ungewöhnlichen Schritt der Rückkehr zu tun. Hier weiß ich, was ich tue; wenn ich mich aber auf die Soldaten verlassen muß, ist es sehr leicht möglich, daß uns der Säfir entflieht. Wenn du es wünschst, gebe ich dir mein Wort, daß du mir ohne alle Sorge folgen kannst. Wenn du mir vertraust, zwinge ich ihn zur Herausgabe dessen, was er dir abgenommen und abgezwungen hat; du erhältst also die Geschenke des Schah-in-schahs wieder und wirst folglich nicht sein Vertrauen verlieren, sondern dich seiner Dankbarkeit für die richtige Ablieferung derselben erfreuen." – „Dieses dein Versprechen beseitigt meine Bedenken bis auf das eine, daß er sich weigern wird, das zu tun, was du von ihm verlangst. Es wird wahrscheinlich einen Kampf geben." – „Nicht einen Kampf, sondern nur einen einzigen Hieb von mir, und daß er daran genug haben wird, hast du ja gesehen, als ich den Sandschaki niederschlug!" – „Ja, du hast eine ganz außerordentliche und sehr gefährliche Faust. Also, ich will dir Vertrauen schenken und dich begleiten. Was tut und wagt man nicht, wenn es darauf ankommt, sich das Wohlgefallen des Beherrschers zu erhalten!" – „Gut! Wenn wir auf die Schultern des Soldaten steigen, erreichen wir mit Bequemlichkeit das Loch. Ich gehe voran, und du folgst. Warte nur noch einen Augenblick!"

Ich sagte dem Chejahl – Kavallerist –, daß er hier still zu warten habe, bis wie wiederkamen, und lieh mir von ihm das alte Gebetstuch, welches er im Hüftgurt stecken hatte. Ich brauchte es zur

Verdeckung des Loches in der Gefängnisecke. Zündhölzer und einige Talgkerzen hatte ich schon in Hilleh zu mir gesteckt, auch hatte ich dem Pädär dort mein Messer wieder genommen; dazu kamen die Revolver und der Henrystutzen. Den Bärentöter hatte ich bei den Pferden gelassen. Ich war also hinreichend bewaffnet und brauchte mich vor dem Säfir nicht zu fürchten. Ich gebe zu, daß zu meinem Unternehmen ein gut Teil Wagemut gehörte, wer mir aber vorwerfen wollte, daß es nicht bloß ein gewagtes, sondern ein vermessenes gewesen sei, den müßte ich darauf aufmerksam machen, daß ich überzeugt war, es im Innern der Ruine nur mit einer ganz geringen Anzahl von Gegnern zu tun zu haben. Ich glaubte annehmen zu dürfen, daß nur einige der Schmuggler die Lage und Einrichtung der dortigen Räume kannten, denn es wäre eine unverzeihliche Unvorsichtigkeit des Säfir gewesen, alle seine Pascher in das Geheimnis einzuweihen. Ich hatte also, ihn ausgenommen, ein Zusammentreffen mit höchstens nur den paar Personen zu befürchten, die mich hereingeschafft hatten, und mit diesen glaubte ich leicht fertig werden zu können.

Jetzt war es nun die allerhöchste Zeit, die uns so liebe, traute Stätte aufzusuchen. Der Soldat lehnte sich an die Wand; seine zusammengefalteten Hände bildeten die erste und seine Schultern die zweite Stufe aufwärts; so kam ich sehr leicht in das Loch, und der Kammerherr folgte mir. Daß ihm dabei das Herz nicht leicht war, hörte ich an dem schwer bedenklichen Seufzen und Krächzen, mit dem er sich hinter mir herschob. Wir hatten bequeme Passage, da der Gang jetzt frei von Ziegelmehl war; der leichte kurze Stutzen behinderte mich auch nicht.

Am Ende des waagerechten Ganges angekommen, richtete ich mich in dem senkrechten auf und lauschte, mein Kopf befand sich schon im Raum Nummer fünf. Es regte sich nichts, und so stieg ich aus dem Loch; gleich kam dann auch der Perser heraus. Eine mit den tastenden Händen ausgeführte Untersuchung belehrte mich, daß wir unser Zwangsasyl genau so wiederfanden, wie wir es verlassen hatten. Unsere Fesseln lagen noch da, und auf der anderen Seite fühlte ich den Müllhaufen, den wir aus dem Loch geworfen hatten. Wir waren allein, und so hätte ich gern ein Licht angezündet, aber der Schein desselben wäre zwischen den Stäben der Vorhangstür hindurchgedrungen und hätte uns, falls in den anderen Räumen jemand war, sofort verraten. Wir mußten unsere Vorbereitungen also im Finstern treffen.

Zunächst warfen wir das Loch so weit, wie das Material reichte, wieder zu; ich steckte den Stutzen hinein, und breitete das Gebetstuch des Soldaten darüber, auf welches der Rest des Ziegelmehls gestreut wurde. Auf diese Weise wurden das Loch und das Gewehr den Augen des Säfir entzogen. Messer und Revolver hatte ich natürlich nicht sichtbar im Gürtel, sondern verborgen in den Taschen stecken.

Nun mußte ich den Perser wieder binden und brauche wohl nicht zu sagen, daß er dies nicht zugeben wollte. Als ruhige Vorstellungen nichts halfen, gab ich ihm einen etwas weniger freundlichen Rippenstoß, der ihn augenblicklich von der Notwendigkeit der von mir beabsichtigten Maßregel überzeugte. Er wurde genau so gefesselt, wie er es vorher gewesen war. Dann setzte ich mich nieder und legte mir auch meine Stricke wieder an, natürlich nicht so fest wie früher, denn das mochte und konnte ich auch nicht, aber doch so, daß es bei nicht genauer Untersuchung den Anschein hatte, als ob an ihnen nichts verändert worden sei. Nun fühlte ich mich beruhigt. Mein Wunsch, noch vor dem Säfir hier einzutreffen, war erfüllt! Jetzt konnte er kommen!

Die Stimmung des Kammerherrn war, obgleich er sich einen „kühnen Krieger" genannt hatte, keinesfalls eine so zuversichtliche wie die meinige. Ich hörte wiederholt ein leises, bedrücktes „Ah" oder „Oh", dem ein seufzendes „Allah, Allah!" hinzugefügt wurde. Er hatte Angst, und als wir nach einiger Zeit Schritte hörten und der Schein eines Lichts zwischen den Drahtstäben hindurchdrang, flüsterte er mir, vor Furcht stotternd, zu:

„Effe – fendi, sie ko – kommen! Ia, Samaja, ia Hajaja – o mein Himmel, o mein Leben! Jetzt ist es aus mit uns, vollständig aus. Oh, hätte ich mich nicht verführen lassen! Wäre ich doch nicht wieder hereingekrochen!" – „Schweig doch!" raunte ich ihm zu. „Ich höre, sie gehen zunächst zu Halef, und wir müssen lauschen!"

Die Schritte hatten sich nach Nummer vier gerichtet; ich hörte den Säfir und auch Halef sprechen, konnte aber die Worte nicht verstehen, doch als der erstere sich wieder entfernte und mein Hadschi ihm mit erhobener Stimme nachrief, verstand ich die Worte:

„Laß dich nicht auslachen! Ich kenne meinen Effendi. Er wird kommen, ganz gewiß kommen und mich herausholen. Dann rechnen wir aber mit euch ab!" – „So will ich dir sagen, daß er schon gekommen ist", rief der Säfir zurück. „Er liegt schon lange Zeit hier unten, viel fester gebunden als du!" – „Das ist eine Lüge!" – „Es ist wahr!" – „Und wenn es wahr wäre, so hat er nur mit dir gespielt, sich einen Scherz gemacht; das ist so seine Weise, die er liebt. Er wird frei sein und auch mich befreien, ehe du es denkst!" – „Nur seine Seele wird frei sein, denn wir werden sie und auch die deinige mit Stöcken aus euren verfluchten Körpern treiben!" – „Die Stöcke sind für dich, nicht für uns. Ich schwöre dir bei Allah und dem Propheten zu, daß du schon in kurzer Zeit die Peitsche fühlen wirst, die ihr mir unter höhnenden Worten abgenommen habt! Dann wird es deine Seele sein, die aus deiner aussätzigen Haut direkt hinunter in die Hölle fährt!"

Der Säfir schlug ein verächtliches Gelächter an, und dann näherten sich die Schritte unserer Tür. Ich hörte deutlich, daß es nur zwei Personen waren. Die Riegel wurden zurückgeschoben und die Drähte aufgezogen; dann trat der Säfir mit dem kleinen Kerl ein, welcher mich durch seine Verkleidung als Hadschi Halef getäuscht hatte, und jetzt hielt er ein brennendes Lämpchen in der Hand.

Der Anführer warf einen scharf forschenden Blick durch den Raum, trat zu dem Kammerherrn, weil dieser ihm näher lag als ich, bückte sich und untersuchte die Fesseln.

„Noch in Ordnung!" sagte er, indem er sich wieder aufrichtete. „Mit dir spreche ich später. Erst kommt der Christ dran, mit dem ich eigentlich noch gar nicht habe reden können."

Er stellte sich vor mich hin und winkte den Kleinen mit der Lampe herbei, um mich besser sehen zu können. Auch meine Fesseln zu untersuchen, hielt er nicht für notwendig, weil diejenigen des Kammerherrn „in Ordnung" gewesen waren und meine zusammengekrümmte Gestalt den Anschein erweckte, als ob meine Lage noch dieselbe erzwungene und schmerzliche sei wie vorher.

„Du hast wahrscheinlich gehört, was der giftige Zwerg, dein Begleiter, soeben brüllte?" fragte er. – „Ja", antwortete ich. – „Diese häßliche, widerwärtige Kröte ist wahnsinnig, ist verrückt!" – „Nein!" – „Nicht? Du stimmst ihr bei?" – „Ja!" – „So bist auch du verrückt, aus Angst vor mir vollständig übergeschnappt!" – „Das fällt mir gar nicht ein. Mein Verstand ist jedenfalls klarer und gesünder als der deinige."

Da ließ er dasselbe Gelächter wie vorhin hören und rief aus:

„Frei will er sein, frei will er seinen Hadschi machen; Prügel mit der Peitsche soll ich bekommen! Das bestätigt dieser Kerl und redet dabei von seinem Verstand!" – „Pah! Was mein Hadschi sagt, das pflegt er stets zu halten. Wenn er dir Prügel versprochen hat, so wirst du sie bekommen, du magst dich dagegen wehren, wie du willst!" – „Hund, wenn du nicht verrückt bist, so kannst du nur die

Absicht haben, mich zu beleidigen! Du scheinst gar nicht zu ahnen, was dir bevorsteht!" – „Willst du auch mich zum Lachen bringen? Wenn einer von uns beiden nicht weiß, was ihn erwartet, so bist du es. Ich habe dir vorausgesagt, was geschehen wird. Warte den Morgen ab!" – „Ja, ich erinnere mich", nickte er mir höhnisch zu. „Das Strafgericht über mich wird mit dem Tag beginnen und mit dem Abend zu Ende sein; so oder ähnlich hast du ja gesagt. Das aber wäre mir zu kurz, viel zu kurz! Für dich habe ich da besser gesorgt. Du bekommst von mir nicht bloß einen kurzen Tag; du sollst die Freuden, mit denen ich dich beglücken werde, länger, viel länger genießen! Was du da drüben am Tigris verbrochen hast ..." – „Ah, an dem Pädär-i-Baharat!" fiel ich ein.

Da wich er in größter Überraschung einen Schritt zurück und fragte hastig:

„Pädär-i-Baharat? Was weißt du von ihm? Woher kennst du diesen Namen? Wer hat ihn dir gesagt? Schon dieser eine Umstand, daß du, ein Fremder und Christ, diesen Namen gehört hast, besiegelt deinen Tod!" – „Ich wiederhole, daß du dich immerfort mit mir verwechselst. Nicht mein, sondern dein Tod ist besiegelt. Du bist durchschaut worden, man weiß, daß du der ‚Säfir' bist, von dem ..." – „Säfir!" unterbrach er mich. „Mensch, das ist für dich ein neuer Grund zu sterben! Wenn ich dein Ende nicht schon beschlossen hätte, würde ich jetzt bestimmen, daß du diesen Ort nur als Leiche verlassen darfst!" – „Bilde dir nichts ein! Du hast gar keine Macht über mich. Ich werde den Birs Nimrud gesund und frei verlassen und dich als meinen Gefangenen nach Hilleh bringen, um dich zum Pädär und seinen beiden Gefährten sperren zu lassen, die dort an Ketten gelegt worden sind." – „Ich – dein – Gefangener – nach Hilleh – an – Ketten ...!" rief er, mich wie einen Geist anstarrend, aus. „Es ist wirklich so, wie ich gesagt habe, du bist vollständig übergeschnappt!" – „So sagt dir jetzt ein Übergeschnappter, daß du den Pädär in eine Falle geschickt hast, in welcher er gefangen worden ist. Kein Mensch hat ihm dort das geglaubt, was zu sagen du ihm anbefohlen hast." – „Was – was hat man ihm nicht geglaubt?" – „Daß ich und der Haddedihn die Karwan-i-Pischkhidmät Baschi überfallen haben, und daß du uns nachgeschlichen bist, um unser Versteck zu erfahren, auch das nicht, daß ich die Leiche des Pischkhidmät Baschi mitgenommen habe, um sie ins Wasser zu werfen."

Er wollte hierauf etwas sagen, brachte aber vor Bestürzung kein Wort hervor. Da kam mir der Gedanke, diese seine Verwirrung zur

Entdeckung des auf die „Rose von Schiras“ bezüglichen Geheimnisses auszunützen, und ich fuhr fort:

„Du siehst, daß eure Heimlichkeiten öffentlich geworden sind. Sogar hinter eure berühmte ‚Gul-i-Schiraz‘ ist man schon gekommen.“

Da fuhr er wie ein Raubtier auf mich los und zu mir nieder. Faßte mich an beiden Schultern, schüttelte mich und fauchte mich wildkatzig an:

„Die Gul-i-Schiraz? Die Biwä-i-Hakim – Witwe des Herrschers –, die Schems-i-Dschamal – Sonne der Schönheit –, unsere Sitarä-i-Dschira – Stern der Begeisterung –, die so tief im Verborgenen wohnt, daß selbst ich sie nur dreimal gesehen habe? Unsere schöne, unsere herrliche Königin, vor der wir alle unsere Häupter und unsere Knie beugen? Sie, deren Blick die Herzen bezaubert und deren Stimme zu den schwersten, den verwegensten Taten begeistert, sie willst du kennen, du elender, armseliger Wurm, ich erwürge, ich erdrossele dich!“

Er griff mir nach der Gurgel. Schon wollte ich meine Hände schnell aus der Schlinge ziehen, um ihn abzuwehren, da fiel mir ein anderes Mittel ein, welches wahrscheinlich dieselbe Wirkung hatte und ihn vielleicht zu weiteren Unvorsichtigkeiten veranlaßte, denn er befand sich in einer Aufregung, die ihn hinderte, zu überlegen, was er sagte.

„Rühr mich nicht an!“ herrschte ich ihn an. „Ich bin auch ein Sill!“

Er fuhr, als hätte er einen kräftigen Stoß erhalten, von mir zurück, riß die Augen weit auf und fragte:

„Du – du – ein Sill?!“ – „Sogar ein Särtip-i-Sillan – Oberster der Sills –!“ – „Ein Särtip? Mensch, entweder hast du den Teufel, der dir unsere Geheimnisse verraten hat, oder du bist wirklich ein Sill! Dann gibst du dich aber nur für einen Christen aus und bist eigentlich ein rechtgläubiger Schiit.“ – „Wenn meine Hände nicht gebunden wären, so könnte ich meinen Ring aus der Tasche nehmen und dir damit beweisen, wer und was ich bin!“ – „Er – er hat – hat auch einen Ring!“ rief er in immer wachsender Erregung aus. „Wenn das wahr ist, so kann ich dich prüfen. Ich brauche dich nur zu fragen nach dem Namen unseres höchsten Gebieters, nach Dscha...“

Er hielt nach dieser einen Silbe inne, denn er sah ein, daß er im Begriff stehe, den größten Verrat, der einem Sill möglich war, zu begehen. Die fehlende Silbe des Namens war leicht zu erraten, und da ich an jenem Abend am Tigris dem Pädär abgelauscht hatte, wie dieser „höchste Gebieter“ genannt wurde, so ergänzte ich den unterbrochenen Satz:

„Du meinst doch Dschafar, den Aemir-i-Sillan – Fürst der Schatten –?“ – „Ja, ja, den meine ich! Du kennst ihn! Du weißt alles, alles, alles! Entweder bist du wirklich ein Särtip-i-Sillan und dein Rang ist höher als der meinige; dann muß ich dich sofort freilassen. Oder du bist durch Verrat ein Wissender geworden und also ein Spion, den ich augenblicklich unschädlich zu machen habe.“

Er machte, indem er mit beiden an die Stirn gelegten Händen vor mir stand, jetzt den Eindruck vollständiger Ratlosigkeit auf mich. Da wandte er sich mit einer schnellen, entschlossenen Bewegung zu dem Kleinen um:

„Leuchte her; leuchte ihn an! Ich muß sehen, was für ein Gesicht er macht. Ich muß ihm bis hinunter in die Tiefe seines Herzens schauen!“

Als das Männchen dieser Aufforderung nachgekommen war, war es ein förmliches Bohren zu nennen, mit dem sich der Blick des Säfir in meine Augen senkte. Seine Narbe war angeschwollen und tief dunkelrot, und aus seinem Gesicht, seinen geballten, angriffsbereiten Fäusten und seiner sprungfertigen Haltung sprach eine Entschlossenheit, eine Spannung, welche, wenn sie zum Ausbruch kam, geradezu vernichtend zu werden drohte. Dennoch sah ich dem breitschultrigen, starkkräftigen Menschen mit ruhigem Lächeln in das Gesicht, zog aber die Schlinge des Strickes heimlich auseinander, um die Hände zur Gegenwehr bereit zu haben.

„Dein Antlitz ist mir unleserlich“, sagte er, obgleich meine Ruhe und Sorglosigkeit doch eigentlich sehr leicht zu erkennen waren. „Ich sehe nichts, und ich entdecke nichts! Ich muß zu einem anderen, einem besseren und untrüglichen Mittel greifen. Ich beschwöre dich bei Allah, oder, wenn du ein Christ bist, bei deinem Gott, mit die Wahrheit zu sagen! Wirst du das?“ – „Ja.“ – „Hast du den Mut dazu, wirklich den Mut, falls du kein Sill bist, dies einzugestehen?“ – „Ja. Glaube nicht, daß ich mich vor dir fürchte!“ – „So sag, bist du ein gläubiger Schiit oder wirklich ein Christ?“ – „Es kann mir nicht einfallen, deinetwegen oder aus irgendeinem anderem Grunde, wäre die Gefahr für mich auch noch so groß, meinen Glauben zu verleugnen. Ich bin ein Christ.“ – „Allah! Die Gesetze meines Bundes machen die Mitgliedschaft eines Christen unmöglich. Du bist also kein Sill?“ – „Nein.“ – „Du bist also ohne unsere Erlaubnis in unsere Geheimnisse eingedrungen?“ – „Ja.“ – „So sei verflucht, tausendmal verflucht und stirb!“

Er stürzte, in seinem Grimm nicht daran denkend, sich einer Waffe zu bedienen, mit auseinander gekrallten Händen auf mich nieder. Ich machte eine schnelle Seitwärtsbewegung, welche zur Folge hatte, daß er danebengriff, fuhr mit den Händen aus der Schlinge, faßte ihn am Hals, zog ihn vollends an mich, wälzte mich auf ihn und versetzte ihm rasch nacheinander zwei Hiebe auf das Schläfenbein. Er warf die dadurch machtlos gewordenen Arme in die Luft, streckte die konvulsivisch zuckenden Beine lang aus und bewegte sich nicht mehr.

Dies war schneller geschehen, als ich es erzählen kann. Es genügten zwei, drei kräftige Rucke an den Stricken, mich vollends von ihnen frei zu machen, dann sprang ich auf.

Der Kleine stand, mit der Lampe in der Hand, wie leblos da und starrte mich an. Da aber warf er die Lampe weg, welche verlöschte, so daß es finster wurde, und schrie:

„Hund, du entkommst uns dennoch nicht!“

Ich wollte vorsichtig ausweichen, aber schon war er da; ich fühlte seine Hand, die mich packte, und dann einen Stich, welcher in mein Herz gegangen wäre, wenn ich mich nicht schon in der beabsichtigten Wendung befunden hätte; nun traf er nur den Armmuskel, das hatte, wie sich später zeigte, nur eine ungefährliche, zolltiefe Wunde zur Folge. Ich wollte ihn fassen, aber der kleine, behende Kerl entwich mir schnell und griff zur Pistole, was ich aber wegen der eingetretenen Finsternis nicht sah. Ich sprang nach dem Eingang, um ihm den Rückzug abzuschneiden; da krachte sein Schuß, welcher nach der Stelle gezielt war, an der ich soeben gestanden hatte. Der Pulverblitz zeigte mir seine Gestalt; ich sprang auf ihn zu und schlug ihm, weit ausholend, die Faust auf den Kopf, daß er niederstürzte. Mich sofort zu ihm bückend, überzeugte ich mich, daß nun auch er mir nichts mehr anhaben konnte.

Jetzt war es still, und auch ich bewegte mich nicht, um zu erfahren, ob der Schuß gehört worden sei. Es regte sich nichts. Da erklang die leise Stimme des Kammerherrn:

„Effendi!“ – „Ja“, antwortete ich. – „Bist du tot?“ – „Unsinn! Wenn ich antworte, kann ich doch nicht tot sein!“ – „Also auch nicht erwürgt oder erschossen?“ – „Nein; höchstens ein kleinwenig mit dem Messer geritzt.“ – „Wo sind diese beiden schrecklichen Menschen?“ – „Sie liegen hier, leblos von meinen Hieben. Doch sprich jetzt nicht! Noch wissen wir nicht gewiß, ob der Schuß ungehört geblieben ist.“

Wir warteten noch einige Zeit; es kam niemand, und so hielt ich es für erlaubt, ein Licht anzubrennen. Die Lampe konnte nicht wieder angezündet werden, weil sie zerbrochen und ihr Inhalt verschüttet war.

„Baräkullah – Gott sei gepriesen!“ seufzte der Perser. „Ich sehe, daß du Sieger geblieben bist. Mein Herz war starr vor Angst, als der Säfir wie ein hungriger Tiger vor dir stand und sich dann auf dich stürzte, um dich mit seinen Krallen zu erdrosseln! Nie in meinem ganzen Lagen habe ich so gezittert und gebebt wie da, denn wenn er dich getötet hätte, so wäre auch ich verloren gewesen. Ich bin zwar ein sehr erfahrener und mutiger Krieger; aber wenn man gebunden ist, kann alle Tapferkeit nichts nützen. Wann machst du mich endlich wieder von den Fesseln frei?“ – „Sofort. Wir werden sie zur Abwechslung nun diesen beiden anlegen.“

Ich band ihn los. Er sprang auf und frohlockte:

„Allah sei gepriesen, daß diese große, entsetzliche Gefahr vorüber ist! Ich bin derselben zwar mit großer Kühnheit entgegengegangen, doch ...“ – „Schrei nicht so!“ unterbrach ich ihn. „Von deiner großen Kühnheit weiß ich nichts, und wenn du wirklich meinst, daß die Gefahr vorüber sei, so irrst du dich. Wir haben nur erst diese zwei hier fest und es noch mit dreiunddreißig anderen zu tun.“ – „Allah bewahre uns! Noch dreiunddreißig! Was wird das für ein Ende nehmen!“

Die Angst fuhr ihm abermals in die Glieder, was ihn veranlaßte, sich niederzusetzen; ich aber legte dem Säfir und seinem Gesellen die Stricke so fest an, wie es unsere Sicherheit erforderte, und war damit eben fertig, als ich die laut rufende Stimme Halefs hörte:

„Sihdi, Sihdi! Es wurde geschossen! Bis du da?“ – „Ja, Halef!“ antwortete ich ebensolaut. – „Ich stecke hier. Kommst du bald?“ – „Gleich!“ – „Wenn die Halunken doch meine Peitsche mitgebracht hätten! Hast du sie vielleicht gesehen?“

Ich konnte nicht anders, ich mußte trotz des Ernstes der Situation lachen. Kaum erfuhr der gute Hadschi, daß er gerettet sei, so war die heißgeliebte Peitsche der erste Gegenstand, an den er dachte! Ich bedeutete dem Perser, still zu bleiben, nahm das Licht und ging hinüber zu dem mich Erwartenden. Als er mich eintreten sah, sagte er:

„Der Säfir wollte mir weismachen, daß du sein Gefangener seist; ich aber glaubte es ihm natürlich nicht und habe ihm eine innige Begegnung mit der Eindringlichkeit meiner Kurbadsch versprochen.“ – „Das habe ich gehört. Er hat nicht gelogen; ich war wirklich gefangen; nun aber bin ich frei und habe ihn fester als er mich vorher. Ich werde dir das nachher erzählen; jetzt führe ich dich zu ihm." – „So gib mir erst den Gebrauch meiner Glieder wieder, denn so, wie ich daliege, würde es mir unmöglich sein, mich deiner freundlichen Leitung anzuvertrauen!"

Man hatte ihn in einen Teppich gerollt und diesen dann mit Strikken umwunden. Nur sein Kopf sah aus dem Bündel hervor. Ich holte ihn heraus. Kaum stand er auf den Beinen, so erhob er den Arm, hielt die Finger zum Schwur in die Höhe und sprach:

„So wahr ich hier endlich aus der Haut dieses Teppichs gefahren bin, so wahr werde ich mein Wort halten und dem Säfir meine Peitsche kosten lassen! Man hat sie mir genommen, aber ich suche sie; ich werde sie finden, und wenn man sie am Ende der Welt oder noch weit darüber hinaus versteckt hätte! Du liebst die Sprache meiner Kurbadsch nicht, Sihdi; dieses Mal aber kannst du dagegen sagen und dagegen machen, was du willst, ich halte mein Wort!" – „Da will ich dich beruhigen, lieber Halef. Heute bin ich vollständig mit dir einverstanden. Als ich hörte, daß er dir mit Prügeln drohte und du ihm deine Peitsche versprachst, stand es bei mir fest, daß er ihr nicht entgehen solle." – „So sei diese deine Einsicht und die Tiefe deines beglückenden Verständnisses gesegnet, soweit die Menschen auf der Erde wohnen! Jetzt aber komme; führe mich zu ihm! Ich darf keinen Augenblick länger zögern, ihm die ersehnte Glückseligkeit meines Grußes zu bringen! Du kannst es gar nicht ahnen, Effendi, in welch heißer Erwartung mir sein Herz entgegenschlägt!"

Er nahm mich bei der Hand und zog mich fort. Ich erkannte, daß ich ihn dieses Mal nicht hätte abhalten können, seinem Grimm – um mich seiner Ausdrucksweise zu bedienen – durch „die Segnungen der Peitsche" Luft zu machen. Dieser Säfir hatte aber eine solche Züchtigung mehr als verdient, und so stimmte der glühende Wunsch des kleinen Hadschis im gegenwärtigen Fall ausnahmsweise einmal mit meiner Ansicht überein.

Er zog mich hinaus in den Mittelraum und wollte von da aus mit mir weiter; ich blieb aber stehen und sagte:

„Ehe wir zum Säfir gehen, muß ich erfahren, wie man sich seit dem Augenblick, an welchem ich in das Wasser sprang, zu dir verhalten hat. Erzähle es mir also!" – „Hat das nicht noch Zeit? Ich verschmachte, wenn du das Wiedersehen mit ihm noch länger hinausschiebst." – „So tut es mir leid, daß ich gezwungen bin, dich verschmachten zu lassen. Ich muß sein Verhalten zu dir kennen, um das meinige gegen ihn danach einrichten zu können." – „So muß ich die Fülle meines Verlangens nach ihm beherrschen, um dich zu unterrichten; aber ich sage dir, daß er für jede Minute, die ich länger warten muß, fünf Hiebe mehr bekommt!" – „So mach es kurz!" – „Kurz? O Sihdi, wie wenig Verständnis hast du doch für die Notwendigkeit derartiger freundschaftlicher Beweise! Ich werde es im Gegenteil so lang wie möglich machen, denn je größer die Zahl der Schläge ist, die er bekommt, desto höher wächst seine Erkenntnis meiner selbstlosen Zuneigung und desto gründlicher werde ich die Gefühle der Zärtlichkeit los, welche meine Seele mit der seinigen verbinden. Also, was willst du wissen, und was soll ich dir sagen? Es ist besser, ich frage dich, um die Kürze meiner Erlebnisse in die Länge deiner Neugierde ziehen zu können." – „Hattest du, als ich aus dem Fährkorb sprang, nicht den Gedanken, mir zu folgen?" – „Ja; er kam mir allerdings, und ich hätte ihn auch ganz ungehindert ausführen können, denn unsere zwei Busenfreunde konnten sich zunächst nicht um mich kümmern, weil sie genug damit zu tun hatten, die Fähre vor dem Umkippen zu bewahren. Aber die Einsicht des richtigen Verhaltens kam mir schon im nächsten Augenblick. Wenn ich, an Händen und Füßen gebunden, dir nachsprang, so warst du gezwungen, dich meiner Unbehilflichkeit anzunehmen, wodurch wir in Gefahr kamen, wieder aufgefischt zu werden, ja, ich hätte mich und dich sogar in Lebensgefahr gebracht, da sie sehr leicht auf den höchst unzweckmäßigen Gedanken kommen konnten, auf uns zu schießen. Es war für dich notwendig, so rasch wie möglich zu verschwinden, du mußtest also untertauchen und unter dem Wasser sofort und so weit wie möglich weiterschwimmen. Das hättest du aber nicht tun können, wenn du gezwungen gewesen wärest, mir deine Hilfe und Unterstützung zuzuwenden. Darum blieb ich ruhig liegen, und ich glaube, daß ich da recht gehandelt habe." – „Allerdings. Du hättest unsere Rettung sehr in Frage gestellt." – „Das ist es, was ich dachte. Übrigens kennst du ja das Vertrauen, mit welchem ich das Dasein deines Leben verschönere. Sobald du den Sprung getan hattest, war ich überzeugt, daß du entkommen und zu den Pferden eilen würdest, um nach den Ruinen zu reiten und mich herauszuholen. Ich hatte also das süße Bewußtsein, im Innern über unsere Widersacher lachen zu können, während ich äußerlich ganz hilflos in ihre Hand gegeben zu sein schien. Dieser Gedanke verlieh mir diejenige Freudigkeit der seelischen Einrichtungen, ohne welche das Erdenleben mit einem Knochen zu vergleichen ist, von welchem das Schicksal schon das Fleisch heruntergegessen hat." – „Dieser Vergleich ist wunderschön, lieber Halef!“ – „Oh, meine Vergleiche sind stets vortrefflich und fehlerlos, was, verzeihe mir, mit den deinigen nicht immer der Fall zu sein pflegt, aber du darfst dich mit dem Umstand trösten, daß nicht jeder Mensch die Vorzüge, welche ich besitze, vertragen kann. Es gehört viel Demut und Selbstüberwindung dazu, die Größe seines Geistes so zu verhüllen, daß kein Unschuldiger durch sie niedergeschmettert wird.“ – „So laß nur du dich auch durch die Größe des deinigen nicht niederschmettern, denn du bist vollständig unschuldig daran!“ – „Wie meinst du das, Sihdi?“ – „Denk später, wenn du Zeit dazu hast, darüber nach. Jetzt liegst du mit deiner Erzählung noch gefesselt und also hilflos im Binsenkorb und hast also alle Veranlassung, dich in der Demut und Selbstüberwindung zu üben, von welcher du soeben sprachst. Was geschah weiter?“ – „Etwas, worüber ich von Herzen lachen mußte. Nämlich als die Ruderer das Gleichgewicht ihres Fahrzeugs wiederhergestellt hatten, riefen sie dir nach. Sie befahlen dir zunächst, augenblicklich zurückzukehren, in welchem Fall sie dir deinen ganz aussichtslosen Fluchtversuch verzeihen wollten. Als sie dann sahen, daß dein Verstand nicht soweit reichte, die erhabene Vortrefflichkeit dieses ihres Vorschlags einzusehen, griffen sie zur Bitte. Sie flehten zu dir, doch zurückzukehren und sie nicht unglücklich zu machen, da es ihnen sehr schlecht ergehen würde, wenn sie bloß mich allein abliefern könnten. Ich erbarmte mich ihres Jammers und tröstete sie, indem ich ihnen sagte, daß meine Person ohne die deinige einen viel größeren Wert besitze, als wenn du dich bei mir befändest.“ – „Ich danke dir!“ – „Bitte! Sie waren nicht einsichtsvoll genug, mir dies zu glauben, und klagten noch eine ganze Weile fort, bis sie zu der Erkenntnis kamen, daß es dir im Wasser wahrscheinlich viel besser als bei ihnen gefalle, da ruderten sie weiter, und zwar mit großer Eile, denn sie glaubten, je eher sie zum Säfir kämen, und ihm deine Flucht meldeten, desto leichter werde es ihm, dich wieder zu fangen. Wir kamen aus dem Fluß in den Kanal und auf demselben dann an das Ziel. Einer von ihnen ging fort, der andere blieb bei mir, um mich zu bewachen, obgleich ich alt und verständig genug war, selbst dafür zu sorgen, daß ich nicht aus dem Korb weggestohlen wurde. Dann holte man mich, wobei man die Vorsichtsmaßregel traf, mir die Augen zu verbinden. Ich wurde getragen, lange Zeit und weit, sehr weit. Als man mich endlich niedergelegt und mir die Binde wieder weggenommen hatte, lag ich da, wo du mich gefunden hast, und der Säfir stand vor mir.“ – „Er allein?“ – „Nein. Ein kleiner Kerl war dabei. Und nun geschah etwas, was ich nicht begreifen kann, und so wird also wohl auch dein Scharfsinn nicht ausreichend sein, mir eine Erklärung zu geben." – „Was war es?" – „Der Kleine zeigte eine ganz überraschende Sehnsucht nach meinen Kleidern. Womit willst du dieses Verlangen begründen, Sihdi?" – „Ich kenne den Grund und sage dir ihn später. Erzähle nur weiter!" – „Man nahm mir die Fesseln ab und forderte von mir, daß ich mich ausziehe, ich weigerte mich natürlich, da wurde ich mit Prügeln bedroht. Da ich jetzt die Hände frei hatte, hätte ich mich wehren können, aber der Säfir stand mit der auf mich gerichteten Pistole vor mir und drohte, mich zu erschießen, wenn ich nicht gehorche. Da war nichts zu machen. Ich mußte mich fügen, doch nicht ohne daß ich eine Bedingung stellte." – „Welche?" – „Ich erklärte ihnen, daß ich der Mann einer geliebten Frau und der Vater eines Sohnes sei und also die Pflicht habe, auf die Erhaltung meiner Gesundheit stets bedacht zu sein, hier aber, in diesem Gewölbe, könne ich in unbekleidetem Zustand von einer Buruda – Erkältung – befallen werden, auf welche ein ungeheurer Raschh – Schnupfen – und Sa'li – Husten – zu befürchten sei; ich könne also den Wunsch des kleinen Menschen nur dann erfüllen, wenn mir erlaubt werde, nach Ablegung meines Anzugs die Schönheit meiner Glieder mit den seinigen zu umhüllen. Dies gab der Säfir zu, wahrscheinlich nicht aus ängstlicher Rücksicht auf mein Wohlbefinden, sondern um die Sache abzukürzen. Während des Umziehens wollte er allerlei von mir wissen und erfahren, ich sagte ihm aber, daß er sich an dich wenden solle, du werdest ganz gewiß kommen und ihm die gewünschte Auskunft mit Vergnügen gegeben. Damit mußte er sich begnügen. Als ich wieder gefesselt worden war, entfernten sie sich, und ich befand mich nun eine ganze Ewigkeit mit mir allein, was zwar unstreitig die geeignetste Gesellschaft für mich war, mir aber sehr wenig Unterhaltung brachte. Ich machte unausgesetzte Versuche, mich von den Banden zu befreien, hatte aber nicht den geringsten Erfolg. Dann hörte ich, daß man einen anderen Gefangenen brachte, der unausgesetzt jammerte und um Mitleid bat. Er wurde nicht zu mir, sondern an einen anderen Ort geschafft. Wer es war, das weiß ich nicht." – „Es ist der Pischkhidmät Baschi." – „Der? So ist der Überfall seiner Karawane gelungen?" – „Ja. Seine Begleiter sind alle erstochen worden." – „Allah! Aber er ist selbst schuld; warum hat er unsere Warnung verachtet! Dieser Mann ist ein großer Feigling; er wimmerte wie ein Kind, in dessen Mund der Disch agryssy – Zahnschmerz – wohnt. Als ihm sein Platz angewiesen worden war, kam man zu mir, um nachzusehen, ob ich noch fest gebunden sei, und dann verging wieder eine lange, lange Zeit, bis der Säfir und der Kleine wieder kamen und der Wiederumtausch der Anzüge erfolgte. Das Bewußtsein, wieder in meinen eigenen Kleidern zu stecken, erfreute und beruhigte mich so sehr, daß ich selig entschlummerte und so lange schlief, bis die beiden vorhin wiederkamen. Ich war sehr aufgebracht darüber, daß sie mich aus dem Schlaf weckten, und hielt es nicht für notwendig, sie über diesen meinen Zorn im unklaren zu lassen. Der Säfir wurde grob, und so kam es, daß wir in keinem traulichen Einvernehmen voneinander schieden und ich ihm meine Kurbadsch in Erwähnung brachte. Nach einiger Zeit fiel ein Schuß. Wer schießt, der ist bewaffnet, der ist ein Feind; ein bewaffneter Feind hier im Innern des Birs Nimrud aber, der konntest nur du sein, und so rief ich deinen Namen, damit du wissest, wo ich zu suchen und zu finden sei. So, jetzt weißt du, was du wissen wolltest, und nun wollen wir dem Säfir das Vergnügen, uns so schön beisammen zu sehen, nicht länger vorenthalten. Wenn man einem Menschen eine Freude machen kann, soll man es tun, und ich sehe schon vorher im Geiste das vor Wonne strahlende Angesicht, mit welchem er uns entgegenblicken wird. Übrigens bemerke ich soeben, indem ich in meine Taschen greife, daß der kleine Mensch sie leer gemacht hat. Ich werde meine Peitsche ersuchen, ihm in aller Freundlichkeit mitzuteilen, daß der Urheber meines Gewandes diese Taschen nicht für andere Menschen, sondern nur für mich angefertigt hat. Komm!“

Als wir nun in den Raum Nummer fünf traten, hockte der Kammerherr wie ein verscheuchter Vogel in der Ecke und empfing uns mit den Worten:

„Subhanullah – Gott sei gelobt, daß du endlich wiederkommst, Effendi! Ich habe eine wahre Todesangst ausstehen müssen!“ – „Weshalb?“ fragte ich. – „Dieser schreckliche Säfir hat mich mit fürchterlichen Drohungen überschüttet.“ – „Was hat dich veranlaßt, mit ihm zu sprechen? Er konnte dich doch nicht sehen!“ – „Aber er hörte mich!“ – „Wärst du doch still gewesen!“ – „Du hast recht. Aber als ihm das Bewußtsein zurückkehrte, fragte er, ob jemand hier sei, und ich antwortete ihm. Seit dieser Zeit peinigt er mich mit der Drohung, daß es mir unendlich grausam ergehen werde, wenn ich ihn nicht während deiner Abwesenheit losbinde.“ – „Und das hat dir Angst gemacht? Sei überzeugt, daß dieser Mensch vollständig ungefährlich ist!“

Halef hatte zunächst nur für seinen am Boden liegenden Doppelgänger Aufmerksamkeit. Er stellte sich breitspurig vor ihn hin und redete ihn an:

„Erlaube, daß ich dich begrüße, geliebter Freund meiner Seele! Ich bin dir unendlich zugetan, obgleich ich eigentlich gar nicht mit dir sprechen sollte, weil ich durch deine Undankbarkeit in so große Betrübnis versetzt worden bin. Du weißt wohl, was ich meine?"

Der Angeredete antwortete nicht und bewegte sich auch nicht.

„Du schweigst?" fuhr Halef fort. „Sihdi, sei so gut und leuchte ihm einmal in die Lieblichkeit seines Angesichts! Ich habe das große Verlangen, mich an der Herzlichkeit seines Lächelns zu erquikken."

Als ich dieser Aufforderung folgte und den Schein des Lichts auf das Gesicht des Kleinen fallen ließ, ohne selbst genau hinzusehen, rief Halef aus:

„Was ist das! Wodurch kam er zu Fall, Sihdi?" – „Durch einen Hieb von mir." – „So hast du ihn erschlagen! Das ist das Gesicht nicht eines Bewußtlosen, sondern eines Toten!"

Da betrachtete ich den Mann genauer. Sein Unterkiefer war weit heruntergefallen; der Mund stand offen, die Augen lagen gläsern, leblos, starr und unbeweglich in ihren Höhlen. Ich rüttelte ihn und untersuchte ihn, als dies keinen Erfolg hatte, sorgfältig.

„Lebt er doch noch?" fragte Halef. – „Nein; er ist tot", mußte ich sagen, indem ich mich wieder aufrichtete. – „So ist es so, wie ich sagte: Du hast ihn erschlagen. Dein Hieb war für einen stärkeren Mann berechnet; du hast zu weit ausgeholt. Aber schau nicht so ernst drein! Nicht du bist es gewesen, sondern Allah war es, der deine Hand führte. Du bist kein Mörder, kein Totschläger, sondern der Rächer seiner Taten. Wer war es, der vorhin schoß?" – „Er." – „Auf wen?" – „Auf mich." – „Hat er dich getroffen?" – „Nein." – „So sei ruhig, du brauchst dir keine Vorwürfe zu machen! Er wollte dich umbringen, indem er eine Kugel nach dir sandte, und hat den verdienten Lohn dafür erhalten." – „Vorher stach er schon nach mir!" – „Auch ohne zu treffen?" – „Ich fühlte den Stich; es wird aber nicht von Bedeutung sein."

Indem ich den Lichtschein auf die betreffende Stelle fallenließ, sah ich, daß der Ärmel blutig war. Halef bemerkte es auch und rief schnell und besorgt:

„Das ist ja Blut! Schnell herunter mit der Jacke! Ich muß nachschauen, ob die Wunde gefährlich ist oder nicht; eher kann ich nicht ruhig sein!"

Ich tat ihm den Willen. Die Verletzung war kaum der Rede wert;

ein kleines Stück Kittahn – Leinwand –, welche wir aus dem Nebenraum holten, genügte, die Wunde zu verbinden. Als dies geschehen war, untersuchte Halef die Taschen des Erschlagenen.

„Da, schau, Sihdi! Hier ist alles, was er mir gestohlen hat!“ sagte er befriedigt. „Ich hoffe, daß ich meine Peitsche ebenso wiederbekomme! Sie ist es, nach der ich vor allen Dingen suchen werde. Ich werde mich beim Säfir nach ihr erkundigen.“

Dieser betrachtete und beobachtete uns mit einem ganz unbeschreiblichen Ausdruck des Gesichts und beantwortete die Fragen des Hadschis mit Schweigen. Da zog ihm Halef das Messer aus dem Gürtel, setzte es ihm auf die Brust und drohte:

„Wo meine Peitsche ist, will ich wissen! Sagst du mir es auch jetzt nicht, so ersteche ich dich! Also, wo habt ihr sie?“

Er bekam keine Antwort und stieß zu, doch nicht mit der Kraft, welche zu einem tödlichen Stich gehört hätte, sondern er ließ ihm nur die Spitze des Messers fühlen. Da brach nun freilich die Schweigsamkeit des Bedrohten, welcher ja nicht wußte, wie weit der Hadschi gehen werde oder vielmehr gegen dürfe. Er entzog sich mit einer ängstlichen Bewegung dem Messer und antwortete endlich:

„Sie ist da! Der Pädär hat sie mitgebracht!“ – „Wo finde ich sie?“ – „Oben im Gang liegt sie, dein Messer auch!“ – „Schau, wie schön du antworten kannst, wenn ich dir die Lippen öffne! Hast du schon seine Taschen untersucht, Sihdi?“ – „Nein.“ – „Soll ich sie untersuchen, was sie enthalten?“ – „Das tun wir später. Nur eines einzigen Gegenstandes will ich mich einstweilen versichern. Nimm ihm den Schlüssel, den er unter der Kleidung an einer Schnur am Hals trägt!“ – „Mensch, was geht dich mein Schlüssel an!“ fuhr da der Säfir auf. – „Sei ruhig, mein Lamm!“ lachte Halef. „Sieh hier das Messer! Ich steche sofort zu, wenn du nicht ganz ruhig bliegenbleibst!“ – „So nehmt ihn hin in Teufels Namen! Ich weiß ja, daß ich ihn sehr bald wiederbekommen werde. Ihr glaubt, es nur mit mir oder mit nur einigen Personen zu tun zu haben; aber es sind so viele Leute da, daß ihr diesen Ort nicht verlassen könnt, ohne wieder festgenommen zu werden!“

Indem ich von Halef den Schlüssel bekam und ihn einsteckte, antwortete ich:

„Du bist nicht allein; das weiß ich wohl. Es sind noch dreiunddreißig Männer da.“ – „Die Hölle verschlinge dich! Wer hat dir das verraten?“ – „Ich habe sie gesehen und gezählt.“ – „Gesehen – und – gezählt?“ wiederholte er meine Worte. „Du willst mich glauben machen, daß dein Blick durch Mauern und Schutthaufen dringe?" – „Nicht mein Blick, sondern ich selbst. Bist du denn wirklich so dumm, auch jetzt noch anzunehmen, daß ich während der ganzen Zeit gefesselt hier gelegen habe? Wärst du so klug gewesen, nur ein einziges Mal zu kommen, um nach mir zu sehen, so hättest du mich nicht gefunden. Du hattest diesen Raum kaum verlassen, so bin ich mit dem Pischkhidmät Baschi fortgegangen." – „Lüge!" – „Pah! Wir ritten nach Hilleh, um den Pädär und seine Begleiter zu fangen, und holten Soldaten, mit denen wir euch umstellt haben. Ich sah dich bei den Ghasaibeduinen sitzen, um den Raub zu taxieren, und hörte alles, was du mit ihnen sprachst. Dann kehrten wir hierher zurück und legten uns selbst die Fesseln wieder an, um dich zu täuschen. Du hast ja schon vorhin gehört, wieviel ich weiß, und schon dies allein hätte dich auf den Gedanken bringen müssen, daß wir fortgewesen sind und ich hinter deine heutigen Absichten gekommen bin." – „Du täuschst mich nicht. Das ist doch Lüge, Lüge, nichts als Lüge!" – „Es kann mir gleichgültig sein, ob du mir glaubst oder nicht!" – „Es wäre euch gar nicht eingefallen, euch freiwillig wieder zu binden!" – „Das geschah ja nur zum Schein. Wie schnell war ich aus den Fesseln heraus, als ich den Augenblick dazu gekommen sah!" – „Aber fortgewesen seid ihr nicht! Der Vorhang war von draußen verriegelt!" – „Es ist ein Beweis deines unendlichen Leichtsinns, daß du die Wege selbst nicht kennst, die zu deinem Versteck führen. Da, schau!"

Ich entfernte das Bettuch des Soldaten und steckte es zu mir, um es ihm dann wiederzugeben, deutete auf das nun sichtbare Loch und sagte:

„Wie lange Zeit kennst du diesen Kerker, ohne zu ahnen, daß gerade von ihm aus ein Weg in die Freiheit führt! Ich aber erkannte gleich beim ersten Blick auf den Ziegelmehlhaufen, der hier lag, daß hier eine Gelegenheit zum Entkommen sei!"

Er starrte in die Ecke, ohne ein Wort hervorzubringen; ich zog meinen Henrystutzen heraus, so daß er ihn sah, und fuhr fort:

„Dieses Gewehr hatte ich doch nicht bei mir, als ich von euch hierhergeschleppt wurde. Wo kommt es her? Ich muß es mir doch wohl geholt haben! Wenn du jetzt noch zweifelst, so verdienst du für diese deine Dummheit noch mehr Prügel, als wir dir schon zugedacht haben!" – „Ia Bidadullah – o Ungerechtigkeit Gottes!" stieß er hervor, weiter nichts. Seine Betroffenheit war so groß, daß er für diesen Augenblick weiter nichts sagen konnte. Ich hielt es für keinen Fehler, ihn noch weiter aufzuklären:

„Denke auch daran, mit welcher Bestimmtheit ich dir vorausgesagt habe, was geschehen wird! Das konnte ich nur, weil ich vorher wußte, daß ich dieses Gefängnis viel eher, als du ahntest, verlassen würde. Du behauptetest sogar, daß ich seine Schwelle überhaupt niemals wieder überschreiten würde!"

Da brüllte er endlich auf:

„Hund! Schwein! Teufel, der du bist! Jetzt wird mir alles klar! Kein Mensch hat dir verraten, was du weißt, sondern du hast alles erlauscht! Aber es soll dir keinen Nutzen bringen, denn ich mache mich los, augenblicklich los und zermalme dich!"

Er zog die Ellbogen hoch und die Knie an den Leib, krümmte sich zusammen und streckte sich dann mit Anwendung seiner ganzen, ungewöhnlichen Körperkraft wieder aus. Man hörte den prasselnden Stoß, den das gab, aber die Absicht wurde nicht erreicht; die Fesseln hielten fest und verursachten ihm bei dem starken Ruck solche Schmerzen, daß er einen Wehschrei nicht unterdrücken konnte.

„Bemühe dich nicht; es ist ja doch umsonst!" sagte ich. „Ich bin im Anlegen von Banden erfahrener als du. Wen ich zusammenschnüre, der kommt nicht ohne meine Erlaubnis wieder los! Und nun sage ich dir meinen Dank für die Bereitwilligkeit, mit welcher du mich, den Unwissenden, über die größten eurer Heimlichkeiten aufgeklärt hast!" – „Ich weiß nichts davon!" schrie er mich an. – „Über die Sillan!" erklärte ich. – „Nichts, nichts habe ich gesagt!" – „Über den Aemir-i-Sillan!" – „Den gibt es nicht!" – „Über die Gul-i-Schiraz!" – „Das ist eine Fabel, die ist gar niemals vorhanden gewesen!" – „Also auch nicht die Bivä-i-Hakim?" – „Nein." – „Oder die Schems-i-Dschamal?" – „Nein, nein und tausendmal nein! Das sind ausgesonnene Namen, welche gar keine Bedeutung haben!" – „So ist wohl auch das Wort Sill nichts anderes als nur eine Fabel?" – „Ja." – „Aber die Gegenstände einer Fabel kann man doch nicht sehen!" – „Du siehst auch nichts!" – „Doch! Ich sehe etwas, und weil ich es sehe, kann es unmöglich etwas zu einer Fabel Gehörendes sein." – „Was?" – „Den Ring an deiner rechten Hand."

Ich sah, daß er erschrak; er nahm sich aber zusammen und antwortete mit freilich nicht ganz gelungenem Lachen:

„Das ist ein Ring, nichts als ein Ring, ein Ring wie jeder andere Ring!" – „Wir, nämlich ich und du, wissen das beide besser. Es ist der Ring der Sillan mit den Abzeichen des Ranges, den du unter ihnen einnimmst!" – „Hund ...!" – „Halt!" unterbrach ich ihn. „Hüte dich vor diesem Wort! Wenn ich es noch einmal höre, so zeige ich dir, wie man einen Hund zu behandeln hat. Merke dir das! Da ich weiß, daß du den Ring in diesem Leben nicht mehr brauchst, so wirst du ihn mir zum Andenken an unser hiesiges Zusammentreffen überlassen." – „Ich denke nicht daran!" – „Dies ist auch gar nicht nötig; hier gilt das, was ich denke; deine Gedanken gehen uns nichts an. Gib ihn her."

Ich trat zu ihm, um ihm den Ring abzunehmen. Er zog die gefesselten Hände an sich und kreischte mich in höchster Aufregung an:

„Wage es nicht! Berühre ihn nicht! Ich wehre mich mit aller Kraft!" – „Pah! Selbst wenn du nicht gebunden wirst, würde ich über deine Kräfte lachen!" – „Es steckt ein böser Zauber in dem Ring, ein Zauber, der dich verderben wird!" – „Gerade diesen Zauber will ich kennenlernen!" – „Sieh hier meine Faust! Ich öffne sie nicht; also kannst du ihn nicht bekommen, außer du schneidest mir die Hand ab!" – „Das ist nicht notwendig; es genügt ein einziger Druck. Paß auf, wie man das macht! Ich mache dir diese Hand mit ebenso großer Leichtigkeit auf, wie ich dir schon die andere blutig gezeichnet habe."

Ich faßte mit meiner Linken sein Handgelenk, legte den Daumen der Rechten auf seinen inneren und den gebogenen Zeigefinger auf den äußeren Mittelhandknochen und drückte die Knöchel so zusammen, daß er einen Schrei ausstieß und die Hand öffnen mußte. Ein schneller Griff nach dem Ring, ein schraubendes Drehen desselben von dem Finger herab, und ich hatte ihn in der Hand.

„Sieh, da ist er!" lachte ich. „Ich werde ihn als Andenken an dich tragen und bin dir herzlich dankbar für die Bereitwilligkeit, mit welcher du ihn mir überlassen hast! Ich werde, um dir meine Dankbarkeit zu beweisen, dir jetzt zeigen, daß dieses Loch hier wirklich der Anfang eines Ganges in das Freie ist."

Er ließ nun ein tiefes, fast tierisches Stöhnen hören, es schien ihn eine solche Wut gepackt zu haben, daß ihm ein menschliches, artikuliertes Sprechen unmöglich war. Der Kammerherr mußte mir helfen, den Gang vom Schutt zu befreien; dann stieg ich hinab, kroch bis an das Ende desselben und forderte den dort noch stehenden Kavalleristen auf, mir die Waffen Halefs heraufzureichen; hierauf kehrte ich in das Gefängnis zurück.

Halef war sehr erfreut, als er sah, was ich ihm brachte.

„Sihdi, erst jetzt fühle ich mich wieder als Mann", sagte er. „Solange man nichts als nur die beiden Hände hat, ist man jedem, der einen Schuß Pulver im Lauf hat, in die Gewalt gegeben. Nun aber habe ich, was ich brauche, und bin bereit, es mit allen Säfirs der Welt aufzunehmen. Schau den dort an! Er wird nun nicht mehr schimpfen."

Ich sah, daß dem Säfir ein Lappen auf den Mund gebunden worden war, und fragte, warum man das getan habe.

„Als du hier in dem Loch verschwunden warst, sprach er wieder von Hunden; er glaubte wahrscheinlich, daß ich mir mehr gefallen lassen werde als du. Da habe ich ihm zwei Fetzen vom Gewand gerissen und den einen in den Mund gestopft, den anderen aber daraufgebunden. Sagte er vorher, was er dachte, so hat er jetzt Gelegenheit, zu denken, was er sagen möchte. Was soll nun geschehen? Ich bin wieder bewaffnet und also zu allem bereit, was du von mir verlangst." – „Wir müssen jetzt hinaus, um, da wir den Anführer haben, nun auch seine Leute festzunehmen." – „Ja, tun wir das! Wie werden sie entzückt sein, an seiner Stelle zwei so tapfere Männer, wie wir sind, erscheinen zu sehen! Kriechen wir durch dieses Loch?" – „Nein. Wir gehen oben durch den Gang, um ihnen in den Rücken zu kommen. Vorher aber müssen wir uns des Säfir noch besser als bisher versichern." – „In welcher Weise?" – „Wir binden ihn so an, daß er sich erwürgt, sobald er einen Versuch macht, sich zu befreien. Bringt ihn heraus, mir nach!"

Halef und der Kammerherr schleiften ihn in den Mittelraum. Ich ließ das Gitterwerk nieder und schob die Riegel vor. Hierauf suchten wir nach einer passenden Leine, und als wir sie gefunden hatten, lehnten wir den Säfir an die Drahtstäbe und banden ihn in der Weise daran fest, daß ihm die Leine an der Kehle saß und er also bei einer größeren Anstrengung, loszukommen, sich erdrosseln mußte.

Als wir damit fertig waren und ich wieder zu dem Licht griff, um den beiden anderen voranzugehen, hielt mich der Pischkhidmät Baschi durch die Worte zurück:

„Ich hörte, daß ihr die Leute des Säfir festnehmen wollt, Effendi. Soll das jetzt geschehen?" – „Ja", erwiderte ich. – „Und ich soll mitgehen?" – „Natürlich! Oder willst du allein hierbleiben?" – „Nein, o nein! Ich möchte nicht tot hier sein, viel weniger lebendig! – Aber sag, wird es zum Kampf kommen?" – „Wahrscheinlich." – „Und ich soll mitkämpfen?"

Der hohe Herr hatte Angst; um diese zu erhöhen, antwortete ich:

„Ich begreife, daß du ganz begierig bist, dich endlich einmal rächen zu können. Du hast dich einen außerordentlich tapferen Krieger genannt, und wir freuen uns sehr, daß uns durch diese deine

Tapferkeit der Sieg so erleichtert wird!" – „Ja", nickte auch Halef sehr ernst; „ein solcher Held wie du ist uns sehr notwendig, denn die Kugeln werden massenhaft herüber- und hinüberfliegen!" – „Fliegen ...? Nach allen Seiten ...?" fragte der Feigling erschrokken. – „Ja." – „So – so – so – ja, so gibt das einen sehr – sehr schönen Kampf, und es tut mir außerordentlich leid, daß ich mich nicht daran beteiligen kann." – „Warum nicht?" – „Ihr seht doch, daß ich vollständig unbewaffnet bin; ich bin also gezwungen, hierzubleiben, bis ich die Flinte und die Pistolen, welche man mir abgenommen hat, wiederbekommen habe." – „Oh, was das betrifft, so werden sich schon Waffen für dich finden, und wenn nicht, so leiht dir mein Effendi eine seiner Drehpistolen." – „Das geht nicht, denn ich weiß nicht, wie man mit solchen Pistolen schießt." – „Er zeigt es dir!" – „Nein! Ich habe das Gelübde getan, mich nur meiner eigenen Waffen zu bedienen. Ihr seht also ein, daß ich euch nicht eher helfen kann, als bis ich diese zurückbekommen habe!" – „Das tut uns leid, unendlich leid, denn es ist schade, wirklich jammerschade um dieses wunderschöne, tapfere Gelübde. Was sagst du dazu, Effendi?" – „Daß ich, wenn ich nächstens in Persien bin, von dieser seiner Tapferkeit und von dem Gelübde, welches ihn hindert, tapfer zu sein, erzählen werde. Kommt!"

So gern ich mich in den Räumen umgeschaut hätte, ich mußte doch für jetzt darauf verzichten. Ich leuchtete, und wir gingen aus Nummer drei nach Nummer eins, wo wir die Stufen sahen, welche zu dem Gang emporführten. Weil zu vermuten war, daß sich da oben die Vertrauten des Säfir befinden würden, mußte ich das Licht auslöschen. Wir tasteten uns die Treppe hinauf, ich voran, dann Halef und der Perser hintendrein. Als wir oben ankamen, war es vollständig dunkel in dem Gang, aber weit vor uns gab es einen hellen Schimmer. Das war der Eingang, welche offenstand. Ich wollte weitergehen, fühlte aber, daß mir Gegenstände im Weg lagen, es waren, wie ich mich tastend überzeugte, lauter Säcke, Kästen und Pakete, also die hereingeschafften Schmuggelwaren.

„Ich möchte wissen", flüsterte mir der Hadschi zu, „warum man durch diese Sachen den Gang so unwegsam gemacht hat!" – „Kannst du dir das nicht denken?" – „Nein. Warum hat man sie nicht gleich die Treppe hinuntergeschafft?" – „Weil nicht alle Mitglieder der Schmuggelbande die da untenliegenden Räume und den Weg, der zu ihnen führt, kennen dürfen. Die meisten von ihnen wissen wahrscheinlich gar nicht einmal von dem Gang etwas; sie dürfen die Ruine nur bis zu einem gewissen Punkt besteigen, bis zu welchem sie die Pakete tragen. Wenige andere kennen den Gang, weiter nichts, und holen die Sachen herein, und endlich sind es jedenfalls nur einige Personen, die von den unteren Kammern wissen; diese schaffen die Waren hinunter und werden wohl auch nach Bedürfnis in andere Geheimnisse eingeweiht. So denke ich es mir, und so wird es wohl auch sein." – „Wie verhalten wir uns? Steigen wir über die Menge Sachen, so erregt das Lärm." – „Ich fühle soeben, daß man hier links an der Mauer hin einen schmalen Pfad gelassen hat; den benutzen wir, nämlich du und ich; der Pischkhidmät Baschi aber bleibt hier zurück und wartet, bis wir ihn holen." – „Wann werdet ihr wiederkommen?" fragte der Genannte. – „Das kann ich jetzt nicht wissen." – „Es wird doch nicht sehr lange dauern?" – „Wird dir etwa bange?" – „O nein, Effendi! Du kennst doch meine Tapferkeit zur Genüge!" – „Ja. Also warte hier recht tapfer. Wenn wir kommen, sind wir da; eher nicht!" – „Bära'i Khuda – um Gottes willen, wenn nun inzwischen hier etwas geschieht!" – „Wir bewundern deinen Mut und wissen also, daß du dich tapfer verteidigen wirst."

Nun drängten wir uns zwischen der Mauer und den Gepäcksachen leise und langsam dem Eingang zu. Je näher wir demselben kamen, desto heller wurde der schon erwähnte Schein; wir sahen, daß es draußen inzwischen Tag geworden war. Die Zeit war schneller vergangen, als wir unten hatten bemerken können.

Da war es mir, als ob ich sprechen hörte. Ich blieb stehen und lauschte. Ja, es waren halblaute Stimmen, welche vom Eingang her zu uns klangen. Wir huschten weiter und konnten, als wir einen hohen Pakethaufen passiert hatten, die Betreffenden sehen. Es waren drei Personen, welche nebeneinander auf dem Boden saßen und, aus dem Gang hinausschauend, sehr eifrig gestikulierten. Sie schienen durch irgend etwas in Erregung versetzt worden zu sein. Je näher wir ihnen kamen, desto vernehmlicher wurde das, was sie miteinander sprachen. Schließlich befanden sich nur noch zwei aufeinanderliegende Säcke zwischen uns und ihnen, und da hörte ich ganz deutlich einen von ihnen sagen:

„Nein, wir dürfen jetzt nicht zu ihm hinunter. Ihr wißt, es steht auf Ungehorsam der Tod!" – „Aber so ein unerwartetes Vorkommnis macht eine Ausnahme! Vielleicht bestraft er uns dann gerade darum, daß wir es ihm nicht gemeldet haben!" – „Ich gebe dir recht", stimmte ihm der dritte zu. „Was gehen uns überhaupt diese Ghasaihunde an? Es scheint ja nur auf sie abgesehen gewesen zu sein!" – „Ich befürchte, auch auf uns", entgegnete der zweite. –

„Warum denkst du das?" – „Weil die Asaker – Soldaten – sich nicht entfernen. Sie halten ja den ganzen Platz so umschlossen, daß kein einziger von uns sich hindurchschleichen kann. Ich befürchte sehr, daß ihre Absicht nicht bloß auf die Ghasai, sondern auch auf uns gerichtet ist. Ich schlage also trotz seines strengen Verbotes doch vor, den Säfir zu benachrichtigen."

Ging der Vorschlag dieses Mannes durch, so wurden wir bemerkt, wenn und wo es keinen Platz für uns, uns zu bewegen, gab; wir mußten ihnen zuvorkommen. Ich flüsterte dem Hadschi also zu:

„Pack du den links mit beiden Händen an der Gurgel und laß ihn nicht schreien; es muß alles ganz still verlaufen. Ich nehme die beiden anderen." – „Töten wir sie?" erkundigte er sich. – „Wenn es zu vermeiden ist, nein. Knebel und Stricke von den Paketen sind hier ja mehr als genug zu haben."

Wir schoben uns hinter den Säcken hervor; als Halef von hinten nach dem von ihm bezeichneten Schmuggler griff, schlug ich zu gleicher Zeit den neben diesem sitzenden mit der Faust nieder und legte dann dem dritten die Hände um den Hals; er bewegte krampfhaft die Arme und die Beine, bekam auch einen Hieb an die Schläfe und lag dann still. Halef hielt den seinen, der nicht bewußtlos war, an der Kehle fest; ich band den Mann mit den Strickenden, die in der Nähe lagen, und hielt ihm, als er dann von dem Hadschi losgelassen wurde, das Messer mit der Drohung auf die Brust:

„Gib keinen Laut von dir, sonst ersteche ich dich! Halef, mach aus seinem Turbantuch drei Knebel, die wir ihnen in den Mund binden, damit sie nicht laut werden können!" – „Mit größter Wonne, Effendi!" antwortete der Hadschi. „Wenn der Kerl das Maul nicht gutwillig öffnet, so werden ihm …"

Er hielt inne; sein Blick war auf die andere Wand gefallen, die wir noch nicht beachtet hatten, da leuchteten seine Augen, und er fuhr fort:

„Hamdulillah! Dort sehe ich meine Kurbadsch und auch das Messer! Ich habe die Peitsche wieder, und nun ist die Eroberung sämtlicher Ruinen Babylons und der ganzen Erde für uns nur eine Kleinigkeit!"

Er nahm zunächst die liebe Peitsche an sich, dann erst schnitt er das Turbantuch des Paschers in Stücke und würgte ihm eines davon in den Mund. Auch die beiden anderen wurden gebunden und geknebelt, und dann, als dies geschehen war, konnten wir unsere Aufmerksamkeit nach außen richten.

Was wir sahen, war im höchsten Grade interessant. Uns sehr vorsichtig, um nicht selbst gesehen zu werden, dem Ende des Ganges nähernd, bemerkten wir, vielleicht dreißig Schritt von uns entfernt und neben dem Trümmerweg, welcher nach unten führte, fünfzehn Kerle, die sich hinter den dort liegenden Mauerbrocken versteckt hatten. Sie wollten nicht von den Soldaten gesehen werden, welche noch dieselbe Stellung innehatten, die ihnen von mir und dem Kol Agasi angewiesen worden war. Dieser letztere saß im Teilpunkt der Halbkreislinie und beobachtete die Höhe, auf welcher wir uns befanden. Vor ihm lagen zwei Reihen Männer, lang ausgestreckt und von einigen Soldaten besonders bewacht. Ihre Haltung ließ annehmen, daß sie gefesselt seien; ich zählte fünfzehn Personen und mußte in ihnen also die Ghasaibeduinen vermuten, die ich sonst nirgends sah. Die Entfernung war zu groß, als daß ich ihre Kleidung oder gar ihre Gesichtszüge unterscheiden konnte, aber wahrscheinlich waren sie es. Wie mochte Ahmud Mahuli es fertiggebracht haben, sie in seine Gewalt zu bekommen? Halef sah, wohin meine Augen gerichtet waren; er hatte natürlich dieselbe Beobachtung gemacht und sagte zu mir:

„Es sind eine Menge Asaker da unten. Wie kommen die hierher? Du hast mir überhaupt noch gar nicht mitgeteilt, was seit deinem Sprung in das Wasser geschehen ist. Hoffentlich begreifst du, daß ich es gern wissen möchte!" – „Du sollst es erfahren, denn ich sehe, daß ich jetzt Zeit dazu habe, es dir zu erzählen." – „Wirst du nicht von den Kerlen da gestört werden?" fragte er, indem er auf die Schmuggler draußen zeigte. – „Ich glaube nicht, denn es steht zu vermuten, daß sie nicht hierherkommen dürfen." – „Warum sollte es ihnen verboten sein?" – „Aus Vorsicht, daß sie den Gang nicht kennenlernen. Wenn sie ihn betreten dürften, lägen sie jetzt nicht da unten, sondern hätten sich in das Innere zurückgezogen, wo sie doch viel besser verborgen wären als da draußen." – „Das ist richtig. Sie sehen sich umzingelt, dürfen aber ohne den Befehl des Säfir nichts unternehmen. Nun warten sie auf seine Rückkehr aus der Ruine. Was werden sie für Augen machen, wenn wir an seiner Stelle erscheinen! Ich freue mich ordentlich darauf! Doch, du wolltest mir ja dein Erlebnis mitteilen!"

Wir setzten uns nieder, und ich erzählte ihm ausführlich, was geschehen war. Selbstverständlich ließen wir die vor uns liegende Szene nicht aus den Augen, es geschah nichts, was mich in meinem Bericht störte, und auch Halef unterbrach mich mit keinem Wort; aber als ich geendet hatte, ließ er erst ein leises Lachen und dann die Worte hören:

„Sihdi, hast du eine Nase?" – „Mit deiner gütigen Erlaubnis – ja!" antwortete ich. – „So bitte, zupfe dich daran, so oft es dir wieder einfallen sollte, mir wegen meiner sogenannten Unvorsichtigkeit Vorwürfe zu machen! Ist es für möglich zu nehmen, daß du mich mit dem Kerl verwechselst, der nichts als meine Kleider mit mir gemeinsam hatte! Du hast dich blamiert, unendlich blamiert! Wenn meine Achtung und Liebe zu dir nicht die Größe meines ganzen Herzens hätte, so würde die Fülle meiner Ehrerbietung sich in ein Nichts verwandeln. Wie soll ich meiner Hanneh, der lieblichsten von allen irdischen Lieblichkeiten, und Kara Ben Halef, meinem Sohn und Nachfolger, der meinen und deinen Namen trägt, den von dir begangenen Fehler glaubhaft machen? Beide werden die Köpfe schütteln, bis sie Gefahr laufen, locker zu werden und herabzufallen! Und denke auch an Emmeh, welche die einzige Perle deines Harems ist! Was wird sie sagen, wenn sie erfährt, was du in der heutigen Nacht begangen hast! Und das ist noch nicht alles; es fällt mir etwas ein, was noch viel schlimmer ist!" – „Was?" – „Ich weiß, daß du Bücher schreibst, in denen alles steht, was du von mir und dir zu erzählen hast. Nun denke dir die vielen, vielen Menschen, welche durch das Lesen dieser Bücher hinter das Geheimnis kommen, daß es in deinem Verstand einige Stellen gibt, welche zugeklebt und ausgebessert werden müssen! Muß das nicht schrecklich für dich sein? Ich will mich aber als dein wahrer Freund erweisen und dir erlauben, diese in die Bücher gehörende Stelle wegzulassen, verlange aber dafür allen Ernstes, daß du es von jetzt an aufgibst, bei mir immer nach ähnlichen Stellen der Reparatur zu suchen! Und nun sei nicht allzu betrübt und niedergeschlagen, sondern tröste und ermanne dich! Es gibt ja keinen Menschen, der nicht einmal einen Fehler macht, und so darfst du nicht gleich an dir selbst verzweifeln. Ich will dir ganz gern behilflich sein, dich aus der Tiefe der selbstverschuldeten Betrübnis zu erheben, und erteile dir das tröstliche Zeugnis, daß du dich im übrigen gar nicht übel benommen hast. Was wahr ist, gebe ich zu! Der Pädär und Konsorten liegen in Fesseln; den Säfir haben wir auch; die Ghasai liegen da unten, und so handelt es sich nur noch darum, diese fünfzehn Schmuggler auch zu fassen. Auf welche Weise meinst du wohl, daß dies am besten zu geschehen hat?" – „Das fragst du mich, Halef?" – „Ja. Wen soll ich sonst fragen?" – „Meinetwegen jeden anderen Menschen, doch mich ja nicht!" – „Warum?" – „Wer es so nötig hat wie ich, zugeklebt und ausgebessert zu werden, dem darf man nicht erlauben, in so wichtigen Angelegenheiten dreinzureden. Ich halte es vielmehr für ratsam, daß du nun an meine Stelle trittst, um die Sache vollends zu Ende zu führen."

Da fuhr er, sich kratzend, nach dem Hinterkopf und antwortete:

„Ja, so bist du nun! Du verträgst keinen Tadel, und doch ist der Tadel der leibliche Onkel und Urgroßvater des Bessermachens. Wenn ich mich jetzt an die Spitze dieses Unternehmens stelle, so ernte ich den ganzen Ruhm und alle Ehre, und dir verbleibt für deine Bücher nichts, als nur zu sagen, daß du dabeigewesen seist. Das aber will ich nicht. Ich als dein Beschützer wünsche, daß man deinen Wert erkenne und dich als meinen Begleiter achten lerne; das kann ich aber nur dadurch erreichen, daß ich dir nicht meine Befehle erteile, sondern dich so handeln lasse, wie es dir beliebt. Also magst du getrost bestimmen, was geschehen soll; es wird alles vortrefflich gehen, denn ich stehe treu an deiner Seite, und du weißt, daß du dich auf mich verlassen kannst!" – „Ich danke dir, mein lieber, mein außerordentlich rücksichtsvoller und aufopfernder Freund! Mein Ohr ist entzückt von deinen Worten und mein Herz voller Wonne über deine Güte und hingebende Nachsichtigkeit! Da du es erlaubst, werde ich meinen beschränkten Geist anstrengen, die Art und Weise ausfindig zu machen, wie wir diese Schmuggler ..." – „Nein, Sihdi, beschränkt bist du nicht!" unterbrach er mich im Ton der Überzeugung. „Das habe ich nicht sagen wollen und auch nicht gesagt! Dein Verstand ist mir in der Länge überlegen, und nur in der Breite kommst du nicht an mich. Von Beschränktheit kann also keine Rede sein. Raffe dich nur auf zum notwendigen Selbstvertrauen, dann wirst du ganz gewiß das Richtige finden! Ich, dein treuer Halef, bin ja jetzt bei dir!" – „Gut! Deine Gegenwart stärkt und ermuntert mich. Mit Hilfe deiner Einsicht und deines guten, stets vortrefflichen Rates werde ich auf den richtigen Gedanken kommen, die Schmuggler auf eine für uns möglichst ungefährliche Weise festzunehmen." – „Was wirst du aber tun, wenn sie sich wehren?" – „Wehren? Mit was für Waffen sollten sie das tun?" – „Sie haben jedenfalls Messer, und bei einigen sehe ich Pistolen!" – „Mit den Messern können sie nur im Nahkampf etwas machen, wir aber werden uns hüten, sie heranzulassen. Und aus der Ferne können uns die Kugeln ihrer alten Furuhd – Plural von Fard, d. h. Pistole – auch nichts tun. Flinten haben sie nicht bei sich; jedenfalls haben sie diese irgendwo abgelegt. Ich will einmal nachsehen, ob vielleicht hier draußen in der Nähe."

Ich legte mich auf den Boden nieder und schob mich hinaus. Ich hatte mich nicht getäuscht. Die Gewehre waren links vom Eingang an das Gemäuer gelehnt; rechts aber lag ein Haufen von teils einzelnen, teils zusammengebackenen Ziegelsteinen, welch letztere durch Erdpechmörtel miteinander verbunden waren. Mehrere dieser Steine zeigten auf der Außenseite Keilinschriften, und es war nicht schwer zu erraten, daß diese Ziegel den Verschluß des Loches bildeten, aus welchem ich gekrochen war.

Ich lag mit dem Vorderleib außerhalb desselben, ohne bemerkt worden zu sein, eben wollte ich wieder zurück, da drehte sich einer der Schmuggler um und schaute herauf; er sah mich und erkannte sofort, daß ich ein seiner Gesellschaft Fremder sei. Einen Schrei ausstoßend, machte er seine Kameraden auf mich aufmerksam, indem er auf mich deutete. Ich sprang schnell entschlossen auf, holte meinen Stutzen aus dem Gang und richtete die Mündung des Gewehrs auf die Leute. Halef folgte sogleich meinem Beispiel.

„Der Effendi", hörte ich rufen, „der Effendi! Er ist frei! Allah behüte uns!"

Sie waren aufgestanden und konnten also von unten gesehen werden. Sie dachten nur an Halef und mich, nicht aber mehr an die Soldaten, denen sie sich nicht hatten zeigen wollen. Ich rief ihnen zu:

„Bleibt, wo ihr seid, sonst schießen wir! Wer die Stelle verläßt, an welcher er steht, bekommt augenblicklich eine Kugel!" – „Du aber vorher die meinige!" antwortete einer, indem er seine Pistole hervorriß und auf mich abdrückte; drei andere ließen sich verleiten, dasselbe zu tun, aber keiner dieser Schüsse traf.

„Ihr habt gewagt, auf uns zu schießen", entgegnete ich, „jetzt kommt die Strafe: Ich werde euch niederwerfen, indem ich euch in die Knie schieße. Paßt auf!"

Ich gab die Schüsse schnell hintereinander ab, und die vier Pascher stürzten mit zerschmetterten Knien nieder. Sie brüllten überlaut; um so stiller waren die anderen. Sie hatten nie in so rascher Folge vier Schüsse aus einem Lauf gesehen und gehört; das ging über ihre Begriffe. Halef benutzte ihre Bestürzung, indem er sie in seiner bekannten Weise belehrte:

„Warum reißt ihr die Augen und die Mäuler auf? Das Gewehr des Effendi ist eine Zauberflinte, welche, wenn er will, zehntausend Jahre lang immerfort losgeht, ohne daß er zu laden braucht. Und daß keine Kugel daneben geht, habt ihr jetzt gesehen. Alle, die hier im Innern der Ruine waren, befinden sich in unserer Gewalt. Ihr könnt nichts tun, als euch auch ergeben, denn gegen das Zaubergewehr könnt ihr nichts, gar nichts machen. Effendi, zeige ihnen doch, wie schnell deine Kugeln sich folgen und wie sicher du mit ihnen triffst!" – „Ja, sie sollen es sehen", antwortete ich. „Es stehen noch elf von ihnen aufrecht; ich werde in jedes von den zweiundzwanzig Beinen eine Kugel schicken und sicher keines fehlen. Also jetzt!"

Ich legte an, und in demselben Augenblick hockten sie alle nieder, hielten die Gewänder oder die Hände vor die Beine und schrien, was sie konnten; die vier Getroffenen aber ließen ihre Stimmen mit mehrfacher Stärke erschallen.

Natürlich waren ihre Augen alle auf uns gerichtet, und so sahen sie nicht, was unten vor der Ruine geschehen war und noch geschah. Der Kol Agasi nämlich hatte die Schüsse gehört und mich gesehen. Entweder war ich von ihm trotz der Entfernung erkannt worden, oder er hatte sich gesagt, daß Schüsse Kampf bedeuten, wo man kämpft, da gibt es aber Feinde, und diese Feinde oder dieser Feind der Schmuggler konnte nur ich sein. Er mußte mir zu Hilfe kommen und hatte seinen Leuten also den Befehl gegeben, die Ruine zu ersteigen. Sie kamen so schnell, wie es ihnen möglich war, herauf; wir sahen es; die hinter den Steinbrocken ängstlich zusammengekauerten und ihre Augen nur auf uns richtenden Schmuggler aber bemerkten es nicht. Der Kol Agasi war so klug, seine Asaker nicht in einer Reihe hintereinander avancieren, sondern in breiter Linie heraufklettern zu lassen, wodurch er die Umzingelung beibehielt, so daß es auch jetzt keine Lücke zum Entschlüpfen gab.

Die vier Blessierten vollführten einen außerordentlichen Lärm; sie jammerten, klagten und schimpften in einem Atem; wir achteten natürlich nicht auf ihre beleidigenden Interjektionen. Die Kerle waren alle feig; zwar mit der nötigen Gewandtheit zum nächtlichen Schmuggeln und Schleichen begabt, entging ihnen die Neigung zur mutigen Tat, und das war wohl auch der Grund, weshalb der Säfir nicht sie, sondern die Beduinen zum Überfall der Karwan-i-Pischkhidmät Baschi genommen hatte. Um ihre Aufmerksamkeit festzuhalten und ihr keine Zeit zu lassen, sich nach rückwärts zu richten, hielt der Hadschi ihnen eine Strafrede, in welcher er ihnen bewies, daß sie der Abschaum der Menschheit, wir aber die tadellosesten Heiligen und Helden seien. Er erreichte seinen Zweck vollständig, denn er hatte noch lange nicht geendet, so stand der Kol Agasi mit seinen Leuten schon vor den Trümmerresten, hinter denen die Schmuggler hockten. Darum unterbrach er sich und wendete sich an mich:

„Die Asaker sind da; ich muß also leider meine Strafpredigt mitten auseinanderschneiden. Jetzt kommst du wieder an die Reihe; sprich weiter!" – „Das fällt mir gar nicht ein; es wird ein Zeichen meiner Hand genügen."

Der bei seinen Leuten und heimlich hinter den Schmugglern stehende Kol Agasi hielt seine Augen fragend auf mich gerichtet; ich gab ihm einen Wink; er rief ein Kommandowort, und seine Soldaten drangen auf die Schmuggler ein, welche über den plötzlichen Angriff so erschrocken waren, daß sie fast alle gar nicht auf den Gedanken kamen, sich gegen ihre Festnahme zu wehren. Unsere Beihilfe war nicht notwendig; wir konnten als Zuschauer stehenbleiben, wo wir standen; dem quecksilbrigen Hadschi freilich war es unmöglich, sich ganz der Beteiligung zu enthalten. Er sagte:

„Ich habe da drin im Gang ein Habl – Strick, Seil – aus Palmfaser liegen sehen, an welches wir die Kerle so binden können, wie man Datteln auf Schnuren reiht. Ich werde es holen."

Er ging hinein und brachte nicht nur das Seil, sondern auch eine ganze Menge von Schnuren, Leinen und Strickteilen heraus, welche er den Soldaten hintrug. Es war höchst interessant, zu sehen, in welcher Weise er nun die Fesselung der sich sträubenden Gefangenen dirigierte und überwachte. Als man damit fertig war, wurden sie, in langer Reihe an dem Seil hängend, abgeführt; die Verwundeten mußten natürlich getragen werden. Dabei vorkommende Störungen, Unterbrechungen und ähnliche Szenen darf ich wohl übergehen. Es versteht sich ganz von selbst, daß die drei Männer, welche wir am Eingang überrumpelt hatten, den Abgeführten mit angeschlossen waren. Als dieser Transport sich in Bewegung gesetzt hatte, trat der Kol Agasi zu mir und erkundigte sich:

„Effendi, wie war es dir möglich, hier heraufzukommen? Du hast dich, als du von uns gingst, doch nach der anderen Seite der Ruine entfernt. Ich war sehr erstaunt, als ich dich dann hier oben sah." – „Hast du mich sogleich erkannt?" fragte ich. – „Ja. Wir hatten den Aufgang nach hier oben so eng besetzt, daß du unmöglich durch unsere Reihen gekommen sein kannst!" – „Vielleicht erzähle ich dir, wie es mir möglich gewesen ist, über den Birs hinweg- und hierherzufliegen." – „Fliegen? Nein, geflogen bist du freilich nicht. Hier sehe ich einen Eingang; vielleicht gibt es auf der anderen Seite auch einen, den du gekannt hast; du bist dort hinein und durch das Innere hierhergegangen." – „Davon später! Jetzt sage mir, wie es dir gelungen ist, die Ghasaibeduinen zu ergreifen!" – „Das geschah auf die einfachste Weise. Wir beobachteten sie, bis der Perser, welcher der Freund des Sandschaki ist, mit ihnen fertig war und sich entfernte. Ich glaubte, du habest ihm die Hand zerschmettert, aber die Verletzung scheint doch nicht so groß gewesen zu sein, denn er hatte sie zwar verbunden, konnte aber die Finger doch ganz gut bewegen und gebrauchen.“ – „Ja, den Beweis hiervon hat er auch mir geliefert.“ – „Als er fort war, rüsteten sich auch die Ghasai zum Aufbruch. Die Pferde und Kamele der Karwan-i-Pischkhidmät Baschi waren ihnen bei der Verteilung der Beute zugefallen. Wenn ich sie diese Tiere besteigen ließ, war der Verlust wenigstens einiger von ihnen zu befürchten; darum durfte ich es gar nicht so weit kommen lassen. Ich zog also meine Leute schnell zusammen, und wir drangen so unerwartet auf sie ein, daß sie gerade so erschrocken wie hier die Schmuggler waren. Einige, welche sich wehrten, wurden mit dem Kolben niedergeschlagen. Wir wurden so rasch und leicht mit ihnen fertig, daß ich mich nachher fast darüber gewundert habe. Freilich ging es dabei nicht ohne großen Lärm und lautes Geschrei ab, wodurch die Schmuggler gewarnt wurden; ich mußte also die Linie der Einfassung schleunigst wiederherstellen lassen, um ihnen die Flucht unmöglich zu machen. Sie kamen auch sehr bald dahinter, daß sie umzingelt waren, und zogen sich nach der Höhe zurück, von wo aus sie keinen Angriff wagten. Was dann geschah, das weißt du ja. Du kanntest die Zahl dieser Leute und stelltest mir die Bedingung, keinen von ihnen entkommen zu lassen. Es fehlen aber der Perser und noch eine Person, doch glaube ich nicht, daß wir daran schuld sind. Ich bin vielmehr überzeugt, daß es ihnen unmöglich gewesen ist, sich durch uns hindurchzuschleichen.“ – „Sorge dich nicht um deine Belohnung! Diese Personen haben wir selbst festgenommen.“

Da hellte sich das bisher etwas besorgt gewesene Gesicht des Offiziers ganz auf, es legte sich ein vertraulich-pfiffiges Lächeln auf dasselbe, und er sagte:

„So darf ich dich wohl fragen: Ist jemand entkommen, Effendi?“ – „Wir haben sie alle!“ – „Deine Bedingung ist also erfüllt?“ – „Ja.“ – „Da du selbst soeben das Wort Belohnung erwähnt hast, wirst du mir wohl nicht zürnen, wenn auch ich daran denke. Oder nimmst du mir das vielleicht übel?“ – „Übel? Nein! Du hast ja ohne Zweifel das Recht, mich an mein Versprechen zu erinnern. Etwas anderes freilich ist es, ob du glaubst, daß ich es werde erfüllen können.“ – „Allah gebe es!“ rief er, tief Atem holend, aus. – „Hm! So ganz überzeugt scheinst du doch nicht zu sein?“ – „Verzeih, Effendi! Du bist ein berühmter Mann, du stehst im Schatten des Padischahs, den Allah segnen möge, und darfst Berichte schreiben lassen, welche der Seraskier wirklich liest; auch habe ich gesehen, wie freundlich der Pascha aus Stambul mit dir gesprochen hat. Ich bin also überzeugt, daß deine Worte und Vorschläge an den hohen Stellen der Regierung wohl beachtet und berücksichtigt werden, aber – aber – aber ...“ – „Was, aber ...?“ – „Darf ich es sagen?“ – „Ja.“ – „Du wirst mir nicht zürnen?“ – „Nein.“ – „Daß ich jetzt und sofort Bimbaschi sein soll, das – das – das ...“ – „Sprich doch weiter!“ – „Das bringst du wohl nicht fertig!“ – „Warum nicht?“ – „Erstens bist du ein Christ, während die hohen Offiziere, welche über mich zu bestimmen haben, Mohammedaner sind.“ – „Schon! Zweitens?“ – „Zweitens kann dein Einfluß jetzt ja gar nicht wirken, weil dein Bericht an den Seraskier noch nicht in seinen Händen ist.“ – „Wenn das alle deine Bedenken sind, so steht es um den Bimbaschi gar nicht schlecht. Ich gebe niemals ein Versprechen, von welchem ich nicht vollständig überzeugt bin, das ich es halten kann. Den Seraskier brauche ich heute nicht. Und gerade weil ich ein Christ bin, kannst du dich auf mein Wort mehr und mit größerer Sicherheit verlassen, als wenn ich ein Moslem wäre. Ich habe dir gesagt: Wenn du von den fünfunddreißig Personen keine entkommen läßt, bist du sofort Bimbaschi. Was ich gesagt habe, das gilt!“ – „Allah! So bedenke, Effendi, daß keine entkommen ist.“ – „Das bedenke ich!“ – „Ich müßte also jetzt Bimbaschi sein!“ – „Das bist du auch!“ – „Aber ich sehe und merke nichts davon!“ – „So schau hierher; dann wirst du es wohl sehen und merken!“

Ich zog das von Osman Pascha erhalten Dokument heraus und gab es ihm. Er nahm und las es. Ich hatte einen lauten, begeisterten Ausbruch der Freude erwartet, sah mich aber getäuscht. Als er mit dem Lesen fertig war, bewegte er sich nicht und blickte still und stumm vor sich nieder, dann ging über seinen Körper ein krampfhaftes Zucken, als ob er laut aufschluchzen müsse und dies noch unterdrücken wolle; aber aus seinen Augen rollten große Tränentropfen über die gebräunten, hageren Wangen. Hierauf sank er auf die Knie nieder, faltete die Hände, hob sie empor und betete:

„Lob und Preis sei Gott, dem Weltenherrn, dem Allerbarmer, der da herrscht am Tage des Gerichts. Dir wollen wir dienen, und zu dir wollen wir flehen, auf daß du uns führest den rechten Weg, den Weg derer, die deiner Gnade sich freuen, und nicht den Weg derer, über welche du zürnest, und nicht den der Irrenden!“

Das war die erste Sure des Korans, die „heilige Fatiha“, die „Eröffnende“, der Anfang, auch wohl Umm el Kitab – Mutter des Buches, des Korans – genannt. Sie ist, wie bei uns Christen das heilige Vaterunser, das Hauptgebet der Mohammedaner und wird anderen Gebeten gern als Einleitung vorangesandt. Dann fuhr er fort:

„Ich danke dir Gott, daß du mich begnadet hast mit deinem Segen! Es war dunkel in meiner Seele und finster in meinem Herzen. Das Meer der Trübsal umwogte mich, und die Fluten der Sorge gingen mir bis an die Lippen. Ich flehte zu dir, und du schienst mich nicht zu hören; ich rief dich an, und du wolltest nicht kommen, so glaubte ich. Aber du hattest meine Not gesehen und meine Worte wohl vernommen und wartetest nur eine Weile, bis die richtige Zeit gekommen sei, den Ratschluß deiner Güte auszuführen. Nun ist der Augenblick des Glückes angebrochen; deine Liebe hat sich meines Jammers erbarmt und mich mit Gnade überschüttet. Nun liege ich vor dir und blicke auf zu deiner Herrlichkeit, um dir den Dank zu stammeln, der auf zu deinem Himmel steigt. Du hast Großes an mir getan. Deine Name sei gelobt und deine Huld gepriesen von Ewigkeit zu Ewigkeit! Amen!“

Nun stand er wieder auf, ergriff meine beiden Hände und sagte:

„Effendi, du bist ein Mensch, aber doch der Bote Allahs, den er hierher sandte, mir die Erhörung meines täglichen Gebets zu bringen. Verzeihe mir den Zweifel, den ich gegen diese schnelle Erfüllung deines Versprechens hegte! Du hast mich aus schwerer Not befreit; nun bin ich alle meine Sorgen los und bitte dich, mit meinem Hause täglich für dich beten zu dürfen. Es wird vor Allah keine Sünde sein, wenn ein Moslem für einen Christen zu ihm bittet!“ – „Eine Sünde! Dein Gebet wird ganz im Gegenteil vor Allahs Ohr einen doppelten Wohlklang haben. In der zweiundzwanzigsten Sure steht geschrieben: ‚Siehest du denn nicht, daß alle Gott verehren, die im Himmel und auf Erden sind?‘ Denk ja nicht, daß euer Glaube der allein richtige sei! Und wenn er es wäre, gerade dann müßtest du zu Allah für diejenigen flehen, die ihn nicht besitzen. Ich bete täglich für alle Menschen, welche keine Christen sind, also auch für dich. Und als du zu mir von deiner Not und Sorge sprachst, da nahm ich mir vor, dir zu helfen, und dachte dabei nicht daran, daß du in meinen Augen ein Ungläubiger bist. Also bete getrost für mich! Niemand bedarf es so sehr wie ich, daß für ihn gebetet wird.“ – „Ja, Effendi, ich werde es tun. Und nun sag, was jetzt geschehen soll!“ – „Ich habe mit Halef noch hier oben zu tun. Du aber begibst dich hinunter zu deinen Leuten, um deine ganze Aufmerksamkeit auf die Gefangenen zu richten, denn du bist dafür verantwortlich, daß keiner von ihnen fehlt, wenn der Dscheneral kommt.“ – „Du meinst Osman Pascha?" – „Ja." – „Er wird hierher kommen?" – „Ich wünsche es. Schicke sofort einen Boten auf einem schnellen Pferd zu ihm nach Hilleh! Er mag ihn holen und sein Führer zu uns sein." – „Ich werde meinen besten Reiter senden. Und noch eine Frage, Effendi! Wirst du sie mir vielleicht übelnehmen?" – „Du wirst nichts fragen, was mir nicht gefällt. Also sprich!" – „Ich meine das Versprechen, welches du meinen Asaker gegeben hast ..." – „Oh, die zugesagten Piaster?" – „Ja. Sei mir nicht bös darüber, daß ich dich daran erinnere! Ich gönne ihnen eine solche bisher noch nie erlebte Freude von ganzem Herzen. Ich bin froh, da sollen auch sie fröhlich sein!" – „Diese Fürsorge und Teilnahme kann dich nur ehren. Ich sage auch hier: Was ich verspreche, das halte ich. Sie bekommen das Geld." – „Darf ich ihnen das sagen?" – „Ja." – „Ich danke dir!"

Er ging, wendete sich aber nach einigen Schritten wieder um und sagte:

„Effendi, wenn in den Herzen aller Christen deine Liebe und deine Güte wohnte, so würde dein Glaube dem unseren sehr gefährlich sein. Allah segne und bewahre dich!"

Nun stieg er hinab.

5. KAPITEL

Frohe Heimkehr

Wir sahen dem alten, braven und jetzt so frohen Mann nach, bis er unten angekommen war. Ich fühlte mich tief bewegt von seinem Gebet und den darauf folgenden Worten. Halef ging es ebenso. Er sagte:

„Das ist wieder einer, den du glücklich gemacht hast, Sihdi! Ich weiß noch viel besser als er, wie gefährlich deine Nächstenliebe jedem Anhänger des Propheten werden kann, der mit dir in Berührung kommt. Anstatt dich, wie es mein fester Wille war, zum Islam zu bekehren, habe ich mich von dir zu Isa Ben Marryam – Jesus, Mariens Sohn – führen lassen und sehe ein, daß ich dadurch geworden bin, was ich früher glaubte zu sein, aber doch nicht war, von ganzem Herzen glücklich nämlich! Du hast mir vorhin gesagt, daß jeder Soldat hundert und jeder Unteroffizier zweihundert Piaster bekommen soll; das sind über sechstausend Piaster. Wo willst du die hernehmen? Aus deinem eigenen Beutel? Da muß er viel tiefer und inhaltsreicher sind, als ich bisher dachte!" – „Wir haben Geld, lieber Halef, viel, viel mehr Geld, als wir brauchen!" – „Wo?" – „Ich werde es dir zeigen." – „Allah! Ich ahne es! Es steckt welches hier in den Ruinen?" – „Allerdings." – „Wieviel?" – „Das weiß ich nicht; aber es scheint, daß es nicht wenig ist." – „Maschallah! Wer wird es bekommen?" – „Meiner Ansicht nach bin ich verpflichtet, es dem Pascha auszuliefern." – „Dem Pascha? Mir scheint, es gibt nur einen einzigen Pascha, der es zu bekommen hat, und der bist du!" – „Warum?" – „Weil du es entdeckt, gefunden hast." – „Deine Ansicht vom Finden ist nicht die meinige." – „So hast du wenigstens einen Finderlohn zu beanspruchen, und den mußt du so hoch wie möglich stellen!" – „Dazu bin ich allerdings entschlossen." – „Wieviel wirst du verlangen?" – „Ich fordere, daß unser Bimbaschi in Bagdad das wiederbekomme, was ihm der Säfir abgenommen hat." – „Das ist gut; das freut mich sehr! Weiter!" – „Ferner sind davon die Belohnungen zu bezahlen, welche ich den Soldaten versprochen habe." – „Auch das hat meine Billigung. Weiter!" – „Weiter nichts." – „Wie? Weiter nichts? Für dich und auch für mich nichts?" – „Nichts!" – „Höre, Effendi, das ist so eine Stelle deines Verstandes, welche zugeklebt und ausgebessert werden muß! Bedenke doch, was wir alles unternommen und gewagt haben, und wie es uns dabei ergangen ist, um hinter die Geheimnisse des Birs Nimrud zu kommen! Und dafür sollen wir nichts, gar nichts erhalten? Kein Hamal – Lastträger – und kein Schaggal biljomije – Tagelöhner – arbeitet umsonst, und wir, die wir die tapfersten Helden des ganzen türkischen Reiches und auch aller anderen Reiche sind, sollen unsere Freiheit und unser Leben wiederholt gewagt haben, ohne einen einzigen Para von dem Geld zu bekommen, dessen Entdeckung man nur uns allein zu verdanken hat? O Sihdi, du bist zu nobel, viel zu nobel!" – „Eben weil ich kein Hamal und kein Schaggal biljomije bin, verbietet es mir meine Ehre, für mich persönlich Lohn zu fordern. Ich bin überzeugt, daß auch dein Ehrgefühl dich hindert, dich wie einen Tagelöhner behandeln zu lassen!" – „Tagelöhner? Höre, Effendi, ich bin der oberste Scheich der berühmten Haddedihn vom großen Stamm der Schammar, und wehe dem, der es wagen wollte, mir die Ehrfurcht, welche ich fordere, zu versagen! Ich mag von diesem Geld nichts, gar nichts! Keinen einzigen Para will ich haben! Ich finde es ganz vortrefflich von dir und stimme dir vollständig bei, daß wir viel zu hoch stehen, als daß uns dieses bißchen Geld verlocken könnte, auch nur einen einzigen Blick darauf zu werfen! Wir brauchen es nicht. Diese Angelegenheit ist also erledigt; die andere ist für mich viel wichtiger." – „Welche?" – „Das Versprechen, welches du mir gegeben hast. Du willst dem früheren Kol Agasi und jetzigen Bimbaschi und seinen Soldaten dein Wort halten, und so hoffe ich, daß auch ich erlange, was du mir verheißen hast." – „Was?" – „Meine Kurbadsch für den Säfir!" – „Dieser Wunsch wird dir in Erfüllung gehen." – „Wann?" – „Sobald wir ihn herausgeholt haben. Jetzt gehen wir zu ihm, um nachzusehen, wie er sich befindet. Dann nehmen wir die Räume in Augenschein, und wenn wir das getan haben, schaffen wir ihn heraus. Du wirst leuchten." – „Ich? Kann das nicht lieber ein Askari tun?" – „Nein. Es soll, bis der Pascha kommt, niemand das Innere des Birs Nimrud sehen, als nur du, ich und der Kammerherr, der ja nun einmal eingeweiht ist." – „So mag der das Licht tragen!" – „Auch er nicht, denn wir nehmen ihn nicht wieder mit hinab. Er hat genug gesehen, nun mag er zu den Soldaten gehen. Er wird ganz froh sein, den finsteren Gang verlassen zu dürfen." – „Soll ich ihn holen?" – „Ja."

Als er ihn brachte, konnte der Pischkhidmät Baschi nicht verbergen, wie leicht er sich fühlte, dem Schikäm-i-Charabe – Bauch der Ruine –, wie er es nannte, entronnen zu sein. Er holte tief, sehr tief

Atem und rief, indem sein Gesicht vor Wonne strahlte, frohlokkend aus:

„Allah sei gepriesen, daß er es mir gestattet, das Licht des Tages wiederzusehen! Ich lag in den Banden der Finsternis und des Todes; aber er hat mich errettet durch meine große Zuversicht, mit der ich auf ihn hoffte. Der Säfir wollte mich töten, aber er wagte sich nicht an mich, denn ich bin der Liebling des Beherrschers, und er fürchtete sich vor meiner Tapferkeit. Ich bin ...“ – „Wie – wie war das? Was hast du gesagt?“ unterbrach ihn Halef schnell. – „Hast du es nicht gehört?“ – „Ich hörte dich freilich sprechen, aber ich traue meinen Ohren nicht. Hast du dich wirklich den Liebling des Beherrschers genannt?“ – „Ja.“ – „Und das hat den Säfir in Angst versetzt?“ – „Ja.“ – „Und er hat sich vor deiner Tapferkeit, höre es richtig: vor deiner Tapferkeit gefürchtet?“ – „Ja.“ – „So hast du es also seiner Angst vor dem Beherrscher und deiner Tapferkeit zu verdanken, daß du gerettet worden bist?“ – „Ja, das habe ich.“ – „Das sagst du mir so ruhig ins Gesicht?“ – „Ich sage es nicht bloß dir, sondern jedermann, dem ich begegne, wird es von mir erfahren!“ – „So! Dann will ich dir jetzt einen guten Rat erteilen. Sage es ja keinem Menschen in meiner Gegenwart!“ – „Warum nicht?“

Der kleine Hadschi nahm seine Peitsche aus dem Gürtel und antwortete mit erhobener Stimme:

„Weil ich dir sofort hier diese Kurbadsch geben würde, welche du bereits kennengelernt hast! Die Furcht vor dem Beherrscher! Ich sage dir, wenn dieser dein Beherrscher lauter solche Untertanen hat, wie du bist, so ist er der traurigste Mensch, den es auf Erden geben kann! Und deine Tapferkeit? Kerl, du bist ein solcher Feigling, daß ich der Wahrheit gemäß behaupten kann: Es ist mir in meinem ganzen Leben noch kein so großer und verachtenswerter vorgekommen! Hier, mein Effendi ist's, der dich gerettet hat, er allein! Ein Bettler dankt mir für die kleinste Gabe, und selbst ein Hund leckt die Hand, die ihm den härtesten Knochen gibt; du aber, der du dich für so erhaben über tausend Menschen dünkst, stehst tiefer als der Bettler und tiefer als der Hund, denn du hast kein einziges Wort der Erwähnung für den Retter aus der größten Todesnot. Also ich warne dich. Wagst du es, deinen Beherrscher und deine Tapferkeit in meiner Gegenwart zu erwähnen, so gerbe ich dir das Fell, daß es in Stücke platzt! Du bist mir ein verächtlicher Wurm; deine Gegenwart widert mich an. Mach dich augenblicklich fort von uns, sonst fange ich schon jetzt an, zuzuhauen!“

Er holte mit der Peitsche zum Schlag aus; da flog der Perser in einem vor Angst so weiten Sprung von ihm fort, daß er über den Rand der herauffführenden Böschung hinausgeriet und, anstatt Fuß zu fassen, mit dem Rücken auf das lockere Geröll niederkrachte, welches, ihn in eine Lawine hüllend, mit ihm in die Tiefe schoß.

„Da fährt er hin, doch ohne Pferd und Wagen!" lachte Halef. „Nimm es mir nicht übel, Sihdi, aber solche undankbaren Halunken könnte ich umbringen! Paß auf, Sihdi, er wird dir zumuten, ihm zur Wiedererlangung seines Eigentums behilflich zu sein; aber ich sage dir, wenn du nur noch eine Lippe oder einen Finger für ihn bewegst, so schreibe ich deiner Emmeh, welche die Zierde deines Harems ist, einen monatelangen Brief, in welchem ich ihr erkläre und beweise, daß sie im höchsten Grade unglücklich ist, wenn sie sich nicht so schnell wie möglich an einen anderen Türken verheiratet. Paß nur auf, das tue ich, das tue ich ganz bestimmt!" – „Wenn du zu solchen Mitteln greifst, lieber Halef, so sehe ich mich freilich gezwungen, deinen Wunsch als einen Befehl zu nehmen, dem ich zu gehorchen habe." – „Das erwarte ich allerdings von dir! Es gibt keinen größeren Lump auf Erden als einen Menschen, welcher undankbar ist. So! Jetzt ist der Zorn heraus, und nun will ich wieder dein alter, stiller Halef sein!" – „Still? Hm!" – „Hm? Warum hmst du denn? Hältst du es etwa nicht für wahr, daß ich ein sehr stiller Charakter bin?" – „Oh, ich halte es für sehr wahr, nur freilich in gerade entgegengesetzter Weise, als du es gemeint hast." – „Wieso?" – „Dein Charakter ist so überwältigend, daß andere ganz still sein müssen." – „Andere? Ja, richtig! Es ist auch wirklich oft notwendig, daß man einen solchen Charakter hat! Du bist zu gut, viel zu gut, und wenn da nicht ich mich zuweilen in deine großen Lücken stellte, so würde das Belad esch Schark – der Orient – wohl wenig Freude an uns erleben. Ich bin auch in dieser Beziehung dein unermüdlicher Führer und Beschützer. Nun aber komm, sonst stirbt der Säfir vor Sehnsucht nach unserer Gegenwart!"

Wir begaben uns also wieder in den Gang, und zwar nach der Nische, in welcher die Lämpchen standen. Als wir da Licht gemacht hatten, gingen wir nach der Ecke, wo die Stufen hinabführten. Den im Gang liegenden Waren schenkten wir zunächst keine Beachtung, sie interessierten uns nicht. Zwar war anzunehmen, daß sich unter ihnen auch die der Karwan-i-Pischkhidmät Baschi abgenommenen wertvollen Sachen befanden, aber da wir uns vorgenommen hatten, uns mit diesem Menschen nicht mehr zu befassen, so ging uns auch sein Eigentums nichts an.

Im Raum Nummer eins unten angekommen, verschoben wir die Untersuchung desselben noch für kurze Zeit, um zunächst nach dem Säfir zu sehen, der sich in Nummer drei befand. Er stand oder vielmehr er hing noch genau in derselben peinlichen Lage, in welcher wir ihn verlassen hatten, an den eisernen Vorhangstäben. Er war gezwungen, sich nicht zu bewegen und den Kopf unausgesetzt hochzuhalten, denn sobald er ihn senkte, wurde ihm durch den eng um den Hals liegenden Strick der Atem genommen. Er befand sich also in steter Angst vor dem Erstickungstode, und so war es leicht erklärlich, daß er uns bei unserem Eintritt im höchsten Zorn entgegenrief:

„Endlich laßt ihr euch wieder einmal sehen! Ist das die Art der Christen und Sunniten, Menschen zu behandeln? Bindet mich los, und gebt mich frei, wenn euer Leben für euch nicht weniger als einen Pulverschuß Wert besitzt! Ich gehe zum Sandschaki, und wehe euch, wenn er erfährt, was ihr hier zu unternehmen wagtet! Nur meine Fürsprache kann euch vor dem Ärgsten retten!"

Halef stellte sich breitspurig vor ihn hin und fragte:

„Ah! Unser Fürsprecher willst du sein?" – „Ja; aber nur, wenn ihr eurer Feindseligkeit gegen mich sofort ein Ende macht!" – „Oh, wir sind ganz begierig darauf, dir Freundlichkeiten zu erweisen! Leider aber würden sie uns nichts nützen, weil deine Fürbitte ebenso machtlos wie dein Sandschaki ist. Er steckt im Kerker, und Ketten schmücken seine Hände!" – „Das ist Lüge!" – „Keine Beleidigung, sonst beweise ich dir mit der Peitsche, daß ich die Wahrheit spreche! Gerade du darfst dich nicht darüber wundern, daß ich vom Gefängnis spreche, denn nur du allein trägst die Schuld, daß er eingesperrt worden ist!" – „Ich …?!" – „Ja, du! Es war die größte aller Dummheiten, die es gibt und geben kann, daß du den Pädär-i-Baharat mit einer Schrift zu ihm schicktest, welche entdeckt und ihm abgenommen worden ist. Man weiß nun nicht nur, was du hier im Birs zu suchen hast, sondern man kennt auch alle eure anderen Heimlichkeiten. – Doch, was habe ich mich mit dir abzugeben! Es gibt hier mehr zu sehen als dich, einen Menschen, der nicht wert ist, daß man ihn nur mit einem einzigen Blick begnadet!"

Ich hatte nämlich nicht auf ihren Wortwechsel geachtet und war mit dem Licht nach Nummer zwei gegangen. Jetzt kam mir Halef dorthin nach. Wir sahen uns in diesem Raum und dann auch in dem anderen um. Unser alter Bagdader Gastfreund hatte wirklich nicht zu viel von den hier aufgestapelten Waren erzählt. Es gab da eine so tadellose Ordnung, daß man hätte meinen können, sich in einem wohlgeleiteten kaufmännischen Magazin zu befinden. Jeder Pack und jeder Gegenstand hatte eine Etikette, welche sich auf seinen Inhalt bezog. Wir brauchten also nur diese Aufschriften zu lesen, um zu erfahren, was alles hier vorhanden war.

Es gab da Tabak aus Räscht, besten Opium, Haschisch, Tamariskenhonig, Henna, Krapp aus Täbriz, Safran und Saflor, getrocknete Hallagäh- und Angur-i-Ali-Deresi-Trauben, gedörrte Melletzu- und Gulab-i-Schahi-Birnen, Kischmisch- und Savsa-Rosinen, Gulab – Rosenwasser – und das herrliche teure Atr-i-gul – Rosenessenz – . Das Gegenteil davon, nämlich Asa foetida, war auch vorhanden. Es waren da verzeichnet wohlriechende Seifen aus der Stadt Kum, Demawendi-Schwefel, Arsenik aus Kaswin, ferner kostbare Lammfelle von Bokhara und Kum, große, schwere Ballen Maroquins, in Persien Tscherme hamadahni genannt, und Saghri-Chagrins, welche aus der Rückenhaut des wilden Esels gefertigt werden. Außerordentlich reich war das Lager an den verschiedensten Kleiderstoffen, als Sammet, Seide, Wolle, Baumwolle usw., ebenso an köstlichen Schals und Teppichen. Der Säfir mußte sich hier vollständig sicher gefühlt haben, denn sonst hätte es ihm nicht einfallen können, solche Werte an dieser Stelle aufzustapeln. Mit welchen Gefühlen mochte er nun Zeuge davon sein, daß wir seine Schätze so ungestört und mit Gemächlichkeit betrachteten! Er verhielt sich ruhig und sagte lange, lange Zeit kein Wort; aber als wir an die schon einmal erwähnte Truhe kamen und ich, um sie zu öffnen, den ihm abgenommenen Schlüssel hervorzog, da schrie er mit hier in diesem Raum schmetternder Stimme auf:

„Halt! Wagt euch nicht an diesen Kasten!“

Ich steckte natürlich den Schlüssel trotzdem an und drehte ihn im Schloß um. Als er das Geräusch hörte, brüllte er:

„Ich warne euch bei Allahs Namen: Berührt dort nichts! Es liegt ein Sihhr – Zauber – darin verborgen, der jedem, der ihn berührt, Verderben bringt!“ – „Das freut mich außerordentlich!“ lachte Halef. „Dieser dein Zauber gehört wahrscheinlich in das Gebiet der schwarzen Simijah – Magie – und da ich mich nun sehr gut auf die weiße Simijah verstehe, so habe ich hier die beste Gelegenheit zu erfahren, welche mächtiger ist, die schwarze oder die weiße.“ – „Die schwarze, die schwarze ist mächtiger! Hüte dich! Rühr nichts an!“ – „Wenn das wirklich wahr ist, was du sagst, so brauchen wir uns dennoch nicht zu fürchten, denn mein Effendi ist Meister in der blauen, roten, grünen und gelben Simijah, und du wirst gleich sehen, daß deine einfache, schwarze gegen diese vierfache und bunte

Wissenschaft unmöglich aufkommen kann! Also öffne, Sihdi, öffne getrost!“

Ich hob den Deckel auf.

„Mach zu, mach wieder zu!“ warnte der Säfir mit überschnappender Stimme. „Der Zauber bringt dich sonst um dein ewiges Leben, um deine ganze Seligkeit!“ – „Mach dich nicht lächerlich!“ antwortete ich jetzt. „Glaubst du denn wirklich, daß ein Europäer, ein Christ, so dumm sein kann, eine solche Albernheit zu glauben, über welche dich bei uns jedes Kind verspotten würde? Die Truhe ist geöffnet; nun, wo ist dein Zauber?“ – „So sei verflucht im Leben und verdammt in Ewigkeit!“

Da sprang Halef hin zu ihm; der Schein der Lampe reichte nicht so weit. Ich hörte einen klatschenden Hieb und einen Schmerzensschrei; dann war es still. Der Hadschi kehrte zurück und sagte nichts. Selbst wenn er etwas hätte sagen wollen, wären ihm bei dem Anblick, der sich ihm hier bot, die Worte wohl auf der Zunge liegengeblieben. Wie ein kleiner Knabe, dem eine große, ungeahnte Überraschung wird, spreizte er die Finger aus und starrte auf das flimmernde Gold und Silber und auf die funkelnden Edelsteine, welche vor uns lagen. In holzgeschnitzten Schalen sahen wir, offen, nicht in Rollen gepackt, in- und ausländische Gold- und Silberstücke in Haufen, während eingelassene Fächer eine Menge geschliffene oder ungeschliffene Halb- und Ganzedelsteine enthielten. Auch gab es Ringe, Ketten, Hals- und Armbänder, Haar- und anderen Schmuck in Menge. Was dieser Kasten enthielt, das war ein Vermögen, wirklich ein Vermögen! Und als ich einige Fächer herausnahm, erblickte ich kostbare Pistolen und Dolche, welche den unteren Teil der Truhe füllten. Dabei lagen zwei Bücher. Ich schlug sie auf. Wer hätte das denken sollen! Es waren die Geschäftsbücher, welche eine ganze Reihe von Jahren zurückreichten und ein genaues Verzeichnis aller Aus- und Eingänge enthielten. Das war ja staunenswert!

„Maschallah!“ ließ sich Halef endlich hören. „Mein Verstand steht still! Sihdi, gib mir einen Stoß in die Rippen, daß er wieder in Bewegung kommt!“ – „Steckt er bei dir zwischen den Rippen?“ fragte ich. – „Wo er steckt, das kann ich in diesem Augenblick nicht wissen; ich fühle nur, daß er nicht da ist, wohin er gehört. Welch ein Geld! Welch eine Pracht der Steine! Ich bin kein Dschohardschi – Juwelier – und weiß also nicht, wie sie heißen. Kennst du vielleicht die Namen?“ – „Was nützt es, wenn ich sie dir aufzähle? Die Steine werden dadurch doch nicht unser!“ – „Ja, eigentlich betrübt es meine gefühlvolle Seele sehr, daß ich sie nur betrachten, aber nicht in meine Tasche stecken darf! Sieh dieses herrliche Suwahri – Armband –! Was sind das für Steine?“ – „Ein Almahs – Diamant –, ein Sumrud – Smaragd – und ein Jakut – Rubin –, woran sich die dreifachen Firuzareihen – Türkis – schließen.“ – „Oh, Sihdi, wie würde meine Hanneh jubeln, die schönste unter den Schönheiten aller erschaffenen Frauen, wenn ich ihr diesen Schmuck mitbrächte, um ihn an ihren geliebten Arm zu legen! Stehen wir wirklich gar so hoch, daß wir gar nichts wegnehmen dürfen?“ – „Ja.“ – „Und ist unsere Ehre wirklich von so großer Erhabenheit, daß wir sie durch einige solche Steine beleidigen würden?“ – „Ganz gewiß.“ – „So denke an Emmeh, die liebliche Herrin deines Frauenzelts! Liebt sie es nicht auch, sich zu schmücken?“ – „Ihr und mein bester Schmuck ist Ehrlichkeit, und alles, was hier liegt, ist fremdes Eigentum. Bedenke das!“ – „Ich bedenke es! Zugleich bedenke ich aber auch, daß es eine wahre Schande ist, diesen Reichtum entdeckt zu haben, ohne ihn behalten zu dürfen. Hoffentlich ist es wenigstens erlaubt, einmal so recht mit allen zehn Fingern hineinzugreifen?“ – „Dagegen habe ich nichts. Wenn es dir Vergnügen macht, so tue es!“ – „Sogleich! Sieh, wie das funkelt, wie es strahlt!“

Mein kleiner Hadschi war ein grundehrliches Kerlchen; aber dieses Metall und diese Steine taten es ihm doch an. Darum sagte ich, indem er darinnen wühlte und sie aus einer Hand in die andere gleiten ließ:

„Ein freundlicher Strahl aus dem Auge deiner Hanneh ist schöner und tausendmal mehr wert als diese ganze leblose und künstliche Flimmerei!“

Da zog er die Hände schnell zurück, sah mir mit warmem Blick in das Gesicht und antwortete:

„Das ist sehr wahr, Sihdi! In den Augen, von denen du sprichst, wohnt ein Licht der Liebe, gegen welches dieses Gefunkel hier die reine Finsternis, der unsichtbare Neumond ist. Ich bin reicher, viel reicher als der arme Teufel, dem dieses Geld und diese Steine da gehören werden. Ich tausche nicht mit ihm! Ein fröhliches Lachen aus dem Mund meiner Hanneh, der herrlichsten aller Frauen, klingt schöner als das Klirren dieser Münzen. In ihren Augen und ihrem Lächeln wohnt die Seele, in diesen toten Schätzen aber ist keine … Allah, was sehe ich!“

Er hatte, wie zur Erklärung, wieder in die Schmucksachen gegriffen und das erste beste Stück herausgenommen. Sein Ausruf lenkte auch meinen Blick auf diesen Gegenstand.

„Ein Bild, Sihdi, ein Bild!“ fuhr er fort. „Das muß einem Christen gehört haben, denn einem Moslem ist es ja verboten, sich malen zu lassen. Und doch ist die Kleidung dieses Mannes und dieses Weibes keine fränkische, sondern persisch. Schau es an!“

Er gab mir das kleine, mit Edelsteinen eingefaßte Doppelporträt. Als mein Auge darauf fiel, hätte ich beinahe einen Ruf der Überraschung ausgestoßen. Ich kannte den Perser, dessen Konterfei ich vor mir sah. Es handelte sich nicht um eine zufällige Ähnlichkeit, sondern er war es, war es unbedingt und ohne Zweifel selbst, nämlich Dschafar, mit dem ich damals drüben im Westen der Vereinigten Staaten zusammengetroffen war. Neben ihm sah ich ein wunderschönes, orientalisches Frauenangesicht mit geheimnisvollen Dunkelaugen, aber kalten, unerbittlichen Lippen und rätselhaften Sphinxzügen, ein Gesicht, welches mich sofort, doch nicht etwa den Menschen, sondern den Psychologen in mir, gefangennahm. Das Original zu diesem weiblichen Porträt war sicher keine im Harem psychisch vernachlässigte, sondern ganz gewiß eine geistig bedeutende Persönlichkeit. Und als ich schärfer hinschaute, bemerkte ich unter den Bildern zwei feine, in das Gold des Rahmens gegrabene Unterschriften. Diejenige, welche unter dem männlichen Porträt stand, lautete „Dschafar Mirza“ und die unter dem weiblichen „Schahzadeh Khanum Gul“.

Man muß wissen, daß das Wort Mirza, wenn es vor dem Namen steht, ein allgemeiner Titel ist, welcher jedem gebildeten Mann, besonders aber Gelehrten, Dichtern usw. gegeben wird, z. B. Mirza Schaffy, der bekannte Freund Bodenstedts; steht er aber hinter dem Namen, so bedeutet er den Rang eines Prinzen. Mit dem Schah nahe- und blutsverwandte Prinzen werden Schahzadeh tituliert. Steht das eine Dame bezeichnende Wort Khanum hinter dieser Bezeichnung, so ist eine Prinzessin gemeint. Hieraus folgt, daß mein früherer Reisegenosse Dschafar ein Prinz und das Original des anderen Bildes eine mit dem Schah von Persien verwandte Prinzessin war. Durch die Vereinigung der beiden Bilder war ich natürlich veranlaßt, auch die Personen in nahe Beziehung zueinander zu bringen; aber welches das Verhältnis war, in dem sie sich berührten, das konnte ich freilich nicht wissen. Aus dem Umstand, daß sie sich dem Verbot des Islam entgegen hatten abbilden lassen, war zu schließen, daß sie über der gewöhnlichen muselmännischen Denkweise erhaben standen, was bei dem weitgereisten Dschafar Mirza kein Wunder war; in Beziehung auf die Schahzadeh Khanum aber ergab sich daraus die wahrscheinlich berechtigte Folgerung, daß sie eine jener selbständigen Damen sei, vor denen der Orientale ein Grauen hat. Hat es schon bei uns einen eigenen Beigeschmack, wenn wir von einer „emanzipierten Frau“ sprechen, so tritt dieser goût hétérogène im Orient noch viel mehr hervor. Wer es fertigbringt, alle Traditionen und Rücksichten außer acht zu setzen und die Fesseln des so streng abgeschlossenen dortigen Frauenlebens zu sprengen, der ist gewiß mit einem explosiven Temperament ausgerüstet oder hat – ich bitte, mich eines Lieblingsausdruckes meines kleinen Halef bedienen zu dürfen – verschiedene Schejatin – Plural von Scheitan, d. h. Teufel – im Leibe sitzen. Daher der Widerwille des Orientalen, den Frieden seines Harems durch eine solche „Teufelin“ in das Gegenteil umwandeln zu lassen.

Daß die Prinzessin Gul hieß, war eigentlich gar nichts Auffälliges, und doch dachte ich sonderbarerweise dabei sogleich an die Gul-i-Schiraz. Vielleicht war das eine Folge des Eindrucks, den das Bild auf mich machte. Die sphinxartigen Züge des Gesichts paßten ja ungemein zu der Rätselhaftigkeit, welche die geheimnisvolle „Rose von Schiras“ für mich hatte.

Alle diese Gedanken gingen mir sehr schnell durch den Kopf, und doch blieb es für Halef nicht unbemerkt, daß die Porträts kein gewöhnliches Interesse für mich hatten.

„Du siehst die Bilder so eigentümlich an, Sihdi“, sagte er. „Kennst du etwa diesen Mann oder das Weibe oder wohl gar beide?“ – „Sprich leise!“ warnte ich mit unterdrückter Stimme, indem ich das Bild in meine Tasche schob. „Der Säfir darf nichts davon hören.“ – „Allah! Du steckst es ein!“ flüsterte er. „Willst du es behalten?“ – „Ja.“ – „Aber du hast doch noch soeben gesagt, diese Sachen seien fremdes Eigentum!“ – „Ich hatte das Bild noch nicht gesehen.“ – „Es scheint dich plötzlich aus der großen Erhabenheit deiner Ehre herabgezogen zu haben! Wie nun, wenn ich mich durch die Schönheit des Armbands auch herabziehen ließe?“ – „Das ist etwas ganz anderes. Es hat mit diesem Bild eine ganz eigenartige Bewandtnis, die ich dir jetzt nicht erklären kann. Ich darf es nicht hier liegenlassen; ich muß es mitnehmen. Vielleicht treffe ich den rechtmäßigen Eigentümer, dem es wahrscheinlich gestohlen wurde. Auch scheint es mit einem Geheimnis zusammenzuhängen, dessen Lösung auf unserem Weg liegt. Es ist kein Diebstahl, den ich begehe, nicht einmal eine Unehrlichkeit, sondern ich habe das Recht, und die Klugheit gebietet mir, es zu nehmen. Komm, wir wollen gehen!“ – „Wohin?“ – „Hinunter zu den Soldaten.“ – „Lassen wir den Säfir hier?“ – „Nein; wir nehmen ihn mit.“ – „Und wie steht es mit den Hieben, die seinen Rücken und meine Seele erfreuen werden?" – „Hat das so große Eile?" – „Ja, sehr große, Sihdi! Ich behalte das, was andere zu bekommen haben, nicht gern auch nur eine Minute länger, als unbedingt nötig ist, also auch die Hiebe, welche schon längst in seinen Besitz hätten übergegangen sein sollen. Ich will und muß sie loswerden, denn es stört mich in meinem Wohlbefinden, wenn ich sie noch länger mit mir herumtragen soll!" – „So wollen wir uns jetzt sputen, damit du ja so schnell wie möglich von dieser schweren Last befreit wirst!"

Ich schloß die Truhe wieder zu und steckte den Schlüssel wieder ein. Als wir dann zum Säfir traten und der Lichtschein auf ihn fiel, bemerkte ich auf der rechten Seite seines Gesichts eine beginnende Geschwulst. Das war die Folge des Hiebes, mit welchem sein krasser Fluch vorhin von Halef beantwortet worden war. Wir banden ihn von den Stäben los und gaben seine Füße frei, schnürten ihm aber die Ellbogen so fest auf dem Rücken zusammen, daß er, trotzdem er nun laufen konnte, ganz in unsere Hände gegeben war. Dann stiegen wir hinauf. Er ging mit, ohne sich zu weigern und aber auch ohne ein Wort zu sprechen. Es war, als ob der in ihm kochende Grimm ihn ersticken wolle. Als wir oben in das Freie traten, wirkte sein Gesicht ganz anders als unten bei dem unzureichenden Licht des kleinen Lämpchens. Zu der schon vorhanden gewesenen und ihn entstellenden Narbe auf der linken Seite seines Gesichts war jetzt die schnell wachsende und sich dunkel färbende Geschwulst der anderen Seite gekommen; dazu der lange, zerzauste Bart, der drohende Blick der blutunterlaufenen Augen und die weit herabhängende Unterlippe. Es überlief mich ein Grauen, ein körperlicher und geistiger Ekel, als ich dieses mehr als abstoßende Gesicht so vor mir sah!

Er wollte abwärts schreiten; ich befahl ihm aber, sich niederzusetzen, was er still, aber mit einem Blick tat, der mich vernichtet hätte, wenn es auf den Besitzer des Auges angekommen wäre.

„Wir wollen den Eingang verschließen", sagte ich zu Halef. – „Womit?" fragte er. – „Mit den Ziegeln, welche hier liegen."

Als der Säfir diese Worte hörte, ließ er ein höhnisches Räuspern hören. Ich fuhr als Antwort auf diese Verspottung fort:

„Das ist nämlich ganz leicht, wenn man die Sache kennt. Du kannst dich doch, lieber Halef, auf die Schrift besinnen, welche ich dem Pädär-i-Baharat aus der Tasche genommen und, nachdem ich sie gelesen hatte, wieder hineingesteckt habe?" – „Ja, Sihdi." – „Sie enthielt eine Zeichnung, welche sich auf diesen Eingang bezog. Es ist kaum glaublich, wie unendlich dumm alle diese Menschen gewesen sind! Durch diese Zeichnung wurde mir das Geheimnis verraten. Es war der Weg von da unten bis hier herauf ganz genau angegeben und auch die Schrift abgebildet, an welcher der letzte Stein, der eigentliche Verschlußziegel, zu erkennen ist. Es war babylonische Keilschrift, die ich lesen kann; darum war es sehr leicht, mir die Zeichen einzuprägen, so daß ich sie nicht wieder vergessen habe. Diese Menschen aber verstehen nichts von dieser Sprache und von dieser Schrift und müssen sich also mit Abbildungen des Steins behelfen. Die betreffenden Zeichen bedeuten die Worte ‚... romen 'a. Illai in tat kabad bad 'a. Illai' – ‚... darbringen dem höchsten Gott, nur allein um seine Herrlichkeit zu zeigen' –. Ich werde jetzt nachsehen, welcher Stein diese Worte enthält."

Die Ziegel waren so vorsorglich nach der Reihe gelegt, daß es nur eines Blickes bedurfte, den zu finden, welchen er meinte. Ich deutete auf ihn und fuhr fort:

„Hier sehe ich ihn. Er enthält ganz genau die Zeichen, welche mir durch die unverzeihliche und unbegreifliche Unvorsichtigkeit des Pädär-i-Baharat verraten worden sind, und ist also der letzte, welcher eingefügt werden muß. Daraus folgt, daß ich mit den Ziegeln, die auf der ihm entgegengesetzten Seite liegen, beginnen muß." – „Allah zerreiße diesen leichtsinnigen Halunken!" knirschte der Säfir. „Dich aber verfluche er bis ..."

Er verschlang die übrigen Worte, denn Halef zog die Peitsche und holte zum Hieb aus.

„Das ist dein Glück, daß du den Zibl – Mist –, den du sprechen wolltest, wieder auf den Unrat, der dein Inneres füllt, zurückgeschlungen hast!" sagte er. „Ich hätte dich durch diese Peitsche gezwungen, es zu tun. Soll ich dir helfen, Effendi, die Steine zusammenzufügen?" – „Nein", antwortete ich. „Diese Arbeit muß ich allein tun. Es wird da leichter und auch schneller gehen als mit deiner Hilfe."

Indem ich die überall sehr scharfen, aber vielfältigen und höchst unregelmäßig laufenden Kanten des Einganges betrachtete, welche keine gerade, sondern eine nach allen Richtungen zickzackende Linie bildeten, und von unten herauf diejenigen Steine, welche in die Zickzacke paßten, aufeinandersetzte, wurde es mir nicht schwer, das Loch in so kurzer Zeit zuzusetzen, als ob ich diese Arbeit schon oft ausgeführt hätte. Als ich zuletzt den Schlußstein eingefügt hatte, wäre es einem Uneingeweihten wohl nicht möglich gewesen, bei Betrachtung dieser Mauerstelle zu erraten, daß hinter ihr ein Gang verborgen war. Die einzelnen Stücke paßten so genau an- und aufeinander, als ob sie seit dem Bau des babylonischen Turmes nie von einer Hand berührt worden seien. Die Leute, welche den Gang entdeckt und diesen Verschluß desselben hergestellt hatten, waren sehr vorsichtige und sorgsam arbeitende Personen gewesen.

So sehr mich das Gelingen dieser meiner Arbeit befriedigte, so groß war der Grimm des Säfir über diesen Erfolg. Ich sah trotz des dichten Schnurrbarts, daß seine Lippen vor Wut bebten. Er hätte diesen Gefühlen wohl gern durch entsprechende Worte Luft gemacht; aber der Hadschi hatte die Peitsche noch immer in der Hand, und die Furcht vor dieser Imm es Sefa – Mutter der Wonne –, wie Halef sie gern nannte, zwang ihn, still zu sein.

Es war nun Zeit, die Höhe zu verlassen, und so stiegen wir hinab. Halef ging voran, ich hinterher; der Säfir mußte, von mir scharf beobachtet, in der Mitte schreiten. Als wir bei den Soldaten ankamen, stand der neue Bimbaschi von dem Platz auf, wo er gesessen hatte, und meldete mir:

„Effendi, der Bote nach Hilleh ist längst fort, und ich habe ihm befohlen, sich möglichst zu beeilen. Darf ich vielleicht nun die Pferde hierherkommen lassen?“ – „Ja. Ich werde inzwischen den Askari holen, der in der Nacht mit uns gegangen ist.“ – „Soll ich nicht lieber nach ihm schicken?“ – „Nein; man würde ihn nicht finden.“

Ich ging selbst, weil ich es nicht für geraten hielt, daß noch mehr Personen als dieser eine Askari den Ort erfuhren, wo ich mit dem Kammerherrn in den Turm gestiegen war. Als ich zu ihm kam, lag er in dem weichen Schutt und schlief. Ich weckte ihn und befahl ihm, mir zu folgen. Er rieb sich die Augen und kletterte, bald stolpernd und bald auf allen vieren oder auf dem Rücken rutschend, hinter mir her. Ich führte ihn aus Berechnung nicht gleich auf die Ebene hinaus, sondern in der Weise zwischen Mauerresten hindurch und über Trümmerhaufen hinweg, daß er, zumal infolge seiner Schlaftrunkenheit, über die Richtung irre wurde, und, als wir die Ruinen endlich hinter uns hatten, stehenblieb, und, indem er mit Kopfschütteln zurückblickte, sagte:

„Dieser Rückweg war bös, Effendi, der Hinweg in der Nacht war besser. Da war es aber dunkel; ich sah und hörte lange Zeit nichts mehr und schlief darum ein. Wo sind wir denn eigentlich gewesen?“ – „Das mußt du doch wissen!“ antwortete ich, sehr befriedigt von dem Gelingen meiner List. – „Ich weiß es nicht. Wir sind jetzt durch ein solches Wirrwarr geklettert, daß ich die Stelle, wo ich geschlafen habe, ganz gewiß nicht wiederfände, wenn ich sie suchen sollte." – „Es wird dir niemand auftragen, sie zu suchen. Also beruhige dich und komm!"

Als wir die Asaker von weitem sahen, bemerkte ich, noch ehe wir sie erreicht hatten, daß dort etwas Ungewöhnliches vorgekommen war. Ich verdoppelte also meine Schritte. Ich wurde gesehen; der von ihnen gebildete Kreis öffnete sich; Halef kam mir entgegen und rief mir zu:

„Sihdi, denke dir, der Kerl wollte den Kol Agasi, welcher jetzt Bimbaschi ist, erwürgen!" – „Welcher Kerl? Der Säfir?" – „Ja." – „Wie konnte er auf den Gedanken kommen? Er ist doch gebunden und hat eine schwerverwundete Hand!" – „Mit dieser Verwundung steht es nicht so schlimm, wie wir dachten. Er kann die Finger, oder wenigstens einige davon, noch ganz gut bewegen." – „Aber die Hände waren ihm doch auf den Rücken gebunden; da war ein solcher Angriff meines Erachtens vollständig unmöglich!" – „Ja, Effendi, er hatte sie ja doch nicht mehr auf dem Rücken!" – „Wo denn?" – „Sie waren frei." – „So hast du wieder einmal eine deiner Eigenmächtigkeiten begangen. Halef, Halef, du wirst in deinem ganzen Leben nicht anders werden, als wie du warst und leider jetzt noch bist!" – „Oh, Sihdi, wünsche ja nicht, daß ich anders werde! Dir gehört ja mein ganzes Herz, und wenn das nicht so bleiben dürfte, so müßte ich dir die Liebe und Freundschaft entziehen, durch welche mein Leben und auch das deinige verschönert werden. Ich bitte zu glauben, daß ich ganz so bin, wie ich sein soll. Wenn du annimmst, daß ich einen Fehler begangen habe, so irrst du dich." – „Du scheinst ihm aber doch die Hände freigegeben zu haben!" – „Nur für einen Augenblick." – „Warum?" – „Ich wollte dich rächen." – „Das war falsch. Du weißt, wie und was ich über die Rache denke; ein Christ rächt sich nie." – „So will ich nicht Rache, sondern Strafe sagen." – „Wenn ein Mensch meinetwegen zu bestrafen ist, so habe ich darüber zu bestimmen, nicht aber du. Was wolltest du denn bestrafen?" – „Daß er dich da oben im Gefängnis so krumm gefesselt hat. Das mußte dir Schmerzen verursachen, die ich jetzt ihm selbst auch einmal fühlen lassen wollte. Du wirst zugeben, daß er das verdient hat!" – „Dieses sein Verdienst will ich gern anerkennen, nur durftest du ihm diese Anerkennung nicht ohne meine Erlaubnis erteilen." – „Du bliebst mir zu lange fort, und es drängte mich, ihn von meiner Dankbarkeit so bald wie möglich zu überzeugen. Darum ließ sich ihm die Hände von dem Rücken lösen, um ihn gerade so zu binden, wie er dich gefesselt hatte. Das war doch ein Gedanke, den du billigen mußt, gegen den du gar nichts haben kannst!" – „Das ist deine Ansicht, aber nicht die meinige. Ihr bandet ihm also die Hände los, und er machte natürlich dann sogleich Gebrauch von ihnen?" – „Allerdings. Dieser Halunke hatte nicht genug Gegenwart der Geistesgaben, um einsehen zu können, daß ihm dies verboten war. Der frühere Kol Agasi und jetzige Bimbaschi hatte, während er ihm die Hände frei machte, einige Worte gesagt, welche ihn in die Übelkeit des Mißbehagens versetzten; er krallte seine Finger um seinen Hals, riß ihn nieder und drückte ihm die Adern so zusammen, daß das Gesicht die Farbe einer Burneta el Kastar – Röhrenhut, Zylinderhut – annahm, mit welcher die Europäer bei großen Feierlichkeiten ihre Häupter nach oben zu verlängern pflegen. Es wurde uns himmelangst um den Angegriffenen, dessen Atem die Bequemlichkeiten seines irdischen Daseins verlassen wollte, denn der Säfir hing so fest an ihm wie ein Wüstenfloh, der sich in die nackte Zehe eines Wanderers verbissen hat. Mehrere Männer hatten trotz seiner verletzten Hand sehr zu tun, ihn loszureißen. Er wurde natürlich sofort in der Weise gebunden, wie ich es beabsichtigt hatte; aber die Ausdrücke, welche wir dabei von ihm zu hören bekamen, kann ich dir nicht berichten, denn sie enthielten solche Lästerungen Allahs und so große Beleidigungen unserer Personen, daß auch ich lästern und beleidigen würde, wenn ich sie wiederholte. Er schimpft noch jetzt aus voller Kehle. Hört du ihn? Komm also mit hin! Ich hoffe, daß du mir gestattest, ihm meinen Standpunkt nun endlich einmal klarzumachen, aber nicht etwa auch auf seinen Stand-, sondern auf denjenigen gefühlvollen Punkt, auf welchem er zu sitzen pflegt. Es ist die höchste Zeit für ihn, zu erfahren, daß diejenigen Empfindungen die lieblichsten sind, deren Dasein man auf der von mir erwähnten Stelle bewiesen bekommt!"

Er fuchtelte, um mir den tief humanen Sinn seiner Worte zu erklären, energisch durch die Luft und schritt mir dann nach der Stelle voran, wo der Säfir lag oder vielmehr saß.

Dieser war krumm geschlossen, und zwar so, daß man hätte meinen sollen, es sei ihm kaum möglich, Atem zu holen, brüllte aber trotzdem wie ein unvernünftiges Wesen in einem fort und ließ Flüche und Drohungen hören, welche geradezu empörend und, wenigstens was die letzteren betraf, bei seiner hilflosen Lage im höchsten Grade lächerlich waren. Als er mich erblickte, erhob er seine Stimme bis zum Überschnappen und warf mir Verwünschungen entgegen, welche förmlich das Gefühl des Zurückprallens erregten. Seine Lippen geiferten; die rot unterlaufenen Augen gaben seinem an sich schon widrigen Gesicht einen nicht bloß tierischen, sondern viehischen Ausdruck; ich hatte keinen Menschen, sondern eine unsagbar niedrige, gemeine Kreatur vor mir, die demgemäß behandelt werden mußte.

„Halef, haue ihn, bis er schweigt!" rief ich empört. „Haue ihn, wohin du triffst!" – „Hamdulillah!" antwortete der Hadschi. „Endlich, Sihdi, endlich kommst du zu Verstand! Dein Befehl erfüllt mich mit überirdischer Wonne. Es soll dir nie mit solchem Entzükken gehorcht worden sein, wie ich dir jetzt gehorchen werde! Ich werde ihm den Faden seiner Rede so zerhauen, daß er die davonfliegenden Fetzen selbst mit der schärfsten Naddara – Vergrößerungsglas, Fernrohr – nicht wiederfinden kann!"

Kaum hatte er das gesagt, so klatschten seine Hiebe so dicht und kräftig nieder, daß der Getroffene anstatt Zornes- nur noch Jammerlaute hatte, doch hörte Halef nicht eher auf, als bis auch diese schwiegen. Dann fragte er mich, die Peitsche liebevoll streichelnd:

„Soll ich mit dieser überzeugenden Erklärung fortfahren oder ist's genug?" – „Laß es genug sein!" – „Aber nur für jetzt, für einstweilen, das bitte ich dich!" – „Und ich bitte nicht darum, sondern ich verlange es!" fiel Amuhd Mahuli ein. „Schau her, Effendi, wie er mich zugerichtet hat! Es war seine ernstliche, seine feste Absicht, mich zu erwürgen. Ich lag unter ihm wie ein Lamm in den Krallen eines wütenden Panthers, und wenn das noch nicht Grund genug zur größten Strenge wäre, so müßten seine gottes- und menschenlästerlichen Reden die Peitsche in Bewegung setzen, bis er tot am Boden liegt!"

Er zeigte bei diesen Worten auf sein zerzaustes Haar, seine zerrissene Uniform und seinen zerkratzten Hals, welcher jetzt noch blutete.

„Wäre es mir doch gelungen, dich zu ersticken, du nichtswürdiger Helfershelfer eines verdammten Christenhundes!" zischte der Säfir.

Da holte Halef schnell wieder aus, versetzte ihm einige Hiebe und fuhr ihn an:

„Willst du schweigen, Bösewicht! Wir dulden kein einziges solches Wort!"

Obgleich vor Schmerz sich windend, brüllte der Säfir ihn an:

„Du hast mir nichts zu befehlen! Du bist ein stinkender Köter, den ich verachte, und gehörst mit deinem dreimal verfluchten Effendi dahin, wo die Aase faulen. Ihr wurdet als Schweine geboren, seid als Schweine zu verachten und werdet als Schweine verenden!"

Halef schwang die Peitsche sofort wieder. Ich hielt seinen Arm fest und sagte:

„Warte noch! Vielleicht bewährt sich auch hier ein gutes Wort besser als ein zorniges; ich werde es versuchen." – „Versuche es; ich habe nichts dagegen; versuche es doch!" rief der Säfir mit höhnisch schallendem Lachen. – „Ja, ich werde den Versuch trotz deines Gelächters machen, doch nicht deinet-, sondern meinetwegen. Ich weiß, daß jedes Wort umsonst sein wird; aber ich will mir sagen können, daß ich nichts zur Rettung deiner Seele versäumt habe." – „Rettung meiner Seele? Was geht dich meine Seele an! Mag sie fahren, wohin sie will, mir ist es gleich, und du hast nichts dreinzureden! Willst du mir etwa von dem ewigen Leben, von dem Paradies und der Hölle vorschwatzen? Mit solchen Verrücktheiten brauchst du mir nicht zu kommen. Was Mohammed und euer Christus darüber sagen, ist lächerlich, denn nach dem Tode ist alles aus." – „Du bist ein Verblendeter, dem ich ..." – „Alles aus!" wiederholte er, mich unterbrechend. – „... ein Verblendeter", fuhr ich fort, „dem ich mein ..." – „Alles, alles aus!" rief er wieder. – „... dem ich mein Mitleid nicht versa..." – „Alles aus, alles, alles, alles!" brüllte er mit der ganzen Stärke seiner Stimme. „Und das ist ein Glück für euch, ihr verächtlichsten unter allen Hunden, die es gibt! Um euretwillen möchte ich, daß es nicht aus wäre. Ihr solltet verdammt sein, wie noch niemand verdammt gewesen ist. Euch müßte es im Jenseits ..."

Die nun folgenden Verwünschungen sind nicht wiederzugeben. Indem ich sie, ohne ihn zu unterbrechen, über mich ergehen ließ, sah ich ein, daß es nicht nur unnütz, sondern auch gerade lächerlich gewesen wäre, ihm noch eine Spur von Mitleid zu zeigen. Als er seinen Grimm herausgesprudelt hatte, spie er mich und Halef, die wir nahe bei ihm standen, an, und schloß mit den Worten:

„So wie jetzt solltet ihr verspien und verachtet werden, von allen Menschen und in alle Ewigkeit! Jetzt kennst du meine Meinung und kannst deinen frommen Jammer bringen, ich werde kein Wort mehr dazu sagen." – „Es wird dir nichts, aber auch gar nichts vorgejammert werden, sondern wenn hier jemand jammert, so wirst du es sein. Du hast von den Martern gesprochen, denen ich nicht entgehen könne, wo hast du sie? Wo bleiben sie? Ich aber sagte dir, daß mit dem Anbruch des Tages das Strafgericht über dich beginnen werde; mein Wort, über welches du lachtest, ist pünktlich eingetroffen. Ich prophezeite dir noch mehr, will es aber jetzt nicht wiederholen. Warten wir den Abend ab! Für jetzt sollst du nach deiner eigenen Ansicht behandelt werden: mit dem Tode ist alles aus. Wenn es im Jenseits keine Strafe für dich gibt, so dürfen wir im Diesseits keinen Augenblick versäumen, dir zukommen zu lassen, was du verdienst. Vorher aber frage ich dich, wo die Leichen der ermordeten Mitglieder der Karwan-i-Pischkhidmät Baschi sind?"

Er antwortete nicht, auch dann nicht, als ich meine Frage zweimal wiederholte. Ich richtete sie an die gefangenen Ghasaibeduinen, und zwar mit demselben Mißerfolg. Darum wendete ich mich speziell an denjenigen von ihnen, den ich für ihren Anführer halten mußte, weil er bei der Taxaktion der Beutestücke das Wort geführt und das Geld eingesteckt hatte. Seine einzige Antwort bestand in einer höhnischen Gesichtsverzerrung.

„Ich werde dir den Mund mit der Peitsche öffnen lassen!" drohte ich. – „Wage das!" rief er. „Wir sind freie Beduinen und dürfen nicht geschlagen werden! Wir sind ehrliche Leute und wissen nicht, weshalb man uns gefangengenommen und gebunden hat!" – „Ehrliche Leute? Und habt euch doch für Solaibaraber ausgegeben! Und habt dort bei den Feuern gesessen und bei jedem einzelnen Stück um euren Mörderlohn gefeilscht!" – „Das ist Lüge!" – „Ich selbst habe es gesehen und gehört; das ist genug! Also sag, wo sind die Leichen?" – „Ich weiß von keiner Leiche! Wenn es Leichen gibt, so suche sie dir doch selbst!"

Seiner spöttischen Miene war die Überzeugung, daß ich sie nicht finden würde, deutlich anzusehen. Darum erwiderte ich:

„Ich werde dir beweisen, daß es mir sehr leicht ist, sie zu entdekken, aber dich dann doch noch zwingen, uns zu sagen, wohin sie geschafft worden sind. Die Peitsche macht gesprächig!" – „Das wirst du bleibenlassen! Mein ganzer Stamm würde über dich kommen und dir hundert Hiebe für jeden einzelnen geben!" – „Laß ihn hauen, immer laß ihn hauen!" rief mir da der Bimbaschi zu. „Vorher aber gestatte, daß der Säfir bekommt, was ihm gebührt!" – „Ich habe nichts dagegen, erwarte aber, daß ihr euch an eine Bedingung haltet, welche ich unbedingt stellen muß." – „Teile sie uns mit!" – „Schlagt ihn, soviel ihr wollt, aber nur nicht tot! Wir müssen ihn dem Pascha ausliefern, und ich bin überzeugt, daß er die Bestätigung deiner Ernennung zurücknehmen und dich vielleicht zum gewöhnlichen Soldaten machen würde, wenn er ihn nicht lebend, sondern tot zu sehen bekäme!"

Diese Warnung hatte den Zweck, eine sehr leicht mögliche Ausartung der Strenge in Grausamkeit zu verhüten. Der Offizier beeilte sich auch, mir die Versicherung zu geben:

„Sei da ohne Sorge, Effendi! Diesen Schurken totzuschlagen, wäre eine ganz unverdiente Wohltat für ihn. So kurz darf seine Strafe nicht sein. Aber du weißt, daß er in der Mehkeme die Bastonade für dich verlangte; dafür soll er sie nun selbst bekommen, aber wie! Das erlaubst du doch?" – „Ja." – „Bloß die Bastonade?" fragte Halef. „Ich habe geglaubt, daß meine Kurbadsch mit ihm sprechen soll! Sihdi, dadurch, daß du ihm nur die Bastonade verordnest, wirst du mich um den Hochgenuß bringen, ihm zu zeigen, wie innig meine Seele mit den Gefühlen seiner empfindungsvollen Haut verbunden ist!"

Ich nahm ihn bei der Hand, zog ihn zur Seite und stellte ihm die Frage:

„Sag, lieber Halef, welches ist der stolzeste und berühmteste Stamm der Beduinen, soweit die Blumen der Steppe blühen?" – „Der große Stamm der Schammar", antwortete er. „Das weißt du ebensogut wie ich; warum fragst du also?" – „Und welche ist die hervorragendste seiner Abteilungen?" – „Das sind natürlich meine Haddedihn!" – „Von denen du der oberste bist?" – „Natürlich!" – „Also bist du der berühmteste und am höchsten gestellte Mann des ganzen Stammes der Schammar?" – „Das will ich meinen! Das steht sogar über jedem Zweifel erhaben!" – „Du hast also diesen großen Stamm mit deiner Person und die Ehre von soviel tausend Kriegern mit deiner Ehre zu vertreten?" – „Selbstverständlich!" – „Was du tust, ehrt oder schändet also jeden einzelnen Schamaar und jeden Haddedihn?" – „Gewiß!" – „Was würdest du tun, wenn jemand alle Schammar und Haddedihn für Schinder, für Henker erklärte?" – „Ich würde ihm augenblicklich mein Messer zwischen die Rippen stoßen!" – „So stoß zu!" – „Was –? Wie –? Wen –?" fragte er. – „Dich selbst!" – „Mich – selbst –?" – „Natürlich dich selbst, denn du, der Vertreter der Ehre deines ganzes Stammes, hast mir soeben selbst erklärt, daß du die Absicht habest, der Henker und Schinder des Säfir zu sein."

Er sah mich erstaunt an. Er hatte meine Fragen mit stolzem Selbstbewußtsein beantwortet; jetzt klang seine Stimme ganz anders, als er sagte:

„Sihdi, du bist ein sehr gefährlicher und gegen deinen treuen Halef ein ganz schlechter Mensch!" – „Wieso?" – „Du hast mich wieder einmal von hintenherum übertölpelt und gefangen! Warum kommst du mir nicht lieber und ganz ehrlich und aufrichtig von vornherum?“ – „Weil die ‚Breite deines Verstandes‘, von welcher du so gern sprichst, vorn größer ist als hinten.“ – „So! Du gestehst also ein, daß du dich nicht an die vordere Hälfte meiner Klugheit wagst, sondern dich vor ihr fürchtest. Das sollte mich eigentlich freuen, aber diese Freude wird mir durch das Bewußtsein vergällt, daß du nicht ehrlich mit mir verfährst. Ich aber frage dich aufrichtig in dein Gesicht: Hast du mir versprochen, daß ich dem Säfir die Peitsche geben darf?“ – „Ja, das tat ich.“ – „Und nun willst du mir dieses dein Versprechen nicht halten?“ – „Ich habe es ja gehalten!“ – „Wie –? Wirklich –? Hättest schon …?“ – „Ja. Hat er Hiebe von dir bekommen oder nicht?“ – „Hm. Freilich hat er sie!“ – „Nun, wozu also deine grundlosen Vorwürfe?“

Da schüttelte er bedauernd den Kopf und antwortete:

„Oh, Sihdi, Sihdi, wenn du wüßtest, wie groß der Schmerz der Enttäuschung ist, welchen du mir bereitest! Ich glaubte, ich dürfe meine Kurbadsch einmal so recht aus vollstem Herzensgrund schwingen, und nun soll sie sich mit den wenigen, armseligen Hieben begnügen, von denen sie nicht im entferntesten satt werden konnte, sondern nur noch viel größeren Hunger bekommen hat! Wenn du deinen großen Versprechungen so kleine Erfüllungen folgen läßt, muß ich dich für einen zwar großen, aber leeren Geldbeutel halten, mit dem nichts anzufangen ist. Es geschieht jetzt nicht zum erstenmal, daß du die freundlichen Bewegungen meiner Peitsche durch den Hinweis auf meinen Ruhm und meine Ehre hemmst. Ist die Ehre denn nur dazu da, den Besitz einer Kurbadsch fruchtlos zu machen? Meine Peitsche gehört zu mir, wie meine Hand zu mir gehört; sie ist ein Teil von mir selbst. Sie hat auch ihre Ehre, welche zugleich die meinige ist. Wie kann ich mich also dadurch entehren, daß ich ihr ihre Ehre gebe?“ – „Dein Schluß ist falsch, weil er von einer falschen Voraussetzung ausgeht.“ – „Da irrst du dich, denn meine Ansicht ist, daß der Säfir Hiebe bekommen soll, aber keine Voraussetzungen.“ – „Hier wird die Breite deines Verstandes so schmal, daß man gar nichts mehr von ihm bemerkt. Wir wollen uns nicht streiten, sondern die Sache kurz machen: Wenn du es für dein Recht hältst, den Säfir prügeln zu dürfen, so will ich es dir nicht nehmen. Also prügle ihn! Aber dann wundere dich nicht, wenn ich dich nicht mehr als meinen Chabib – Freund –, sondern als einen Dschellad – Henker – betrachte, der meinem Herzen nichts sein kann und nur für meine Augen etwas ist, nämlich das gefühllose Werkzeug des Gesetzes. Ich gehe!“

Ich wendete mich von ihm ab.

„Wohin, Sihdi?“ fragte er schnell, indem er mir nachkam und mich am Arm faßte. – „Ich will die Leichen der Ermordeten suchen. Das ist eine Aufgabe der Pietät und keine Henkerarbeit.“ – „Nimm mich mit! Wir müssen dem Säfir und dem Ghasai beweisen, daß wir ihre Angaben gar nicht brauchen, sondern ganz von selbst so klug sind, zu erfahren, was wir wissen wollen. Schau her! Ich stecke meine Kurbardsch in den Gürtel und verzichte also darauf, dem Perser das Zeugnis seiner Verworfenheit auf den Rücken zu malen. Der frühere Kol Agasi und jetzige Bimbaschi wird schon dafür sorgen, daß nicht weniger gegeben wird, als gegeben werden darf.“ – „So ist's recht!“ lobte ich ihn. „Jetzt bist du ganz der, der du sein sollst.“ – „Wer?“ – „Hadschi Halef Omar Ben Hadschi Abul Abbas Ibn Hadschi Dawud al Gossarah, der oberste Scheich der Haddedihn vom großen Stamm der Schammar.“

Da richtete er seine kleine Gestalt so hoch wie möglich auf, blitzte mich mit leuchtenden Augen an und sagte:

„Jawohl, der bin ich ganz bestimmt! Ich bin der oberste Regent meiner herrlichen, meiner lieben Haddedihn, welche mir so gehorchen, wie kaum die Türken ihrem Padischah oder die Perser ihrem Schah-in-schah gehorchen. Ich tausche mit keinem Menschen auf der ganzen Welt und habe die Peitsche nur zum Regieren, aber nicht, um die Arbeit eines Henkers zu verrichten. Je berühmter der Mann, desto weniger hat er es nötig, die Kurbadsch selbst zu führen! Ich gehe mit dir, der du ebenso berühmt bist wie ich selbst.“

Ich sagte dem Bimbaschi, daß wir uns jetzt entfernen, aber bald wiederkommen würden; er könne inzwischen in „der Sprache der Prügel“ mit dem Säfir reden. Dann bestiegen wir unsere Pferde und ritten fort.

Zwar hatte der Gedanke, mich bei dem Pischkhidmät Baschi zu erkundigen, nahegelegen, aber ich wollte mit diesem undankbaren Menschen nichts mehr zu tun haben und verzichtete also darauf, mit ihm zu sprechen oder gar ihn mitzunehmen. Übrigens hätte er mir wohl schwerlich eine bestimmte Auskunft geben können, denn er kannte die Gegend nicht; es war Nacht, also dunkel gewesen, als er hier angekommen und überfallen worden war, und wohin man die Leichen geschafft hatte, das war eine Frage, die er noch viel weniger als jede andere beantworten konnte. Ich hielt es für das beste, mich auf mich selbst zu verlassen. Halef konnte mir auch nur wenig nützen, weil er kein Fährtensucher war. Ich hatte ihn nur mitgenommen, um ihn von der Prügelstelle zu entfernen.

Indem wir in nördlicher Richtung, woher wir gekommen waren, längs der Ruinen hinritten, betrachtete ich unausgesetzt den Boden, um die mir passenden Spuren zu entdecken. Ich fand bald die unserigen und bald andere, aber nicht die, welche ich suchte. Wir ritten dann ostwärts, über die Fährte der Pascher hinaus, welche vom Kanal herkam, und stießen dann wieder auf die Eindrücke der Karwan-i-Pischkhidmät Baschi. Nun war es mir klar, daß der Überfall nicht hier im Norden, sondern südlich von unserem jetzigen Lagerplatz stattgefunden hatte. Die Karawane war von dem Säfir über die Stelle, wo die unterirdischen Räume lagen, hinausgeführt worden; es wäre auch sehr unvorsichtig von ihm gewesen, sich gerade dort über sie herzumachen, denn er hatte sich doch wohl sagen müssen, daß jedenfalls Spuren zurückbleiben würden. Wir kehrten also um und ritten zurück.

Als wir uns dem Lagerplatz näherten, rief uns der Anführer der Beduinen höhnisch zu:

„Nun, wo liegen die Ermordeten, nach denen ihr suchtet? Eure große Klugheit hat sie euch doch jedenfalls gezeigt!"

Er hatte also unsere Absicht erraten und glaubte, wir würden nach diesem vergeblichen Ritt nun von den Pferden steigen und hierbleiben. Ich antwortete nicht; aber dem kleinen Halef war es unmöglich, zu schweigen. Er warf ihm, indem wir vorüberritten, die Drohung hin:

„Wir kommen nur, um dir zu sagen, daß du für jeden Toten, den wir finden, nach unserer Rückkehr fünf Streiche auf die Sohlen erhalten wirst!"

Es war so, wie ich gedacht hatte; die Spuren der Karawane führten von hier weiter und fielen mit denen der auf ihnen zurückgekehrten Räuber zusammen. Nach ungefähr fünf Minuten hörten sie auf, und wir befanden uns an der stark mit Blut getränkten Stelle des Überfalls. Es gab zwar kräftige Fuß- und Hufeindrücke, aber zerstampft und aufgerissen, wie es bei einem Kampf unvermeidlich ist, war der Boden nicht. Die Perser hatten sich ohne eigentliche Gegenwehr abschlachten lassen, feige Menschen, die ebensowenig Mut besaßen wie ihr Herr, der sich doch so gern einen sehr tapferen Krieger nannte!

Diese Stelle lag ungefähr zweihundert Meter von den hier steil ansteigenden Ruinen entfernt, und es führten Fußstapfen hinüber, welche so tief eingedrückt waren, daß ich zu Halef sagte:

„Die Leichen hat man dort hinter die Mauern geschafft." – „Woraus vermutest du das?" fragte er. – „Wenn du ohne eine Last hinübergehst, werden deine Fußeindrücke viel leicht ersein als diese hier. Die Stapfen sind tiefer, weil man die Toten hinübergetragen hat." – „Werden wir sie finden?" – „Gewiß. Leichname sind keine Geister, welche spurlos erscheinen und verschwinden. Komm!"

Drüben angelangt, sahen wir, daß die Spuren an einem zwar nicht großen, aber hoch an der Mauer aufgebauten Ziegelhaufen endeten, welcher nicht aus einzelnen, sondern noch durch den Asphaltkitt verbundenen Steinen bestand. Wir hatten ihn vorhin in der Entfernung nicht von der Mauer unterscheiden können. Wir stiegen ab und entdeckten, sobald wir nur einige der Konglomerate entfernt hatten, eine breite, doch nur halb mannshohe Öffnung, welche schief abwärts in das Innere zu führen schien. Ich kroch hinein und spürte einen starken Moderduft und zugleich jenen eigentümlichen und nicht zu verwechselnden Geruch, welcher auf das Vorhandensein von Leichen deutet, selbst wenn der Tod erst vor wenigen Stunden eingetreten ist.

Indem ich mich, vorsichtig nach allen Seiten mit den Händen tastend, weiterschob, gewahrte ich, daß die Decke über mir in waagerechter Richtung verlief, während der Boden abwärts ging und der Gang, in welchem ich mich befand, also nach und nach tiefer wurde. Es war Sand, auf dem ich mich bewegte, die Wände und die Decke waren glatt; ich fühlte keine Ritzen zwischen den einzelnen Steinen. Wenn das auf eine Asphaltschicht deutete, so war das, was ich Gang genannt habe, wohl ein Kanal gewesen, welcher den Zweck hatte, das Innere des Birs vom ehemaligen Bett des Euphrat her mit Wasser zu versorgen. Durch den vom Westwind herbeigewehten Sand war nach und nach draußen der Boden erhöht und die Mündung des Kanals bis fast ganz oben herauf verschüttet worden. So erklärte sich auch das Vorhandensein des Sandes im Innern, der immer weniger wurde, je weiter ich hineingelangte, so daß ich bald nicht mehr zu kriechen brauchte, sondern aufrecht gehen konnte.

Ich mochte vielleicht vierzig Meter zurückgelegt haben, als der Sand aufhörte und ich auf glattem Erdpechboden stand. Hier stieß ich mit dem Fuß an einen Gegenstand. Ich bückte mich nieder, um ihn zu untersuchen, und fühlte einen vollständig ausgezogenen, also unbekleideten Menschenkörper. Da fiel mir ein, daß ich ja noch ein Licht und auch Kiritat – Zündhölzer – in der Tasche hatte. Ich brannte es an und sah nun die elf Perser, denen man nicht ein einziges Kleidungsstück gelassen hatte, neben- und aufeinander vor mir liegen. Ich war an dergleichen Szenen gewöhnt, muß aber doch gestehen, daß es mich schauerte. Die Geschichte dieses Ortes trug wohl auch dazu bei. Da stand ich in einem verschütteten Kanal des babylonischen Turmes vor nackten, blutigen Leichen, die mit ihren starren Augen und klaffenden Wunden einen grauenhaften Anblick boten, zumal bei der mangelhaften Beleuchtung. Das Flakkern des Lichts täuschte mir gespensterhafte Bewegungen vor, und der mir unbekannte Teil des Kanals jenseits der Ermordeten schien von tausend schattenhaften, tanzenden Wesen belebt zu sein. Dazu der schwere, drückende Modergeruch, welcher, je weiter ich vorgedrungen war, desto mehr Leichenduftartiges angenommen hatte. Dieser Gestank konnte nicht von den Persern stammen, die ja noch vor kurzem gelebt hatten. Ich mußte wissen, welche Ursachen er hatte, stieg also über die Toten hinweg, weil kein Platz war, an ihnen vorbeizukommen, und ging weiter.

Da sah ich denn, daß ich mich in einer wahren Massengruft befand. Es lagen Schädel, Knochen und andere Leichenreste in Menge da; ich stieß bei jedem Schritt an sie, bis ich eine Stelle erreichte, wo die Decke eingestürzt war und ich nicht weiterkonnte; ich kehrte also um. Die Ghasai hatten ihre Ermordeten hierher geschafft; sie kannten also diese grausige Totenkammer und waren demnach schon oft hier gewesen, um die Spuren und Beweise ihrer Taten diesem geheimen Ort anzuvertrauen. Kein Wunder, daß ich beschloß, Halefs Drohung solle in Erfüllung gehen!

Als er mich nach einiger Zeit dem finsteren Loch entsteigen sah, schaute er mich erschrocken an und fragte:

„Wie siehst du aus, Sihdi? Wäre dein Gesicht nicht so von der Sonne verbrannt, so würde ich sagen, du seiest blaß wie eine Leiche. Hast du die Ermordeten gefunden?“ – „Ja.“ – „So hast du dich vor ihnen gefürchtet?“ – „Ich, fürchten? Nicht vor Lebenden, viel weniger vor Toten! Der entsetzliche Geruch, den es da unten gab, ist schuld, daß ich so angegriffen aussehe.“ – „Was hast du entdeckt? – Erzähle es!“ – „Jetzt nicht. Ich muß sofort zu den Beduinen, um dir eine Freude, eine große Freude zu machen.“ – „Welche?“ – „Frag nicht, sondern komm!“

Wir stiegen wieder auf und ritten nach dem Lagerplatz. Der alte Ghasai schien von der Fruchtlosigkeit unserer Nachforschung vollständig überzeugt zu sein, denn noch war ich nicht aus dem Sattel gesprungen, so fragte er mich hämisch:

„Hat Allah euch den richtigen Weg geführt? Du machst ein so frohes, ein so glückliches Gesicht, daß ich weiß, ich werde die Streiche jetzt bekommen. Wie freue ich mich darauf!“

Ich antwortete ihm nicht, sondern wendete mich an Halef:

„Wieviel Hiebe hast du ihm versprochen?“ – „Fünf für jeden Toten; das sind also fünfundfünfzig“, antwortete der Hadschi. – „Er soll sie bekommen, sofort bekommen. Und nach ihm erhält jeder seiner Leute dreißig; aber derb; die Sohlen müssen platzen!“

Da schrie der Alte mich an:

„Untersteht euch nicht etwa, uns auch nur zu berühren! Wo sind die Toten, die wir ermordet haben sollen? – Zeig sie uns!“ – „Dort in den Ruinen haben wir sie gefunden, bei den Resten derer, die ihr schon vor ihnen umgebracht habt!“ erwidertet ich ihm. – „Dein verfluchtes Maul ist eine Geburtsstätte der Lüge, und dein wahnwitziges Gehirn brütet Unwahrheiten aus, welche ...“

Er sprach nicht weiter, sondern unterbrach seine Worte mit einem überlauten Schrei, denn ich hatte, nun endlich doch einmal in Hitze geraten, dem kleinen Hadschi die Peitsche aus dem Gürtel gerissen und zog dem unverschämten Menschen einen solchen Hieb über das Gesicht, daß es sofort aufsprang und das Blut ihm an beiden Seiten herunterlief.

„Hamdulillah, mein Effendi wird gescheit!“ jubelte Halef. „Es gibt nur eine Sprache, in der man mit solchen Frechlingen verkehren kann, das ist die der Peitsche, welche deutlicher, überzeugender und eindringlicher ist als jeder sonstige Dialekt. Sihdi, du hast, seit ich dich kenne, jetzt das schönste Wort gesprochen; es enthält die wahre Weisheit, welche über alle anderen Kenntnisse und Klugheiten der Erde geht! Soll ich die beglückende Fortsetzung deines wohltuenden Anfangs übernehmen?“ – „Ja. Hier hast du das Zeichen der Macht, welche ich dir anvertraue“, antwortete ich und gab ihm seine Peitsche wieder. „Ich bin nicht für rohe Straftaten, aber diese Hunde haben mehr als verdient, daß ihnen die Felle gegerbt werden. Der Alte bekommt seine fünfundfünfzig und jeder andere dreißig, und wenn einer von ihnen wagen sollte, sich darauf zu berufen, daß er als freier Beduine nicht geschlagen werden darf, so fangt ihr noch einmal von vorn an! Hörst du, Halef?“ – „Ob ich das höre, Sihdi! Ich höre es so deutlich, als hättest du es mir mit einer zehn Meilen langen Nafir – Trompete – und einer noch zwanzigmal längeren Zuma – Posaune – in die Ohren geblasen! Du wirst sehen, wie ich deinen Wunsch erfülle!“ – „Ich werde nicht dabeisein, sondern dem Pascha entgegenreiten.“ – „Das ist schade! Aber ich weiß, du kannst solche Strafen diktieren, dabeisein magst du nicht. Du kannst dich aber ganz ruhig entfernen, denn die Ausführung befindet sich in den besten Händen!“

Ich war von der Wahrheit dieser Worte ebenso vollständig überzeugt wie davon, daß der Bimbaschi während unserer Abwesenheit den Säfir auf das vortrefflichste bedient hatte, denn dieser lag mit vor Schmerz zuckenden Gliedern wie ein zusammengerollter Igel an der Erde und ließ ein fast ununterbrochenes Wimmern hören. Er fühlte nun, was er nicht hatte zugeben wollen: den Anfang des ihm von mir vorausgesagten Strafgerichts. Amuhd Mahuli mochte glauben, der Gezüchtigte tue mir leid, denn er fragte mich:

„Dein Gesicht ist so ernst und streng, Effendi. Meinst du vielleicht, daß wir mit der Bastonade zu freigebig gegen ihn gewesen sind?“ – „Nein, Bimbaschi, das denke ich nicht; aber wenn ich jemanden sehe, der zwar ein Mensch heißt, doch keiner ist, so tut mir das bitter weh. Schau ihn nur an! Dieser Kerl ist auch erschaffen, um ein Ebenbild Gottes zu sein, was aber ist aus diesem Bildnis des Allmächtigen und Alliebenden geworden? Das niedrigste und häßlichste Tier wirkt nicht so abstoßend wie so ein widriges Subjekt, welches doch ebenso wie wir die Berufung in sich trug, an Gottes Himmel teilzunehmen.“ – „Er wird ihn nie erreichen, nie, nie! Du hast ja Worte aus seinem Mund gehört, bei denen dein Ohr gewiß ebenso schmerzte wie das meinige; aber als ihr fort wart und wir ihn in die Lage der Bastonade brachten, bekamen wir Reden zu hören, welche selbst in der Hölle nicht gottloser erfunden werden können. Dieser Mann ist verloren für alle Ewigkeit. Wenn ich recht gehört habe, stehst du jetzt im Begriff, dem Pascha entgegenzureiten?“ – „Ja. Ich mag hier, wo abermals geprügelt wird, nicht Zuschauer sein.“ – „Du wirst ihm berichten, was heute nacht hier geschehen ist?“ – „Ja.“ – „So bitte ich dich, meiner dabei in freundlicher Weise zu gedenken!“ – „Das werde ich gern tun.“ – „Darf ich aus diesen deinen Worten schließen, daß du mit mir zufrieden bist?“ – „Du hast dich als ein braver, umsichtiger und zuverlässiger Soldat bewährt, und es freut mich sehr, ihm das sagen zu können.“ – „Allah sei Dank, und dir aber auch! Darf ich dir einen Gedanken mitteilen, den ich habe?“ – „Immer zu!“ – „Ich habe mich stets bemüht, meine Pflicht zu tun und ein guter Mensch zu sein; das ist mir oft schwer, sehr schwer geworden, wenn ich sah, daß mir dieses Bestreben nur Nachteil brachte, während andere, denen Allahs Wohlgefallen nicht am Herzen lag, vor mir berücksichtigt wurden und schnell vorwärtskamen. Ich habe mit meinem Herzen und mit meiner Armut unaufhörlich kämpfen müssen und mich schließlich drein ergeben, daß es meine Bestimmung sei, in der trüben Gesellschaft unerfüllter Wünsche durch das Leben zu gehen. Du bist ein Christ und fühlst dich also nicht beleidigt, wenn ich dir sage, daß mir das Kismet, welches unser Islam lehrt, geradezu entsetzlich ist. Es schlingt seine unzerreißbaren Bande um den Menschen, um seinen Leib und um seine Seele; es hält ihn auf der Stelle fest, wohin es ihn geworfen hat. Er kann bitten, wünschen und nach Besserem wimmern; er kann sorgen, schaffen und arbeiten mit allen seinen Kräften, es hilft und nützt ihm nichts; er liegt an der Erde und kann nicht auf, weil ihn die eiserne, um seinen Nacken gekrallte Faust des Kismets niederhält. Da sterben nach und nach alle Wünsche und alle Hoffnung ab; das Vertrauen auf sich selbst und auf eine bessere Zukunft geht verloren, und man sinkst zum willenlosen Sklaven des Schicksals herab, der wie die Figuren eines Kara göz ojunu – Schattenspiel – an unzerreißbaren Schnüren hin- und hergezogen wird. Man ist, mit einem Wort, – – – tot! Kannst du dich darein denken, Effendi?“ – „Nur zu gut.“ – „Ein solcher Schatten, eine solche Figur bin ich bis heute gewesen. Ich fühlte die Faust, welche mich niederhielt, und konnte nichts gegen sie machen. Ich hatte mit dem Leben abgeschlossen und meine Sehnsucht, meine Wünsche im tiefsten Innern angekettet. Ich wußte, daß es für mich kein Vertrauen, keine Hoffnung, keine Zuversicht, keinen Zweck, kein Ziel mehr gebe. Da kamst du, und es wurde so plötzlich und so unerwartet alles anders. Es ist eine Sonne in mir aufgegangen, und tausend Blüten und Blumen sind erwacht. Ich fühle, daß ich nicht tot bin, sondern lebe. Du hast mich befreit von der Sklaverei; du hast ... O Effendi, ich weiß nicht, wie ich mich ausdrücken soll; am liebsten möchte ich sagen, du hast mein Kismet besiegt und auf immer für mich unschädlich gemacht. Ist es eine Sünde, wenn ich so denke und so sage?“ – „Nein. Es gibt kein Kismet. Allah ist kein Tyrann, welcher seine Untertanen knechtet, sondern ein liebevoller Vater, der keine Sklaven, sondern Kinder hat, die frei und fröhlich seine Wege wallen sollen.“ – „Ist das die Lehre deines Glaubens, deines Christentums?“ – „Ja.“ – „So seid ihr Christen glücklicher als wir! Ich muß dir ein Geständnis machen, bitte dich aber, mir zu glauben, daß ich dir nicht schmeicheln will! Denke dich in ein fernes Land des Südens, wo es nur schwarze Menschen gibt! Du bist viele, viele Jahre dort und in dieser Zeit selbst auch schwarz geworden. Du lebst wie ein Schwarzer, du ißt und trinkst wie ein Schwarzer; du denkst und fühlst wie ein Schwarzer; aber tief in deinem Innern lebt das Bewußtsein, daß du nicht zu diesen Schwarzen gehörst, und die Sehnsucht, aus dieser Schwärze, diesem Dunkel erlöst zu werden. Da kommt plötzlich ein Weißer. Alle Welt staunt ihn an, kann ihn nicht begreifen, wundert sich über seine Farbe, seine Gestalt, seinen Gang, seine Stimme, seine Worte. Dir aber ist er sofort begreiflich. Du liebst ihn gleich beim ersten Blick, den du auf ihn wirfst; dein Herz schlägt ihm entgegen, und du bemerkst mit Wonne, daß er dich aus all den anderen herauskennt und sich mehr zu dir, als zu ihnen hält. Du fühlst, daß du zu ihm gehörst, daß es dein Glück sein wird, so denken und so empfinden zu lernen, wie er denkt und empfindet. Du atmest nach tiefer, schwerer Bedrückung auf. Es geht ein Hauch des Lebens, ein ungeahnter Frühling durch deine Seele, und riesengroß, gewaltig und unwiderstehlich wächst in dir die Überzeugung auf, daß alles, was als verborgene Sehnsucht in deinem Inneren wohnte, nun durch ihn in Erfüllung gehen wird. Effendi, begreifst du, was ich sage?" – „Ja." – „So war es mir, als ich dich sah und mit dir sprach. Dieser Weiße bist du. Ich habe nachgedacht und mich gefragt, woher der Eindruck kommt, den du auf mich gemacht hast. Ich kenne weder deinen Glauben noch dein Volk noch dein Vaterland. Vielleicht bist du nicht so wie andere Christen, von denen ich gehört habe, bist anderer Natur als andere Menschen überhaupt, aber ich sage mir doch, daß dein Auge, deine Stimme und Rede, dein freies und furchtloses Tun und Auftreten nur von der Religion beseelt und geleitet werden, welche dir nicht bloß im Herzen wohnt, sondern auch wie das Licht eines Fanus – Leuchte, Laterne – aus dir heraus nach außen strahlt. Habe ich da unrecht oder recht?" – „Du hast darin recht, daß der Islam seine Anhänger knechtet und verdüstert, während das Christentum die Religion der Freiheit und der Liebe ist. Jeder gläubige Christ handelt so, wie ich hier und gegen dich gehandelt habe. So, wie du mich beschreibst, sind alle wahren Christen; ich habe vor keinem etwas voraus. Und indem du dich und dein Inneres geschildert hast, hast du mit packender Treue den denkenden Moslem überhaupt gezeichnet. Hier Licht, dort Dunkel; hier Liebe, dort Bedrückung; hier Recht, dort Unrecht; hier Freiheit und dort Knechtschaft! Wenn dir wirklich ein Frühling aufgegangen ist, so wünsche ich von ganzem Herzen, daß er in dir weiterwirken möge!" – „Oh, Sihdi, hättest du doch Zeit, mich deinen Glauben kennen zu lehren!" – „Die habe ich leider nicht; aber sobald ich nach Bagdad komme, werde ich dir einen Teil unserer Heiligen Schrift, das Kitab el Ahd edsch Schedid – das neue Testament –, schicken. Sein Inhalt wird deinen Füßen eine Leuchte und dir ein Licht auf deinen Wegen sein." – „Ich danke dir! Wie lange wirst du hier in Hilleh bleiben?" – „Vielleicht reiten wir schon heute, vielleicht erst morgen fort." – „Wenn ihr bis morgen bleibt, so bitte ich dich herzlich, heute abend mein Gast zu sein. Ich bin zwar arm und kann dir gar nichts bieten, desto mehr aber kann ich von dir erhalten. Ich möchte mit dir über deinen Glauben, über die Religion der Liebe und des Lichts sprechen. Willst du mir diese große, große Gunst erweisen?" – „Ja, gern. Ich werde, selbst wenn wir schon heute fort könnten, nun doch bis morgen bleiben, um dir diesen Wunsch, über den ich mich herzlich freue, zu erfüllen." – „Du machst mich glücklich, Effendi. Das ist eine Wohltat, welche Allah dir vergelten möge! Erlaube, daß ich dir die Hand dafür küsse!"

Er ergriff sie und zog sie so schnell an seine Lippen, daß ich es nicht verhindern konnte; dann wendete er sich seinen Leuten wieder zu, denen Halef soeben seine Anweisungen in Beziehung auf die beschlossene Bastonade erteilte. Ich mochte nichts damit zu tun haben und ritt also fort.

Wie freute ich mich über Amuhd Mahuli! Der Heiland sagte nach dem großen Fischzug zu Petrus: „Von nun an wirst du Menschen fangen!" Welch ein hohes und schweres Amt wurde diesem Jünger da verliehen, und wie leicht ist es doch unter Umständen für jeden wahren Christen, auch seinerseits als Jünger des himmlischen Meisters dieses herrlichen Amtes zu walten! Das Netz der Liebe auszubreiten ist ja Bedürfnis, nicht bloß Pflicht. Man braucht nur der Stimme des Herzens zu folgen, den Segen sendet Gott.

Diese Gedanken waren es, welche mich auf dem jetzigen Weg begleiteten. Als ich vielleicht eine Stunde geritten war, kam mir ein Reitertrupp entgegen. Es war der Pascha in Begleitung einiger Offiziere und des Boten, den wir ihm geschickt hatten. Als er mich erreichte, gab er mir die Hand, nickte mir lächelnd zu und sagte in deutscher Sprache:

„Sie haben Erfolg gehabt, wie ich höre. Ich bin natürlich sofort in den Sattel gestiegen, um Ihren Wunsch zu erfüllen." – „Mehr Erfolg, als Exzellenz wohl ahnen", antwortete ich. „Nur darum durfte ich mir erlauben, um Ihre Gegenwart zu bitten." – „Ich komme gern. Die Verhältnisse in Hilleh sind soweit vorgeschritten, daß ich mich für einige Stunden entfernen durfte. Ist alles glatt abgelaufen?" – „Wenn nicht glatt, so doch zu meiner vollsten Zufriedenheit. Wir haben die ganze Gesellschaft gefangengenommen." – „Den Perser, den sie Säfir nennen, auch?" – „Ja." – „Aber bei ihm vor allen Dingen kommt es darauf an, daß wir nicht bloß seine Person, sondern auch Beweise haben!" – „Mehr als genug!" – „Vollgültige, unwiderlegliche?“ – „So überzeugende, daß er schon die Bastonade bekommen hat.“ – „Sie haben ihn schlagen lassen? Wären nicht Sie es, so würde ich fragen, ob Sie das Recht dazu besitzen.“ – „Da will ich gleich gestehen, daß man, als ich fortritt, eben im Begriff stand, die gefangenen fünfzehn Räuber auch zu bastonieren.“ – „Gleich fünfzehn Personen? Und ohne richterliche Befugnis oder Genehmigung? Lieber Freund, werden Sie das verantworten können?“ – „Verantworten? Pah! Wir befinden uns nicht in Stambul oder gar in Wien, Berlin oder einer anderen westeuropäischen Residenz, sondern unter Räubern und Mördern, inmitten einer Bevölkerung, welche trotz Scheriat – Geistliches Recht – und Mülteka el buhur – Zivil- und Kriminalgesetzbuch der Türken – doch nur nach ihrer Gewohnheit handelt: Auge um Auge, Blut um Blut. Richterliche Befugnis oder Genehmigung? Wie es mit den hiesigen Richtern steht, das wissen Sie ebensogut wie ich. Ihre Anwesenheit gilt ja diesen schauderhaften Verhältnissen! Und ob ich es verantworten kann?“ Ich schlug mit der Hand an meine Waffen und fuhr fort: „Hier steckt die Verantwortung. Wer sie haben will, der kann und soll sie bekommen! Wenn ich hier in einer ganzen Atmosphäre von Schandtaten und Verbrechen atme und mir einmal gute, reine Luft verschaffe, um nicht elend ersticken zu müssen, so sollen die Vertreter des Gesetzes, welche an der Verpestung dieser Atmosphäre die Schuld tragen, nur kommen und mich zur Verantwortung fordern. Ich werde sie so bedienen, daß sie mehr als genug haben!“ – „Na, na, na, na!“ machte er lachend. „Sie geraten ja ganz und gar ins Fäusteballen! Da wird mir angst und bange! Aber beruhigen Sie sich! Ich kenne Sie, und es ist mir nicht eingefallen, Sie nur im geringsten beleidigen oder kränken zu wollen. Was Sie getan und angeordnet haben, das ist auf alle Fälle wohlgetan und hat ausgeführt zu werden. Ich wohne in der Residenz des Kalifen; darum werden Sie meine Erwähnung des Richters und der Verantwortlichkeit verzeihlich finden. Sind Sie nun versöhnt?“ – „Es bedarf dieser Frage gar nicht. Nur habe ich in einem moralischen Schmutz waten müssen, der geradezu entsetzlich ist, und wenn ich ihn nicht als köstliches Material, sondern eben nur als Schmutz behandle, so ist das einfach mein Menschenrecht. Übrigens, da ich von ‚köstlichem Material‘ spreche, will ich nicht versäumen, zu erwähnen, daß ich nicht bloß Schmutz gefunden, sondern eine Schatzkammer entdeckt habe, deren Wert vielleicht nach Hunderttausenden zu taxieren ist.“ – „Eine Schatzkammer? Wie meinen Sie das?“ – „Ich meine dieses Wort wörtlich, nämlich eine aus mehreren Räumen bestehende Schatzkammer, in welche alle möglichen Arten von Schmuggelwaren aufgestapelt sind. Auch Geld, Geschmeide und Edelsteine gibt es da." – „Was Sie sagen! Das wird die Niederlage, das Magazin der Pascher sein?" – „Nichts anderes." – „Und Geld ist da? Wahrscheinlich das Betriebskapital?" – „Vermutlich." – „Und das soll einen solchen Wert, einen so außerordentlich hohen Wert besitzen?" – „Es soll nicht, sondern es hat ihn wirklich." – „Dann haben Sie ja einen Fang gemacht und einen Fund getan, der ohnegleichen ist! Wie haben Sie das angefangen? Wie ist es geschehen? Bitte, erzählen Sie doch einmal!"

Ich erstattete ihm einen ausführlichen Bericht, ohne aber dabei der geheimen Verbindung der Sillan und meiner zu ihr in Beziehung stehenden Erfahrungen, Schlüsse und Vorsätze Erwähnung zu tun. Ich hielt eine derartige Mitteilung nicht nur für unnötig, sondern sogar für unklug, weil ich nur dann Erfolge haben konnte, wenn es verschwiegen blieb, daß mir die Angelegenheiten der „Schatten" schon nicht mehr ein vollständiges Geheimnis waren. Dennoch wuchs seine Aufmerksamkeit von Minute zu Minute; er unterbrach mich sehr oft mir Ausdrücken des Staunens, der Verwunderung; bei der Entdeckung der elf Leichen dachte er sich so lebhaft in meine Situation, daß er selbst blaß wurde, und als ich schließlich erzählte, daß ich voller Empörung über dieses Abschlachten menschlicher Wesen sofort zurückgeeilt sei und den Befehl gegeben habe, die Mörder zu bastonieren, rief er aus:

„Das war recht, Effendi, das was sehr, sehr recht; ich hätte dasselbe, ganz dasselbe getan! Prügel mußten diese Hunde bekommen, ganz gewaltige Prügel, und zwar sofort! Jetzt bitte ich Ihnen den ‚Richter' und die ‚Verantwortung' in aller Form und herzlich ab, denn Sie haben da ganz und gar in meinem Sinne gehandelt, und wenn wir jetzt hinkommen und ich sehe, daß der Leib irgendeines dieser Schurken noch Platz für einen Hieb hat, so bekommt er ihn. Dieser Säfir ist ein wahrer Teufel; er hat auch den von ihm verführten Sandschaki auf dem Gewissen, und ich sage Ihnen, daß ich nicht etwa Rücksicht auf irgendwelche staatlichen Abkommen nehmen und ihn als persischen Ausländer aus meinen Händen geben werde. Ich mache sehr kurzen Prozeß mit ihm. Er wird gehängt, gehängt, gehängt, und wenn er der Bruder des Schah-inschahs oder meinetwegen dieser selbst wäre! Solche Kreaturen sind aus der menschlichen Gesellschaft getreten und dürfen also nicht als Menschen, sondern müssen wie Bestien behandelt werden. Ich sehe ihn mit diesen meinen guten Augen, die sich niemals irren, schon am Strick baumeln. Jetzt wollen wir uns beeilen, an Ort und Stelle zu kommen!“

Er gab seinem Pferd die Sporen, obgleich wir dadurch nur einige Minuten sparten, weil wir den Birs Nimrud schon vor uns ragen sahen.

Ich wollte ihn zunächst nach der Stelle führen, wo ich mit dem Kammerherrn eingestiegen war; er ging aber nicht darauf ein, sondern sagte:

„Zunächst und vor allen Dingen will ich den Säfir, die Ghasai und die Schmuggler sehen. Mich verlangt, mit ihnen ein Wort zu sprechen!“

Es lag auf seinem Gesicht der Ausdruck einer solchen Entschlossenheit, daß ich jetzt keinen Piaster für das Leben derer, die er genannt hatte, geboten hätte. Er kam mir vor wie ein verkörpertes und unerbittliches Fiat justitia.

Als der „frühere Kol Agasi und jetzige Bimbaschi“ uns kommen sah, ließ er schnell Aufstellung nehmen. Der Pascha achtete kaum darauf; er winkte ab, sprang vom Pferd und trat zu dem Säfir, welcher nicht mehr krumm geschlossen war, sondern lang ausgestreckt an der Erde lag.

„Hund, hast du die Karwan-i-Pischkhidmät Baschi überfallen?“ fragte er ihn.

Das Gesicht des Gefragten hatte ein so vertiertes Aussehen, daß ich mich nach dem ersten Blick von ihm abwendete; ich hörte ihn wie einen wütenden Stier brüllen:

„Du selbst bist ein Hund; sei verflucht!“

Da befahl der Pascha dem Bimbaschi:

„Diese Antwort wird ihm bezahlt. Seine Füßen haben, wie ich sehe, den Stock schon gekostet. Gebt ihm noch dreißig Hiebe, doch nicht als Bastonade!“

Dann wendete er sich an den alten Ghasai:

„Hast du die Karawan-i-Pischkhidmät Baschi überfallen?“ – „Nein!“ lautete die Antwort. – „Noch zwanzig Hiebe!“

So fragte er einen Ghasai nach dem anderen; so wurde ihm jedesmal mit einem „Nein“ geantwortet, und so diktierte er jedesmal auch sein „noch zwanzig Hiebe!“

Hierauf richtete er an sämtliche Pascher die laute Frage:

„Habt ihr geschmuggelt?“ – „Ja“, antworteten sie alle wie aus einem Munde. Sie zogen das offene Geständnis den Hieben vor, die sie fürchteten. Übrigens hatten sie ja keine so harte Strafe wie die Ghasai zu erwarten.

„Ist der Säfir euer Anführer?“ fragte er weiter. – „Ja.“ – „Habt ihr bestimmte Gesetze, denen ihr gehorchen müßt?“ – „Ja.“ – „Dürft ihr mir diese Gesetze mitteilen?“ – „Nein.“ – „Was für eine Strafe würde auf diese Mitteilung folgen?“ – „Der Tod.“ – „So hört, was ich euch sage! Euer Anführer ist gefangen und wird mit dem Tode bestraft; er ist also unschädlich für euch. Teilt ihr mir die Gesetze mit, so lege ich Fürbitte beim Richter für euch ein; verschweigt ihr sie mir aber, so bekommt jetzt jeder von euch fünfzig Hiebe und später die schärfste Strafe, die es gibt. Also antwortet! Wollt ihr mir die Gesetze sagen?“ – „Ja“, riefen sie alle. – „Das ist euer Glück! Ich halte Wort. Und wenn ihr wirklich aufrichtig seid, habe ich auch noch eine gute Mitteilung für euch.“

Nun sagte er mir, daß er jetzt Zeit habe, sich von mir führen zu lassen. Es durfte uns niemand, als nur Halef allein, begleiten. Als wir nach der Höhe stiegen, wir beide voran und der Pascha hintendrein, fragte mich der Hadschi, so, das letzterer es nicht hörte:

„Hast du ihm alles gesagt, Sihdi?“ – „Alles, was er wissen muß, sonst nichts. Sprich also nicht von den Sillan, von unseren Ringen und anderen Heimlichkeiten!“ – „Werde mich hüten! Ich bin neugierig, ob er den Eingang entdecken wird.“ – „Ich bin überzeugt davon, daß er die Stelle nicht herausfinden wird. Es gehören andere Augen dazu als die seinigen.“

Es zeigte sich bald, daß ich recht hatte. Als wir oben angekommen waren und ich dem General sagte, daß er ganz in der Nähe der jetzt allerdings verschlossenen Öffnung stehe, suchte er längere Zeit, doch ohne die Stelle zu finden. Er wurde schließlich ungeduldig und sagte:

„Der Mensch, welcher die Ziegel hier zusammengepaßt hat, ist im höchsten Grade sorgfältig verfahren. Ich entdecke nichts, du mußt mir den Ort zeigen.“

Er nannte mich jetzt du, weil er Halefs wegen arabisch sprach. Zur Entfernung des ersten Ziegels brauchte ich, um in die Ritzen fahren zu können, die Messerklinge; die anderen konnte ich dann mit der Hand nehmen. Ich legte sie so nebeneinander, daß sie beim Zustellen des Loches nicht verwechselt werden konnten. Osman Pascha sah mit einem Interesse zu, welches sich verdoppelte, als ich fertig war und er, in den Gang blickend, die in demselben liegenden Gegenstände bemerkte.

Wir hatten natürlich Lichter mit heraufgenommen. Da diese dem General nicht genügten, trugen wir dann sämtliche in der Nische befindlichen Lampen hinunter in die Räume, wo wir sie anbrannten. Was machte der Offizier für Augen, als er diese Gemächer betrat und alles, was da lag, mit einem zunächst nur oberflächlichen Blick überflog! Er kam aus dem Staunen gar nicht heraus. Und dann erst, als wir die Sachen einzeln vornahmen!

„Du hast recht gehabt!" gestand er. „Hier liegt ein ganzes Vermögen aufgestapelt. Wer hätte das gedacht!" – „Einer hat es gewußt", bemerkte ich. – „Wer?" – „Mein alter Bimbaschi in Bagdad, von dem ich dir erzählt habe." – „Ja, richtig! Diesen Mann müssen wir sehr streng bestrafen." – „Bestrafen? Warum?" – „Weil er über diese Niederlage keine Anzeige erstattet hat." – „Er konnte nicht, weil er mit einem Eid gelobt hatte, zu schweigen. Er verdient vielmehr anstatt der Strafe eine möglichst hohe Belohnung, denn nur ihm haben wir die Entdeckung des Ortes zu verdanken. Das Geringste, aber auch Allergeringste, was wir für ihn tun können, und auch tun müssen, ist die Rückerstattung der Summe, die ihm der Säfir abgepreßt hat." – „Wie hoch ist sie?" – „Das weiß ich nicht; er hat es mir nicht gesagt, und ich hielt es für taktlos, ihn zu fragen." – „Also wirklich eine Belohnung anstatt der Strafe?" – „Ja. Ich werde, freilich ohne ihn um die Erlaubnis dazu bitten zu können, dir von seiner hochinteressanten, und aber unglücklichen Vergangenheit erzählen; dann wirst du mein Interesse und meine Fürbitte für ihn begreifen. Er war auch Christ und ist Offizier des Padischahs geworden, weil ..." – „Gut, gut für jetzt", unterbrach er mich, weil er die von mir beabsichtigte Parallele heraushörte. „Du wirst mir nachher von ihm ausführlich berichten; für jetzt genügt es mir vollständig, daß du dich für ihn verwendest. Du schiebst ihm das Verdienst der Entdeckung dieses Ortes zu, bist aber selbst der Mann, dem wir sie zu verdanken haben. Ich werde also deine Freundschaft und deine Bemühung für ihn so berücksichtigen, wie du es wünschst und ja auch verdienst. Zur Zurückerstattung seines Verlustes brauchen wir aber Geld. Sagtest du nicht, daß auch welches vorhanden sei?" – „Ja, dort in der Truhe. Bitte, komm!"

Ich hatte den Schlüssel und öffnete sie. Das war der Augenblick, an welchem sein Staunen den Höhepunkt erreichte. Es dauerte eine ganze Weile, ehe er den Inhalt des alten Kastens mit Ruhe betrachten und untersuchen konnte. Er zählte zunächst das Geld. Es war eine sehr, sehr hohe Summe. Dann machte er sich über die Schmucksachen und Steine.

„Ich kann mich wirklich nicht genug wundern!" rief er aus. „Dieser Säfir muß vollständig überzeugt gewesen sein, daß eine Entdeckung dieses Ortes ganz unmöglich sei. Ich habe wirklich keine

Ahnung davon gehabt, daß der Schmuggel in diesem Umfang betrieben wird und ein so erstaunlich einträgliches Geschäft ist. Ich möchte wissen, ob der Kerl hier sein ganzes Vermögen angelegt hat, oder ob es wohl noch mehr solche Niederlagen gibt!" – „Vielleicht ist von den gefangenen Paschern etwas darüber zu erfahren. Ich glaube nicht, daß der Säfir der einzige Unternehmer, der Chef dieses Geschäftes ist. Der Bote, den er gestern oder vielmehr heute nacht zum Sandschaki sandte, ist sehr wahrscheinlich auch beteiligt. Vielleicht ist eine ganze Gesellschaft von Geld- und nicht niedrig stehenden Leuten die Unternehmerin. Ich habe so meine Gedanken." – „Die du mir mitteilen wirst; ich bitte dich darum. Wie gut, daß kein anderer als ihr diesen Ort gefunden hat! Er hätte nichts davon gesagt. Es ist eine fast unwiderstehliche Versuchung, diese Sachen zu sehen, ohne sie sich anzueignen!" – „Für uns nicht", fiel Halef ein. „Ich erlaubte mir nur die ganz kurze Bemerkung, wie Hanneh, das Glück meines Lebens und die herrlichste Rose unter allen Blüten des Blumenreiches, sich über das Armband, welches dort neben deiner rechten Hand liegt, freuen würde; da aber hättest du meinen Effendi hören sollen!" – „Welches Armband? Dieses hier?" fragte der Pascha, indem er danach griff. – „Ja." – „Hanneh heißt die Gebieterin deines Harems?" – „Ja. Sie ist die Wonne meiner Augen, die Seele meines Körpers, die Sonne meiner Tage ..."

Er fuhr noch eine ganze Weile fort, dem Pascha in den poetischsten Ausdrücken klarzumachen, daß Hanneh die vorzüglichste aller Frauen und absolut unvergleichlich sei. Da hielt Osman Pascha ihm das Armband hin und sagte:

„Hier; es sei dein Eigentum, lieber Hadschi. Nimm es ihr mit, damit der Glanz ihrer Augen sich daran ergötze. Bring keinen Einwand vor! Ich versichere dir, daß ich es dir geben darf! Alles, was sich hier befindet, gehört dem Padischah, dessen Vertreter ich bin; ich kann verfügen, wie es mir beliebt. Ihr kennt ja die Verhältnisse. Der Weg nach Stambul ist weit, und was ich hier an einen, der es verdient, verschenke, braucht nicht unterwegs in die Hände ganz unbeteiligter Personen zu verschwinden."

Er hatte recht. Halef genierte sich auch gar nicht; er steckte vielmehr das Armband sehr schnell in die Tasche und machte dann diese allzu rasche Bereitwilligkeit durch die glühendsten Dankesäußerungen wieder gut. Der Pascha forderte mich auf, mir auch ein Andenken auszuwählen, ich tat es aber nicht. Daß ich das Doppelbild genommen hatte, verschwieg ich, da ich sonst meine Gründe hätte angeben müssen. Ich hielt es nicht für das jetzige Eigentum des Padischahs, sondern für einstweilen herrenloses Gut. Es lag wie eine Ahnung in mir, daß es im Verlauf meiner Reise mir Nutzen bringen werde. Es stellte einen Bekannten von mir dar, den ich in Persien zu treffen hoffte, und so fiel es mir gar nicht ein, die stille Aneignung des Porträts für einen Diebstahl zu halten.

Nun machte ich den Pascha auch auf die Buchführung aufmerksam. Er sprach seine Verwunderung über das Vorhandensein derselben aus und blätterte aufmerksam darin. Sie reichte, wie bereits erwähnt, eine Reihe von Jahren zurück. Da hielt er plötzlich inne, sah schärfer auf die Seite, die er gerade aufgeschlagen hatte, und fragte mich nach dem Namen des Bagdader Bimbaschi; als ich ihn genannt hatte, sagte er:

„Es ist wirklich, als ob ich daran gemahnt werden sollte, ihm seinen Verlust zurückzuerstatten. Da steht das Datum, sein Name und auch die Summe. Diese Buchführung ist eigentlich eine ungeheure Frechheit des Säfir! Fünftausend persische Tuman ist der hier verzeichnete Betrag. Was tue ich?“ – „Willst du mich anhören, Hazretim?“ – „Ja, wenn es nicht zu lange dauert.“ – „Ich werde mich kurz fassen, halte es aber für geboten, dir jetzt mitzuteilen, was ich dir von ihm zu sagen habe.“

Ich gab ihm einen Auszug dessen, was der alte Bimbaschi uns an jenem Abend auf seinem Dach erzählt hatte, und bemühte mich dabei, den Pascha so günstig wie möglich für ihn zu stimmen. Es gelang mir auch ganz gut, diesen meinen Zweck zu erreichen, denn als ich mit meiner Darstellung fertig war, nickte Osman Pascha mir freundlich zu und sprach:

„Das ist wieder einmal ganz Kara Ben Nemsi! Du hast mich tief gerührt. Dein alter, braver Freund soll nicht nur zurückerhalten, was ihm abgepreßt worden ist, sondern ich werde auch in anderer Beziehung an ihn denken und mit dem Pascha von Bagdad über ihn verhandeln. Die Summe ist vorhanden; ich würde sie dir sofort geben; das Gold ist schwer; du kannst dich doch wohl nicht damit schleppen?“

Da antwortete Halef rasch:

„Schleppen? Warum nicht? Wir haben ja Pferde. Und wenn du uns den ganzen Kasten gibst, wir nehmen ihn mit; versuche es nur! Da liegt Leinwand genug herum, in welche wir es wickeln können. Ich mache sofort das Paket!“

Um mich kurz zu fassen, in wenigen Minuten waren die fünftausend Tuman abgezählt und eingepackt, und der General, dem der Eifer Halefs Spaß machte, forderte mich auf, es ihm nur getrost mitzuteilen, wenn es sich herausstellen sollte, daß die Summe eine andere als die im Buch eingetragene sei. Dann fuhr er fort:

„Ich werde natürlich hier alles ausräumen und schon heute damit beginnen lassen. Dann machen wir den Platz mit Hilfe einer Pulversprengung unzugänglich, damit es für solche nächtlichen Vögel nicht möglich ist, sich wieder einzunisten. Die Schmugglerbande werde ich auch sprengen, nicht mit Pulver, das heißt durch Strenge, sondern durch Güte, die zugleich eine Klugheit ist, wie du nachher hören wirst. Auch das Loch, durch welches ihr gekrochen seid, muß verschüttet werden. Jetzt aber wollen wir wieder an das Tageslicht gehen! Ich muß da reine Arbeit machen. Du hast mir die Norm dazu gegeben: Blut um Blut!"

Ob er mit diesen Worten meine Ansicht ausgesprochen hatte, das ging mich jetzt nichts an. Ich hatte ihm nun alles übergeben und trat mit großer Befriedigung von der Führung der ganzen Angelegenheit zurück. Was nun zu geschehen hatte, das war nicht meine, sondern seine Sache. Meine und Halefs Arbeit war vollbracht.

Als wir wieder unten am Lager ankamen, meldete der Bimbaschi, daß die befohlenen Hiebe verabreicht worden seien. Es hätte dieser Meldung gar nicht bedurft, denn das Auge hatte uns schon gesagt, daß es geschehen war.

Nun wurden zunächst die Leichen der elf Perser aus dem verschütteten Kanal geschafft und herbeigebracht. Ihr Anblick war hier am Licht des Tages ein fast noch gräßlicherer als unten im dunklen Kanal. Im strengen, unbeweglichen Gesicht des Paschas stand ein unerschütterlicher Entschluß geschrieben. Er trat zum Säfir und fragte ihn wie schon einmal:

„Hast du die Karwan-i-Pischkhidmät Baschi überfallen?" – „Nein!" fauchte wie ein grimmes Raubtier der Gefragte. – „Gut! Da du nicht gestehst, so wirst du heute noch aufgehängt!" – „Ich bin Perser! Vergiß das nicht!" – „Ein Mörder bist du, also wirst du gehängt!"

Hierauf richtete er dieselbe Frage wieder an die Ghasai. Sie waren durch die Hiebe nicht mürbe geworden und antworteten verneinend.

„So werdet auch ihr gehängt!" bestimmte er. „Ich werde die Mehkeme über euch zusammenrufen." – „Das wag' ja nicht!" erwiderte der alte Geselle. „Wir sind freie Beduinen und müssen nach unseren eigenen Gesetzen behandelt werden!" – „Das ist mir recht. Euch geschehe, wie ihr wollt! Wie lautet euer Gesetz in Beziehung auf den Mord?" – „Blut um Blut, Leben um Leben. Aber wir sind keine Mörder!“ – „Was ihr seid, das weiß ich genau; ihr mögt gestehen oder nicht! Blut um Blut! Ihr werdet erschossen, nicht gehängt!“ – „Darüber lachen wir! Unser Stamm wird uns rächen; den fürchtest du!“ – „Vor Schurken ist mir nie bange. Und wenn ihr lachen wollt, so lacht bald! In kurzer Zeit ist es zu spät! Bimbaschi, ist ein Muballir – Vorbeter – unter deinen Leuten?“ – „Ja“, antwortete der Gefragte. – „So kann es rasch gehen, und ich brauche nicht erst nach der Stadt zu schicken. Er mag vortreten! Ich gebe diesen blutigen Ghasai-Hunden, obgleich sie es nicht wert sind, eine Viertelstunde Zeit, sich auf den Tod des Erschießens vorzubereiten. Nun mögen sie lachen oder beten; die Wahl steht ihnen frei!“

Nach diesen Worten nahm sein Gesicht einen freundlicheren Ausdruck an. Er winkte mir, mit ihm zu kommen, ging zu den abseits liegenden Schmugglern und sprach sie mit gedämpfter Stimme an:

„Ihr habt euch schwer, sehr schwer vergangen und müßtet eigentlich für lange Zeit im Gefängnis stecken; aber ihr seid wenigstens keine Mörder und habt ein offenes Geständnis abgelegt. Darum will ich milde mit euch verfahren und euch folgendes mitteilen: Es muß gegen den Schmuggel so vorgegangen werden, wie der Padischah es befohlen hat; dazu ist erforderlich, daß jeder Kumrukdschi – Zollbeamte – die Schliche der Schmuggler so genau kennt, wie ihr sie kennt. Ich habe darum die Absicht, jedem von euch die Strafe zu erlassen und ihn zum Kumrukdschi zu machen, wenn ihr darauf eingeht, mir alles, was ihr wißt, mitzuteilen. Doch mache ich euch darauf aufmerksam, daß die Strafe, welche ihn jetzt treffen würde, für jeden von euch, der als Beamter bei einer Unredlichkeit betroffen wird, sofort und in doppelter Höhe anzutreten ist. Sie wird also nicht aufgehoben, sondern nur aufgeschoben; dem Ehrlichen ist sie geschenkt, der Unehrliche aber hat sie doppelt zu erleiden. Wer einverstanden ist, der sage ja!“

Ein so frohes Ja, wie jetzt einstimmig erschallte, hatte ich wohl selten gehört. Der Pascha nickte, nahm mich am Arm mit fort und fragte:

„Werden Sie über diese Art und Weise, die Kerls zu bestrafen, jetzt lachen?“ – „Nein. Ich bin überzeugt, daß Sie zwar gegen die Vorschriften des Gesetzes, aber doch sehr klug gehandelt haben.“ – „Das genügt. Es wird meinem Gewissen nicht schwer werden, sich mit dem Gesetz abzufinden. Sie haben ja selbst gesagt, daß wir hier nicht in Stambul oder Paris sind. Andere Gegend, andere Menschen, andere Behandlung derselben! Darum, gerade darum werden die Ghasai ohne alle vorherige gerichtliche Verhandlung nach der von mir angegebenen kurzen Frist erschossen. Wollen Sie Zeuge dieser Exekution sein?" – „Ich bitte, mich zu beurlauben. Wir kamen hierher, um einige Orte, welche wir früher kennenlernten, zu besuchen, und haben bis jetzt keine Zeit dazu gehabt. Heute abend möchten wir wieder in Hilleh sein, und so wird es jetzt Zeit für uns, diesen Ritt zu unternehmen."

Halef hätte der Erschießung der Mörder wohl gern beigewohnt, fügte sich mir aber doch. Wir ritten nach der Straße von Kerbela und dann auf derselben langsam weiter, um uns in die Erinnerung an den damaligen, für uns so schicksalsschweren Tag zu versenken. An derselben Stelle, wo wir damals kehrtgemacht hatten, kehrten wir auch jetzt wieder um und verfolgten überhaupt ganz genau denselben Weg, den wir an jenem Tag geritten waren, ich mit der Pest im Leibe. So kamen wir auch an den Ort, an welchen wir die Leichen der uns so teuren Ermordeten gefunden hatten, und blieben längere Zeit da halten.

Hierauf nahmen wir wieder die Richtung nach dem Turm, doch nicht direkt, sondern wir umritten ihn an seiner südlichen Seite und kamen gerade zur Zeit der größten Tageshitze an das kleine Wasser, dessen Rand längere Zeit unser Krankenlager gewesen war, da die Pest nach mir auch Halef gepackt hatte. Weil es hier ein wenn auch spärliches Grün gab, stiegen wir ab, um die Pferde fressen zu lassen, und unterhielten uns über die traurigen Tage, welche wir hier verlebt hatten. Dann ritten wir nach der Ruinenstelle, an welcher den Toten von uns die letzte irdische Ruhestätte bereitet worden war – siehe Karl May „Von Bagdad nach Stambul" –. Daß mein kleiner, lebhafter Halef während dieses Rittes und an diesen Erinnerungsstellen seine Gefühle in den vielfältigsten Farben und Redewendungen ausmalte und sich für unsere jetzige Reise in den kühnsten Hoffnungen erging, brauche ich wohl kaum zu sagen. Als wir dann zur heutigen Lagerstätte zurückkehrten, erfuhren wir, daß der Pascha sich mit den Offizieren im Inneren des Birs befinde, um ein Verzeichnis der dortigen Gegenstände, welche fortgeschafft werden sollten, aufzunehmen. Er hatte nach der Stadt um Lastkamele und auch Soldaten geschickt, letztere zur Ablösung Amuhd Mahulis und seiner Mannschaften; sie sollten alles zum Begräbnis der Perser und ihrer Mörder, welche während unserer Abwesenheit erschossen worden waren, Erforderliche mitbringen. Der Säfir lag still und zusammengekrümmt an seinem Platz; ich kümmerte mich nicht um ihn. Der Pischkhidmät Baschi fragte mich, wie es mit seinem Eigentum stehe, welches er zurückverlange; ich wies ihn kurz angebunden an den General. Was die Schmuggler betrifft, so waren sie von ihren Fesseln befreit worden und arbeiteten mit Eifer daran, die Waren, welche sie während ihrer nächtlichen Züge mit herbeigebracht hatten, aus der unterirdischen Niederlage herauszuschaffen.

Der Bimbaschi teilte mir mit, daß die Ablösung bald eintreffen und er dann nach Hilleh zurückkehren werde; ich versprach, mich ihm anzuschließen und dann bis morgen früh sein Gast zu sein. Wir hatten das Geldpaket mit den fünftausend Tuman oben im Raum Nummer drei gelassen, weil es dort sicher lag, und gingen nun hinauf, es zu holen. Es ging dort sehr lebhaft zu. Als der Pascha erfuhr, daß ich bald nach der Stadt wolle, lud er mich ein, mit im „Regierungspalais“ zu wohnen, was ich ihm aber infolge meines dem Bimbaschi gegebenen Wortes abschlagen mußte. Um meine Befürchtung zu zerstreuen, erklärte er mir, daß ihn dies nicht beleidige; bei seiner Überhäufung mit Arbeit hätte er sich mir doch nicht während des Abends widmen können. Bei dieser Gelegenheit holte ich nach, was ich bisher vergessen hatte. Ich gestand ihm, daß ich, um die Aufmerksamkeit der Soldaten zu verschärfen, damit uns niemand entkommen möge, jedem hundert, den Unteroffizieren aber zweihundert Piaster versprochen hätte. Er lobte das und zählte mir von dem vorhandenen Silbergeld den Betrag sofort zusammen. Durch diese Bereitwilligkeit kühn gemacht, trug ich ihm nun auch vor, wie lange Zeit der arme Bimbaschi keinen Sold erhalten habe. Er antwortete mir mit der scherzhaft klingen sollenden, aber ernstgemeinten Bemerkung:

„Sie scheinen den Segen des babylonischen Turmes auf alle Welt ausgießen zu wollen. Halten Sie ein damit, denn die Quelle, die Sie hier geöffnet haben, könnte sonst versiegen! Geben Sie ihm dieses hier, als Anerkennung, nicht als rückständige Gage, für deren Auszahlung ich morgen sorgen werde!“

Er gab mir eine große Handvoll Goldstücke aus der Truhe. Ich bedanke mich herzlich und verabschiedete mich für heute von ihm. Halef trug das schwere Paket mit dem Geld unseres alten Bagdader Gastfreundes mit großem Stolz vom Birs Nimrud herab.

Wie freute sich Amuhd Mahuli über die goldenen Tumas, die ich ihm brachte! Und als ich dann mit der Austeilung der versprochenen Prämien begann, war auch der Jubel seiner Leute groß!

Kurze Zeit später kam die Ablösung, worauf wir mit unseren Kavalleristen „die alte Babel“ verließen, die es auch dieses Mal mit uns so schlimm gemeint hatte. Der Kammerherr blieb da, um sich wegen seiner Forderung an den Pascha zu halten. Mir war das lieb, denn ich mochte von diesem Menschen nichts mehr wissen.

Unser nächtlicher Ritt nach dem Birs, der Zweck und auch der Erfolg desselben, hatte sich in der Stadt herumgesprochen; wir wurden also, als wir ankamen, von einer zahlreichen Menschenmenge förmlich angestaunt, doch nicht etwa mit Hurra empfangen. Daß ein verfluchter Christ, der erst vor der Mehkeme angeklagt und ihr entflohen war, solche Erfolge errungen hatte, das hatte keinesfalls den Beifall dieser Schiiten, zumal jedenfalls viele von ihnen zu den heimlichen Verbündeten der Pascher gehörten. Ich sah die meisten Augen nicht freundlich, sondern finster auf mir ruhen.

Der Bimbaschi bewohnte ein altes, kleines Häuschen, in dessen Hof wir die Pferde unterbrachten. Das Gastzimmer, welches er uns bieten konnte, war eigentlich nur ein Winkel, und doch fühlten wir uns außerordentlich wohl bei ihm, weil wir nicht in diesem Winkel, sondern in seinem Herzen wohnten. Er war wegen der gehässigen Bevölkerung so vorsichtig, für den Abend und die ganze Nacht einen Posten auszustellen, und wir hatten das Glück, nicht nur sein Haus, sondern auch seinen „Harem“ kennenzulernen, Frau und Kinder, einfache aber gute Menschen, denen die jetzige Verbesserung ihrer Verhältnisse gern zu gönnen war.

Wir verlebten zusammen einen Abend, den ich mit vollstem Recht einen Bibelabend nennen möchte, und ich bin überzeugt, daß die da auf ein so empfängliches und fruchtbares Land gestreuten Samen aufgegangen sind. Als wir uns früh von dem dürftigen Lager erhoben, war der Hausherr schon beim Pascha gewesen, um von diesem zu erfahren, daß er nach Bagdad zu reiten habe, um dem dortigen Pascha einen sich auf die gestrigen Vorkommnisse beziehenden schriftlichen Bericht zu überbringen, dem er den mündlichen hinzufügen könne. Hierbei hatte es der General natürlich auch auf eine freundliche Überraschung für mich abgesehen, denn es freute mich ungemein, den Bimbaschi als Begleiter zu haben.

Vor dem Aufbruch verfügte ich mich selbstverständlich nach dem „Regierungspalast“, um mich von Osman Pascha zu verabschieden und ihm meinen Dank zu sagen. Er hoffte, mich auf dem Rückweg nach Persien in Stambul bei sich zu sehen, und teilte mir alles mit, was er gestern noch von den auf Bedingung begnadigten Paschern erfahren hatte. Es war für ihn viel, für mich aber nichts, was mir in Beziehung auf die Sillan und auf die „Rose von Schiras“ hätte aufklärend oder sonstwie dienlich sein können.

Unseren Ritt nach Bagdad kann ich übergehen; er brachte uns

nichts Interessantes. Aber als wir uns von Amuhd Mahuli, der zunächst zum Pascha mußte, getrennt hatten und dann an unserer gastlichen Pforte hielten und die schlürfenden Pantoffelschritte des alten Bimbaschi jenseits derselben hörten, sagte Halef:

„Jetzt gehen die Überraschungen los! Laß du mich sprechen, mich, mich, mich, du aber schweig, Sihdi! Ich bitte dich herzlich, ganz herzlich darum!"

Die spitze Nase und das alte, fahle, aber liebe Gesicht erschienen.

„Wir sind es, wir!" meldete der Hadschi.

Ein mir unverständlicher, polnischer Ausdruck der Freude kam zwischen den dünnen, blutleeren Lippen hervor; dann wurde das Tor geöffnet. Halef ritt sofort und direkt bis an die Haustür, stieg dort ab, band das Geldpaket vom Sattel los und rief:

„Kommt in das Zimmer! Eher wird kein Wort gesprochen!"

Er ging in das Wohnzimmer des Bimbaschi; dieser folgte ihm, ohne etwas zu sagen. Kaum waren wir eingetreten, so pustete es hinter uns wie aus der Lunge eines Menschen, der zwei Stunden lang Galopp gelaufen ist; dieses Pusten war auch ganz selbstverständlich, denn der dicke Kepek kam. Da fragte Halef den Bimbaschi:

„Kannst du dich noch auf alles besinnen, was wir gesprochen haben?" – „Ja", nickte dieser. – „Ich habe dir gesagt, daß ich niemals ohne Peitsche in den Birs Nimrud steigen würde. Auch habe ich gesagt, ich wünschte, wir würden einmal von dem Säfir in den Birs gesperrt; da würdest du bald sehen, wie schnell wir uns frei machen und dafür diesen Halunken fangen würden. Kannst du dich darauf besinnen?" – „Ja." – „Wie hoch war die Summe, welche der Säfir dir damals abgepreßt hat?" – „Gerade zweimal hunderttausend Piaster", antwortete der Alte, der sich noch immer nicht in das vor Freude strahlende Gesicht des Hadschis finden konnte. – „Sind das fünftausend persische Tumans?" – „Ja, wahrscheinlich!" – „Nun, so höre, wir waren die Gefangenen des Säfir ...! Ich habe meine Peitsche mit in den Turm genommen ...! Wir haben uns frei gemacht ...! Der Säfir wurde von uns gefangen, gebunden und geprügelt ...!" Und hier sind deine zweimal hunderttausend Piaster ...! Der Säfir hat sie wieder hergeben müssen und wird aufgehängt ...! So, das ist es, was ich dir zunächst sagen will. Wir sind wieder da und bringen dir deinen Schwur, zu schweigen und Bagdad niemals zu verlassen, auch zurück; er gilt nichts mehr, denn die Bande ist aufgelöst und kann dir nichts mehr schaden!"

Da tat es hinter mir einen großen, quatschig klingenden Plumps. Ich drehte mich um und sah den dicken Diener, mit Händen und Füßen wie eine umgestürzte Schildkröte zappelnd, am Boden liegen. Er war vor freudigem Schreck umgefallen. Ich hob ihn auf, wozu ich alle meine Kräfte nötig hatte. Kaum war er wieder auf, so schwappte er zu Halef hin, riß ihm das Paket aus der Hand und watschelte, ohne ein einziges Wort zu sagen, in größter Eile damit zur Tür hinaus. Der fette Praktikus wollte zunächst und vor allen Dingen den Nervus rerum gerendarum in Sicherheit bringen, worin er auch von niemandem, nicht einmal von seinem Herrn, gehindert wurde.

Dieser stand wie eine Bildsäule vor uns. Die Augen weit offen, sah er bald mich, bald Halef an.

„Ihr – ihr seid also in – in ...?" fragte er endlich, doch ohne den Satz vollständig hervorzubringen. – „Ja", bestätigte ich. „Es ist alles so, wie Halef sagte. Du hast dein Geld wieder, und der Säfir ist für immer unschädlich gemacht."

Da sank er auf die Knie nieder, faltete die Hände und betete, betete so laut und inbrünstig, daß uns die Tränen in die Augen traten. Er dankte Gott für die unerwartete Errettung von der immerwährenden Pein, die ihm der abgezwungene Schwur bereitet hatte. Als er diesem ersten und mächtigsten Trieb seines Herzes nachgekommen war, stand er wieder auf und fragte, nein, er wollte fragen, kam aber nicht dazu, denn die Tür wurde aufgemacht, Kepek steckte den Kopf herein und sagte:

„Das Geld war sehr schwer, ich habe es versteckt, sehr gut versteckt." – „Wohin?" fragte sein Herr. – „In die Küche. Da habe ich es unter das Bahar – Gewürz – versteckt, wo kein Spitzbube es sucht und findet. Gib mir fünfzig Piaster, Herr!" – „Fünfzig Piaster? Welche Summe! Die habe ich heute nicht! Wozu brauchst du sie?" – „Ich muß Kaffee holen und Tabak, auch Fleisch, Mehl und viele andere Sachen." – „Allah w' Allah! Schon wieder? Du bist doch erst gestern einkaufen gewesen! Da gingst du nach dem Mittagessen fort und kamst erst abends wieder, als es dunkel geworden war!" – „O Effendi, o Emir, willst du mich schon wieder mit so ganz unbegründeten Vorwürfen kränken? Es gibt wohl keinen einzigen Sajis – Diener, Läufer – hier in der Stadt, der so schnell rennt, wie ich zu hetzen pflege. Da geht der Atem verloren, die Beine zittern vor innerer Aufregung, und das angegriffene Herz verlangt nach einem Sitz der Erholung und der Ruhe." – „Und des Plauderns; das ist die Hauptsache!" – „Betrübe doch dieses müde Herz nicht schon wieder. Ich pflege so stumm im Kaffeehaus zu sitzen wie ein Verstorbener im Grab. Gestern habe ich für dich und für mich eingekauft; du weißt, für uns genügen die gewöhnlichen Sorten; wenn man aber teure Gäste bei sich hat, so werden auch die Einkäufe teurer! Dir das zu erklären, sollte doch wenigstens in ihrer Gegenwart nicht nötig sein! Wir haben ihre glückliche Wiederkehr zu feiern; darum muß ich fünfzig Piaster ausgeben, weniger nicht." – „Die habe ich aber heute nicht!" – „O Unglück meines Lebens; o Reichtum meiner Sorgen! Was wird der Kawedschi – Kaffeewirt – sagen, wenn ich mit leeren Händen zu ihm komme! Meine Ehre ist hin, und das Vertrauen aller meiner Nebenmenschen geht mir verloren!" – „Warum?" – „Weil ich ihm zwanzig Piaster schuldig bin, die ich von ihm geliehen habe, weil ich einen neuen, irdenen Topf brauchte, zu dessen Ankauf mein Vermögen nicht mehr reichte." – „Kostet denn ein irdener Topf zwanzig Piaster?" – „Nein. Ich habe fünfzig Para dafür gegeben; aber er zerbrach mir unterwegs; da mußte ich einen zweiten kaufen, den mir ein vorbeigaloppierender Esel aus der Hand riß und zerschmetterte. Ich kaufte einen dritten und ging in das Kaffeehaus, um diese Aufregung zu vergessen. Beim Niedersetzen kam ich auf den Topf, und bei dem Gewicht meines Körpers wirst du einsehen, daß er da in Scherben ging, welche außerordentlich schmerzlich für mich waren, so daß ich einstweilen nicht wieder aufstehen konnte, sondern sitzen bleiben mußte, um über die Rücksichtslosigkeit der Trümmer dieses unglücklichen Topfes eifrig nachzudenken. Da tat mir mein Freund, der Kawedschi, den Gefallen, selbst zu gehen, um einen vierten einzuhandeln, dieser war größer und kostete siebzig Para. Die versammelten Freunde und Bekannten erbarmten sich meines Unglücks und machten mir den mildtätigen Vorschlag, auf die unerschütterliche Haltbarkeit dieses vierten Topfes einen Kaffee und eine Limonade zu trinken, worauf ich dankbar eingegangen bin. Aus einem Kaffee und einer Limonade wurden bei dem großen und aufrichtigen Mitgefühl dieser guten Leute mehrere, und so wirst du als einsichtsvoller Mann es für ganz selbstverständlich halten, daß ich dem Kawedschi zwanzig Piaster schuldig geworden bin, welche ich ihm baldigst geben muß, wenn meine und auch deine Ehre nicht für alle Zeit abhanden kommen soll."

Ich hätte über diese interessante Topfgeschichte gern laut aufgelacht, unterdrückte aber meine Heiterkeit, als ich die betrübte Miene sah, mit welcher der Bimbaschi seufzte:

„Zwanzig Piaster für drei zerbrochene und einen ganzen Topf!

Was kann es denn einem Topf nützen, wenn man auf seine Unzerbrechlichkeit auf meine Rechnung Kaffee und Limonade trinkt! Onbaschi, ich bin gar nicht mehr mit dir zufrieden! Und nun soll ich dir fünfzig Piaster geben, die ich gar nicht besitze! Was ist da zu tun?" – „Du hast sie ja!" – „Wo denn?" – „In der Küche, unter dem Gewürz! Da liegt jetzt mehr, viel mehr; da stecken jetzt volle zweimal hunderttausend Piaster! Ich hoffe, daß du das nicht schon vergessen hast!" – „Dieses Geld wird nicht angegriffen!" – „So erweise mir die Güte, nachzusuchen, ob du nicht irgendwo einige Piaster liegen hast, welche sich aus der Öffentlichkeit deines Gedächtnisses zurückgezogen haben!"

Der wichtige und würdevolle Ernst, mit welchem diese Angelegenheit verhandelt wurde, war zum Platzen. Auch Halef gab sich alle Mühe, nicht zu lachen, er blinzelte mich fragend an, und als ich zustimmend nickte, sagte er zum Bimbaschi:

„Ich habe während des ganzen Tages im Sattel gesessen, und so ist es für mich eine wahre Wohltat, eine Strecke gehen zu können. Wenn du erlaubst, so begebe ich mich sogleich in die Stadt, um einzukaufen, was der Onbaschi braucht."

Da fiel der Dicke, ohne abzuwarten, was sein Herr sagen werde, schnell und eifrig ein:

„Ja, das erlauben wir; wir erlauben es sogar sehr gern! Du wirst gehen und bezahlen, und ich gehe mit!" – „Nein, du bleibst", entgegnete der Hadschi. „Nähme ich dich mit, so würden wir vielleicht erst morgen wiederkommen, ich würde an dir festgebunden sein wie ein kleines, schnelles Vöglein an einer langsamen Riesenschnecke." – „Aber mein Kawedschi muß bezahlt werden, und du kennst ihn nicht und weißt nicht, wo er wohnt!" – „Der kann warten!" bestimmte der Bimbaschi. „Dich treiben nicht die zwanzig Piaster, welche du ihm schuldest, zu ihm." – „Was sonst, Effendi?" fragte der Dicke mit der unschuldigsten Miene. – „Du willst erzählen, du willst von den zweimal hunderttausend Piastern sprechen, du willst, um die Größe deiner Klugheit und Vorsicht zu beweisen, sogar sagen, wo sie stecken. Ich kenne dich!" – „Welch eine fürchterliche Beschuldigung! Wenn du es wünschst, werde ich weniger, viel weniger sagen. Ist es dir recht, daß ich bloß von hundertfünfzigtausend spreche oder gar von hunderttausend? Ich will ja gern bescheiden sein!" – „Du wirst gar nicht von diesem Geld sprechen; Hadschi Halef Omar geht allein!" – „Das sagst du so bestimmt! Ist's ein Kommando, dem ich gehorchen muß?" – „Ja."

Da watschelte der Onbaschi nach der Wand, legte beide Hände

an, ließ sich in der schon beschriebenen Weise mühevoll in die sitzende Stellung niedergleiten und seufzte dann:

„So setzte ich mich und stehe gar nicht wieder auf. Wenn er die Sachen holt, ohne mich mitzunehmen, mag er sie auch braten und kochen ohne mich! Ich muß mich fügen, weil ich dazu gezwungen werde. Da sitze ich! Nun bin ich aber sehr gespannt darauf, zu erfahren, was ihr während eurer Abwesenheit erlebt habt, und bitte dich, Hadschi Kara Ben Nemsi Effendi, es uns jetzt zu erzählen!"

Da fiel Halef schnell und energisch ein:

„Nein, nein! Effendi, versprich mir, zu schweigen und kein Wort zu sagen, bis ich wiederkomme! Du weißt, daß nur ich die Gabe der Rede und den Beruf der entzückenden Erzählung habe. Du würdest mich um einen der schönsten aller irdischen Genüsse bringen, wenn du mir das Recht entzögest, der einzige oder wenigstens der erste zu sein, der von den Ereignissen am Birs Nimrud sprechen darf. Ich bitte dich also dringend zu warten, bis ich wiederkomme! Willst du, lieber Sihdi?" – „Ja", antwortete ich. – „Du wirst kein Wort, aber ja kein einziges, sagen?" – „Ich will dir die Freude nicht verderben; aber wenn du jetzt in der Stadt herumlaufen und dich dann lange in der Küche beschäftigen mußt, wird die Geduld des Bimbaschi zu sehr auf die Probe gestellt." – „Ich werde eilen; ja, ich werde förmlich springen. Zu braten oder zu kochen, fällt mir gar nicht ein, sondern ich werde nur solche Speisen kaufen, die wir gleich so, wie ich sie bringe, essen können. Du wirst also warten und schweigen?" – „Eine halbe Stunde, länger nicht!" – „Das ist mir genug; ich komme noch eher, noch viel eher wieder. Lebe also einstweilen wohl, und halte deinen Mund!"

Mit dem letzten Wort war er schon zur Tür hinaus, und als er nachher wieder hereintrat, war erst die Hälfte der zweiten Viertelstunde vorüber; er schwitzte, so sehr hatte er sich beeilt.

„Es liegt alles in der Küche", meldete er. „Was soll erst geschehen, das Erzählen oder das Essen?" – „Das Erzählen", antwortete der Bimbaschi. – „Das Essen", rief der Dicke. – „Oder beides zugleich?" fragte ich. – „Nicht zugleich!" bat Halef. „Mein Mund ist doch kein Tor, durch welches man zu gleicher Zeit hinein- und herausgehen kann! Wandert ein Stück Fleisch hinein, so kann nicht in demselben Augenblick der Schönheitsglanz meiner Sprache auf den Lippen erscheinen. Ich bitte dich, nicht zuzugeben, daß die hinreißende Kraft der Ausdrucksweise durch das Verlangen des Magens und die Arbeit der Zähne nicht bloß in den Schatten gestellt, sondern ganz und gar verdunkelt werde!" – „So erzähle jetzt, und später essen wir. Kepek wird inzwischen wohl nicht vor Hunger sterben!"

Der Dicke antwortete nur mit einem ebenso tiefen und langen wie entsagungsvollen Seufzer, wobei er die gefalteten Hände auf diejenige Stelle legte, wo bei ihm unter der schützenden Fettschicht der edle Vorgang der Verdauung stattzufinden pflegte. Halef aber setzte sich in Positur und begann seinen Vortrag mit einer Miene, aus welcher zu schließen war, daß wir ein Meisterstück orientalischer Beredsamkeit zu hören bekommen würden.

Und wir bekamen es! Damit mag alles gesagt sein. Ich habe seine Art und Weise, sich auszudrücken, schon oft erwähnt und brauche also nur zu konstatieren, daß er die beabsichtigte Wirkung vollständig erreichte. Oft aufspringend, um seine Worte mit energischen Gestikulationen zu begleiten, riß er den Bimbaschi förmlich hin, und selbst Kepek war so ganz bei der Sache, daß er von der Wand, an welcher er lehnte, vor lauter Aufmerksamkeit immer tiefer rutschte und, als Halef mit einem bombastischen Satz schloß, mit dem Kopf auf dem Boden lag.

„Welch ein gefährliches, wunderbares Ereignis!" rief der Bimbaschi aus. „Es war ganz unmöglich zu ahnen, daß ihr so etwas erleben würdet!" – „Ich bin weg; ich bin nicht mehr da!" klagte der Dicke. „Die Aufmerksamkeit hat mich umgebracht; es tun mir vor Entzücken alle meiner Glieder weh! Hilfe, Hilfe! Hadschi Halef, heb mich auf!"

Halef gab sich alle Mühe, dieser Aufforderung nachzukommen. Als er den vor Anstrengung krebsrot gewordenen Diener endlich auf hatte, schlug dieser die feisten Hände zusammen und gestand, indem er vor Bewunderung die kleinen, kaum sichtbaren Augen verdrehte:

„Ihr seid wirklich wahre Helden! Euch ist nichts zu viel und schwer! Also dieser brüllende Löwe, der Säfir, ist gefangen, wirklich gefangen?" – „Ja", antwortete Halef stolz. „Es ist alles genauso, wie ich erzählt habe. Dieser brüllende Löwe, wie du ihn nennst, ist jetzt ein zertretener Wurm, der euch nichts mehr schaden kann." – „Vielleicht doch!" entgegnete der Bimbaschi. „Er ist ein so gefährlicher Mensch, daß man sich nur dann, wenn er gestorben ist, nicht mehr vor ihm zu ängstigen braucht. Daß ihr trotz meiner Warnung mit ihm angebunden habt, war kühn, war sogar verwegen von euch. Ich bewundere, Effendi, deinen Mut, deine Umsicht, deine Kaltblütigkeit, deine Klugheit und List; ich bin dir stete Dankbarkeit dafür schuldig, daß du dabei in dieser Weise an mich gedacht hast; ihr habt vollbracht, was kein anderer fertigbrächte; aber ich kann nur dann erst ruhig sein, wenn ich weiß, ganz gewiß weiß, daß er nicht mehr lebt!"

Als ich ihm hierauf antworten wollte, ertönte draußen an der Pforte ein starkes Klopfen.

„Es komm jemand, Emir", sagte Kepek zu seinem Herrn. „Geh du, um nachzusehen! Ich bin so ermüdet vom Zuhören, daß ich mich wieder setzen muß!"

Er rutschte sich wieder an der Wand auf den Boden nieder, und der gehorsame Bimbaschi schlürfte zur Tür hinaus. Es dauerte längere Zeit, bis er zurückkehrte; er kam nicht allein, sonder brachte – Amuhd Mahuli mit, dem ich unsere Wohnung allerdings genau beschrieben hatte.

„Verzeih, Effendi, daß ich dich schon heute belästige!" begrüßte er mich. „Ich wollte dich erst morgen besuchen; aber der Pascha vertraute mir diese zwei Briefe an, welche ich noch heute abzugeben habe."

Er zog zwei Schreiben aus der Tasche, von denen er das eine dem Bimbaschi und das andere mir überreichte. An mich war adressiert. „Emir Kara Ben Nemsi Effendi aus Dschermanistan"; unser Gastfreund wurde auf seinem Brief nicht Bimbaschi – Major –, sondern Mir Alai – Oberst – tituliert.

„Das ist entweder ein Versehen, oder der Brief ist nicht an mich", sagte er. – „Es ist kein Versehen, und der Brief gehört dir", antwortete Amuhd Mahuli lächelnd. „Ich hatte einen langen, ausführlichen Bericht Osman Paschas zu überbringen, der unser sehr warm gedacht zu haben scheint, denn als der hiesige Pascha das Schreiben gelesen hatte, war er von doppelter Freundlichkeit als vorher, reichte mir die Hand und bestätigte meine Ernennung zum Bimbaschi. Er ließ Kaffee und Pfeifen bringen, und ich mußte mich zu ihm setzen und erzählen. Dann schrieb er diese Briefe und schickte mich hierher. Ich las die Adresse und erlaubte mir, darauf aufmerksam zu machen, daß Mir Alai anstatt Bimbaschi geschrieben worden sei; da sagte er mir, daß Osman Pascha es so wolle; morgen abend werde er das übrige sagen."

Wir öffneten die Briefe; sie enthielten die außerordentlich höfliche Einladung zum Ascha – Abendessen, Hauptmahlzeit im Orient – beim Pascha für morgen, weiter nichts, aber doch genug!

„Zum Ascha eingeladen! Beim Pascha! Und dieser höhere Rang!" rief der alte Pole erregt. „Was hat das zu bedeuten?" – „Daß Osman Pascha mir Wort gehalten hat", antwortete ich. „Du bist, was wir bei uns rehabilitiert nennen, und noch mehr, denn mir schwant, daß du morgen deine Ernennung zum Oberst erfährst."

Da ließ er den Brief aus den Händen fallen und sprach:

„Wäre das wirklich möglich!? Dann fehlt nur noch die Hinrichtung des Säfir, um mir wenigstens in dieser Beziehung meine Ruhe, meinen Frieden zurückzugeben!" – „Die Hinrichtung des Säfir?" fragte Amuhd Mahuli. „Der ist ja tot!" – „Tot?" ließ da ich mich hören. „Davon weiß ich ja nichts!"

Da richtete Amuhd Mahuli einen sehr bezeichnenden verständnisinnigen Blick auf mich und antwortete mir:

„Er ist so gestorben, wie du ihm vorhergesagt hast." – „Wann und wo?" – „Wann – noch am Abend desselben Tages. Wo – im Gefängnis; er hat sich selbst aufgehängt." – „Sich – selbst?" – „Ja, sich selbst. Osman Pascha war in seinem Gefängnis, ihn zu vernehmen, und schloß ihn dann wieder ein. Als eine halbe Stunde später der Wärter kam, um ihm Wasser zu bringen, hatte er sich aufgehängt." – „Wann und von wem hast du das erfahren?" – „Als du früh noch bei mir schliefst und Osman Pascha mich zu sich kommen ließ, um mich mit euch nach Bagdad reiten zu lassen, da erzählte er es mir." – „Warum hast du gegen mich geschwiegen?" – „Weil Osman Pascha mir das Versprechen abnahm, dir den Tod des Säfir erst hier in Bagdad mitzuteilen. Vielleicht kannst du dir seine Gründe denken."

Natürlich konnte ich sie mir denken! Osman hatte dem Säfir gesagt, daß er heute noch aufgehängt werde, und sein Wort war in Erfüllung gegangen. Um mich über das Wie aufzuklären, brauchte ich nicht erst wieder nach Hilleh zu reiten und mich bei dem strengen Richter zu erkundigen; er hätte mir es doch nicht gesagt; ich konnte mir diese Frage schon selbst beantworten.

Außerordentlich groß war der Eindruck, den die Nachricht vom Tod des Säfir auf meinen Bimbaschi machte. Er sah sich aller seiner Angst und Sorge enthoben und sprang vor Freude wie ein junger Mensch im Zimmer umher. Auch Kepek machte seiner Wonne durch verschiedene Gutturaltöne Luft, versäumte aber nicht, dabei auch die Frage an Halef zu richten, ob das Essen wirklich schon in der Küche stehe. Das ließ den Hausherrn an seine Pflicht als Gastgeber denken; er bat den Hadschi, das Essen zu bringen und lud Amuhd Mahuli ein, nicht nur jetzt mit uns zu speisen, sondern überhaupt während seines Bagdader Aufenthaltes der Gast dieses Hauses zu sein; Platz sei genug für uns alle da! Der frühere „Kol Agasi und jetzige Bimbaschi" nahm diese Einladung mit Vergnügen an;

er hatte sie wahrscheinlich schon im stillen gewünscht, um länger mit mir beisammen sein und noch so einen „Bibelabend“, wie der in Hilleh gewesen war, mit mir verleben zu können.

Das einfache, kalte Mahl wurde mit einer Heiterkeit eingenommen, wie diese Räume sie wohl noch selten gehört und gesehen hatten. Halef war bei vortrefflicher Stimmung, da wir seine feurigen Interjektionen über unsere unvergleichlichen Heldentaten still über uns ergehen ließen, und der dicke Kepek bildete einen zwar ganz still nur mit den Zähnen arbeitenden, aber trotzdem nicht weniger unterhaltenden Gegenstand unserer Aufmerksamkeit.

Nach dem Essen beschäftigten wir uns mit unseren Pferden, denen auch ein „Fest- und Siegesmahl“ vorgesetzt wurde, wie Halef sich auszudrücken beliebte, und als es dunkel geworden war, stiegen wir, wie am letzten Abend vor unserem Ritt nach den Ruinen, auf das platte Dach hinauf, um bei den dampfenden Tschibuks uns wieder und immer wieder zu sagen, was für ein großer Unterschied doch zwischen jenem und dem heutigen Abend sei.

Ich lenkte darauf ein, daß wir diese glücklichen Erfolge nicht uns selbst, sondern der Fügung und dem Beistand Gottes zu verdanken hätten, und so kam das Gespräch auf den Gegenstand, der nicht bloß mir und Halef, sondern für heute auch den beiden Offizieren der liebste und willkommenste war. Wir saßen und sprachen beim Flüstern der Palmwedel bis tief in die Nacht hinein, und als wir endlich aufstanden und uns in gehobenster Stimmung die Hände reichten, hielt der Pole die meinige fest und sagte:

„Effendi, ich gewinne dich mit jedem Augenblick lieber und gestehe aufrichtig, daß das, was du heute abend wieder gesprochen hast, mir höher steht als alle Worte und Visionen Mohammeds. Schon hast du mich gefangen; ich bin dein Eigentum und das Eigentum dessen, der dich so sprechen läßt; aber zeige mir eine Spur, nur eine einziger Spur meiner Lieben, die ich verloren habe, so werde ich euer Eigentum nicht nur sein, sondern werde es auch bleiben!“ – „Stellst du nicht schon wieder Bedingungen?“ antwortete ich. „Gott läßt sich weder gebieten noch mit sich handeln und schachern. Bete zu ihm; bitte ihn, denn, wie ich dir schon gesagt habe, das Gebet ist die Himmelsleiter, auf welcher das Vertrauen des Menschen aufwärts und die erhörende Liebe des Allmächtigen herniedersteigt!“ – „Wohl, ich werde beten! Gute Nacht, Effendi!“ – „Gute Nacht!“

Die Einladung zum Pascha bezog sich nicht bloß auf mich, sondern auch auf Halef; auch Amuhd Mahuli hatte zu erscheinen. Als wir ankamen, sahen wir, daß es sich um einen Istikbal, einen feierlichen Empfang handelte, bei dem die hohen Militär- und Ziviloffizianten des Paschas anwesend waren. Es ging während der ersten Viertelstunde sehr feierlich her; als dann aber die Tschibuks in ihre Rechte kamen, wurde es gemütlicher. Bei Tafel, welchen Ausdruck man freilich nicht wörtlich nehmen darf, forderte der Pascha mich auf, einiges von meinen und Halefs Erlebnissen zu erzählen, worauf ich mir die Bemerkung gestattete, daß Halef ein viel besserer Erzähler sei als ich. Der Kleine war darüber ganz entzückt und entledigte sich der ihm noch nie gewordenen Aufgabe, einen Pascha von mehreren Roßschweifen zu unterhalten, in so vortrefflicher Weise, daß der Gebieter am Schluß lächelnd gestand, er sei noch nie einer Erzählung wegen so spät schlafen gegangen wie heute.

Er verabschiedete jeden von uns einzeln. Als er unserem Polen, der in seiner alten Uniform mit dem Bimbaschiabzeichen erschienen war, die Hand gab, sagte er:

„Ich habe dir mitzuteilen, daß der Padischah, Allah segne und schütze ihn, dir infolge deiner Verdienste den Rang eines Mir Alai verliehen hat; die schriftliche Zufertigung wirst du in den nächsten Tagen erhalten. Bedanke dich nicht bei mir, sondern bei deinem Freund Kara Ben Nemsi Effendi, dem, wie es scheint, selbst der Beherrscher der Gläubigen alle Wünsche zu erfüllen hat!"

Bei diesen Worten schüttelte er mit heiterem Lachen auch mir die Hand, und wir durften uns entfernen, wobei wir durch ein Spalier sich tief verbeugender Beamter schritten, um dann auf weißen Eseln heimzureiten.

Eine ungeahnte Folge des Avancements des Polen war, daß Halef jetzt nicht nur von einem „früheren Kol Agasi und jetzigen Bimbaschi", sondern nun auch von einem „früheren Bimbaschi und jetzigen Mir Alai" sprach und daß Kepek sich noch viel dicker gab, als er eigentlich war; der Diener und Vertraute eines Mir Alai zu sein, das machte ihn ungeheuer stolz.

Amuhd Mahuli blieb noch zwei Tage in Bagdad; als er dann nach Hilleh zurückkehrte, hatte ich die feste Überzeugung, daß Mohammed und der Koran bei ihm nichts mehr galten. Ich schenkte ihm ein neues Testament in arabischer Sprache, und er versprach mir, es des Abends, wenn er keinen Dienst habe, sehr fleißig durch- und auch den Seinen vorzulesen.

6. Kapitel

Ein Rätsel

Wenn schon bei mündlichen Erzählungen Wiederholungen dehnend oder gar störend wirken, so muß man von dem Verfasser einer schriftlichen Erzählung erst recht verlangen, daß er das, was er schon einmal ausgesprochen hat, nicht wieder sage. Wenn aber ein Autor Zwecke verfolgt, wie die meinigen, Zwecke, welche sich auf den Glauben an Gott, auf den Sinn für alles Gute, Schöne und Edle beziehen, so gibt es für ihn Gedanken und Betrachtungen, die er – es sei mir ein landläufiger Ausdruck erlaubt – nicht oft genug wiederholen kann. Eine dieser meiner zuweilen wiederkehrenden Betrachtungen ist die, daß die Ereignisse nicht nur des Völkerlebens, sondern auch im Leben des Einzelmenschen untereinander in einem Zusammenhang stehen, welcher sich dem ungeübten Auge zwar oft entzieht, aber trotzdem vorhanden ist und gerade dann, wenn man es am wenigsten erwartet hat, zur Offenbarung kommt. Wie die nach irdischen Begriffen fast endlos weit voneinander entfernten Sterne des Firmaments durch ewige Gesetze zusammengehalten werden, so sind auch die Handlungen des Menschen und die Ereignisse seines Lebens, mögen sie noch so entfernten Zeitpunkten angehören, doch so eng miteinander verbunden, daß nicht gar selten in einem Vorgang des Greisenalters die Folge einer Tat der doch schon längst vergangenen Jugendzeit zu erkennen ist. Es gibt im inneren und äußeren Leben des Menschen nichts, was man als vollständig und für immer abgeschlossen bezeichnen darf, vielmehr ist alles, was geschieht, die Frucht eines vergangenen Tages, welche den Kern zur Weiterentwicklung ihrer Art in sich trägt. Ihrer Art!

Ich sage das mit Vorbedacht, denn eine gute Tat kann nur Gutes und eine böse nur Böses gebären. Das ist ein ewiges und unerschütterliches Gesetz, an dem man zwar deuteln mag, ohne es aber ändern zu können. Wie häufig kommt es vor, daß ein ganz guter, herzensbraver Mensch ganz plötzlich die Konsequenzen einer Tat über sich hereinbrechen sieht, die, damals bereut und seitdem längst vergessen, Jahrzehnte weit hinter ihm zu liegen schien, ihn aber doch bis heute begleitete! Und ebenso ist es zu erleben, daß die Ausführung einer freundlichen Eingebung, an die kein Mensch mehr zu denken schien, völlig unerwartet nach langen Jahren Lohn und Segen bringt!

Ich, der ich diese Erfahrung so häufig nicht nur an mir selbst, sondern auch an anderen gemacht habe, bin der festen Überzeugung, daß die Jahrtausende alte Sage von dem Engel, welcher jeden Gedanken, jedes Wort und jede Tat des Menschen in das „Buch des Lebens“ einträgt, eine ebenso schöne wie treffliche Versinnbildlichung des göttlichen Ratschlusses ist, daß jeder Mensch die Folgen seiner seelischen und körperlichen Handlungen zu tragen habe, und zwar nicht ausschließlich hier, sondern mehr noch in jenem Leben, wo nichts mehr verheimlicht werden kann, sondern alles bekannt und offenbar wird. Es ist das für den einen ein fürchterlicher und für den anderen ein tröstlicher Gedanke, der jenen zur Ein- und Umkehr mahnt, diesem aber Mut, Geduld und Zuversicht verleiht.

Man hört so häufig sagen, daß das Schicksal den Gerechten leiden, den Ungerechten aber fröhlich leben lasse. Könnten die, welche dies behaupten, doch diesen Ungerechten sehen, wenn er sich unbeobachtet glaubt! Und könnten sie sich an der stillen, frohen Hoffnung dieses Gerechten erbauen! Das Schicksal?! Wie ungern höre, spreche und schreibe ich dieses Wort! Wenn wir unter dem Schicksal das Ergebnis von Ursachen verstehen, die nicht von der Macht des Menschen abhängen, so besitzt er doch so viel geistige Freiheit und Selbstbestimmung, daß er gar wohl befähigt ist, in dieses ihm von der Natur und den Verhältnissen vorgeschriebene Schicksal umgestaltend und bessernd einzugreifen und sich also als Herr desselben zu zeigen. Und wenn dazu die Überzeugung kommt, daß das irdische Leben nur die Vorstufe eines höheren Daseins ist, für welches diese Ursachen und ihre Wirkungen zu überwinden, zu besiegen sind, so ist es nicht eine Last, sondern eine Freude, den Kampf mit ihnen aufzunehmen, und mit unfehlbarer Sicherheit stellt sich die Erkenntnis ein, daß wir nicht Sklaven, sondern Meister des sogenannten Schicksals sind. Nur dürfen wir uns nicht von ihm wie auf einem ruder- und steuerlosen Floß treiben lassen, sondern müssen die Augen offenhalten, um unsere Taten in uns entstehen zu sehen und ihnen nach außen hin Kraft, Gestalt und Richtung geben zu können. Dann werden wir die Genugtuung haben, nicht nur den äußeren Verlauf unseres Lebens in der Hand zu halten, sondern auch die enge Beziehung seiner Einzelheiten untereinander zu erkennen und sogar bestimmend in das Dasein anderer, willensschwächerer Menschen einzugreifen. Sein

Schicksal selbst zu lenken und mit demselben auf dasjenige anderer einzuwirken, ist so schwer, wenn man den Blick dabei nicht nach dem Jenseits richtet, und doch so leicht, wenn man sich nur nach dem einen, einzigen Gesetz richtet, welches die Welt, die Erde, den Menschen und das für uns unsichtbare Stäubchen regiert – die Liebe!

Warum ich in dieser Weise philosophiere, moralisiere und spintisiere, anstatt einfach weiterzuerzählen? Gut, ich erzähle!

Ich hatte unsere Reise nach Schiras gleich oder doch nur kurze Zeit nach unserer Rückkehr vom Birs Nimrud fortsetzen wollen, da aber trafen wir in Bagdad einen Händler, welcher eine in der Dschesireh außerordentlich berühmte Schönheitssalbe verkaufte, deren Verfertigerin oben in der Gegend von Kermanschah zu suchen war. Es war in einem Kaffeehaus, wo der Mann sein Mittel ausrief und es auch uns anbot. Ich glaubte, daß Halef ihn einfach fortweisen werde; er ließ sich aber in ein Gespräch mit ihm ein, indem er ihn fragte:

„Darf ich dich vielleicht bitten, mir zu sagen, von wem du dieses Wundermittel der Schönheit beziehst?“ – „Ich kenne keinen Grund, es dir zu verschweigen“, antwortete der Tutschar – Händler –, „denn ich bin stolz darauf, der einzige zu sein, dem die Verfertigerin den Verkauf für diese Gegend gestattet hat. Ich habe von ihr die Erlaubnis, sie jährlich zweimal zu besuchen, um mir die Marham ed Dschamahl – Salbe der Schönheit – von ihr zu holen. Da warten schon alle Harimat – Plural von Harem – auf mich, um in den Besitz der Wundersalbe zu kommen.“ – „Bewirkt sie wirklich die Wunder, von denen man überall erzählt?“ – „Oh, mehr, viel mehr, als man erzählen kann! Sobald man mit ihr das Gesicht nur berührt, verschwinden alle Runzeln, Falten und sonstigen Übel, welche den Glanz der Wangen zu entstellen vermögen.“ – „Du übertreibst!“ – „Nein, bei Allah, nein! Könntest du den Stamm besuchen, dem die Verfertigerin der Salbe angehört, so würdest du nur Frauen und Mädchen finden, deren Angesichter wie das Weiß des Schnees und wie der holde Glanz des Morgenrots leuchten.“ – „Weißt du, woraus das Mittel bereitet wird?“ – „Nein. Wie kannst du denken, daß sie so unvorsichtig sein könne, mir dies mitzuteilen! Sie hat das köstliche Geheimnis durch ihre Urgroßmutter von deren Ururgroßmutter geerbt; diese hatte wieder eine Urahne, deren Ururahne, die eine außerordentlich fromme Frau war, es als Belohnung für ihre großen Tugenden vom Erzengel Dschebräil – Gabriel – bekam, der es aus dem höchsten Himmel des Paradieses brachte, wo es zur ewigen Jugend der dort wohnenden Seligen bereitet wird." – „Wie heißt diese Frau?" – „Ihren eigentlichen Namen kenne ich nicht, da sie von jedermann nur Umm ed Dschamahl – Mutter der Schönheit – genannt wird." – „Wo wohnt sie?" – „Nirgends, denn ihr Stamm ist nicht seßhaft, sondern zieht bald hierhin und bald weiter. Es ist die Unterabteilung Idiz des Bachtijarenvolks und meist jenseits Kermanschah zu suchen." – „Aber wenn du Salbe brauchst, mußt du doch wissen, wo die Frau zu finden ist!" – „Das erfahre ich stets beim Attar – Apotheker – von Kermanschah, welcher das Mittel auch verkauft und von ihrem Aufenthalt stets unterrichtet ist. Dann suche ich sie auf und laß mir von ihr geben, was ich brauche. Ich sage dir, sie ist eine alte Frau, aber es ist noch nicht das kleinste Fältchen in ihrem Angesicht zu sehen. Wieviel Büchsen willst du von mir kaufen?" – „Wieviel kostet eine?" – „Einen Rijal medschidi – gegen 4 Mark –." – „So kaufe ich keine." – „Warum?" – „Weil das mir zu teuer ist." – „Zu teuer! Du scheinst entweder von Sinnen oder ein großer Geizhals zu sein. Wem für die Schönheit seines Harems eine so geringe Summe zu viel ist, dem muß ich meine Achtung entziehen. Erst legst du mir eine ganze Menge von Fragen vor, und nachdem ich sie dir alle mit der bereitwilligsten Höflichkeit beantwortet habe, bist du so undankbar, mir die Größe meiner Teurung an den Kopf zu werfen, so daß mir die Röte der Scham auf das Angesicht treten würde, wenn diese Teurung wirklich teuer wäre! Allah verderbe dich!"

Nach diesen Worten entfernte sich der Handelsmann. Zu meinem Erstaunen nahm der sonst so schnellhitzige Hadschi das Kraftwort ruhig hin. Er machte eine wegwerfende Handbewegung und sagte zur mir:

„Ich würde diese Marham ed Dschamahl nicht gekauft haben, selbst wenn sie nur einen Para gekostet hätte, denn Hanneh, die unvergleichlichste unter allen Lieblichkeiten der Erde, würde nicht damit einverstanden sein." – „Warum?" fragte ich. – „Weil ... hm!"

Er hielt verlegen inne und fuhr erst nach einer Pause fort, indem er mich fragte:

„Wenn ich es dir aufrichtig sage, wirst du dann falsch von Hanneh denken, welche die unvergleichlichste Person unter allen persönlichen Unvergleichlichkeiten ist?" – „Nein, gewiß nicht!" – „So bitte ich dich, mir die Wahrheit einzugestehen: Hat Emmeh, die niemals verschwindende Abendröte deines Harems, Runzeln im Gesicht?" – „Nein." – „Oder wenigstens Falten?" – „Nein." – „Kein einziges? Kein einziges ganz, ganz kleines Fältchen, so daß man es kaum sieht?" – „Nein." – „Besinne dich, Sihdi! Ich bin überzeugt, wenn du genau nachdenkst, wird dir gewiß eine Falte einfallen, wenn auch nur diese eine, diese allereinzige."

Ich wußte, was ihn zu dieser Dringlichkeit bewegte. Die orientalischen Frauen altern schnell, und Hanneh war eine Orientalin; sie hatte Falten. Das tat seiner Liebe freilich nicht den geringsten Eintrag; sie war für ihn heute noch ganz so wie vor Jahren die schönste aller Schönen. Darum antwortete ich jetzt in schonender Weise:

„Meine Emmeh hat wirklich keine Falte, denn sie ist ja noch jung; aber wenn ich so lange mit ihr glücklich gewesen sein werde, wie du mit deiner Hanneh, dann wird sie auch welche haben, und ich werde sie gerade um dieser Falten willen noch mehr lieben als vorher."

Da fiel er schnell und in zufriedenem Ton ein:

„Effendi, du bist ein guter Mensch, ein ganz genau so guter Mensch wie ich! Es läßt sich nicht verheimlichen, und da du so gute Augen hast, wirst du bemerkt haben, daß, obgleich meine Hanneh die schönste unter allen Frauen des Erdreichs ist, ihre Wangen doch angefangen haben, sich allmählich zu zerknittern. Sie hat alles, alles getan, dieser Zerknitterung Einhalt zu tun, doch vergeblich. Glaube mir, die Runzeln sind das Ungeziefer der Schönheit: Hat sich erst einmal eine eingestellt, so vermehrt sie sich ins Ungeheure. Es ist wie bei dem Mäml – den Ameisen –: Erst sieht man eine, dann zwei, dann drei, hierauf fünfzig, achtzig, hundert, und schließlich wibbeln und kribbeln sie zu Tausenden durcheinander. So auch die Furchen und Rinnen im Gesicht; es werden ihrer so viele, daß man sich bei der Betrachtung beinahe verirrt und fast nicht wieder zurechtfinden kann. Es sollte jede Frau so klug sein, die erste Falte gar nicht aufkommen zu lassen; aber, wie du weißt, besitzen die Weiber nicht diejenige Vorsichtigkeit, welche nur eine hervorragende Eigenschaft von uns Männern ist; Allah bewahre uns diese Vorzüglichkeit! Da deine Emmeh, die holde Spenderin deiner Glückseligkeit, noch keine Runzel besitzt, so hast du gar keine Ahnung, wie tief die Falten des Gesichtes in das Herz und in die Seele des Weibes schneiden, zumal wenn keine Salbe Änderung und kein Pflaster Hilfe bringt! Hanneh, die herrlichste Rose unter allen Rosenarten des Morgen- und des Abendlandes, teilte mir nach langen, vergeblichen Bemühungen mit, daß sie nur von der Salbe der berühmten Umm ed Dschamahl die beseligende Wiedergeburt ihres Wangenglanzes erhoffen könne. Diese Bachtjarenfrau ist nämlich wirklich und außerordentlich berühmt infolge ihres Wundermittels, vor welchem die Runzeln davonlaufen wie die Ameisen, wenn man Tabakwasser in ihre Nester gießt. Aber es ist so sehr weit von uns aus bis hinauf zur Gegend, wo man sie zu suchen hat. Darum war die unvergleichliche Gefährtin meines Erdenlebens ganz entzückt, als sie vernahm, daß du wünschtest, ich solle mit dir nach Persien reiten. Sie erteilte mir die Erlaubnis, dich zu begleiten, sehr gern, stellte mir aber die Bedingung, ihr von der echten Marham ed Dschamahl soviel mitzubringen, wie nötig ist, die unheilvolle Zerknitterung ihres Angesichts wieder auszuglätten." – „Mir hat sie leider nichts von dieser ihrer Absicht gesagt!" – „Dir? Oh, Effendi, wie bist du in der Beurteilung eines Harems doch so jung und unerfahren! Wenn Hanneh, die einzige Sonne am Himmel meines Frauenzelts, wüßte, daß du auch nur eine einzige ihrer Falten gesehen hättest, sie legte sich sofort hin, um vor Scham und Gram zu sterben. Und da meinst du, daß sie mit dir davon hätte reden sollen! Ich will mich dein erbarmen und dir ein Geheimnis, ein sehr großes Haremsgeheimnis mitteilen. Merke dir folgendes genau: Je mehr Runzeln eine Frau im Gesicht hat, desto glatter will sie dir erscheinen. Du mußt also, wenn du glücklich bleiben willst, jede Falte, welche deine Emmeh einst besitzen wird, vor ihr so geheim wie möglich halten. Du darfst sie nicht sehen; du darfst sie nicht einmal ahnen, wenn du verhüten willst, daß die Ruhe und Behaglichkeit deines Zeltes und deines Lebens auch runzelig und zerknittert wird. Ich kenne das, Sihdi; nimm also gute Lehre von mir an! Auch ich will keine Falten mehr sehen; die Salbe soll mir dazu verhelfen; ich kaufe sie für Hanneh und für mich." – „Auch für dich?" – „Ja. Schau mich doch an! Du wirst sehen, daß sich auf meiner Stirn auch schon einige kleine Rillen eingenistet haben, die ich gern verjagen möchte. Es freut mich darum sehr, vorhin von dem Händler erfahren zu haben, wo man sich nach der Umm ed Dschamahl erkundigen kann. Wir werden schleunigst hinauf nach Kermanschah reiten." – „Wir? Wer ist da gemeint?" – „Du und ich natürlich. Ich denke doch nicht, daß du mich allein fortlassen wirst, um hier zu warten, bis ich wiederkomme!" – „Das fällt mir gar nicht ein! Unser Weg geht nach Schiras, nicht aber nach Kermanschah, wohin du gar nicht zu reiten brauchst, weil du die Salbe so leicht hier bekommen kannst. Warum hast du vorhin keine gekauft?" – „Warum? O Sihdi, wie ist die Länge deines Verstandes doch so wenig auf Wunder- und Runzelsalben eingerichtet! Hier kaufen? Das ist es ja eben, was Hanneh, der weibliche Inbegriff meiner männlichen Glückseligkeit, mir auf das strengste verboten hat! Glaube mir, Effendi, es wäre mir kein Preis zu hoch gewesen, wenn ich von der Echtheit der Marham ed Dschamahl hätte überzeugt sein können; aber die Händler vermehren die Einreibung, indem sie sie verfälschen. Sie machen, um recht viel Geld zu verdienen, aus einer Büchse hundert; sie rühren Dinge hinein, welche nicht nur unnütz, sondern sogar schädlich sind, und dann kann es einer Frau, die sich damit bestreicht, sehr leicht geschehen, daß aus sieben Falten, die sie hat, schnell siebenundsiebzig werden. O Allah, Wallah, Tallah! Soll ich etwa denken, daß du meiner Hanneh so eine elffache Vermehrung ihres sorgenvollen Angesichts gönnst? Nein! Sie will die Salbe echt haben, und sie soll sie echt und unverfälscht bekommen, direkt aus der Hand der Umm ed Dschamahl selbst, und darum müssen wir sofort hinauf nach Kermanschah!“

Der liebe, kleine Kerl sagte das in einem so bestimmen und energischen Ton, als ob es sich um Leben oder Tod handle und alle meine etwaigen Einwände unbedingt erfolglos sein würden. Ich begann einzusehen, daß ich ihm wahrscheinlich ein Opfer bringen müsse, versuchte aber natürlich doch, ihn umzustimmen:

„Halef, fast habe ich Lust, deine Worte für Scherz zu halten; aber ich höre, daß du im Ernst sprichst. Weißt du, wie weit es von hier aus bis hinauf nach Kermanschah ist? Es wird gewiß eine Woche vergehen, ehe wir wieder nach Bagdad kommen. Sollen wir diese lange Zeit wegen einer Salbe opfern, die, wie ich vollständig überzeugt bin, keine Wirkung hat?“ – „Sihdi, es handelt sich nicht um die Salbe, sondern um die Verjüngung, Verschönerung und Entrunzelung eines Angesichts, welches mir das liebste auf der ganzen Erde ist. Und keine Wirkung? O Effendi, ihr Franken seid stets bereit, alle Klugheit und Wissenschaft nur für euch in Anspruch zu nehmen; aber Allah hat uns in seiner Güte hier Gaben verliehen, die euch trotz aller eurer Gelehrsamkeit versagt worden sind. Du hast ja gehört, daß der Erzengel Dschebräil diese Salbe aus dem höchsten, also aus dem siebenten Himmel geholt hat, und da ihr keinen siebenten Himmel habt, so könnt ihr diese Marham ed Dschamahl nicht besitzen; das ist doch klar! Und daß sie wirklich hilft, daß sie von außerordentlich großer und ganz erstaunlicher Wirkung ist, das kannst du an Hunderttausenden und an Millionen von Runzeln sehen, die alle durch sie verschwunden sind. Du weißt, welchen Glauben ich dir schenke und welches Vertrauen ich in jedes deiner Worte setze, aber in dieser Salbe darfst du mir nicht herumrühren, die darfst du mir nicht zu Wasser machen, die kenne und verstehe ich besser als du. Oder bist du etwa bei der Ururahne jener Ururgroßmutter gewesen, von welcher der Händler vorhin sprach?“ – „Nein“, antwortete ich ganz der Wahrheit gemäß. – „Hast du sie probiert und versucht? Hast du ein Harem damit bestrichen, ohne daß die Runzeln desselben verschwunden sind?“ – „Nein.“ – „Also! Ich bitte dich, erkundige dich in den Harimat der Dschesireh und bei allen Frauen und Töchtern des Grenzgebiets; frag auch in Teheran, in Ispahan – Isfahan –, in Kerind und Hamadan, so wirst du erfahren, daß vor der Salbe der Umm ed Dschamahl jede Verunzierung des Gesichts verschwindet. Jedermann weiß das; ich selbst habe es mehr als hundertmal gehört, und ich bitte dich, mich nicht zu erzürnen!“

Er war außerordentlich in Eifer geraten. Ich sah ein, daß jede Belehrung vergeblich sein werde, und versuchte, ihn auf andere Weise von seinem Vorhaben abzubringen, indem ich sagte:

„Unsere Reise führt uns wahrscheinlich von Schiras nach Ispahan und Teheran; da kommen wir über Kermanschah zurück. Ich denke, daß es dann auch noch Zeit ist, uns nach der Verfertigerin der Salbe zu erkundigen.“ – „Weiß du wirklich gewiß, daß wir diese Tour machen werden?“ – „Ich denke es.“ – „Denken! Wenn du es bloß denkst, so steht mir meine Salbe höher als deine Gedanken. Oder kannst du vielleicht mit diesen deinen Gedanken Runzeln vertreiben?“ – „Da muß ich eingestehen, daß ich das noch nicht versucht habe.“ – „Ein solcher Versuch würde auch nichts nützen, weil zwar die Salben, aber nicht die Gedanken aus Fett bereitet werden. Und selbst wenn es sicher wäre, daß wir nach Kermanschah kämen, welche Zeit würde bis dahin von heute an vergehen?“ – „Einige Monate allerdings.“ – „Einige Monate! Allah Kerihm! Was kann während dieser langen Zeit aus dem geliebten Angesicht meiner Hanneh geworden sein! Du hast ja gehört, daß die Falten das Ungeziefer der Schönheit sind. Willst du diesem Ungeziefer Zeit lassen, sich so auszubreiten, daß wir später zehnmal soviel Salbe brauchen, als jetzt nötig ist? Und wenn ich meiner Hanneh die Salbe mitbringe, muß ich warten, bis die Wirkung sich nach und nach entwickelt; ich will aber die Wonne meiner Augen gleich bei meiner Heimkehr unzerknittert sehen; darum muß ich ihr schon vorher die Salbe senden, darum reite ich schon jetzt nach Kermanschah, und darum suche ich schon jetzt die berühmte Bachtijarenfrau, um mir die süße Wonne des Angesichts meiner Hanneh von ihr geben zu lassen. Ich mache diese Reise gleich jetzt und unbedingt. Wenn du mich nicht begleiten willst, so muß ich allein reiten, aber es würde meiner Seele bitter wehtun, die Erfahrung machen zu müssen, daß dir ein solcher Herzenswunsch deines Halefs, der allezeit für dich in den Tod gehen würde, gleichgültig ist!“

Hierauf wendete er sich von mir ab und schwieg.

Dieser unglückselige Salbenhändler! Warum mußte er gerade während unserer Anwesenheit in dieses Kaffeehaus kommen und meinen Hadschi an die „Zerknitterung“ seines Harems erinnern! Es war wirklich ein Unsinn, eines kosmetischen Mittels wegen einen so weiten, zeitraubenden und nicht ungefährlichen Ritt zu unternehmen! Aber der Orientale hat keinen Sinn für die Kostbarkeit der Zeit, und so besaß Halef auch kein rechtes Verständnis für die Versäumnis, welche er von mir verlangte. Freilich konnte auch ich von einer Versäumnis im strengen Sinn eigentlich nicht sprechen. Ich hatte diesen Ritt unternommen, um Eindrücke und Erfahrungen als Stoff für reiseschriftstellerische Werke zu sammeln, und da konnte ein Abstecher von einigen Tagen recht wohl unternommen werden, ohne daß meine Absichten darunter zu leiden brauchten; ja, es war gar nicht unmöglich für uns, auf diesem Seitenpfad Interessanteres zu finden als auf dem Hauptweg. Und wenn ich diese Route eine nicht ganz ungefährliche nannte, so konnte ich nicht gegenteilig behaupten, daß der Weg den Tigris hinab und über den Golf nach Schiras hinüber nicht gefährlich sei. Sodann hatte ich mit den Eigenschaften meines Halefs zu rechnen. Er liebte seine Hanneh über alles und ließ ganz gewiß keine Gelegenheit, ihr einen Wunsch zu erfüllen, unbenutzt vorübergehen; hier handelte es sich aber nicht um einen gewöhnlichen, sondern um einen sehr großen Wunsch von ihr. Wieviel kosmetische Mittel sind wohl auf dem Toilettentisch einer abendländischen Dame zu finden! Und eine Morgenländerin hat in dieser Beziehung einen noch ganz anderen, größeren Bedarf! Der unvertilgbare und keineswegs unberechtigte Trieb des weiblichen Wesens, in Beziehung auf die äußere Erscheinung möglichst eindrucksfähig zu sein, ist im Orient viel, viel stärker als im Abendland. Wie konnte ich es der guten Hanneh verdenken, daß sie den Wunsch hatte, ihrem Halef möglichst schön zu erscheinen! Und hier handelte es sich um ein Hauptschönheitsmittel. Mochte ich von demselben denken, was und wie ich wollte; mochte ich immer annehmen, daß die Wirkungen der Salbe gleich Null seien, ich hatte doch kein Recht, ihn zu hindern, zu tun, was ihr und also auch ihm Freude machte. Er hatte für mich so oft sein Leben gewagt und meinetwegen jetzt wieder Weib und Kind und seinen Stamm verlassen, er war zu jedem Freundesopfer für mich bereit; konnte ich ihm da nicht einige Tage schenken? Daß der Grund ein für mich sonderbarer war, für den ich unkosmetischer Westmann kein so rechtes Verständnis hatte, durfte doch nicht maßgebend sein. Zudem fiel mir ein, daß mehrere Unterabteilungen der Bachtijaren Ali-Ilahis sind und also zu einer Sekte gehören, von welcher ich zwar gehört und gelesen, aber keine Angehörigen persönlich kennengelernt hatte. Vielleicht bot sich mir da oben in der Gegend von Kermanschah die Gelegenheit, diese Lücke auszufüllen. Das waren wohl genug Gründe, auf den Wunsch Halefs einzugehen, zumal es mir höchst gespaßig vorkam, einen wochenlangen und anstrengenden Ritt vorzunehmen, um von einer alten, persischen Medikasterin eine „Einreibung" zu holen, doch machte ich noch einen Versuch, den Hadschi von seinem Vorhaben abzubringen.

„Kennst du die Unterabteilung der Bachtijaren, zu welcher die Umm ed Dschamahl gehört, lieber Halef?" fragte ich ihn. – „Nein", antwortete er kurz. – „Sie scheint nicht aus Leuten zu bestehen, denen man viel Vertrauen schenken darf." – „Wieso?" – „Du hast vorhin von dem Händler den Namen gehört, welcher Idiz lautet. Weißt du vielleicht, welche Bedeutung dieses Wort besitzt?" – „Auch nicht." – „Idiz ist ein kurdisches Wort und heißt Spitzbube. Du willst also Spitzbuben aufsuchen!" – „Warum das nicht? Gerade weil sie Spitzbuben sind oder heißen, will ich nun erst recht zu ihnen! Vielleicht erleben wir etwas bei ihnen; dazu machen wir ja unsere Reise. Nun freue ich mich doppelt auf den Ritt hinauf zu ihnen. Du würdest es später ganz gewiß sehr bedauern, ihn nicht mitgemacht zu haben! Sag doch nur, mein lieber Effendi, kannst du es denn gar nicht begreifen, daß Hanneh, die Morgen-, Mittags- und Abendwonne meines Lebenstages, gern so schön wie möglich sein will, wenn ich sie erblicke?" – „Oh, das, das ist mir sehr verständlich; aber Fett auf die Wangen streichen, da will mir nicht in den Kopf." – „Es soll ja auch nicht in den Kopf, sondern eben nur auf die Wangen! Deine Emmeh gibt sich doch wohl auch alle Mühe, dir zu gefallen?" – „Nein, denn sie weiß, daß sie mir ohne alle Mühe gefällt." – „Weil ihr Angesicht noch glatt und ohne Knillen ist! Aber trotzdem wird sie sich ganz gewiß verschiedener Mittel zur wonnigen Erhöhung ihrer Schönheit bedienen?" – „Ich weiß von nichts." – „Sie tut doch wohl Bumada – Pomade – in das Haar?" – „Nein. Ich mag den Geruch von Bumada nicht haben." – „Und Dakik – Puder – ins Gesicht?" – „Auch nicht. Ich liebe die gesunde Röte ihrer Wangen, und was man so gern sieht, läßt man doch nicht mit einer Schicht von Mehl bedecken." – „Da hast du freilich recht, denn das Mehl ist zum Backen des Brotes, aber nicht zur Verpakkung des Gesichts bestimmt. Aber deine Emmeh bestreicht ihre Lippen doch mit Hennah?" – „Nein, denn ihre Lippen sind von Natur so rot, daß sie sie nicht zu färben braucht." – „Aber schwarze Farbe tut sie an die Augen, um die Eindringlichkeit ihres Blikkes zu erhöhen?" – „Auch das nicht. Sie pflegt mich auch ohne Färberei eindringlich anzusehen." – „Welchen Koku – Parfüm – pflegt sie anzuwenden, um deiner Nase lieblich zu erscheinen?" – „Keinen, denn ihre Liebe ist nicht auf meine Nase gerichtet, und für andere Männer braucht sie keinen Duft." – „Nicht wenigstens ein wenig Misk – Moschus –?" – „Den nun gar nicht! Mit diesem Geruch könnte sie mich zur Flucht auf Nimmerwiederkehr verleiten; ich kann ihn nicht erriechen. Meine Emmeh soll überhaupt natürlich, nur natürlich sein. Es ist in meinen Augen eine Sünde, den leisen, lieblichen Duft einer gesunden Frau durch künstliche Gerüche zu verdrängen." – „O Sihdi, was bist du doch für ein Salym – Barbar –! Wenn an deiner Emmeh nichts, gar nichts künstlich sein darf, wie soll sie da die schöne Zeit verbringen, welche andere Frauen mit solcher Seligkeit auf die sorgfältige Verschönerung ihres Körpers verwenden?" – „Da dichtet sie." – „Allah akbar! Sie dichtet?" – „Ja." – „Sie macht Gedichte, wirkliche Gedichte?" – „Ja, Du brauchst das rechte Wort: Sie macht wirkliche, ganz wirkliche Gedichte." – „Die schreibt sie nieder, und du nimmst sie in deine Bücher?" – „Nein. Diese Art Gedichte können nicht niedergeschrieben werden. Ich sage dir, daß jede liebevolle, gute Frau eine Dichterin ist, denn ihr Zelt, ihre Häuslichkeit, ihr ganzes Wesen und Leben gestaltet sich zu einem schönen, wohllautenden Gedicht, welches das Herz des Mannes mit jedem Tag neu entzückt. Verstehst du, was ich sage, lieber Halef?" – „Nicht ganz, aber ich kann mir denken, was du meinst. Macht es deine Emmeh denn glücklich, eine solche Dichterin zu sein?" – „Welche Frage! Im Ben Schir steht zu lesen: Allah war erst Schöpfer und dann Poet. Als er die Erde geschaffen hatte, schenkte er ihr zur Verherrlichung seiner Schöpfung ein göttliches Gedicht, nämlich das Weib. Was sagst du nun dazu, lieber Halef, daß dieses Gedicht sich mit Bumada und Mehl bestreicht und sich mit dem Geruch aus dem Beutel des Moschustiers umhüllt, daß es sich die Lippen, die Wangen, die Augen und die Hände färbt und sich überhaupt alle mögliche Mühe gibt, durch künstliche Mittel den göttlichen Wohlklang zu zerstören, der ihm von dem himmlischen Dichter und höchsten Kenner des wahrhaft Schönen verliehen wurde?" – „Was ich dazu sage, Sihdi? Sag du mir lieber, ob meine Hanneh auch ein solches Gedicht Allahs ist!" – „Sie soll und kann es sein, trotz aller Falten im Gesicht. Diese Falten sind die Dankbarkeit und Ehrfurcht erwekkenden Zeilen des Gedichts." – „So hältst du also die Marham ed Dschamahl, die ich holen will, für überflüssig?" – „Ja." – „So scheinen die Falten des Abendlandes nicht so betrübend zu sein wie die des Morgenlandes. Nach unserem Geschmack ist ein faltenloses Gesicht viel schöner als eines, welches Runzeln hat, und wenn ich meiner Hanneh die Glätte der Wangen verschaffen kann, so will ich sehr gern auf die vielen Ehrfurcht erweckenden Zeilen verzichten. Ich reite also trotz der holden Natürlichkeit deiner Emmeh hinauf nach Kermanschah. Nun entscheide, ob ich diesen Ritt allein unternehmen werde oder nicht! Ich hoffe, daß deine Liebe zu mir nicht geringer ist, als die meinige zu dir!" – „Diese Hoffnung soll nicht betrogen werden, lieber Halef. Ich reite mit."

Er hatte sich im Schmollen halb von mir abgewendet; jetzt drehte er sich schnell wieder herum und fragte, indem seine Augen leuchteten:

„Wirklich? Ist es wahr?" – „Ja." – „Du scherzest nicht?" – „Nein." – „Hamdulillah! Ich habe gesiegt, gesiegt über Kara Ben Nemsi Effendi, den noch kein Mensch überwunden hat! Sihdi, ich danke dir; ich danke dir von ganzem Herzen! Wir werden nicht nur die Salbe der Schönheit holen, sondern dabei Heldentaten verrichten, deren Ruhm sich auf unsere Kinder, Kindeskinder und Urenkelstöchter vererbt!" – „Die Salbe auch mit?" – „Schweig, Sihdi! Ich meine natürlich unsere Heldentaten nur! Komm, laß uns heimkehren zu unserem Bimbaschi, der jetzt zum Mir Alai erhoben worden ist. Wir müssen ihm sagen, daß wir morgen nach Kermanschah aufbrechen werden. Er wird sich schon im voraus auf die Taten der Tapferkeit freuen, die wir vollbringen werden, und auf die Werke der Kühnheit und des Sieges, die er nach unserer Rückkehr zu hören bekommt. Wie bin ich froh und glücklich, deinen Widerstand überwunden zu haben! Denn", fügte er mit listigem Augenblinzeln hinzu, „ich muß dir nun sagen, daß ich ohne dich den Ritt gewiß nicht unternommen hätte." – „Pfiffikus!" – „Ja, pfiffig bin ich; das weiß ich nur zu wohl. Das ist mir angeboren und wurde", fuhr er in vertraulichem Ton fort, „seit ich einen Harem habe, noch weiter ausgeübt."

Jetzt war der kleine Hadschi ja wieder der Alte. Daß er unseren Ritt nach Kermanschah gleich mit „Werken der Kühnheit und des

Sieges“ in Verbindung brachte, verstand sich bei ihm ganz von selbst.

Wir verließen das Kaffeehaus und gingen nach unserer Wohnung. Dort angekommen, teilten wir unseren Entschluß dem „früheren Bimbaschi und jetzigen Mir Alai“ mit. Er fragte nach dem Zweck dieses Abstechers hinauf in die persisch-kurdischen Berge. Halef teilte ihm denselben in aller Aufrichtigkeit mit, und ich hörte dann zu meiner Verwunderung, daß ihm der Alte beistimmte. Auch dieser kannte den Ruf, in welchem die Umm ed Dschamahl stand, und versicherte mir, daß er vollständig begründet sei, er habe unzähligemal gehört, daß das Mittel wahre Wunder wirke, und Kepek, der Dicke, welche das hörte, fügte, indem er seine Worte mit schweren, gewichtigen Gesten begleitete, in bestätigendem Ton hinzu:

„Ja, die Umm ed Dschamahl führt diesen ihren Namen mit vollstem Recht. Ihre Salbe verschönt das häßlichste Gesicht, und ich habe in den Kaffeestuben, die ich besuche, schon oft erzählen hören, daß sogar auch Männer die Wohltätigkeit der Salbe an sich erfahren haben. Ich aber kaufe sie nicht!“

Ja, für ihn war sie freilich vollständig überflüssig, denn das ihm wohlgeneigte Fatum hatte ihm die Haut mit Fett – es sei gesagt – so fürsorglich ausgestopft, daß die Existenz einer Falte oder gar Runzel in dieser Rundung zu den absoluten Unmöglichkeiten gehörte.

Der Ritt, zu welchem ich mich so ungern entschlossen hatte, wurde ein höchst interessanter. Was wir dabei erlebten, ist bereits an anderer Stelle erzählt worden, so daß es genügt, hier kurz zu sagen, daß wir die Umm ed Dschamahl viel schneller fanden, als wir gedacht hatten, und zwar als Nezaneh – Häuptlingin – der Unterabteilung ihres Stammes.

Eine günstige Fügung wollte es, daß wir Gelegenheit fanden, ihr einen Dienst zu erweisen, den sie uns sehr hoch anrechnete; wir wurden Gäste des Stammes, dessen Gebieterin mich mit ihrer ganz besonderen Zuneigung erfreute. Noch ehe wir von diesen Leuten schieden, bekam Halef von der Nezaneh nicht nur einen mehr als genügenden Vorrat von Salbe geschenkt, sondern auch einen Boten gestellt, welcher dieses Geschenk zu Hanneh zu bringen hatte. Mir aber wurde noch eine viel größere Gunst zuteil, indem die Umm ed Dschamahl mir, natürlich unter vier Augen, das Rezept des Geheimmittels mitteilte, von dem sie behauptete, daß ein Vorfahre von ihr, der ein berühmter Hekim – Arzt – war, es einst von Scheherezade, dem Liebling Harún al-Raschids, aus Dankbarkeit dafür erhalten hatte, daß es seiner Kunst gelungen war, sie, die berühmte Erzählerin von „Tausendundeiner Nacht“, von einer tödlichen Krankheit zu erretten.

Als wir dann von ihr und ihren Leuten Abschied nahmen und ihr sagten, daß wir nicht über Kermanschah, Kerind und Khanekin nach Bagdad zurückkehren würden, weil dies ein zu bedeutender Umweg für uns sei, riet sie uns, nach dem Tschaisu, einem Zufluß der Djala, zu reiten, warnte uns aber vor einem Zusammentreffen mit den räuberischen Hamawands und Dawuhdijehs, zwei ebenso „unternehmenden“ wie „ruchlosen“ Kurdenstämmen, die gerade jetzt in Feindschaft miteinander lebten, weshalb die betreffende Gegend doppelt unsicher sei. Diese Warnung war gutgemeint, konnte uns aber nicht abhalten, die angegebene Richtung einzuschlagen, weil wir dies auch ohne den Rat der Umm ed Dschamahl getan hätten. Wir hatten in Beziehung darauf, daß man die Kurden Räuber nennt, unsere eigenen, persönlichen Ansichten, welche sich aus unseren Erfahrungen und dem aus diesen entspringenden objektiven und unparteiischen Urteil ergaben.

Diese viel verleumdeten und auch von abendländischen Zeitungen oft angegriffenen Stämme üben an Reisenden, welche ihnen freundlich gesinnt sind, eine Gastlichkeit, welche die größte Anerkennung verdient; selbst der Todfeind steht so lange und so weit unter dem kräftigen Schutz des Zeltes oder des Lagers des gegnerischen Stammes, in dessen Hut er sich vertrauensvoll begeben hat, wie die Zusage und Macht desselben reicht. Freilich, wer mit zweifelhaften Absichten kommt oder, wie manche, besonders europäische Reisende es tun, sie wie minderwertige, tief unter ihm stehende Menschen behandelt, die seine Suprematie bescheiden anerkennen und seine Nichtbeachtung ihrer Sitten und Gewohnheiten ruhig hinnehmen sollen, der darf von ihnen nicht erwarten, daß sie ihm Ursache bieten, sich lobend über sie auszusprechen. Wenn sie für die Erlaubnis, durch ihre Gebiete zu reisen, von solchen Leuten eine entsprechende Gegenleistung fordern, ist das zum Tadel ganz gewiß kein Grund. Und wenn sie, falls man ihnen diese Leistung verweigert, sich mit Gewalt in den Besitz der Forderung setzen und dann auch wohl mehr als das vorher Verlangte nehmen, so wird ein Kenner der dortigen Verhältnisse sie trotzdem noch nicht als Räuber bezeichnen. Der Begriff des Wortes Raub und die Ansichten darüber sind bei diesen Leuten eben andere als bei uns. Wenn unsere darauf bezüglichen Anschauungen für den größten Teil des Orients kein Geltung haben, dürfen wir nicht gerade und speziell von den Kurden verlangen, daß sie sich ihnen zu ihrem materiellen Schaden fügen. Als ich mich einst mit einem dortigen hohen Beamten über diesen Punkt unterhielt, antwortete er mir, indem ich ein beinahe zweideutiges Lächeln auf seinem Gesicht erscheinen sah:

„Raub? Räuber? Allah bewahr dich vor Ungerechtigkeit! Ich kenne einen Mann, der in eurem Lande gewesen ist; außerdem hat er viel über euch gelesen und mir davon erzählt; ich weiß also, wie es steht: Bei uns gibt es den geraden, offenen, ehrlichen Raub, bei euch den höflichen, den heimlichen, den versteckten. Ihr nennt das Bankrott, Ruin, Krach, Trust, Gründung und Spekulation, womit ihr nicht etwa nur Fremde, sondern eure eigenen Stammesangehörigen schädigt. Ihr setzt den Leuten eure Messer in versteckter Weise auf die Brust; die, welche ihr hier Räuber nennt, tun das, indem sie es aufrichtig sagen, und nur gegen Fremde, gegen Feinde, niemals gegen einen, der zu ihrem Volk gehört. Welche Räuber sind da mehr zu tadeln, die unsrigen oder die eurigen?"

Konnte oder mußte ich ihm unrecht geben? Man hat gerade in der Jetztzeit die Kurden so oft und mit solcher Erbitterung als Räubervolk verschrien und ihnen die ganze Schuld an den vielbesprochenen armenischen Wirren zugeschrieben. Ich habe es schon gesagt und sage es hier wieder, natürlich im allgemeinen gesprochen und den Durchschnitt gemeint, daß mir ein Kurde zehnmal lieber ist als ein Armenier, obgleich der letztere ein Christ ist. Wenn und wo auch im Orient irgendeine Niederträchtigkeit geschieht, da hat gewiß ein Levantiner, ein Grieche oder, was noch viel leichter denkbar ist, ein habichtsnäsiger Armenier die Hand dabei im Spiel. Und was die erwähnten Wirren betrifft, so weiß man ja, wie und wozu sie entstanden sind, oder, richtiger gesagt – „entstanden wurden!" Ich habe nicht nötig, meine Ansichten zu wiederholen, sondern füge einen kurzen Zeitungsartikel bei, welcher, während ich dieses schreibe, mir zuhanden liegt. Er stammt aus der Feder eines geistlichen Herrn, welcher während der „Kaiserreise" in Konstantinopel war und folgendes schreibt:

„Am letzten Abend, den wir Konstantinopel verbrachten, waren wir im deutschen Handwerkerkasino. Es war ein unvergeßlich schöner Abend. Gott grüße euch, ihr deutschen und österreichischen Brüder am Bosporus! Welcher Handwerkerverein hat einen solchen Musikdirigenten wie ihr? Und wo ist so viel Anhänglichkeit ans Vaterland, als bei diesen Männern, die teilweise 30 oder 40 Jahre unter Türken, Griechen, Juden und Armeniern ihr deutsche Gewerbe hochhielten? Die ältesten von ihnen haben die Zeit noch erlebt, wo kein starkes geeintes Deutschland hinter ihnen stand. Aus verlorenen Söhnen der deutschen Erde sind Pioniere der deutschen Zukunftsmacht geworden. Unter dem Schutze der deutschen Botschaft leben sie ein gesichertes Leben, und eben, während wir bei ihnen sitzen, üben sie die deutschen Lieder für die Ankunft Wilhelms II. Gemeinsam sangen die Jerusalemfahrer und der Konstantinopler Handwerkerverein ein lautes ‚Deutschland, Deutschland über alles' ... Es war im Handwerkerverein, wo wir über die Armenier redeten. Uns gegenüber saß ein deutscher Töpfermeister, der 19 Jahre in Konstantinopel lebt und auch Anatolien kennt. Er sagte etwa folgendes: ‚Ich bin ein Christ und halte die Nächstenliebe für das erste Gebot, und ich sage, die Türken haben recht getan, als sie die Armenier totschlugen. Anders kann sich der Türke vor dem Amenier nicht schützen, von dem seine Noblesse, Trägheit und Oberflächlichkeit auf das unverantwortlichste ausgenutzt wird. Der Amenier ist der schlechteste Kerl von der Welt. Er verkauft seine Frau, seine noch unreife Tochter, er bestiehlt seinen Bruder. Ganz Konstantinopel wird von den Armeniern moralisch verpestet. Nicht die Türken haben angegriffen, sondern die Amenier. Wir sind am Tage des Angriffs auf die Ottomanische Bank auf der Straße gewesen und wissen, wie es zuging. Den unierten Armeniern hat man nichts getan, sondern nur den orthodoxen, denn diese sind die unverbesserlichen. Daß die Armenier in Kleinasien besser seien, ist eine englische Lüge. Ich bin auf den Dörfern gewesen und kenne die Dinge. Auch dort ist es der Armenier, der allein Wucher treibt. Daß die deutschen Christen Armenierkinder erziehen, hilft gar nichts. Diese werden später ebenso schlecht wie die übrigen. Ein geordnetes Mittel, um sich gegen die Armenier zu schützen, gibt es nicht. Der Türke handelt in Notwehr.' – Es verdient Beachtung, daß diese Darstellung unseres Landsmannes die Zustimmung seiner Freunde hatte. Wir haben keine Stimme gehört, die sich anders äußerte. Teilweise war die Wut über die Armenier eine brennende. Der Armenier ist der Revolutionär, den die Engländer benutzen, um den Sultan zu stürzen. Das war der Refrain von rechts und links. Wir geben diesen Auszug unseres Gesprächs ohne weitere Bemerkungen, da unsere grundsätzliche Haltung in dieser Sache den Freunden in Deutschland hinreichend bekannt ist. Allseitig wird anerkannt, daß die Türkenherrschaft trotz unleugbarer persönlicher Vorzüge, die der Türke neben seiner Bummelei hat, nicht für alle Zeiten haltbar ist. Der Fremdkörper im Leibe Europas wird einmal ausgestoßen werden. Wann das geschieht, hängt von vielen Dingen ab, keineswegs bloß von Mittelmeerfragen."

Wenn ich hier eine Art von Ehrenrettung für den Kurden versuche, so geschieht dies in rein menschlicher Absicht, weil ich meine, daß man jedermann nach den Verhältnissen beurteilen soll, die ihn erzogen haben und ihn noch jetzt beherrschen. Es sind das in Beziehung auf den Bewohner Kurdistans so ungefähr unsere mittelalterlichen Verhältnisse, die Zeiten des Faustrechts, wo gar mancher auf hoher Burg thronende Herr aus einfachen Existenzrücksichten nach unseren heutigen Begriffen zum Räuber werden mußte. Ob ihn deshalb seine Nachkommen wohl vom Stammbaum gestrichen haben? Gerade so ein ritterlicher Balduin von Eulenhorst oder Kuno von Felsenstein ist auch der Kurde, der sein Tun für vollständig gesetzmäßig hält und den Vorwurf, daß er kein Ehrenmann, sondern ein gemeiner Dieb und Wegelagerer sei, mit unerbittlicher, blutiger Rache beantworten würde. Ich bin von Kurden als Feind behandelt, nie aber von ihnen nach armenischem Muster hinterrücks bestohlen oder übervorteilt und betrogen worden. Ganz dieser meiner Ansicht war auch Hadschi Halef Omar, der trotz seiner lustigen Eigenheiten von jeder niedrigen Gesinnung abgestoßen wurde, und zwar bei mancher Gelegenheit sehr wacker auf die Kurden räsonniert, doch nie von ihnen als von gemeinen, ehrlosen Menschen gesprochen hatte. Darum sagte er auch jetzt, als wir vor den Dawuhdijehs und Hamawands gewarnt worden waren, zu mir:

„Das klingt, als ob wir uns vor ihnen fürchten sollen, Sihdi. Vor Leuten, die uns offen mit den Waffen in der Hand entgegenkommen, brauchen wir beide keine Angst zu haben, und hinterlistige Feigheit gibt's bei ihnen nicht. Ich würde mich sogar auf einen kleinen Zusammenstoß mit ihnen freuen. Du weißt, daß ich einem fröhlichen Kampf nie aus dem Weg gehe." – „Und solltest es aber doch!" antwortete ich. – „Warum?" – „Muß ich dich wirklich an den letzten Wunsch deiner Hanneh erinnern, Halef?" – „Den letzten? Effendi, ich sage dir, daß dies nicht der letzte ist, denn sie wird nach meiner Heimkehr noch sehr viele, viele haben! Und was diesen, den du meinst, betrifft, so ist er nicht gegen mein berühmtes Heldentum gerichtet, sondern nur gegen Unbedachtsamkeiten, vor denen wir uns hüten sollen." – „Wir?" – „Ja, wir! Wer sonst?" – „Unter diesem Wir habe ich doch wohl dich und mich zu verstehen?" – „Natürlich!" – „So muß ich dir sagen, daß Hanneh von einer Unbedachtsamkeit meinerseits nicht gesprochen hat!" – „Gesprochen? Nein, das tut sie nicht. Dazu ist die Wonne meines Daseins viel zu höflich. Aber gemeint hat sie dich doch, und du bist klug genug, dies einzusehen, ohne daß ich es dir zu sagen brauche." – „So will ich dir in aller Demut gestehen, daß ich diese Klugheit leider nicht besitze." – „Wirklich nicht? So muß ich wieder einmal sehr tief beklagen, daß ich nur die Länge deines Verstandes anerkennen kann; aber in die Breite, in die so notwendige Breite, welche doch die Hauptsache ist, geht er leider nicht. Ich glaube, du meinst gar vielleicht, daß sich der Wunsch meiner Hanneh, welche die lieblichste unter allen Lieblichkeiten der Erde ist, nur ganz allein auf mich bezogen hat!" – „Das habe ich allerdings angenommen." – „So glaubst du also, daß Hanneh nur bei mir eine Tat der Unbedachtsamkeit für möglich gehalten habe?" – „Ja." – „Sihdi, nimm es mir nicht übel, daß ich nun endlich einmal ganz aufrichtig und ohne dir etwas zu verbergen, mit dir spreche. Ich bin so lange still gewesen, kann es nun aber nicht länger zurückhalten, daß du mich mit dir und dich mit mir verwechselst." – „Wieso tue ich das?" – „Um dir dies klar und deutlich zu machen, muß ich dir einige Fragen vorlegen. Wirst du sie mir so beantworten, wie es die Wahrheit erfordert?" – „Ja." – „Gut! Also: Wenn du jemanden etwas zu sagen hast, und er ist bei dir, wirst du es ihm da direkt sagen oder dich eines dritten als Boten bedienen, der es ihm ausrichten soll?"

Ich erriet, was er wollte, antwortete aber doch:

„Wenn er bei mir ist, sage ich es ihm direkt." – „Schön! War ich abwesend, als du dich bei uns im Lager der Haddedihn befandest?" – „Nein." – „Ich war da, war bei meiner Hanneh?" – „Ja." – „Konnte sie mit mir sprechen?" – „Ja." – „Kann also das, was sie dir gesagt hat, an mich gerichtet sein?" – „Du mußt dich anders ausdrücken, lieber Halef. Gerichtet war es an mich, gesagt aber für dich." – „Damit widersprichst du dir selbst, denn du hast soeben geäußert, daß man das, was man jemandem direkt sagen kann, nicht durch einen dritten sagt. Ich war ja da! Wollte Hanneh mich vor Unvorsichtigkeiten warnen, so hätte sie das zu mir selbst getan. Sie hat es aber zu dir gesagt; folglich gilt es dir, nicht mir!" – „Sie hat aber doch extra deinen Namen genannt und nicht von meiner, sondern von deiner allzu großen Schnellfertigkeit gesprochen." – „Das ist zwar wahr, aber siehst du denn nicht ein, warum sie gerade so und nicht anders gesprochen hat?" – „Um dich zu schonen, dich nicht zu betrüben. Sie war zu zart, um es dir selbst zu sagen." – „Zu zart! Effendi, das ist das richtige, das einzig richtige Wort; aber deine Auslegung ist nicht richtig, sondern falsch, denn nicht gegen mich, sondern gegen dich ist Hanneh zart gewesen, diese unvergleichlichste Frau aller Weiber der Erdenrunde. Begreifst du das?" – „Ich begreife nur, was du sagst und auch den Grund dazu." – „Du hast nicht meinen Grund, sondern den Grund meiner Hanneh zu begreifen, denn nicht ich bin es, sondern sie ist es gewesen, die mit dir gesprochen und dich gewarnt hat!" – „Das ist richtig. Mich hat sie gewarnt, aber nicht vor mir, sondern vor dir." – „Sihdi, das ist ja eben die große, die fast unverzeihliche Verwechslung der Personen, die du dir zuschulden kommen läßt! Mich hat sie genannt, aber dich gemeint. Das ist die hohe, die vergleichliche Zartheit, mit welcher sie dich in mich und mich in dich verändert und dadurch die Personen umgedreht und der Unbedachtsamkeit, welche sie meinte, eine rücksichtsvolle Vertauschung der bestehenden Verhältnisse gegeben hat. Sie ist wegen deines großen Wagemuts in banger Sorge gewesen; sie hat dich bitten wollen, vorsichtiger zu sein, als du gewöhnlich bist; weil sie aber geglaubt hat, dich mit dieser Bitte zu betrüben, hat sie dich hinübergeschoben und mich dafür herbeigeholt. Darum sprach sie mit dir allein und nicht in meiner Gegenwart, weil diese Betrübnis, die keinen treffen sollte, sonst auf mich gefallen wäre." – „Glaubst du wirklich, was du sagst, Halef?" – „Ich glaube daran, wie ich an meine Hanneh glaube, deren Zartgefühl über die Feingefühle überhaupt aller irdischen Gefühlsarten steigt." – „Auch ich erkenne ihr Zartgefühl an. Sie hat es dadurch bewiesen, daß sie die Bitte, welche dich geärgert hätte, nicht an dich, sondern an mich richtete." – „Was höre ich! O Mangelhaftigkeit des Verstandes! O Fehlerhaftigkeit der Einsicht! O Unbegreiflichkeit des Nichtbegriffenwerdens! Effendi, wie schmerzlich ist mir das! Du bist sonst ein so außerordentlich kluger Mann, aber ich habe dir schon einmal sagen müssen, daß es in deinem Kopf eine Stelle gibt, welche ausgebessert werden muß. Wie kannst du die Zartheit meiner Hanneh auf mich und nicht auf dich beziehen!" – „Weil sie nicht meine, sondern deine Frau ist. Sie hat also zart nur gegen dich, nicht aber gegen einen anderen Mann zu sein. Verstanden?" – „Allah! Dagegen kann ich freilich kein Wort sagen, denn es ist wahr, daß ihr feiner Ton, ihr Anstand, ihre gute Lebensart und ihre lieblichen Umgangsformen nur mir gehören. Wollte sie gegen andere ebenso lieblich sein wie gegen mich, so würde ich mir das sehr verbitten! Der rechtmäßige Besitzer aller ihrer Vorzüge und erquickenden Eigenschaften bin nur ich allein!" – „Gut, so sind wir also einig. Ihre Zartheit galt nicht mir, sondern dir, also war nicht von meiner, sondern von deiner

Unbedachtsamkeit die Rede.“ – „Ich schweige; aber ehe ich mich in dieses Schweigen ganz und vollständig einhülle, muß ich dir sagen, daß es mir vorkommt, als ob die betreffende Stelle deines Verstandes ganz plötzlich ausgebessert worden sei, lieber Effendi. Du hast mich mit der Zartheit meiner Hanneh so vollständig besiegt und überwältigt, daß ich jetzt selbst an meine Unbedachtsamkeit glauben würde, wenn ich nicht überzeugt wäre, daß Hanneh sich da im größten Irrtum, den es geben kann, befindet. Wir haben ihr ja oft von unseren Heldentaten erzählt, bei denen du zuweilen wohl allzu kühn gehandelt hast. Das ist schon lange her, und so darf es uns nicht wundernehmen, daß sie mich an deine Stelle gesetzt und die Personen dadurch vertauscht und umgewendet hat, daß sie meinen anstatt deinen Namen nennt. Sie ist es also, welche sich diese unverzeihliche Verwechslung hat zuschulden kommen lassen, und ich nehme hier den Vorwurf zurück, den ich vorhin dir gemacht habe.“ – „Lieber Halef, ich denke, daß du es bist, welchem diese Verwechslung vorgeworfen werden muß, nicht sie und auch nicht ich. Hoffentlich gibst du das zu?“ – „Nein, niemals! Wenn du noch immer nicht einsiehst, daß ich recht habe, so sehe ich mich gezwungen, dir ganz ausführlich zu erklären, daß ...“ – „Wolltest du dich nicht vorhin ganz und vollständig in Schweigen hüllen?“ unterbrach ich ihn. – „Ja, das sagte ich“, antwortete er. – „So bitte, hülle dich hinein! In dieser Angelegenheit ist das Schweigen für dich ein Mantel, welcher dich am besten kleidet. Ich fordere dich also hiermit ernstlich auf, ihn umzuhängen!“ – „Gut, Sihdi! Er hängt schon; ich stecke schon drin. Nun siehe aber auch zu, wie du mich wieder herausbekommst!“

Er schlug, um seinen Worten eine äußere Bekräftigung zu geben, die vorher offenstehenden Vorderteile seines Burnus eng und fest um sich herum, senkte mißmutig den Kopf und blieb von jetzt an für lange Zeit im Burnus und im Schweigen tief verwickelt. Aber als wir dann an ein schmales, kleines Wasser kamen, wo ich halten blieb, um aus der Gestaltung des vor uns liegenden Terrains auf den mutmaßlichen Lauf dieses Baches zu schließen, vermochte er doch nicht, länger zu schweigen. Er fragte:

„Denkst du, daß dieses Wasser schon zu dem Tschaisu gehört, von welchem die Frau gesprochen hat?“ – „Ich denke, du willst schweigen!“ antwortete ich. – „Das war vorhin, wo es sich um eine Verwechslung der Personen handelte. Jetzt aber, wo sich eine Verwechslung der Gegenden ereignen könnte, muß ich reden. Übrigens frage ich dich: Wozu hat man die Augen?“ – „Zum Sehen.“ –

„Und die Ohren?“ – „Zum Hören.“ – „Wirst du die Augen und die Ohren schließen, wenn und wo es etwas zu sehen und zu hören gibt?“ – „Nein.“ – „So hat man den Mund zum Sprechen, und ich sehe nicht ein, weshalb ich schweigen soll, wenn die Notwendigkeit zum Reden so vorhanden ist wie hier. Ich will dir nämlich gestehen, daß ich den Namen Tschaisu nicht kenne; ich habe ihn noch nie gehört.“ – „Ich auch nicht.“ – „Und da wollen wir ihn suchen und auch finden?“ – „Warum nicht? Der Name ist für uns Nebensache. Tschaisu ist ein türkisch-kurdisches Wort. Tschai bedeutet Fluß; Su heißt sowohl Wasser im allgemeinen als auch Fluß. Der Name ist also eigentlich ein sehr unbestimmter. Wahrscheinlich haben wir es hier mit der oft vorkommenden Gewohnheit zu tun, einem Gegenstand eine beliebige Bezeichnung zu geben. Für die Umm ed Dschamahl war der betreffende Fluß eben nur ‚der Fluß‘; wie er eigentlich heißt, das ging sie nichts an. Jedenfalls handelt es sich um einen rechtsseitigen Zufluß der Djala, und da wir uns auf dieser Seite befinden, werden wir gewiß auf ihn treffen. Ich hielt hier nur an, um zu überlegen, ob wir diesem Bach folgen sollen oder nicht. Er führt links tief hinab in das Tal, welches einen weiten Bogen schlägt, während die Höhe in gerader Richtung weiterstreicht. Bleiben wir oben, so stoßen wir sehr wahrscheinlich wieder auf ihn, und zwar heute abend, wenn wir lagern müssen und also Wasser brauchen. Ihm zu folgen, würde ein Umweg sein.“ – „Den wir nicht machen werden. Wir bleiben also oben.“

Wir hatten die Bachtijaren nämlich früh am Morgen verlassen, und jetzt war der Mittag schon vorüber. Wir befanden uns auf der Höhe des kurdischen Gebirges. Die Berge lagen wie mitten im Seesturm erstarrte, grün bekleidete Meereswogen um uns her. Vor uns strich in ziemlich gerader Richtung eine lange Höhenlinie hin, welche zwar nicht mit Hochwald, aber mit ziemlich reichlichem Buschwerk bestanden war; ihr folgten wir, weil sie nach Südwest verlief, der Richtung, welche unser Ritt zu nehmen hatte.

Was den Bach betrifft, so zeigte es sich, daß ich seinen Lauf ganz richtig erraten hatte. Der Talbogen, auf dessen Grund er floß, hatte erst sehr weit nach links ausgeholt, kam aber dann, je weiter wir ritten, desto näher zu uns zurück, und als wir gegen Abend das Ende unseres Höhenzuges erreicht hatten, sahen wir ihn unten quer vorüberfließen, um sich mit einem Wasser zu vereinigen, welches rechts aus einem Seitental kam. Beide bildeten in dieser ihrer Vereinigung sehr wahrscheinlich eine Gabel des Nebenflusses, welchen wir zu finden hofften.

Wir ritten in das Tal hinab und suchten nach einem als Lagerplatz geeigneten Ort. Wir fanden einen solchen ganz in der Nähe des Zusammenflusses. Dort stiegen wir ab, ließen die Pferde trinken und wuschen sie dann, was wir überhaupt, falls es Wasser gab, nach einem solchen Ritt stets zu tun pflegten. Während man ein Pferd niemals mit warmem Wasser waschen soll, ist kaltes zu seiner Gesundheit so unbedingt erforderlich, daß man keine Gelegenheit, es ihm zu bieten, versäumen darf. Der Naturtrieb macht darauf aufmerksam. Ich habe im Westen der Vereinigten Staaten sehr oft wilde Mustangs sogar während ungewöhnlich kalter Tage in das Wasser gehen sehen.

Während unsere Hengste dann weideten, machten wir es uns unter einer Gruppe von Nadelbäumen bequem, deren dichte Wipfel versprachen, den Tau der Nacht von uns abzuhalten. Wir hatten den Platz so gewählt, daß wir die ganze Krümmung des Haupttals übersehen und auch einen Blick in die Mündung des Seitentals werfen konnten. Ein Feuer anzuzünden, hielten wir nicht für nötig, unser Abendessen bestand aus kaltem Fleisch, welches uns die Umm ed Dschamahl mitgegeben hatte; Stechmücken, welche man durch Rauch von sich abzuhalten pflegt, gab es nicht, die Temperatur war mild, so daß wir keine künstliche Wärme brauchten, und so hätte ein Feuer nur die eine mögliche Wirkung gehabt, daß wir durch sein Licht und seinen Geruch verraten werden konnten. Es fiel uns zwar nicht ein, Angst vor irgendeiner Begegnung zu haben, aber wenn man sich in einer solchen Gegend befindet, fühlt man sich in der Gesellschaft mit sich selbst am sichersten.

Aber dieser Wunsch, allein zu sein, sollte uns nicht erfüllt werden. Wir hatten vielleicht noch eine halbe Stunde bis zum Beginn der Dunkelheit, da sahen wir aus dem Seitental einen Reitertrupp kommen, welcher aus sechs wohlbewaffneten Personen bestand, die sich durch ihre Kleidung als Kurden kennzeichneten. Sie alle trugen rote Schulwars – Hosen –, eng anliegende Röcke, welche von ledernen Gürteln zusammengehalten wurden, und darüber weite Antaris – Mäntel – von dunkler Farbe. An ihren Hüften hingen krumme Säbel; Pistolen und Messer steckten in den Gürteln, und als Langwaffen hatten sie lange, dünne Kurdenflinten, welche kaum bis zur Hälfte des Laufes geschäftet waren. Fünf von ihnen trugen Mützen von jener sonderbaren Form, die ihnen das Aussehen gegerbter Riesenspinnen gibt, deren halbkugelförmiger Leib den Kopf bedeckt, während die vielen Beine hinten und an den beiden Seiten herunterhängen. Der sechste hatte einen Turban von beinahe vier

Fuß Durchmesser. Man bekommt so riesige Amajim – Plural von Amami, d. h. Turban – besonders häufig in Kurdistan zu sehen. Hierbei sei bemerkt, daß das Wort Turban eigentlich Dülbend heißt und nur das Stück Musselin bezeichnet, welches man zur Bildung des Amami entweder um den Fez oder direkt um den Kopf wickelt. Beritten waren sie, wie wir auf den ersten Blick sahen, außerordentlich gut mit lauter Stuten derjenigen kurdischen Zucht, welche sich durch langen, ausdauernden Atem und, was in den Bergen die Hauptsache ist, durch sicheren, nie strauchelnden Tritt auszeichnet.

Wie wir diese Reiter gesehen hatten, so waren auch wir ihnen sofort aufgefallen, denn der Blick zwischen ihnen und uns hin und her war frei und durch kein Hindernis verdeckt. Unsere vor der Baumgruppe grasenden Pferde waren ihnen zuerst in die Augen gekommen, und dann hatten ihre Blicke auch uns gefunden. Sie hielten an, betrachteten uns kurze Zeit, berieten sich dann eine kleine Weile und kamen endlich, die Flinten schußfertig in den Händen, auf uns zugeritten, der Turbanträger voran. Sein Gesicht war bartlos, während die anderen alle dichte Vollbärte trugen. Ihre Haltung zu ihm zeugte von Respekt und Unterwürfigkeit, so daß wir in ihm den Anführer vermuten mußten.

Ich habe gesagt, daß sie außerordentlich gut beritten waren, doch hätten wir keines unserer Pferde gegen fünfzig oder gar hundert der ihrigen umgetauscht; unsere Rappen waren ja überhaupt unverkäuflich, weil unschätzbar. Das sahen auch die Kurden. Sie warfen im Näherkommen bewundernde Blicke auf sie und machten einander leise Bemerkungen, die sich, wie wir wohl bemerkten, auf die Hengste bezogen. Als sie uns bis auf vielleicht zwanzig Schritt nahe gekommen waren, blieben sie halten und betrachteten uns mit argwöhnischen Augen.

„Sallam!“ grüßte der Anführer.

Sein Gruß war nicht kurdisch, weil er uns ansehen mochte, daß wir keine Kurden seien. So kurz wie er grüßt man nur Ungläubige oder Leute, denen man nicht traut.

„Sallam!“ antwortete ich ebenso mißachtend, obgleich ich mir mit einem kurzen Aleikum den Respekt auch nicht vergeben hätte; es wäre aber doch höflicher als diese Wiederholung des Sallam gewesen.

Die Stimme des Grüßenden war ein hoher, gutturaler Tenor oder tiefer Alt, der mit dem unbärtigen Gesicht im Einklang stand. Die Züge desselben waren außerordentlich regelmäßig, für einen Mann zu weich, fast weiblich schön. Das Alter ließ sich nicht bestimmen, ich fragte mich vergeblich, warum. Ich hätte behaupten mögen, daß dieses Gesicht noch niemals rasiert worden sei. Da aber kam mir der Gedanke: Hätte dieser Reiter nicht so sicher und nach wohlgeübter Mannesart im Sattel gesessen und wäre er nicht als Mann gekleidet gewesen, so hätte ich ihn für eine Frau gehalten, obgleich der Blick so männlich ernst, so selbstbewußt und ruhig forschend war, wie ihn nur ein Mann, der seine Würde kennt und seinen Willen durchzusetzen weiß, zu haben pflegt. Diese Erwägungen erforderten aber keine lange Zeit; sie gingen mir blitzschnell durch den Sinn. Als meine kurze Erwiderung verklungen war, zog der Kurde die Stirn in zornige Falten und fuhr fort:

„Maschallah! Ihr scheint sehr vornehme Leute zu sein, da du so sparsam mit den Worten des Grußes bist?"

Er bediente sich auch jetzt der arabischen Sprache. Ich antwortete:

„Nach deiner eigenen Sparsamkeit zu schließen, bist du nicht weniger vornehm als wir beide." – „Sag, wer ihr seid!"

Das klang gebieterisch, wie aus einem Mund, welcher gewohnt ist, Befehle zu erteilen.

„Weißt du nicht, daß derjenige, welcher schon hier war, das Recht der Frage besitzt? Der später Angekommene hat zu antworten!"

Er drehte sich um, seinen Begleitern eine leise Bemerkung zuzuflüstern; dann wendete er sich mir wieder zu und sagte, indem ein leises Lächeln um seine vollen Lippen spielte:

„Es kommt nicht darauf an, wer vorher und wer später kommt, sondern darauf, wer und was man ist. Der Niedrige hat dem Höherstehenden Auskunft zu erteilen. Darum werdet ihr wohl sagen müssen, wer ihr seid. Ich fordere das!"

Er hatte das in einem so selbstbewußten Ton gesagt, daß mein Hadschi Halef, dessen Eigenheiten in dieser Beziehung man ja kennt, gar nicht darauf wartete, was ich dazu sagen würde, sondern sehr schnell und mit bekanntem Eifer das Wort ergriff:

„Was höre ich da? Sagen müssen? Müssen, müssen? Du forderst es? Höre wohl, von fordern, fordern hast du gesprochen! Wer von jemandem etwas fordert, so gebieterisch fordert, wie du es dir erlaubst, muß höher als dieser andere stehen. Nun sage uns doch einmal, wieviel Kamelsbuckel du über uns erhaben bist!" – „Ich stehe so hoch über dir, daß ich Ehrerbietung und Gehorsam von dir verlangen kann!" – „So? Also gleich zweierlei? Ehrerbietung und auch noch Gehorsam dazu! Also haben wir wahrscheinlich das unendliche Glück, den Padischah, unseren von Allah begnadeten Sultan und Kalifen aller Gläubigen vor uns zu sehen?" – „Nein, der bin ich nicht." – „Oder den erlauchten Schah-in-schah, den berühmten Herrscher des persischen Reiches? – „Nein." – „Vielleicht den Kaiser von Iswitschera – der Schweiz –, den König von Girid – Kreta – oder gar den unvergleichlichen, weltbekannten Regenten von Elpes daghlary – den Alpen – und dem großen Reich Hyrwatly – Kroatien –?" – „Auch nicht." – „Nicht? Sonderbar! Du tust, als ob du der größte Beherrscher der Erde seist, und bist doch nichts von alledem, was ich genannt habe! Ich sage dir aber: Selbst wenn du einer dieser hohen Männer oder wenn du sie sogar alle wärst, würdest du uns dadurch nicht die Ehrerbietung und den Gehorsam abzwingen, von denen du gesprochen hast. Mit unserer Ehrerbietung beglücken wir nur uns selbst, aber keinen anderen Menschen, und nach Gehorsam suchst du bei uns überhaupt vergeblich. Wir tun stets nur, was wir wollen, und wer da glaubt, daß wir uns nach seinem Willen richten, dem beweisen wir sehr rasch, daß bei uns auf keinen Fall etwas zu wollen ist!" – „So steht ihr also höher als der Padischah und auch höher als der Schah?" lächelte der Kurde. „So bitte ich euch also in aller Demut und Unterwürfigkeit, uns gütigst mitzuteilen, welche hohen Herren wir jetzt vor uns haben!" – „Wir werden das nicht eher tun, als bis wir wissen, wer ihr seid." – „Das sagen wir nicht!" – „So schweigen auch wir!" – „Wir werden euch zwingen!" – „Versucht es doch!" – „Wir sind sechs Männer, ihr nur zwei!" – „Und wenn ihr sechshundert oder sechstausend wärt, würden wir doch tun, was wir wollen!"

Da ließ der Kurde ein mehr lustiges als zorniges Lachen hören, in welches seine Begleiter einstimmten. Er stieg vom Pferd, trat näher zu uns heran, die wir noch gar nicht aufgestanden waren, sondern noch immer am Boden saßen und sagte:

„Wir hatten hier diesen Platz zum Bleiben während der Nacht bestimmt. Ihr werdet uns Platz machen!" – „Nein, das werden wir nicht!" antwortete Halef. – „Wir zwingen euch!" – „Womit?" – „Mit unseren Waffen." – „Das laßt ja in Allahs Namen bleiben! Es gibt auf der ganzen Welt keine einzige Waffe, vor welcher wir uns fürchten. Und wenn ihr jeder zehn oder noch mehr Kanonen bei euch hättet, die alle geladen wären, so würden wir doch darüber lachen!" – „Du bist verrückt! Ich würde schon längst zornig über dich geworden sein, wenn ich nicht sähe, daß du zu der bemitleidenswerten Sorte von Menschen gehörst, welche man als Musucha – Plural von Mesach, d. h. Zwerg – bezeichnet. Darum kannst du mich nicht erzürnen, sondern nur mein Erbarmen erwecken. Verlaßt gutwillig diesen Platz, wenn ihr nicht wollt, daß wir euch dazu zwingen! Du siehst, daß ich jetzt Ernst mache. Wenn ihr nicht sofort gehorcht, schieße ich euch nieder!"

Er nahm eine Pistole aus dem Gürtel und ließ den Hahn derselben knacken.

Es ist schon gesagt worden, daß nichts den Hadschi so empören konnte, als wenn ihm die Kleinheit seiner Gestalt vorgeworfen wurde. So auch hier. Er sprang schneller, als selbst ich es ihm zugemutet hatte, auf, schlug dem Kurden die Pistole aus der Hand, faßte ihn an beiden Armen, schleuderte ihn neben mich nieder, kniete ihm auf den Leib, drückte ihm die linke Hand auf die Kehle, zog mit der rechten sein Messer, hob es zum Stoß empor und rief:

„Kerl, du sollst den ‚Mesach' kennenlernen! Rühre dich nicht! Und wenn einer von euch es wagt, seine Waffe auch nur zu berühren, stoße ich dir das Messer augenblicklich in das Herz! Ich soll zu den Mesucha gehören! Ich sage euch, das kleinste Glied meines kleinsten Fingers reicht vollständig dazu aus, euch zu beweisen, daß ihr mir gegenüber nur wie Säuglinge seid, die sich nicht wehren können! Wagt ja keinen Widerstand, sonst steche ich ihn augenblicklich tot!"

Es war interessant, zu sehen, wie unbeweglich die fünf Kurden auf ihren Pferden saßen. Einen so blitzschnellen, gewalttätigen Streich hatten sie dem kleinen Kerl nun freilich nicht zugetraut. Seine stoßfertige Klinge, der energische Ton seiner Stimme und die blitzenden Augen, deren Blick er drohend auf sie richtete, machten einen solchen Eindruck auf sie, daß sie nicht nur ihre Hände still hielten, sondern auch kein einziges Wort zu sagen wagten. Auch der Anführer lag vor Schreck ganz unbeweglich unter den Knien und der Hand des Hadschis, welcher, nun zu ihm gewendet, fortfuhr:

„Nun zwinge uns doch einmal, diesen Ort zu verlassen, zwinge uns doch, euch Platz zu machen! Ich bin sehr neugierig, zu erfahren, wie du das anfangen willst! Versuche es ja nicht, dich frei zu machen! Meine Klinge würde dir sofort bis an das Heft ins Leben gehen! Denke ja nicht, daß ich scherze! Wenn du meinst, daß es auch die Höhe und die Breite der Gestalt ankommt, so irrst du dich gewaltig. Vor mir haben schon die größten Riesen des Erdkreises tief im Staub gelegen, und du bist ja nicht einmal ein so großer Kerl, daß du dich über einen anderen lustig machen dürftest. Ich verlange, daß du uns sofort sagst, wer ihr seid. Zögere ja nicht, sonst ist mein Messer schneller als deine Zunge!" – „Laß mich erst los, sonst kann ich nicht reden!" stöhnte der Kurde unter dem festen Handgriff Halefs hervor. – „Gut, ich will dir Luft lassen; aber versuche ja nicht, dich frei zu machen! Also antworte! Wer seid ihr?" – „Wir sind Kurden", konnte der Gefragte nun deutlicher sagen, weil seine Kehle nicht mehr von dem Hadschi zusammengepreßt wurde. – „Das sehen wir. Wir wollen aber natürlich wissen, zu welchem Stamm ihr gehört." – „Zum Stamm Dumbeli." – „Wo befindet der sich jetzt?" – „Hier in der Nähe. Den genauen Ort kennen wir nicht. Wir sind von ihm weit fortgewesen und kehren jetzt wieder heim. Um nicht nach ihm suchen zu müssen, haben wir bestimmt, von dieser Stelle abgeholt zu werden. Darum müssen wir hier bleiben und forderten euch auf, den Ort zu verlassen. Gebt mich frei, und nehmt euch in acht, denn wenn unsere Krieger kommen und erfahren, daß ihr uns feindlich behandelt habt, werden sie blutige Rache nehmen." – „Wir fürchten uns vor ihnen und ihrer Rache ebensowenig, wie wir uns vor euch gefürchtet haben! Du hast dein Maul so weit aufgerissen und es gewagt, uns Befehle zu erteilen, als ob du nicht zu den gewöhnlichen Kriegern deines Stammes gehörtest. Wie steht es damit?" – „Ich bin der Häuptling." – „Wie heißt du?" – „Mein Name ist Adir Beg." – „So will ich dir, Adir Beg, jetzt eine Mitteilung machen. Wenn du diese befolgst, gebe ich dich wieder frei, doch nur aus gutem Willen und nicht etwa, weil wir uns vor euch fürchten. Also höre, was ich dir sage!" – „Warte damit noch!" forderte ich ihn jetzt auf, denn ich durfte ihm nicht erlauben, Bestimmungen zu treffen, ohne mich vorher gefragt zu haben. Dies war schon um des Prinzips wegen und dann auch deshalb, weil es nicht so unbedingt, wie er dachte, sicher war, daß seine Anordnungen dann auch meinen Beifall fanden. – „Hast du einen Einwand?" fragte er mich. – „Ja." – „Welchen?" – „Dieser Mann hat dir die Wahrheit nicht gesagt; er ist kein Dumbelikurde." – „Du meinst, daß er mich belogen habe?" – „Ja. Auch der Name Adir Beg ist ein falscher." – „Es ist mein richtiger Name", fiel da der Kurde ein. „Und auch meinen Stamm habe ich der Wahrheit gemäß genannt. Warum sollte ich euch andere Namen sagen!" – „Weil – doch davon vielleicht später. Uns kannst du nicht betrügen!" – „Du sprichst vom Betrügen? Wie dürft ihr mich des Betruges zeihen, ihr, die ihr, wie wir sehen, keine Kurden seid und also unsere Verhältnisse nicht kennt!" – „Ich kenne sie wahrscheinlich besser als ihr selbst", entgegnete ich; „ich will dir das beweisen, obgleich ich gar nicht nötig habe, darüber zu sprechen. Du hast zwar jetzt nicht kurdisch, sondern arabisch gesprochen, aber ich höre doch an deiner Aussprache, daß dein Stamm den Kurmandschidialekt des Kurdischen redet, nicht die Sazamundart; die Dumbeli aber sind Sazakurden, und der falsche Name Adir, den du dir beigelegt hast, ist ein Sazawort." – „Wie klug du bist!" antwortete er, halb verlegen und halb höhnisch. „Du scheinst gar nicht zu wissen, daß aus verschiedenen Mundarten sehr oft Wörter herüber und auch hinüber gehen!" – „Das weiß ich sehr wohl. Aber ebenso genau weiß ich, daß sich die Dumbeli nicht hier in dieser Gegend, sondern sehr, sehr weit von hier befinden. Du hast uns belogen, und wer nicht aufrichtig mit uns ist, der darf auf keine Nachsicht von uns rechnen."

Der Kurde zögerte, mir gleich wieder Antwort zu geben. Er sah mir lange forschend ins Gesicht; dann endlich sagte er:

„Ich möchte behaupten, daß du ein guter Mensch seiest! Böse Leute haben andere Augen und auch andere Gesichtszüge als du. Darum will ich dir, obgleich es meiner Seele widerstrebt, offen eingestehen, daß ich nicht die Wahrheit gesagt habe. Aber ich darf nicht sagen, wer wir sind. Wir haben Allah ein Nadr – Gelübde – vor den Thron gelegt, welches uns zum Schweigen zwingt. Glaubst du das?" – „Ja; ich sehe dir an, daß du jetzt die Wahrheit sagst; ich glaube es." – „Wenn du uns zu einer Antwort zwängst, würden wir dich wieder belügen müssen. Nur aus diesem Grund haben wir nicht gesagt, wer wir sind. Andere Ursachen, unseren Namen und unseren Stamm zu verschweigen, gibt es nicht. Wir können im Gegenteil so stolz darauf, wer und was wir sind, sein, daß wir eher Ursache hätten, zuviel anstatt zu wenig davon zu sprechen. Nachdem du das gehört hast, wirst du dich wohl nicht länger weigern, uns Auskunft über euch zu geben! Welchem Stamm gehörst du an?" – „Keinem." – „Du bist doch ein Beduine! Wenn ein solcher zu keinem Stamm gehört, so ist er wegen ehrlosem Verhaltens von dem seinigen ausgestoßen und von keinem anderen dafür aufgenommen worden. Aber wie ein Ehrloser, wie ein Ausgestoßener kommst du mir nicht vor!" – „Ich bin kein Beduine." – „Also Perser?" – „Nein." – „Türke?" – „Auch nicht. Ich bin ein Christ und stamme aus dem Abendland." – „Es soll dort mehrere Länder geben, welche verschiedene Namen haben. Wie heißt das deinige?" – „Dschermanistan." – „Dschermanistan? Das ist ein berühmtes Land, von welchem jetzt oft gesprochen wird. Der Sultan desselben heißt Wirhem?" – „Wilhelm, willst du sagen!" – „Sein Großwesir ist ein Riese von Gestalt, welcher Bismara heißt?" – „Bismarck ist die richtige Aussprache." – „Und sein Muschir – Obergeneral – wird Molekeh genannt?" – „Moltke muß es heißen!" – „Wir können diese Namen nicht so aussprechen, wie du sie sagst; aber wir haben von diesen drei berühmten Männern viel, sehr viel gehört. Man erzählt bei uns von ihnen große Taten, die unvergleichlich sind. Es muß in Dschermanistan sehr viele tapfere Männer geben!" – „Warum denkst du das?" – „Weil ihr den großen Stamm der Feransawi besiegt habt, dem noch niemals ein Feind hat widerstehen können. Auch Hadschi Kara Ben Nemsi soll ein Krieger aus eurem Land sein."

Kaum war dieser Name ausgesprochen worden, so fiel Halef schnell ein:

„Hadschi Kara Ben Nemsi? Kennst du den?" – „Ja." – „Woher?" – „Wer sollte ihn nicht kennen, nicht von ihm und seinem treuen Hadschi Halef Omar gehört haben! Diese beiden Männer haben manchem Stamm gegen andere, feindliche Stämme beigestanden und ihm zum Sieg verholfen, weil sie unübertrefflich tapfer sind und sich ganz und gar nach den Kampfes- und Kriegsregeln des Landes Dschermanistan verhalten, welche weit besser und vorteilhafter als die unsrigen sind. Wer diese klugen Regeln und Gebräuche anwendet, der kann von keinem Feind überwunden werden. Darum sind Kara Ben Nemsi und sein Halef niemals überwunden worden, und ihre Namen leben nicht nur im Mund der Freunde, sondern sie werden auch von den Feinden mit Achtung und Ehrerbietung genannt."

Halef hatte noch immer fest auf dem Kurden gekniet; aber sobald der „treue Hadschi Halef Omar" genannt wurde, nahm er zuerst das linke Bein und bei den Worten „unübertrefflich tapfer" dann auch das rechte weg, so daß er den am Boden Liegenden frei gab und dieser sich aufsetzen und ohne den bisherigen Druck weitersprechen konnte. Das Messer behielt er freilich noch immer in den Händen. Doch als der Kurde zuletzt gar von „Achtung und Ehrerbietung" sprach, entfernte der Kleine auch diese drohende Waffe und fragte in freundlichem Ton:

„Das hättest du gleich erst sagen sollen, nämlich daß du diese beiden weltberühmten Helden kennst! Da hätten wir ganz anders mit euch geredet, als wir bisher zu euch gesprochen haben. Du bist frei, ganz frei!" – „So kennst du sie wohl auch?" erkundigte sich der Kurde, indem er rasch aufsprang und sich nach seiner Pistole bückte, um sie wieder aufzuheben.

Ohne dieses letztere zu beachten, antwortete der Hadschi:

„Natürlich kenne ich beide, und zwar gut, sehr gut!“ – „Ihr habt von ihnen gehört?“ – „Nicht bloß das!“ – „Sie gar gesehen?“ – „Nicht bloß das!“ – „Mit ihnen gesprochen?“ – „Nicht bloß das!“ – „Vielleicht bei ihnen gelagert, mit ihnen gegessen, getrunken und wohl auch geschlafen?“ – „Nicht bloß das!“ – „So seid ihr etwa gar mit ihnen gereist, mit ihnen geritten, habt euch längere Zeit bei ihnen befunden?“ – „Nicht bloß das!“ – „Was denn noch? Es kann ja gar nichts weiter geben, als das, was ich dich gefragt habe!“ – „Oh, noch viel mehr!“ – „Was?“ – „Daß wir uns stets bei ihnen befinden.“ – „Du meinst doch wohl zuweilen, nicht stets?“ – „Nein, stets!“ – „So müßtet ihr auch heut, auch jetzt bei ihnen sein!“ – „Das sind wir ja auch!“ – „Wie? Wirklich, wahrhaftig? Wo sind sie denn? Sage es schnell, sehr schnell! Sie sind wohl für einige Zeit fortgeritten und werden wiederkommen? Ihr erwartet sie?“ – „Nein.“ – „Was denn?“ – „Sie sind hier!“ – „So müßten wir sie sehen!“ – „Ihr seht sie ja!“ – „Wir sehen nur euch. Haben sie sich versteckt? Sind sie zurückgewichen, als sie uns kommen sahen?“ – „Nein, sie sind hier!“

Diese kurzen Fragen und Antworten folgten sehr schnell aufeinander. Der Kurde zeigte einen ganz besonderen Eifer, und sein Ton wurde bei jeder Frage dringlicher. Jetzt ließ er seinen Blick erstaunt zwischen Halef und mir hin- und hergehen; er wußte nicht, was er sagen sollte. Da aber rief einer seiner Begleiter aus:

„Die Pferde, die Pferde, die wir schon bewundert haben! Wer hat solche Pferde?“

Dadurch veranlaßt, drehte sich der Anführer nach den Rapphengsten um, wendete sich aber uns sehr rasch wieder zu und rief aus:

„Halef soll sehr klein sein, und Kara …“ – „Klein nur von Gestalt, aber ungeheuer groß an Mut und Tapferkeit!“ fiel ihm der Hadschi rasch in die Rede. – „Und Kara Ben Nemsi Effendi“, fuhr der Kurde nach dieser Unterbrechung fort, „soll die Zähne von selbsterlegten Bären, Löwen, Tigern und Panthern am Hals tragen. Du bist klein, und dein Begleiter hat zwei solche Halsbänder, wie ich sehe! Solltet …“

Er hielt vor Überraschung inne.

„Solltet – was?“ fragte Halef. – „Solltet ihr diese beiden sein?“ – „Warum nicht!“ – „Du Hadschi Halef Omar?“ – „Ja.“ – „Der oberste Scheich der Haddedihn …? Vom großen Stamm der Schammar?“ – „Natürlich!“ – „Und er ist Kara Ben Nemsi?“ – „Gewiß!“ – „Ist das wahr? Keine Lüge?“ – „Was ich sage, kannst du glauben!“ – „So sei der Augenblick gesegnet, der uns zu euch hierher führte!

Wir sehen die beiden Männer, welche einmal zu treffen mein größtes Sehnen gewesen ist! Wir begegnen ihnen zu einer Zeit und an einem Ort, wo uns ihr Rat unendlich wert und willkommen sein muß! Steigt von den Pferden, ihr Leute, und begrüßt diese beiden Klugen und Unüberwindlichen mit der Hand, wie man gute, liebe Freunde begrüßt, deren Anblick das Herz frohlocken läßt!"

Wir standen auf. Sie stiegen von ihren Pferden, legten die Waffen ab und schüttelten uns die Hände mit einer Herzlichkeit, als ob wir liebe, alte, lange nicht mehr gesehene Kameraden und Freunde von ihnen seien, deren unerwarteter Anblick doppelt froh überrascht. Dann machten sie es ihren Tieren bequem und setzten sich bei uns nieder, nachdem sie sehr höflich um die Erlaubnis dazu gebeten hatten. Das Bild war plötzlich ein ganz anderes geworden.

Der Anführer saß mir gegenüber; er war mir eine hochinteressante Person, und ich hätte ihn gar zu gern beobachtet, um mit mir über ihn ins reine zu kommen, leider aber war es schon zu dunkel dazu, denn der Abend brach jetzt herein, und die Kurden erklärten, unserem Beispiel folgen und kein Feuer anbrennen zu wollen.

Natürlich war es uns zunächst darum zu tun, nun der Wahrheit gemäß zu erfahren, von welchem Stamm die Kurden seien. Halef drückte diesen Wunsch in seiner bekannten Weise aus:

„Ihr wolltet uns zwingen, euch zu sagen, wer wir sind. Ihr habt es erfahren, obgleich wir uns nicht zwingen ließen, das zu tun, was ihr so gebieterisch von uns verlangtet. Nun euch dieser Wunsch in Erfüllung gegangen ist, seid auch ihr uns Rechenschaft über eure Personen schuldig, und ich hoffe, daß ihr das bisherige Geheimnis nun nicht länger um euch herumschlagen werdet wie einen Mantel, durch welchen man erst blicken kann, wenn er alt und zerrissen ist!"

Hierauf antwortete mein Gegenüber:

„Wir haben euch schon mitgeteilt, daß wir ein Gelübde getan haben und dadurch zur Verschwiegenheit gezwungen worden sind. Wir können euch der Wahrheit gemäß nur sagen, daß wir zum Stamm der Hamawandikurden gehören." – „Bist du der Scheich derselben?" – „Nein, er selber nicht, aber ein naher Verwandter von ihm." – „Und dein Name?" – „Auch dieser ist Geheimnis. Nenne mich –" er dachte einige Augenblicke nach und fuhr dann fort: „nenne mich Adsy; ich werde darauf hören."

Vielleicht dachte der Kurde an das türkische Wort Adsys, welches soviel wie „ohne Namen" bedeutet. Halef nickte ihm zustimmend zu und fuhr dann fort:

„Ein Gelübde darf man nicht verletzen; darum genügt es uns, wenn du uns einen Namen nennst, der deinem Ohr wohlgefällt. Wir sind oben bei der Bachtijari gewesen und wollen nun wieder nach Bagdad hinab. Da ich euch dies sage, dürfen wir vielleicht auch erfahren, nach welchem Ort ihr reitet?" – „Das ist es, weshalb wir euch um Rat fragen werden. Eigentlich ist dieser ganze Ritt auch ein Geheimnis, aber ein so gefährliches, daß ich mich gar nicht erst besinne, ob ich es euch mitteilen kann. Es hat mich ja gerade darum so außerordentlich gefreut, euch, gerade euch getroffen zu haben, zwei Männer von solcher Klugheit, solcher Erfahrung und solcher Tapferkeit, daß es für uns nur von größtem Nutzen sein kann, wenn ihr uns sagt, wie ihr an unserer Stelle handeln würdet. Vor allen Dingen aber möchte ich vorher wissen, was und wie ihr über die Dawuhdijehkurden sagt und denkt." – „Was wir denken? Hm! Und was wir sagen? Auch hm!" antwortete Halef ausnahmsweise einmal so vorsichtig. Dann fuhr er, zu mir gewendet, fort: „Es ist mir lieber, wenn du an meiner Stelle redest, Effendi. Du weißt ja, daß ich überhaupt gern so wenig wie möglich spreche, zumal wenn es mir nicht bewußt ist, was und wie ich alles sagen soll!"

Damit hatte er die Schwierigkeit auf mich abgewälzt. Was ich als Diplomat hätte reden müssen, das wußte ich ja auch nicht, weil mir nicht bekannt war, ob die Hamawands mit den Dawuhdijehs gerade jetzt in Frieden oder in Feindschaft lebten, und darum hielt ich es für am besten, meine Meinung ganz der Wahrheit gemäß mitzuteilen:

„Die Dawuhdijehs halten den Raub für keine Schande; sie sind tapfer und gewalttätig. Ihr Scheich Ismael Beg ist auch tapfer; größer als diese seine Tapferkeit aber ist seine Schlauheit, wie er schon sehr oft bewiesen hat." – „Das ist wahr, unbestritten wahr, Effendi! Hast du ihn schon einmal gesehen?" – „Nein." – „Er dich?" – „Wohl auch nicht. Aber gehört habe ich genug von ihm, um mir ein Bild von ihm machen zu können." – „Es ist ganz das Bild, welches auch ich mir von ihm mache, denn auch ich habe ihn noch nicht gesehen. Wir wollen zu ihm." – „So! Lebt euer Stamm in Freundschaft mit dem seinen?" – „Freunde sind wir nicht, aber jetzt auch nicht Feinde. Der letzte Fall von Blutrache zwischen uns ist ausgeglichen, also hat kein Stamm dem anderen etwas vorzuwerfen; aber bei Leuten, zwischen denen soviel Blut geflossen ist, wie zwischen uns und ihnen, ist in jedem Augenblick die Möglichkeit vorhanden, daß wieder welches vergossen wird." – „Da ist also euer Ritt zu ihnen nicht ganz ungefährlich?“ – „Oh, er ist viel gefährlicher, als du denkst! Wir sind sogar fest überzeugt, daß wir unser Leben wagen, indem wir die Nähe der Dawuhdijehs oder gar sie selbst aufsuchen. Aber wir müssen, denn ich habe erfahren, daß sie meinen Bruder bei sich festhalten.“ – „Warum?“ – „Ich weiß es nicht.“ – „Aus welchem Grund befindet er sich bei ihnen, bei denen er doch, wie er wohl wissen mußte, so wenig sicher ist?“ – „Er mußte hin, um das Leben seines Sohnes zu retten, der sich mit einer vergifteten Waffe verwundet hatte.“ – „Das ist mir unklar. Ich bitte dich, es verständlicher zu erzählen!“ – „Diesen Wunsch werde ich dir gern erfüllen. Ich habe einen älteren Bruder, welcher Schevin heißt. Allah gab ihm einen Sohn, einen lieben, schönen, kräftigen, kleinen Knaben, welcher der Stolz und die Freude seines Vaters und seiner Mutter ist. Khudyr ist sein Name. Dieser Knabe bekam unvorsichtigerweise ein vergiftetes Kriegsmesser aus Hindistan – Indien – in die Hand. Vielleicht weißt du, wie gefährlich dieses Gift ist, welches man Antschar – Antiaris toxicaria – nennt?“ – „Ja, ich weiß es. Es wird auch Upas oder Tschettikgift genannt, welches starke Krämpfe und darauf den Tod bewirkt, wenn es durch die Wunde in das Blut aufgenommen wird.“ – „Ich höre, daß du es kennst. Jedermann hat erfahren, daß dieses Gift das gefährlichste aller Gifte der Erde ist. Es wächst auf einem Baum, welcher im ‚Todestal‘ steht und seinen verderblichen Hauch mehrere Tagereisen weit nach allen Richtungen verbreitet, so daß kein Baum, kein Strauch, keine Blume, ja kein einziger Grashalm entstehen und wachsen kann. Jedes Tier, welches in die Nähe kommt, wird durch diesen Gifthauch sofort getötet, und auch jeder Mensch muß sofort sterben, wenn er sich dorthin verirrt oder so vermessen ist, sich heranzuwagen.“ – „So schlimm ist es doch nicht ganz!“ – „Nicht? Wenn du das behauptest, kennst du dieses Gift doch nicht genau. Ich sage dir, es ist die reine, volle Wahrheit, daß jeder Mensch, jedes Tier und jede Pflanze in der Gegend, wo dieser Baum des Gifttodes steht, sofort und unbedingt zugrunde geht. Darum ist das ‚Tal des Todes‘ mit den Gerippen von Menschen und Tieren so dicht besät, daß die Knochen den Boden allüberall vollständig bedecken!“ – „Ich werde dir sogleich beweisen, daß du dich irrst.“ – „Das kannst du nicht!“ – „Ich kann es; es ist sogar sehr leicht. Du behauptest also, daß jeder Mensch, welcher sich in dieses Todestal wagt, unbedingt zugrunde gehen muß?“ – „Ja, unbedingt und sofort!“ – „Weißt du, daß es Tausende von Klingen und Pfeilspitzen gibt, welche mit dem Gift, von dem du sprichst, getränkt und versehen worden sind?" – „Ja." – „Es muß also doch wohl Leute gegeben haben, die es aus dem Tal des Todes holten?" – „Natürlich!" – „Die haben es gebracht, sind also nicht gestorben! Wie stimmt das mit deiner Behauptung überein?" – „Hierauf weiß ich freilich nicht zu antworten, Effendi. Was ich gesagt habe, ist mir ganz genau so erzählt worden, und jedermann glaubt es." – „Ich will dir zu deiner Entschuldigung sagen, daß dieses Märchen von dem Todestal auch bei uns im Abendland erzählt und von vielen Leuten, die nicht darüber nachdenken, geglaubt wird. Es gibt kein Todestal und auch nicht diesen einzelnen oder einzigen Upasbaum, welcher dieses Verderben ganz allein verbreiten soll, sondern es wachsen auf Java und noch anderen dortigen Inseln viele solche Bäume, Sträucher und Schlinggewächse, von deren Milchsaft das Upas- oder Antschargift bereitet wird. Diese Bäume und sonstigen Gewächse gedeihen an solchen Stellen am besten, wo unterirdische, giftige Gase aus der Erde treten. Diese Gase sind schwerer als die Luft; sie steigen nicht in die Höhe, sondern bleiben unten in der Nähe des Bodens, besonders in Tälern, wo der Wind keinen Zutritt hat und sie also nicht mit sich fortführen kann. Wer sie einatmet, der muß sterben. Darum, aber auch nur darum, findet man in solchen Tälern dort sehr oft Gerippe von Menschen und Tieren liegen, welche an diesen Gasen zugrunde gegangen sind, aber nicht an den Giftpflanzen, welche allerdings gern an solchen Stellen wachsen, deren Saft aber nur dann schädlich wird, wenn er durch den Hieb oder Stich einer Waffe mit dem Blut in Berührung kommt. Das ist die wahre Sache an dem Märchen, welches man nicht bloß erzählen hört, sondern sogar in Büchern lesen kann. Damit soll freilich keineswegs gesagt werden, daß dieses Gift nicht oder weniger schädlich sei, als man von ihm berichtet. Ich selbst habe gesehen, daß die Verwundung mit einer solchen Waffe binnen kurzer Zeit den Tod herbeiführte." – „Deine Erklärung mag die Wahrheit enthalten, und richtig ist es unbedingt, daß dieses Gift verderblich wirkt. Der Knabe Khudyr hatte sich mit dem Kriegsmesser, von dem ich sprach und welches er ohne Wissen seines Vaters und seiner Mutter in die Hand genommen hatte, nur ein wenig geritzt, und doch traten sehr bald fürchterliche Krämpfe ein, die ihn umbringen wollten. Sie wiederholten sich häufig, und stets, wenn sie kamen, war er dem Tode nahe. Sein Anblick dabei war kaum zu ertragen. Welche Angst und Sorge da auf den Herzen der Seinen lastete, kann ich nicht beschreiben!" – „Habt ihr kein Gegenmittel angewendet?" – „Man sagt doch, daß es kein Mittel gebe! Dennoch holten wir aus der Nähe und auch aus der Ferne alle Hukama – Plural von Hekim, d. h. Arzt – und arzneikundigen Leute zusammen, doch niemand konnte helfen. Eine Frau gab es aber wohl, welche das richtige Gegenmittel wußte, doch war es mit großer Gefahr verknüpft, zu ihr zu kommen.“ – „War der Weg zu ihr zu beschwerlich?“ – „Nein; aber sie befand und befindet sich jetzt noch bei den Dawuhdijehkurden, mit denen wir, als die Verwundung geschah, noch in Blutfehde standen, also durfte sich niemand von uns zu ihnen wagen. Wir gaben uns des Knaben wegen sogleich alle Mühe, diese Fehde beizulegen. Die Gegner machten es uns zwar sehr schwer, aber wir kamen doch endlich zum Ziel und konnten daran denken, die Frau aufzusuchen, um das Mittel von ihr zu holen.“ – „Seid ihr denn überzeugt, daß sie das richtige Mittel wirklich kennt und besitzt?“ – „Ja, denn sie kann jede Krankheit heilen, also auch so eine vergiftete Wunde.“ – „Hm! Möglich ist es, aber wundern sollte es mich doch! Besser wäre es gewesen, du hättest mich eher getroffen!“ – „Dich?“ fragte er aufhorchend. – „Ja.“ – „Weißt du denn dieses Mittel auch?“ – „Ob mein Mittel dasselbe ist, welches diese Frau kennt, das kann ich nicht sagen, aber daß mein Mittel hilft, das darf ich getrost behaupten.“ – „Maschallah! Ist es ein Geheimnis oder darfst du es mir mitteilen?“ – „Ich mache kein Geheimnis daraus. Es besteht aus dem Saft von Dabahh und Sukutan, äußerlich angewendet, wozu man sehr heißes Wasser trinkt, in welchem wilder Kurat gekocht worden ist.“ – „Und das hilft, Effendi, das hilft?“ – „Ja, sicher!“ – „Hätten wir das gewußt! Aber vielleicht ist es auch jetzt noch Zeit! Es ist ja möglich, daß die Alte ein Mittel hat, welches nicht hilft. In diesem Fall bin ich überzeugt, daß Allah dich zu uns gesendet hat, das Leben unseres – unseres – unseres Khudyr zu retten!“

Der Kurde hatte jedenfalls eine andere Bezeichnung für den Knaben auf den Lippen gehabt, sie aber zurückbehalten und durch den Namen ersetzt. Auch fiel mir auf, daß er von ihm mit einer Liebe, einer so innigen Besorgnis sprach, wie sie ein männlicher Verwandter, ein Oheim, wenigstens im halbwilden Kurdistan und Fremden gegenüber nicht zu zeigen pflegt.

„Mein Mittel ist nicht so ohne weiteres anzuwenden, wie du zu denken scheinst“, bemerkte ich. „Man muß den Patienten kennen und die Wunde untersuchen, die vielleicht jetzt schon nicht mehr offen ist. Sodann sind die beiden Pflanzensäfte nur in einer besonderen Mischung zu geben, weil Dabahh weniger Schärfe als Sukutan besitzt, und auch vom Kurat ist nur eine gewisse Menge, nicht zu viel und nicht zu wenig, zu nehmen." – „So müßtest du wohl dabeisein, wenn man diese Pflanzen in Anwendung bringt?" – „Es ist wünschenswert, wenn auch nicht unbedingt nötig." – „So bitte ich dich, Effendi, deine Güte über uns leuchten zu lassen, indem du bei uns bleibst!" – „Das ist ein sehr kühner Wunsch!" antwortete ich in aller Aufrichtigkeit. – „Ja, das weiß ich wohl. Du bist ein so berühmter Mann, daß ein großer Mut dazu gehört, dir ..." – „Das meine ich nicht", unterbrach ich ihn. „Das Wort Kühnheit hatte sich nicht auf meine Person zu beziehen, sondern darauf, daß du mich aufforderst, bei dir zu bleiben, obwohl weder du weißt, ob ich Zeit und Lust dazu besitze, noch ich von dir erfahren habe, welche Wege du jetzt reitest und was auf diesen Wegen alles vor dir liegt. Nimm also deinen Wunsch einstweilen wieder zurück und erzählte uns von dem Knaben weiter!" – „Gut, das werde ich tun; aber ich sage dir, daß ich meine Bitte doch wieder aussprechen werde! Als die Blutrache endlich beseitigt worden war, machte sich der ..., machte sich Schevin mit dem Knaben auf, um ihn zu der alten Frau zu bringen."

Er hatte wieder gestockt, wahrscheinlich abermals einen anderen Namen nennen wollen. Mich interessierte dies sehr, doch sagte ich kein Wort dazu, sondern ließ ihn ungestört in seiner Rede fortfahren:

„Er nahm einige tüchtige Krieger mit, um unterwegs und auch dann bei den Dawuhdijehs nicht ohne allen Schutz zu sein. Wir wußten, wie lange die Hinreise und auch die Rückkehr dauern würde und er also ungefähr wiederkommen müsse. Diese Zeit verging und dann noch fast eine Woche, ohne daß er kam. Da wurden wir natürlich bange und schickten einige Kundschafter aus, um zu erfahren, warum er so lange bleibe. Als sie heimkehrten, meldeten sie uns, daß er nicht kommen könne, weil er mit dem Knaben und seinen Begleitern festgehalten werde." – „Warum hält man ihn zurück?" – „Das wissen wir nicht." – „Haben die Kundschafter gar nichts über diesen Punkt erfahren können?" – „Gar nichts!" – „Sonderbar, höchst sonderbar!" – „Was?" – „Ihr alle, die ihr doch beteiligt seid, wißt nichts davon, und ich, der Fremde, ahne den Grund!" – „Du? Ahnst ihn? Ja, man erzählt freilich von deinem Scharfsinn, daß ihm nichts entgehen könne, aber daß du hier das Richtige triffst, das ist doch gar nicht zu denken! Das würde fast ein Wunder sein." – „Ein Wunder? Gar nicht! Man hat gar nichts weiter nötig zu tun, als richtig nachzudenken. Wer folgerichtig zu denken und einen Punkt aus dem anderen zu entwickeln versteht, vor dessen Auge liegt schnell manches klar, was andere nur verspätet oder wohl auch gar nicht zu erfahren vermögen." – „Dürfen wir erfahren, Effendi, was du vermutest?" – „Ja, obgleich du damit von mir verlangst, daß ich gegen dich aufrichtiger sein soll, als du in deinen Mitteilungen gegen mich gewesen bist." – „Du aufrichtiger? Wieso?" – „Das wirst du gleich hören. Beantworte mir nur meine jetzige Frage der Wahrheit gemäß! Heißt der, den du deinen Bruder nennst, also der Vater des Knaben, wirklich Schevin?" – „Warum gibst du mir diese Frage?" erwiderte er ausweichend. – „Weil sie hier von großer Wichtigkeit ist. Das Kurmandschiwort Schevin heißt Schäfer, Hirte. Wenn ich erraten soll, ob ein kurdischer Krieger, der gar der Sohn des Häuptlings oder wenigstens ein Verwandter desselben sein soll, wirklich so heiße oder sich diesen friedlichen Namen nur beigelegt habe, um seinen eigentlichen, richtigen und sehr kriegerischen zu verbergen, so entscheide ich mich nicht für den ersteren, sondern unbedingt für den letzteren Fall. Dein sogenannter Bruder heißt nicht Schevin, sondern hat einen anderen Namen."

Wenn es hell gewesen wäre, hätte ich auf dem Gesicht des Kurden jedenfalls den Ausdruck der Überraschung bemerkt; da es nun aber hier unter den Bäumen ganz dunkel war, sah ich nichts, doch ließ eine längere Pause, welche eintrat, vermuten, daß meine Worte den beabsichtigten Eindruck hervorgebracht hatten. Dann klang seine Stimme im Ton eines plötzlichen, schnellen Entschlusses:

„Gut, nimm einmal an, du habest recht! Was folgt in Beziehung auf die Dawuhdijehs daraus?" – „Ich nehme zunächst an, daß euer Stamm mit dem ihrigen häufig zusammengetroffen ist?" – „Das ist richtig." – „Wenigstens die hervorragendsten von euren Kriegern sind ihnen bekannt?" – „Ja." – „Schevin ist ein solcher Krieger?" – „Ja." – „Sie wissen, wie er eigentlich heißt?" – „Ja." – „So denke also: Sie kennen ihn, sie wissen seinen wirklichen Namen; jetzt kommt er plötzlich anders zu ihnen, als sie ihn bisher gesehen haben, und gibt sich einen anderen, einen falschen Namen! Was werden sie da denken? Was werden sie da wohl tun?"

Da antwortete der Kurde rasch und im Ton der Besorgnis:

„Effendi, mit deinen Worten geht die Befürchtung in Erfüllung, die ich seit einigen Tagen hegte! Ich will dir gestehen, daß er allerdings anders heißt, daß er sich einen falschen Namen gegeben hat." – „Aber warum denn das?" – „Um leichter durchzukommen, um weniger Aufmerksamkeit auf sich zu lenken." – „Er mußte sich aber doch sagen, daß er gerade das Gegenteil davon erreichen werde!" – „Gerade das hat er sich nicht gesagt. Er glaubte, wenn er unerkannt bleibe, werde man sich weniger um ihn kümmern, als wenn man wisse, wer er sei." – „Aber man mußte ihn doch erkennen, weil er eine bekannte Persönlichkeit ist, und dann war es doch gar nicht anders zu erwarten, als daß man der Verheimlichung seines wirklichen Namens schlechte Absichten unterschob. Das siehst du wohl ein!" – „Ja, ich sehe es ein. Und leider ist mir dieser Gedanke erst nachträglich gekommen, als es schon zu spät war, eine Änderung zu treffen, denn Schevin war schon fort. Glücklicherweise ist es nicht ganz so schlimm, wie du denkst. Da er wirklich keine bösen Absichten hat, kann man ihn wohl mißtrauisch, aber doch nicht feindlich behandeln." – „Ob er schlimme Absichten wirklich hat, das ist Nebensache. Bei Leuten, wie die Dawuhdijehs sind, genügt es vollständig, daß er sie zu haben scheint. Nach diesem Schein wird er behandelt, nicht nach der Wirklichkeit." – „Das klingt schon schlimmer, als ich meinte; aber es gibt auch hierbei noch einen erleichternden Gedanken: Die alte Frau ist nicht direkt bei den Dawuhdijehs zu finden, sondern sie ist ihnen nur zur Bewachung anvertraut worden. Sie wird von den Türken festgehalten, und einige Dawuhdijehs sind stets bei ihr, um aufzupassen, daß sie den Ort, an dem sie sich befindet, nicht verlassen kann. Wer sie aufsucht, hat also nicht nötig, den eigentlichen Sitz des Dawuhdijeh-Stammes aufzusuchen." – „Diese alte Frau erweckt mein höchstes Interesse, doch werde ich dich erst später nach ihr fragen. Jetzt muß ich mich zunächst mit dem Widerspruch beschäftigen, welchen ich in deinen Worten und deinem Verhalten entdecke." – „Welchen Widerspruch meinst du, Effendi?" – „Du suchst alle möglichen Trostes- und Beruhigungsgründe hervor und hast mir doch schon gesagt, daß Schevin in die Hände der Dawuhdijehs gefallen sei und von ihnen nicht wieder fortgelassen werde. Ja, du scheinst dich sogar schon zu seiner Befreiung unterwegs zu befinden. Wie stimmt das zusammen? Sage es mir!" – „Du wirst das gleich begreifen, wenn ich dir mitteile, daß man Schevin zwar zurückhält, ihm aber nichts zu tun wagt, weil man ihm die Absichten, welche man vermutet, nicht nachweisen kann. Sobald aber ein einziger unserer Hamawand sich das geringste gegen irgendeinen Dawuhdijeh zu schulden kommen ließe, was zu jeder Stunde sehr leicht geschehen kann, so würde man die Rache sofort gegen Schevin richten, und das ist es, was mich um ihn, der mein älterer Bruder ist, in so große Sorge versetzt. Daß dann auch der Knabe sich in der größten Gefahr befände, daran darf ich überhaupt gar nicht denken!"

Auch jetzt war bei diesen letzten Worten der Ton seiner Stimme ein so tief klagender, wie ich es von einem kurdischen Oheim gar nicht erwarten konnte.

„Haben eure Kundschafter denn mit Schevin sprechen können?" erkundigte ich mich. – „Was denkst du? Das ist gar nicht möglich!" – „Warum nicht?" – „Ein Kundschafter darf sich doch nur ganz heimlich nähern und sich nur höchst vorsichtig erkundigen. Wie kann er da bis ganz zu der Person vordringen, nach welcher er zu forschen hat, die man aber verborgen hält?" – „Was das betrifft, so bin ich schon sehr oft Kundschafter gewesen und weiß, was man erreichen kann. Haben diese Leute ihn denn nicht wenigstens gesehen?" – „Nein." – „Aber sich nach ihm erkundigt?" – „Ja." – „Haben sie erfahren, wo man ihn versteckt hält?" – „Nicht genau, denn was sie mir darüber sagen konnten, klingt bald so und bald anders. Über allen Zweifel sicher ist es nur, daß man ihn nicht wieder fortgelassen hat und auch nicht fortlassen will." – „So ist er erkannt worden?" – „Wahrscheinlich. Wir sind also dreihundert Mann stark aufgebrochen, um ihn zu holen." – „Was sagst du?" fragte ich ihn erstaunt. „Dreihundert Mann? Das ist ja nach den Verhältnissen dieses Landes und dieser Gegend ein ganzes Heer!" – „Das ist es! Es gilt seine Befreiung, zu welcher keine Zahl zu groß sein kann!" – „So ist er unbedingt ein sehr hervorragender Mann eueres Stammes, und da du sein Bruder bist, so gehörst auch du nicht zu den gewöhnlichen Kriegern?" – „Nein. Auch die fünf Männer, welcher hier bei uns sitzen, sind auserlesene Leute. Wir sind unserem Heer vorangeritten als Führer und ‚scharfe Augen', denen die anderen in sicherer Entfernung zu folgen haben."

Es trat eine Pause ein, während welcher ich nichts sagte, weil mir diese Angelegenheit zu denken gab. Darum fragte Adsy nach einer Weile:

„Du schweigst. Du bist ein abendländischer Krieger und denkst also nicht so wie wir über das, was hier geschieht. Hat vielleicht etwas von dem, was ich gesagt oder getan habe, deine Zustimmung nicht?" – „Ich bin mit den dreihundert Hamawands nicht einverstanden. Verzeih, daß ich dies sage!" – „Aus welchem Grund bist du dagegen?" – „Kaum habt ihr die Blutrache zum Schweigen gebracht, so unternehmt ihr einen Zug, durch welchen der Haß und die Rache sehr leicht zu noch viel höher lodernden Flammen entfacht werden können als vorher. Das ist es, was ich auszusetzen habe." – „Es ist das jetzt noch kein Kriegszug, kann aber einer werden. Wenn die Dawuhdijehs unsere Forderung erfüllen, Schevin und seine Begleiter herauszugeben, ziehen wir friedlich wieder heim." – „Wißt ihr, warum sie ihn zurückgehalten haben? Kann er nicht etwas unternommen haben, womit er ihnen Grund zu diesem ihrem Verhalten gegeben hat?" – „Das werden wir erfahren. Wir sind zum Frieden, aber auch zum Kampf bereit. In beiden Fällen würden wir es als eine von Allah gesandte Hilfe betrachten, wenn Kara Ben Nemsi und Hadschi Halef Omar sich bei uns befänden." – „In beiden Fällen?" – „Ja." – „Wieso?" – „Wenn ihr euer Wort in die Waagschale des Friedens legt, wird es mehr gehört, als wenn wir alle sprächen. Und wenn es trotzdem zum Kampf käme, so würden deine Zaubergewehre, von denen wir schon so oft und so viel gehört haben, allein hinreichen, uns zum Sieg zu verhelfen. Ich bitte dich also sehr, Effendi, an diesem unserem Zug teilzunehmen!"

Aha! Sehr klug! Da ich aber doch nicht so geradeheraus sagen konnte, was ich über diese naive Zumutung dachte, antwortete ich in ablehnender Weise:

„Die Erfüllung deines Wunsches würde uns ein Vergnügen bereiten, welches für uns gewiß stets eine schöne Erinnerung wäre; aber leider haben wir keine Zeit dazu." – „Keine Zeit ...?!" warf mir Adsy im Ton des größten Erstaunens entgegen, denn der Orientale hat ja immer Zeit; er besitzt nicht das mindeste Verständnis für den Wert, den jede einzelne Lebensstunde für den Menschen haben soll und auch wirklich hat. – „Ja, keine Zeit!" wiederholte ich. „Wir sind schon bei den Bachtijaren länger geblieben, als wir wollten ..." – „Was ihr für diese tatet, könnt ihr auch für uns tun!" fiel er ein. – „Wir werden von Freunden in Bagdad erwartet ..." – „Sie mögen warten!" – „Auch haben wir vor, von Bagdad nach Basra nicht zu reiten, sondern mit dem Schiff zu fahren ..." – „Es mag warten!" – „Das wartet nicht, sondern fährt pünktlich ab." – „So fährt später ein anderes! Kein Mensch stirbt eher, als Allah will, und ihr kommt keinen Augenblick früher oder später nach Basra, als es auch im Buche des Lebens vorgeschrieben ist!" – „Du denkst nicht daran, daß ich kein Moslem, sondern ein Christ bin. Ich habe also in Beziehung auf das Kismet eine ganz anderes Meinung als du." – „Ich halte unseren Glauben für besser als den deinigen, obgleich ich diesen nicht kenne; aber kluge Leute scheint ihr doch zu sein, denn die alte Frau, welche die Wunde unseres Knaben heilen soll, ist auch eine Gläubige des Propheten aus Nasirah – Nazareth –." – „Eine Christin? Etwa aus dieser Gegend?" – „Das weiß ich nicht, aber man sagt, sie sei hier fremd. Sie soll so alt sein, daß man ihre Jahre gar nicht zählen kann. Ihr Antlitz ist das Angesicht des Todes, und die Zöpfe ihres langen, weißen Haares scheinen aus der Zeit zu stammen, in welcher Mohammed, der Prophet Allahs, noch auf Erden wandelte."

Kaum hatte der Kurde diese Worte gesagt, so rief Halef mit vor Überraschung lauter Stimme:

„Sihdi, Sihdi, hast du es gehört? Hamdulillah, wir sehen sie wieder, sie, die wir längst im Lande des Todes wähnten! Diese alte Frau ist nämlich …" – „Still!" unterbrach ich ihn, ehe er den Namen aussprechen konnte. – „Still? Warum soll ich still sein, warum soll ich schweigen, wenn die Freude mir im Herzen wohnt? Du verstehst mich nicht; du weißt nicht, wen ich meine! Wenn es gilt, etwas zu erraten, so reicht die Länge deines Verstandes gewöhnlich weiter als die Breite des meinigen; dieses Mal aber scheint meine Breite viel, viel eher zugegriffen zu haben als deine Länge. Ich weiß, welche alte Frau gemeint ist; ich weiß es ganz genau; du aber hast es nicht erraten, und …" – „Ich bitte dich", fiel ich ihm in die Rede, „die ganze berühmte Breite deines Verstandes festzuhalten, damit er dir ja nicht verloren gehe! Habe ich dich jemals mitten in dem, was du sagen wolltest, unterbrochen, ohne einen Grund dazu zu haben?" – „Nein", antwortete er, sichtbar frappiert. – „Und jetzt glaubst du, in einem Wettrennen zwischen deiner Breite und meiner Länge mich überholt zu haben? Lieber Halef, erlaube, daß ich dich an deine Hanneh erinnere! Oder nicht?"

Jetzt verstand er mich. Er sah ein, daß es den Hamawands gegenüber wahrscheinlich geraten war, uns im Betreff der vermutlichen Bekanntschaft schweigsam zu verhalten und antwortete also:

„Ja, Sihdi, erinnere mich immerhin an sie, welche nicht nur die duftigste der Rosen, sondern auch die klügste Besitzerin der bedachtsamsten Frauenlippen ist. Sie ist jedenfalls tausendmal schöner und jünger als diese alte Christin, deren Antlitz als das Angesicht des Todes beschrieben wird!"

Der Kurde, welcher nicht wußte, was mit unserem kurzen Redewechsel gemeint gewesen war, ergriff diese Gelegenheit, beschreibend fortzufahren:

„Ja, sie soll das Aussehen einer aus dem Grab zurückgeholten Leiche haben. Vielleicht hat sie sich auch wirklich schon im Grab befunden, und ihre Seele ist während dieser Zeit bei den Geistern der Abgeschiedenen gewesen und dann wieder in den Körper zurückgekehrt, denn sie weiß von jenem Leben zu sprechen, als ob sie es kennengelernt hätte, und kann Dinge sehen und hören, welche anderen Sterblichen streng verschlossen sind." – „Das klingt ja außerordentlich!" warf ich im ungläubigen Ton ein, um ihn dadurch zu weiteren Mitteilungen, die ich wünschte, anzustacheln. – „Es klingt nicht nur so, sondern es ist auch wirklich so, Effendi!" beteuerte er. – „Daß sie überirdische Dinge hört und sieht?" – „Ja. Oder hältst du Mogizat – Plural von Mogiza, d. h. Wunder – für unmöglich?" – „Gott tut täglich Wunder!" – „Allah nicht allein, sondern sie werden auch von Menschen verrichtet. Mohammed, der Prophet aller Propheten, war doch auch Mensch und hat viele, viele Wunder getan. Und von euerem Isa Ben Marryam – Jesus, Mariens Sohn – erzählt man sich dasselbe; er soll auch viele Wunder getan haben, obgleich sie nicht an die großen, herrlichen und erhabenen unseres Mohammeds reichen." – „Du irrst. Zwar wollen wir uns nicht über religiöse Dinge und Personen streiten, aber Christus hat gesagt: ‚Mir ist gegeben alle Gewalt im Himmel und auf Erden!' Und daß er diese Macht wirklich besaß, hat er durch seine Wunder bewiesen ..." – „So glaubst du, daß er höher stehe als Mohammed?" – „Ja." – „So müßte auch El Kuds – d. h. Jerusalem –, die heilige Stadt der Christen, höher stehen als Mekka, die wir verehren!" – „Wollen wir uns wegen des Ranges zweier Städte bekämpfen?" – „Nein, aber El Kuds hat nur den einen Vorzug, daß dort das Gericht des jüngsten Tages abgehalten wird; sonst aber steht Mekka unendlich höher, weil sich dort, wie du weißt, die heilige Kaaba befindet."

Ich lasse mich nicht gern in unnütze religiöse Gespräche ein, denn es fehlt zu den da aufgestellten Behauptungen meist die Zeit, die dazu gehörigen Beweise zu bringen; selten aber versäume ich eine Gelegenheit, wie die jetzige war, ein Streiflicht auf den eigentümlichen Umstand zu werfen, daß es in der Lehre und in den Traditionen des Islam Stellen gibt, durch welche das Christentum höher gestellt wird als der Mohammedanismus. Es gewährt mir dann immer ein heimliches Vergnügen, bemerken zu können, wie stutzig es den Moslem macht, so etwas anhören zu müssen, ohne daß er zu widersprechen vermag. So sagte ich auch jetzt:

„Was den Ort betrifft, an welchem das jüngste Gericht abgehalten wird, so gibt es bei den Mohammedanern zwei verschiedene Annahmen, die sich widersprechen. Nach der einen wird Christus an diesem Tag vom Himmel auf die Moschee der Ommajaden zu Damaskus niedersteigen, um von da aus einem jeden Lebenden und Toten sein Urteil zu sprechen. Also Christus wird das tun, nicht Mohammed: das sagt eure eigene Religion. Wer steht da höher?" –

„Effendi, hierauf kann ich nicht sogleich antworten, das muß ich mir erst überlegen." – „Gut, denke darüber nach! Und nach der anderen Anschauung wird das jüngste Gericht in Jerusalem stattfinden. Wenn einst die Posaunen dieses Tages ertönen, werden die Seelen aller Menschen dort im Tal Josaphat versammelt werden, Mohammed mitten unter ihne;, ein Säulenschaft, welcher aus der Mauer ragt, zeigt schon heute die Stelle an, wo er stehen wird. Hoch über ihm und den versammelten Geistern aber wird Christus auf dem Ölberg thronen, so daß er alle überblickt und ihm keiner entgehen kann, wenn er die Schafe von den Böcken scheidet. Da wird es der Brücke des Ssiret, von welcher eure Lehre an anderer Stelle spricht, nicht bedürfen, sondern es wird ein dünnes Seil über das Tal gespannt, über welches sämtliche Seelen schreiten müssen. Dabei werden die Gläubigen, die Frommen, an beiden Händen von ihren Schutzengeln gehalten und geleitet werden, so daß sie glücklich hinüberkommen; die Ungläubigen aber, die Gottlosen, werden keine lichten Führer haben und also hinab in die Finsternis und schauerliche Tiefe stürzen. Also auch hier thront Christus über Mohammed. Das sagt ihr selbst!" – „Du scheinst nicht nur eure, sondern auch unsere Lehre ganz genau zu kennen, Effendi; ich aber muß auch hierauf schweigen. Doch wirst du mir gewiß das zugeben, daß unsere Kaaba zu Mekka das größte Heiligtum der Erde ist?!" – „Nein, auch das gebe ich nicht zu." – „Weil du ein Christ bist. Wenn du ein Moslem wärest, würdest du mir recht geben!" – „Um dir das Gegenteil zu beweisen, will ich jetzt einmal nicht als Christ, sondern als Moslem sprechen. Du kennst doch wohl die Gesetze der Höflichkeit, nach denen Menschen miteinander verkehren?" – „Ja." – „Wenn von zwei Männern der eine höher steht als der andere und ein Besuch zwischen ihnen nötig ist, welcher hat da zu kommen?" – „Der, welcher niedriger steht." – „Also derjenige, welcher besucht wird, ist der höhere? Antworte der Wahrheit gemäß!" – „Ja, er ist der vornehmere, der höhere." – „So will ich dir noch folgendes sagen: Das Heiligtum der Mohammedaner in Jerusalem heißt Haram esch Scherif, und eure Lehrer sagen, daß am jüngsten Tage die Kaaba von Mekka nach Jerusalem kommen werde, um den Haram esch Scherif zu besuchen und mit ihm dem jüngsten Gericht beizuwohnen. Hörst du wohl?" – „Ist das wahr, Effendi?" – „Ja. Erkundige dich, so wirst du erfahren, daß es so ist, wie ich sage!" – „Die heilige Kaaba besucht den Haram esch Scherif! Das wußte ich noch nicht." – „Wer ist da der höhere, die Kaaba oder der Haram esch Scherif?" – „Der letztere!" – „Welcher

Ort ist der höhere, Mekka, die Stadt des Islam, oder Jerusalem, die Stadt der Christen?" – „Jerusalem!" – „Wirst du nun auch jetzt noch behaupten, daß die Wunder Christi nicht an die Wunder Mohammeds reichen?" – „Effendi, ich kann mich nicht mit dir messen, denn ich habe die Worte nicht, welche dir zur Verfügung stehen!" – „Dir fehlen nicht die Worte, sondern die Beweise. Ihr gebt die Wunder Christi ohne alle Widerrede zu; wir aber kennen nicht ein einziges Wunder, welches Mohammed getan hat. Mohammeds Wunder werden nur von der Überlieferung erzählt! Christi Wunder aber werden von Mohammed bestätigt und sind im heiligen Buch verzeichnet, aus welchem Mohammed geschöpft hat. So sage mir nun einmal, wessen Wunder werden wohl glaubhaft sein?" – „Schweig, Effendi, ich bitte dich! Hast du vielleicht die Absicht, mir meinen Glauben zu rauben? Ich wollte doch nicht von den Wundern Mohammeds und von den Wundern Isa Ben Marryams sprechen, sondern von denen, welche man sich von der alten Frau erzählt!" – „Erzählt! Aber wahr sind sie nicht!" – „Sie sind wahr! Ich habe unheilbar Kranke gesehen, von denen sie durch das Gebet und das darauf folgende Auflegen ihrer Hände die Krankheit genommen hat. Sie kennt die Gedanken eines jeden Menschen; der zornigste Mann wird vor ihr zum stillen Lamm, sogar die Tiere sind ihr untertan!" – „Wie heißt diese Frau?" – „Ihren Namen kenne ich nicht; ich habe ihn noch nie gehört. Man nennt sie nur es Sahira – die Zauberin –." – „Kennst du ihre Heimat?" – „Nein. Doch meint man, sie müsse aus der Gegend von Hakkiari oder auch Rowandiz sein, weil sie zuweilen Namen von Orten nennt, die es dort gibt. Etwas Sicheres wird wohl nur der Pascha von Suleimania wissen." – „Der? Du nennst ihn Pascha? Wenn er das erführe, würde er sich sehr darüber freuen, daß er zu einem solchen Rang erhoben worden ist. Warum meinst du, daß er die Heimat der Frau kennt?" – „Weil er es ist, der sie gezwungen hat, in diesem Kulluk – Wachturm – zu wohnen, den sie nicht verlassen darf." – „Er hat sie nicht bei sich in Suleimania?" – „Nein. So nahe will er sie nicht haben, denn er fürchtet sich vor ihr. Er hat sie in die Berge schaffen lassen, wo hoch oben das dicke Gemäuer des Kulluk steht, welcher vor langer, langer Zeit zur Bewachung der Grenze gebaut worden ist. Dort steckt sie unter der Aufsicht der Dawuhdijehs, welche aufpassen müssen, daß sie sich nicht entfernt." – „Also eine Gefangene?" – „Ja." – „Und doch sagst du, daß sie Kranke heile und noch sonstige Wunder tue?" – „Das habe ich gesagt, und es ist wahr." – „So scheint es doch, als ob man sie nicht allzu streng bewache?" –

„Man läßt keinen Menschen zu ihr in den Turm. Wenn jemand mit ihr sprechen will, darf sie bis an die Tür kommen, wofür man den Dawuhdijehs ein Geschenk zu geben hat." – „So ist zu schließen, daß sie eigentlich niemanden zu ihr lassen sollen, dies aber des Bakschisch wegen nicht so scharf nehmen, wie der Pascha es befohlen hat. Sonderbar ist es, daß er sie nicht durch Soldaten, sondern durch die Dawuhdijehs bewachen läßt!" – „Den Grund kenne ich nicht." – „Wie lange steckt sie wohl schon in dem Kulluk?" – „Das weiß ich nicht; es ist aber schon lange her, seit ich zum erstenmal von ihr hörte." – „Welche Sprache spricht sie?" – „Man kann arabisch, türkisch, kurdisch und auch persisch mit ihr reden." – „Kennst du die Gegend, in welcher der Turm liegt?" – „Ja." – „Aber so genau, daß du mir als Führer dorthin dienen könntest?" – „Ja. Wir sind schon einigemal dort gewesen, früher, als der Kulluk leer stand und es Sahira noch nicht hinter seinen starken Mauern steckte." – „Das ist mir lieb, denn ich kenne ihn noch nicht." – „Willst du hin?" fragte er schnell. – „Ja." – „Ich denke, du hast keine Zeit!" – „Ich habe allerdings so wenig Zeit, daß ich mich durch gewöhnliche Gründe nicht abhalten lassen würde, direkt und ohne alles Säumen nach Bagdad zu reiten; aber um eine Frau zu sehen, welche Wunder tut, kann man schon ein solches Opfer bringen." – „So werdet ihr also bei uns bleiben?" – „Ja." – „Hamdulillah! Wenn dies der Fall ist, können wir sicher sein, daß wir Schevin mit dem Knaben und auch ihre Begleiter zurückbringen werden! Effendi, ich danke dir! Du konntest mir gar keine größere Freude bereiten! Nun mögen die Dawuhdijehs vorhaben, was sie wollen, wir brauchen keine Sorge zu haben. Selbst wenn es zwischen ihnen und uns zum Kampf käme, würde dieser für uns ein siegreiches Ende nehmen!" – „Was das betrifft, so will ich nicht zögern, dir ein notwendiges Wort zu sagen. Du hast, wie du uns vorhin mitteiltest, viel von uns gehört; da wirst du wahrscheinlich auch erfahren haben, daß wir zwar furchtlose Männer sind, aber den Frieden lieben und darum so viel wie möglich jeden Streit, jede Feinseligkeit zu umgehen suchen. Genau so werden wir uns auch jetzt verhalten." – „Aber wenn die Dawuhdijehs nun weniger friedlich gesinnt sind und uns zum Kampf zwingen!" – „So bleibt uns vorher noch immer die List, durch welche man ohne Opfer an Blut und Leben oft mehr erreicht als durch sofortiges Dreinschlagen mit den Waffen. Wir haben diese Erfahrung sehr oft gemacht." – „Wir sind ja auch gar nicht darauf versessen, das mit Gewalt zu erzwingen, was wir ohne sie erreichen können. Ich habe die dreihundert Krieger aber mitgenommen, um für alle Fälle gerüstet zu sein." – „So bin ich mit dir einverstanden, und wir können uns also über die notwendigen Maßregeln, welche zu treffen sind, besprechen." – „Welche Maßregeln meinst du da?" – „Ich meine, daß wir doch wissen müssen, wohin wir uns zu wenden haben, um die Gesuchten zu finden." – „Ja, wo sie stecken, das wissen wir nicht. Ich habe dir schon gesagt, daß die Aussagen und Vermutungen unserer Kundschafter in Beziehung auf diesen Punkt nicht miteinander übereinstimmen." – „Hm! Da ist es ja gerade so gut, als hättet ihr gar keine Späher ausgeschickt! Ich meine, daß solche Leute gar nicht eher zurückkehren dürfen, als bis sie wissen, woran sie sind; so habe wenigstens ich es stets gehalten. Soviel ich weiß, gibt es nomadische Dawuhdijehs und auch solche, welche zwischen Bazian und Kafri seßhaft sind. Um welche handelt es sich?" – „Um alle, denn die Seßhaften schließen sich stets den anderen an, wenn es ein gewinnbringendes Unternehmen gilt; der Unterschied zwischen beiden ist nicht groß." – „Wo sind die nomadisierenden jetzt zu suchen?" – „Links oberhalb Suleimania." – „Und wo liegt der Kulluk, in welchem die wunderbare Sahira festgehalten wird?" – „Gerade östlich und ungefähr einen Tagesritt von hier." – „Wie weit sind deine dreihundert Mann hinter dir?" – „Sie kommen morgen früh eine Stunde nach dem Beginn des Tages hier an." – „Wann wolltet ihr diese Stelle hier verlassen?" – „Sofort wenn es Tag geworden ist." – „Also noch ehe eure Krieger hier eintreffen?" – „Ja." – „Würden diese denn wissen, wohin sie sich hinter euch her zu wenden haben?" – „Ja, denn wir haben Zeichen mit ihnen verabredet." – „Wohin von hier aus würdet ihr sechs morgen geritten sein, wenn ihr uns nicht getroffen hättet?" – „Das wollen wir heute abend hier beraten." – „So beratet es jetzt! Ich bin neugierig, was ihr da beschließen werdet." – „Willst du uns nicht helfen?" – „Ich will wissen, was ihr tun würdet, wenn wir nicht dabei wären. Vielleicht sage ich euch dann das, was ich denke. Wir wollen euch in eurer Beratung nicht stören und uns also für kurze Zeit entfernen. Komm, Halef!"

Wir standen auf und spazierten langsam am Wasser hin. Als wir uns bis außerhalb Hörweite der Hamawands entfernt hatten, sagte der kleine Hadschi:

„Gut, daß du diesen Vorwand vorschobst, um für einige Zeit von ihnen wegzukommen! Da können wir sprechen, ohne daß sie hören, was wir sagen. Du warst zornig, als ich den Namen nennen wollte?" – „Zornig nicht." – „Aber ich sollte schweigen?" – „Ja.

Wunderst du dich darüber?“ – „Ich glaubte, es sei gleichgültig, ob sie wissen oder nicht, daß wir diese alte Frau so gut kennen.“ – „Bei einem Zusammentreffen mit solchen Leuten kann das, was man tut oder spricht, nie gleichgültig sein. Du siehst hier wieder einmal, daß du nicht bedachtsam genug bist. Warum schwieg denn ich? Warum habe ich den Namen nicht sofort genannt?“ – „Ich glaubte, du errietest gar nicht, wer diese Frau eigentlich ist!“ – „So wenig kennst du mich? Ich pflege solche Sachen doch gewöhnlich eher zu erraten als du. Das könntest du doch nun bald wissen! Übrigens ist es nicht so über allem Zweifel erhaben, wie du denkst, daß sie es ist. Es ist möglich, daß wir uns irren.“ – „Wie? Es wären noch Zweifel möglich?“ – „Ja.“ – „Daß es Marah Durimeh ist?“ – „Ja.“ – „Sihdi, wenn sie es nicht ist, darfst du mich für einen so dummen Knaben halten, wie es keinen dümmeren geben kann. Ich täusche mich nicht!“ – „Ich glaube auch, daß wir uns nicht irren; aber es gibt noch mehr alte Frauen hier in Kurdistan.“ – „Hundertjährige?“ – „Wahrscheinlich.“ – „Die Christinnen sind?“ – „Ja.“ – „Und aus der Gegend von Hakkiari stammen?“ – „Ja.“ – „Es ist möglich, ja; aber es liegt die unerschütterliche Gewißheit in mir, daß dieser Kurde kein anderes Weib gemeint hat als unsere Marah Durimeh.“ – „Gerade so liegt es auch in mir, doch schwören können wir nicht darauf. Und wenn sie es ist, so haben wir doch nicht nötig, so vorschnell zu sagen, daß wir sie kennen. Wir wissen ja gar nicht, wie sich diese Angelegenheit entwickeln wird. Sie scheint gefangen zu sein. Man hält sie für eine Zauberin. Aber wie denkt man sonst von ihr? Freundlich oder feindlich? Besonders da sie Christin ist! Wir müssen sie herausholen. Dürfen wir das den Hamawands sagen? Oder würden sie das den Dawuhdijehs verraten, um dafür ihre Leute loszubekommen? Du hörst, daß es hier verschiedenes zu überlegen gibt, und daß wir nicht so, wie du wolltest, vor lauter Freude mit beiden Beinen zugleich hineinspringen dürfen! Nur vorsichtig sein, Halef! Denke an Hanneh!“ – „Sihdi, an die denke ich zu aller Zeit; sie kommt mir keinen Augenblick aus dem Sinn, denn sie ist der holdeste Inbegriff aller Seligkeit und Wonne, die es im Morgenland und auch im Abendland gibt!“ – „Behalte sie getrost nur für das Morgenland, denn das Abendland wird durch die Holdseligkeit meiner Emmeh schon genug verschönt und erleuchtet!“ – „Gut, du sollst deinen Willen haben! Nun sag aber auch, wie wir es anfangen werden, um in den Turm zu Marah Durimeh zu kommen!“ – „Das kann ich doch jetzt noch nicht wissen!“ – „Nicht? Ich habe geglaubt, daß dir die berühmte Länge deines Verstandes zu jeder Zeit zur Verfügung stehe!" – „Wenn ich Gedanken brauche, werden sie sich einstellen; jetzt sind sie noch nicht nötig." – „Ich dächte, doch!" – „Nein! Erst müssen wir die betreffenden Umstände kennenlernen." – „Wenn du mit den Umständen soviel Umstände machst, werden sie sich dir bald als Übelstände zeigen!" – „Hältst du diesen Witz vielleicht für einen guten? Wir können jetzt noch nichts bestimmen, weil wir noch fast gar nichts wissen. Vor allen Dingen müssen wir den Kulluk kennenlernen. Bevor wir ihn gesehen haben, ist es nicht möglich, einen Plan zu entwerfen. Überlaß dies mir, und sorge dich nicht! Komm!"

Der Anführer der Hamawands hatte uns gerufen. Als wir hinkamen, teilte er uns mit:

„Wir sind mit unserer Beratung fertig, Effendi, und werden euch mitteilen, was wir beschlossen haben." – „Nun?" – „Wir werden morgen früh doch nicht gleich fortreiten, sondern hier bleiben, bis unsere Krieger kommen." – „Warum?" – „Weil sie euch sehen sollen. Ich will, daß sie sich mit ihren eigenen Augen überzeugen, was für seltene und berühmte Männer wir hier getroffen haben und zu unseren Freunden zählen dürfen. Ich muß dabeisein, wenn sie sich darüber freuen, und will nicht haben, daß ich diesen Anblick versäume." – „Ich bin damit einverstanden, daß wir warten, bis sie kommen, doch nicht aus persönlichen, sondern aus Klugheitsgründen. Eine so große Menge von Kriegern so nahe hinter euch kann alles verderben." – „Wieso?" – „Erkennst du denn nicht ganz von selbst, was ich meine?" – „Nein. Ich glaubte bisher, damit, daß ich diese dreihundert Leute mitnahm, sehr vorsichtig und vernünftig gehandelt zu haben, und nun höre ich, daß du aus Gründen der Klugheit dagegen sprichst!" – „Ich tue das mit vollem Recht. Sag mir doch, warum ihr nicht sofort mit diesen dreihundert Mann aufgebrochen seid, sondern erst Kundschafter schicktet?" – „Weil wir doch unbedingt erst wissen mußten, wie es mit unseren Freunden steht, die nicht zurückkehren." – „Nun, wißt ihr das denn jetzt?" – „Nein. Wir haben weiter nichts erfahren können, als daß sie von den Dawuhdijehs zurückgehalten werden." – „Also, obgleich eure Kundschafter das nicht erreichten, was sie erreichen sollten, habt ihr das getan, was ihr nicht eher tun wolltet und auch wirklich nicht eher tun durftet, als bis die Aufgabe der Späher gelöst worden war! Du gibst zu, daß es falsch gewesen wäre, mit dreihundert Mann auszurücken, ohne die Verhältnisse vorher erst zu erkunden, und jetzt seid ihr ausgerückt, obwohl sie nicht erkundet worden sind.

Ist damit der Fehler eingestanden oder nicht?“ – „Effendi, du verstehst die Fragen so zu setzen, daß man gerade so antworten muß, wie du es wünschst!“ – „Gut; diese Worte enthalten das von mir gewünschte Eingeständnis! Das, was die Kundschafter versäumt haben, muß unbedingt nachgeholt werden. Ihr seid sechs Personen, vollständig genug, dies zu tun. Ich meine sogar, daß es zwecks solcher Späherschaften stets besser ist, so wenig wie möglich Personen dazu zu nehmen, die aber allerdings auch möglichst erfahren, vorsichtig und listig sein müssen. Sechs Personen würden mir schon zu viel sein. Anstatt dies einzusehen, schleppt ihr gar noch dreihundert Männer hinter euch her. Ich sage dir, ihr gleicht da Kundschaftern auf einem Fluß, welche zwar so klug gewesen sind, den kleinsten und schnellsten Kahn für sich auszuwählen, aber ein großes, schweres, unbewegliches Floß angehängt haben, welches sie nun mühsam hinter sich herschleppen. Ich müßt so ungebunden, so leicht, so unabhängig wie möglich sein, um euch, sobald es nötig ist, nach jeder Richtung wenden zu können, und hängt doch an diesen dreihundert Mann wie flüchtig sein sollende Pferde fest, welche vor einen schwerbeladenen Ochsenwagen gespannt worden sind!“ – „So meinst du, daß wir diese Krieger zurücklassen und uns zunächst auch nur als Späher betrachten sollen?“ – „Ja, das meine ich.“ – „Aber wohin sollen wir uns da wenden? Wir wissen ja nicht, wo Schevin versteckt gehalten wird!“ – „Durch diese Unwissenheit wird der Fehler nur vergrößert, der in der Mitnahme so vieler Krieger liegt. Erfahrt ihr das, was ihr nicht wißt und doch wissen müßt, etwa durch die Begleitung dieser Leute?“ – „Nein.“ – „Es scheint, ihr habt nicht richtig gehandelt. Ich an eurer Stelle wüßte, wohin ich mich zu wenden hätte.“ – „Ich bitte dich, es uns zu sagen!“ – „Sehr einfach, nach dem Kulluk, in welchem die alte Sahira steckt.“ – „Dorthin? Warum?“ – „Aus keinem anderen Grund, als gerade eben weil diese Frau sich dort befindet. Ich habe keine Ahnung, warum der sogenannte ‚Pascha‘ von Suleimania sie dort festhalten läßt; aber daß er sie nach diesem Wartturm hat schaffen lassen, ist mir ein Beweis dafür, daß dieser Ort der in der ganzen Umgegend geeignetste dazu ist. Das wissen natürlich auch die Dawuhdijehs, denen ja die Bewachung dieser Gefangenen anvertraut worden ist, und so liegt der Gedanke, daß sie such Schevin dorthin gebracht haben, doch sehr nahe, denn erstens gibt es keinen besser passenden Ort dazu, und zweitens ist die nötige Bewachung schon vorhanden.“ – „Effendi, dieser Gedanke ist gut, sehr gut. Ich wundere mich jetzt darüber, daß wir nicht auf ihn gekommen sind, da er doch eigentlich der allernächste war!" – „So siehst du also ein, daß ich recht hatte, als ich sagte, ihr hättet nicht richtig nachgedacht. Ihr seid in eurer Wut über die Dawuhdijehs sofort mit dreihundert Kriegern losgeplatzt, ohne nur zu wissen, weshalb sie Schevin festgehalten haben, und ohne euch zu sagen, daß man Gewalt erst dann anwendet, wenn man eingesehen hat, daß weder Güte noch List zum Ziel führen. Ich an eurer Stelle würde die dreihundert Mann hier zurücklassen und zunächst nach dem Kulluk reiten, um nachzusehen, wie es dort steht. Das ist doch wenigstens ein fester Anhaltspunkt, und selbst wenn sich Schevin mit seinen Begleitern nicht dort befinden sollte, sind dort jedenfalls Winke zu erhalten, die nach dem Ort deuten, an welchem er zu suchen ist." – „Das leuchtet mir auch ein. Effendi, ich sehe, daß wir euch zu unserem Vorteil hier getroffen haben. Sag noch einmal, ob du bei uns bleiben und uns begleiten willst; ich bitte dich darum!" – „Was ich gesagt habe, gilt. Ich bleibe." – „Ich danke dir. Wenn ihr bei uns seid, wird alles gutgehen; ich bin überzeugt davon. Darum werde ich nichts tun, ohne daß ich euch vorher frage." – „Daran tust du wohl. Ich will dir aufrichtig gestehen, daß ich euch für noch viel unvorsichtiger halte, als ich euch bis jetzt gesagt habe." – „Da bin ich überzeugt, daß diese deine Annahme grundlos ist. Wir sind keine unerfahrenen Hirten, sondern geübte Krieger, und wenn ich den Fehler begangen habe, es für richtig zu halten, gleich mit einem so großen Trupp aufzubrechen, so ist das eben eine Ansicht gewesen, deren Unbrauchbarkeit von dir zwar behauptet, aber doch noch nicht bewiesen worden ist. Es kann sich noch immer herausstellen, daß dieser mein Gedanke richtig war!"

Der mißmutige Ton, in welchem er diese Worte vorbrachte, bewies mir, daß er mir die meinigen übelgenommen hatte. Wäre ich nicht Kara Ben Nemsi gewesen, so hätte ich wahrscheinlich eine scharfe Zurechtweisung erfahren. Diese sechs Männer waren hervorragende Krieger ihres Stammes und besaßen also jedenfalls ein sehr ausgeprägtes Ehrgefühl, welches ich nicht geradezu beleidigen durfte; aber als mir der Anführer sagte, daß er uns immer vorher fragen werde, hatten zwei von ihnen sich in einer Weise geräuspert, welche ihr Mißfallen andeuten sollte, und so kam es mir nun darauf an, ihnen zu zeigen, daß sie gar wohl Grund hatten, sich um unsere Ansichten zu bekümmern. Darum fuhr ich jetzt, um seine Einrede ganz unbeirrt, fort:

„Ich kann das, was ich jetzt erwähnen will, nicht behaupten, sondern ich vermute es nur; trotzdem aber ist es nötig, dich darüber zu fragen. Du sagtest, daß eure Kundschafter Erkundigungen eingezogen haben?“ – „Ja; natürlich taten sie das.“ – „Bei wem?“ – „Bei Dawuhdijehkurden, denn bei anderen hätten sie doch nichts erfahren können.“ – „Wenn man sich nach jemandem erkundigt, ist man gezwungen, seinen Namen zu nennen, ihn zu beschreiben, irgendeine bestimmte Angabe über ihn zu machen?“ – „Ja.“ – „Das haben eure Kundschafter also auch getan?“ – „Selbstverständlich!“ – „Es wäre mir sehr lieb, wenn du mir sagen könntest, wann, wo, bei wem und in welcher Weise sie ihre Erkundigungen eingezogen haben.“ – „Sie haben sich zerstreut und einen Ort bestimmt, an welchem sie sich wieder treffen wollten; dann hat jeder von ihnen einen Dawuhdijeh, den er traf, ausgefragt.“ – „Und was haben diese Dawuhdijehs getan?“ – „Wie meinst du das?“ – „Meinst du, daß sie nur Auskunft gegeben haben?“ – „Was sonst?“ – „Zunächst ist es sehr fraglich, ob sie die Wahrheit gesagt haben; ich wenigstens würde mich von keinem Fremden ausfragen lassen. Sodann haben diese Dawuhdijehs nicht etwa nur geantwortet, sondern jedenfalls sich dabei ihre heimlichen Gedanken erlaubt. Sie haben ferner zu anderen Dawuhdijehs unbedingt von diesen Erkundigungen fremder Männer gesprochen, und auf diese Weise ist es bekannt geworden, daß ... sag, wieviel Kundschafter sind es gewesen?“ – „Acht.“ – „O weh! So viele! Also auf diese Weise ist es bekanntgeworden, daß acht Fremde sich an verschiedenen Stellen und bei verschiedenen Dawuhdijehs nach ganz denselben Personen erkundigt haben. Das hat natürlich Aufsehen erregen, Verdacht erwecken müssen, und darum bin ich vollständig überzeugt, daß die Dawuhdijehs erraten haben, wer diese Fremden waren. Sie müßten sehr dumme Menschen sein, wenn sie das weitere nicht vermutet hätten, und so kannst du fast mit Sicherheit darauf rechnen, daß sie auf den Empfang deiner dreihundert Krieger vorbereitet sind!“ – „Effendi, ist das wirklich deine Meinung?“ fragte er schnell und im Ton der Besorgnis. – „Ja, das ist sie!“ – „Da wären wir ja schon unterwegs nicht sicher!“ – „Das mußtest du dir schon längst sagen, scheinst aber gar nicht daran gedacht zu haben. Ich an deiner Stelle würde meine Gedanken sogar noch viel weiter schweifen lassen.“ – „Wohin?“ – „Nach euren Lagerplätzen.“ – „I' Allah! Warum dorthin?“ – „Höre mich an! Ich setze den Fall, ich sei der Scheich der Dawuhdijehs. Wir standen mit den Hamawandikurden in Blutrache, welche kürzlich ausgeglichen wurde. Da kamen mehrere Hamawands mit einem Knaben, den sie mit ...“ – „Da muß ich dich unterbrechen“, fiel er ein. „Schevin und seine Begleiter haben verleugnet, daß sie zum Stamm der Hamawandikurden gehören!" – „Gerade das ist ja das schlimme! Durch diese Lüge haben sie mein Mißtrauen erweckt, und ich halte sie darum zurück. Sehr wahrscheinlich ist es dann zu Szenen gekommen, welche mich beleidigten, meine Rache herausforderten. Da kamen nach und nach acht einzelne Männer meines Stammes, von denen ich erfuhr, daß acht Fremde sich an verschiedenen Stellen nach diesen lügnerischen Hamawands erkundigt haben. Ich denke natürlich sofort, daß sie auch Hamawands gewesen sind. Ferner sage ich mir, daß diese Kundschafter daheim melden werden, daß ich die Ihrigen feindlich behandelt habe und festhalte. Ich weiß auch, daß die Hamawands nun beschließen werden, diesen Leuten zu Hilfe zu kommen. Was werde ich nun wohl tun?"

Der Kurde war zunächst still, als ich dann meine Frage wiederholte, antwortete er:

„Du willst mir Sorge machen, Effendi!" – „Ich will dir deine Angelegenheit in dem Licht zeigen, in welchem du sie sehen mußt; weiter will ich nichts." – „Du meinst also, die Dawuhdijehs sind überzeugt, daß wir kommen?" – „Ja." – „Und daß sie sich vorbereitet haben?" – „Ja. Ich stamme zwar aus dem Abendland, aber ich kenne die hiesige Gegend und die hiesigen Völker wenigstens ebensogut, wie du sie kennst. Glaube mir, daß ein Fremder oft mehr und schärfer als ein Einheimischer sieht! Indem ich mich in die Lage der Hamawands versetze, was du auch hättest tun sollen, aber unterlassen hast, weiß ich, was und wie sie denken und tun werden. Wenn sie sich nicht auf euren Angriff vorbereitet hätten, wären sie wert, daß jeder von ihnen die Bastonade bekäme! Ich halte sie aber für klug genug." – „Und ich glaubte, sie vollständig überrumpeln zu können!" – „Da hast du sie unterschätzt. Ja, ich will es nicht als ganz und gar unmöglich hinstellen, daß sie unvorbereitet sind, aber dieser einen Möglichkeit stehen neunundneunzig Gewißheiten gegenüber. Ich möchte wetten, daß du morgen mit allen deinen Kriegern ins Verderben reiten würdest, wenn du hier nicht Veranlassung gefunden hättest, jetzt alle mögliche Vorsicht in Anwendung zu bringen." – „So denkst du, daß wir umkehren sollen?" – „Nein." – „Aber es ist doch deine Ansicht, daß sie uns erwarten, daß wir also auf sie treffen, wenn wir weiterreiten!" – „Ich habe doch gesagt, daß deine Krieger hier zurückbleiben sollen." – „Und wir sechs? Was tun wir?" – „Ihr reitet mit uns nach dem Kulluk." – „Das ist doch noch viel gefährlicher! Sechs Mann oder dreihundert Mann, das gibt einen Unterschied!" – „Allerdings;

aber dieser Unterschied fällt zu unseren Gunsten aus. Sechs Personen, oder mit uns beiden acht, können leichter und unbemerkt hindurchkommen als dreihundert. Das mußt du dir auch sagen." – „Du meinst also einen heimlichen Ritt?" – „Ja, einen überaus vorsichtigen Kundschafterritt. Der Haupttrupp bleibt hier zurück, um uns Hilfe zu bringen, wenn wir welche brauchen. Das ist das allein Richtige." – „Ja, das ist das Richtige!" stimmte Halef bei. „Wenn ihr tut, was mein Effendi sagt, kann euch nichts geschehen. Wir wissen ganz genau, wie man so etwas anzufangen hat. Wir haben solche Ritte schon oft getan, und da wir gesehen haben, daß eure Pferde gut sind, braucht ihr keine Sorge zu haben. Wir beide sind fest entschlossen, nach dem Turm zu reiten. Wenn ihr Angst bekommen habt, könnt ihr ja umkehren; wir werden uns keine Mühe geben, euch festzuhalten."

Da rief der Kurde rasch:

„Was denkst du von uns! Wir fürchten uns nicht!" – „Es schien aber fast so!" meinte der Hadschi gleichmütig. – „Ich bitte dich, dies nicht noch einmal zu sagen! Es gibt keinen Hamawandi, der sich fürchtet, und Schevin und den Knaben können wir unmöglich im Stich lassen." – „Also reitet ihr mit?" – „Ja." – „So muß ich euch eine Mitteilung machen." – „Welche?" – „Habt ihr gute Ohren?" – „Ja", antwortete Adsy, ohne daß er wußte, worauf Halef mit seiner Frage zielte. – „Wir auch. Unsere Ohren sind nicht nur gut, sondern sogar sehr feinfühlend, ganz außerordentlich empfindlich. Es gibt gewisse Geräusche, welche wir nicht vertragen können, zum Beispiel ein gewisses Räuspern. Ich hoffe sehr, daß du weißt, was ich meine!" – „Ich weiß es nicht." – „Nicht? Muß ich es dir wirklich sagen?" – „Wenn es wichtig ist, ja." – „Es ist sehr wichtig, überaus wichtig. Vorhin, als du sagtest, daß du nichts tun werdest, ohne uns zu fragen, da gab es so ein Hüsteln und Räuspern da bei den beiden, die hier neben mir sitzen. Solche Geräusche pflegen uns tief in die Ohren bis in die Hände hinunter zu klingen, und dann pflegen wir mit den Händen gewöhnlich etwas zu tun, was dem Betreffenden das Räuspern abgewöhnt. Also, wenn wir mit euch reiten sollen, so räuspert nicht zu oft; ihr könntet euch sonst verschiedene Verdrießlichkeiten zuziehen! Nun hast du mich wohl verstanden? Oder soll ich es vielleicht noch einmal sagen?" – „Nein, es genügt dies eine Mal", antwortete Adsy verlegen. „Du schiebst diesem Geräusch eine Bedeutung unter, die es gar nicht hatte." – „Möglich! Aber am liebsten ist es mir, wenn ich gar nicht zu schieben brauche. Ich habe alle Geräusche der Welt studiert und kenne die Bedeutung jedes einzelnen. Seid also in Zukunft vorsichtiger, denn wenn dann ich anfange, Geräusche zu machen, so sind es solche, über deren Bedeutung gar kein Irrtum möglich ist!"

Die Stimmung wurde durch dieses kleine, von dem sehr ehrliebenden Hadschi herbeigeführte Intermezzo eine andere, und es kostete mich einige Mühe, sie wieder auf den vorherigen Stand zu bringen. Dann, als die gute Laune sich wieder bei ihm eingestellt hatte, war er so gnädig, die Unterhaltung in seine Hand zu nehmen, das heißt natürlich nichts anderes, als daß er die Schleusen seines Mundes öffnete und von unseren großen Taten zu erzählen begann. Es gab in Beziehung auf unseren Ritt nach dem Kulluk nichts Wichtiges mehr zu sagen, und die Kurden waren ganz begierig darauf, das, was sie über uns gehört hatten, aus meinem oder seinem Munde bestätigt zu finden. Der meinige verhielt sich natürlich still; also desto beredter erwies sich der seinige, zumal ich ihn ruhig bewähren ließ und keine Veranlassung nahm, ihn zu unterbrechen.

Das, was er erzählte, hatte ich nicht nur selbst mit ihm erlebt, sondern es auch viele Male von ihm erzählen hören; es konnte mich also nicht in der Weise interessieren, daß ich ihm eine so gespannte Aufmerksamkeit wie die Kurden schenkte. Ich sah also, wie ich es stets tat, noch einmal nach unseren Pferden und wickelte mich dann in meinen Haik, um mich zur Ruhe zu legen. Einschlafen konnte ich freilich noch nicht, denn die von seiten der Zuhörer mit Ausrufen der Bewunderung gespickte Rede des Hadschis klang mir wie das ununterbrochene Geräusch einer in der Nähe niederfallenden Kaskade in die Ohren, und dazu hielt mich auch der Gedanke an unser morgiges Vorhaben wach.

Besonders beschäftigte mich es Sahira, die alte Zauberin, von welcher gesprochen worden war. Wer meinen Band „Durchs wilde Kurdistan" gelesen hat, der weiß, daß ich in der kleinen Festung Amadijah Gelegenheit hatte, einem kurdischen Mädchen Hilfe gegen die Vergiftung durch Tollkirschen zu bringen. Bei dieser Patientin traf ich eine über hundert Jahre alte Ahne von ihr namens Marah Durimeh, welcher früher Meleka – Königin – gewesen war und mir infolge dieser glücklichen Kur eine Dankbarkeit widmete, deren ungeahnte Wichtigkeit für mich ich dann später zu meinem größten Vorteil erkennen sollte – siehe: Karl May, „Durchs wilde Kurdistan", Kapitel VII –. Mein damaliges Zusammentreffen mit dem Ruh 'i kulyan, dem segenspendenden „Geist der Höhle", war nicht nur ein für unsere damalige Reise wichtiges Erlebnis, sondern hat auch für mein inneres Leben Folgen gehabt, die mir bis auf den heutigen Tag unschätzbar geblieben sind. Ich bitte, dieses Kapitel nachzuschlagen und noch einmal zu lesen, damit das, was ich jetzt zu berichten habe, den notwendigen Zusammenhang gewinne! Zugleich will ich bei dieser Gelegenheit bemerken, daß ich über mein viertes und letztes Zusammentreffen mit Marah Durimeh ein besonderes Buch schreiben werde, weil diese Begegnung von einem so tiefen und nachhaltigen Einfluß auf die Richtung und den Inhalt meines Seelenlebens gewesen ist, daß ich herzlich wünsche, meinen lieben Lesern von diesen aus dem irdischen Leben in die Ewigkeit hinüberreifenden Früchten anbieten zu dürfen.

Also an diese alte, mir so teuer gewordene Abkömmlingin von Königen mußte ich jetzt denken. Nie vorher im Leben und auch nicht nachher habe ich eine Person gefunden, welche mir so ehrwürdig, beinahe möchte ich sagen, so heilig erschienen wäre, wie diese mit ihrem Geiste schon mehr im Jenseits als im Diesseits weilende Greisin. Nur ihre wohltätige Menschenliebe, ihre segenspendende Barmherzigkeit gehörte noch der Erde an, sonst aber zählte sie zu denen, welche hinübergegangen sind nach den „Wohnungen in meines Vaters Hause", von denen Christus spricht. Ich hatte damals für dieses Leben von ihr Abschied genommen, doch lebte sie so ethisch rein, so geistig klar und hoch, wie ich sie kennengelernt hatte, in meinem Herzen fort. Und nun schien es, als ob ich sie gegen alles Erwarten jetzt wiedersehen sollte! Aber war sie es denn wirklich, war es keine andere? Adsy hatte von einer uralten Frau gesprochen, deren Jahre man gar nicht zählen könne. Das stimmte. Auch seine übrigen Bemerkungen konnten sich eher auf sie als auf eine andere, uns noch unbekannte greise Frau beziehen, obgleich das Wort es Sahira, die Zauberin, nicht auf Marah Durimeh paßte. Doch war diese Bezeichnung wohl nur die Folge des niedrigen Standpunktes, von welchem aus sie von den Kurden betrachtet und beurteilt wurde. Ihnen kam das ganze Wesen und Tun der Alten fremd und unbegreiflich vor, und was dem Naturmenschen unbegreiflich erscheint, das pflegt er am liebsten mit dem Begriff der Zauberei zu erledigen. Es war ja, wie ich schon zu Halef gesagt hatte, möglich, daß wir diese Zauberin noch nie gesehen hatten, aber es lag nicht nur eine Ahnung, sondern wie eine Überzeugung in mir, daß uns diese Begegnung mit unserem „Geist der Höhle" zusammenführen werde.

Bei diesem Gedanken stiegen die damaligen Erlebnisse wieder in mir auf, jene Kämpfe bei den Teufelsanbetern und bei den mohammedanischen und christlichen Anwohnern des Zabflusses, besonders mein Aufstieg nach der geheimnisvollen Höhle des Ruh 'i kulyan und mein mehrmaliges Gespräch mit diesem Geist. Es fielen mir die Worte des Melek ein: „Sie wird dich morgen nach der Zeit des Mittages in meinem Haus besuchen, denn sie hat dich lieb, als ob du ihr Sohn oder ihr Enkel seist." Und dann, als sie am anderen Tag mit mir in ungestörter, weihevoller Einsamkeit oben am Berg saß, erklang es auf ihrem Munde:

„Herr, blicke auf, dahin zwischen Süd und Ost! Diese Sonne bringt Frühling und Herbst, bringt Sommer und Winter; ihre Jahre sind mehr als hundertmal über mein Haupt gegangen. Siehe dieses Haupt an! Es hat nicht mehr das Grau des Alters, sondern das Weiß des Todes. Ich sagte dir bereits in Amadijah, daß ich nicht mehr lebe, und ich habe die Wahrheit gesprochen; ich bin ein ... Geist, der Ruh 'i kulyan."

Sie hielt inne. Ihre Stimme klang dumpf und hohl, wie wirklich aus dem Grab heraus; aber sie vibrierte doch wie unter der Regung eines lebendigen Herzens, und die Augen, welche auf das Gestirn des Tages gerichtet waren, zeigten einen feuchten Glanz tiefer, seelischer Rührung.

„Ich habe viel gehört und viel gesehen", fuhr sie fort. „Ich sah den Hohen fallen und den Niederen emporsteigen; ich sah den Bösen triumphieren und den Guten zuschanden werden; ich hörte den Glücklichen weinen und den Unglücklichen jubeln. Die Gebeine der Mutigen zitterten vor Angst, und der Zaghafte fühlte den Mut des Löwen in seinen Adern. Ich weinte und lachte mit; ich stieg und sank mit ... dann kam die Zeit, in der ich denken lernte. Da fand ich, daß ein großer Gott das All regiert und daß ein liebender Vater alle bei der Hand hält, den Reichen und den Armen, den Jubelnden und den Weinenden. Aber viele sind abgefallen von ihm; sie lachen über ihn. Und noch andere nennen sich zwar seine Kinder, aber sie sind dennoch die Kinder dessen, der in der Dschehen-nah, in der Hölle, wohnt. Darum geht ein großes, ein gewaltiges Leid hin über die Erde und über die Menschen, die sich nicht von Gott strafen lassen wollen. Und doch kann keine zweite Sintflut kommen, denn Gott würde keinen Noah finden, welcher der Vater eines besseren, eines wohlgefälligeren Geschlechtes werden könnte."

Sie machte eine neue Pause. Ihre Worte, der Ton ihrer Stimme, dieses tote und doch so sprechende Auge, ihre langsamen, müden und doch so bezeichnenden Gesten machten einen tiefen Eindruck auf mich. Ich begann, die geistige Herrschaft zu begreifen, welche diese Frau auf die intellektuell armen Bewohner der Gegend, in welcher sie lebte, ausübte. Sie fuhr fort:

„Meine Seele zitterte, und mein Herz wollte brechen; das arme Volk erbarmte mich. Ich war reich, sehr reich an irdischen Gütern, und in meinem Herzen lebte der Gott, den sie verworfen hatten. Mein Leben starb, aber dieser Gott starb nicht mit. Er berief mich, seine Dienerin zu sein. Und nun wandere ich von Ort zu Ort, mit dem Stab des Glaubens in der Hand, um zu reden und zu predigen von dem Allmächtigen und Allgütigen, dem Allweisen und Allbarmherzigen, nicht mit Worten, die man verlachen würde, sondern mit Taten, die segnend auf jene fallen, welche der Gnade des Vaters bedürftig sind. Die alte Marah Durimeh und der Ruh 'i kulyan sind dir ein Rätsel gewesen; sind sie es dir auch jetzt noch, mein Sohn? Oder beginnst du, mich zu begreifen?“

Ja, ich begann damals, sie zu verstehen, und je länger ich an sie dachte, desto mehr wurde mir ihr Wesen und ihr Wollen klar. Sie war eine in menschlicher Gestalt wirkende Hand Gottes, welche sich in überquellender erbarmender Liebe ausstreckt, die Irrenden zurechtzuweisen und die Abgefallenen zurückzuführen zum Heil, welches allen Menschen und nicht etwa nur wenigen Auserwählten beschieden ist. Indem sie nicht mehr der Erde angehörte, gehörte sie in ihrer reichen Liebe der ganzen Menschheit an!

So lag ich da, ganz in mich versunken, und sah ihre Gestalt so deutlich vor meinem geistigen Auge stehen, als ob sie in Wirklichkeit anwesend wäre. Die Stimme des erzählenden Hadschis klang nur wie ein fernes Murmeln an mein äußeres Ohr; das innere war ihr verschlossen. Ich hörte Marah Durimeh noch damals zum Abschied sagen:

„Mein Sohn, wenn du dieses Tal verlassen hast, so wird mein Auge dich nie wiedersehen, aber der Ruh 'i kulyan wird für dich beten und dich segnen, bis diese seine Augen, welche du jetzt offen siehst, sich für hier geschlossen haben!“ Indem ich in meinem Inneren diese Worte hörte, breitete sie die Hände segnend über mich aus; ein wonniges Gefühl des Glücks, des Friedens zog in mir ein, ich schloß die Augen zum Schlaf und wurde unendlichen, lichten Fernen entgegengetragen, die nur der Traum, nicht aber das wachende Auge kennt.

„Sihdi, wach auf; erhebe dich! Es ist längst hell, und die Hamawandikrieger werden bald kommen!“

Als ich auf diesen Ruf des kleinen Hadschis erwachte, sah ich, daß ich der einzige war, der noch gelegen hatte. Der Morgen war fast schon eine Stunde alt, und so sprang ich auf, mich meiner Langschläfrigkeit beinahe schämend.

Halef saß mit den Kurden beim Frühmahl; sie aßen dünne Brotfladen, welche in der Weise zubereitet werden, daß man die breitgearbeiteten Teigstücke an die Wände des primitiven Backofens klebt, von denen sie von selbst herunterfallen, sobald sie ausgebacken hatte, eingeladen, an diesem lukullischen Frühstück teilzunehmen.

Wir hatten es eben beendet, als wir die erwarteten Krieger in der Krümmung des Seitenteils erscheinen sahen. Sie stutzten bei unserem Anblick, denn sie hatten nicht erwartet, die sechs Stammesgenossen noch hier zu finden, zumal in Gesellschaft zweier fremder Männer, aus deren Kleidung schon zu schließen war, daß sie keine Kurden seien.

Ich übergehe die Szene der Begrüßung, welche nun folgte. Unsere Namen waren diesen Leuten allen bekannt; das sahen und das hörten wir. Sie brachten uns eine Achtung entgegen, von welcher Halef sich sehr wohltuend berührt fühlte; er nahm einen passenden Augenblick wahr, mir unbemerkt von ihnen zuzuflüstern:

„Effendi, merkst du auch, was für einen Respekt die Hamawands vor uns haben? Richte dich gerade auf und tue so stolz wie möglich! Wir müssen zeigen, was für eine Ehre es ist, mit so hochberühmten Kriegern zusammenzutreffen, wie wir beide sind!“

Diese Kurden waren durchgängig sehr gut beritten und auch, wenigstens nach dortigen Verhältnissen, zufriedenstellend bewaffnet. Wir hörten, daß sie dem erwarteten Zusammentreffen mit den Dawuhdijehs mit Zuversicht und ohne alle Furcht entgegensahen, denn sie waren überzeugt, daß sie diese Gegner vollständig überraschen würden. Darum fühlten sie sich enttäuscht, als ihnen Adsy mitteilte, was ich gestern abend über diesen Punkt gesagt hatte. Es wurde mit den – wenn ich mich so ausdrücken darf – Chargierten von ihnen eine kurze Besprechung abgehalten, an welcher wir uns auch beteiligten, und das Ergebnis war, daß meine Ansicht als die richtige erklärt und zur Befolgung angenommen wurde. Die dreihundert blieben hier. Sie hatten vorsichtshalber Posten auszustellen und jede in ihre Nähe kommende Person bis zu unserer Rückkehr oder bis zum Eintreffen einer Nachricht von uns festzuhalten. Sie selbst aber hatten natürlich sehr strenge Weisung, sich nicht sehen zu lassen. Man wußte, daß die Dawuhdijehs die jetzigen Lagerplätze der Hamawands genau kannten und daß es nach der Gliederung des Gebirges einen bedeutenden Umweg erfordert hätte, eine andere Richtung als die durch das Nebenflußtal, in welchem wir uns befanden, einzuschlagen. Es stand also mit Gewißheit zu erwarten, daß die Dawuhdijehs ihre auf den Angriff oder nur auf die Verteidigung gerichtete Aufmerksamkeit nach dieser Gegend lenken würden, was mich aber nicht abhielt, den Hamawands zu sagen, daß sie trotzdem auch nach rückwärts zu schauen hätten, da die Möglichkeit einer heimlichen Umgehung auch in Betracht zu ziehen sei.

Nach diesen und noch einigen anderen nicht besonders zu erwähnenden Vorbereitungen traten wir unseren heutigen Ritt an. Unter diesem Wir sind natürlich die sechs schon gestern von uns getroffenen Kurden, Halef und ich gemeint. Der Hadschi lächelte still vor sich hin. Als ich ihn nach der Ursache fragte, sagte er:

„Sihdi, wenn es wirklich ein Kismet gibt, was ich aber, seit ich dich kennengelernt habe, nicht mehr glaube, so hat nicht nur das deinige, sondern ebenso auch das meinige wenigstens zehntausend Spannfedern im Leib. Das kommt nie zur Ruhe und läßt auch uns nicht zur Ruhe kommen! Und dieser Leib mit den Spannfedern ist aus Gomelastik – Gummielasticum – gemacht. Das steht nicht fest; das hat keinen Halt; das bleibt nie so, wie es ist. Das hüpft und springt nur immer hin und her, das rollt und kugelt sich bald hierhin und bald dorthin, und wir werden mitgekugelt und mitgerollt. Gestern waren wir überzeugt, direkt nach Bagdad zu reiten; heute suchen wir einen Kulluk, der wo ganz anders liegt. Wohin wird diese Gomelastik uns morgen schicken? Aber ich sage dir, ich habe das gern, sehr gern; es gefällt mir außerordentlich!“

Er hatte nicht so ganz unrecht, wenn auch seine Porträtierung des Kismet etwas idealer hätte sein können!

Es verstand sich ganz von selbst, daß wir nicht beabsichtigten, dem Bach immerfort zu folgen, denn das hätte uns den Dawuhdijehs gerade in die Arme geführt. Adsy kannte, wie er versicherte, die Gegend, in welcher der Kulluk lag. Nach seiner Meinung hatten wir bis ungefähr zum Mittag in der jetzigen Richtung zu bleiben und uns dann aber rechts in die Berge zu wenden, über welche die nach dem Turm gehende Luftlinie führte. Was wir da unterwegs für Terrain haben würden, das wußte er freilich nicht; vorauszusehen war, daß es kein bequemes sei.

Unsere Begleiter waren wohl auch gewöhnt, auf solchen Kundschafterwegen, wie unser heutiger war, vorsichtig zu sein, aber die außerordentliche, sozusagen spitzfindige Art der Bedachtsamkeit, welche ich mir bei den Indianern angeeignet hatte, welche jeden Grashalm, jeden Lufthauch in Berechnung zieht, die kannten sie nicht. Selbst Halef, der mich in dieser Beziehung doch unzähligemal beobachtet hatte, war nicht geschickt, eine Späheraufgabe zu übernehmen, deren Lösung jedem erwachsenen Indianer leicht geworden wäre. Der Hadschi hatte das zu unserem Nachteil schon wiederholt bewiesen.

Ich konnte mich also nur auf mich selbst verlassen, und indem ich voranritt, hatte ich die Augen überall und ließ mir nicht das geringste, was zu beachten war, entgehen. Dabei fand ich immer auch Zeit, Adsy, welcher neben mir ritt, meine Aufmerksamkeit zu schenken. Gestern, als ich ihn zuerst sah, war es schon nicht mehr ganz hell gewesen, und seine Begleiter hatten meine Augen von ihm abgelenkt, so daß eine genaue Betrachtung nicht möglich gewesen war; dennoch hatte ich schon da einen eigenartigen Eindruck von ihm bekommen. Jetzt nun, wo ich ihn an meiner Seite hatte und es heller Tag war, gewann dieser Eindruck an Deutlichkeit. Der Sitz, die Haltung und alle Bewegungen des Kurden deuteten darauf hin, daß er ein gewandter, wohlgeübter Reiter sei. Er machte den Eindruck körperlicher Kraft und geistiger Energie; er war ein Mann. Und doch, wenn ich sein Gesicht zwar heimlich, aber scharf betrachtete, wurde es mir schwer, ihm das Prädikat Mann zu lassen. Diese schmale, niedrige Stirn, aus welcher der Turban zurückgeschoben war, diese sanfte Rundung der Wangen und des Kinns, die Bartlosigkeit und Fülle der Lippen und vor allen Dingen der, wenn er sich unbeobachtet wähnte, seelisch weiche Blick des großen Auges, das alles war ganz und gar nicht männlich, sondern ausgesprochen weiblich, trotz aller Tatkraft, welche sich auch auf diesem Gesicht aussprach. Auch die Stimme lag zwar tief und hatte einen sehr bestimmten, befehlenden Ton, klang aber doch nicht so wie eines Mannes Stimme. Dazu kam ein leichter Schatten an den Rändern der Augenlider und die stumpfe, wie gebeizte Färbung der langen Wimpernhaare. Das deutete auf die Gewohnheit der morgenländischen Frauen, ihre Wimpern mit Khol – Antimon, Collyrium – dunkel zu färben, um dem Auge mehr Glanz und scheinbare Größe zu verleihen. Jetzt war dieser Farbstoff weggewaschen, wodurch die Wimpern das unbestimmte, dumpfe Aussehen bekamen.

Hierdurch veranlaßt, schenkte ich nun auch dem Körper dieses Kurden mehr Aufmerksamkeit als bisher. Die Hand war eine Frauenhand, und nun sah ich auch im Inneren derselben die Spur der Hennahfarbe, welche nicht zu entfernen gewesen war. Nun war ein weiterer Blick auf die Gestalt gar nicht nötig, um überzeugt zu sein, daß es kein Mann, sondern eine Frau war, welche da an meiner Seite ritt.

Und sobald mir dieses klar geworden war, wußte ich auch sofort, wer sie war. Der damals bedeutendste Anführer der Hamawands, berühmter noch als selbst der bekannte Häuptling Hussein Aga, war der Scheich Jamir, welcher zwar von ganz gewöhnlichen Eltern stammte, sich aber durch seine glänzende Tapferkeit und sonstigen kriegerischen Eigenschaften zu solcher Anerkennung und Macht emporgearbeitet hatte, daß eigentlich er der oberste Befehlshaber und die Seele jedes Unternehmens seines Stammes war. In diesem Streben nach oben stand er nicht allein; er hatte in seiner ungewöhnlich begabten Frau eine rastlose Gehilfin und treue, mutige Kameradin, welche ihn in allen seinen Unternehmungen unterstützte und begeisterte und selbst im Kampf nicht von seiner Seite wich.

Nichts ehrt der Kurde mehr als Tapferkeit, und wenn bei ihm schon die Frau im gewöhnlichen Sinne mehr Achtung und größere Freiheiten genießt als bei den anderen Orientalen, so ist es wohl begreiflich, daß diese Frau Jamirs in einem für den Orient mehr als ungewöhnlichen Ansehen stand. Kein Hamawandi hätte es gewagt, einem ihrer Befehle den geforderten Gehorsam zu verweigern. Man wußte, daß sie solchen Widerstand noch strenger als ein Mann bestrafen würde.

Es stand bei mir außer allem Zweifel, daß ich diese seltene Frau jetzt an meiner Seite hatte, und nun da ich das wußte, erhielt der jetzige Ritt in meinen Augen einen ganz anderen Inhalt und einen ganz anderen Charakter. Also darum hatte sie sich den Namen Adsy – d. h. namenlos – beigelegt! Es verstand sich ganz von selbst, daß Schevin, dessen Bruder sie sich geheißen hatte, kein anderer als Jamir selbst, ihr Mann war. Und Khudyr, der vergiftete Knabe, war ihr beiderseitiger Sohn. Nun verstand ich auch die Pseudonymität dieses Schevin, der durch diesen Namen, welcher soviel wie Hirte bedeutet, sich als einen einfachen, ungefährlichen und friedfertigen Schäfer hinstellen wollte. Allerdings war dazu unbedingt erforderlich, daß es unter den Dawuhdijehs keinen gab, der ihn persönlich kannte und seinen eigentlichen Namen verraten konnte. Wie es damit stand, wußte ich nicht; nach allem aber, was ich bis jetzt gehört hatte, war viel eher zu vermuten, daß er erkannt und wegen der Verleugnung seines Namens als höchst verdächtig zurückgehalten worden war. Das hatte seine Frau erfahren und war sofort ausgerückt, ihn wieder herauszuholen. Zwar kühn, aber auch zugleich echt weiblich dünkte mir das Beginnen, mit ihren Reitern in das Gebiet der Dawuhdijehs einzudringen, ohne vorher genau erfahren zu haben, wo Jamir zu finden sei. Ich interessierte mich ungeheuer für diese Frau und war nun entschlossen, mein möglichstes dazu beizutragen, sie wieder in den Besitz ihres Mannes und Kindes zu bringen. Dabei sollte sie nicht ahnen, daß ich sie erkannt hatte. Auch Halef wollte ich nichts davon sagen, denn dieser kleine, schnellfertige Mann hätte sich sehr leicht in einem Augenblick des Affekts hinreißen lassen, mit diesem Geheimnis, welches er nicht kennen sollte, herauszuplatzen. Also, jetzt war mir alles klar, und ich hatte jetzt zu diesem Unternehmen zehnmal mehr Lust als vorher. Es ist ein großer Unterschied, wenn man vor einem Wagnis steht, ob man weiß oder nicht, für wen man es unternimmt. Diese Mutter sollte ihr Kind wiederhaben!

Wir waren wohl schon zwei Stunden unterwegs, als wir den vielen und engen Windungen eines Tals folgten, wo ich meine ganze Aufmerksamkeit zusammennehmen mußte, weil hinter jeder dieser Krümmungen eine unerfreuliche Überraschung für uns stecken konnte. Ich konnte diese meine Vorsicht nicht verheimlichen. Adsy lächelte über sie und erklärte es für sehr überflüssig und zeitraubend, bei jeder Wendung anzuhalten und nachzusehen, ob hinter derselben ein Dawuhdijeh versteckt sei. Ich nahm dies ruhig und ohne mein Verhalten zu verteidigen, hin, bis die Windungen aufhörten und das Tal eine bedeutende Strecke in fast schnurgerader Richtung verlief. Es schien am Ende dieser Geraden mit einem Seitental zusammenzutreffen, aus welchem wieder ein Wasser geflossen kam, um sich mit dem unsrigen zu vereinigen. Da dort unten nichts Verdächtiges zu bemerken war, ritten wir getrost weiter und hatten die Strecke schon beinahe zurückgelegt, als ich etwas sah, was mich bewog, mein Pferd sofort zwischen die an der Seite stehenden Büsche zu lenken.

„Hier herein! Schnell, schnell herein!" forderte ich die anderen auf.

Halef, welcher meine Art und Weise kannte, folgte augenblicklich; die Kurden aber zögerten, und Adsy erkundigte sich, indem er draußen halten blieb:

„Warum sollen wir da hinein? Sage es!" – „Da unten kommt jemand, oder es ist schon jemand dort", antwortete ich. „Versteckt euch rasch hierher, ehe ihr gesehen werdet!"

Nun kamen sie, doch mit nicht allzu großer Eile. Ich vergewisserte mich, daß sie von draußen nicht gesehen werden konnten, und sagte ihnen dann:

„Wenn ich euch so plötzlich auffordere, euch zu verstecken, so müßt ihr es, ohne zu fragen und ohne einen Augenblick zu zögern, tun. Merkt euch das!" – „Hast du denn jemand gesehen?" fragte Adsy. – „Ja." – „Wen?" – „Zwei Aßafir – Plural von Aßfür, d. h. kleiner Vogel –." – „Zwei Aßafir? Und wegen dieser kleinen Vögel sollen wir uns hier verstecken?" – „Ja." – „Ich habe sie auch gesehen. Es war ein Finkenpaar, welches uns entgegenflogen kam, aber als es uns sah, vor uns in die Bäume flüchtete." – „Diese Finken meine ich." – „Aber was gibt es da für einen Grund zu deiner großen Besorgnis?" – „Einen sehr triftigen. Die Vögel haben mir gesagt, daß da unten wahrscheinlich Menschen sind." – „Maschallah! Ich habe nur ein zweimaliges, ängstliches Pinkpink gehört. Verstehst du, was die Vögel sagen?"

Das war im Ton der Ironie gefragt; ich antwortete:

„In diesem Fall verstehe ich es. Du brauchst nicht zu lächeln; dein Spott ist überflüssig!" – „Ja, du lächelst!" warf da Halef zwar leise aber zornig ein. „Ich sage dir, wenn mein Effendi behauptet, daß er die Sprache der Vögel verstehe, so sagt er die Wahrheit. Ihm sind alle Sprachen der Menschen, der Tiere und der Pflanzen offenbar, und wer darüber lächelt, der mag sich wohl vorsehen, daß er nicht dann später dafür laut ausgelacht wird!"

Ich war abgestiegen und an den Rand des Gebüschs getreten, um hinauszusehen. Ich bemerkte noch niemand und konnte also den Kurden erklären:

„Die Vögel kamen rechts aus dem Seitental; ich habe das gesehen, denn meine Augen sind schärfer als die eurigen, auch passe ich besser auf als ihr. Sie wollten geradeaus fliegen, an unserem Tal vorüber, machten aber eine plötzliche, scharfe Schwenkung nach links, zu uns herein. Sag doch einmal, Adsy, sind sie bis zu uns gekommen?" – „Nein", antwortete er, den ich jetzt noch als Mann bezeichnen will, weil er als solcher vor uns gelten wollte. – „Warum nicht?" – „Weil sie uns sahen und darum zwischen die Bäume flüchteten." – „Also, weil sie uns gesehen haben, sind sie auf die Seite geflüchtet?" – „Ja." – „Nun, was folgt aus diesem Grund daraus, daß sie da unten plötzlich auf die Seite nach uns flüchteten?" – „Daß sie … ah, meinst du etwa, daß sie dort auch jemanden gesehen haben?" – „Ja, das meine ich. Wenn ein Vogel seinen geraden Flug so plötzlich unterbricht, daß aus seiner Bahn ein scharfer Winkel wird, so kannst du fast mit Sicherheit daraus schließen, daß er das aus Angst, aus Schreck getan hat. Die Finken sind auf Menschen getroffen, du magst es glauben oder nicht!" – „Effendi, wenn das wahr wäre, so hätte man uns von dir nicht zu viel erzählt!" – „Es ist wahr. Übrigens gibt es da gar keinen Grund zur Bewunderung, denn es gehört nichts als ein wenig Nachdenken dazu, von dem Verhalten der Vögel auf die Anwesenheit von Menschen zu schließen. Jetzt paßt auf! Steigt ab und haltet euren Pferden die Mäuler zu! Ich sehe sie; sie kommen hier vorüber!"

Es erschienen jetzt unten an der Mündung zwölf kurdische Reiter, welche zu zweien oder dreien nebeneinanderritten und am Wasser herauf-, also auf uns zukamen. Sie sprachen so laut miteinander, daß wir ihre Stimmen schon von weitem hörten.

Nun befolgten unsere Reiter allerdings schnell meine Anweisung. Wir waren draußen auf Steingeröll geritten und hatten also keine bedeutenden Spuren gemacht. Ein Indianer hätte sie freilich sogleich bemerkt; von diesen Kurden brauchte ich das aber nicht zu befürchten. Sie kamen ganz langsam und gemächlich herbei, als ob sie sehr viel Zeit hätten, und ritten ebenso langsam vorüber, ohne uns zu bemerken. Ich horchte aufmerksam auf das, was sie sprachen, hörte aber nichts, was von Bedeutung zu sein schien. Als das Pferd des Voranreitenden einige rasche Schritte machte, rief einer der ihm folgenden halb im Scherz:

„Ahdele mehke!"

Das heißt auf deutsch: „Übereile dich nicht!" Hieraus war, wie überhaupt aus ihrer Langsamkeit, zu schließen, daß sie ihren Ritt für keinen hielten, bei dem Schnelligkeit vonnöten war. Dann hörte ich etwas vom Avik eduduahn, dem „zweiten Bach" oder vom „zweiten Wasser" sagen und auch von einem Moda gumgumuk, was eine Stelle bedeutet, wo es Eidechsen gibt. Das waren für mich ganz unwichtige Worte, welche ich aus dem lauten Wortschwall ihrer in mehreren Gruppen geführten Unterhaltung herausgehört hatte und für vollständig wertlos hielt. Aber als sie vorüber waren und ich Adsy fragte, ob es Dawuhdijehkurden gewesen seien, antwortete er:

„Ja, es waren welche, und, Effendi, sie reiten nach der Stelle, wo wir geschlafen haben und wo sich meine Krieger jetzt befinden." – „Woher weißt du das?" – „Sie sprachen davon; sie nannten den Namen dieser Stelle: Moda gumgumuk. Höchstwahrscheinlich wollen sie sich dort verstecken, um aufzupassen, wenn wir kommen, und dann ihren Scheich davon benachrichtigen!" – „Ah! Siehst du, daß ich ganz richtig vermutet habe? Sie sind überzeugt, daß ihr kommt. Hoffentlich passen deine Leute auf und fangen sie weg!" – „Das werden sie gewiß tun. Ich bin überzeugt davon. Wüßte man nur, wo nun die eigentliche Schar der Dawuhdijehs steht, die ganz gewiß nun auf uns wartet, um über uns herzufallen!" – „Wir würden den betreffenden Ort bald finden, doch kann es nicht unsere Absicht sein, ihn zu suchen, da wir vor allen Dingen nach dem Kulluk wollen." – „Könntest du den Ort vielleicht erraten?" – „Ja." – „Ohne daß du schon in dieser Gegend gewesen bist?" – „Ja." – „Effendi, ich staune!" – „Da brauchst du gar nicht zu staunen!" bemerkte Halef in sehr hohem Ton. „Bei der ungeheuren Länge des Verstandes, den mein Sihdi besitzt, und bei der unendlichen Breite des meinigen müssen uns alle Dinge offenbar werden, welche für andere Leute ein ewiges und unentdeckbares Geheimnis bleiben!" – „Wenn du es auch weißt, so sag es!" forderte ich ihn auf, um ihn für seine Großsprecherei zu strafen.

Da machte er mit den Händen eine wegwerfende Bewegung und antwortete:

„Wer ist gefragt worden, du oder ich? Und wer hat behauptet, daß er es erraten könne, du oder ich? Sprich also du; ich werde es bestätigen!"

Er verdeckte mit dieser Aufforderung seine Verlegenheit. Ich, als der alte, immer gute Kerl, wollte ihn denn doch nicht so offen blamieren und erklärte darum den darauf wartenden Kurden:

„Es unterliegt gar keinem Zweifel, besonders weil diese zwölf Späher hier vorübergekommen sind, daß die Dawuhdijehs am unteren Lauf dieses Flüßchens postiert sind, und zwar muß es an einer Stelle sein, wo mehrere hundert Reiter nicht nur Platz, sich zu verstecken, sondern auch Raum zum nachherigen Angriff haben. Vielleicht ist euch ein solcher Ort, eine Verbreiterung oder Ausbuchtung des Tals bekannt?" – „Es gibt deren nur zwei; ich kenne sie", sagte Adsy. „Aber welche mag es sein?" – „Das wirst du gleich erfahren." – „Von dir?" – „Ja." – „Der du hier unbekannt bist?" – „Trotzdem!" – „Effendi, bist du denn allwissend?" – „Nein; ich denke bloß nach, was du ebensogut wie ich tun könntest. Gibst du zu, daß die zwölf Späher, welche wir jetzt gesehen haben, heute von der Stelle fortgeritten sind, an welcher die eigentliche Schar der Dawuhdijehs auf eure Ankunft wartet?" – „Ja, denn anders ist es nicht." – „Hast du den El Chilel–Strauß – Steinklee, Melilotus – gesehen, den der Voranreitende vorn an seinem Turban stecken hatte?" – „Ja. Kennst du die Bedeutung dieses Straußes?" – „Ich kenne sie. Es ist ein Aberglaube." – „Nein, es ist kein Aberglaube, sondern es trifft wirklich zu; ich habe es oft selbst erfahren. Wer etwas unternehmen will, der muß einen Straß von El Chilel bei sich tragen; dann gelingt sein Vorhaben, denn die Geister, welche El Chilel lieben, helfen ihm!" – „So? Dann sag doch einmal, warum er heute so einen Strauß angesteckt hat!" – „Daß sein Spähen gegen uns gelingen möge." – „Glaubst du, daß es gelingt?" – „Nein; er wird mit seinen Leuten unbedingt von meinen Kriegern gefangengenommen." – „Wird El Chilel also helfen?" – „Nein. Effendi, mit dir darf man sich nicht streiten!" – „Schön, daß du das einsiehst; merke es dir!" – „Warum sprichst du überhaupt von diesem Strauß?" – „Das wirst du gleich erfahren. Es kommt darauf an, ob ich diesen Aberglauben richtig kenne. Wann muß die Pflanze El Chilel gepflückt werden?" – „Beim Beginn dessen, was man tun will, nicht eher." – „So habe ich es richtig gewußt. Wann wird dieser Dawuhdijeh also den Strauß gepflückt haben?" – „Ganz kurz vor seinem Aufbruch." – „So ist das Alter des Straußes also gerade so groß wie die Dauer des Ritts?" – „Ja." – „So will ich dir sagen, daß diese Pflanzen El Chilel vor ungefähr drei Stunden gepflückt worden sind, nicht viel eher, aber auch wohl nicht später." – „Woher weißt du das?" – „Ich sehe es. Ich besitze darin Übung, denn ich habe unzähligemal aus der Beschaffenheit eines geknickten Ästchens, eines zertretenen Grases oder einer welkenden Pflanze die Zeit bestimmen müssen, vor welcher die Pflanze geknickt, gepflückt oder niedergetreten worden ist. Ich weiß gewiß, daß ich mich auch jetzt nicht irre. Diese Dawuhdijehs haben ihren Ritt vor drei Stunden begonnen, und man kann also die Stelle, an welcher eure Gegner lagern, in genau dieser Zeit erreichen, wenn man so langsam, wie sie geritten sind, hier an diesem Wasser immer abwärts reitet." – „Das stimmt, Effendi, das stimmt zum Verwundern! Dort liegt der erste der beiden Plätze, von denen ich sprach. Das Tal macht links einen Bogen, während die rechte Wand desselben geradeaus streicht. Dieser El Chilel hat dir die Wahrheit gesagt. Ich sehe ein, daß es gut ist, dich immer zu fragen, ehe man etwas unternimmt!"

Da rief Halef, schnell fragend:

„Will sich vielleicht wieder jemand räuspern?"

Um den Eindruck dieser Ironie des Kleinen nicht aufkommen zu lassen, fiel ich rasch ein:

„Ihr lachtet vorhin über meine Vorsicht, die ihr für überflüssig hieltet. Jetzt aber gebt ihr wohl zu, daß sie notwendig war?" – „Ja, Effendi", antwortete Adsy. „Ohne dich wären wir diesen zwölf

Dawuhdijehs in die Hände geritten, und es wäre ein Kampf unvermeidlich gewesen." – „Das war mein Beachten des Vogelflugs. Und was mir der Strauß verraten hat, hast du auch gehört. So muß man, wenn man sich auf Kundschaft oder überhaupt unterwegs befindet, auf alles achten. Die geringste Kleinigkeit kann den Tod bringen oder vom Tode erretten. Jetzt möchte ich vor allen Dingen wissen, ob du überzeugt bist, daß deine Krieger ihre Pflicht tun und sich die Dawuhdijehs nicht entkommen lassen." – „Sie werden sie ergreifen." – „Wenn sie aber so unvorsichtig sind, sich vorher von ihnen sehen zu lassen, bekommen sie sie nicht!" – „Sie werden keinen Fehler machen; ich kenne sie. Sie wissen, daß sie jetzt Kara Ben Nemsi Effendi und seinem Hadschi Halef zu beweisen haben, daß sie tüchtige Krieger sind, und werden sich also tadellos verhalten." – „Gut, so können wir weiterreiten." – „Aber nicht so weit an diesem Wasser hinab, wie wir erst beabsichtigten!" – „Nein. Wir wollten erst um die Mittagszeit nach rechts abschwenken; aber da die Dawuhdijehs nur drei Stunden von uns entfernt sind, müssen wir das eher tun." – „Wann und wo?" – „Sobald die Berge es uns erlauben." – „Vielleicht nehmen wir schon dieses Seitental, welches da vor uns liegt?" – „Nein, das wäre zu früh. Auch vermute ich, daß es nicht nach unserer Richtung führt. Reiten wir so lange, bis wir ein passendes finden!"

Wir zogen unsere Pferde aus dem Gebüsch heraus, stiegen auf und setzten unseren unterbrochenen Ritt fort. Da stelle sich denn sogleich heraus, daß das erwähnte Nebental nach Nordost anstatt nach Nordwest verlief; wir durften ihm nicht folgen.

Wir konnten natürlich der notwendigen Vorsicht wegen nicht so rasch vorwärtskommen, wie wir es wohl wünschten. Es verging weit über eine Stunde, ohne daß sich uns ein Weg nach rechts öffnen wollte; da gab es wieder eine Begegnung, und zwar eine, welche wir beide, Halef und ich, nicht für möglich gehalten hätten. Es gab eine Stelle, wo der Bach sehr tief durch Felsen schnitt; wir mußten unter Bäumen auf das hohe Ufer hinauf; es waren da meist Eichen. Eben wollten wir jenseits wieder hinunter auf die wieder breitete Sohle des Tals, als wir zwei weibliche Gestalten sahen, welche da unten saßen und Körbe vor sich stehen hatten. Sie schienen auszuruhen. Die Gesichter zu erkennen, dazu waren wir ihnen noch nicht nahe genug, zumal sie die um den Kopf gewundenen Tücher weit vorgezogen hatten. Natürlich hielten wir an, um über unser Verhalten zu beraten.

„Es sind Frauen, die gehen uns nichts an", meinte Adsy in wegwerfendem Ton. – „Warum nicht?“ antwortete ich. „Hier kann uns jedes Kind gefährlich werden, wenn es uns verrät.“ – „Es sind Galläpfelsammlerinnen, welche sich gar nicht um uns bekümmern werden; ganz arme Frauen!“ – „Daß sie arm sind, sieht man ihrer Kleidung an. Für Sammlerinnen von Galläpfeln halte ich sie aber nicht.“

Es muß bei dieser Gelegenheit gesagt werden, daß Kurdistan das Hauptproduktionsland für Galläpfel ist.

„Ich bin überzeugt, daß sie Galläpfel in ihren Körben haben!“ beharrte Adsy bei seiner Behauptung. – „Ich auch; aber gerade das macht sie mir verdächtig!“ – „Warum?“ – „Welcher vernünftige Mensch sammelt jetzt Galläpfel, wo sie von der Schärfe des Winterschnees vollständig ausgelaugt sind? Wer das tut, der tut es nur zum Schein und hat einen ganz anderen Zweck dabei. Ich kenne nördliche Kurdenstämme, bei denen die Frauen als Kundschafterinnen gebraucht werden.“ – „So denkst du etwa …?“ – „Ich denke nichts, als daß sie mir höchst verdächtig sind, gerade der Galläpfel wegen, und daß wir sie also sehr scharf ins Verhör nehmen müssen.“ – „Sie werden fliehen, sobald sie uns kommen sehen!“ – „So lassen wir uns nicht eher sehen, als bis wir sie sicher haben. Ich werde mit Halef absteigen. Wir schleichen uns an sie hinan, und erst dann, wenn wir sie fest haben, kommt ihr nach. Vorwärts, Halef! Du bleibst auf dieser Seite des Tals; ich gehe auf die andere.“ – „Hamdulillah!“ meinte der kleine Hadschi. „Das gibt doch endlich einmal etwas anderes als das ewige fest im Sattel sitzen. Wir gehen auf die Frauenjagd. Sihdi, ich fange sie alle beide! Du brauchst gar nichts dabei zu tun!“ – „Nur keine Unvorsichtigkeit, Halef!“ – „Was denkst du von mir! Bin ich schon so sehr vorsichtig bei Hanneh, dem lieblichsten Galläpfel auf – Allah, verzeihe mir! – wollte sagen, der lieblichsten Blume unter allen Rosen und Blüten des Frühlings, wie werde ich mich da erst bei diesen fremden Weibern in acht nehmen! Du brauchst nicht eine Spur von Sorge um mich zu haben, Effendi!“

Er huschte fort, unter den Bäumen hin. Ich hatte erst wieder zurückzugehen und über das Wasser zu springen. Er konnte also eher dort sein als ich. Anstatt nun zu warten, bis ich käme, sprang er unter den Bäumen hervor und auf die Frauen zu, mit dem hoch erhobenen Messer in der Hand. Ich sah das und beeilte mich möglichst, um die Flucht nach der anderen Seite zu verhüten, bemerkte aber bald, daß sie nicht nötig war, denn die Frauen waren zwar aufgesprungen, bewegten sich aber vor Schreck, wie ich dachte, keinen einzigen Schritt vorwärts.

Zu meiner Verwunderung stand Halef ebenso starr wie sie. Die Hand mit dem Messer drohend erhoben, machte er nicht die geringste Bewegung. Dann aber, als er mich kommen sah, rief er mir mit schallender Stimme entgegen:

„Sihdi, komm, komm, komm! Geschwind, rasch, schnell!"

Aber gleich hierauf winkte er mir mit beiden Armen ab und schrie mich aus Leibeskräften an:

„Halt, halt, halt! Bleib stehen! Nicht weiter, ja nicht weiter, keinen Schritt weiter, keinen einzigen!"

Da blieb ich also stehen, denn wenn er dies von mir verlangte, mußte er überzeugt sein, daß die beiden Frauen uns gewiß nicht davonlaufen würden. Aber neugierig war ich, weshalb ich erst so schnell kommen und dann aber so plötzlich stehenbleiben sollte. Es handelte sich jedenfalls um eine Überraschung, aber um welche?

„Sihdi", fuhr er nun fort, indem sein Gesicht glänzte und seine Augen vor Freude strahlten, „du kannst gut raten, weil dein Verstand so in die Länge gezogen ist. Ich fordere dich auf, jetzt einmal nachzudenken!" – „Worüber?" fragte ich.

Anstatt mir gleich zu antworten, schrie er die Frauen an, welche Miene machten, sich nach mir umzusehen:

„Halt! Nicht umdrehen, nicht umdrehen! Er darf eure Gesichter nicht sehen. Schaut ihn ja nicht an, wenn ihr mir nicht die Wonne dieses Augenblicks ganz und gar verderben wollt! Ich bitte euch, rührt euch ja nicht!"

Und sich mir nun wieder zuwendend, gab er mir lachend die Auskunft:

„Worüber du nachdenken sollst? Natürlich darüber, wer diese beiden Frauen sind!" – „Dieses Nachdenken würde zu nichts führen, da ich ja gar keinen Anhalt habe." – „Keinen Anhalt? O Sihdi, wie du doch nur so reden kannst! Keinen Anhalt! Hier stehe ich, dein berühmter Begleiter und Beschützer. Bin ich kein Anhalt für dich?" – „Bist du es denn, über den ich nachdenken soll?" – „Nein, denn du würdest trotz aller Anstrengung deiner Geisteskräfte doch nicht dazu kommen, die Höhe meines Wertes und die Tiefe meiner Weisheit zu ermessen. Aber über diese beiden Frauen sollst du nachdenken, wie ich dir ja schon ganz deutlich gesagt habe!" – „Ich soll also raten, wer sie sind?" – „Jaja, jaja! Sag es doch nur, schnell, schnell!"

Er hatte gut reden, denn er hatte ihre Gesichter vor sich; ich aber sah von ihnen nur den hinteren Teil der ärmlichen Gewänder, welche so weit und faltig waren, daß sie nicht einmal die Umrisse der Gestalten erkennen ließen. Darum konnte ich nichts anderes sagen als:

„Ich kann es nicht erraten, wenn du mir keinen Fingerzeig, keinen Anknüpfungspunkt gibst." – „Fingerzeig? Allah akbar! Da stehe ich doch und zeigte mit allen zehn Fingern aus sie! Ist das etwa noch nicht genug? Und Anknüpfungspunkt? Es stehen dir doch alle möglichen hiesigen Punkte zur Verfügung, daß du sie entweder zusammen- oder aneinanderknüpfen kannst! Und da behauptest du, daß sie dir fehlen!"

Er wollte noch mehr sagen, wurde aber von der einen Frau unterbrochen. Ich hörte sie sagen:

„Du bist Hadschi Halef Omar, den wir liebgewonnen haben. Ich habe dich sogleich wiedererkannt. Wer aber ist der Sihdi, mit welchem du sprichst und den wir nicht anschauen sollen?" – „Rate du auch einmal!" – „Welche Wonne, welche Seligkeit, wenn es der wäre, an den ich denke!" – „Nun, an wen denkst du?" – „Ist es etwa der gute Effendi aus Dschermanistan, als dessen Begleiter du damals bei uns warst?" – „Ja, der ist's. Du hast es erraten." – „Und da verlangst du von mir, daß ich ihn nicht ansehen soll? Bist du von Sinnen? Bist du denn ganz und gar verrückt? Meine Seele hat sich nach ihm gesehnt ohne Unterlaß, wie das Mehl sich nach dem Wasser sehnt, um mit ihm in Teig verwandelt zu werden, und nun mir dieser heiße Wunsch in Erfüllung geht, soll ich meine Augen nicht aufschlagen zu dem, den meine Seele liebt! Ich drehe mich um!"

Ihre Stimme klang außerordentlich energisch. Ebenso war auch der Ruck, mit welchem sie sich dann zu mir herumschwenkte. Ich erblickte sie; ich sah ihr Gesicht, und in demselben Moment stiegen alle jene Erinnerungen an Marah Durimeh in mir auf. O du liebe, du holde, du süße ...!

Doch ehe ich den Namen nenne, muß ich ein Wort über sie sagen, die jetzt vor mir stand:

Es war an dem Tag, an welchem ich, wie erwähnt, dann des Nachts hinauf zur Höhle stieg, um den geheimnisvollen „Geist der Höhle" kennenzulernen. Ich war gefangen und wurde nach einer steinernen Hütte geschafft, welche nahe dem Dorf Schohrd in einer wilden Schlucht gelegen war. Im Inneren derselben band man mich an einen Pfahl. Eine alte Frau hatte mich zu bewachen. Sie hieß Madana; ich habe sie in meinem damaligen Bericht folgendermaßen beschrieben – siehe Karl May, „Durchs wilde Kurdistan" –:

Madana heißt auf deutsch Petersilie. Wie die Alte zu diesem würzigen Namen gekommen war, weiß ich nicht; aber als sie jetzt ganz nahe vor mir stand, duftete sie nicht nur nach Petersilie, sondern es entströmte ihr eine Atmosphäre, welche aus den Gerüchen von Knoblauch, faulen Fischen, toten Ratten, Seifenwasser und verbranntem Hering zusammengesetzt zu sein schien. Gekleidet war diese schöne Bewohnerin des Zabtals in einen kurzen Rock, den man bei uns wohl kaum als Scheuerlappen hätte benutzen mögen; der Rand desselben reichte bis nur wenig über die Knie herab und ließ ein Paar gespenstische Gehwerkzeuge sehen, deren Anblick zu der Vermutung führte, daß sie bereits seit langen Jahren nicht mehr gewaschen worden seien ... In meiner Nähe erblickte ich neben einem gefüllten Wassernapf einen großen Scherben, der früher wohl einmal zu einem Krug gehört hatte, jetzt aber als Schüssel benützt wurde und eine Masse enthielt, welche halb aus Tischlerleim und halb aus Regenwürmern oder Blutegeln zu bestehen schien ... Später, als ich mit der Alten allein war, wurde ich von ihr gefragt:

„Willst du essen?" – „Nein", antwortete ich voller Grauen. – „Trinken?" – „Nein."

Da kam die duftende Petersilie herbeigekrochen, ließ sich in der Nähe meiner armen Nase häuslich nieder und nahm dann den von mir verschmähten Scherben auf ihren Schoß. Ich sah, daß sie mit allen fünf Fingern der rechten Hand in das geheimnisvolle Amalgam langte und dann den zahnlosen Mund wie eine schwarzlederne Reisetasche auseinanderklappte – ich schloß die Augen. Eine Zeitlang hörte ich ein mächtiges Geknatsch; sodann vernahm ich jenes sanfte, zärtliche Streichen, welches entsteht, wenn die Zunge als Wischtuch gebraucht wird, und endlich erklang ein langes, zufriedenes Grunzen, welches ganz hörbar aus einer wonnetrunkenen Menschenseele kam. O Petersilie, du Würze des Lebens, warum duftest du nicht draußen im Freien! ...

Man denke ja nicht, daß die Seele dieser alten Kurdin ihrem Äußeren geglichen habe! Madana war im Gegenteil ein herzensbraves gutes Menschenkind. Sie erleichterte mir meine Lage nach Kräften, und als ich dann wieder frei war, hatte sie mich so liebgewonnen, daß sie beim Scheiden mit den Worten von mir Abschied nahm:

„Leb wohl, Herr! Der Ruh 'i kulyan hat gezeigt, daß du sein Liebling bist, und auch ich versichere dir, daß ich deine Freundin bin!"

Seit jener Zeit war eine Reihe von Jahren vergangen. Ich war nicht wieder in jene Gegend gekommen und hatte ein Wiedersehen zwar gewünscht, es aber nicht für möglich gehalten. Und nun stand sie da vor mir in all ihrer Pracht und Herrlichkeit, die liebe, die holde, die süße Petersilie, zwar älter aussehend als damals, sonst aber genau noch so wie zu jener Zeit, in welcher ich sie vor mir sah, den leeren Krugscherben in der Hand, den sie ausgeleckt hatte! Das Gewand, welches sie jetzt trug, war zwar ausreichender als ihr damaliges, aber sehr viel reinlicher und besser nicht.

Kaum war ihr Auge auf mich gefallen, so kam sie mit langen Riesenschritten auf mich zu, ergriff meine beiden Hände, zog sie an ihr Herz und rief in jubelndem Ton:

„Du bist es wirklich, Herr; ich sehe es! Welch eine Wonne! Welch eine Seligkeit! Seit du Abschied von uns nahmst, ist kein Tag vergangen, an welchem wir nicht an dich dachten. Wir haben von dir gesprochen allezeit, haben alles, was du tatest, und jedes deiner Worte uns tausendmal wiederholt. Wir haben gehört, daß du wieder in der Dschesireh gewesen bist und auch wieder in unserem Kurdistan, doch aber nicht in der Gegend, wo wir wohnen, die wir dich lieben und verehren. Wir hatten für dieses Leben darauf verzichtet, dich jemals wiederzusehen, und nun hat Gott es doch gefügt, daß unseren Augen die Wonne deines Anblicks wird! O Effendi, es ist mir unmöglich, dir zu sagen, wie groß das Glück ist, welches uns dein Kommen bringt! Ingdscha, warum stehst du noch dort? Wie oft hast du still an ihn gedacht und laut von ihm gesprochen! Und nun er da ist, stehst du von fern und scheinst ihn nicht zu kennen!"

Ingdscha! Ja, sie war es, die schöne Tochter Nedschir Beis, des Rais von Schohrd, der damals mein Freund wurde, nachdem er vorher mein Feind gewesen war. Man sah es ihr nicht an, daß Jahre vergangen waren, seit wir uns nicht gesehen hatten. Sie stand neben Halef ganz in derselben schüchternen Haltung, wie ich sie bei unserem ersten Zusammentreffen gesehen hatte, auch mit derselben Röte der Befangenheit auf ihren weichen, bräunlichen Wangen. Auch sie trug ein ganz ärmliches Gewand, wohl mit eine Ursache ihrer augenblicklichen Verlegenheit, aber trotzdem hätte ihr auch einer, der sie nicht kannte, angesehen, daß sie nicht gewohnt sei, sich in dieser Weise zu kleiden. Sie, die schöne, wohlhabende Chaldäerin, mußte einen ganz besonderen Grund haben, eine solche Tracht anzulegen. Sie blieb, ohne auf die Worte der Alten zu achten, stehen, als ob sie keinen Fuß bewegen könne. Ich ging zu ihr hin, nahm ihre Hände in die meinigen und sagte:

„Sie mir gegrüßt, du liebe Freundin aus vergangener, schöner Zeit! Auch ich habe eurer gedacht und bin so froh, daß ich euch wiedersehe. Warum sprichst du nicht? Freust du dich denn nicht auch?"

Da vertiefte sich die Röte ihrer Wangen; sie senkte, vergeblich nach Worten suchend, die Augen und begann dann, still vor sich hin zu weinen. Ich war tief gerührt; der Hadschi auch. Nur konnte er seine Rührung nicht so wie ich beherrschen, er mußte ihr in seiner Weise Luft machen und sprach also:

„Warum habt ihr euch doch umgedreht! Dieser Effendi mit dem ganz vergeblich langen Verstand hätte nicht eher erfahren, wer ihr seid, als bis er es erraten hätte, und wenn er gezwungen gewesen wäre, mit euch zehntausend Jahre lang hier in Gedanken stehenzubleiben! Nun aber ist das ganze, schöne Geheimnis verraten, und ihr habt mich um das Glück gebracht, etwas zu wissen, was er trotz all seiner unnützen Einsicht nicht begreifen konnte! Nun lacht Madana, während Ingdscha weint! Folglich muß nun auch einer von uns beiden weinen, und der andere lacht. Aber warum soll ein Quell der Tränen fließen, während wir doch nichts als Freude fühlen? Ich sehe nicht ein, warum ... Sihdi, drehe dich um!" – „Warum?" fragte ich, obgleich ich wohl sah, daß er sich vergeblich bemühte, die Tränen, welche in seine Augen traten, zurückzuhalten.

„Ich sage: Drehe dich um!" schrie er mich an. „Du brauchst nicht zu wissen, daß Hadschi Halef Omar, der oberste Scheich der Haddedihn, eine Freundin nicht weinen sehen kann, ohne sofort mitzutun! Also hinum mit dir, sonst reite ich fort, und du bekommst mich nie wieder vor die Augen!"

Ich drehte mich also um und sah nun, daß die Hamawands von der Talwand herunterkamen. Sie hatten nicht länger warten wollen, weil sie neugierig waren, die Gründe unseres ihnen unbegreiflichen Verhaltens kennenzulernen.

„Siehst du, daß ich recht gehabt habe?" sagte Adsy, indem er auf die Körbe deutete. „Ich sagte wohl, daß Galläpfel drin sein würden!" – „Und ich hatte auch recht", antwortete ich. „Diese Frauen sind keine Galläpfelsammlerinnen." – „Ihr scheint sie zu kennen?" – „Ja; sie sind Freundinnen von uns, die zwischen den Bergen des oberen Zab ihre Heimat haben." – „Warum kommen sie von da oben herunter?"

Da nahm, ehe ich antworten konnte, Madana das Wort:

„Das ist es ja, was ich euch vor allen Dingen sagen muß! Wie freue, freue, freue ich mich, daß wir euch getroffen haben! Nicht nur, weil wir euch lieben, sondern auch weil es ist, als hätte euch Gott geschickt, uns zu helfen! Ihr wundert euch gewiß darüber, daß wir uns so weit von unseren Wohnungen entfernt haben und daß ihr uns als Sammlerinnen seht, was wir doch gar nicht sind!" – „Es muß ein sehr wichtiger Grund sein, der euch, besonders Ingdscha, dazu bewogen hat!" sagte ich. – „Ja, ein sehr wichtiger Grund", nickte sie. „Wie werdet ihr erschrecken, wenn ich ihn euch sage!" – „Wir erschrecken nicht, denn wir kennen ihn schon." – „Schon? Wo kommt ihr her?" – „Aus Persien herab." – „So ist es unmöglich, daß ihr ihn kennt!" – „Und ich sage dir dennoch, er ist uns nicht nur bekannt, sondern wir wollen sogar zu der, um derentwillen ihr als Kundschafterinnen hier seid." – „Als Kundschafterinnen?" fragte sie erstaunt. „Du errätst also, weshalb wir uns als Sammlerinnen der Galläpfel hier in dieser Gegend befinden? Ja, du sagst sogar, daß ihr zu jemand wollt! Wen meinst du damit?" – „Marah Durimeh." – „Mein Gott! Es ist wahr, daß du es weißt!" – „Ich weiß sogar, wo sie sich befindet!" – „Das wissen wir nun auch. Oh, Effendi, was ist es für ein Glück, daß wir gerade mit dir darüber reden können. Und wie wird der Rais sich freuen, wenn er erfährt, daß du dich hier befindest!" – „Welcher Rais?" – „Doch der von Schohrd, der Vater meiner Ingdscha!" – „Er ist auch in dieser Gegend?" – „Ja. Ich muß dir sagen, weshalb; doch erlaube, daß ich mich setze! Die Freude des Wiedersehens ist mir in die Beine geschlagen; ich kann nicht mehr stehen." – „Ich fühle, daß deine Freude sehr groß gewesen ist", nickte Halef, „denn sie ist nicht bloß in deine, sondern auch mit in meine Beine gefahren. Erlaube, daß ich mich an deine Seite setze!"

Als sie nun nebeneinandersaßen, fuhr sie fort:

„Ihr wißt, daß Marah Durimeh keine bleibende Stätte hat. Sie ist bald hier und bald dort und erscheint immer da, wo man ihrer Hilfe bedarf. Man sagt, daß sie ein Liebling des Ruh 'i kulyan und seine besondere Botin sei."

Madana wußte nämlich nicht, daß Marah Durimeh selbst der „Geist der Höhle" war. Sie sprach weiter:

„Da man nie weiß, wann sie kommt, wann sie geht und wo sie sich zu einer gewissen Zeit befindet, so ist es uns schwer, ja fast unmöglich, für ihr Wohl und ihre Sicherheit bedacht zu sein. Sie kann sogar einmal an einem einsamen Ort hilflos sterben, ohne daß es dann ein Mensch erfährt. Überall, wo man sie kennt, da liebt und verehrt man sie auch; sie kann da ohne Sorge, wie im Auge Gottes, wandeln. Aber wo man sie noch nicht kennt, kann ihr sehr leicht ein Unglück widerfahren. Darum baten wir sie, es uns stets vorher mitzuteilen, wenn sie die Absicht habe, einen Weg zu gehen, über dessen Sicherheit sie nicht beruhigt sei. Sie hat das in den letzten Jahren stets getan, doch ohne daß es einmal nötig wurde, um sie beängstigt zu sein. Im späten Herbst des vergangenen Jahres war sie zum letztenmal bei uns in Schohrd. Als sie uns verließ, sagte sie, daß wir uns nicht um sie zu sorgen brauchten, daß sie nur zu Bekannten gehe und schon nach einigen Tagen wiederkomme. Aber die Tage vergingen, ohne daß sie zurückkehrte; es vergingen Wochen und sogar Monate, ohne daß wir sie wiedersahen. Da wurde es uns angst um sie. Du weißt, Effendi, was diese Frau uns allen ist, und wirst dich also nicht wundern, wenn ich dir sage, daß alle Ortschaften sich erhoben, um nach ihr zu suchen. Wir haben das ganze Land bis zu den Dschudibergen hinauf durchsucht und während des ganzen Winters überall nach ihr geforscht, ohne aber eine Spur von ihr zu finden. Sie war vollständig verschwunden, und wir beweinten sie als eine unterwegs an unbekannter Stelle hilflos Verstorbene. Da kam ein Handelsmann aus Khormadu hinauf zu uns, welcher von einer alten Frau erzählte, die in der Gegend von Suleimania in einem Kulluk wohne und große Wunder tue. Er hatte sie nicht gesehen, aber viel von ihr gehört, und was er uns über sie sagte, ließ uns vermuten, daß diese Frau unsere Marah Durimeh sei. Wir schickten natürlich sofort Boten nach Suleimania, von denen wir nach ihrer Rückkehr erfuhren, daß die Frau gefangengehalten und von Dawuhdijehkurden streng bewacht werde, aber höchstwahrscheinlich unsere Freundin sei. Wer zu ihr wolle, müsse den Scheich der Dawuhdijehs um Erlaubnis bitten, der dafür ein Geschenk je nach dem Vermögen des Betreffenden verlange. Unsere Boten hatten nicht zu ihm gehen können, sondern sich sehr vor ihm und seinen Leuten hüten müssen, weil zwischen uns und diesem Kurdenstamm Feindschaft liegt."

Als sie jetzt eine Pause machte, erkundigte ich mich:

„Habt ihr erfahren, weshalb diese Frau in jenem Kulluk festgehalten wird?" – „Nein. Es scheint das ein Geheimnis zu sein, welches nur wenige Personen kennen." – „Ich vermute, daß ihr sofort entschlossen wart, Hilfe zu leisten." – „Ja, das waren wir. Die Gebieter unserer Gegenden traten zu einer Beratung zusammen. Ein Kriegszug war ausgeschlossen, weil es sich um den in Suleimania regierenden Beamten des Padischahs handelte. Es wurde beschlossen, zur List zu greifen. Man sprach von dir, wie du Amad el Ghandur aus dem Gefängnis in Amadijah geholt hast, und fragte, wie du es wohl anfangen würdest, für Marah Durimeh einen Ausgang aus dem Kulluk zu finden. Es wurde bestimmt, daß eine kleine Schar erfahrener Krieger ausgesandt werden solle, die Befreiung zu versuchen. Klein mußte sie sein, um sich leicht verbergen zu können. Als Kundschafter sollten nicht Männer, sondern einige Frauen dienen, weil diese selten Verdacht erwecken und meist ganz unbeachtet bleiben. Als ein Anführer gewählt werden sollte, bot sich der Rais von Schohrd freiwillig an. Es sollte das eine Buße für frühere Zeiten sein, wo er, wie du ja weißt, auf falschem Wege wandelte und damals auch dein Feind gewesen ist. Er wurde angenommen. Als das Ingdscha, seine Tochter, hörte, welche stets der Liebling Marah Durimehs gewesen ist, forderte sie von ihrem Vater, daß er sie als Kundschafterin mitnehme; sie könne keiner anderen den Vorzug lassen, zur Befreiung ihrer geliebten, ehrwürdigen Beschützerin mitwirken zu dürfen. Als er nach einigem Zögern seine Erlaubnis dazu gab, konnte ich es nicht über das Herz bringen, Ingdscha ohne mich in solche Gefahren gehen zu lassen. Ich bat sie also, sie begleiten zu dürfen, und sie erfüllte meinen Wunsch." – „Hatte denn dein Mann nichts dagegen einzuwenden?" – „Nein; er ist ja selber mit dabei. Du hast ihn damals nicht in der Weise kennengelernt, daß du dich über ihn freuen konntest; jetzt aber wirst du mit ihm zufrieden sein. Seit jenem Abend, an welchem du unsere Gebieter hinauf zum Ruh 'i kulyan führtest, herrscht Eintracht unter denjenigen, welche sich wegen der Verschiedenheit der Abstammung und des Glaubens vorher bekämpften. Es ist seitdem kein Streit wieder vorgekommen." – „Wieviel Personen seid ihr hier?" – „Zehn Männer, den Rais selbst mitgezählt, und zwei Frauen, nämlich Ingdscha und ich. Es wurde das für genug befunden, da wir ganz nach deinem Beispiel handeln und nicht Gewalt, sondern womöglich nur List anwenden wollten." – „Habt ihr Erfolg gehabt?" – „Bis jetzt noch nicht. Den Kulluk haben wir gefunden. Wir wissen auch, daß es wirklich Marah Durimeh ist, die dort wohnt; aber weil wir uns nicht zeigen dürfen, haben wir uns bis jetzt vergeblich bemüht, hineinzukommen oder ihr wenigstens ein Zeichen von uns zu geben." – „Ich weiß aber, daß andere zu ihr dürfen!" – „Ja, wir haben das auch beobachtet. Es kommen Personen, welche mit ihr zu sprechen begehren, diese dürfen aber nicht hinein, sondern nur bis an das Tor, wo sie mit ihr sprechen dürfen und dann wieder gehen müssen, ohne den Turm betreten zu haben. Als wir bei einer solchen Gelegenheit uns in der Nähe versteckt hatten, sahen wir sie und wissen nun also, daß sie es wirklich ist." – „Also darf kein Mensch hinein zu ihr?" – „Niemand. Wir haben nur einen einzigen Fall beobachtet, daß Leute hineindurften, und die sind nicht wieder herausgekommen. Man scheint sie festgehalten zu haben." – „Wißt ihr, wer das war?" – „Wir kannten sie nicht, doch sahen wir, daß es Kurden waren. Sie hatten einen kleinen Knaben bei sich."

Da fiel Adsy schnell ein:

„Sie sind es; sie sind es! Das war Schevin mit Khudyr und unseren Leuten! Weißt du vielleicht, warum sie nicht wieder herausgedurft haben?" – „Nein. Wie können wir das wissen, da wir uns verbergen müssen und also uns nicht erkundigen dürfen. Wahrscheinlich würden die Dawuhdijehs es auch niemandem sagen."

Nun sprach Adsy eine Menge von Fragen aus, welche zwar von der Größe seiner Besorgnis, nicht aber von der hier so nötigen Umsicht zeugten, so daß ich ihn bat:

„Erlaube, daß ich mit Madana spreche! Du fragst mit deinem Herzen, aber nicht mit dem Verstand. Wie viele Dawuhdijehs sind es wohl, die den Turm bewachen?" – „Erst waren es wohl zwanzig", antwortete die Alte. „Jetzt aber, seit diese Fremden auch drin stecken, sind es wohl doppelt so viel." – „Befinden sich diese Wächter im Inneren des Turms?" – „Ja; doch stehen zwei stets vor dem Tor." – „Bei Tag und auch bei Nacht?" – „Am Tag sind es diese zwei, doch sobald es dunkel geworden ist, wird vor dem Eingang ein Feuer angebrannt, an welchem sechs und oft auch acht Männer sitzen." – „Haben diese Leute einen bestimmten Anführer?" – „Ja. Das ist kein Kurde, sondern ein türkischer Mülasim – Leutnant –, welcher fünf Soldaten bei sich hat." – „Ah! Marah Durimeh ist also wirklich die Gefangene des sogenannten Paschas von Suleimania, und den Dawuhdijehs ist die Mitbewachung anvertraut; sie haben diesem Mülasim Gehorsam zu leisten. Wo liegt der Kulluk?" – „Man kann ihn von hier aus in einer Stunde erreichen." – „Eine Stunde nur?" Ich wendete mich zu Adsy: „Da hörst du, wie wenig du dich auf eure Kundschafter verlassen kannst. Und acht Personen sind das gewesen! Wenn wir jetzt nicht Ingdscha und Madana getroffen hätten, wären wir vollständig in die Irre geritten und hätten froh sein müssen, wenn wir nicht erwischt worden wären! Ist der Weg nach dem Kulluk auch zu Pferde zu machen?" – „Ja", antwortete Madana. „Ihr wollt hin?" – „Natürlich! Es fällt uns nicht ein, diese Gegend eher zu verlassen, als bis wir Marah Durimeh herausgeholt haben!" – „Und unsere Leute mit, Effendi!" bat Adsy. „Du hast gehört, daß sie auch im Turm stecken. Wie aber wirst du es anfangen, ihnen die Freiheit zu verschaffen?" – „Das kann ich doch jetzt noch nicht wissen. Ich muß den Kulluk und seine Umgebung kennenlernen, auch die Sicherheitsmaßregeln, welche der Mulasim getroffen hat. Auch ist es nötig, vorher mit dem Rais von Schohrd zu sprechen, um seine Ansichten zu hören. Erst dann, wenn ich alles, was überhaupt zu erfahren ist, erfahren habe, kann ich mir ein Bild über die ganze Lage machen und einen bestimmten Plan fassen, eher aber nicht. Du fragst mich also zu früh." – „So sag mir wenigstens, ob du die Ausführung für möglich hältst!" – „Sie muß möglich sein, weil ich sie wirklich machen werde. Ich habe ja gesagt, daß ich nicht eher von hier fortgehen werde!" – „Ich danke dir! Du hast mir mit diesen Worten das Herz leicht gemacht. Freilich schwer wird die Ausführung sein!" – „Was das betrifft, so schau hier meinen Hadschi Halef Omar an! Sein Gesicht strahlt ja förmlich von Zuversicht!" – „Strahlt es wirklich?" fragte Halef lachend. „Ich sage euch, seit ich weiß, daß es sich wieder einmal um eine Tat handelt, zu welcher Mut und List gehören, ist ein ungeheures Wohlbefinden in mein Herz gezogen. Vor diesem Mülasim und seinen fünf Asaker – Soldaten – und vor den vierzig Dawuhdijehs fürchten wir uns nicht. Der größte Turm der Welt war doch der Turm zu Babel, den man jetzt Birs Nimrud nennt. Wir sind vor kurzer Zeit in die finsteren Eingeweide dieses Turms gekrochen, um mit den Drachen des Mordes und der Schmuggelei zu kämpfen. Wir haben über diese Ungeheuer gesiegt und sind als ruhmgekrönte Helden wieder an das Licht des Tages gestiegen. Haben wir uns vor diesem Turm zu Babel nicht gefürchtet, wie sollten wir uns da vor eurem kleinen Kulluk ängstigen? Er ist ein so lächerlicher kleiner Kerl, daß wir nur mit einer einzigen Hand hineinzugreifen brauchen, um alle herauszuholen, welche man drin vor uns verbergen will!"

Es war eine Lust, den kleinen Kerl in dieser Weise sprechen zu hören, besonders da seine Zuhörer Orientalen waren und sich als solche nicht an seiner Ausdrucksweise stießen. Auch mir schien die Ausführung unseres Vorhabens nicht mit großen Schwierigkeiten verknüpft zu sein, zumal es sich um einen türkischen Offizier handelte, dem ich mit meinen Legitimationen leicht imponieren konnte. Was die gefangenen Hamanwandikurden betrifft, so galt es, zu erfahren, ob es zwischen ihnen und den Dawuhdijehs vielleicht einen Zusammenstoß gegeben hatte, welcher einen blutigen Konflikt zur Folge haben mußte, was unser Vorhaben unbedingt erschweren mußte. Ich fragte darum Madana:

„Waren die Leute bewaffnet, welche mit dem Knaben in den Turm gebracht wurden?“ – „Nein“, antwortete sie. – „Kamen sie zu Pferde?“ – „Nein, aber die Dawuhdijehs, welche sie begleiteten.“ – „Sie wurden also als Gefangene behandelt?“ – „Ja. Jeder von ihnen hing an einem der Pferde. – „War jemand von ihnen verwundet?“ – „Davon haben wir nichts gesehen.“ – „Wie verhielten sie sich? Leisteten sie Widerstand?“ – „Nein. Sie ließen sich ohne Sträuben hineinschaffen. Einer von ihnen, welcher den Knaben trug, schien kein gewöhnlicher Krieger zu sein; das hörten wir aus den Worten, die er sprach.“ – „Was sagte er?“ – „Als er vom Pferd losgebunden worden war und durch das Tor gehen sollte, rief er drohend aus: ‚Wir kamen im Frieden und haben euch darum unsere Waffen abgegeben. Haltet uns ja nicht zu lange fest, sonst könnte Jamir kommen und uns mit bluttriefenden Waffen von euch fordern!‘ Diese Worte habe ich selbst ganz deutlich verstanden.“ – „Das beruhigt mich, denn wir können daraus ersehen, daß nichts geschehen ist, wodurch die Thar – Blutrache – herausgefordert würde. Wo befindet sich der Rais mit seinen Leuten?“ – „In der Nähe des Kulluk. Wir haben dort für uns und unsere Pferde ein prächtiges Versteck gefunden, welches man nur schwer entdecken kann.“ – „Und wie kommt es, daß ihr beide euch jetzt so weit von dort entfernt habt?“ – „Wir wollen die Kundschafter beobachten, welche vor einiger Zeit hier vorübergeritten sind.“ – „Kundschafter? Woher wißt ihr denn, daß diese Leute Späher waren?“ – „Wir haben die Dawuhdijehs gestern belauscht. Sie stehen unter der Anführung ihres Scheichs Ismael Beg da unten am Wasser, in einer weiten Krümmung des Tales, wo sie den Angriff der Hamawandikurden erwarten.“ – „Das habt ihr erlauscht?“ – „Ja, Ingdscha und ich. Sie hatten entdeckt, daß Hamawandi-Späher hier gewesen waren, und nun auch Spione zu den Hamawands geschickt. Diese erfuhren, daß die Hamawands dreihundert Mann stark kommen würden. Als sie diese Nachricht brachten, rief Ismael Beg seine Dawuhdijehs zusammen, um die Feinde da unten zu empfangen, und beschloß, heute wieder Boten auszusenden, die ihm das Nahen der dreihundert Hamawands sofort melden sollen. Wir beobachteten heute früh diese Boten, weil wir gern erfahren wollten, nach welcher Richtung sie sich wenden würden.“ – „Warum wolltet ihr das wissen?“ – „Um zu erfahren, wo die Hamawands zu suchen sind. Wir wollten sie warnen, denn weil es uns bisher noch nicht geglückt ist, Marah Durimeh zu befreien, glaubten wir, daß diese Kurden uns aus Dankbarkeit dazu behilflich sein würden.

Nun wir aber dich gefunden haben, brauchen wir diese Hilfe nicht." – „Und doch wird euch auch dieser Wunsch erfüllt, denn die Krieger, welche ihr hier bei mir seht, gehören zum Stamm der Hamawands. Ich traf sie gestern abend. Sie erzählten mir von ihren gefangenen Genossen. Sie erzählten auch von der alten Frau, welche im Kulluk bewacht werde. Ich vermutete sogleich, daß diese Frau unsere Marah Durimeh sei, und so schlossen wir uns diesen Hamawands an, um nach dem Kulluk zu reiten. So kommt es, daß wir euch hier unterwegs getroffen haben." – „Das hat Gott geschickt, Effendi, und nun du bei uns bist, sind wir überzeugt, daß Marah Durimeh den Turm sehr bald verlassen wird. Wie sehr, wie unaussprechlich werden sich unsere Krieger freuen, wenn sie dich und Hadschi Halef Omar sehen! Sie werden fast gar nicht glauben können, daß ihr es wirklich seid! Sollen wir euch jetzt zu ihnen führen?" – „Ja; ich bitte euch darum. Hoffentlich ist die Gegend, durch welche wir kommen werden, sicher?" – „Es steht nicht zu erwarten, daß wir einem Dawuhdijeh begegnen werden." – „Dennoch wollen wir vorsichtig sein. Kennt Ingdscha den Weg ebenso wie du?" – „Ja." – „So mag sie bei uns bleiben, um uns zu führen; du aber gehst allein voran, um uns zu warnen, falls du jemanden sehen solltest." – „Das wird das beste sein, Effendi. So werden wir es machen."

Sie schüttete die Körbe aus, setzte sie ineinander, nahm sie auf den Rücken und machte sich zunächst flußabwärts auf den Weg. Einer der Hamawands stieg ab und bot Ingdscha sein Pferd an. Sie ging auf dieses höfliche Anerbieten ein, und dann folgten wir der lieben Petersilie.

Der Weg bot nur für zwei Pferde nebeneinander Platz. Ich richtete es so ein, daß Ingdscha sich an meiner Seite befand. Sie hatte sich bis jetzt vollständig schweigsam verhalten; jetzt zog ich sie in ein Gespräch, welches aber leider nicht so lebhaften Fortgang nahm, wie ich es wünschte. Sie verhielt sich sehr einsilbig, es schien ihr lieber zu sein, wenn sie ganz still bleiben könne, und so hatte ich nichts dagegen, daß, als sie einmal wegen einer schmalen Terrainstelle zurückblieb und nicht gleich wieder vorrückte, Halef sich an ihre Stelle setzte. Der liebe Kleine platzte fast vor Begierde, mir die Freude seines Herzens über diese unerwartete Begegnung auszuschütten. Er tat es in einer solchen Weise, daß er fast ganz allein die Kosten der Unterhaltung trug, eine Genugtuung für ihn, die ich ihm gönnte.

Inzwischen hatte Ingdscha uns aufgefordert, abzusteigen, weil sie uns über einen Berg zu leiten habe, jenseits dessen wir dann wieder guten Weg finden würden. Wir mußten also die Pferde führen. Es ging stellenweise so steil hinan, daß wir und die Tiere sehr oft ins Rutschen kamen, doch als wir die Höhe erreicht hatten, wurde es besser, denn sie senkte sich jenseits nur allmählich nieder, und dann gab es eine wasserlose, breite Mulde, in welcher wir Platz hatten und galoppieren konnten, weil es da nur Gras und weder Baum noch Buschwerk gab. So kam es, daß wir Madana, die zu Fuß ging, jetzt wieder erreichten und nun, um sie den nötigen Vorsprung erreichen zu lassen, wieder langsam reiten mußten.

Die hatte sich noch gar nicht weit von uns entfernt, so blieb sie stehen und winkte uns sehr lebhaft, zurückzubleiben, doch war es da schon zu spät, denn einesteils befanden wir uns ihr und auch dem Grund ihrer Warnung zu nahe, und andernteils gab es hier keinen Gegenstand, hinter den wir uns hätten verstecken können. Wir sahen auch gleich die Ursache, wegen der sie uns gewinkt hatte: Es war ein einzelner Reiter, welcher, wie suchend, von seitwärts her geritten kam und froh zu sein schien, jemandem zu begegnen. Er lenkte sein Pferd auf sie zu. Da er uns nun einmal gesehen hatte und sie ihm vielleicht eine Antwort geben konnte, welche nicht zu unseren Absichten paßte, setzten wir unsere Pferde wieder in Galopp und kamen infolgedessen zu gleicher Zeit mit ihm bei ihr an. Es war ein Offizier mit den Hauptmannsabzeichen. Er wendete sich nun nicht an sie, die Frau, sondern an uns Männer; mit der militärisch kurzen Frage:

„Gehört ihr zum Stamm der Dawuhdijehs?“ – „Ja“, antwortete der stets schnell fertige Halef, was mir aber in diesem Fall lieb war, da ich auf diese Weise die Unwahrheit nicht selbst zu sagen brauchte. – „Ihr kennt doch euren Scheich Ismael Beg?“ – „Natürlich!“ nickte der Hadschi dreist. – „Ich suchte ihn an seinem Lagerplatz, der ist aber leer; wo steckt der Mann?“ – „Er steht mit unseren Kriegern da hinten am Fluß, um auf die Hamawands zu warten, die uns überfallen wollen.“ – „Wieder einmal? Diese Hunde geben niemals Ruhe! Ich wollte mich von ihm nach dem Kulluk führen lassen, in welchem die alte Bagidscha – Hexe – steckt. Ich komme wegen ihr aus Kerkuk. Der dortige Pascha sendet mich, den Mülasim abzulösen, der nichts aus ihr herausgebracht hat.“

Dieser Mann war sehr unvorsichtig offenherzig! Bis jetzt hatte Halef sich ganz richtig verhalten; nun aber mußte ich die Sache in die Hand nehmen, wenn kein Fehler gemacht werden sollte. Darum fragte ich den Offizier:

„Warst du denn beim Kaimakam in Suleimania, dem der Mülasim verantwortlich ist?"

Der Hauptmann betrachtete mich mit einem forschenden Blick, ob ich wohl der Mann sei, ihm eine solche Frage vorlegen zu dürfen. Das Resultat schien befriedigend ausgefallen zu sein, denn er antwortete:

„Natürlich war ich dort. Ich habe ihm des Paschas Vollmacht vorgelegt und darauf seine Unterschrift bekommen, die ich dem Mülasim vorzuzeigen habe."

„Ist das notwendig? Kennt dich der Mülasim denn nicht?" – „Nein." – „Aber von unseren Kriegern werden dich doch wohl einige kennen?" – „Das glaube ich nicht, denn ich bin noch nie bei euch gewesen." – „So sollst du den Mülasim ablösen?" – „Ja." – „Er soll also fort?" – „Ja." – „Wann?" – „Heute gleich, oder morgen, wie es ihm beliebt; er hat nichts mehr zu sagen. Er hat kein Geschick, das Geheimnis aus diesem Weib herauszubringen. Der Kaimakam hat mir euren Lagerplatz beschrieben; ich fand ihn leer. Dann suchte ich den Turm, bin, wie es scheint, ganz irr geritten. Ihr wißt doch wohl, wo er liegt?" – „Ja." – „So führt mich hin!"

Das klang so befehlshaberisch, daß ich antwortete:

„Du scheinst zu meinen, daß wir Zeit dazu haben?" – „Zeit oder nicht! Ihr führt mich hin, und zwar den geradesten Weg! Ich bin ein Offizier des Paschas. Verstanden?" – „Tahht el Amr – Zu Befehl –! Wir gehorchen. Deine Gnade mag die Güte haben, hier an meiner Seite zu reiten!"

Ich winkte Madana. Sie schritt mit ihren langen Beinen weit aus, und wir folgten ihr. Der Hauptmann schien ein sehr stolzer, auf sich eingebildeter Mensch zu sein; er sprach kein Wort mit mir. Das war mir aber lieb, wie ich hier wohl gar nicht erst zu versichern brauche. Er hätte mich durch Fragen in die größte Verlegenheit bringen können. Zu wünschen war nur, daß uns niemand begegnete, denn es war ein Plan in mir entstanden, der durch das Zusammentreffen mit einem Dawuhdijeh unausführbar werden müßte, und das wäre jammerschade gewesen!

Nachdem wir längere Zeit schweigend nebeneinander hergeritten waren, schien der Hauptmann es doch für geraten zu halten, ein Wort zu sagen. Er fragte mich:

„Bist du ein gewöhnlicher Kurde?" – „Nein", antwortete ich. – „Das habe ich dir angesehen, obgleich sich aber doch keiner von euch ganz verleugnen kann. Räuber bleibt Räuber!"

Das war wieder sehr unvorsichtig von ihm. Er fühlte sich in seiner Uniform wahrscheinlich sicher. Wie aber hätte ihm ein Kurde an meiner Stelle geantwortet? Auch ich zog aus diesen seinen beleidigenden Worten die Veranlassung, ihm nun so zu kommen, wie ich nach meinem Plan mußte und wie er wohl nicht erwartete.

Wir hatten nämlich die Wiesenmulde hinter uns; der Wald begann wieder. Ich sah Madana seitwärts in denselben einbiegen; sie blieb vorher stehen und gab mir durch einen eigenartigen Wink zu erkennen, daß wir uns jetzt dem Versteck ihrer Leute näherten. Ehe wir dieses erreichten, mußte ich mit dem Hauptmann fertig sein; das gebot mir die Vorsicht. Die Szene, welche uns erwartete, mußte ihn zur Erkenntnis bringen, daß wir keine Dawuhdijehs waren, und so war es geraten, ihn schon jetzt unschädlich zu machen. Darum antwortete ich:

„Räuber? Mit diesem Wort meinst du uns?“ – „Ja“, lachte er, ohne verlegen zu sein. – „Weißt du, wie ein kurdischer Krieger darauf antwortet?“ – „Er schweigt, denn es ist wahr!“ – „Ja, er sagt allerdings nichts; aber er tut etwas.“ – „Was?“ – „Das!“

Bei diesem Wort holte ich aus und gab ihm einen Fausthieb ins Genick, daß er mit dem Oberkörper vorn niederknickte und mit den Füßen aus den Bügeln fuhr. Dann faßte ich ihn hinten, riß ihn aus dem Sattel und warf ihn neben sein Pferd, wo er vor Schreck und in halber Betäubung liegenblieb.

„Recht so, Effendi!“ jubelte Halef, indem er aus dem Sattel sprang. „Da lernt er die Faust eines Räubers, eine Dawuhdijehkurden kennen! Was soll jetzt mit ihm geschehen?“ – „Nimm ihm die Waffen; gib ihm einen Knebel in den Mund, daß er nicht schreien kann, und binde ihm dann die Hände zusammen und an meinem Steigbügel fest! Beim geringsten Widerstand, den er zu leisten wagt, schieße ich ihn nieder!“

Ich zog den Revolver und richtete ihn auf den Offizier, der von Halef angefaßt und vom Boden in die Höhe gezogen wurde, ohne sich zu wehren. Als er meine Waffe sah, stammelte er:

„Ein Kurde – und dann ein Revolver – Maschallah – Wunder Gottes –!“ – „Wer so frech ist, von einem freien Krieger Gefälligkeiten im Ton eines Vorgesetzten zu fordern und ihn anstatt des Dankes dafür noch einen Räuber zu nennen, der kann sehr leicht noch andere, viel größere Wunder erfahren!“ antwortete ich. „Hatte der Pascha keinen klügeren, vorsichtigeren Mann hierher zu senden? Wir sind keine Räuber, und es wird dir nichts geschehen, doch nur unter der Bedingung, daß du alles tust, was ich verlange. Jetzt vorwärts!“

Der wahrhaft mutige Mann ist bescheiden, der Poltron aber im Grunde feige; das zeigte sich auch hier. Dieser Mann hatte sich ohne eine Miene der Gegenwehr knebeln und an meinen Bügel binden lassen und lief nun ganz schön nebenher. Sein Pferd ritt der Kurde, welcher das seinige an Ingdscha abgetreten hatte.

Wir bogen, indem wir Madana folgten, in ein von dicht stehenden Nadelbäumen überschattetes Felsengewirr ein, welches ganz unzugänglich zu sein schien, aber uns doch bald guten Raum zum Hindurchkommen bot. Hier war wohl noch nie ein Mensch geritten! Dann ging es so steil hinab, daß wir die Pferde wieder führen mußten, wobei sie zuweilen auf die Hinterbeine zu schlitten kamen, worauf wir einen Grund erreichten, wo früher ein kleiner See, ein Weiher, gelegen hatte, der aber ausgetrocknet war, wahrscheinlich weil sein Zufluß einen anderen Weg gefunden hatte. Da blieb Ingdscha halten, deutete mit der Hand vorwärts und sagte:

„Dort hinter dem Gesträuch sind unsere Leute. Hörst du sie? Madana hat ihnen gesagt, wen wir getroffen haben."

Ich hörte laute, frohe Stimmen, Zweige knackten, und der erste, der erschien, war der lange, riesenhafte Rais selbst, der Vater Ingdschas, der mich damals so feindlich behandelt hatte und dann von dem Ruh 'i kulyan zu einer anderen Gesinnung bekehrt worden war. Sein Gesicht strahlte, als er mir beide Hände mit den Worten entgegenstreckte:

„Effendi, es ist wahr? Du kommst, du! Sollen wir das wirklich glauben? Können wir es glauben? Und dein Hadschi Halef ist auch dabei? Kommt, kommt schnell, damit euch alle sehen! Sie zweifeln sonst daran, daß ihr es seid!" – „Natürlich sind wir es, und natürlich bin ich auch dabei!" meinte Halef. „Wo hat man denn diesen Effendi je einmal gesehen, ohne daß ich dabeigewesen wäre, ohne den er nicht leben und nichts Gescheites machen kann! Ja, kommt, damit auch die anderen die Wonne unseres Anblick genießen!"

Es würde hier zu weit führen, die Szene des Wiedersehens zu beschreiben und die hin und her schwirrenden Fragen und Antworten ausführlich zu bringen. Ich mußte mir große Mühe geben, diese braven Leute vor unvorsichtigen Äußerungen zu bewahren, weil der Hauptmann doch nicht erfahren durfte, wer sie und wer Halef und ich waren. Als sie sich endlich beruhigt hatten und wir beisammensaßen, erzählte uns der Rais von dem Verschwinden Marah Durimehs und dem vergeblichen Bemühen, sie aus dem Turm zu befreien. Es war nicht mehr, als was wir schon von Madana gehört hatten. Der Offizier war an einen Baum gebunden worden, so weit von uns, daß er nicht verstehen konnte, was der Rais sagte. Als dieser seinen Bericht beendet hatte, fuhr er, zu mir gewendet fort:

„Und nun hat Madana uns gesagt, daß du uns helfen willst. Ist das wahr, Effendi?" – „Ja", antwortete ich. – „Wir hatten dich zum Vorbild genommen; wir wollten ganz nach deiner Weise listig handeln; aber was nützt die Klugheit, wenn – wenn – wenn ..." – „Wenn man sie nicht besitzt", fiel Halef lachend ein.

Anstatt dies übelzunehmen, stimmte der Rais bei:

„Ja, beinahe, das wollte ich auch sagen! Wir stecken schon so lange Zeit hier, ohne daß uns ein Plan kommen will." – „Und kaum ist mein Sihdi hier erschienen, so ist bei ihm der Plan schon fertig! Ich sehe es ihm an. Immer, wenn er das eine Auge kleiner macht, hat er einen listigen Talab – Fuchs – im Kopf sitzen. Habe ich recht, Effendi?"

Ich nickte.

„Seht ihr es? Er zog das eine Auge zusammen, folglich weiß er, was er machen will. Und der Gedanke, den er hat, ist jedenfalls ein fröhlicher. Ich kenne sein Gesicht!" – „Hat Halef es wirklich erraten?" fragte der Rais. – „Ja", antwortete ich; „aber daß ich meine Gedanken durch meine Augenmuskeln verrate, das habe ich selbst noch nicht gewußt. Ich werde in Zukunft besser auf mich achten." – „So erlaube, daß ich mich verwundere, Effendi! Wir haben ohne Aufhören nachgedacht, um einen ausführbaren Plan ausfindig zu machen, doch vergeblich. Und du hast einen Entschluß, nachdem du erst einige Minuten bei uns bist!" – „Ich hatte ihn schon, als ich kam. Das ist nicht etwa ein Zeichen von größerer Klugheit, sondern der Zufall war mir günstig. Halef, erinnerst du dich der Fragen, welche ich dort dem Hauptmann vorgelegt habe?" – „Ja, Sihdi." – „So weißt du, daß er nicht nur bei den Dawuhdijehs vollständig unbekannt ist, sondern daß ihn auch der Mülasim im Kulluk noch nicht kennt. Er hat Legitimationen bei sich, denen der Mülasim gehorchen muß. Ist es da nicht selbstverständlich, daß ich an seiner Stelle nach dem Turm gehe?" – „Du – an seiner Stelle – als Hauptmann ...? Effendi, das ist freilich ein Gedanke von solcher Größe und von solcher unendlichen Erhabenheit, als ob er nicht in deinem, sondern in meinem Kopf entstanden wäre!" – „Ich danke dir für diese großartige Anerkennung, mein lieber Halef! Ein größeres Lob konntest du ja gar nicht aussprechen. Ich bin unendlich stolz darauf!" – „Das glaube ich, denn ich weiß, daß es für dich das erhabenste der Gefühle ist, mein Wohlgefallen zu besitzen. Aber meinst du nicht, daß es besser wäre, wenn ich an deiner Stelle ein türkischer Hauptmann würde?" – „Nein." – „Warum nicht? Hältst du mich für zu dumm dazu?" – „Dumm? Du weißt, daß ich in dir stets den Inbegriff aller Klugheit sehe, aber siehe die Gestalt des Hauptmanns an! Würde dir sein Anzug passen?" – „Ia Allah! Da hast du recht! Wer an seiner Stelle nach dem Kulluk will, der muß in diesen Anzug wandern, und die Länge und Breite, welche er besitzt, würde mir höchst unbehaglich sein!" – „So siehst du also, daß ich diese Rolle selbst übernehmen muß. Dazu gehört, daß ich den Kulluk vorher erst einmal sehe. Wie weit liegt er von hier?" – „Nur eine Viertelstunde", antwortete der Rais. „Ich bin bereit, ihn dir zu zeigen. Dieses Versteck hier konnte gar nicht günstiger so in der Nähe liegen. Madana hat es entdeckt. Die Dawuhdijehs scheinen keine Ahnung von dem Vorhandensein dieses Platzes zu haben." – „Ja, führe mich! Die anderen bleiben da; wir gehen allein."

Halef wollte partout mit; ich wies ihn aber zurück, weil ich ihn dabei nicht brauchte. Je weniger er wußte, desto weniger konnte er auf den Gedanken eines selbständigen oder gar eigenmächtigen Verhaltens kommen. Ich mußte dafür besorgt sein, daß er mir hier nichts verderben konnte.

Wir hatten vielleicht zweihundert Schritt weit in dem ausgetrockneten Wasserbecken zu gehen, bis wir an den früheren Ausfluß desselben kamen. Dieser bildete eine enge, sich mehrfach biegende, vom Wasser in den Felsen gefressene Spalte, welche mit Farnen und holzigem Gestrüpp so verwachsen war, daß man draußen leicht vorübergehen konnte, ohne zu ahnen, was für ein Platz hinter diesem scheinbar undurchdringlichen Dickicht lag. Als wir uns hindurchgewunden hatten, ging es eine kurze Schlucht hinab ins Tal, auf dessen anderer Wand ich dann den Kulluk liegen sah. Es war ein großer, aus starken, mit schmalen Schießlöchern versehenen Mauern aufgeführter Kubus, an den ein hoher, runder Turm mit teilweise eingestürzter Zinne stieß. Das war freilich nicht gleich auf den ersten Blick so deutlich zu sehen, weil dies durch den sich dicht emporziehenden Wald verhindert wurde. Wir schlichen uns weiter bis fast an die Stelle, wo der hinaufführende Weg begann. Von einem Weg in unserem Sinne war freilich keine Rede; man sah nur, daß in neuerer Zeit hier gegangen und geritten worden war. Das alte Mauerwerk lag so still und scheinbar unbelebt da oben, daß ich es für unbewohnt gehalten hätte, wenn mir nicht das Gegenteil berichtet worden wäre. Es war kein Mensch, kein Tier, kein lebendiges Wesen ringsum zu sehen, und weiter hinauf durften wir nicht, wenn wir uns nicht der Gefahr aussetzen wollten, entdeckt zu werden. Wir kehrten also so vorsichtig, wie wir gekommen waren, nach unserem Versteck zurück, wo sich Halef natürlich gleich sehr angelegentlich erkundigte, was ich gesehen und beschlossen hätte. Ich hielt es nicht für geraten, ihm jetzt schon etwas mitzuteilen. Es genügte vollständig, wenn er einstweilen wußte, daß ich als türkischer Hauptmann nach dem Kulluk wollte. Das übrige erfuhr er am besten erst dann, wenn es vorüber war. Wollte er doch auch so schon sich der Sache in einer Weise annehmen, die ich zurückweisen mußte. Er schlug mir nämlich vor:

„Sihdi, da der Schneider des Hauptmanns den Anzug nicht für die sanften Verhältnisse meiner rücksichtsvollen Persönlichkeit gefertigt, sondern ihm eine so unbescheidene Ausdehnung gegeben hat, daß ich es mir streng verbitten muß, mit ihm in Berührung zu kommen, so magst also du selbst in die fremden Hosenbeine und dir nicht gehörigen Ärmel fahren; aber ich werde wenigstens die Vorbereitung dazu jetzt treffen." – „Welche Vorbereitung?" – „Ich werde zu ihm hingehen und ihm sagen, daß er das Innere seiner Uniform augenblicklich zu verlassen habe. Dann bringe ich sie dir her, damit du sie anziehen kannst." – „Warum soll denn nicht ich hin zu ihm gehen?" – „Weil dir die große Gabe der Rede versagt ist, welche dazu gehört, ihm die ungeheure Notwendigkeit dieser Anordnung begreiflich zu machen." – „Lieber Halef, sei doch so gut und warte mit deinen großen Taten, bis ich dich auffordere, sie zu tun! Du kennst ja die Art und Weise gar nicht, in welcher das, was du tun willst, zu geschehen hat!" – „Ist denn diese Art und Weise hierzu eine ganz besondere?" – „Ja. Und wenn sie das auch nicht wäre, so versteht es sich doch ganz von selbst, daß ich in dieser Angelegenheit, die meine eigene ist, keinen Vormund brauche!" – „Vormund! Oh, Effendi, wie verkennst du doch die opferwillige Liebe, mit welcher ich bestrebt bin, dir alle Unannehmlichkeiten des Lebens tragen zu helfen!" – „Sei still! Den Herrn und Gebieter willst du spielen; weiter hat es keinen Zweck. Ich erkenne ja deine vorzüglichen Eigenschaften bereitwilligst an und werde dir das jetzt beweisen, indem ich dir ein hochwichtiges Amt anvertraue." – „Ein hochwichtiges?" fragte er, indem seine bereits düster gewordene Miene sich sofort wieder aufhellte. „Ja, vertraue es mir an; du kannst überzeugt sein, daß es ganz unmöglich ist, es in bessere Hände zu legen!" – „Das weiß ich ja, und darum übergebe ich es dir und keinem anderen. Ich traue dir nämlich zu, ein vorzüglicher Baumeister zu sein, lieber Halef! – „Ein – Baumeister?"

fragte er, indem sich in seinem Gesicht eine Überraschung aussprach, die mir heimlich Spaß machte. – „Ja, ein Baumeister“, nickte ich wichtig. – „Soll etwa hier etwas gebaut werden?“ – „Ja.“ – „Was?“ – „Ein Gefängnis.“ – „Wirklich? Ein Gefängnis? Für wen?“ – „Für den Hauptmann, für den Mülasim und seine Soldaten und für die Dawuhdijehs, die sich im Kulluk befinden.“ – „Das wären ja zusammen gegen fünfzig Personen!“ – „Allerdings. Du siehst, welch eine Menge von Steinen es hier gibt, große und kleine. Es wird genügen, wenn sie recht fest und passend aufeinandergelegt werden; auf Mörtel müssen wir verzichten. Das Gefängnis muß fünfzig Personen fassen und bis morgen vormittag, womöglich aber schon heute abend fertig sein. Die Männer hier werden dir alle helfen. Den Plan zu diesem Gebäude mußt du selbst entwerfen; ich habe leider keine Zeit dazu.“

Da fiel er schnell ein:

„Und wenn du Zeit hättest, Sihdi, so würde ich es nicht dulden, daß du mir ins Handwerk pfuschst. Ich sage dir, daß du meine Begabung für die Kunst des Gefängnisbauens ganz richtig erkannt hast. Ich werde ein Gebäude errichten, über dessen Vortrefflichkeit du staunen wirst. Soll es auch geheizt werden?“ – „Ja.“ – „Das erhöht zwar die Schwierigkeit bedeutend, doch sollst du mit mir zufrieden sein. Ich werde einen Feuerherd errichten und eine Esse darüber bauen. Aus was aber soll das Dach dieses großen Gefängnispalastes bestehen?“ – „Das zu bestimmen, überlasse ich dir, denn du bist der Baumeister, dem ich keine Vorschriften zu machen habe.“ – „Da hast du recht, sehr recht, Sihdi. Ich werde mir von keinem Menschen in diese hochwichtige Angelegenheit sprechen lassen, sondern nur die Vorzüge meines eigenen Geistes in Bewegung setzen. Hast du sonst noch einen Wunsch?“ – „Nur den einen, daß alles so leise wie möglich vor sich gehen möge. Die Bewohner des Kulluk, welcher ganz in der Nähe liegt, dürfen nicht das geringste Geräusch hören!“ – „Das ist ja selbstverständlich. Wir werden so leise machen, daß wir selbst nichts davon hören. Verlaß dich nur ganz auf mich! Du wirst wohl inzwischen abwesend sein?“ – „Ja, denn ich reite nach dem Turm, denke aber, daß du mich nicht brauchen wirst. Du ersiehst hieraus, lieber Halef, was für ein großes Vertrauen ich in dich setze!“ – „Das kannst du auch; jawohl, das kannst du auch! Du ahnst gar nicht, was für bedeutende und erhabene Ideen diese Aufgabe schon jetzt in meinem Kopf geboren hat! Ich muß mich mit ihnen beschäftigen, muß sie in Ordnung bringen. Erlaube also, daß ich die Einsamkeit aufsuche, denn nur in der

Abgeschiedenheit von der gewöhnlichen Weltbevölkerung können die erhabenen Werke der Kunst und Meisterschaft entstehen!"

Er ging fort und wandelte dann rastlos unter fernen Bäumen hin und her, vollständig ahnungslos, daß ich ihn nur, um ihn unschädlich zu machen, in einen Architekten verwandelt hatte. Er sollte sich gar nicht um den Turm bekümmern können. Nun ich mich seiner entledigt hatte, konnte ich zu dem Hauptmann gehen.

„Ich verlange, losgemacht zu werden!" zürnte mich dieser an. „Ihr werdet es bereuen, euch an mir vergriffen zu haben!" – „Sei bescheiden!" warnte ich ihn. „Mit Drohungen hast du bei uns keinen Erfolg! Denkst du denn, wir durchschauen dich nicht? Du bist gar nicht der, für den du dich ausgibst. Ein Offizier, welcher von dem Pascha zu den Dawuhdijehs gesandt wird, ist nicht so dumm, sie ins Gesicht hinein Räuber zu nennen." – „Ich kein Offizier? Was fällt dir ein! Greif in die Tasche meiner linken Brust, so wirst du den schriftlichen Befehl des Kaimakam mit meinem Namen und meiner Charge finden!"

Ich tat natürlich, was er wollte, denn das hatte ich eben auch gewollt. Der Befehl war offen; ich konnte ihn lesen, ohne ihn aufbrechen zu müssen. Er hätte für mein Vorhaben gar nicht besser abgefaßt sein können. Weiter wollte ich mit dem Mann nun persönlich nichts mehr zu tun haben; ich sagte dem Rais, was ich wollte. Der Offizier wurde seitwärts geschafft, wo er sich entkleiden mußte; dann hatte er sich mit seinem Mantel zu begnügen. Er machte einen Heidenlärm, um den ich mich aber nicht kümmerte. Seinem Namen nach war er ein Arnaute; ich brauchte also in Rücksicht auf sein offizierliches Ehrgefühl nicht allzu zart mit ihm zu verfahren. Die Arnauten, besonders die nach dem Irak versetzten, sind stets rohe, gewalttätige Menschen, und daß er zu dieser Kategorie gehörte, hatte er ja bewiesen!

Als ich dann in seinem Anzug steckte, erklärte mir der Rais, daß kein Mensch, dem ich unbekannt sei, an eine Verkleidung denken werde. Halef rief mir von weitem zu:

„Sihdi, es wird dich jedermann für den halten, für den er dich halten soll. Mehr kann ich dir nicht sagen, denn ich habe keine Zeit dazu. Habe also die Güte, und entschuldige mich! Das Gefängnis geht mir mit seinen Mauern, dem Dach und auch der hohen Feueresse im Kopf herum!"

Da ich die Waffen des Arnauten tragen mußte, übergab ich die meinigen dem Rais zur sorgfältigen Aufbewahrung; nur einen Revolver steckte ich in die Tasche. Nach Verhaltungsmaßregeln befragt, erklärte ich, daß ich keine besonderen für nötig halte. Es durfte bis zu meiner Rückkehr niemand das Versteck verlassen, und jedes laute, hinausdringende Geräusch war zu vermeiden; weiter hatte ich für jetzt keinen Wunsch. Als ich dann das Pferd des Arnauten am Zügel nahm, um mich mit ihm zu entfernen, traten Ingdscha und Madana mit der wohlgemeinten Bitte zu mir, mich ja in keine zu große Gefahr zu begeben; zu ihrer Beruhigung versprach ich ihnen das, obgleich es natürlich nicht in meiner Macht lag, den Besuch des Turms für mich weniger gefährlich zu machen, als er überhaupt war.

Ich mußte die steile Höhe hinan, welche wir heruntergekommen waren; dann führte ich den Gaul nach rechts in die kurze Schlucht hinab, durch welche ich mit dem Rais nach dem Tal des Kulluk geschlichen war. Ich will aufrichtig gestehen, daß es mir nicht unbedenklich zumute war, als ich den Turm nun vor mir ragen sah. Hinauf würde ich ja ganz gut kommen; wie aber wieder herab? Vielleicht gar nicht! Mein Vorhaben war ja viel, viel gefährlicher, als ich mir hatte merken lassen! Doch stand wenigstens das bei mir fest, daß ich lieber alles wagen, als mich als Gefangenen da oben festhalten lassen würde.

Allzugroß schien die Wachsamkeit der Dawuhdijehs nicht zu sein, denn ich kam fast ganz hinauf, ohne einen von ihnen zu sehen. Zuletzt ging es unter einigen Rieseneichen hin, und als ich diese hinter mir hatte, lag das Tor in kurzer Entfernung vor mir. Zur Seite desselben lagen fünf Kurden, welche bei meinem Anblick aufsprangen. Sie betrachteten mich kurz; dann kamen mir vier einige Schritte entgegen; der fünfte verschwand im Inneren, jedenfalls um mein Erscheinen drin zu melden. In diesem Augenblick war alle etwa in mir vorhanden gewesene Bangigkeit verschwunden. Die Furcht vor der Gefahr pflegt ja meist größer als die Gefahr selbst zu sein.

„Ihr seid Kurden des Stammes Dawuhdijeh?“ fragte ich in kurzer Weise, indem ich vom Pferd sprang und einem von ihnen den Zügel hinwarf. – „Ja, Aga“, antwortete er. – „Ihr habt einen besonderen Anführer?“ – „Ja, Rebat ist es.“ – „Das stimmt. Wo befindet er sich?“ – „Drin in der Wachstube.“ – „Und der Mülasim?“ – „Er hält den Kef – Mittagsschlummer – bei sich. Dürfen wir ihn stören?“ – „Ich werde das selbst tun. Führt mich zu ihm!“

Da kam ein baumlanger, dürrer, mit allen möglichen Waffen behangener Kerl herausgeeilt, stellte sich dicht vor mich hin und sagte in respektvollem Ton:

„Gegrüßt seist du, o Jüzbaschi – Hauptmann –! Ich bin Rebat, dem die Krieger hier zu gehorchen haben." – „Das weiß ich schon. Dir ist doch bekannt, wo sich Ismael Beg, euer Scheich, jetzt befindet?" – „Ja. Er wartet auf – auf ..."

Er zögerte, weiterzusprechen. Wahrscheinlich war er sich im unklaren, ob er mir die betreffenden Mitteilungen machen dürfe oder nicht. Darum ergänzte ich seine Rede:

„Er wartet auf die dreihundert Hamawands, meinst du. Da hat er sich freilich verrechnet; eure Kundschafter hätten besser aufpassen sollen. Ich habe euch eine wichtige Nachricht zu bringen; sie ist sehr eilig; aber ich kann sie nicht eher aussprechen, als bis ich mich überzeugt habe, daß hier alles in Ordnung ist. Führe mich zum Mülasim!" – „Sofort, o Jüzbaschi. Erlaube, daß ich vorangehe!"

Wir kamen durch das Tor in das Innere des kubischen Mauerwerks. Es bildete einen viereckigen Hof, welcher ringsum in etwas über Manneshöhe mit sehr defekten Dächern versehen war. Rechts und links standen die Pferde. Zu beiden Seiten des Tors und auch gegenüber zu Seiten des Turmeingangs hockten die Kurden in allen möglichen Stellungen. Sie standen auf, als sie mich kommen sahen. Diese Achtung, welche sie meiner Uniform erwiesen, war ganz geeignet, beruhigend auf mich zu wirken; ich durfte hoffen, daß man mir gehorchen werde.

Rebat stieg einige Stufen zur in den Turm führenden Tür hinauf; ich folgte ihm. Rechts gab es zunächst eine Treppe mit sehr zerfallenen Stufen, weiter hinten einen Eingang, welcher mit einer alten Decke verhangen war. Die vordere Hälfte der linken Seite wurde von dem Lehmboden gebildet, auf welchem einige lange Baststricke lagen; wozu sie dienten, das erfuhr ich nachher. Dann gähnte ein großes, tiefes, viereckiges Loch, über welchem ein widerlicher Duft von Moder und Fäulnis schwebte. Der Kurde deutete nach dem Vorhang, wobei er sagte:

„Dort ist der Mülasim. Soll ich mit zu ihm gehen?" – „Nein. Warte draußen im Hof, bis wir hinauskommen. Ich bin gesandt, ihn abzulösen; er wird euch das dann sagen. Die Paschas von Kerkuk und von Suleimania sind zornig darüber, daß ihr den Mund der alten Hexe nicht zu öffnen versteht. Das muß nun anders werden! Habt ihr denn kein Geschick, mit einem alten Weib umzugehen?"

Der lange Mensch knickte unter diesen Worten verlegen zusammen und brachte stotternd die Entschuldigung hervor:

„Bedenke, o Jüzbaschi, daß sie eben eine Zauberin ist! Sie kann sich für jede Beleidigung fürchterlich rächen." – „Unsinn!" – „Ja, das kann sie! Wir wissen es. Glaube es mir! Wir sehen es ja den Leuten, welche kommen, um ihr ihre Anliegen auszusprechen. Es geht da alles in Erfüllung, was die Alte sagt. Zwar darf der Pascha davon nichts …“

Er hielt erschrocken inne und senkte den Kopf noch tiefer als vorher; doch war es für mich nicht schwer, zu erraten, weshalb er mitten in der Rede innegehalten hatte. Ich benützte das sofort, indem ich im strengsten Ton sagte:

„Was höre ich da! Es kommen Leute, welche zu der Frau gelassen werden?“ – „Ja, Herr. Wir baten den Mülasim, und er hat es uns erlaubt. Wir hoffen, daß auch du uns diese Erlaubnis nicht verweigerst, denn du wirst dafür ebenso wie er einen Teil der Geschenke erhalten, welche wir bekommen.“

Da ertönte eine scheltende Stimme von hinter der Windung der Treppe herab:

„Wer spricht so laut da unten? Wißt ihr nicht, daß jetzt für mich die Zeit der Ruhe ist?“ – „Das ist der Mülasim“, erklärte mir der Kurde leise. „Er befindet sich also nicht dort in seiner Stube, sondern oben auf der Treppe, wo er bessere Luft hat, wie er sagt.“ – „Warte draußen auf mich! Ich gehe zu ihm hinauf.“

Er entfernte sich, und ich stieg langsam die Stufen empor. Der Mülasim schien nur gehört zu haben, daß überhaupt gesprochen wurde. Verstanden hatte er wahrscheinlich nichts, weil sonst sein Verhalten ein anderes gewesen wäre. Nichts hätte mir für meinen Plan besser passen können als das, was ich von dem langen Kurden erfahren hatte. Die Wundertätigkeit Marah Durimehs bestand nur in der Phantasie der Kurden, welche die betreffenden Märchen erzählten, um Geschenke einzuheimsen. Mein Selbstvertrauen war ganz bedeutend gewachsen.

Ich hatte nur erst wenige Stufen erstiegen, so hörte ich oben zornig sagen:

„Wer wagt es da, heraufzukommen? Ihr wißt doch, daß ich jetzt meine Ruhe haben will!“

Ich ging natürlich trotzdem weiter. Als ich dann die Krümmung der Wendeltreppe passiert hatte, sah ich den Mülasim mit den Händen unter dem Kopf lang ausgestreckt auf dem tief schmutzigen Boden liegen. Er hob den Kopf empor, um zornig loszudonnern; das sah ich ihm an; als er aber mich anstatt eines Dawuhdijehs erblickte, sprang er erschrocken auf und blieb lang stehen, ohne ein Wort zu sagen. Solche Augen, so ein Gesicht und solch einen Schnurrbart konnte nur ein Arnaute haben. Er war nicht mehr jung, hatte also jedenfalls von der Muskete auf gedient und wurde nun zu ähnlichen Zwecken, wie der gegenwärtige einer war, verwendet, die mit dem Frontdienst und der Ambition nichts zu tun haben.

„Du mußt schon erlauben, daß ich dich in deiner Ruhe störe", sagte ich. „Die Störung wird keine kurze sein, sondern eine längere, als du denkst!"

Nun stand ich vor ihm und betrachtete ihn genau. Wie ich ihn abschätzte, stand zu erwarten, daß ich kein schweres Spiel mit ihm haben würde.

„Verzeihung!" stieß er hervor. „Ich – ich dachte, daß – daß es ein Kurde sei!" – „Da hast du dich geirrt. Hier, sieh, wer ich bin!"

Ich zog das Papier aus der Tasche und gab es ihm. Er hatte sehr lange zu studieren, ehe er mit dem Lesen fertig wurde. Dann ließ er die Hand mit den Zeilen fallen und sagte:

„Ich soll fort von hier? Du kommst an meine Stelle? Das ist mir recht und lieb! Ich will lieber unter Geistern, als in der Nähe einer solchen Frau sein, vor der man sich wie vor den Gerippen des Todes fürchten muß!" – „Dein Mut scheint beispiellos zu sein!" bemerkte ich. – „Das sagst du jetzt, in einigen Tagen aber nicht mehr! Ich habe meine Pflicht getan und sie ausforschen wollen; aber sie hat das Aussehen einer Leiche und ist stumm wie das Grab. Auch du wirst nichts von ihr erfahren!"

Wie gern hätte ich gewußt, worauf sich dieses Ausforschen bezog; aber eine Bemerkung oder Frage meinerseits hätte mich sehr leicht in die Gefahr gebracht, meine vollständige Unkenntnis zu verraten, darum schwieg ich lieber und zog es vor, den Inquirenten zu spielen:

„Du hast fremde Leute mit ihr sprechen lassen?"

Er schwieg.

„Und Geschenke dafür angenommen?"

Er sagte auch jetzt noch nichts.

„Sprich! Du hörst, daß ich dich frage!" – „Ja, ich habe es getan", gestand er. „Du wirst es auch tun, wenn auch nicht gleich in den ersten Tagen. Die fürchterliche Langeweile wird dich packen, so wie sie mir die Seele dehnte, und dann wirst du auch froh sein, wenn einmal eine Unterbrechung kommt. Ich bin unendlich glücklich, aus dieser Einsamkeit und von diesem Umgang mit der wandelnden Leiche erlöst zu sein! Wirst du mich anzeigen?" – „Nein, ich lasse keinen Kameraden bestrafen." – „Ich danke dir! Wann darf ich fort?" – „Wann du willst." – „Nun, dann sobald wie möglich!" – „Vorher aber mußt du mir den Posten übergeben, so, wie du ihn übernommen hast." – „Das werde ich sofort und sehr gern tun. Übernommen habe ich nur die Frau. Die Hamawandikurden, welche der Scheich schickte, gehen uns eigentlich nichts an; ich werde aber auch sie dir zeigen." – „Wie verhalten sie sich?" – „Stolz und still. Es fällt ihnen nicht ein, die Forderung des Scheichs zu erfüllen und, nur weil sie ohne sein Wissen sein Gebiet betreten haben und in seine Hände geraten sind, ihm ihre Freiheit mit zweihundert Gewehren zu bezahlen. Sie würden sich dadurch teilweise entwaffnen und also den Dawuhdijehs gegenüber schwächen. Sie sind überzeugt, daß ihre Leute kommen, um sie herauszuholen. Ich bedauere sie des Loches wegen, in dem sie mitten im Kot und Unrat so lange stecken müssen." – „Du weißt natürlich auch, wer sie sind?" – „So gut wie du. Der Scheich konnte mir es doch nicht verheimlichen. Daß Jamir unter einem falschen Namen hierhergekommen ist, war eine unverzeihliche Unvorsichtigkeit von ihm. Ein so berühmter Anführer muß stets und überall gewärtig sein, erkannt zu werden. Das mußte er sich sagen!" – „Du tadelst ihn und hast ihn doch selbst auch auf dem Gewissen!" – „Ich?" – „Ja." – „Inwiefern?" – „Hättet ihr nicht das Gerücht ausgestreut, daß die Alte Wunder tue, so wären nicht so viele Leute und wäre auch er nicht gekommen!" – „Das haben die Dawuhdijehs auf ihre eigene Rechnung getan; ich habe es ihnen nicht geheißen." – „Aber geduldet hast du es?" – „Weil der Anteil an den Geschenken, den ich bekam, die einzige Einnahme war, die ich hier hatte. Du weißt ja selbst, wie es mit unserem Sold steht. Wir bekommen ihn so selten. Und da man denn doch leben muß, ist man gezwungen, sich auf irgendeine Weise eine Einnahme zu sichern." – „Die Frau hat aber, wie ich vermute, doch nicht gewußt, daß sie für eine Krankenheilerin und Wundertäterin gehalten wird?" – „Nein. Davon erfuhr sie nichts." – „Wie hat sie da mit den Leuten verkehren können, ohne es zu erfahren?" – „Wir ließen sie in dem Glauben, daß diese Leute wünschten, sie solle für sie beten. Sie durfte zu ihnen an das Tor, doch nicht mit ihnen sprechen. Da legte sie ihnen die Hände auf und betete. Das war alles, was geschah. Ist es dir recht, daß ich sie dir jetzt zeige?" – „Ja. Kennst du ihren wirklichen Namen?" – „Nein. Es ist mir verboten, nach ihm zu fragen. Du?" – „Ja, ich kenne ihn." – „So bist du tiefer eingeweiht als ich; du bist aber auch nicht vom Kaimakam, sondern vom Pascha selbst gesandt. Darf ich ihn von dir erfahren?" – „Nein. Da du ihn nicht weißt, darf ich ihn dir nicht sagen." – „So komm! Sie ist hier oben."

Jetzt hatte ich den Wunsch, daß Marah Durimeh mich nicht erkennen oder, falls es doch geschehen sollte, dies durch nichts verraten möge. Er führte mich noch eine Treppe höher. Da gab es eine aus Bohlen zusammengesetzte starke Tür, die durch zwei Querbalken festgehalten wurde. Er entfernte diese letzteren und öffnete. Es gab einen ziemlich großen, sehr schmutzigen Raum, welcher durch zwei schmale Schießscharten Luft und Licht bekam. Da saß sie auf einer alten, zerfetzten Decke an der Wand. Sie hatte die Hände gefaltet und schien gebetet zu haben.

Ja, es war Marah Durimeh! Sie war wie damals eingehüllt in einen weiten dunklen Mantel, aus welchem mir ihr hageres Gesicht wie dasjenige eines Totenkopfes entgegengrinste. Auch heute hingen ihr die dicken, schneeweißen Haarzöpfe bis fast auf die Erde herab, als sie sich bei unserem Anblick ganz langsam aufgerichtet hatte.

Als sie das Geräusch unseres Kommens hörte, hatte sie wohl nur den Mülasim erwartet. Nun sah sie außer ihm noch einen zweiten eintreten, weshalb sie die Augen forschend auf mich richtete. Keine Wimper, keine Falte ihres Angesichts zuckte. Ihr Blick schien wie aus einer weiten, weiten Ferne, für welche es kein Erkennen gibt, zu mir herzukommen, und ihre Lippen bewegten sich zu keinem einzigen Wort; es schien ganz so, als ob sie gar nicht atme. Der Eindruck, den sie machte, war nicht der einer Leiche, wie der Mülasim gesagt hatte, sondern ein überirdischer, ein … es gibt kein Wort, welches der richtige Ausdruck dafür wäre. Ich fühlte eine tiefe, fast heilige Verehrung anstatt Grauen.

„Diese Jüzbaschi ist gekommen, mich abzulösen und dich an meiner Stelle zu bewachen“, sagte der Mülasim. „Ich hoffe, daß du ihm so wenig Sorge bereitest, wie du mir bereitet hast!“

Seine Stimme wankte leise; er fürchtete sich vor ihr.

„Sein Eingang ist gesegnet!“ antwortete sie langsam und in tiefem, überzeugtem Ton, woraus ich wohl schließen durfte, daß sie mich doch erkannte hatte. – „Hast du einen Wunsch?“ fragte ich.

Sie senkte leise den Kopf zur Seite und horchte zu mir her. Wie wenn ein lieber, lange entbehrter Ton an ein lauschendes Ohr dringt, so glitt ein leises, glückliches Lächeln über ihr Gesicht. Dann antwortete sie:

„Mein einziger Wunsch ist Gott. Wer in ihm und in seiner Liebe lebt, braucht keine anderen Wünsche.“ – „Du hast die Wahrheit gesprochen! Er kennt den rechten Augenblick für alles, was zu unserem Heil dient.“

Nach diesen Worten drehte ich mich um und ging hinaus. Der

Mülasim folgte mir und verschloß die Tür wieder. Dann führte er mich hinunter an das Loch. Dort sagte er:

„Da unten stecken die Hamawands. Du siehst und hörst nichts von ihnen, denn es ist tief und dunkel, und sie sind so stolz, kein lautes Wort hören zu lassen. Nur manchmal hört man die klagende Stimme des Knaben für einen Augenblick." – „Sie sind mit Hilfe dieser Stricke hinabgelassen worden?" erkundigte ich mich. – „Ja." – „Wie steht es mit dem Essen und Trinken?" – „Wir lassen ihnen täglich einmal Wasser in einem Kürbiskrug und auch Brot hinab, welches einer der Kurden aus Mehl und Wasser beim offenen Feuer bäckt. Kann ich dir noch eine Auskunft erteilen?" – „Nein; es ist gut. Ich weiß nun alles, was ich zu wissen brauche." – „So bist du also bereit, diesen Posten zu übernehmen?" – „Ja." – „Und ich kann gehen?" – „Sofort, wenn du willst." – „So bitte ich dich, mir zu quittieren!" – „Ich werde dir die Quittung auf das Schreiben des Kaimakam setzen." – „Ja, tue das! Ich bitte dich, mit hereinzukommen!"

Er schob die vorhin erwähnte, als Portiere gebrauchte Decke zur Seite, und wir traten in den dahinterliegenden kleinen Raum, welcher nichts, aber auch weiter gar nichts als ein altes Kissen enthielt, welches des Tags als Sitz und bei Nacht als Bett zu dienen hatte. Zum Zudecken war der Mantel zu nehmen. Ein Wachtlokal für einen Offizier in Kurdistan!

„Du siehst, in einem Palast wirst du nicht wohnen", lachte der Mülasim bitter. „Ich bin froh, gehen zu dürfen, und werde, sobald du geschrieben hast, keinen Augenblick warten!" – „Hast du Tinte?" – „Nein. So etwas Kostbares gibt's hier nicht!"

Ich hatte mein Notizbuch eingesteckt, nicht etwa weil ich in dem Glauben gewesen wäre, es zu brauchen, sondern weil ich es nicht in der offenen Jackentasche steckenlassen wollte. Da gab es einen Bleistift, mit dem ich die paar Zeilen schrieb, die ich in einer für den Mülasim freundlichen Weise verfaßte. Er las sie, steckte das Papier ein, reichte mir die Hand und sagte:

„Das sind kameradschaftliche Worte; ich danke dir! Nun hält mich aber nichts mehr hier zurück!"

Wir gingen hinaus in den Hof, wo er Befehl gab, sein Pferd zu satteln. Während dies geschah, winkte er Rebat herbei und erklärte ihm mit lauter Stimme, so daß alle es hörten:

„Dieser tapfere und berühmte Jüzbaschi ist von dem Pascha gesandt worden, an meine Stelle zu treten. Er besitzt das Vertrauen und die Zuneigung eures Scheichs und wird euch ein freundlicher

Gebieter sein. Ich aber nehme gern Abschied von diesem Ort. Allah behüte euch!"

Diese Empfehlung war die Folge meiner freundlichen Zeilen. Nach einigen Minuten gab er mir die Hand und ritt fort. Ich ging, die Pferde betrachtend, im Hof hin und her und sah gar wohl die beobachtend auf mich gerichteten Blicke der Kurden. Sie wollten aus meinem Aussehen und Benehmen erraten, was für ein Verhalten sie von mir zu erwarten hätten.

Rebat hielt sich an meiner Seite, um meine gelegentlichen Fragen zu beantworten. Er schien etwas auf dem Herzen zu haben, getraute sich aber nicht heraus damit, bis er durch meine absichtliche Freundlichkeit veranlaßt wurde, es zu sagen:

„Sprachst du nicht von einer sehr wichtigen Nachricht für uns, die sehr eilig sei, o Jüzbaschi?" – „Ja", antwortete ich. „Euer Scheich hat sie mir aufgetragen; aber ich habe mich anders besonnen, weil ihr hier nötig seid und ich euch unmöglich fortlassen kann." – „Wir sollten fort von hier?" – „Ja; ich kann euch aber nicht fortlassen." – „Warum sollten wir fort?" fragte er dringlich. – „Weil er erfahren hat, daß eure Kundschafter sich geirrt haben. Es kommen nämlich nicht bloß dreihundert Hamawandikurden, sondern das Weib Jamirs, die ihr wohl kennt, ist an der Spitze eines viel größeren Haufens aufgebrochen. Der Scheich erwartet sie heute nachmittag." – „I' Allah! Da hat er doch zu wenig Leute bei sich!" – „Das dachte er allerdings auch", nickte ich. – „Hat er keine Boten ausgeschickt?" – „Das hat er freilich getan; aber ob die Hilfe zur rechten Zeit bei ihm eintrifft, das ist sehr fraglich." – „Er scheint auch von uns gesprochen zu haben?"

Rebat war ganz Feuer und Flamme; auch die anderen Dawuhdijehs drängten sich aufgeregt herbei.

„Natürlich hat er auch von euch gesprochen", antwortete ich in lässigem Ton. „Er wollte euch schnell einen Boten senden; da ich aber zu euch ritt und er bei der Übermacht der Feinde nicht gern einen einzigen Mann entbehrt, nahm er die Gelegenheit wahr, mich mit dieser Botschaft zu beauftragen." – „Was befahl er? Was wollte er? Was sollen wir tun? Sprich schnell, sprich schnell!" – „Ihr solltet sofort und eiligst zu ihm kommen, denn eine so starke Truppe, wie ihr seid, könne er nicht untätig hier im Kulluk lassen, während die anderen mit einem doppelt starken Feind zu ringen hätten."

Da schrie er mich zornig an:

„Das – das solltest du uns sagen und sagst es uns erst jetzt, wo wir schon seit einer Stunde fort sein könnten!" – „Fort? Was fällt euch ein! Ihr werdet hier gebraucht. Ich kann keinen einzigen von euch fortlassen! Der Pascha ..." – „Schweig vom Pascha! Was geht uns der Pascha an, wenn unsere Krieger von einem übermächtigen Feind überfallen werden! Wir müssen fort! – Das Weib Jamirs? Diese Teufelin! Wir können keinen Augenblick länger bleiben. Auf, ihr Leute, sattelt schnell! Es ruft der Kampf!"

Ich wehrte mich scheinbar aus Leibeskräften dagegen, bekam aber dafür nichts als Grobheiten zu hören, und als ich es schließlich wagte, den Säbel zu ziehen und einen streng klingenden Befehl loszudonnern, donnerte mich Rebat wieder an:

„Schweig! Denkst du, daß wir uns vor deiner Klinge fürchten? Wir sind freie, unabhängige Dawuhdijehs, denen kein Jüzbaschi etwas zu befehlen hat! Die Gefangenen stecken hier fest und sicher; die können nicht heraus, und bis wir wiederkommen, hast du ja deine fünf Soldaten; das ist mehr als genug. Mit ihnen könntest du den Kulluk monatelang verteidigen. Also schweig, denn es ist jedes Wort vergeblich!"

Das war es ja, was ich wollte! Ich stellte mich zwar auch weiter ganz ungebärdig, aber kein Mensch achtete mehr auf mich, ich konnte tun und sagen, was ich wollte. In kurzem ritten sie den Berg hinab, und ich blieb nur mit meinen fünf lieben, treuen Soldaten zurück.

Welch ein Erfolg! Der Mülasim mitsamt der Quittung fort und die Dawuhdijehs auch alle fort! Nun blieben nur noch die Asaker, denen anzusehen war, daß sie sich am liebsten auch gern unsichtbar gemacht hätten. Sie standen am Tor und schauten sehnsüchtig hinter den Kurden drein. Es war keiner unter ihnen, dem ich für mich und mein Vorhaben hinderliche oder gar gefährliche Geistesgaben hätte zutrauen dürfen. Sie sahen ganz so tatenunfähig aus wie ihre mageren Gäule, welche mit dem meinen nun noch allein im Hof standen; sie unschädlich zu machen, war nicht schwer.

Zunächst ging ich wieder in den Turm und stieg zu Marah Durimeh hinauf. Ich entfernte die Riegelpfosten, öffnete die Tür und trat zu ihr ein. Da stand sie hoch aufgerichtet mitten im Raum, streckte mir die Hände entgegen und sagte:

„Ich wußte, daß du sehr bald wiederkommen würdest. Sei gegrüßt und sei gesegnet, Effendi! Gott sendet dich zur rechten Zeit, denn ich weiß, daß ich bald in weite Ferne geschafft werden sollte, wo ich nur Haß und Ungerechtigkeit, nicht Liebe und Gerechtigkeit gefunden hätte. Ich habe einst Abschied für das ganze Leben von dir genommen, und siehe da, mein Auge darf dich wiederschauen! Welch eine Wonne, welche Seligkeit! Du bist mein Sohn, mein Kind, nicht nach dem Körper, sondern nach dem Streben meiner und deiner Seele, nach dem geistigen Wandel, der uns zu gleichem Ziel nach oben führt. Darum begegnen sich auch unsere irdischen Pfade wieder, und darum bist du gesandt, mich zu denen zurückzuführen, in deren Liebe ich noch hier auf Erden lebe. Ich frage nicht, woher und wie du gekommen bist; ich frage auch nicht, wie und wohin du mich führen wirst; du bist da, und ich folge dir. Hier, nimm mich bei der Hand!"

Ich drückte ihre Hände an meine Lippen und führte sie, ohne ein Wort zu sagen, hinaus und dann hinunter in den Hof, wo ich den Asakern befahl, ihre Mäntel, die aber längst keine Mäntel mehr waren, zu einem Kissen zusammenzulegen, auf welches sie sich setzte. Dann mußten mir die fünf armen Teufel hinauf folgen, wo Marah Durimeh gesteckt hatte. Sie hatten nur die Seitengewehre bei sich. Als sie eingetreten waren und mich nun erwartungsvoll anschauten, nahm ich den Revolver heraus, richtete den Lauf desselben auf sie und sagte, indem ich mich bis hinaus vor die Tür zurückzog, zu ihnen:

„Ich mache jetzt die Tür hier zu und gehe mit den Gefangenen fort. Ihr verhaltet euch bis heute abend vollständig ruhig; dann könnt ihr beginnen, die einzelnen Bohlen der Tür herauszutrennen, was mit Hilfe eurer starken Klingen leicht möglich ist. Ist euch das gelungen, so könnt ihr tun, was euch beliebt; ich habe nichts dagegen!"

Keiner von ihnen rührte sich. Mein Verhalten war ihnen vollständig unbegreiflich. Ich schob die Tür zu, ohne daran gehindert zu werden, legte die Pfosten quer vor und ging dann die zwei Treppen wieder hinab. Da lagen die Stricke. Sie waren zum Heraufturnen mit Knoten und an den Enden mit festen Schlingen versehen.

„Jamir!" rief ich hinab. „Antworte! Hörst du mich?"

Es blieb unten still. Da fuhr ich fort:

„Dein Weib ist mit uns gekommen. Ich weiß von ihr, daß du von mir gehört hast. Ich bin Kara Ben Nemsi Effendi und gekommen, euch zu befreien. Ich habe den Mülasim und die Dawuhdijehs durch eine List von hier fortgeschickt und lasse euch jetzt das Seil hinab. Bindet zunächst den Knaben daran fest, daß ich ihn heraufziehe!" – „Nein", rief da eine Stimme. „Ehe ich dir ihn anvertraue, muß ich dich erst sehen. Ich komme selbst. Halte fest!"

Ich ließ das Seil hinab und schlang das obere Ende um einen

vorstehenden Stein des Türgewändes. Nach wenigen Augenblikken stand ein Kurde vor mir, dem jeder sofort den nicht gewöhnlichen, sondern bedeutenden Mann ansehen mußte. Er bohrte seine Augen forschend in mein Gesicht.

„Du hast dich Schevin genannt, bist aber Jamir selbst?“ fragte ich ihn, seinen Blick aushaltend. – „Ja“, antwortete er. „Und du willst Kara Ben Nemsi sein? Beweise es!“ – „Wie kann ich das beweisen? Schau dich um! Du wirst finden, daß alle eure Wächter fort sind.“ – „Ich weiß, daß Kara Ben Nemsi am Hals die Narbe eines tiefen Messerstichs hat. Zeig her!“

Ich drehte mich so, daß er sie sah.

„Du bist es wirklich! Hamdulillah! Und du sagst, mein Weib sei auch hier?“ – „Ja.“ – „Ich wußte, daß sie kommen würde! Wo ist sie?“ – „Einstweilen in einem Versteck hier in der Nähe.“ – „Wie und wo hat sie dich getroffen, und wie ist es gekommen, daß du allein hier bist und ...“ – „Ich bitte dich, jetzt nicht zu fragen“, unterbrach ich ihn. „Ich werde das, was du erfahren willst, auch anderen erzählen müssen und möchte das nur einmal und nicht öfter tun. Wir wollen uns lieber beeilen, von hier fortzukommen. Hier, nimm das Seil; wollen den anderen helfen!“

Einige von ihm hinabgesprochene Worte genügten, seine Leute davon zu unterrichten, daß er sich von der Wahrheit meiner Worte überzeugt habe. Sie schickten erst Khudyr herauf und kamen dann selbst auch nach. Ihr Aussehen war kein gutes; sie hatten mehr noch vom Unrat und der pestigen Luft gelitten als vom Hunger und Durst.

Jetzt wurde eine Menge von Fragen ausgesprochen, die ich alle beantworten sollte; ich bat, sich bis nachher zu gedulden und jetzt vor allen Dingen den Kulluk mit mir zu verlassen. Sie wußten nichts von der Anwesenheit Marah Durimehs und waren, als sie in den Hof kamen, von dem Anblick der weit über hundertjährigen Greisin überrascht.

„Wer ist diese Frau?“ fragte mich Jamir. – „Auch eine Gefangene“, antwortete ich. „Ihre Heimat ist die Gegend am oberen Zab.“ – „Etwa Lizan, Raola, Schohrd und die anderen dort in jener Richtung liegenden Orte?“ – „Ja.“

Da trat er vor sie hin, kniete nieder und bat:

„Du bist keine andere als Marah Durimeh, der Liebling des Himmels und der Engel aller Menschen. Segne mich!“

Da schien sie wie aus einer tiefen, inneren Versunkenheit zu erwachen; ein wunderbares, unirdisches Lächeln ging über ihr Gesicht; sie legte ihm die Hände auf das Haupt und sagte:

„Wer Gottes Segen wünscht, der ist durch diesen Wunsch ja schon genug gesegnet. Der Herr sei bei dir jetzt und immerdar; die Flügel seiner Boten mögen dich umwehen, und niemals nähere sich dein Pfad dem Abgrund derer, die ihm widerstreben. Das wünscht dir Marah Durimeh, mein Sohn!"

Das Niederknien des stolzen Mannes war so ungesucht und selbstverständlich erfolgt, und die Worte der Greisin klangen so feierlich und ergreifend, daß diese Szene einen tiefen Eindruck auf mich machte. Es war, als ob dieser Segen nicht von hier, sondern schon aus einer anderen Welt herniederkäme.

In der Nähe der Tür lehnten die Gewehre der Soldaten. Die Kurden nahmen sie an sich. Sich aber auch an den alten, abgetriebenen Gäulen zu vergreifen, dazu hatten sie keine Lust; sie blieben also im unbestrittenen Besitz des Padischahs. Wir hoben Marah Durimeh auf mein Pferd, welches von zwei Hamawands sorgfältig geführt wurde, und stiegen dann den Berg hinab. Ich hatte, als ich kam, gehofft, daß mein Werk gelingen werde; aber daß dies so schnell und so leicht zu ermöglichen sei, das hatte ich freilich nicht gedacht. Ich hatte das natürlich nicht mir, sondern nur der Begegnung mit dem arnautischen Hauptmann zuzuschreiben. Als was war dieses Zusammentreffen wohl zu bezeichnen? Als Zufall vielleicht? Ich mag dieses Wort nicht haben!

Unten angenommen, bogen wir in den Wald und dann in die kurze Schlucht hinein. Ich wollte Marah Durimeh das beschwerliche Bergsteigen ersparen und hielt also an der Stelle an, wo sich der dicht verwachsene einstige Abfluß des Sees befand. Da hoben wir sie vom Pferd. Ich wollte mir den Anblick einer großen, frohen Überraschung gönnen und bat deshalb meine Begleiter, hier an diesem Ort zu warten, bis man sie holen werde. Dann drängte ich mich zwischen den Felsen und durch die Farnen nach unserem Versteck hinein.

Als ich den Platz vor mir liegen sah, konnte ich nicht anders, ich mußte laut und herzlich lachen. Gab das ein reges Leben und Bewegen hier! Alle Anwesenden, allein den Hauptmann ausgenommen, welcher an einen Baum gebunden war, schleppten im Schweiße ihres Angesichts Steine herbei, um sie nach dem Plan des Hadschis zusammen- und aufeinanderzufügen. Es war ein so gewaltiges Viereck vorgezeichnet, als ob ein ganzer Kurdenstamm da zusammen- und hineingesteckt werden solle. Die Bezeichnung „im Schweiße ihres Angesichts" ist ganz wörtlich zu nehmen. Am erheiterndsten wirkte die tiefe Stille und Schweigsamkeit, mit welcher man sich plagte. Selbst Halef sprach kein lautes Wort; er kommandierte nur mit Gesten, die allerdings eine mehr als sprechende Lebhaftigkeit besaßen. Er sprang von einer Stelle zur anderen und nahm sich der Sache mit einer Begeisterung an, als ob das Heil seiner Seele von ihr abhängig sei. Da hörte er mein Lachen und drehte sich um. Als er mich erblickte, ließ er einen großen, schweren Stein, den er eben nach dem Ort seiner Bestimmung schleppen wollte, fallen und rief mir zu:

„Du bist wieder da, Sihdi? Du lachst, und so laut? Hast du nicht selbst befohlen, daß wir uns ganz still und völlig unhörbar verhalten sollen!" – „Ihr könnt laut sprechen, ja, ihr könnt sogar rufen", antwortete ich. „Ich habe mich überzeugt, daß die Dawuhdijehs euch nicht hören." – „Da sei Allah Lob und Dank gesagt! Bei so schwerer Arbeit kein lautes Wort sagen zu dürfen, das ist von einem Menschen, der nicht stumm ist, doch zu viel verlangt. Sieh mein Werk an. Erstaunst du nicht? Ist nicht jeder einzelne Stein ein Zeuge meiner Geistesgaben? Wird dieses Gefängnis nicht ein Denkmal meines Verstandes in seiner ganzen Breite? Kann die Länge des deinigen jemals einen solchen Bau erfinden? Ich bitte dich, beantworte meine Frage!" – „Ja, ich lerne dich jetzt in deiner ganzen Größe kennen, mein lieber Halef. Du hättest unbedingt Baumeister werden sollen!" – „Ich danke dir! Als Scheich der Haddedihn fühle ich mich wohler. Das Zusammenschleppen der schweren Steine stört das Gleichgewicht des Herzens und belästigt die Überzeugung des gesundheitlichen Wohlbefindens. Es genügt, daß du meine verschiedenen Talente alle anerkennst. Wie aber steht es mir dir? Du wolltest nach dem Kulluk. Bist du oben gewesen?" – „Ja." – „Und schon wieder herunter. Sie scheinen sich geweigert zu haben, dich als Hauptmann zu empfangen. Das hast du aber nur dir selbst zuzuschreiben. Du willst alles selbst und allein machen. Hättest du mich mitgenommen, so hätten meine Worte und meine Peitsche dir Respekt verschafft. So aber wirst du uns die Möglichkeit des Gelingens verdorben haben!" – „Nicht ganz!" – „So? Nicht ganz? Also ist sie noch vorhanden?" – „Ja." – „Darf ich auch dabeisein?" – „Natürlich!" – „Schön! Was habe ich zu tun?" – „Zunächst hast du mit allen vorhandenen Männern nach der Stelle zu gehen, wo ich jetzt hereingekommen bin, und mit Hilfe der Messer das Gestrüpp zu beseitigen, daß der Eingang frei wird. Aber nicht lange warten, sondern sofort! Es hat Eile!" – „Gut, das soll sogleich geschehen. Kommt, ihr tapferen Krieger von Kurdistan; laßt jetzt die Steine liegen; es muß ein Weg geschaffen werden, auf welchem wir unsere gefangenen Dawuhdijehs herein in das Gefängnis schaffen können!“

Er trieb die Hamawands eifrig vor sich her; sie gehorchten ihm, nur Adsy blieb stehen, um mich besorgt zu fragen:

„Effendi, hast du etwas über meinen Bruder Schevin und seinen Knaben Khudyr erfahren können?“ – „Einen Mann namens Schevin kennt man nicht“, antwortete ich. – „So befinden sich die Personen, welche wir suchen, also nicht in diesem Turm! Wir müssen also weiterforschen.“ – „Wie kann man Erfolg haben beim Forschen nach Personen, über welche man die Wahrheit nicht erfährt?“ – „Die Wahrheit nicht? Wie meinst du diese Worte?“ – „Heißt dein Bruder wirklich Schevin?“ – „Nein.“ – „Er ist wirklich dein Bruder?“ – „Ja.“ – „Und dein Name ist Adsy?“ – „Ja.“ – „So bedaure ich sehr, dir nicht beistehen zu können. Gefangene waren im Kulluk, ja; aber das sind nicht die Personen, welche du suchst. Es war ein berühmter Kurdenheld mit seinem kleinen Sohn und mehreren Kriegern.“ – „Allah! Kennst du seinen Namen?“ fragte sie schnell und in großer Spannung. – „Jamir ist’s.“ – „Jamir – Jamir! Er war im Kulluk? Also jetzt nicht mehr? Wo ist er nun? Sag mir es schnell; sag’s rasch!“ – „Such selbst nach ihm! Wenn du so wenig Vertrauen zu Kara Ben Nemsi hast, daß du zwar seinen Beistand verlangst, aber deinen wahren Stand und Namen vrn ihm verbirgst, so darfst du dich nicht wundern, wenn er seine Hand von dir abzieht. Hältst du mein Auge für so wenig scharf, daß ich ein Weib nicht von einem Mann zu unterscheiden weiß? Ich bitte dich, von jetzt an zu machen, was dir gefällt; ich aber habe nichts mehr mit Schevin zu tun!“

Ich ließ sie in ihrer Verlegenheit stehen und ging zu Ingdscha, welche mit Madana bei den eifrig arbeitenden Männern stand und ihnen zusah.

„Ich habe eine Bitte“, sagte ich zu ihr. „Darf ich hoffen, daß du sie mir erfüllst?“ – „Effendi, so gern, wenn ich kann!“ antwortete sie. – „Du kannst. Dränge dich an diesen Männern vorüber und zwischen den Felsen hinaus; da wirst du eine frohe Überraschung finden, die ich dir bereitet habe.“

Nun ging ich nach der hinter Steinen und Sträuchern liegenden Stelle, wo ich meinen Anzug gelassen hatte, und kleidete mich wieder um. Noch war ich nicht ganz damit fertig, so hörte ich ein lautes Rufen und Frohlocken; der Anblick des Wiedersehens war gekommen. Ich nahm mir Zeit, denn dem Herzen ist das erste, höchste Recht zu gönnen. Aber schon nach kurzer Zeit kam Halef in der

Weise durch die Büsche gesaust, daß er mich beinahe umrannte, und schrie mich, hochrot vor Aufregung, an:

„Schlechter Kerl, der du bist, Effendi! So einen Betrug und Verrat hätte ich dir doch niemals zugetraut!“ – „Welchen Betrug?“ – „Ohne mir ein Wort davon zu sagen, hast du mir den ganzen Ruhm gerade vor der Nase weggeschnappt!“ – „Hattest du ihn denn schon vor der Nase?“ – „Ja! Oder lag der Kulluk nicht ebenso gerade vor meiner Nase wie vor der deinigen? Mußtest du diese Leute befreien, ohne mich dazuzunehmen?“ – „Paßte dir denn die Uniform?“ – „Nein. Aber das ist doch kein Grund, so eine Tat in meiner persönlichen Abwesenheit auszuführen. Du hättest mich unbedingt holen müssen!“ – „Und die Gelegenheit unbenützt vorübergehen lassen! Dann konnten die armen Menschen bis an ihr Ende in dem Turm steckenbleiben; Halef, was bist du doch für ein – schlechter Kerl!“ – „Ich?“ – „Ja. Du hast mich so genannt, bist es aber selbst! Wer eines verwerflichen Eigenlobes wegen seine Nebenmenschen, die sogleich gerettet werden können, im Elend steckenlassen will, bis es ihm später einmal passen wird, ihnen zu helfen, der ist ein ganz gemeiner, selbstsüchtiger Mensch, der ist – ein schlechter Kerl! So, nun weißt du, wer diese Bezeichnung verdient, du oder ich!“

Ich ließ ihn stehen und entfernte mich, wohl wissend, daß er schon nach kurzer Zeit sich freundlich zu mir wiederfinden werde.

Als ich aus meinem improvisierten Garderobezimmer heraustrat, kam Ingdscha strahlenden Auges auf mich zugeeilt, drückte mir die Hand und sagte:

„Das war eine große, eine unendliche Freude, Effendi! Durch deine Güte wurde ich die erste, welche Marah Durimeh und die anderen Geretteten zu sehen bekam. Ich danke dir!“

Madana, die holde Petersilie, war auch gleich da. Ihr Entzücken hatte eine solche Größe, daß sie es nicht zu bewältigen vermochte. Sie bat, mich umarmen zu dürfen, und da die Petersilie keine fleischfressende, sondern eine sehr nützliche und würzige Pflanze ist, erlaubte ich es ihr.

Dann drang Adsy, die ich nun nicht mehr mit dem männlichen „er“ bezeichnen darf, stürmisch auf mich ein und machte mir das freiwillige Geständnis:

„Effendi, ich habe sehr unrecht gegen dich gehandelt! Ich sehe ein, daß mein Verhalten dich beleidigen mußte. Du meintest es gut mit mir und wagtest alles, um meinen Mann und mein Kind zu retten, und ich gab dir Mißtrauen und Unwahrheit dafür. Ich danke dir von ganzem Herzen, indem ich dich um Verzeihung bitte!“

Ich sagte ihr natürlich, daß ich mich gar nicht beleidigt gefühlt hatte und daß der Beweis, den ich zuletzt gegen sie aussprach, in einem ganz anderen Sinne zu nehmen sei. Es drängten alle auf mich ein; ich ging, sozusagen, aus einer Hand in die andere, doch würde eine Schilderung dieser buntbewegten Szene zu weit führen. Die Hauptsache war, daß man wissen wollte, wie ich es angefangen hatte, in so kurzer Zeit einen so großen, vollständigen Erfolg zu erzielen. Ich erzählte es in kurzen Worten. Die Einzelheiten der Situation hatten in einer für uns so günstigen Weise ineinander eingegriffen, daß nur ein energisches Ausstrecken der Hand nötig gewesen war, die Früchte dieser Tatsachen wegzunehmen. Das wollten sie aber nicht zugeben. Jamir gestand seine Fehler ein, die ich wiedergutgemacht hätte, und versicherte mich seiner unwandelbaren Freundschaft und Dankbarkeit. Am lautesten war natürlich Halef, dem es nicht eingefallen war, dort, wo ich ihn verlassen hatte, stehenzubleiben. Er war mir nachgekommen, hatte meinen Bericht auch angehört und benutzte nun die erste sich bietende Pause, mit weithin schallender Stimme zu rufen:

„Hört, ihr tapferen, unüberwindlichen Männer und ihr holden, unvergleichlichen Frauen, was ich euch zu sagen habe! Der Löwe der Feindschaft war ausgegangen mit hungrigem Gebrüll und hatte viele, große Beute heim- und in sein Lager zusammengetragen. Es war ein großes Weinen auf den Bergen und ein lautes Klagen in allen Tälern Kurdistans, denn man suchte nach den Verschwundenen, ohne sie entdecken zu können. Man zog aus, sie zu finden, doch einige gingen nicht den richtigen Weg, und die anderen lagen in der Nähe der Höhle des Löwen, ohne den Eingang derselben erzwingen zu können. Da kamen zwei Männer, die sich vor keinem Löwen, vor keinem Panther, überhaupt vor keinem Tier und auch vor keinem Menschen fürchten, nämlich der unvergleichliche Kara Ben Nemsi Effendi mit dem unüberwindlichen Hadschi Halef Omar, welcher der oberste Scheich der Haddedihn ist vom großen Stamm der Schammar. Diese beiden Helden hörten von den Sünden, welche dieser Löwe der Feindschaft begangen hatte, und machten sich auf, ihn dafür zu bestrafen und ihm seine Beute zu entreißen. Kara Ben Nemsi ging, von den Ermahnungen und guten Lehren seines Hadschi Halef begleitet, nach der Höhle des Löwen, trieb ihn mit List zur Flucht und holte die Opfer heraus, welche in ihrem Inneren steckten. Hadschi Halef Omar, dessen Eingebungen dieser große Erfolg zu verdanken ist, aber baute ein großes, steinernes Syndan – Gefängnis –, welches zwar noch nicht ganz vollendet ist und einstweilen noch leer stehenbleiben wird, aber dennoch ein herrliches Denkmal großer Taten bildet. Preis sei den beiden Männern, die das vollbrachten! Ihr Ruhm wird über alle Lande und durch alle Lüfte gehen, und noch die Enkelssöhne eurer Urnachkommenkinder werden, wenn sie hierher an diese Stelle kommen, mit ehrfurchtsvollem Staunen die Mauern bewundern, welche von meiner unendlichen Erfindungsgabe und von dem Arbeitsfleiß eurer Hände zeugen! Ich habe gesprochen, und nun sind die Dawuhdijehkurden abgetan!"

Nachdem er in dieser summarischen und unbedingt tödlichen Weise den ganzen Stamm der feindlichen Kurden für immer „abgetan" hatte, drehte er sich um und schritt in der stolzen Haltung eines spanischen Granden von dannen.

Nun galt es, den Notwendigkeiten des Augenblicks Genüge zu tun. Es war nicht geraten, noch lange hierzubleiben, zumal Jamir mit seinen Leuten suchen mußte, möglichst bald die „Stelle der Eidechsen" zu erreichen, wo seine dreihundert Hamawands warteten. Der Rais von Schohrd wurde auch durch nichts mehr hier gehalten und bat mich, ihn und Marah Durimeh nach seiner Heimat zu begleiten. So gern ich das getan hätte, mußte ich doch für jetzt darauf verzichten, versprach aber mit meinem Wort, daß wir am Schluß unserer persischen Reise, die uns ja voraussichtlich wieder nach Kurdistan brachte, ihn ganz bestimmt aufsuchen würde. Jetzt wollten wir einen Teil des Rückwegs mit den Hamawands machen und dann am Abend einen sicheren Ort zum Lagern aufsuchen, um die Trennung bis auf morgen früh hinauszuschieben.

Der Hauptmann wurde losgebunden und durfte seine Uniform wieder anlegen. Er sagte dabei kein Wort, wohl teils aus Grimm und teils aus Scham. Als ich ihm dann auch seine Waffen wiedergegeben hatte, sagte ich ihm:

„Jetzt hast du mich, den ‚Räuber', kennengelernt; aber erzähle es ja niemandem, denn du würdest ausgelacht. Ich denke, daß du nach dem Kulluk reiten wirst. Steig da im Turm zwei Treppen hinauf und öffne die Tür, um die dort eingeschlossenen Asaker herauszulassen, damit sie nun auch den wirklichen Besitzer deines Anzugs kennenlernen! Das ist die einzige Heldentat, von der du dann berichten kannst. Solltest du es wagen, heute hierher zurückzukehren, so würdest du eine Kugel in den Kopf bekommen. Jetzt bin ich mit dir fertig. Allah geben deinem Kopf das, was ihm bisher vollständig gefehlt zu haben scheint – den nötigen Verstand!"

Er ließ auch jetzt und trotz dieser Beleidigung keine einzige Silbe hören. Als er fortritt, beobachtete ich ihn und sah da, daß er sein Pferd wirklich nach dem Kulluk lenkte. Dann brachen auch wir auf. Der Rais hatte für Marah Durimeh ein sanftgehendes Maultier mitgebracht. Die Hamawands konnten nicht alle reiten, da nicht genug Pferde dazu da waren. Sie wollten sich später die Tier der zwölf Kundschafter der Dawuhdijehs aneignen, die an uns vorübergekommen und wahrscheinlich von den Hamawands festgenommen worden waren. Als ich fragte, was nun wohl zwischen diesen beiden Stämmen geschehen werde, meinte Jamir, da kein Blut geflossen sei, werde der Schluß eine beiderseitige friedliche Heimkehr sein. Freilich bedauerte er lebhaft, daß er diesen Ritt in Beziehung auf die Verwundung seines Knaben vergeblich unternommen habe; da fiel der Mutter desselben das Mittel ein, von welchem ich gesprochen hatte. Ich teilte ihnen ausführlich mit, in welcher Weise die Sikatan-, Dabahh- und Kuratpflanzen zu behandeln und anzuwenden seien, und das Rezept hat den gewünschten Erfolg gehabt, denn wer in jene Gegend kommt und sich erkundigt, der wird erfahren, was für ein geistig und körperlich kräftiger Bursche der Knabe Khudyr geworden ist.

Von Jamir, seinem Vater, muß ich leider bemerken, daß der Segen Marah Durimehs an ihm vergeblich gewesen ist. Seine Schicksale sind allbekannt, und so will ich nur kurz sagen, daß er nach ruhmvoller Laufbahn – das Wort Ruhm im kurdischen Sinne gemeint – im Zelt des persischen Prinzen Sill-i-Sultan hinterrücks ermordet und dann von seinem Weib, das sich an die Spitze der Hamawandikurden stellte, blutig gerächt worden ist. Doch gehört das nicht hierher.

Wir ritten einen Teil desselben Weges, den wir gekommen waren, wieder zurück und nahmen dann von Jamir und seinen Leuten Abschied, worauf wir uns nördlich wendeten und kurz vor Abend auf einer hochgelegenen Waldblöße Lager machten.

Dieser Abend und fast auch die ganze Nacht war dem Gespräch mit Marah Durimeh gewidmet. Sie ließ mich noch tiefer in ihr Herz und in ihr Leben schauen als früher. Sie nahm mich mit empor auf die Zinne ihres Glaubens und ihrer Zuversicht; sie richtete mein Auge noch höher hinauf zum Ziel ihres seelischen Strebens; es waren wichtige, ja es waren heilige Stunden, die ich nie im Leben vergessen werde. Nur über das eine schwieg sie, was ich doch so gern erfahren hätte. Warum hatte man sie festgenommen und nach dem Kulluk geschafft? Warum hatte sie jetzt noch weitergebracht werden sollen, „in eine Ferne, wo der Tod und nicht das Leben ist"? Ich wollte nicht zudringlich sein und fragte also nicht direkt; aber so oft ich diesen meinen Wunsch auch nur von weitem andeutete, brach sie in einer Weise ab, welche mir deutlich sagte, daß sie über diesen Punkt nicht sprechen wolle. Endlich aber, als es so spät geworden war, daß die Sterne zu erbleichen begannen, deutete sie nach ihnen aufwärts und sagte:

„So wie die da oben schwindet auch unser Leben hin, doch nur, um für das Jenseits aufzugehen. Ich sterbe bald, doch jetzt noch nicht, denn ehe ich von hinnen scheide, muß der Zweck meines Daseins erreicht worden sein. Du wirst ihn kennenlernen, wenn du wieder zu mir kommst. Heute nehme ich nicht wie damals Abschied von dir für das ganze Leben, denn du mußt und du wirst zu mir zurückkehren, weil du mein Sohn, mein Schüler bist, der mich verstehen und dann sterben sehen soll. Ich weiß gar wohl, was du zu wissen begehrst; aber es hat sich gut gefügt, daß du nichts darüber hörtest, denn es frommt dir nicht, es schon jetzt zu erfahren. Dann aber, wenn du wieder bei mir bist, wird dir klarwerden, was dir heute noch verborgen bleibt. Aber eins will ich doch tun! Ich weiß, du reist nicht in der Weise, wie andere Menschen reisen; darum geschieht dir vieles, was anderen nicht geschieht. Du gehst nach Persien und bedarfst des Schutzes; ich sehe das von weitem. Ich habe dir schon damals ein Amulett mitgegeben, und ich denke, daß du es geöffnet hast ..." – „Ja, ich habe es geöffnet und ..." – „Bitte, sprich nicht darüber, kein Wort!" unterbrach sie mich. „Wenn es dir genützt hat, freut es mich, doch war es nur irdisches Gut, nichts Höheres. Ich werde dir auch heute einen Talisman geben, welcher dir Schutz gewährt in Gefahren, die du als solche, welche ich meine, erkennen wirst, obgleich ich sie dir heute nicht bezeichnen kann. Du hast ein Notizbuch. Öffne eine leere Seite und gib mir den Stift zum Schreiben!"

Sie schrieb in der Dunkelheit, gab mir dann Buch und Stift zurück und sagte:

„Wenn du dich in einer Not befindest, von welcher du glaubst, daß sie sich auf diese Schrift beziehe, so sprich diese Worte aus oder zeige sie! Sie enthalten ein Geheimnis, welches ich dir jetzt verschweige, weil du es erst später erfahren darfst. Es ist das Geheimnis meines stillen, segensreichen Wirkens, das Geheimnis meiner Lebens. – Und nun sage ich dir ‚Gute Nacht!' Es kommt die Ermüdung, der ich gehorchen muß, so lange ich noch hier walle; das Jenseits aber kennt weder Müdigkeit noch Schlaf!"

In Beziehung auf unseren Abschied fasse ich mich kurz. Die Sonne stand schon hoch, als wir uns die Hände reichten; dann zogen sie fort, dem Norden zu. Wir hatten die entgegengesetzte Richtung, eine für uns gefährliche und beschwerliche, weil wir die entlegensten Gegenden wählen mußten, um ja nicht etwa mit Dawuhdijehs zusammenzutreffen. Doch erreichten wir glücklich unser Ziel.

Inhalt

Karl May

im Verlag Neues Leben

Im Wilden Westen

Winnetou 1. Band
Winnetou 2. Band
Winnetou 3. Band
Winnetou 4. Band
Old Surehand 1. Band
Old Surehand 2. Band
Old Surehand 3. Band
Satan und Ischariot 1. Band
Satan und Ischariot 2. Band
Satan und Ischariot 3. Band
Der Schatz im Silbersee
Der Ölprinz
Der Sohn des Bärenjägers
Der Geist des Llano Estacado
Der schwarze Mustang
Auf fremden Pfaden

Im Orient

Durch Wüste und Harem
Durchs wilde Kurdistan
Von Bagdad nach Stambul
In den Schluchten des Balkan
Durch das Land der Skipetaren
Der Schut
Im Lande des Mahdi 1. Band
Im Lande des Mahdi 2. Band
Im Lande des Mahdi 3. Band
Orangen und Datteln
Am Jenseits
Ardistan und Dschinnistan 1. Band
Ardistan und Dschinnistan 2. Band
Die Sklavenkarawane

In Südamerika

Am Rio de la Plata
In den Kordilleren
Das Vermächtnis des Inka

In verschiedenen Ländern

Am Stillen Ozean
Der blaurote Methusalem

Die Liebe des Ulanen

Der Originalroman aus der Zeit des Deutsch-Französischen Krieges

5 Bände

Die Herren von Königsau
Napoleons letzte Liebe
Der Kapitän der Kaisergarde
Der Spion von Ortry
Durch Kampf zum Sieg

Deutsche Herzen, deutsche Helden

Roman

6 Bände

Eine deutsche Sultana
Die Königin der Wüste
Der Fürst der Bleichgesichter, Teil 1
Der Fürst der Bleichgesichter, Teil 2
Der Engel der Verbannten, Teil 1
Der Engel der Verbannten, Teil 2

Das Waldröschen

oder die Verfolgung rund um die Erde

Enthüllungsroman über die Geheimnisse der
menschlichen Gesellschaft

10 Bände

Die Tochter des Granden
Der Schatz der Mixtekas
Matavase, der Fürst des Felsens, Teil 1
Matavase der Fürst des Felsens, Teil 2
Ein Gardeleutnant
Die Abenteuer des Schwarzen Gerard
Kaiser Max von Mexiko
Erkämpftes Glück, Teil 1
Erkämpftes Glück, Teil 2
Erkämpftes Glück, Teil 3

Alle bisher erschienenen Bände unter Zugrundelegung der Buchausgaben aus den Verlagen F. E. Fehsenfeld, Freiburg i. Breisgau; Union Deutsche Verlagsgesellschaft Stuttgart, Berlin, Leipzig; H. G. Münchmeyer, Dresden bzw. Niedersedlitz-Dresden; in den Jahren 1890 bis 1910

VERLAG NEUES LEBEN